한국해양전략연구소·총서 101

군인과 국가

민군 관계의 이론과 정치

Samuel P. Huntington 저
정한범 · 이수미 공역

박영사

한국의 정치사에서 군대는 좋은 의미에서든 나쁜 의미에서든 매우 중요한 역할을 수행해왔다. 고려시대의 무신정권은 몽골제국에 맞서 싸우는 민족정신을 대변하기도 했고, 고려가 쇠락해가는 결정적 계기로 작용하기도 했다. 한국의 현대사에서도 군대는 긍정과 부정의 역할을 모두 수행해왔다. 한국의 정치사를 이해하기 위해서라도 군대에 대한 연구가 필요하지만, 의외로 민군 관계에 관한 우리의 연구는 아직 부족한 실정이다.

한국 사회에서 군대는 성역으로 분류되기도 했고, 기피의 대상이 되기도 했다. 그 결과 한국에서는 군대가 정치로부터 격리되는 것이 가장 바람직한 것으로 인식되고 있다. 군대의 힘이 정치에 개입하는 것은 분명 후진적인 현상이지만, 군대라는 집단이 사회와의 관계에서 맺는 역할을 애써 무시하는 것은 문제를 인식하는 데에도 해결하는 데에도 도움이 되지 않는다. 문제를 회피하는 것이 아니라 있는 그대로 인식하고 해결해 나가는 것이 중요하다.

민간과 군대가 상호 주고받는 영향을 그저 단편적인 사건으로만 이해할 수도 있지만, 그렇게 이해하면 문제의 해결은 즉흥적이고 주관적일 수밖에 없다. 민군 관계가 하나의 학문적 영역으로 자리를 잡은 지가 꽤 지났지만, 이를 체계적으로 뒷받침할 이론이 제대로 자리를 잡지 못하고 있는 것은 안타까운 일이 아닐 수 없다. 그런 면에서 이 책이 가지는 의미는 매우 크다고 할 수 있다.

헌팅턴은 정치학을 조금만 접해본 사람이라면 누구나 알 수 있는 세계적 명성을 가진 학자이다. 헌팅턴은 이 책에서 민군 관계를 단순히 하나의 사건으로 서술하는 것을 뛰어넘어 민군 관계에 이론적 틀을 적용하고자 한다. 이를 위해 사건을 단순화하고 추상화하는 노력을 기울인다. 그는 민군 관계가 상호의존적 요소들로 구성된 체계라고 믿는다. 따라서 민군 관계를 하나의 체계로 이해해야 한다고 믿는다. 아울러, 군사안보를 극대화하는 '객관적 민간 통제'를 정의하는 것이 가능하다고 믿는다. 이를 위해 필요한 시스템의 구성요소를 나름대로 분석하고 있다.

　민주화 이후 한 세대가 훌쩍 지나버린 한국사회에서 군대는 과거와는 완전히 다른 모습이다. 그러나 과거 군부독재의 원죄를 기억하는 한국사회에서 군대는 여전히 사회와 유리되어 있는 상태를 최선으로 여기는 경향이 있다. 이제는 이러한 원죄에서 벗어나 당당한 사회의 일원으로서 군대가 역할을 해 주어야 한다. 문민통제의 원칙하에서 군대가 사회와 통합되는 체계를 제공하는 데에 이 책이 도움이 되길 바란다.

　이 책을 번역하는 데에 많은 부족함이 있었다. 그러나 번역과정에서 역자의 견해가 원저자의 사상을 오염시키지 않도록 가능한 직역을 추구하였다. 의역은 읽기에는 쉬우나 자칫 헌팅턴과 같은 대학자의 대작에 누를 끼칠 위험이 있어 이를 피하고자 하였다. 이 책이 민군 관계에 대한 헌팅턴의 이론을 이해하는 데에 조금이나마 도움이 되기를 기원한다.

2022년 12월
역자 국방대학교 **정한범**

    이 책은 민군 관계 이론을 제시한다. 이 책은 주로 미국에 관련된 많은 역사적 자료를 다루고 있지만 유럽과 아시아에 대한 많은 자료도 보급한다. 그러나 일반적으로 이 책은 민군 관계에 대한 역사적 기술이나 특히 민군 관계의 특정 측면에 대한 설명을 하고자 하지 않는다. 오히려 한마디로 민군 관계를 이론적 틀을 적용해 조사하고 생각하는 방식을 발전시키려는 노력이다. 어떤 것을 이해하려면 이론이 필요하다. 이론에는 추상화가 필요하다. 그리고 추상화는 현실의 단순화와 체계를 요구한다. 어떤 이론도 모든 사실을 설명할 수 없으며, 때때로 이 책의 독자는 이론의 개념과 구분이 너무 날카롭고 정확하게 정의되어 있어 현실과 너무 동떨어져 있다고 느낄 수 있다. 분명히 현실 세계는 혼합, 비합리성 및 부조화 중 하나이다. 실제 성격, 제도 및 신념은 체계적인 논리적 범주에 맞지 않는다. 그러나 인간이 자신이 살고 있는 현실 세계에 대해 유익하게 생각하고 더 넓은 적용과 사용을 위한 교훈을 도출하려면 체계적인 논리적 범주가 필요하다. 인간은 이성의 법칙에 결코 맞지 않는 현상에 대해 일반화할 수밖에 없다. 이론의 한 척도는 그것이 모든 관련 사실을 포괄하고 설명하는 범위이다. 또 다른 조치, 더 중요한 것은 그것이 다른 어떤 이론보다 그러한 사실을 더 잘 포괄하고 설명하는 정도이다. 민군 관계에 대한 연구는 거의 이론화가 되어있지 않았다. 미국에서 널리 받아들여진 민군 관계 이론은 미국 자유주의의 기본 전제에서 파생된 혼란스럽고 비체계적인 일련의 가정과 신념이다. 이 아이디어들은 많은 중요한 사실을 이해하지 못한다는 점에서 부적절하고, 현대 세대에서 타당성이 의심스러운 가치의 위계에 뿌리를 두고 있다는 점에서 쓸모가 없다. 이 책은 보다 유용하고 적절한 틀을 제안하고 민군 관계 연구와 관련된 주요 이론적 문제를 제기하고 규정하고자 한다. 이 책의 가장 중요한 목적은 민군 관계와 국가 안보에 대해 더 많은 관심을 불러일으키는 것이다.

이 책에는 두 가지 방법론적 가정이 깔려 있다. 첫째, 어떤 사회에서든 민군 관계는 상호의존적 요소들로 구성된 체계로 연구되어야 한다고 가정한다. 이러한 시스템의 주요 구성 요소는 정부에서 군사 기관의 공식적, 구조적 지위, 정치와 사회 전반에서 군대의 비공식적 역할과 영향력, 군대 및 비군사적 그룹의 이데올로기의 성격이다. 전체 시스템의 일부로서 이러한 요소 중 어느 것도 다른 요소를 추가로 변경하지 않고 변경할 수 없다. 예를 들어 일본과 독일 장교단의 서로 다른 이념은 그들이 각자의 사회에서 행사한 권위와 영향력의 차이, 그리고 그 사회의 다른 이데올로기적 양상과 직접적인 관련이 있다. 마찬가지로 1935년부터 1945년까지 미국 장교단의 권력 변화는 장교단의 사고에 엄청난 영향을 미쳤다. 따라서 민군 관계의 모든 시스템은 한편으로는 군대의 권위, 영향력 및 이데올로기와 다른 한편으로는 비군사 그룹의 권위, 영향력 및 이데올로기 사이의 복잡한 균형을 수반한다. 평형은 무한한 다양한 방법으로 달성될 수 있다. 그러나 이 책의 두 번째 방법론적 가정은 군사 기관의 성격과 목적에 관한 특정 전제에서 출발하여 군사 안보를 극대화하는 "객관적 민간 통제"라는 특정 유형의 평형을 추상적으로 정의하는 것이 가능하다는 것입니다. 이 기준을 이용하면 어떤 사회의 민군 관계 체계가 그 사회의 군사적 안보를 어느 정도 향상시키거나 약화시키는 경향이 있는지를 분석할 수 있다. 시스템이 "객관적 민간 통제"의 균형에 더 가깝게 접근하려면 필요한 시스템 구성 요소의 변화를 제안하는 것도 가능하다.

이 책의 일부는 1956년 9월 American Political Science Review에 실린 "Civilian Control and the Constitution" 및 같은 해 Heinz Eulau, Samuel J. Eldersveld, Morris Janowitz가 공동으로 엮은 Political Behavior: A Reader in Theory and Research (Glencoe, Ill.: The Free Press)에 "Civilian Control of the Military: A Theoretical Statement"란 제목으로 출판된 적이 있다.

이 책은 사회 과학 연구 위원회의 교수 연구 펠로우십에 의해 가능하게 되었다. 나는 이 도움을 주신 위원회, 지속적인 격려와 관심을 보여주신 위원회 회장 Pendleton Herring, 그리고 이 펠로우십을 위해 저를 후원해 주신 V. O. Key, Jr. 교수에게 깊은 감사를 드린다. 그들이 다음 페이지에서 자신의 영향력을 인식하지 못할 수도 있지만 일반적으로 정치에 대한 나의 생각은 선배 동료인 Arthur N. Holcombe, William Yandell Elliott, Louis Hartz 교수의 지혜와 통찰력 덕분이다. 원고는 미시간 대학의 Morris Janowitz 교수, Columbia 대학의 Dr. Paul Y. Hammond, Harvard의 Ernest R. May 교수, 미국의 Trevor N. Dupuy 대령이 낭독했으며 각각 다양한 공헌을 했다. 사회학, 정치학, 역사학, 군사학 등 각자의 분야를 훨씬 뛰어넘는 유익한 비판과 제안을 포함한다. Alexander J. Cella도 초기 단계에서 원고를 읽었다. 우정의 요구를 능가하는 그의 수고는 잉여 문구를 무자비하게 제거하고 남아 있는 문체를 전반적으로 개선하는 데 크게 기여했다.

　　나는 원고의 일부에 대해 논평해 준 Paul H. Nitze와 Henry Rosovsky, 연구의 특정 측면에서 도움을 준 Lewis Hertzman, 그리고 참을성 있고 유익한 편집 비평에 대해 Harvard Press의 Ann Louise Coffin에게 감사한다. 나는 증명을 주의 깊게 읽어준 어머니와 이 힘든 일을 도와준 Nancy A. Arkelyan, Carolyn N. Carpenter, Martha Ann Kelleran에게 특별한 빚을 지고 있다. 마지막으로 Kirkland House의 동료, Howard L. Erdman, Warren B. Harshman, Stephen I. Hoch hauser, Howard H. Muson, Roger C. Ravel, Stanley E. Tobin에게 충실히 참고 문헌과 인용문을 확인하는 일을 한 것에 깊은 감사를 전한다. 이 모든 친구들, 비평가, 동료들은 창작 과정을 촉진했지만 결국에는 물론 내 책이자 내 책임으로 남아 있음을 밝힌다.

캠브리지, 매사추세츠

1956년 11월

S. P. H.

목 차

제3부　미 민군 관계의 위기, 1940-1955

서론

국가 안보 및 민군 관계

국가 안보와 민군 관계

민군 관계는 국가안보정책의 한 측면이다. 국가안보정책의 목적은 다른 국가로부터의 위협으로부터 국가의 사회·경제·정치적 제도의 안전을 강화하는 것이다. 국가안보정책은 세 가지 형태로 두 가지 차원으로 존재한다고 생각할 수 있다. 군사안보정책은 제도적·영토적 경계 밖에서 활동하는 군대가 국가를 약화시키거나 파괴하려는 세력을 최소화하거나 무력화하기 위한 활동 프로그램이다. 국내안보정책은 전복의 위협, 즉 영토 및 제도적 범위 내에서 활동하는 세력에 의해 국가를 약화시키거나 파괴하려는 노력을 다룬다. 상황적 안보정책은 국가의 상대적 힘을 감소시키는 경향이 있는 사회, 경제, 인구 통계 및 정치적 상황의 장기적인 변화로 인한 침식의 위협과 관련이 있다. 이 세 가지 형태의 정책은 각각 운영 차원과 제도적 차원에서 볼 수 있다. 운영 정책은 보안 위협에 대처하기 위해 취하는 즉각적인 수단으로 구성된다. 제도적 정책은 운영 정책이 공식화되고 실행되는 방식을 다룬다. 민군 관계는 군사안보정책의 주요 제도적 구성 요소이다.

일반적으로 군사 정책의 즉각적인 운영 문제에는 다음이 포함된다.

(1) 군사적 필요에 할당된 국가 자원의 비율에 대한 근본적인 문제를 포함한 군대의 규모, 모집 및 공급의 양적 문제
(2) 군비 및 무기의 유형, 기지의 위치, 동맹국과의 협정 및 유사한 문제를 포함한 군대의 조직, 구성, 장비 및 배치의 질적 문제
(3) 무력이 동원되는 시기와 상황을 포함한 군사력 활용의 역동적인 문제

공개 토론은 일반적으로 이러한 질문에 초점을 맞춘다. 그러나 장기적으로 이러한 문제에 대한 결정의 성격은 결정이 내려지는 제도적 패턴에 의해 결정된다. 제도적 정책의 근본적인 문제는 항상 존재한다. 그것들은 지속적으로 재정의

되지만 결코 해결되지 않는다. 따라서 민군 관계의 질서는 한 국가의 군사안보정책의 기본이다. 제도적 차원에서 이 정책의 목적은 다른 사회적 가치의 희생을 최소화하면서 군사적 안보를 극대화할 수 있는 민군 관계 시스템을 개발하는 것이다. 이 목표를 달성하려면 민간과 군대집단 간의 권력과 태도의 복합적인 균형이 필요하다. 적절하게 균형잡힌 민군 관계의 패턴을 개발하는 국가는 안보 확보에 있어 큰 이점이 있다. 그런 국가들은 군사정책의 운영문제를 올바르게 대응할 수 있는 가능성을 높인다. 민군 관계의 균형잡힌 패턴을 개발하지 못한 국가는 자원을 낭비하고 무모한 위험을 감수한다.

민군 관계의 중요성

군사제도는 사회의 안전에 대한 위협에서 비롯되는 기능적 의무과 사회 내에서 지배적인 사회세력, 이데올로기, 제도에서 발생하는 사회적 의무 등의 두 가지 원동력에 의해 형성된다. 사회적 가치만을 반영하는 군사기관은 군사적 기능을 효과적으로 수행할 수도 있다. 반면에 순전히 기능적 의무에 의해 형성된 군사기관을 사회 내에 포함시키는 것은 불가능할 수도 있다. 이 두 차원의 상호작용은 민간군사 관계 문제의 핵심이다. 갈등의 정도는 보안 요구의 강도와 사회의 가치 패턴의 성격과 강도에 따라 다르다. 두 차원 간의 조정과 균형이 불가피한 것은 아니다. 일부 사회는 본질적으로 자체 군사안보를 효과적으로 제공할 수 없는 경우가 있다. 이러한 사회는 계속되는 위협의 시대에 생존가치가 부족하다.

미국인들에게 기능적 의무와 사회적 의무의 균형을 맞추는 문제는 최근에야 새로운 의미를 갖게 되었다. 19세기의 20년부터 20세기의 40년까지 미국인들은 그들의 안보에 대해 걱정할 이유가 거의 없었다. 안전은 원천적이고 상황적으로 주어진 상태로 창조물이 아니라 상속물이었다. 미국인들은 군사정책을 고려할 때 육군의 예산 규모나 해군의 전함 수와 같은 당면한 실질적인 문제를 다루었다. 반면에 민군 관계에 대한 고려는 군사제도가 국내의 경제적, 정치적 가치와 제도에 미치는 영향에 국한되었다. 우리 시대의 보다 기본적이고 분명한 사실 중 하나는 기술의 변화와 국제 정치의 변화의 결합으로 인해 이제 안보가 정책 초기에 주어진 상황이 아니라 최종 목표가 되었다. 기능적 의무는 더 이상 무시할 수 없다. 이전의 주요 질문은 어떤 유형의 민군 관계가 미국의 자유 민주주의 가치와 가장 잘 부합하는지였다. 이제 이것은 더 중요한 문제로 대체되었는데 그것은 어떤 유형의 민군 관계가 미국의 안보를 가장 잘 유지할 것인가 하는 문제이다.

　　민군 관계의 주요 초점은 장교단과 국가와의 관계이다. 여기서 기능적 압력과 사회적 압력 사이의 갈등이 극에 달한다. 장교단은 군사구조의 실제 지휘부로서 사회의 군사적 안보를 책임진다. 국가는 사회를 실제적으로 이끄는 지휘부로서 군사안보를 비롯한 중요한 가치들 사이에서 자원을 배분하는 역할을 한다. 군대와 사회의 나머지 부문 사이의 사회적, 경제적 관계는 일반적으로 장교단과 국가 간의 정치적 관계를 반영한다. 따라서 민군 관계를 분석함에 있어 가장 먼저 필요한 것은 장교단의 성격을 규명하는 것이다. 장교단은 어떤 단체인가? 군인이란 어떤 부류의 사람인가?

제1부

군사 기관과 국가: 이론적 및 역사적 관점

제1장
직업으로서의 장교직

전문성과 군대

현대의 장교단은 전문가 집단이고 현대의 군장교는 전문가이다. 이것이 아마도 이 책의 가장 근본적인 논지일 것이다. 전문직이라는 것은 고도로 전문화된 특성을 가진 독특한 유형의 기능 그룹이다. 조각가, 속기사, 기업가 및 광고 카피라이터는 모두 고유한 기능을 가지고 있지만 이러한 기능 중 어느 것도 본질적으로 전문적이지 않다. 그러나 현대 장교는 의사나 변호사의 특성과 같은 의미의 전문성을 갖고 있다. 오늘날의 장교는 이전 시대의 전사가 소지하지 못한 전문성을 가지고 있다. 전문적인 기관으로서의 장교단의 존재는 민군 관계의 현대적 문제에 독특한 틀을 제공한다.

전문직으로서의 다른 전문직의 성격과 역사 철저하게 논의되었다. 그러나 현대 장교의 전문적 성격은 도외시되어 왔다. 우리 사회에서 사업가는 더 많은 수입을 요구할 수 있고, 정치인은 더 많은 권력을 가질 수 있지만 전문직 종사자는 더 많은 존경을 받는다. 그러나 학자와 마찬가지로 대중은 장교를 변호사나 의사와 같은 방식으로 거의 인식하지 않으며, 장교가 민간전문가에게 주는 차이를 확실히 주지는 않는다. 심지어 군대 자체도 대중이 인식하는 그들의 이미지에 영향을 받고 때때로 자신의 전문적 지위가 함축하는 의미를 받아들이지 않았다. "전문"이라는 용어가 군대와 관련하여 사용되었을 때 일반적으로 "무역" 또는 "공예"와 대조되는 "전문(프로)"의 의미보다는 "아마추어"와 대조되는 "전문(프로)"의 의미였다.

"직업군"과 "직업군인"이라는 문구는 금전적 이득을 위해 일한다는 의미에서의 직업적인 사병인이라는 의미와 사회를 위해 봉사하는 '더 높은 소명'을 추구한다는 전혀 다른 의미에서의 직업적인 전문군인과의 차이를 모호하게 했다.

직업의 개념

현대 장교의 직업적 성격을 분석하는 첫 번째 단계는 전문성을 정의하는 것이다. 특수직종으로서의 구별되는 특징은 전문성, 책임감, 그리고 공동성이다.[1]

전문성   전문직 종사자는 중요한 분야에서 전문 지식과 기술을 갖춘 전문가이다. 그의 전문성은 오랜 교육과 경험을 통해서만 획득된다. 그 전문성은 전문직을 비전문가와 분리하고 전문직 구성원의 상대적 능력을 측정하기 위한 직업적 능력의 객관적인 기준의 기초이다. 그러한 표준은 보편적이다. 지식과 기술을 계승하여 시간과 장소에 구애받지 않고 일반적인 적용이 가능하다. 일상적인 기술이나 공예는 현재에만 존재하며 이전의 것들을 참조하지 않고 기존 기술을 학습하여 숙달된다. 그러나 전문지식은 본질적으로 지적이며 문서로 보존할 수 있다. 전문지식에는 역사가 있으며, 그 역사에 대한 일부 지식은 전문적 역량에 필수적이다. 전문지식과 기술의 확장과 전달을 위해서는 연구 및 교육 기관이 필요하다. 학술지, 회의, 실무와 교육 사이의 인력 순환을 통해 전문직의 학문적 측면과 실제적 측면 간의 접촉이 유지된다.

전문지식은 또한 일반적인 직업에는 폭의 차원을 가지고 있다. 그것은 사회의 전체 문화적 전통의 한 부분이다. 전문직 종사자는 자신이 속한 광범위한 전통을 알고 있을 때에만 자신의 기술을 성공적으로 적용할 수 있다. 학습된 전문직들은 단순히 사회의 전체 학습 주체의 필수적인 부분이기 때문에 "학습"된다. 결과적으로 전문 교육은 두 단계로 구성된다. 첫 번째 단계는 광범위하고 자유로운 문화적 배경을 제공하고 두 번째 단계는 전문 기술과 전문지식을 제공한다. 전문직 종사자의 교양교육은 보통 이러한 목적에 전념하는 사회의 일반 교육기관에서 담당한다. 반면에 전문교육의 두 번째 또는 기술 단계는 전문직 자체에 의해 운영되거나 관련 전문기관에서 제공되어진다.

책임   전문직 종사자는 전문지식을 활용하는 전문가로 사회 내에서 활동하고 사회기능에 필수적인 건강, 교육 또는 정의의 증진과 같은 서비스를 수행한다. 모든 전문직의 고객은 개인적으로든 집단적으로든 사회이다. 예를 들어,

연구 화학자는 그가 제공하는 서비스가 사회에 이롭지만 즉각적인 존재와 기능에 필수적이지 않기 때문에 전문직 종사자가 아니다. 듀퐁(Du Pont)과 표준국(Bureau of Standards)만이 그가 제공하는 것에 직접적이고 즉각적인 관심을 가지고 있다. 그의 서비스의 본질적이고 일반적인 특성과 그의 기술 독점은 사회가 요구할 때 그 서비스를 수행할 책임을 전문직 종사자에게 부과한다. 이러한 사회적 책임은 전문직 종사자를 지적 기술만 갖춘 다른 전문가와 구별한다. 예를 들어, 연구 화학자는 사회에 해로운 방식으로 자신의 기술을 사용하더라도 여전히 연구 화학자이다. 그러나 전문직 종사자는 자신의 사회적 책임을 받아들이기를 거부하면 더 이상 활동을 할 수 없다. 의사가 반사회적 목적을 위해 자신의 기술을 사용하게 된다면 더이상 의사가 아니다. 사회 봉사에 대한 책임과 그의 기술에 대한 전념은 전문직에 대한 동기를 제공한다. 금전적 보상은 전문직 종사자로서의 전문직 종사자의 주된 목적이 될 수 없다. 결과적으로 직업적 보상은 일반적으로 공개시장에서의 협상에 의해 부분적으로만 결정되며 직업적 관습과 법률에 의해 규제된다.

재정적 보상에 대한 일반적인 기대치에 의해 규제되지 않는 필수 서비스의 수행은 전문직과 사회의 관계를 규정하는 몇 가지 강령을 필요로 한다. 전문직 종사자와 의뢰인, 또는 전문직 종사자 간의 갈등은 일반적으로 그러한 강령의 형성을 위한 직접적인 추동력을 제공한다.

따라서 전문직은 비전문가를 대할 때 전문직 종사자를 안내하는 특정 가치와 이상을 제시하는 도덕적 단위가 된다. 이 지침은 전문직 교육 시스템을 통해 전달되는 일련의 불문율일 수도 있고 전문직 윤리 규범으로 성문화될 수도 있다.

공동성　　　전문직의 구성원은 비전문가와 별개의 그룹으로서 유기적 일체감과 자각을 공유한다. 이러한 집단적 감각은 전문적인 역량, 업무의 공동 유대, 독특한 사회적 책임의 공유에 필요한 장기간의 단련과 훈련에서 비롯된다. 일체감은 전문적 역량의 기준을 공식화하고 적용하며 전문적 책임의 기준을 수립하고 집행하는 전문조직에서 조성된다. 따라서 전문조직에 가입하는 것은 특별한 전문지식의 소유와 특별한 책임의 수락과 함께 전문직 종사자와 비전문가를 공개적으로 구별하는 전문직의 기준이 된다. 전문직은 구성원이 해당 능력이 관련이 없는 영역에서 전문적 역량을 활용하는 것을 막고 마찬가지로 다른 분야의 업적이나 속성 때문에 전문적 역량을 주장하는 외부인으로부터 스스로를 보호해야 한다. 전문 조직은 일반적으로 협회 또는 관료 조직이다. 의학이나 법률과 같은 협회 전문직에서는 실무자가 일반적으로 독립적으로 기능하며 의뢰인과 직접적인 개인적 관계를 맺고 있다. 외교와 같은 관료적 전문직은 고도의 전문성과 책임감을 가지고 있으며, 그 전문직은 집단적으로 사회 전체에 봉사한다. 이 두 범주는 상호 배타적이지 않다. 관료적 요소는 대부분의 협회 전문직에 존재하며 협회는 종종 관료적 전문직의 형식적 구조를 보완한다. 협회 전문직은 각 실무자가 의뢰인과 동료에 대한 적절한 행동 문제에 개별적으로 직면하기 때문에 일반적으로 윤리 강령이 문서화되어 있다. 반면에 관료적 전문직은 집단적 전문적 책임과 사회에서 전문직의 적절한 역할에 대한 보다 일반적인 의식을 발전시키는 경향이 있다.

군사 전문직

장교라는 직업은 전문성의 주요 기준을 충족한다. 실제로 어떤 직업도, 심지어 의학이나 법률조차도 이상적인 전문직유형의 모든 특성을 가지고 있지 않다. 장교는 아마도 이 두 가지 중 어느 것보다도 이상에 다소 미치지 못할 것이다. 그러나 직업으로서의 장교가 지닌 근본적인 성격은 부인할 수 없다. 실제로 장교직은 전문적 이상에 가장 근접할 때 가장 강력하고 효과적이고 그 이상에 미치지 못할 때 가장 약하고 가장 결함이 있다.

장교직의 전문성　　　군 장교의 전문지식은 무엇인가? 모든 군 장교에게 공통적이지만 민간 단체와 공유되지 않는 기술이 있는가? 언뜻 보기에는 거의 그럴 것 같지 않다. 장교 군단에는 민간인 생활에 대응하는 다수의 전문가를 포함하여 다양한 종류의 전문가가 포함되어 있는 것으로 보인다. 엔지니어, 의사, 조종사, 병기 전문가, 인사 전문가, 정보 전문가, 통신 전문가 ― 이 모든 것이 현대 장교 군단 내부와 외부에서 모두 찾아볼 수 있다. 각자 자신의 지식 분야에 몰두하고 있는 이러한 기술 전문가를 무시하더라도, 육해공군 장교들로 이루어진 군단의 광범위한 구조만으로도 수행되는 기능과 필요한 기술에 엄청난 영향을 미치는 것처럼 보인다. 순양함의 함장과 보병 사단장은 매우 다른 능력을 필요로 하는 매우 다른 문제에 직면한 것으로 보인다.

그러나 모든 또는 거의 모든 장교에게 공통적이며 모든 또는 거의 모든 민간인과 구별되는 별개의 군사력 영역이 존재한다. 이 핵심 기술은 해롤드 라스웰(Harold Lasswell)의 "폭력 관리"에 가장 잘 요약되어 있다. 군대의 기능은 성공적인 무장 전투이다. 군 장교의 임무는 다음과 같다. (1) 부대편성, 장비 및 훈련 (2) 부대 활동 계획; (3) 전투 안팎에서 작전의 방향. 폭력을 행사하는 것이 주된 기능인 인간 조직의 지휘, 운영 및 통제는 장교의 고유한 기술이다. 이는 육상, 해상, 항공 장교들의 공통적인 활동이다. 그것은 군장교로서의 군 장교를 현대 군대에 존재하는 다른 전문가와 구별한다. 이러한 전문가의 기술은 군대의 목표 달성을 위해 필요할지도 모른다. 그러나 간호사, 약사, 검사실 기공사, 영양사, 약사, 엑스레이 기사의 기술이 의사의 전문지식에 보조이듯이 그러한 기술은 기본적으로 장교의 전문지식에 보조일 뿐이다. 의료 전문직을 보조하는 이가 질병의 진단 및 치료를 할 수 없는 것과 마찬가지로, 군 전문직에 포함되거나 복무 중인 보조인들은 "폭력 관리"를 할 수 없다. 장교의 본질은 해군(Annapolis men)에게 그들의 임무가 "함대와 싸우는 것"이 될 것이라는 전통적인 훈계에 구체화되어 있다. 의사와 같이 폭력을 대처할 능력이 없지만 장교단 소속인 개인은 보통 특수 직함이나 휘장으로 구분되며 군 지휘관직에서 제외된다. 그들은 국가의 행정기관으로서의 자격으로 장교단에 속하지만 전문기관으로서의 자격으로는 소속되지 않는다.

전문직 내에서는 의학에 심장, 위장, 안과 전문의가 있는 것처럼 바다, 육지, 공중에서의 폭력을 대처하는 데 전문가(specialist)가 있다. 군사 전문가는 특히 규정된 특정 상황에서 폭력 적용을 지휘하는 데 전문가인 장교이다. 폭력이 사용될 수 있는 다양한 조건과 폭력이 적용될 수 있는 다양한 형태가 하위 전문화의 기초를 형성한다. 그들은 또한 상대적인 기술능력을 평가하기 위한 기초를 형성한다. 장교관이 지휘할 수 있는 폭력기관이 더 크고 복잡하며 그가 고용될 수 있는 상황과 조건이 많을 수록 그의 전문적 역량은 높아진다. 보병 분대의 활동만을 지휘할 수 있는 사람은 거의 경계선에 다다를 정도로 낮은 수준의 전문적 능력을 가지고 있다. 공수부대나 항공모함 기동부대의 작전을 지휘할 수 있는 사람은 고도로 유능한 전문가이다. 대규모 해군·공군·육군 연합작전의 복합작전을 지휘할 수 있는 장교는 그의 직업에서 최고봉에 있는 것이다.

군사기능에는 고도의 전문지식이 필요하다는 것은 쉽게 알 수 있다. 타고난 지적 능력과 인격 및 리더십의 자질이 무엇이든 간에, 상당한 훈련과 경험 없이는 이러한 기능을 효율적으로 수행할 수 있는 사람은 없다. 비상시에는 지적인 일반인이 의사가 도착할 때까지 그 자리를 대신하는 것처럼, 훈련받지 않은 민간인은 짧은 기간 동안 낮은 직급의 군장교로 활동할 수도 있다. 폭력에 대한 대처가 현대문명에서처럼 극도로 복잡한 작업이 되기 전에는 전문적인 훈련을 받지 않은 사람도 장교직을 수행하는 것이 가능했다. 그러나 이 일에 온전히 자신의 시간을 할애한 사람만이 합리적인 수준의 전문적 역량을 키울 수 있을 것이다. 장교의 기량은 기술(주로 기계적인 것)이나 예술(독특하고 양도할 수 없는 재능을 요구함)이 아니다. 대신 종합적인 연구와 훈련이 필요한 매우 복잡한 지적 기량이다. 장교의 독특한 기량은 폭력 행위 자체가 아니라 폭력에 대한 대처 라는 사실을 기억해야 한다. 예를 들어, 소총을 발사하는 것은 기본적으로 기계적 기술이다. 소총 회사의 운영을 담당하는 것은 부분적으로는 책에서, 부분적으로는 연습과 경험에서 배울 수 있는 완전히 다른 유형의 능력을 요구한다. 군사 전문직의 지적 내용은 현대 장교가 직업 생활의 약 3분의 1을 정규 교육에 할애할 것을 요구하며, 아마도 다른 어떤 전문직보다 교육시간과 연습시간의 비율이 더 높을 것이다. 부분적으로 이것은 장교가 직업의 가장 중요한 요소에서 실제 경험을 습득할 수 있는 제한된 기회를 반영한다. 그러나 이것은 또한 군사 전문지식의 극도의 복잡성을 반영하기도 한다.

장교 특유의 기량은 그 본질이 시간이나 장소의 변화에 좌우되지 않는다는 점에서 보편적이다. 뉴욕에서의 훌륭한 외과의사의 자격이 취리히에서도 마찬가지듯이 전문적인 군사능력의 기준은 미국이나 러시아나 동일하고 19세기나 20세기에도 마찬가지로 적용된다. 공통된 전문기술을 보유한다는 점은 다른 차이를 극복하고 장교들 사이의 유대감을 형성하게 한다. 장교의 직업은 또한 역사를 가지고 있다. 폭력관리는 단순히 기존 기술을 배운다고 할 수 있는 기량이 아니다.

이는 지속적인 발전 과정에 있으며, 장교는 이러한 발전과정을 이해하고 주요 경향과 추세를 인식할 필요가 있다. 군대를 조직하고 지휘하는 기술의 역사적 발전을 알고 있어야만 장교는 자신의 직업에 충실할 수 있을 것이다. 전쟁사와 군사 문제의 중요성은 군사 문헌과 군사 교육 전반에 걸쳐 지속적으로 강조되고 있다.

군사 기량을 통달하기 위해서는 일반적인 문화에 대한 광범위한 배경이 필요하다. 역사의 어느 한 단계에서 폭력을 조직하고 행사하는 방법은 사회 전체의 문화적 패턴과 밀접하게 관련되어 있다. 법학이 역사, 정치, 경제, 사회학, 심리학과 연관된 것처럼 군사 기량도 마찬가지이다. 더욱이, 군사지식은 화학, 물리학 및 생물학 등의 자연 과학과도 연관이 있다. 장교는 자신의 직업을 제대로 이해하기 위해 이러한 다른 분야와의 관계와 이러한 다른 지식 영역이 자신의 목적에 기여할 수 있는 방법에 대해 어느 정도 알고 있어야 한다. 또한 단순히 직업적 훈련만 하면 분석력, 통찰력, 상상력, 판단력을 제대로 키울 수 없다. 전문분야에서 요구하는 정신적 능력과 습관은 대부분 자신의 전문분야 밖에서 광범위한 학습 경로를 통해서만 획득할 수 있다. 변호사나 의사처럼 계속해서 인간을 상대한다는 사실은 교양 교육이 다루고 있는 인간의 태도, 동기, 행동에 대한 더 깊은 이해를 필요로 한다. 일반 교육이 법조계와 의료계에 진출하기 위한 전제조건이 된 것처럼 이제는 일반교육은 거의 보편적으로 전문직 장교의 바람직한 자격으로 인식되고 있다.

장교직의 책임　　장교의 전문성은 그에게 특별한 사회적 책임을 부과한다. 자신의 이익을 위해 그의 전문지식을 무분별하게 사용하는 것은 사회 구조를 파괴할 것이다. 의료행위와 마찬가지로 사회는 폭력관리는 사회적으로 승인된 목적으로만 활용되어야 한다고 주장한다. 사회는 자체 군사 안보 향상을 위해 이 기량을 사용하는 데 직접적이고 지속적이며 일반적인 관심을 가지고 있다. 모든 직종들은 어느 정도 국가의 규제를 받지만 군사직종은 국가가 독점한다. 의사의 기량은 진단과 치료이다. 그의 책임은 의뢰인의 건강이다. 장교의 기량은 폭력을 관리하는 것이다. 그의 책임은 그의 의뢰인인 사회의 군사적 안보이다. 책임을 완수하려면 기술에 대한 숙달이 필요하면, 기술에 대한 숙달은 책임의 수용을 수반한다. 책임과 기술은 장교를 다른 사회적 유형과 구별한다. 사회의 모든 구성원은 안보에 관심이 있다. 국가는 다른 사회적 가치와 함께 이를 달성하는 데 직접적인 관심을 가지고 있다. 그러나 장교단만이 다른 모든 목적을 배제하고 군사안보 책임이 있다.

장교는 직업적인 동기가 있는가? 분명히 그는 주로 경제적 인센티브에서 행동하지 않는다. 서구 사회에서 장교라는 직업에 금전적인 보상은 좋지 않다. 또한 그 직업 내에서의 장교의 행동은 경제적 보상과 처벌에 의해 좌우되지 않는다. 장교는 가장 좋은 보상을 받는 곳으로 자신의 서비스를 옮기는 용병도 아니고, 폭력관리에서 자신을 완벽하게 만들고자 하는 꾸준하고 영구적인 열망 없이 강렬한 순간의 애국심과 의무에 영감을 받은 예비군도 아니다. 장교의 동기는 그의 기술에 대한 전문적인 애착과 사회의 이익을 위해 이 기술을 사용해야 한다는 사회적 의무감이다. 이러한 이유들의 조합이 전문적인 동기를 구성한다. 반면 사회는 현역 기간과 퇴직 후에도 장교들에게 지속적으로 충분한 급여를 제공하는 경우에만 이러한 동기 부여를 보장할 수 있다.

장교는 지적인 기량을 보유하고 있으며 이를 숙달하려면 집중적인 연구가 필요하다. 그러나 변호사와 의사처럼 장교는 주로 벽장에서 일하는 사람이 아니다. 그는 사람들과 끊임없이 거래한다. 그의 전문적 역량을 테스트하는 것은 사람과의 관계에서 전문적 지식을 적용하는 것이다. 그러나 이러한 적용은 경제적 수단으로 규제되지 않기 때문에 장교는 동료 장교, 부하 직원, 상사 및 그가 섬기는 국가에 대해 자신의 책임을 설명하는 긍정적인 지침이 필요하다. 군사 구조 내에서의 그의 행동은 복잡한 규정, 관습 및 전통에 의해 지배된다. 사회와 관련된 그의 행동은 그의 기량이 사회의 정치적 대리인인 국가를 통해 승인된 목적을 위해서만 사용될 수 있다는 인식에 의해 인도된다. 의사는 환자에게, 변호사는 의뢰인에 대해 일차적 책임이 있는 반면, 군 장교의 주된 책임은 국가에 있다. 국가에 대한 그의 책임은 전문 고문으로서이다. 변호사와 의사처럼 군 장교는 의뢰인의 활동 중 한 부분에만 관심을 둔다. 결과적으로 그는 자신의 특별한 능력 분야를 넘어서는 의미를 지닌 결정을 의뢰인에게 강요할 수 없다. 그는 이 분야에서 의뢰인에게 그의 요구사항을 설명하고 이러한 요구사항을 충족하는 방법에 대해 조언한 후, 의뢰인이 결정을 내렸을 때 그 요구사항을 구현하는 데 도움을 줄 수 있다. 어느 정도 국가에 대한 장교의 행동은 법률에 명시되어 있고 의사와 변호사의 직업윤리 규범에 필적하는 명시적 강령에 따라 인도된다. 더 큰 범위에서 장교의 규범은 관습, 전통 및 직업의 지속적인 정신으로 표현된다.

■ **장교직의 공동 성격**　　　장교직은 공공 관료화된 직업이다. 전문직을 수행할 법적 권리는 신중하게 정의된 단체의 구성원으로 제한된다. 장교에게 그의 직책은 의사에게 면허와 같은 것이다. 그러나 조직적으로 장교단은 단순한 국가의 창조물 그 이상이다. 안보의 기능적 필요는 장교단을 자율적인 사회단위로 만드는 복잡한 직업제도를 야기한다. 필수 교육 및 훈련을 받은 사람들만 이 단위로 들어갈 수 있으면 일반적으로 가장 낮은 수준의 전문 역량에서만 허용된다. 장교단의 조직구조는 공식적인 관료제뿐만 아니라 사회, 학회, 협회, 학교, 저널, 관습, 전통 등을 포함한다. 장교의 직업세계는 그의 활동이 이례적으로 높은 비율로 포함하는 경향이 있다. 그는 일반적으로 사회의 다른 사람들과 떨어져 생활하고 일한다. 육체적으로나 사회적으로나 그는 아마도 대부분의 다른 전문직 종사자보다 비전문적인 접촉을 적게 할 것이다. 그와 비전문가 또는 민간인 사이의 경계는 공개적으로 제복과 계급장으로 상징된다.

　　장교단은 관료적 직업이자 관료적 조직이다. 직업 내에서 역량수준은 계급 위계질서에 따라 구분되며, 조직 내에서 직무는 공직 위계질서에 따라 구분된다. 계급은 개인에게 내재되어 있으며 경험, 연공서열, 교육 및 능력 측면에서 측정된 그의 직업적 성과를 반영한다. 계급에 대한 임명은 일반적으로 국가에서 수립한 일반원칙을 적용하여 장교단 자체적으로 이루어진다. 공직임명은 일반적으로 외부 영향에 다소 더 영향을 받는다. 모든 관료제에서 권위는 공직에서 비롯된다. 전문 관료주의에서 공직에 대한 자격은 계급에서 비롯된다. 장교는 계급에 따라 특정한 유형의 직무와 기능을 수행할 수 있다. 그는 공직에 배정되었기 때문에 계급을 받지 않는다. 실제로는 이 원칙에 대한 예외가 있지만, 장교단의 직업적 성격은 공직 위계질서보다 계급의 위계질서에 따라 좌우된다.

　　장교단에는 일반적으로 다수의 비전문 "예비군"이 포함된다. 이는 급변하는 장교의 수요와 국가가 비상시에 필요한 규모의 장교를 지속적으로 유지하는 것이 불가능하기 때문이다. 예비군은 장교단의 임시 보충병이며 교육 및 훈련을 통해 군 계급을 받을 자격이 있다. 군단의 구성원인 동안, 그들은 일반적으로 같은 계급의 전문가의 모든 특권과 책임을 가진다. 그러나 그들과 전문직 사이의 법적 구분은 유지되며 상설 장교단에 들어가는 것이 예비군에 들어가는 것보다 훨씬 더 제한된다. 예비군은 직업 장교에게 개방된 전문 기량 수준을 거의 달성하지 못한다. 결과적으로 대부분의 예비군은 전문 관료조직의 하위계급에 속하고 상위 계급은 전문직 종사자에 의해 독점된다. 후자는 군대 구조의 지속적인 요소로서 그리고 한 기관으로서 탁월한 전문적 역량으로 인해 일반적으로 직업의 기술과 전통에 대한 예비군의 교육과 주입을 담당한다. 예비군은 일시적으로만 전문적 의무를 감당한다. 그의 주요기능은 사회의 다른 곳에 있다. 결과적으로 그의 동기, 가치 및 행동은 종종 전문직 종사자의 것과는 크게 다르다.

장교단에 종속된 사병들은 조직 관료집단에 속하지만 전문 관료집단에는 속하지 않는다. 사병은 장교의 지적능력도 전문적인 책임도 없다. 그들은 폭력 관리가 아니라 폭력 적용의 전문가이다. 그들의 직업은 전문직이 아니라 숙련직종이다. 이러한 장교단과 사병단 간의 근본적인 차이는 세계의 모든 군대에서 공통적으로 그어진 두 군단 사이의 뚜렷한 경계선에 반영되어 있다. 이 구분이 없다면 최하위 사병에서 최고위 장교까지 하나의 군서열 체계가 형성될 수 있다. 그러나 두 직업의 특성이 다르기 때문에 조직의 위계질서는 불연속적이다. 사병단에 존재하는 계급은 전문직 계층구조와 다르다. 사병단에서의 계급은 군인의 숙련직종 내에서 다양한 적성, 능력 및 직위를 반영하며 상하의 움직임은 장교단보다 훨씬 유동적이다. 장교와 사병은 직업적 차이로 인해 두 직업 사이의 일반적인 이동이 불가능하다. 사병이 장교가 되는 경우도 있지만, 이것은 규칙이 아니라 예외이다. 장교직에 필요한 교육과 훈련은 일반적으로 사병으로 장기간 복무하는 것과 호환될 수 없다.

제2장

서구 사회에서 군인의 부상

새로운 사회 유형

　싸움의 기술은 인류의 오래된 업적이다. 그러나 군인이라는 직업은 현대 사회의 최근 창조물이다. 역사적으로 전문성은 서구 문화의 두드러진 특징이었다. 위대한 민간 직업은 중세 후기에 시작되어 18세기 초반까지 고도로 발달된 형태로 존재했다. 그러나 장교라는 직업은 실제적으로 19세기의 산물이었다. 그것은 실제로 그 세기의 가장 중요한 제도적 창조물 중 하나였다. 나폴레옹 전쟁 이후에야 장교들은 비전문가와 구별되는 전문기술을 습득하고 그 기술에 고유한 표준, 가치 및 조직을 개발하기 시작했다. 사회적 유형으로서의 전문적인 장교는 산업적 기업가와 마찬가지로 현대 사회의 독특한 특징이다. 물론 자율적인 전문 기구로서의 장교단이 정확하게 언제 부상되었는지는 확실히 알 수 없다. 그것은 서서히 흔들리고 있었다. 그러나 두 가지 사실이 눈에 띈다. 1800년 이전에는 전문 장교단과 같은 것이 없었다. 1900년에 그러한 단체는 거의 모든 주요국가에 존재했다.

　전문 장교단의 출현은 유럽과 북미에서 민군 관계의 현대적 문제를 야기했다. 1800년 이전에 존재했던 민간통제, 군국주의, 군사정신의 문제를 말할 수 있다. 그러나 19세기 전반의 근본적인 변화로 인해 현대 문제에 대한 해결책을 찾으러 그 이전으로 돌아가는 것은 실제적으로 도움이 되지 않는다. 귀족적이고 개인주의적인 아마추어인 중세 기사의 태도와 관점을 아는 것은 현대 군인 정신의 바탕인 직업적 가치와 태도를 이해하는 데 거의 도움이 되지 않는다. 근위대(Praetorian Guard) 활동사항은 민간인 통제에 유용한 교훈을 거의 제공하지 않는다. 현대 국가의 문제는 무장 반란이 아니라 전문가와 정치인의 관계이다. 군사 영역과 민간 영역 사이의 분열과 이로 인한 둘 사이의 긴장은 명백히 최근에 발생한 현상이다.

이 장에서는 자율적인 사회 제도로서 장교단의 점진적인 부상, 즉 그 전례, 원인 및 초기 역사를 다룬다. 그 길을 개척한 3대 강국인 프로이센, 프랑스, 영국은 18세기의 사전 전문가 의식에서 19세기의 전문가 의식으로의 변화를 설명하는 데 사용될 것이다. 전문성, 책임성, 단체성은 군 직업의 다섯 가지 핵심 기관의 발전 측면에서 측정된다. (1) 장교단 입대 요건; (2) 장교단 내 승진 수단; (3) 군사 교육 시스템의 특성; (4) 군 참모 체계의 특성; 그리고 (5) 장교단의 전반적인 정신력과 역량. 이러한 요소들의 변화는 새로운 군인과 그의 새로운 기관에 대한 지적 근거를 제공하는 직업 윤리의 발전과 함께 수반되었다.

용병과 귀족의 직분

장교가 이끄는 육군과 해군은 1800년 이전에 존재했다. 이 장교들이 전문 종사자가 아니라면 그들은 무엇이었나? 일반적으로 그들은 용병이거나 귀족이었다. 두 직업 다 장교직을 전문직으로 보지 않았다. 용병에게 그것은 일거리였다. 아마추어 귀족에게는 취미였다. 전문적 복무라는 전문적 목표 대신에 전자는 이익을, 후자는 명예와 모험을 추구했다.

용병 장교는 봉건제 붕괴부터 17세기 후반까지 지배적인 유형이었다. 용병의 기원은 백년 전쟁(1337-1453) 동안 번성했던 자유 단체들에서 비롯되었다. 용병체제에서 장교는 본질적으로 기업가였으며, 자신이 제공한 서비스를 판매하는 용병들의 단체를 키웠다. 용병 장교는 직업 역량이 높거나 낮을 수 있었다. 그러나 성공은 전문적 기준이 아니라 금전적 기준으로 평가되었다. 군대는 각기 다른 지휘관의 소속으로 분리된 부대로 구성되었다. 용병들은 어느 정도 서로 경쟁하는 개별주의자였으며 그들은 공통의 기준이나 단체 정신을 가지고 있지 않았다. 규율과 책임감도 부재했다. 전쟁은 약탈적인 사업이었고 약탈적인 사업의 윤리가 지배적이었다. 용병체제는 30년 전쟁(1618-1648)과 구스타버스 아돌푸스(Gustavus Adolphus)와 올리버 크롬웰(Oliver Cromwell)의 훈련된 군대의 성공으로 끝이 났다.● 그러나 용병체제의 잔재는 전문의식이 시작될 때까지 지속되었다.

용병 장교를 아마추어 귀족으로 교체한 것은 근본적으로 그들의 영토를 보호하고 통치를 지원하기 위해 영구적인 군대가 필요하다고 느꼈던 국가 군주들에 의한 권력 강화의 결과였다. 이 시기 이전에는 군대와 해군이 필요에 따라 군주와 다른 사람들에 의해 증원되었다. 그러나 그러한 군주의 필요는 계속되었고 결과적으로 상비군과 상비해군이 탄생했다. 이들 군대의 직급(rank)과 계급(file)은 일반적으로 뇌물과 강압이 혼합된 최악의 사회질서에서 8년에서 12년 동안 확보된 장기 지원병으로 구성되었다. 군주는 여전히 자신의 의지에 따라서 봉건 귀족들에게서 장교들을 채용했다. 귀족들은 강제로 (프로이센에서처럼) 또는 뇌물을 받고 (프랑스에서처럼) 왕을 섬기게 되었다. 신병 모집은 더 이상 장교들이 아니라 왕실의 특수 요원들이 담당했다. 군대는 대리인의 소속이 아니라 왕실에 소속되었다. 장교들은 스스로 계약제로 운영되는 사업가가 아니라 왕실의 영구적인 고용인이 되었다. 간단히 말해서, 군사기능은 사회화되었고, 국가통제가 민간통제로 대체되었다. 1789년까지 포병과 공병을 제외하고는 귀족이 유럽 군대에서 장교직을 사실상 독점했다.[1] 귀족 장교직은 서구 사회에서 도전 받지 않는 지배력을 얻기 위한 전문의식 발달 전의 장교직의 마지막 형태였다.

18세기 귀족 제도

■ **입대: 가문과 재산**   17세기 동안 많은 평민들이 프로이센과 프랑스 군대에서 장교로 복무했다. 그러나 다음 세기에는 귀족 가문이 포병과 공병의 기술 무기를 제외한 모든 병역 분야에 진입하기 위한 필수 조건이 되면서 평민들은 장

● 17세기의 개신교 군은 19세기의 직업군과 유사점이 많았다. 예를 들어, 뉴모델군(New Model Army)에서는 규율이 엄격했다. 승진은 부분적으로는 선임에 의해, 부분적으로는 상급 임원의 추천에 의해 이루어졌다. 승진구매가 배제되었고 정치적 영향이 극도로 제한되었다. 그러나 이러한 명백한 전문성은 확장된 기술과 기능적 차별화에 기반을 두지 않고 일시적인 강렬한 이념-종교적 열정에 뿌리를 두고 있다. Felix Pribatsch, Geschichte des Preussischen Offizierkorps (Breslau, 1919), 5-6페이지 참조; Theodore A. Dodge, 구스타버스 아돌푸스 (Gustavus Adolphus)(Boston, 2 vols., 1895), ch. 5; John W. Fortescue, 영국군의 역사(A History of the British Army)(London, 13 vols., 1899-1930), I, 279-284; C. Cooper King, 영국군 이야기(The Story of the the British Army)(London, 1897), pp. 39ff.

교직에서 제외되었다. 결국 프랑스에서는 "부르주아" 군대조차 비귀족에게 폐쇄되었다. 프로이센에서 프리드리히 빌헬름 1세(Frederick William I, 1713-1740)는 귀족들에게 군대에 복무하도록 강요했고 프리드리히 대왕(Frederick the Great, 1740-1786)은 귀족만이 명예와 충성과 용맹을 가지고 있다고 확신하고 부르주아 요소를 체계적으로 장교단에서 추방했다.

　　18세기 중반에 프랑스와 프로이센에 설립된 예비 군사 교육 학교의 입학은 귀족으로 제한되었다. 그 결과 1789년 프랑스군은 9,578명의 장교단에 6,333명의 귀족, 1,845명의 평민, 1,100명의 부유한 군인을 보유하게 되었다. 1806년 프로이센에서는 7,100명으로 구성된 군단에는 700명의 비귀족만이 있었는데 이들의 거의 모두가 기술 부서에 있었다. 프랑스에서는 귀족의 필요에 따라 장교단의 규모가 결정되었다. 군사 위원회는 가난한 귀족에게 연금을 지급하는 수단이었다. 그 결과 1775년에는 60,000명의 장교가 한 군대에 있었고 총 병력은 그 수의 세 배에 불과했다. 프랑스 혁명 직전까지 전쟁뿐 아니라 평화시에도 과잉인력은 세기 내내 만연했다.

　　유신 이후의 상업적이고 금권적인 영국에서도 귀족정치가 군국주의보다 우세했다. 그러나 그것은 출생이나 지위에서 비롯한 귀족이기보다는 재산으로 비롯한 귀족이었다. 군대에서 관직의 구입은 기술직을 제외한 모든 분야에서 진급과 승진의 수단이었다. 관직 구매 제도는 군대와 정부 사이의 이해관계를 보장하고 영국제도에서 또 다른 군사 독재를 불가능하게 만들기 위해 의식적으로 고안된 군사 계급에 대한 재산 자격을 확립했다. 높은 직위는 저임금으로 장교의 봉급으로 생활하는 것이 사실상 불가능하고 연금이나 퇴직을 위한 제도의 부재로 평화시에는 약간의 재산을 소유한 시골 귀족의 젊은 아들들이 독점하게 되었다. 전쟁시에 장교 군단은 필요한 자금이 있는 거의 모든 사람이 관직을 구매할 수 있는 새로운 연대를 증원함으로써 확장되었다.

　　17세기 후반에 영국 해군도 상임 장교단을 두기 시작했다. 그러나 1794년 이전에는 대부분의 장교 후보자를 위한 정규화된 입학제도가 없었다. 대부분의 장교는 개인적으로 그들을 미래의 장교로 선발한 선장들의 하인으로 경력을 시작했다. 1729년 정부는 해군 사관학교를 설립하여 13세에서 16세 사이의 양반의 아들들을 해군 장교로 양성하였다. 그러나 이 학교는 결코 성공적이지 못했다.

더 야심 찬 젊은이들은 "선장의 하인" 경로를 통해 해군에 입대하는 것을 선호했다. 따라서 해군에 입대하는 것은 출생과 재산이라는 귀족적 조건보다 개인적인 영향력과 후원에 의해 이루어졌다.2)

■ **승진: 구매, 출생 및 정치**　　　재산, 출생과 정치적 영향력은 1800년 이전 장교단에 들어가는 것뿐만 아니라 장교단 내에서의 승진을 통제했다. 영국군의 구매제도의 운영은 위에서 논의되었다. 18세기 후반까지 프랑스군에서는 승진도 일반적으로 구매를 통해 이루어졌다. 고위 군관직은 궁정 귀족이 독점하고, 가난한 나라 시골 귀족은 낮은 지위에 머물렀다. 그러나 부의 기준은 출생의 기준과 갈등을 초래했고 1776년에 시골 귀족은 군주를 설득하여 구매제도를 제거하기 시작했다. 그러나 승진의 필수 조건으로 부에서 출생으로의 전환은 귀족들이 최고위 직위에 있던 독점을 건드리지 않았다. 종종 12세 또는 15세 소년들이 연대 지휘관이 되었다. 1788년이 되어서야 대령 "라 바베트(a la bavette)"라는 현상이 제한되었고 준전문적인 승진 방법이 도입되었다. 그러나 그때가 되자 과거의 체제를 바꾸기에는 너무 늦었다. 프로이센에서는 공로에 의해 승진이 된다는 허구가 떠돌았지만 실제는 더 높은 귀족이 더 높은 직위를 독점했다. 실제로 개인적인 고려와 군주의 변덕이 결정적인 요인이었다. 프레데릭 대왕에 의해 더욱 줄어든 낮은 임금과 정규화된 연금제도의 부재도 승진의 재산요건을 도입했다고 볼 수 있다.3)

　　정치적 영향력은 일반적으로 모든 군대에서 최고 지휘관의 임명을 결정했다. 프랑스에서는 궁정 음모에 의해 군대 사령관을 선택했다. 7년 전쟁 동안 마담 드 퐁파두르(Madame De Pompadour)의 변덕스러운 영향으로 수년 동안 6명 이상의 지휘관이 배출되었다. 영국에서는 왕실, 의회 또는 두 군데 모두의 영향력이 높은 지휘권을 확보하고 유지하는 데 필수적이었다. 다수의 장교들은 의회에 의석을 차지하고 그들의 입법적 지위를 이용하여 군대에서 승진하려는 경우가 많았다. 그러나 그들의 이중적 직책은 또한 그들을 왕실의 압력에 취약하게 만들었고, 조지 삼세(George III)는 적어도 이를 주저하지 않고 적용했다. 고위 장교들은 왕실의 뜻을 거스른다는 이유로 종종 사령부에서 해임되었다. 때때로 군 계층은 장교들의 표를 얻기 위해 매춘을 하기도 했다. 해군에서도 상위 직급의 임명에 관한 한 다음과 같은 말이 있었다. "가끔은 공로에 의한 것이지만 일반적으로 가족, 친척, 친구의 호의와 영향력, 한 마디로 '이익'에 의한 것이었다."4)

■ **교육: 귀족과 기술자**   장교직에 대한 교육은 군사학의 초기 상태와 지휘력에 필요한 유일한 조건이 타고난 용맹과 명예라는 귀족들의 소신과는 상반되었다. 전자는 군사 교육을 비실용적으로 만들었다. 후자는 그것을 불필요하게 했다. 그 당시의 군사 학교는 극히 기초적이었는데 두 가지 일반적인 유형으로 나눌 수 있다.

첫 번째는 고귀한 사대부 출신의 장교들의 예비 훈련을 위한 학교였다. 1751년에 설립된 루이 15세(Louis XV)의 에콜 밀리테어(Ecole Militaire), 1765년에 설립된 프레데릭(Frederick the Great)의 리터 아카데미(Ritter Akademie), 1729년에 설립된 영국 해군 학교가 이에 해당한다. 이러한 학교의 학생들의 질과 교육 수준은 한결같이 열악했다. 에콜 밀리테어(Ecole Militaire)는 특히 군대를 개선하기보다는 시골 귀족들에게 보조금을 지급하기 위한 수단으로 특별히 고안되었다. 군사 과목은 교육과정에 작은 부분에 해당했다. 튜에티(Tuetey)가 말했듯이 에콜 밀리테어는 "군사적 이익이기보다는 자선적인 관심의 기반"(une fondation d'in teret philanthropique plus encore que d'interet militaire…)이었다.5) 프레데릭(Frederick)의 사관학교는 군대는 물론 외교 업무를 귀족들을 양성하기 위해 고안되었으며 가장 불완비하고 불완벽한 교육을 제공했다. 귀족의 아들들은 12세 또는 14세에 프로이센 군대에 입대하여 지휘관직을 맡기 전에 가장 빈약한 훈련만 받았다. 영국 해군 사관학교도 마찬가지로 열악한 수준이었고 영국 육군은 예비 훈련을 위한 일반적인 기관이 전혀 없었다.

1800년 이전 군사 학교의 두 번째 유형은 포병과 공병을 위해 기술적으로 유능한 장교들을 양성하기 위해 설립되었다. 일반적으로 모든 장교에게 적용되는 실제 군사학이 없는 상황에서 지적 훈련을 위한 실제 실속있는 교육을 제공하는 유일한 지부였다. 이 부대들은 대부분 부르주아 장교들로 채워져 있었기 때문에 이러한 기술적인 지식을 전수하기 위한 사관학교는 귀족 장교가 타고난 자질 덕분에 지휘한다는 이론과 충돌하지 않았다. 1706년 프로이센에 공과대학이 설립되었다. 포병 및 공병 장교들을 위한 울리치(Woolwich)의 왕립 사관학교가

1741년부터 시작되었다. 프랑스는 1679년에 도애(Douai)에서 포병교육을 시작하고 1749년에 메지에르(Mezieres)에 공학학교을 설립했다. 이들 학교의 교육 수준과 성격은 상당히 다양했다. 예를 들어, 울리치(Woolwich)는 군사교육과 일반교육의 요소를 모두 제공했지만 1774년에 자격 시험이 도입될 때까지 많은 학생들이 실질적인 준비 없이 입학했으며 일부는 읽고 쓰는 능력조차 갖추지 못했다. 기술 학교와 귀족 학교는 18세기에 군사교육에 가까웠다. 고위 지휘관과 참모직을 위한 고등훈련학교는 존재하지 않았다.

■ **군사 참모: 개발 중단**   군 참모진은 본질적으로 기술적 지식을 수집하고 이를 폭력 관리에 실질적으로 적용하는 전문기관이다. 현대 군 참모진의 선구자는 구스타프 아돌포스(Gustavus Adolphus)와 크롬웰(Cromwell)의 군대에서 찾아볼 수 있다. 그러나 17세기 중반부터 18세기 말까지 참모조직의 부재는 군사과학의 정적 특성과 유사했다. 일반적으로 1790년에 존재했던 체제는 50년 후의 체제보다 150년 이전의 체제와 더 유사했다.

참모조직은 기초적이지만 상설국군에 필요한 보급활동에 그 기원을 두고 있다. 초기 참모진의 핵심 인물은 병참감(Quartermaster General)이었다. 포병과 공병이 기술 훈련이 필요한 유일한 부대였던 것처럼 병참활동은 전문적인 계획과 통제가 필요한 유일한 기능이었다. 결과적으로 참모들은 군사작전과 거의 관련이 없었다. 전략과 전술은 소수의 부관의 도움을 받는 사령관의 영역이었다. 만약 사령관의 능력이 부족했다면 그는 조직적인 참모업무가 불필요하다고 생각했다. 그가 프레데릭(Frederick)이나 색시(Saxe)와 같은 유능한 장군이었다면 그럴 필요가 거의 없었다. 전쟁 자체가 지원 활동만큼이나 복잡해지기 전까지는 참모업무는 불필요했다.

프랑스는 18세기에 가장 고도로 발달된 참모체제를 보유하고 있었다. 그리고 1766년-1771년 5년 동안과 1783년 이후 프랑스는 현대적인 전문직 의미에서 진정한 참모부가 있었다. 부르쎄(Bourcet)에 의해 조직한 이 프랑스 참모는 입학을 위해 시험과 견습 작업을 필요로 했다. 그러나 그러한 체계적인 기관은 귀족적으로 운영되는 프랑스 군대에서는 고립되었고 부적절했다. 프로이센에서는 참모부의 초기 형태는 병참감과 그의 보좌관에게 찾아볼 수 있다. 그러나 그들의 기능은 보급과 요새화에 한정되었고 18세기 말까지 그들의 영향력과 중요성은 미미했다. 영국에서는 크롬웰(Cromwell)의 군대의 구조에서 참모 기능의 영구적인 개선이 거의 이루어지지 않았다.[6]

■ **역량과 정신**   18세기 장교단은 전문성, 규율, 책임감의 군사적 가치보다 사치, 용맹, 개인주의라는 귀족적 가치를 더 중요시 여겼다. 귀족은 장교로서는 아마추어였다. 그것은 그 자신의 목적과 기준이 있는 직업이 아니라 사회에서의 그의 지위의 부수적인 속성이었다. 여가, 사냥, 풍족한 삶과 함께 싸움은 스포츠와 모험을 제공하는 취미와 같은 귀족의 이상 중의 일부였다. 이 아마추어들 중 일부는 유능한 군인이었지만 그들은 체제의 산물이라기보다는 예외였다. 프랑스군에서 실질적인 직무에 능숙한 장교는 용병들뿐이었지만 이들은 군단의 소수에 불과했고 최하위 계급으로 제한되었다. 프랑스 장교들의 전반적인 능력 수준은 지휘관들로부터 실망의 비명을 자아냈다. 영국과 프로이센군의 상황은 조금 나았다. 18세기에 프로이센 장교 군단의 노쇠함, 부패, 무능함은 노령의 장군들이 고위직을, 귀족의 가장 무능한 아들들이 하급부를 채우면서 더 악화되었다. 프리드리칸(Frederickan)의 선발 및 조직 체계 전체의 산물인 장교 군단의 쇠퇴는 예나(Jena)의 재앙과 나폴레옹에 대한 프로이센 요새의 항복으로 절정에 달했다.

프랑스에서는 사회적 배려가 군대에 관입되어 계급에 기반한 규율을 유지하는 것이 사실상 불가능했다. 실제 군대를 훈련시킬 때를 제외하고는 계급은 높지만 사회적 지위가 낮은 장교들은 뛰어난 가문의 부하들에게 우선권을 주었다. 궁정에서뿐만 아니라 현장에서도 장교는 자신의 사회적 지위에 맞는 가정을 유지해야 했다. 궁정에서의 영향력은 장교들이 마음이 내키면 그들의 군사적 책임을 포기할 수 있게 해주었다. 프로이센는 빈곤했기에 프랑스군의 특징인 지나친 사치를 막았다. 그러나 프로이센 장교들은 프랑스 장교들보다 더 큰 책임감과 성실성을 갖고 있지 않았으며 종종 왕실 재정부를 이용해 자신을 부유하게 할 기회를 포착했다. 장교들의 귀족적 규범은 군기를 훼손했다. 예를 들어, 하급 장교와 고위 장교 사이의 결투는 흔한 현상이었다. 영국에서는 의회와 왕실이 군사 문제에 지속적으로 간섭하여 규율을 불가능하게 만들었다. 의회 의원들은 친척이자 친구였던 반란군과 탈영병을 대신해 당국에 개입했고, 장교들은 원치 않는 지령을 받

앉을 때 자유롭게 연대를 그만둘 수 있었다.7)

■ **요약**　18세기 장교 군단은 군사 기능의 효율적인 수행보다는 귀족의 필요를 위해 설계되었다. 부, 출생, 개인적 및 정치적 영향력에 따라 장교의 임명과 진급이 결정되었다. 어린이와 무능한 사람들은 종종 높은 군사 계급을 차지했다. 전문적인 지식은 전혀 없었다. 그 결과 소수의 기술 학교를 제외하고는 군사지식을 전수할 수 있는 기관이 없었고, 그 지식을 실전에 적용할 수 있는 체계도 없었다. 장교들은 장교가 아니라 귀족처럼 행동하고 생각했다. 군직의 낙후된 상태는 그 당시의 법조계, 의료계, 사무직 직업의 상태와 대조될 수 있다. 이들 각각의 초보적인 독립적인 존재는 기술 능력을 등한시 하는 군직을 상상할 수 없게 만들었다. 요컨대, 군사 전문직은 전혀 존재하지 않았다.

전문직 이전의 이상: 군사 기술과 타고난 천재

18세기에는 군사적인 사고에서 한 시대의 절정과 현대적 관점의 희미한 시작을 나타내는 엄청난 양의 군사 문학이 유출되었다. 몇몇 작가들은 전문적인 주제에 대해 주목할 만한 작품을 제작했는데 두 명의 18세기 작가인 기베르(Guibert)와 로이드(Lloyd)는 19세기 발전을 예상하고 전쟁에 대한 포괄적인 과학적 견해에 접근했다.8) 그러나 이들의 작품은 예외였다. 그 당시 대부분의 작품은 과거에 뿌리를 두고 있으며 그리스와 로마의 군사 관행에서 교훈을 얻었다. 그것은 주제의 본질과 한계에 대한 진정한 이해가 부족했다. 전쟁에 대한 과학적 개념 대신 작가들은 서로 연결되지 않은 다양한 주제에 대해 실용적인 조언을 제공했다. 군사 기관과 관련해서는 그들은 타고난 천재의 미화를 전문 장교의 개념으로 대체했다. 18세기 군사적 사고는 특징적으로 전문직 이전의 상태였다. 통일성도, 초점도, 이론도, 체계도 없었다. 그것은 군사기술의 초기적 상태와 전문기관의 부재를 정확히 반영하였다. 1800년 이전의 군사적 사고의 가장 두드러진 결점은 그 자체로 통일되고 완전하며 그것의 구성 요소에 대한 논리적 분석에 민감하지만 다른 지식 분야와 명확한 관계를 가지고 있는 별개의 지식분야로서의 군사과학의 개념이 없었다. 사실, 군사 저술가들은 일반적으로 그러한 과학이나 전쟁의 고정된 원칙을 발전시킬 수 없다고 생각했다. 색시(Saxe) 원수는 "전쟁은 그림자로 가득 찬 과학이며, 그 모호함 속에서 사람은 확신을 가지고 발걸음을 움직일 수 없다… 모든 과학에는 원칙과 규칙이 있다. 전쟁에는 아무 것도 없다"라고 말했다.9) 이러한 전쟁 과학의 부족은 기베르(Guibert)와 로이드(Lloyd)에 의해 개탄되었을 수 있지만 대부분의 군사 사상가들에 의해 필요한 것으로 받아들였다. 그들은 또한 논리적으로 전쟁을 하위 구성요소로 분석할 수 있는 가능성을 인식하지 못했다. 전략, 전술 및 군사 과학의 다른 분야들 사이에서 이론적인 구별은 거의 없었다. 결과적으로 전쟁에 대한 연구는 서로에 대한 논리적 관계가 거의 또는 전혀 없는 잡다한 주제를 논의하였다. 그들은 알파벳 배열 이상의 어떤 조직 체계를 가지고 있다면 그것이 본질적으로 연대순이었다. 이 접근 방식은 4세기에 베지우스(Vegetius)가 저술한 접근방식과 거의 동일했으며 그의 저작은 기록 당시와 마찬가지로 17세기에도 여러 면에서 적용 가능했다. 물론 이러한 연대기적 발전은 전쟁과 전투의 본성에서 시작하여 군대가 달성하도록 한 목적에서 바람직한 유형의 장비, 훈련, 조직 및 모집을 추론하는 논리적인 이론적 접근의 역행일 뿐이다. 그러나 전형적인 18세기 군사연구는 논문이라기보다는 목록이었다.

현저한 대조를 이루는 작품을 쓴 작가는 헨리 로이드(Henry Lloyd)이다. 로이드는 "전쟁은 행동의 상태"라는 전쟁의 본질을 파악하고, 이를 통해 군대의 본질을 유추하기 위해 노력했다. 그는 후자를 "모든 종류의 군사 행동이 수행되는 도구"라고 정의했다. 그리고 나서 그는 다양한 부분과 그들의 상호관계를 고려하여 기계로서 군대를 분석했다. 색시(Saxe)와 달리 로이드(Lloyd)는 전쟁술이 "다른 모든 것과 마찬가지로 본질적으로 변하지 않고 그 적용만이 다양할 수 있는 확실하고 고정된 원칙에 기초하고 있으나 그 원칙들은 그 자체로 일정하다"고 주장했다. 벤담(Bentham)과 동시대인인 그는 엄격한 군사적 공리주의를 주장했다. 연대순 접근을 뒤집으며, 그는 전투 유형과 작전 계획이 항상 부대의 수와 종류, 탄창의 양과 질을 결정해야 한다고 주장했다.10) 그러나 이 영국 역사학자를 제외하고는 전쟁에 대한 정교한 이해와 정의하기 위한 노력이 거의 없었다.

18세기에 받아들여진 장군 이론은 타고난 천재의 개념에 초점이 맞추어졌다. 군 지휘는 음악이나 조각과 같이 타고난 재능을 요하는 예술이었다. 군사 능력은 전달되거나 학습될 수 없다. 그것은 환경에서 파생된 결과라기보다는 인간 내부에 존재하는 순전히 주관적인 요인의 산물이었다. 이런 생각은 근본적으로 공상적이고 반전문적이다. 사실상, 어떤 사람은 명령하기 위해 태어났고 다른 사람은 복종하기 위해 태어났다는 것은 귀족 이론의 개인 수준에 대한 적용이었다. 귀족들은 그들의 지위에서 태어난 사람만이 장교가 될 수 있다고 생각했다. 계몽주의의 군사 작가들은 뛰어난 선천적 능력을 가지고 태어난 사람만이 성공적인 지휘관이 될 수 있다고 생각했다. 두 이론 모두 객관적인 사회 제도를 통해 장교나 장군을 배출할 수 있다는 가능성을 부정했다. 타고난 천재성에 대한 이론은 그 시대의 진보된 사상가들조차 공유했다. 색시(Saxe)는 전쟁과 다른 예술 사이에 기본적인 유사성이 존재한다고 주장했다. 기베르(Guibert)는 "타고난 장군"을 미화했다. 로이드(Lloyd)는 전쟁은 규칙과 계율에 의해 가르쳐질 수 있는 낮은 기계적 부분과 천재의 자연스럽고 직관적인 지식을 통해서만 숙달될 수 있는 높은 부분으로 나눌 수 있다고 했다. "어떤 규칙도, 어떤 공부도, 어떤 응용도, 아무리 부지런하고, 어떤 경험도, 아무리 긴 시간이라도, 이 부분을 가르칠 수 없다. 그것은 천재만이 할 수 있다."[11]

전문성의 기원

■ **프로이센의 우위**　만약 군사 전문직의 기원을 정확히 밝힐 필요가 있다면 1808년 8월 6일을 선택해야 할 것이다. 그날 프로이센 정부는 전문성의 기본 기준을 타협하지 않고 명확하게 제시한 장교 임명에 관한 법령을 발표했다.

　　장교직의 유일한 임무는 평화시에는 교육 및 전문 지식이고 전쟁시에는 뛰어난 용맹함과 통찰력이다. 따라서 국가 전체에서 이러한 자질을 갖춘 모든 개인은 군 최고위직에 오를 자격이 있다. 군부대에서 기존의 계급적 선호는 모두 폐지되고, 모든 사람은 출신과 상관없이 평등한 의무와 평등한 권리를 가진다.[12]

샤른호르스트(Scharnhorst), 그나이제나우(Gneisenau), 그롤만(Grolmann) 및 프로이센 군사위원회(Prussian Military Commission)의 위대한 개혁은 서구에서 군사 전문직의 진정한 시작을 상징한다. 이 지도자들의 업적은 지난 세기의 마지막 10년 동안 프로이센 군대에 나타났고 예나(Jena) 이후에 갑자기 나타난 사상, 토론 및 저술의 저류를 반영했다. 이 운동은 18세기와 크게 달랐다. 프리드리히 대왕(Frederick the Great)과 그의 아버지가 아닌 샤른호르스트와 그나이제나우는 현대 독일군의 진정한 창시자였다. 그들은 세기의 나머지 기간 동안 프로이센군을 지배했던 제도와 이상을 확립했고 사실상 다른 모든 장교단이 궁극적으로 조직화된 모델을 제공했다. 각 국가는 서구 사회의 문화에 독특한 공헌을 해왔다. 프로이센의 공헌은 전문적 장교를 배출하는 것이었다.

군사 전문화는 19세기에 두 시기에 집중되었다. 나폴레옹 전쟁 기간과 직후 대부분의 국가들은 초기 군사 교육 기관을 설립하고 장교단에 대한 진입 제한을 완화했다. 세기의 3/4 분기에는 선발 및 진급 과정이 전면 개편되고 일반 참모들이 조직화되었으며 선진적인 군사 교육 기관이 설립되었다. 두 시기 모두 프로이센이 주도했다. 1875년까지 유럽의 모든 국가들이 군사 전문성의 기본 요소를 습득했지만, 프로이센에서만 이러한 요소가 통합적이고 완전한 체계로 발전했다. 입학에 필요한 일반 및 특수 교육, 시험, 고등 군사 교육 기관, 공로와 성취에 의한 진급, 정교하고 효율적인 참모 체계, 조직의 통합과 책임감, 전문적 역량의 한계에 대한 인식 등은 프로이센이 비범한 수준으로 소유했다. 또한 이러한 새로운 전문직에 대한 이론적 근거를 제공한 사람은 프로이센인 클라우제비츠(Clausewitz)였다. 왜 이 국가가 그런 방식으로 선두를 했을까? 그 답은 유럽에서 전문성의 출현에 책임이 있는 일반적인 원인과 프로이센에서 존재한 특유한 원인을 찾을 수 있다. 이러한 요소들은 기술 전문화, 경쟁적 민족주의, 민주주의와 귀족주의 사이의 갈등, 그리고 안정된 합법적 권위의 존재 등이었다.

■ **전문성의 조건**　　18세기와 19세기의 인구 증가, 기술의 발전, 산업주의의 시작, 그리고 도시주의의 부상 등은 모두 기능적 전문화와 노동 분업의 증가에 기여했다. 전쟁은 다른 모든 것과 마찬가지로 더 이상 단순하고 복잡하지 않은 일이 아니었다. 군대는 더 컸고, 더 중요한 것은 점점 더 다양한 요소로 구성되

었다는 것이다. 한때, 군대의 모든 남자들은 동일한 기능을 수행했는데 그것은 경우에 따라 창이나 칼로 적을 공격하는 것이었다. 이제 육군과 해군은 복잡한 유기체가 되었고, 수백 가지의 다른 전문 분야를 구현하여, 또 다른 유형의 전문가, 즉 이러한 다양한 부분을 조정하고 지정된 목표에 맞게 지시하는 전문가가 필요했다. 다른 많은 분야에서 유능한 상태를 유지하면서 이 기술을 숙달하는 것이 더 이상 불가능했다. 특히 외부방위를 위한 폭력관리의 전문가이면서 정치와 국정, 또는 내부질서를 유지하기 위한 무력사용에 능한 것이 불가능해졌다. 장교의 기능은 정치인과 경찰관의 기능과 구별되었다. 기술 전문화는 서구 전역에 거의 동일하게 존재했다. 전문성이 생겨야 했다. 프로이센에서의 특별한 현상에 대한 설명은 사회적, 정치적 상황에서 찾을 수 있다.

군사 전문성의 두 번째 기본 요소는 민족 국가의 성장이었다. 다른 사회 기관과는 별도로 장교단이 자율적으로 존재하려면 장교단이 필요로 해야 하고 또한 이를 지원하기 위한 충분한 자원이 있어야 한다. 이 두 가지는 모두 민족 국가 체계의 발전에 의해 제공되었다. 국가 간의 경쟁은 각 국가들로 하여금 군사 안보의 이익을 위해 전념하는 상설 전문가 군단을 만들게 했다. 전쟁, 특히 전쟁에서의 군사적 패배로 인해 보안이 상실되거나 위협을 받는 것은 각 국가가 전문화를 하려는 즉각적인 목표를 제공하였다. 프로이센은 1806년 패배 후 전문 장교 군단을 창설했으며 1848년 덴마크의 굴욕에 이어 두 번째 직업군의 전문화를 시작했다. 전문성은 1815년과 1870년 이후 프랑스에서, 1856년, 1870년, 1902년 이후 영국에서 가장 큰 발전을 이루었다. 국가의 규모는 또한 영구적인 군사 직업을 지원하기에 충분한 자원을 제공했다. 더욱이 국가 관료제의 일부로서 장교단은 고도로 발달된 정부 기관이 있는 사회에서만 유지될 수 있었다.

경쟁적 민족주의의 요소는 프로이센에 독특한 적용성을 가지고 있었다. 프로이센은 자연적인 경계가 없고 영토가 독일 전역에 흩어져 있었기에 독립과 영토 보전을 유지하기 위해 강력한 군사력에 유일하게 의존했다. 프로이센의 통치자들은 17세기 중반부터 이 사실을 알고 있었고 18세기 내내 효율적인 상비군의 유지에 막대한 자원과 인력을 쏟아 부었다. 미라보(Mirabeau)의 주장대로 프로이센이 군대를 가진 국가가 아니라 국가를 가진 군대였다면, 이는 매우 특별한 의미에서 군대의 존재가 국가의 존립에 필수적이기 때문이다. 나폴레옹의 군대에 의한 프로이센의 패배와 굴욕은 프로이센 통치자들에게 18세기 유형의 병력이 더 이상 국가의 안전을 보장할 수 없다는 것을 의미했다. 프랑스 혁명의 민족주 의에 대항하기 위해 프로이센인들은 군대에 입대했다. 나폴레옹의 천재성과 개인 의 능력에 따라 선발된 원수(marshals)의 재능을 무모하지만 효과적인 방식으로 대항하기 위해 프로이센인들은 뛰어난 훈련, 조직, 그리고 의무에 투철한 총체적 으로 유능한 장교들을 양성했다. 장기적으로 보면 프로이센의 패배로 국가를 재 건할 타고난 지도자가 나타나지 않은 것이 프로이센에게 유익했다. 이러한 결핍 으로 인해 프로이센은 보통 남성에 대한 체계적인 훈련에 의존하게 되었다. 유럽 에서 군사적으로 가장 불안정한 강대국인 프로이센이 전문 장교 군단을 창설한 것은 놀라운 일이 아니었다.

민주주의적 이상과 정당의 부상은 전문성의 성장에 영향을 미치는 세 번째 요인이었다. 민주주의 이념은 기본적으로 정치제도를 조직하는 체계였다. 그러나 그 지지자들은 그 패턴으로 군사 제도를 형성하려고 시도했다. 그들은 귀족주의 적 이상을 대표주의적 이상으로 대체했다. 즉, 장교단은 민주화되어야 하고 장교 들은 출생이 아니라 동료 시민의 선택에 의해 선발되어야 한다. 미국 독립 혁명 당시 장교 선출은 주(state) 민병대의 주요 임명 수단이었다. 프랑스 혁명 초기에 동일한 시스템이 다시 시도되었지만 똑같이 실패했다. 대표주의적 이상은 물론 귀족주의적 이상과 마찬가지로 군사적 전문성과 양립할 수 없는 것이었다. 그러 나 이는 귀족들의 장교직에 대한 독점을 무너뜨리는 결정적 요인이었다. 19세기 전반의 두 가지 이상 사이의 갈등은 전문성의 발전에 유리한 교착 상태를 초래했 다. 각각의 당사자가 자신의 이익과 원칙에 따라 군대를 종속시키기를 원했을 때 타협의 유일한 근거는 당파 또는 사회계층에 대한 충성이 없고 자신의 이익과 원 칙에 따라 조직된 독립적인 장교단을 상호 인정하는 것이었다.

전문성에 유리한 균형은 특히 프로이센에서 찾아 볼 수 있었고, 프랑스에서 는 그 정도는 덜했다. 프로이센에서는 귀족과 귀족의 가치가 예나(Jena) 이후 세 기에도 강세를 보였다. 동시에 자유주의 사상이 번성했고 부르주아 계급은 점점 더 강력해졌다. 장교단의 지배를 위한 경쟁 계급과 이념의 갈등은 정치로부터 고 립된 전문기관에 의해 가장 잘 해결될 수 있었다. 1806-1812년의 프로이센 개 혁은 이러한 상황을 구체적으로 반영한다. 군사 보수주의자들은 장교단의 귀족적 기반을 유지하기를 원했다. 반면에 보다 극단적인 개혁가들은 선출직 장교 제도를 대체하기를 원했다. 샤른호르스트(Scharnhorst)는 두 그룹의 균형을 맞출 수 있었고 둘 다 만족하지 않았지만 둘 다 받아들일 수 있는 전문적인 기준을 기반으로 한 시스템을 만들 수 있었다. 구비온 센시어(Gouvion St. Cyr)는 10년 후 프랑스에서 동일한 전략을 사용했다. 나폴레옹 휘하의 군대는 자유주의로 물들어 있었다. 유신의 반동파는 그것을 깨끗이 없애고 1789년 모델로 돌아가기를 원했다. 센시어 (St. Cyr)는 정치적 스펙트럼의 양쪽 끝에서 극단주의자들의 반대에도 불구하고 온건주의자의 견고한 블록의 지원을 받으며 1818년 개혁을 단행했다.13) 반면에 영국과 같은 나라에서는 다른 곳처럼 그렇게 확연하고 총체적이지는 않은 귀족주의와 민주주의의 갈등이 존재했지만 사회적 타협의 장치로서 전문성을 장악하려는 동일한 추진력이 부족했다. 마지막으로, 귀족이 없고 민주주의적 이상이 거의 도전받지 않고 지배했던 미국에서는 전문성에 대한 이러한 동기가 거의 없었다.

　　유럽과 아메리카 대륙의 귀족주의와 민주주의의 서로 다른 강점은 군사 전문성의 출현을 인식하지 못한 대서양 양쪽 관측자들의 특이한 역사적 실패를 부분적으로 설명한다. 유럽에서 전문성은 지배적인 귀족들에게 도전했고 결과적으로 그들은 그것을 민주주의와 동일시했다. 미국에서 전문성은 지배적인 민주주의에 도전했고, 따라서 그것은 귀족주의와 동일시되었다. 이 기이한 상황의 결과는 전문 장교 군단의 주요 특성에 대한 드 토크빌(De Tocqueville)의 예리한 요약에서 볼 수 있다. 그러나 그는 유럽인의 시각으로 이러한 전문적인 요소를 "민주주의 군대"의 특징으로 설명한다.14) 그러나 역설적이게도, 동시에 미국의 잭슨주의자들(Jacksonians)은 드 토크빌(De Tocqueville)이 민주주의적이라고 이름 붙인 이러한 동일한 제도들을 귀족주의적이라고 몰아붙였다. 물론 제도는 귀족주의적이거나 민주주의적이지 않았다. 그들은 군대였다. 그러나 귀족주의나 민주주의의 관점에서 그들을 사회－정치적으로 구별할 수는 없었다.

　　전문성의 성장을 촉진하는 마지막 요소는 군대에 대한 합법적인 권위로 인정된 단일 원천의 존재였다. 전문 장교는 국가에 봉사하는 이상으로 가득 차 있다. 실제로 그는 국가의 권위를 구현하는 것으로 일반적으로 인정되는 단일 기관에 충성해야 한다. 경쟁하는 권위가 있거나 누가 권위가 되어야 하는 것에 대해 분쟁이 있는 경우, 전문성을 성취하는 것이 불가능하지는 않더라도 어려워진다.

헌법 이념과 정부의 충성심 간의 충돌은 장교단을 분열시키고 정치적 고려와 가치를 군사적 고려와 가치에 중첩시킨다. 장교의 정치적 충성심의 본질은 그의 전문적 역량의 수준보다 정부에 더 중요해진다.

　　군대에 대한 단일 권위의 필요성은 계급 갈등이 전문성을 초래할 수 있는 정도를 제한한다. 대립하는 계층이 각각 장교단에 대해 어떤 권한을 주장하는 경쟁적인 정부기관들과 동질감을 갖거나 두 계층이 국가의 헌법구조에 대해 근본적으로 다른 견해를 갖는 경우 전문성은 도모되기보다는 저해된다. 계급 갈등은 양 당사자가 군대에 대한 특정 정부기관의 권위를 수락하는 경우에만 전문성의 이익을 증대시킨다. 따라서 전문성을 갖추기 위해서는 군대 자체에서 한 발짝 떨어져 있는 정당의 갈등과 정치적 갈등을 제거하고 일부 공식적으로 인정된 정부기관을 통해 군대에 정치적 영향력을 전달하는 것이 필요하다. 따라서 어느 정도의 헌법적 합의는 군사 전문성에 필수적이다.

　　이러한 고려 사항에 비추어 볼 때 프로이센, 프랑스 및 영국과 관련된 확연한 사실은 프로이센에서만 군사 전문성의 성장에 유리한 헌법적 상황이 있었다는 것이다. 프로이센의 전문성의 기본은 국왕을 최고의 전쟁군주이자 군사문제에 대한 유일한 권위자로 인정하는 것이었다. 그들의 증가하는 권력에도 불구하고 프로이센 부르주아지는 1848－1850년과 1860－1863년을 제외하고는 결코 이 권위에 도전하고 의회의 권위를 주장할 수 없었다. 결과적으로 군대를 입헌정치로부터 격리시키는 것은 비교적 쉬웠다.•

　　그러나 대영제국에서는 1688년의 헌법적 합의에 의해 확립된 이중통제 체제가 전문화를 지연시켰다. 의회는 군대를 증강하고 유지할 수 있는 권한을 가지고 있었고 명령과 임명은 왕실의 특권이었다. 행정부와 입법부의 제도적 경쟁은 19세기에 의회의 패권이 확고히 확립될 때까지 영국군을 국내정치에 관여시켰다. 군사분야에서 이러한 패권의 성취는 1790년대에 전쟁담당 장관직 창설로 시작되어 100년 후 총사령관직이 폐지되면서 끝이 났다. 그러나, 한편, 18세기 체

• 부분적인 예외는 1850년 이후에 그는 의회와 영국 왕실에 책임이 있었던 전쟁부 장관이었다. 장관의 지위는 때때로 옹호될 수 없게 되었고, 이러한 이중적 책임은 그의 직분을 쇠퇴시켰다. Gordon A. Craig, The Politics of the Prussian Army, 1640-1945 (Oxford, 1955), pp. 124-125, 223-225 참조.

제는 미국 식민지로 수출되었고 미국 헌법 제정자들(Framers)에 의해 복제되었다. 그 결과, 미국이 훗날 직면하게 된 군사 전문성과 민간 통제의 많은 문제는 조지아(Georgian) 시대 영국의 문제와 매우 유사했다.

프랑스에서는 헌법상의 갈등이 더 깊어지고 더 오래 지속되었으며 전문성에 훨씬 더 부정적인 영향을 미쳤다. 1818년과 같은 고립된 사례에서 이러한 갈등은 군대의 전문화를 진전시키기 위해 이용될 수 있었다. 그러나 평소에는 투쟁은 너무 격렬했고 헌법에 어긋나는 이념이 얽혀 있어 장교단을 정치로부터 격리시키는 타협은 불가능했다. 국가를 분열시키는 균열은 군대에 반영되었다. 공화파(Republicans), 정통파(Legitimists), 보나파르트파(Bonapartists)는 모두 군대를 통제하기 위해 적극적인 노력을 기울였다. 프랑스 정치가들은 철저한 중립을 유지하는 완전히 비정치적이고 전문적인 장교단의 이상과 자신의 헌법 이념에 대한 고위 장교들의 충성심을 보장하기 위해 영향력을 행사하지 않으면 장교단은 신뢰할 수 없거나 심지어 위급한 상황에 혁명적일 수도 있다는 두려움 사이에서 갈팡질팡하였다. 유신 당시 센 시어(St. Cyr)는 장교단을 전문화하여 무력화시키려 했지만, 정부의 귀족 지도자들은 그들의 정치적 견해에 따라 장교를 분류하고, 신뢰할 수 없는 것으로 간주되는 사람들을 숙청하고, 군대를 비밀 경찰의 감시를 받도록 할 것을 주장했다.15) 막마혼(Macmahon), 불랑제(Boulanger), 드레이유푸스(Dreyfus), 사라일(Sarrail), 델라 로크(De la Rocque), 페탱(Petain) 및 드골(De Gaulle)의 이름은 이후에 프랑스 장교단이 입헌 정치에 지속적으로 관여했음을 증명한다.

■ **보편 복무와 전문성**　　　민족주의와 민주주의의 부상은 전문성의 출현과 밀접하게 연결된 한 가지 중요한 산물이었다. 이것은 "병력 국가"의 개념이었고 짧은 기간 동안 모든 시민들의 보편적 복무를 통해 모집된 국가 군대의 결과였다. 장교단 내의 비전문성에서 전문성으로의 이동은 실제로 일반 사병에서의 직업군인에서 시민 군인의 이동과 관련이 있다. 장교단을 최초로 전문화한 국가인 프로이센은 상시 보편복무를 도입한 최초의 국가이기도 하다. 1814년 9월 3일의 법에 따라 모든 프로이센 시민은 상비군에서 5년(3년은 현역, 2년은 예비군), 14년 동안 민병대 또는 란드베어(Landwehr)에서 복무해야 했다. 복무 조건은 그때그때 달랐지만 이 법에 의해 제정된 기본 제도는 1차 세계 대전까지 계속 유지되었다.

프랑스에서는 혁명과 제국 시기 동안 일시적이고 혼란스러웠던 징병제가 루이 18세 헌장에 의해 금지되었다. 그러나 장교단의 개혁과 함께 센 시어(St. Cyr)는 보편 복무의 형태를 도입하려고 시도했다. 귀족들의 반대로 인해 그는 자원 입대와 추첨으로 모집하는 법에 타협해야 했다. 그러나 대체 인원은 허용되었고, 세기 중반에 장교의 전문화가 정체됨에 따라 직업 지원병으로 구성된 프랑스는 혁명 이전의 일반사병제로 복귀했다. 프랑스－프로이센 전쟁 이후 전문화의 두 번째 부상과 함께 프랑스는 대중군을 채택했다. 영국은 미국과 마찬가지로 20세기까지 평시 징병을 도입하지 않았다. 그러나 1870년 프로이센의 승리로 영국은 장교단의 구매제를 폐지했을 뿐만 아니라 군 복무 기간을 10년에서 6년으로 줄이고 단기 입대를 늘리기 위해 부단한 노력을 기울이며 대중군의 방향으로 한 걸음 나아갔다.16)

　　부분적으로 징병제와 전문성의 동시 도입은 군사 안보의 필요성에 대한 병행적인 반응이었다. 프로이센은 나폴레옹에게 패배한 결과 장교들을 전문화하고 일반 사병을 징집했다. 다른 유럽 국가들은 간접적으로 또는 직접적이고 불행한 경험을 통해 프로이센 체제의 장점을 인정했기에 이러한 두 가지 측면을 채택했다. 지리적으로 더 안전한 영국과 미국과 같은 국가는 두 가지 변화 중 어느 것도 변경하는 데 느렸다. 그러나 징집과 전문성 사이에는 보다 직접적인 관계가 존재하였다. 귀족 아마추어는 일반 사병이 장기간의 정규군인 경우에만 신뢰할 수 있다. 후자가 아마추어 군인이 되었을 때, 군대는 더 커졌고 훨씬 더 유능하고 경험이 풍부한 리더십이 필요했다. 계속되는 군대시설의 지속적인 핵심을 공급하고, 군사 기술의 선진화를 책임지고, 사병들을 대열을 통해 지속적으로 훈련시키는 것이 장교의 기능이 되었다. 장교단과 일반사병의 성격의 변화는 나머지 사회와의 관계를 변경했다. 18세기 군대에서 일반사병은 사회의 다른 부분과 아무런 뿌리도 연관도 없이 고립되고 불신받는 소외된 집단을 형성했다. 반면에 장교들은 귀족적 지위 덕분에 사회에서 확실한 지위를 가지고 있었다. 19세기에 일어난 역할의 뒤바꿈에서 사병들은 국민, 즉 시민의 마음의 한 단면이 되었고, 장교들은 외부 사회와 거의 관련이 없는 그들만의 세계에 살고 있는 별도의 전문 집단이 되었다. 사병들은 18세기 군대에서 가장 "군사적인" 부분인 반면, 장교는 현대 군대에서 가장 "군사적인" 부분이다.

일부 작가들은 보편 복무 도입의 중요성을 지나치게 강조하고 장교단의 변화의 중요성을 간과하는 경향이 있다.17) 1870년 프로이센이 프랑스에 승리한 것은 프로이센 장교단과 특히 일반 참모들의 뛰어난 전문적 능력 때문뿐 아니라 프로이센 군의 대중성 때문이기도 하다. 구 "전문군"에서 새로운 "시민" 또는 "대중" 군대로의 전환을 강조함으로써, 이러한 논평가들은 장교단 내의 전문성의 외관을 흐리게 했다. 그들은 이 요소를 무시했기 때문에 대중 군대는 필연적으로 전면전과 끝없는 잔혹함의 피비린내 나는 국가적 투쟁을 의미한다는 결론을 내렸다. 징병은 실제로 이런 방향으로의 경향을 낳을 수 있지만 이러한 경향은 장교단의 전문화에 의해 군대의 지도부에 도입된 온건하고 합리적이며 계산적인 전문지식에 의해 부분적으로 균형을 이룬다.

전문 기관의 출현, 1800-1875

■ **입학 및 초기 교육**　전문적 복무입대 제도는 세 단계를 통해 진화되었는데 (1) 입대를 위한 귀족출신이란 전제 조건의 제거, (2) 기본 수준의 전문 훈련 및 능력 요구, (3) 최소한의 일반 교육의 요구와 군대가 운영하지 않는 기관에서 이러한 교육을 제공하는 것이었다.

프로이센에서는 1808년 8월 6일의 법령에 따라 복무입대에 관한 계급 제한이 폐지되었다. 장교단의 기본 역량을 보장하기 위해 교육 및 시험 요구 사항의 정교한 진행이 수립되었다.* 그러나 모든 자격을 갖춘 후보군에게 군단이 공식적으로 개방되었음에도 불구하고 귀족적 고려는 여전히 중요했다. 정예 근위 연대는 대개 귀족 계급이었고, 기술 무기는 대부분 부르주아 계급이 차지했고, 정규군 부대는 다소 균등하게 나뉘었다. 연대장이나 사관학교 입학에 대한 지명의

---

* 17세 반에서 23세 사이인 프로이센 체육관 학생의 장교가 되기 위한 일반적인 단계는 다음과 같다. (1) 연대 대령에 의한 지명; (2) 교양 과목의 일반 시험 통과; (3) 6개월 복무; (4) 스바드노트 (Swordknot) 소위 (Portepeefiihnrich)로 임관; (5) 사단 학교에서 9개월 훈련; (6) 군사 과목에 대한 특별 시험; (7) 연대 장교의 합격; (8) 중위로 임관. 사관학교에 다니는 대부분의 학생들은 18세, 19세에 일반고사를 치른 뒤 중등 학교에서 입학하는 학생들과 같은 절차를 밟았다. 19세기말 독일 해군의 입대 절차는 이 육군 체계를 모델로 했다. Archibald Hurd and Henry Castle, German Sea Power (London, 1913), pp. 160-164 참조.

요건은 적절한 가족 배경이 없는 후보자를 제외할 수 있었다. 그러나 귀족이 아닌 사람들은 항상 장교단의 주요한 요소였다. 1815년 이후 이에 대한 반응으로 귀족이 아닌 사람들의 비율은 1860년에 군단의 약 1/2에서 약 1/3로 감소했다. 그 후 그들의 수는 제1차 세계 대전 직전 군단의 약 2/3를 차지할 때까지 꾸준히 증가했다. 1865년에 제기된 교육 및 시험 요건 수준은 귀족이든 부르주아이든 모든 장교의 기본 능력을 보장했는데, 이는 다른 유럽 군대보다 훨씬 높았다.

초기 프로이센 개혁가들은 장교에 대한 일반 교육과 특수 교육 모두의 바람직함을 강조했다. 그러나 처음에는 두 가지 유형의 교육이 애매모호하게 다양한 학교와 심사위원회와 뒤섞여 있었다. 그러나 1844년 대대적인 개편으로 일반 교육의 필요조건이 증가하고 일반 교육과 기술 교육이 명확하게 분리되었다. 이러한 변화의 이면에는 다른 학문적 교수들의 채용과 마찬가지로 장교직을 채용해야 한다는 철학이 있었다.•

프로이센의 한 장군은 다음과 같이 말했다.

군사 시험의 첫 번째이자 가장 큰 목적은 교육을 많이 받은 장교단 (ubergebildetes)이 아니라 다양하게 교육받은 장교단(ein gebildetes Ofjizier corps)을 확보하는 것이었다. 두 번째 목표는 전문 교육을 받은 장교단(ein berufgebildetes Ofjizier-corps)을 확보하는 것이었다.18)

• 헨리 버나드(Henry Barnard), Military Schools of Courses of Instruction in the Science and Art of War (Philadelphia, 1862), pp. 291-292에서는 개혁 이론을 다음과 같이 요약했다.
"1. 다른 모든 직업과 마찬가지로 군인 직업은 일반적으로 정신을 수양하기 위한 일반 학교 교육을 요구하고 이것이 기초가 되어 이후에 특수 및 전문 교육을 거치게 된다." 전자는 스바드노트(Swordknot)를 위한 시험에서, 후자는 장교 시험에서 테스트 된다.
2. 스바드노트(Swordknot) 후보에게 요구되는 예비 교육은 그 나라의 일반 학교에서 제공한다.
3. 요구되는 사전 훈련은 후보자에게 차후의 군사 교육을 위한 보다 확실한 기초를 제공할 뿐만 아니라 그것은 모든 직업의 기초 작업이기 때문에 나중에 그가 선호하는 직업에 필요한 특별한 지식을 배양할 수도 있다.
4. 사단 학교는 다양한 학문적 과학에 대한 교육 과정을 받지 않아도 되기에 그 결과 대다수의 학자들은 정규 및 일반 교육에서 거의 진보되지 않았고 피상적으로 전문과학의 요소에 기반을 두었고 평생 교육을 받는 대신 시험을 치르기 위해 몇년의 훈련을 받았다.
5. 사단학교에 유능한 교관이 있으면 좋은 전문교육을 받을 수 있다.
6. 스바드노트(Swordknot) 시험에서 요구되는 교양 교육의 양에 따라 군인이 될 예정인 사람들의 친구들은 그들에게 다른 직업의 구성원들이 받는 것과 동일한 교육을 제공하도록 권고받는다…"

　　장래의 장교들은 중등학교를 졸업해야 했고 대학의 적합성 증명서를 받거나, 그렇지 않으면 6일간 학생들의 실제 지식보다는 지능과 분석 능력을 테스트하는 엄격한 일반 시험을 통과해야 했다. 장교들의 약 3분의 2는 학생들을 각계각층의 학생들에게 준비시키는 중등학교와 기타 학교에서 왔으며, 나머지는 주로 전직 장교들의 아들들을 위해 국가에서 관리하는 사관생도 학교에서 뽑혔다. 학생들은 10세 또는 11세, 또는 15세 또는 16세에 사관생도 학교에 입학했다. 사관생도들은 군사 훈련을 받았지만 사실상 모든 교육은 교양 과목이었다. 육군성에서 실시한 일반 예비학교의 운영은 물론 특별화된 전문적 역량의 원칙을 위반했고 사관생도 학교에서 제공되는 일반 교육은 중등학교에서보다 열등했다. 그리고 프로이센 군대 지도자들 자신은 사관생도 학교를 유지하는 것이 바람직한지에 대해 의견이 엇갈렸다. 프로이센 장교의 기술 숙련도는 사관학교의 상위 몇 명을 제외한 모든 입학생들이 6개월 동안 사병으로 복무하고 사단 학교에서 9개월 동안 기술 군사 훈련을 받은 후 기술 군사 주제에 대한 장교 시험을 통과하도록 함으로써 보장되었다.

　　프랑스에서는 혁명으로 귀족 가문이 입병 제한조건에서 사라졌다. 다시는 가문이 군사 직책의 공식적인 전제 조건이 되지 않았다. 유신 기간 동안 예전 방식으로 돌아가야 한다는 강한 압력이 있었지만 센 시어(St. Cyr)는 군대 학교 또는 일반사병에서의 경쟁을 통해서만 입병을 해야 한다는 원칙을 확고히 확립하는 데 성공했다. 해군에도 비슷한 기준이 정해졌다. 19세기 내내 두 부문에서 귀족 장교의 비율은 같지 않았지만 모두 높았다. 그러나 이러한 사실은 귀족 가문이 유리한 입학조건의 가중치를 주었다는 것보다 귀족 가문들 사이에서 군복무에 대한 관심이 크다는 것을 반영했다.

　　센 시어(St. Cyr)의 법과 후속 법률은 장교들 중 3분의 1에서 3분의 2가 사관학교 출신이고 나머지는 최소한 4년 이상 복무한 부사관 계급이어야 한다고 규정했다. 일반사병에서 진급한 "줄무늬 이등병"은 장교와 부사관 사이의 책임과 의무의 차이를 잘 인지하지 못하는 경우가 많았고, 장교단의 지적 수준에 거의 기여하지 못했다. 사관학교 출신 장교들은 대조적으로 우수한 일반 교육과 우수한 기술 교육을 모두 갖추고 있었다. 전문 교육 기관이 세 곳 있었다. 1794년 설립된 에콜 폴리테크니크(Ecole Polytechnique)는 육군에 포병 및 공병 장교를, 해군에 해병 포병 장교, 해군 건축가 및 기타 기술 전문가를 공급했다. 기병과 보병 장교들을 양성하기 위한 특수 군사 학교는 1803년 퐁텐블로(Fontainebleau)에 설립되었고 1808년 센 시어(St. Cyr)로 이전되었다. 해군 학교는 1810년 브레스트(Brest)와 툴롱(Toulon)에 세워졌는데 1816년에 이 둘이 단일 기관으로 통합되어 1827년 브레스트에 설립되었다. 이 모든 학교에 입학하는 것은 경쟁적인 시험을 통해 이루어졌으며 지원자들은 일반적으로 폴리테크닉 인스티튜트(Polytechnic Institute)와 센 시어(St. Cyr)의 경우 16세에서 20세 사이이고 해군 학교의 경우 14세에서 16세 사이이다. 그러나 대부분의 경우 후보생은 국립 고등학교(대학 예비학교)에서 통상적인 과정을 수료한 것으로 추정되었다. 프랑스인에게는 프로이센보다 훨씬 더 많은 장교들이 그 나라의 일반 중등학교를 다닐 것으로 기대되었다. 유일한 예외는 프랑스 유일의 실제 군사 준비 학교인 프라이타니 밀리테어(Prytanee Militaire)로 매년 제한된 수의 장교들의 아들을 군사 대학으로 보냈다. 센 시어(St. Cyr)와 에콜 폴리테크닉(Ecole Polytechnique)의 과정은 2년이었다. 센 시어(St. Cyr)의 커리큘럼은 첫 해에는 주로 과학 과목을, 두 번째 해에 주로 군사 과목을 포함했다. 에콜 폴리테크닉(Ecole Polytechnique)의 교육은 용병술과 지형에 대한 한 과목을 제외하고 거의 전적으로 과학적이고 기술적이었다. 해군 학교 학생들은 브레스트(Brest)에서 2년 동안 일반 및 전문 과목을 공부한 후 훈련선에서 1년 동안 실습 교육을 받았다.19)

귀족 가문에 대한 입병 제한조건은 프랑스군과 프로이센군보다 영국군에서 훨씬 더 오래 지속되었다. 구매 체제의 첫 번째 중단(물론 포병과 공병은 제외)은 1802년 샌드허스트(Sandhurst)에 왕립 군사 대학(Royal Military College)이 설립되면서 발생했다. 이 대학에 입학하려면 총사령관의 지명이 필요했지만 졸업생들은 직책을 구매하지 않고 받았다. 세기 중반에는 구매가 필요하지 않은 입병 경로를 넓히기 위한 노력이 있었다. 그러나 1871년 전체 제도가 폐지되고 나서야 귀족의 자격은 영국인의 입병요건에서 공식적으로 제거되었다.• 영국 해군에서는

• 1860년과 1867년 사이에 처음으로 군대에 임용된 4,003명 중 3,167명은 구매로, 836명은 구매로 임용되지 않았다. 장교에 대한 교육 요건에 대한 반대는 1850년대에 케임브리지 공작(Duke of Cambridge)에 의해 잘 표현되었는데 이 공작은 프로이센 제도를 공격하고 대조적으로 "영국 장교는 첫째 신사여야 하고 그 다음이 장교여야 한다"고 주장했다. 로이 루이스(Roy Lewis)와 앵거스 모드(Angus Maude), Professional People(London, 1952)에서 인용. p.31.

1794년에 "선장의 보조"로 입대한 것이 폐지되었다. 그러나 "일등 의용병"은 여전히 선장들에 의해 임명되었다. 1833년에 이러한 임명에 대한 해군성의 승인이 필요했고 시험제도는 1838-39년에 시작되었다. 1848년에는 선장의 권한이 더욱 제한되었고 1870년에는 모든 임명에 대해 2명의 후보가 있는 "제한된 경쟁" 제도가 도입되었다. 따라서 입병에 대한 구매제도는 영국 해군과 영국 육군에서 거의 같은 속도로 제거되었다.[20]

1802년 왕립 사관학교가 설립되고, 1806년 울위치(Woolwich)의 개편과 확장, 그리고 같은 해 해군사관학교가 왕립 해군사관학교로 변경되면서 영국은 충분한 예비 전문 교육 기관을 갖추게 되었다. 그러나 모든 장교들이 이러한 학교에 다녔어야 하는 것이 아니었다. 또한 적절한 일반 교육이 제공되지 않았다. 학생들은 공립학교에서 울리치(Woolwich)와 샌드허스트(Sandhurst)에 입학했지만 영국 공립학교는 중등학교나 국립 고등학교(lycée)에 버금가는 교육을 제공하지 않았다. 게다가 해군성은 12세에서 14세 사이의 미래 해군 장교를 모집하는 "젊은 이를 잡아라"는 정책을 오랫동안 고수해 왔다. 따라서 해군 장교가 일반 교육을 받으려면 해군성에서 교육을 받아야 했다. 1806년부터 1837년까지 포츠머스(Portsmouth)에 있는 왕립 해군 대학에서 이를 보급하기 위한 노력이 있었다. 그러나 1837년에 대학은 문을 닫았고 일반 교육은 바다에서 제공되었는데 이론적으로 해군 사관 후보생은 해상에 떠 있는 배에서 교장들에 의해 교육을 받았다. 실제로 해상에서의 훈련은 거의 전적으로 실용적이고 기술적인 것이었다. 1857년 이 제도가 종료되고 다트머스(Dartmouth)에 훈련선이 세워져 12세에서 14세 사이의 사관생도들이 바다로 가기 전에 2년의 교육을 받았다. 1886년 특별 위원회는 일반 교육을 제공하거나 중등 학교를 마칠 때까지 장교 채용을 연기함으로써 "더 높은 수준의 지능과 더 나은 일반 교육"을 확보할 것을 해군성에 촉구했다. 1903년 오스본(Osborne)의 해군 학교는 이러한 대안 중 첫 번째 대안을 제공하기 위해 재조직되었으며 10년 후 공립학교로부터 특별 입학을 허용함으로써 두 번째 조치도 채택되었다.[21] 따라서 프로이센군 장교들에게 일반적이고 전문적인 교육이 요구된 100년이 지난 후, 영국 해군 장교들에게 일반 및 전문 교육이 의무적인 것이 되었다.

■ **진급**   장교단 입대를 위한 전문적 기준의 제정에 이어 군단 내에서의 진급에 대한 전문적 기준이 제정되었다. 일반적으로 새로운 진급제도는 선발에 의해 강화된 연공서열 승진의 형태를 취하였다.

프로이센에서 샤른호르스트(Scharnhorst)는 승진의 전제 조건으로 시험이라는 개념을 도입했고 외부 수입에 대한 의존도를 줄이기 위해 장교들의 급여를 인상했다. 유능한 장교들은 총참모단에서 빠르게 진급했다. 공식화된 규칙이 없음에도 불구하고 영향력과 편애는 장교 승진에 미미한 역할을 했다. 대위 계급까지 진급하는 것은 일반적으로 연공서열을 따랐지만, 특히 총참모부나 부관참모실에 자격이 있는 유능한 장교들은 더 빨리 진급할 수 있었다. 대위급 이상의 승진은 군내나 군단에 있었고, 연공서열은 더 엄격하게 따랐다. 연공서열에 의해 진급할 차례가 되었는데 진급하지 못한 장교들은 사임할 것으로 기대되었다. 대부분의 장교들은 차례로 소령으로 진급할 것으로 예상할 수 있으며, 해당 직위에서 대령으로 진급하는 과정에서 많은 장교들이 사직하게 되었다. 시험은 공병과 보병의 장교들을 제거하는 지침으로 활용되었다.

1818년의 프랑스 법은 승진에서 비전문적 요소를 배제하려는 대담한 시도였다. 중령까지의 모든 승진의 3분의 2가 연공서열에 의해 이루어져야 한다고 규정했다. 나머지 3분의 1인 하급 진급과 대령과 일반 장교의 임명은 모두 선발에 의해 이루어졌다. 그러나 이 법은 연공서열에 지나치게 의존하고, 낮은 등급에서 너무 긴 복무 기간을 요구하며, 귀족의 편애를 완전히 막지는 못했다. 1832년 7월 군주제에 의해 전체 제도가 개정되었다. 각 등급에서 진급까지 소요되는 시간이 대폭 단축되었고, 연공서열별 전공 임용 비중이 3분의 2에서 2분의 1로 줄었다. 더 중요한 것은 이 법은 "군헌장"이라는 칭호를 받았는데 이는 군법회의에 의해 처벌되는 잘못된 행동의 경우를 제외하고는 장교에게 계급이 보장되었기 때문이었다. 정교한 진급 추천 제도가 개발되어 진급 자격이 있는 장교들의 명단이 매년 각 부대에서 작성되고, 감사관이나 상급 장교 위원회가 이에 따라 조치를 취했다. 1851년에 포괄적이고 정규화된 퇴직 연금 제도가 도입되었다. 19세기 중반까지 프랑스 육군에는 직업적 진급을 위한 공식 규정이 존재했다. 그러나 실제 실행에서 그 제도는 여전히 특정 결함과 남용의 대상이 되었다.

프랑스 해군에서도 상황은 다소 비슷했다. 한 등급에서 다음 등급으로 진급하려면 낮은 등급에서 2년에서 4년 정도 복무해야 했고 어떤 경우에는 지휘 경험이 있어야 했다. 가장 낮은 등급에서 중령(capitaine de fregate)까지 승진은 연공서열과 선발로 이루어졌다. 이 등급 이상은 선발에 의해서만 가능했다. 19세기 후반에 고위 장교들의 느린 퇴직으로 인해 승진 기회가 사라지면서 소수의 임명을 얻기 위해 족벌주의와 편애가 널리 사용되었다. 제국 하에서는 일반적으로 공적이 우세했지만, 제3공화국의 첫 해에는 영향력이 필수적이었다. 상황은 결국 너무 극단적이 되었고 신문에서는 제독과 장관들의 아들들의 표면상의 비범한 능력에 대한 비판이 너무 강해서 1890년에 전체 제도가 개정되었다. 1824년 이래로 존재했고 특혜의 초점이 되었던 해군위원회는 폐지되었고 진급에 적합한 장교를 결정하기 위해 감찰장 제도가 도입되었다.[22]

　　19세기 동안에는 천천히 영국군에서 정치와 구매가 제거되었다. 1794년 총사령관직이 설립되면서 정치의 제한을 향한 첫걸음을 내디뎠다. 새로운 지위는 군대에게 정당 정치의 영역 밖의 기관으로 간주되는 전문적인 군 대장직을 부여했다. 점차적으로 이 군 사령관은 정치적 영향에 좌우되는 민간 장관들로부터 임명과 규율의 임무를 인계받았다. 1861년에 총사령관은 군대의 명령, 규율 및 임명에 대한 완전한 책임을 부여받았으며 군부의 정부에 대한 왕실의 일반적인 통제와 왕실 특권의 행사에 대한 국무성 전쟁 장관의 책임에만 종속되었다. 사령관의 임명을 돕기 위해 각 장교는 반년마다 부하에 대한 보고서를 제출해야 했다. 이와 동시에 하급 장교 진급을 위한 시험이 의무화되었고, 참모대학 과정을 성공적으로 이수하는 것이 총사령부에서 복무하기 위한 전제조건이 되었다.

　　구매가 존재하는 한 영국군에서는 진정한 전문적 진급 체계가 불가능했다. 1856년까지 대위는 약 2,400파운드, 중령은 7,000파운드가 들었다. 장교들의 극도로 낮은 봉급은 윌리엄 3세(William III) 통치 이후로 인상된 적이 없었고, 외부 수입은 분명히 군인직에 필수적이었다. 이 상황에 대한 비판은 허다했다. 1846년에 그레이 경(Lord Grey)은 이를 맹렬히 비판하고 선견지명이 있는 개혁 프로그램을 수립했다. 1850년에 왕립 위원회(Royal Commission)도 마찬가지로 이 시스템을 문제 삼았다. 그러나 개혁에 대한 반대는 여전히 강했다. 구매제도는 군대가 국가를 지배하는 동일한 재산 이익에 의해 통제되도록 보장함으로써 국가에 대한 군대의 충성도를 확보했다고 주장되었다. 직접적인 사회 정치적 통제 전문적인 책임감에 의존하는 것보다 선호되었다. 웰링턴 공작(Duke of Wellington)과 같은 보수주의자들은 폐하를 위해 자신이 맡은 임무 외에 국가의 이익과 재산에 어느 정도 관련이 있는 "재산과 기질"의 지도자를 "용병대"로 대체하려는 제안을 강하게 비난했다. 신모델 군대(New Model Army)의 기억은 유신 이후 200년이 지난 지금도 여전히 영국 군인과 정치인들의 마음을 괴롭혔다. 프랑스와의 전쟁에서 프로이센 군용 기계의 뛰어난 효율성으로 인해 1871년 카드웰 경(Lord Cardwell)이 구매제도를 폐지할 수 있도록 했다. 그때에도 "전문" 군대라는 개념에 대한 많은 비판이 여전히 지속되었고, 카드웰(Cardwell)은 다음과 같은 점을 강조해야 했다.

> … 우리가 근래 군사작전의 역사에서 배운 한 가지 교훈이 있다면, 이것이 바로 프로이센의 성공 비결은 다른 어떤 이유보다도 장교들의 전문적인 교육 덕분이었다는 것이다. 전문적인 훈련 없이는 용맹함도 영웅적 행동도 아무 소용이 없다…[23]

마지못해 의회는 몰트케(Moltke)가 크롬웰(Cromwell)보다 더 큰 위협이 될 수 있음을 인정하고 정부가 장교들의 임명을 인수하고 연공서열과 능력에 따른 선발에 기반한 승진제도를 제정하도록 승인했다.

직업적인 진급은 육군보다 영국 해군에서 더 쉽게 진행되었다. 정치적 영향은 19세기 초에 대부분 제거되었다. 또한 구매제도가 없었다. 19세기 후반에는 효과적인 퇴직제도가 도입되었고, 1860년 이후에는 모든 임명이 "직위"가 아닌 "직급"을 기준으로 이루어졌다. 사관 후보생들과 해군 소위들은 시험으로 진급하고, 중위와 중령은 선발로, 그 외 모두 사람은 연공서열에 의해 진급했다.

■ **교육**   전쟁 과학의 범위와 복잡성이 증가함에 따라 고등 연구를 위한 기관이 점점 더 필요하게 되었다. 프로이센은 다른 어떤 강대국보다 오래 전에 이점을 인식했고 1810년 샤른호르스트(Scharnhorst)는 베를린에 유명한 크리그스아카데미(Kriegsakademie)를 설립했다. 이 학교는 전쟁 과학의 고등 연구를 위한 군사대학으로 설계되었다. 장교들은 5년 동안 복무하고, 지휘관들에 의해 그들의 임무를 잘 수행했다는 것을 증명하고, 10일 간의 특별 시험을 통과한 후 입학을 허

가받았다. 보통 매년 60명에서 70명의 후보자 중에서 40명이 선발되었다. 필수 과목으로는 전술, 군사 역사, 무기 과학, 야전 및 영구 요새, 군사 및 정치 행정, 경제, 수학, 포병, 특수 지리 및 지질학, 참모직, 군사 법학이 포함되었다. 학업의 약 절반이 선택 과목이었고 장교들은 세계사, 세계 지리, 논리학, 물리학, 화학, 문학, 고등 측지학, 고등 수학, 프랑스어, 러시아어 중에서 선택할 수 있었다. 교직원에는 군인과 민간인 강사가 모두 포함되어 있으며 학교에는 훌륭한 도서관이 있다.

　육군사관학교는 프로이센 전문성의 중심 기관이었다. 적절한 시기에 아카데미에 다니는 것은 고위직이나 참모총장직을 얻기 위한 전제조건이 되었다. 오랫동안 아카데미는 유럽에서 그런 종류의 유일한 기관이었다. 그 영향의 한 척도는 1859년에 유럽의 군사 문학의 약 50퍼센트가 독일에서 생산되었다는 추정이다.24) 전쟁사관학교에서는 하위 학교와 마찬가지로 외우는 상세한 사실지식보다는 학생들의 전반적인 이해와 폭넓은 이론적 능력 개발에 큰 중점을 두었다. 외국의 관측자들은 "자립심"을 장려하는 것에 대한 강조와 "교육의 더 큰 목표, 마음을 형성하고 훈련하는 것, 성찰의 습관을 장려하는 것"에 부여된 보살핌에 대해 경탄했다.25) 현대 교육 이론의 기준으로 볼 때 프로이센의 군사 교육 체계는 행정측으로 보나 군사측으로 보나 19세기에 유럽에서 가장 진보된 체계 중 하나였음에 틀림없다.

　프로이센과 같이 프랑스는 19세기 초반에 많은 고급 전문 학교를 설립했다. 그러나 프랑스는 크리그사카데미(Kriegsakademie)에 견줄 만한 학교가 없었다. 그래도 그나마 비교할 만한 유일한 기관은 1818년 센 시어(St. Cyr)에 의해 설립된 참모 학교(Ecole d'Application d'Etat Major)였다. 입학은 센 시어(St. Cyr)와 에콜 폴리테크닉(Ecole Polytechnique)의 소수의 우수한 학생들과 현역 복무 중인 소위들로 제한되었다. 모든 후보자는 군사 과목에 대한 엄격한 시험을 통과해야 했다. 학업 과정은 2년이었고 크리그사카데미(Kriegsakademie)의 커리큘럼보다 훨씬 제한적이고 초급적이었다. 그럼에도 불구하고 학교 다니는 것은 총참모단에 임명되기 위해 필요했다. 다른 프랑스 전문적인 기관과 마찬가지로 참모 학교는 19세기 동안 많은 발전을 이루지 못했다. 1860년대 베를린 주재 프랑스 대사관부 육군 무관이 말했듯이, 모든 프랑스 군사 교육 기관은 크리그샤카데미(Kriegsakademie)

와 비교할 때 "단지 농업 학교"였다.26)

1871년의 패배 이후, 프랑스 장교들은 1807년에 프로이센 장교들이 그랬던 것처럼 자신들의 군사적 독학을 위해 비공식적으로 자신들을 준비시키기 시작했다. 1874년에 정부는 육군 사관학교의 바람직함을 연구하기 위해 위원회를 임명했고, 1876년에는 참모학교에 상급 장교를 위한 특별 과정이 개설되었다. 마침내 1878년에 진정한 전쟁 학교인 사관학교(Ecole Militaire Superieure)가 설립되었다. 이 학교의 입학은 경쟁 시험을 통해 이루어졌으며 상급 지휘관과 참모직이 될 대위와 중위에게 2년 과정이 제공되었다. 에콜(Ecole)은 나중에 우여곡절을 겪었지만, 그 이후 프랑스 군사 교육은 1870년 이전보다 훨씬 더 높은 수준에 이르렀다.27)

영국에서는 고등 군사 교육 기관이 프랑스보다 뒤쳐져 있었다. 1799년에 요크 공작(Duke of York)은 참모직을 위한 장교들을 교육하기 위해 특수 학교를 열었다. 1802년에 왕립군사대학(Royal Military College)으로 개편되었고, 참모과정은 대학의 상급부(Senior Department of the College)가 되었다. 상급부(The Senior Department)는 1857년 영국 육군 사관학교가 분리되어 별도의 참모학교로 설립되기 전까지 영국군 생활에서 상대적으로 작은 역할을 했다. 그때도 여전히 프로이센 사관학교와 견줄 만한 수준이 아니었고, 영국 육군이 정말 높은 수준의 고급 사관학교를 갖게 된 것은 여러 해가 지나서였다. 해군 고등 교육의 시작은 1837년 포츠머스(Portsmouth)의 왕립 해군 대학(Royal Naval College)이 고등 학교로 개편되면서 시작되었다. 1873년에 이 대학은 그리니치(Greenwich)로 옮겨졌고 "직업과 관련된 이론 및 과학 연구의 모든 분야에서" 사관 후보생 이상의 장교를 교육할 목적으로 한 영국 해군의 고급 교육 센터가 되었다.28)

■ **참모**   프로이센의 우위는 전문 참모진의 양성에서 가장 뚜렷했다. 프로이센의 참모진은 1803년 11월 25일 국왕이 기존의 병참장교의 보급 참모들을 진정한 참모진으로 재편성하라고 명령을 내렸을 때부터 시작되었다. 1800년 이전에 폰 레코크(von Lecoq) 장군은 몇 가지 예비 개혁을 수행했지만 현대적이고 전문적인 용어로 된 총참모부의 기본적인 윤곽은 1802-1803년에 말년의 왕실의 지시에 따라 폰 마센바흐(von Massenbach) 대령이 작성한 제안서에서 처음 발견되었다. 이 명령에 따라 장교들은 특별 시험을 통과해야만 참모로 임명되었으며,

이후 참모직과 연대에서 교대로 근무했다. 총참모부의 임무는 군사작전의 기본원칙을 수립하는 상시임무와 현재의 군사적 현안 및 전쟁계획 준비에 관한 특별임무로 나뉜다.

나폴레옹이 프로이센을 패배시키기 전에는 참모총장은 효과적으로 기능할 기회가 없었다. 그러나 1808년에 샤른호르스트(Scharnhorst)는 참모진을 재편성하고 그 임무를 보다 정확하게 재정의하고, 베를린에 있는 총참모부와 야전군 참모부를 분단하고 참모직의 업적을 크리그사카데미(Kriegsakademie)와 관련이 있다고 말하고, 참모장교가 지휘관의 책임을 분담하는 이중 지휘 체계를 시작했다. 나폴레옹이 몰락한 후에도 참모총장은 이전에 전쟁에서 수행했던 기능을 평화시에도 계속 수행했다. 19세기 내내 참모부는 프로이센 전문성의 조직적 거점인 경향이 있었다. 초기 수십 년 동안 참모부는 귀족적 반동의 중심이었던 육군성과 군사 내각에 대항하여 지위와 인정을 받기 위해 고전해야 했다. 그러나 1857년에 참모총장이 된 폰 몰트케(von Moltke)의 지도 하에 참모총장은 빠르게 탁월한 성과를 거두었다. 몰트케(Moltke)의 과학적이고 합리적인 전문지식은 독일 장교 군단의 지배적인 이상이 되었다. 1860년대부터 참모부에서의 복무는 독일군에서 가장 탐나는 임무였다. 참모장교의 적청색 바지 줄무늬는 장교단 내에서 직업의 최고봉으로 새로운 엘리트의 상징이 되었으며 최고 수준의 지식과 능력, 의무에 대한 헌신을 의미했다. 참모 장교의 경우 다른 장교들보다 훨씬 더 많은 것이 전문적인 복무의 요건에 종속되었다. "항상 보이는 것보다 더 되어라"라고 몰트케(Moltke)는 그의 참모들에게 명령했다. 반세기 후 폰 시크트(von Seeckt)는 이 전통을 다음과 같이 간결한 말로 요약했다:

형태는 변하지만 정신은 예전과 같다. 그것은 군대에 복무하는 의무에 침묵하고 사심 없는 헌신의 정신이다. 참모장교들은 익명으로 남아있다.[29]

아마도 프로이센 체계의 가장 혁명적인 측면은 천재는 불필요하고 심지어 위험하기까지 하며 우수한 교육, 조직 및 경험에 의해 성공하는 보통 사람에게 의존해야 한다는 가정이었다. 이러한 접근 방식은 한편으로 개인을 전체의 집단적 의지와 지성에 종속시켰지만 개인이 자신의 적절한 수준과 책임 범위 내에 머무르는 한 광범위한 행동의 자유를 보장했다. 그것은 18세기 군사 천재 이론의 정반대였다. 프로이센 체계에 대한 영국인 관측자들은 다른 군대처럼 상급자에게 노예적이고 기계적인 복종을 하지 않는 것과 각 장교가 다른 장교의 임무에 개입하지 않고 자신의 특정 기능을 수행하는 정도에 깊은 인상을 받았다.[30]

프랑스에서는 1800년 폴 티에보(Paul Thiebault) 장군이 현대 시대의 최초의 참모 매뉴얼을 출판했다. 실제로 나폴레옹의 참모총장인 베르티에(Berthier)는 비록 그 전체 구조와 기능이 나폴레옹의 능력과 천재성, 베르티에(Berthier)의 소소함과 질투로 채색되었지만 기본적인 참모 조직을 개발했다. 복원 기간 동안 센시어(St. Cyr)는 장교를 훈련시키기 위해 참모단과 학교를 설립했지만 참모진 자체는 설립하지 않았다. 이 군단의 구성원은 부대 지휘관, 육군성 및 기타 행정 본부에서, 외국에서 대사관부 육군 무관, 고등 사관 학교에서 교관으로 고용되었다. 그러나 육군성에는 자치적 존재를 가진 '총참모부'라는 것이 없었고 참모총장도 없었기 때문에 참모장교의 교육과 업무는 목적과 초점이 결여되어 있었다. 1831년 이후 참모단은 점차 도면과 지형과 관련된 협소한 기술 부대가 되었다. 프랑스 참모진 개발은 또한 나폴레옹 전쟁과 아프리카 전쟁으로 강화된 18세기적 개념의 지속으로 인해 장애가 되었는데, 그 개념은 전문가의 조언이나 도움보다는 그의 타고난 재능에 의존하는 것이었다. 일반적으로 참모단의 역량 수준과 전문 참모가 우려해야 할 문제를 성공적으로 해결하는 능력은 1830년부터 1870년까지 40년 동안 꾸준히 감소했다. 프랑스–프로이센 전쟁으로 프랑스 참모진은 독일 참모진과 비교가 안 될 정도로 낮은 수준에 도달했다.[31]

그의 대륙 전쟁 동안 웰링턴(Wellington)은 영국 육군을 위한 효율적인 참모진을 개발했다. 그러나 평화가 체결되면서 영국 참모진은 다소 해체되었고 19세기 내내 영국에는 현대적 의미의 참모진이 없었다. 크림 전쟁(Crimean War)에서 부진한 군대의 수행으로 인해 참모진을 재건하는 몇 가지 단계가 도입되었지만 유일하게 지속된 성과물은 1857년 참모 대학의 설립이었다. 영국군의 유일한 참모들은 부관참모부와 병참부서에 있었다. 즉, 행정과 공급과는 대조적으로 전략과 전술의 영역인 군사 작전 및 군사 정보와 관련된 실제적인 참모들은 없었다. 이러한 부족은 스펜서 윌킨슨(Spenser Wilkinson)과 같은 열광적인 지지자들의 작업이 보어 전쟁의 교훈과 결합되어 군대를 재편성한 20세기의 초반까지 극복되지 않았다. 1904년에는 육군 최고 회의와 참모총장직이 창설되었다. 몇 년 후 이것은

제국 참모부를 통해 자치령과의 군사 협력을 제공하는 방향으로 확장되었다.32)

■ **역량과 정신**   장교들 사이에 나타난 전문적 역량과 정신력은 전문기관의 도입 정도를 반영할 수밖에 없었다. 영국은 3대 강대국 중 가장 낙후된 국가였고 군사 지도자들의 전문성은 20세기까지 장교단에서 계속 중요했던 귀족적, 사회적 고려에 의해 심각한 영향을 받았다. 한 장군이 보고한 바와 같이, 1890년 영국군은 여전히 웰링턴(Wellington)의 전통을 고수하는 사람들과 "군대를 전문직으로 삼고자 하는" 사람들로 나뉘었다.33) 프랑코-프러시아 전쟁 이전의 프랑스에서는 전문적이고 지적인 성향을 지닌 장교들이 의심의 대상이 되었다. 개인주의가 만연했다. 제2제국 군대의 이상은 귀족적인 "보 사브뢰르(beau sabreur), 끝없는 용기와 대담성을 지녔지만 반성하지 않는 사람"이었다.34) 지적 활동에 대한 거부와 교육 및 참모 시스템의 협소하고 엄격한 제한은 독일군에게 패배한 결정적인 요소였다. 1870년대의 개혁 이후 직업 정신은 프랑스군 내에서 지배적이었지만 여전히 프랑스 국가의 본질에 대한 이념적 논쟁에 의해 방해를 받았다.

프로이센에서 전문적 역량과 전문적 정신의 발달이 극에 달했다. 1866년과 1870년의 프로이센 군대의 원활한 기능 효율성은 1856년의 영국군, 남북 전쟁의 미국 군대, 프로이센이 격파한 오스트리아군과 프랑스 군대의 갈팡질팡한 혼동과 뚜렷한 대조를 이룬다. 사관학교의 가장 중요한 것과 참모들의 핵심적인 역할은 프로이센군에게 다른 군대에는 없는 지적인 자극을 제공했다. 1859년 한 영국 관측자는 슬프게도 이렇게 말했다.

> 교육이 프로이센 장교의 전부라는 사실은 프로이센 장교가 자신의 직업에서 완벽을 기하도록 하는데 있어 강력한 지렛대이며, 변덕이 아니라 공로를 통한 승진의 확실성은 프로이센 장교 전체를 어느 영국군보다 훨씬 우수하게 만들었다.35)

브랑겔(Wrangel)과 만토페펠(Manteuffel)과 같은 보수주의자들의 반대에도 불구하고, 프로이센 장교단의 정신은 귀족 계급 정신에서 군사 계급 정신으로 서서히 변형되었다. 20세기 중반 이후에는 사회적으로 어느 계층 출신인지에 상관없이 모든 장교들의 긴밀한 단결과 동지애에 점점 더 중점을 두었다. 부르주아와 귀족 계급 사이가 아니라 군인과 민간인 사이에 선이 그어졌다. 출생 귀족은 교육과 성취의 귀족으로 대체되었다. 프로이센 장교는 가난하고 전문적이고 훈련을 받았으며 헌신적이었고 긴밀하게 연결된 전문 공동체의 필수적인 부분이었다. 그 결과 유럽에서 유일무이한 조직 정신이 탄생했다. 영국 군사교육위원회의 말에 따르면:

> 프로이센 군대의 장교들 모두는 공통 유대와 공감으로 연합된 단일 군단 (Offizier-corps)을 형성하고 있다고 생각한다. 이 단체에 가입하는 것은 독특한 특권을 부여하는 동시에 특별한 의무를 부과하는 것으로 간주된다.[36]

유럽의 전문성: 업턴 장군(General Upton)의 요약, 1875

귀족 요소의 끈질긴 잔재에도 불구하고, 1875년까지 전문성의 기본 제도는 주요 유럽 강대국들의 군대에서 확고히 확립되었다. 이 사실의 한 징후는 그 해에 미국 장군 에모리 업턴(Emory Upton)이 만든 유럽 군대에 대한 요약 설명이다. 업턴(Upton)은 유럽과 아시아 군대의 조직, 전술, 규율 및 교육과 특히 독일 군사 시스템에 중점을 두어 연구하기 위해 셔먼(Sherman) 장군과 벨냅(Belknap) 장관에 의해 파견되었다. 그의 보고서에서 업턴(Upton)은 유럽 전역에 널리 퍼져 있는 전문기관을 강조하고 미군에 즉시 도입할 것을 촉구했다.

1. 사관학교를 졸업하거나 전문교육과정을 이수하고 자격시험에 합격한 후 진급하여 장교로 입대할 수 있었다.
2. 사관학교는 장교들을 고급 전쟁 과학으로 교육하여 참모직과 고위 지휘부 직위에 대비시켰다.
3. 참모진은 "최고의 전문 교육"을 받은 장교를 요구했다. 장교들은 참모직과 전열장교직을 교대로 했다.
4. "정부가 군대 최고의 인재를 통해 이익을 얻을 수 있도록 하기 위해 확고한 열정과 전문적인 능력을 발휘하는 모든 장교에 대해 참모진 입대 또는 선발을 통한 신속한 승진이 제공된다."

5. 정부가 장교들의 자질을 알 수 있도록 지휘관은 부하의 "열정, 적성, 특
   별한 자질 및 인격"을 보여주는 연례 또는 격년 보고서를 제출해야 했다.
6. "장교들은 정부의 이익만을 위해 유지된다. 따라서 장교들이 무지하거나
   무능한 경우 정부는 개인 보고서 및 특별 시험을 통해 승진을 중단하고
   복무에 대한 상해를 방지할 수 있다…:"37)

직업 윤리의 공식화: 클라우제비츠(Clausewitz)의 봄 크리즈(Vom Kriege) 에서 전쟁의 자율성과 종속성

복잡한 전쟁 과학과 그 과학에 전념하는 전문기관의 객관적인 출현은 18세기 전쟁을 모호한 기술로 정의하고 장군을 타고난 천재로 보는 18세기의 개념을 쓸모없게 만들었다. 새로운 조건은 1831년에 사후에 출판된 칼 폰 클라우제비츠(Karl von Clausewitz)의 봄 크리즈(Vom Kriege)에서 처음으로 포괄적이고 명시적인 공식화된 새로운 이론을 필요로 했다. 중요한 것은 클라우제비츠(Clausewitz)는 군사 개혁 작업에서 샤른호르스트(Scharnhorst)와 그나이제나우(Gneisenau)의 조력자였다. 그는 1815년 이후 육군사관학교의 원장으로 있을 때 그의 책을 저술했다. 사실상 이 책은 그가 이전에 참여했던 개혁에 대한 지적 근거를 제공했다.

클라우제비츠(Clausewitz)와 그의 업적을 논할 때의 문제는 전자의 명성과 후자의 영속성을 설명하는 것이다. 군사 평론가들은 거의 만장일치로 이 붉은 코를 가진 프로이센인을 서구 사회의 탁월한 군사 사상가(군사 작가의 셰익스피어나 괴테)로 칭송하고 그의 업적을 군사 과학의 성경으로 묘사해왔다.38) 이러한 주석가들의 대부분은 전략과 전술의 진화에 대한 클라우제비츠(Clausewitz)의 공헌, 나폴레옹 방식의 본질에 대한 그의 이해와 공식화를 강조하였다. 그러나 전술에 대한 클라우제비츠의 견해는 오래 전에 구식되었으며 전략 원칙에 대한 그의 진술은 다른 많은 군사 사상가의 진술보다 더 두드러지지 않았다. 그의 중요한 공헌은 높은 수준의 분석력으로 전쟁의 고유한 특성과 전쟁이 다른 형태의 인간 활동에 어떻게 연관이 되는지에 관한 것이다. 물론, 클라우제비츠는 그에 대한 지적 추세에서 고립되어 있지 않다. 다른 군사 작가들도 같은 방향을 모색하고 있었

고, 그들 중 많은 사람들이 "전쟁에 관하여"(On War)에서 발견되는 요점을 예상했다. 그러나 그들은 일반적으로 전쟁의 본질에서 일어나고 있는 변화의 부수적인 측면만을 다루었다. 이러한 변형의 본질을 파악하고 표현한 것은 클라우제비츠 혼자였다. 이러한 이유로 그는 군사 사상에서 사회주의 이론의 역사에서의 마르크스(Marx)와 거의 견줄 만한 위상을 가지고 있다. 클라우제비츠 전에 대부분의 글들은 기초적이고 단편적이었으며 이후 그의 서적에서 구체화되었다. 그의 뒤에 나온 대부분의 내용은 그의 의미에 대한 주석과 해석이었다.

클라우제비츠(Clausewitz)의 이론의 기본 요소는 전쟁의 이중성에 대한 그의 개념이다. 전쟁은 자체의 방법과 목표를 가진 자율적 과학인 동시에 궁극적인 목적이 외부에서 나온다는 점에서 종속적 과학이다. 이 전쟁의 개념은 진정한 전문적 개념으로서 다른 인간의 생각과 활동으로부터 독립적인 독특한 주제의 한계와 인간 활동과 목적의 총체적 틀 내에서 이 주제의 한계를 인식하는 것 등 모든 직업의 필수 요소를 구현한다. 클라우제비츠는 직업군인 윤리학의 다른 많은 요소들에 대해 의사를 표현한다. 그러나 이것들은 부차적이다. 그의 중요한 공헌은 전쟁의 이중성과 군인의 역할에 대한 그의 개념이다. 이를 감안할 때 사실상 전문성의 다른 모든 측면은 필연적으로 따라야 한다.

클라우제비츠에게 있어서 전쟁의 본질은 독립적 과학으로서, 사물 그 자체(Krieg an sich)로서 힘이다. "따라서 전쟁은 적에게 우리의 의지를 행하도록 강요하는 무력 행위이다." 이런 의미에서 전쟁은 한이 없다. 장군학(Science of generalship)은 무력으로 적을 무장해제시키거나 전복시키는 학문이다. 이론상 이것은 항상 필요하다. 따라서 전투와 유혈 사태는 피할 수 없다. "유혈 없이 정복하는 장군들에 대해 듣지 말자." 전쟁의 본질로서 무한한 무력에 대한 클라우제비츠의 강조는 일부 주석가들로 하여금 이것이 그의 생각의 유일한 면이고 그가 오로지 유혈 폭력의 미화자라고 가정하게 했다. 리델 하트(Liddell Hart)는 클라우제비츠를 "대량 및 상호 학살"과 "최후의 싸움 이론인 '절대전쟁' 교리의 근원"이라고 지칭한다.[39] 그러나 이것은 클라우제비츠를 잘못 해석한 것이다. 이론적으로 다른 모든 것과 독립적으로 추상적으로 고려할 때만 전쟁 폭력이 무제한이다. 실제로 전쟁은 결코 고립된 행위가 아니다. 힘은 그 자체로 목적이 아니다. 그것은 공공 목적을 위해 합리적으로 사용되는 경우에만 정당화될 수 있다. 전쟁은 항상 폭력의 정도와 성격을 결정하는 외부의 정치적 목적에 종속된다. 전쟁의 결과는 결코 절대적이지 않다. "이래야 전쟁터는 극단으로 치닫는 병력의 엄격한 법의 적용을 받지 않게 된다." 군사 행동의 비용은 달성해야 할 목적과 균형을 이룬다. 전쟁의 정치적 목적은 투쟁 내내 지침으로 남아 있다. 총알은 단지 외교 문서를 대신할 뿐이다. 그의 가장 유명한 격언에서 "전쟁은 다른 수단이 혼합된 정치적 교류의 연속일 뿐이다"라고 한다. 요컨대, 전쟁은 "자체 문법은 있지만 자체 논리는 없다."

자율적이면서도 도구적 과학으로서의 전쟁에 대한 이러한 개념은 전쟁에서 전문가의 역할에 관한 유사한 이론을 암시한다. 전쟁에는 고유한 문법이 있다는 사실은 군사 전문가들이 외부의 간섭 없이 이 문법에 대한 전문 지식을 개발할 수 있도록 허용해야 한다는 것이다. 변호사의 능력이 의뢰인들에 의해 평가되는 것처럼 "군의 군사적 미덕"은 군대가 싸우는 원인의 본질에서 찾을 수 없다. 군의 고유한 질은 독립된 군사적 기준으로만 평가할 수 있다. 그러나 군대가 사용되는 목적은 군이 판단할 수 있는 권한 밖에 있다. 즉 "전쟁의 정치적 목적은 실제로 전쟁 영역 밖에 있다…" 전쟁에는 그 자체의 고유한 논리와 목적을 가지고 있지 않다. 군인은 항상 정치인에게 복종해야 한다. 전쟁의 수행은 "더 높은 관계에서 국가 정책에 대한 예리한 통찰력을 필요로 하기 때문에" 정치인의 책임이다.

정책이 전쟁을 일으켰기 때문에 정치적 관점을 군대에 종속시키는 것은 비합리적일 것이다. 정책은 지적인 능력이고 전쟁은 도구일 뿐, 그 반대는 아니다. 그러므로 군사적 관점을 정치적 관점에 종속시키는 것만이 가능한 것이다.

전쟁 장관은 군사 업무에 대한 상세한 지식이 필요하지 않으며 군인은 종종 형편없는 장관을 만든다. 물론 군사적 관점은 정치적 목적과 상호 작용할 수밖에 없으며 정책은 그 마음대로 사용할 수 있는 수단을 고려해야 한다. 클라우제비츠는 정치가에게 목표와 약속을 공식화하는 데 있어 그의 군사력의 한계를 주의 깊게 주목하라고 군사적 경고를 표명한다. 그러나 결국 정책이 우세해야 한다. 정책은 실제로 "잘못된 방향을 잡고 야심찬 목적, 사적 이익 또는 통치자의 허영심을 조장하는 것을 선호할 수도 있다"고 하지만 이는 군인과 관련이 없다. 군인은 정책이 "전체 공동체의 모든 이익을 대표하는 것"이라고 가정하고 그대로 따라야 한다. 군사 직업에 대한 최초의 이론적 근거를 제시하면서 클라우제비츠는 또한 민간인 통제에 대한 최초의 이론적 정당화에 기여했다.

제3장

군인 정신: 직업 군인윤리의 보수적 현실주의

군인 정신의 의미

군대의 독특하거나 기능적인 측면은 종종 "군인 정신"의 관점에서 논의되어 왔다. 이 장에서는 이 개념을 분석 도구로서 유용하게 사용할 수 있도록 충분히 정확하게 정의하려고 한다. 군인 정신은 (1) 능력 또는 자질, (2) 속성 또는 특성, 그리고 (3) 태도 또는 실체 등 세 가지 관점에서 접근할 수 있다.[1)]

첫 번째 접근 방식을 사용하는 작가들은 보통 "군인 정신"의 낮은 수준을 강조했다. 직업 군인의 지능, 영역 및 상상력은 변호사, 사업가, 정치인의 지능, 영역 및 상상력에 부정적으로 비교돼 왔다. 이렇게 추정되는 열등감은 장교가 되는 사람의 선천적으로 열등한 재능과 능력, 지적 진취성을 저해하는 군대 직업의 조직, 장교가 자신의 기술을 적극적으로 적용할 수 있는 드문 기회 등 다양하게 기인한다. 이 일반적인 접근 방식은 군인 정신의 한 가지 특징을 다루지만 그 정신의 독특한 "군사적" 측면을 정의하는 데 도움이 되지 않다. 군인 정신이 지능 척도의 특정 지점을 차지한다는 사실만으로 군인 정신의 독특한 특성에 대해 알 수 없다. 군인 정신은 공학이나 치과의사의 지능 척도와 같을 수도 있다.

두 번째 접근방식은 군인 정신의 독창성이 군인 성격을 구성하는 특정한 정신적 속성이나 자질에 있다고 주장한다. 군인과 민간 작가들은 일반적으로 군인 정신이 훈련되고, 완고하고, 논리적이고, 과학적이라는 데 동의하는 것 같다. 유연하거나 관대하거나 직관적이거나 감정적이지 않다. 군사 기능의 지속적인 수행은 이러한 자질을 낳는 것이 당연하다. 직관적으로 우리는 직관적인 이러한 설명이 옳을 것이라고 느낀다. 그러나 군인 및 기타 정치적으로 중요한 집단의 성격 특성 및 사회적 상황에서의 성격, 가치관 및 행동 간의 관계에 대해 더 많은 지식이 축적될 때까지 이 접근 방식은 민군 관계를 분석하는 데 별로 유용하지 않을 것이다.

세 번째이자 더 유익한 접근 방식은 군인정신의 본질, 즉 군인의 태도, 가치, 견해를 분석하는 것이다. 이것은 관례적으로 두 가지 방법이 있다. 본질 측면에서 군인 정신을 정의하거나 원천 측면에서 정의한다. 전자의 방법은 어떤 가치와 태도를 내용적으로는 군사적이라고 기술한 다음, 이러한 가치와 태도가 군인들 사이에 널리 퍼져 있다고 주장한다. 일반적으로 특징적인 군사적 태도로 간주되는 두 가지 유형의 태도인 호전성과 권위주의에 초점을 맞추었다. 군인은 평화가 무의미하고 갈등과 전쟁이 인간의 최고의 도덕적, 지적 자질을 발전시킨다고 믿는다. 그는 공격적이고 호전적인 국가 정책을 선호한다. 그는 또한 민주주의에 반대하고 명령 계통에 기반한 사회 조직을 열망하는 것으로 생각된다. 이러한 결론이 정확한지 여부와는 관계없이 결론에 도달하는 데 사용된 방법은 주관적이고 자의적이다. 어떤 가치는 군사적이며 군인이 그러한 가치를 갖고 있다는 선험적 가정은 사실일 수도 있고 아닐 수도 있지만, 절차상 그렇게 해야 하는 이유는 없다.

대안적인 접근 방식은 원천별로 군사적 가치를 정의하는 것이다. 이는 군사적 원천에서 나오는 태도나 가치의 표현이 군인정신을 반영한다고 보는 것이다. 그러나 여기서 어려움은 군사적 원천에서 나오는 모든 것이 반드시 군사적 원천으로서의 특성에서 파생되는 것은 아니라는 점이다. 군인은 또한 프랑스인과 미국인, 감리교도와 가톨릭교도, 자유주의자와 반동주의자, 유대인과 반유대주의자이다. 군인의 진술은 군인으로서의 그의 태도를 반영하지 않고 대신 그의 군인 역할과 무관한 사회적, 경제적, 정치적 또는 종교적 소속에서 비롯될 수 있다. 만약 모든 계층, 모든 국가, 모든 시대의 군인들로부터 광범위하고 대표적인 의사소통 샘플을 조사하여 군인의 이러한 우발적 특성을 없앨수 있다면 이러한 어려움은 극복할 수 있다. 그러나 그러한 작업의 규모는 군인 정신에 대한 대안적인 방법을 찾는 것이 바람직하다는 것을 보여준다. 즉, 군인 정신을 직업적 윤리로 정의함으로써 군대의 본질에 도달하는 것이다.

오랜 시간 동안 같은 방식으로 행동하는 사람들은 독특하고 지속적인 사고 습관을 개발하는 경향이 있다. 세상과의 독특한 관계는 그들에게 세상에 대한 독특한 시각을 부여하고 그들의 행동과 역할을 합리화하도록 이끈다. 이런 현상은 전문적인 역할인 경우 특히 그렇다. 전문직은 대부분의 직업보다 더 좁게 정의되고 더 강렬하고 독점적으로 추구되며 다른 인간 활동과 더 명확하게 분리된다. 전문적인 기능의 지속적인 객관적 수행은 지속되는 전문적인 세계관(welt-anschauung) 또는 전문적인 "정신"을 낳는다. 이러한 의미에서 군인정신은 여기에서 전문적인 군사 기능을 수행할 때 그 기능의 성격에서 추론할 수 있는 가치, 태도 및 관점으로 구성된다. 군사 기능은 폭력을 관리하는 공공 관료화된 전문가에 의해 수행되며 국가의 안전을 책임진다. 가치관이나 태도는 군사 전문직의 독특한 전문성, 책임성 및 조직에 의해 암시되거나 파생되는 경우 전문 군사직 윤리의 일부이다. 전문직 윤리는 비전문인에 대한 전문직 종사자의 행동을 지배하는 규율의 좁은 의미에서 직업윤리보다 더 광범위하다. 여기에는 군사적 직업적 역할의 지속적인 수행에서 추론할 수 있는 모든 선호와 기대가 포함된다.

따라서 군인 정신은 추상적으로 실제 개인과 집단의 신념을 분석할 수 있는 베버식 이상형(Weberian ideal)으로 정의된다. 어떤 개인이나 집단도 오로지 군사적 고려에 의해서만 동기를 부여받지 않기 때문에 분명히 어떤 개인이나 집단도 군사적 윤리의 모든 구성 요소에 순응하지 않을 것이다. 어떤 장교단이라도 사회적인 의무라기보다는 기능적인 의무로서 직업윤리를 고수할 것이다. 장교단에 의한 윤리의 표현이 없는 것은 낮은 수준의 전문성, 윤리의 광범위한 표현은 높은 수준의 전문성을 나타낸다. 게다가 직업군인의 윤리는 그것이 지적인 표현인 직업과 마찬가지로 "시대에 상관없고 국지화되지 않은" 것이다. 군대 기능에 내재된 본질에 근본적인 변경이 없는 한 직업 윤리의 내용에는 변경이 없을 것이다. 무기 기술의 발전이나 군사 분야에서 경제학의 중요성 증가와 같은 단순한 군사 기술의 변화는 페니실린(penicillin)의 발견이 의료 윤리를 바꾸지 않은 것처럼 군사 윤리의 성격을 바꾸지는 않는다. 따라서 군사 윤리는 언제 어디서나 장교단의 전문성을 판단할 수 있는 불변의 기준이 된다. 더 명확하게 말하면, 이 이상적인 모델을 "전문 군사직 윤리"(professional military ethic)라고 부를 수 있다. 실제로 역사의 특정 시점에 특정 장교 그룹이 가지고 있는 이러한 견해는 "19세기 독일 군사 윤리" 또는 "1차 세계 대전 이후 미국 윤리"라고 불려질 수 있다.

다음 부분에서는 (1) 기본 가치와 관점, (2) 국가 군사 정책, (3) 군과 국가의 관계에 대한 전문 군사직 윤리를 상세히 평가하도록 시도될 것이다. 윤리에 대한 이러한 정의의 정확성은 언급된 견해가 군사적 기능의 수행에 의해 필연적으로 암시되는 정도에 달려 있다. 윤리의 본질에 대한 이러한 추론은 군사 문헌에서 인용한 전형적인 표현을 가끔 언급함으로 설명될 것이다. 미국에서 군사 윤리의 역사적 진화는 이후 장에서 좀 더 자세히 설명될 것이기 때문에 미국 출처의 인용은 의도적으로 제한될 것이다. 또한 이러한 언급은 단지 예시일 뿐이다. 이러한 언급은 군인의 완전히 모순된 진술이 그들의 윤리에 포함되는 것을 무효화하는 것과 마찬가지로 표현된 견해가 군사 윤리의 일부라는 것을 증명하지 못한다. 유일한 기준은 군사 기능 수행과의 관련성이다.

전문 군인 윤리

■ **인간, 사회, 그리고 역사**   군사 전문직이라는 직업의 존재는 상충하는 인간의 이익과 그러한 이익을 증진하기 위한 폭력의 사용을 전제로 한다. 결과적으로, 군사 윤리는 갈등을 인류 전반에 걸친 보편적인 패턴으로 보고 폭력은 인간의 영구적인 생물학적, 심리적 본성에 뿌리를 두고 있다고 본다. 인간의 선과 악 사이에서처럼 군사 윤리는 악을 강조한다. 인간은 이기적이다. 그는 권력, 부, 안전에 대한 충동에 의해 동기가 부여된다. "인간의 마음은 본질적으로 일방적이고 제한적이다."[2] 인간의 강점과 약점 사이에서 군사 윤리는 약함을 강조한다. 인간의 이기심은 투쟁을 낳지만 인간의 나약함은 조직과 규율과 지도력에 따라서 갈등을 성공적으로 만든다. 클라우제비츠(Clausewitz)가 말했듯이 "모든 전쟁은 인간의 나약함을 전제로 하며, 그에 반대하여 지시된 것이다." 평범한 사람이 영웅이 아니라는 것을 전문적 군인보다 더 잘 아는 사람은 없다. 군사 전문직은 인간들이 타고난 두려움과 실패를 극복할 수 있도록 조직한다.[3] 전쟁 수행에 수반되는 불확실성과 운, 적의 행동을 예측하는 어려움은 군인으로 하여금 인간의 선견지명과 통제 범위에 대해 회의적이게 만든다. 인간의 이성과 비합리성 사이에서처럼 군사윤리는 이성의 한계를 강조한다. 인간의 가장 좋은 계획은 현실에 존재하는 "마찰"에 의해 좌절된다. "전쟁은 불확실성의 영역이다"라고 클라우제비츠

(Clausewitz)가 말하며 "전쟁에서의 행동의 기반이 되는 것 중 4분의 3은 더 크거나 덜 불확실한 안개 속에 숨겨져 있다"고 했다. 또한 인간의 본성은 보편적이고 변하지 않는다. 모든 장소와 시간에 있는 인간들은 기본적으로 동일하다.4) 따라서 인간에 대한 군사적 관점은 확실히 비관적이다. 인간은 선함, 강함, 이성 등의 요소를 가지고 있지만 동시에 사악하고 약하고 비합리적이다. 군사 윤리의 사람은 본질적으로 홉스(Hobbes)의 사람이다.

군사 직업의 존재는 경쟁하는 국가의 존재에 달려 있다. 그러한 직업의 책임은 국가의 군사 안보를 강화하는 것이다. 이 책임을 수행하려면 협력, 조직, 규율이 필요하다. 사회 전반에 봉사하는 것이 자신의 의무이고 이 의무를 수행하기 위해 사용하는 수단의 특성상 군인은 개인보다 집단의 중요성을 강조한다. 모든 활동에서 성공하려면 개인의 의지가 그룹의 의지에 종속되어야 한다. 전통, 정신, 단결, 공동체 등은 군사적 가치 체계에서 높게 평가된다. 장교는 자신의 개인적 이익과 욕구를 복무의 이익을 위해 필요한 것에 굴복시킨다. 19세기 독일 장교가 말했듯이, 군인은 "개인의 이익, 돈, 번영을 포기해야 한다… 이기주의는 의심할 여지 없이 장교에게 필수적인 자질의 가장 맹렬한 적이다."5) 인간은 무엇보다 사회적 동물이다. 그는 집단으로만 존재한다. 그는 집단으로만 자신을 방어한다. 가장 중요한 것은 그는 집단 속에서만 자신을 깨닫는다. "약하고, 평범하고, 일시적인 개인"은 계속되는 유기체의 "권력, 위대함, 영속성 및 화려함"에 참여함으로써만 정서적 만족과 도덕적 성취를 달성할 수 있다.6) 군사 윤리는 기본적으로 정신에 있어서 단체정신이다. 그것은 근본적으로 반개인주의적이다.

군 직업은 전문 지식의 본체를 이루는 경험이 축적되어 있기 때문에 직업이다. 군사적 관점에서 인간은 경험을 통해서만 배운다. 자신의 경험에서 배울 기회가 거의 없다면 다른 사람의 경험에서 배워야 한다. 따라서 군장교는 역사를 공부한다. 왜냐하면 역사는 리델 하트(Liddell Hart)가 표현하듯이 "보편적인 경험"이고, 몰트케(Moltke)가 말했듯이 군사 역사는 "평화 중에 전쟁을 가르치는 가장 효과적인 수단"이기 때문이다. 따라서 군사 윤리는 질서 있고 목적이 있는 역사 연구에 특별한 가치를 부여한다.7) 역사는 미래에 적용할 수 있는 원칙을 개발하는 데 사용될 때만 군인에게 가치가 있다. 역사를 전공하는 군인 학생은 자신의 연구를 통해 일반화시키려고 끊임없이 노력한다. 그러나 군사윤리는 어떤 특정한 역사 이론에 얽매이지 않는다. 그것은 일원론적 해석을 거부하고 이념적, 경제적 요인들과 대비되는 힘의 중요성을 강조하기도 한다. 인간 본성의 영속성은 어떤 진보 이론도 불가능하게 만든다. "변화는 불가피하다. 진보는 불가피하지 않다."[8] 역사에 패턴이 있는 한 그것은 본질적으로 순환적이다. 문명은 흥망성쇠한다. 전쟁과 평화가 번갈아 일어나며, 공격전과 방어전의 우위도 마찬가지이다.[9]

■ **국가 군사 정책**　　국가 정책에 대한 군사적 견해는 국가의 군사 안보에 대한 전문적인 책임을 반영한다. 이러한 책임은 군대를 다음과 같이 이끈다. (1) 국가를 정치 조직의 기본 단위로 본다. (2) 국가의 군사적 안보에 대한 위협의 지속성과 전쟁의 지속 가능성을 강조한다. (3) 안보 위협의 규모와 시급성을 강조한다. (4) 강력하고 다양하며 준비된 군대의 유지를 지지한다. (5) 승리가 확실한 경우를 제외하고는 국가 공약의 연장과 국가의 전쟁 개입에 반대한다.

■ **국가의 우위**　　군사 직업의 존재는 군사 시설을 유지할 수 있고 안보에 대한 위협 때문에 그러한 시설을 유지하고자 하는 국가의 존재에 달려 있다. 국가가 직업군을 유지하는 유일한 사회정치적 집단이어야 할 이유는 없다. 그러나 몇 가지 부차적인 예외를 제외하고는 이것이 사실이었다. 따라서 군인은 국가가 정치조직의 궁극적인 형태라고 생각하는 경향이 있다. 군사력의 유지와 사용을 정당화하는 것은 국가의 정치적 목적에 있다. 전쟁의 원인은 항상 정치적이다. 정치적 목적을 지속하기 위한 국가정책이 전쟁에 선행하고 전쟁의 여부를 결정하고, 전쟁의 성격을 규정하고, 전쟁을 종결하고, 전쟁 후에도 지속된다. 전쟁은 정치적 목적의 도구여야 한다. 국가의 목적은 그 자체의 파괴가 될 수 없다. 결과적으로 "전면전" 또는 "절대전"은 전투원들의 상호 파괴를 초래할 가능성이 있다면 피해야 한다.[10]

■ **불안의 영속성과 전쟁의 불가피성**　　독립 국가의 세계에서 군사 안보 문제는 결코 최종적으로 해결되지 않는다. 국가들 사이의 경쟁은 계속되고 있으며, 전쟁은 이러한 경쟁의 심화일 뿐이며, 이는 항상 존재하는 군사 안보 문제를 위기에 빠뜨린다. 전쟁은 언제나 일어날 수 있고 궁극적으로 피할 수 없다. 그 직접적인 원인은 상충되는 국가 정책에서 비롯되지만 근본적인 원인은 모든 인간 갈등의

근원이 존재하는 인간 본성 깊숙한 곳에 있다. "전쟁을 폐지하려면 인간 본성의 불완전함에 있는 전쟁의 원인을 제거해야 한다."[11]

전쟁의 원인이 인간의 본성에 있다면 전쟁의 완전한 폐지는 불가능하다. 결과적으로 군인정신은 전쟁을 방지하기 위해 고안된 제도적 장치에 회의적이다. 조약, 국제법, 국제 중재, 헤이그 재판소, 국제 연맹, 유엔은 평화에 거의 도움이 되지 않는다. 결정적인 요인은 항상 국가 사이에 존재하는 권력 관계이다. "결국 국가의 행동은 오로지 권력과 편의성에 의해 규제된다."[12] 외교 그 자체는 권력의 존재와 사용에 대한 피상적인 명분을 제공할 뿐이다. 조약 및 다른 국제 협약은 국제 권력의 현실을 반영할 뿐이다. 국가가 자신의 요구를 무력으로 뒷받침할 힘과 의지가 없다면 외교로는 거의 성취할 수 없다. 넬슨(Nelson)이 말했듯이 "영국 군함은 유럽에서 최고의 협상가이다."

■ **보안 위협의 규모와 시급성**　　군인은 일반적으로 국가에 대한 안보 위협의 효력과 시급성을 경각심을 가지고 본다. 솔즈베리 경(Lord Salisbury)이 예전에 말했듯이 "의사를 믿는다면 몸에 좋은 것이 없고 신학자를 믿는다면 무고한 것이 없고 군인을 믿는다면 안전한 것은 없다." 군인은 국가에 대한 위협이 지속적이라는 것을 인식하면서도 동시에 현재의 위험의 절박함을 강조한다. 전문적인 역량을 요구하는 것은 군인들이 가능한 한 정확하게 위협을 추정할 수 있도록 하기 위해서이다. 그러나 군인은 또한 군사 안보에 대한 위험을 강조할 직업적 관심과 의무를 가지고 있다. 그러므로 국제정치의 객관적 현실은 상황에 대한 군사적 평가를 부분적으로만 결정한다. 군인의 견해에는 또한 주관적인 전문적 편견이 반영되는데, 그 정도는 그의 일반적인 전문성 수준에 달려 있다. 이러한 전문적 편견, 즉 전문적 책임 의식으로 인해 그는 자신의 평가가 틀리다면 그것은 위협을 과대평가하는 쪽에 있어야 한다고 느끼게 한다. 결과적으로 그는 때때로 실제로 위협이 존재하지 않는 국가의 안보에 대한 위협을 보게 될 것이다.

안보 위협을 평가할 때 군인은 의도보다는 다른 국가의 능력을 본다. 의도는 본질적으로 정치적이며 본질적으로 변덕스럽고 변경 가능하며 평가 및 예측이 사실상 불가능하다.[13] 군인은 전문적으로 다른 국가의 전투력을 평가할 수 있다. 그러나 정책을 판단하는 것은 그의 권한 밖의 정치 문제이다. 인간의 본성이 그렇듯 우호적인 의도를 내세운다 해도 강한 국가를 절대 신뢰해서는 안 된다. 한 국가가 자신의 안보를 해칠 수 있는 능력이 있다면 그렇게 할 것이라고 가정할 필요가 있다. 안전을 위해서는 다른 강대국이 최악의 의도와 가장 교활함을 가지고 있다고 가정을 해야 한다. 만일의 사태에 대비하는 것은 군사적 책임이다. 군 관계자는 "결코 희망적인 생각으로 의견을 형성해서는 안되며 군인은 군사적 사실, 수치, 시간과 공간, 자원의 암담한 현실을 염두해야" 한다.14) 한 나라의 군사 기획자들을 다른 국가를 공격하는 것이 그 나라의 목적이라는 것을 표시하지 않으면서 다른 국가와의 전쟁을 위한 정교한 계획을 준비할 수도 있다.

■ **군사력의 수준과 원천**　　　국가안보 위험에 대한 군인들의 우려는 국가안보를 수호할 수 있는 병력의 확충과 강화를 촉구하도록 이끈다. 이러한 현상은 일반적으로 국가 예산의 더 많은 부분을 차지하라는 요구로 나타난다. 군대가 군사 자원(국가의 경제적, 인적 잠재력)을 실제 군사력으로 전환하기를 원하는 것도 같은 우려에서다. 군인은 일반적으로 예비군보다 정규군을 선호하고 무기를 생산할 수 있는 공장보다 무기 비축을 선호한다. 그는 잠재력이 아니라 현재 존재하는 힘을 원한다. 군인은 또한 사실상 모든 가능한 우발상황에 대처할 수 있는 군대를 원한다. 인간 예측의 한계로 인해 안보 위협이 반드시 한 가지 특정 형태를 취할 것이라고 가정하는 것은 위험하다. 결과적으로 군인은 위협에 대처할 수 있기 위해 가능한 한 다양한 종류의 무기와 병력을 유지하는 것을 선호한다. 국가는 일반적으로 모든 또는 대부분의 가능한 위협에 대응할 수 있는 병력을 유지할 수 없기 때문에 군인은 보통 군사적 우선 순위를 정해야 한다. 이론적으로 그는 군사 안보의 객관적인 요건 측면에서 이를 수행해야 한다. 물론 실제로 그는 자신이 특히 익숙한 군사적 필요와 병력을 강조하는 경향이 있다. 그가 이런 식으로 행동하는 한 그는 전체로서의 군사적 관점보다는 특정 복무나 지부의 이익을 위한 대변인이 된다. 그러나 그가 어떤 우선 순위의 구조를 세우든 간에 그는 군사적 본능적으로 국가가 가능한 한 많은 위협을 대비할 것을 촉구한다.

　군인은 또한 확약과 동맹을 통해 국가를 보호하는 것을 선호한다. 단, 이러한 조치가 국가의 확약을 강화하는 것보다 국가의 힘을 강화하는 경우에서이다. 약하고 불안정하며 모험심이 강한 동맹국은 자산이 아니라 부채이다. 동맹국은 이념적, 정치적 관심과 상관없이 순전히 국가 안보 이익의 상호성에 근거하여 선택되어야 한다. "국가 간의 동맹은 전적으로 힘[권력] 정책의 관점에서 고려되어야 한다."15) 이 격언의 저자는 독일 군주주의자였는데 그가 1920년대 공산주의 러시아와의 군사협력을 할 때 가졌던 죄책감은 1950년대 미국 군사 지도자들이 파시스트인 스페인과 협력하는 것에 대해 가졌던 죄책감보다 많지 않았다. 국력은 또한 영토의 확장과 해외 기지의 획득에 의해 증가될 수 있다. 그러나 여기서도 영토 확장이 단순히 확약의 과잉이 아니라 실질적인 권력 증대로 귀결되는 것이 필수적이다. 군인은 공격에 취약하고 방어하기 어려운 고립된 해외 영토를 획득하려는 욕망이 없다.

■ **확약의 제한과 전쟁의 회피**　　군인은 그런 정치적 목표의 바람직함이나 바람직하지 않음에 관심이 없다. 그러나 그는 정치적 목표와 군사적 수단 간의 관계에 관심을 갖고 있는데 이는 국가의 군사적 안보에 직접적인 영향을 미치기 때문이다. 정치인은 군사력을 넘어 무리한 확약을 맺지 않도록 주의해야 한다. 원대한 정치적 계획과 전면적인 정치적 목표는 바람직하지 않기 때문이 아니라 비현실적이기 때문에 피해야 한다.• 국가의 군사적 안보가 우선되어야 한다. 도덕적 목표와 이념적 목적은 그 안전을 희생시키면서 추구되어서는 안 된다. 정치적 목적은 목표이지만, 클라우제비츠(Clausewitz)의 말에 따르면, 그것은 "독재적인 입법자가 아니다. 그것은 그들 스스로가 할 수 있는 수단의 본질에 적응해야 한다…" 정치가는 국가정책에 역동적이고 의도적인 요소를 제공한다. 군인은 수동적이고 도구적인 수단인 것이다. 그의 용도가 자신의 능력을 넘어섰을 때 국가에 경고하는 것이 그의 기능이다.

　　군인은 일반적으로 무모하고 공격적이며 호전적인 행동에 반대한다. 나중에 성공 가능성이 낮아진 상태에서 특정 세력과의 전쟁이 불가피하다면 군인은 국가 안보를 수호하기 위해 '예방 전쟁'을 선호할 수 있다. 그러나 그는 미래를 확

• "전문 군인의 의무는 그에게 비관론자가 될 것을 강요한다. 그는 이상주의와 희망적인 생각을 부정해야 한다. 평화와 번영의 시기에 그를 인기 없게 만들 수 있지만 그는 그러한 조건이 일시적인 것이고, 역사의 추는 결국 국가의 안녕과 아마도 생존을 걸고 최후의 무력 중재를 해야 하는 시점까지 되돌아갈 것이라고 가정해야 한다." R. A. Hall(미국 대령), "The Peacetime Duties of the Armed Services(군대의 평시 의무)", U.S. Naval Institute Proceedings(미 해군사관학교 회의록), 80호(1946년 6월), 781쪽.

실하게 예측하는 것이 불가능하다는 사실을 잘 알고 있다. 전쟁은 언제라도 국가의 군사적 안보에 대한 위협의 격화이며, 일반적으로 전쟁은 최후의 수단으로만 사용되어야 하고 결과가 사실상 확실할 때에만 사용되어야 한다.16) 이 후자의 조건은 강대국이 고립된 소수민족이나 후진국과 싸우는 경우를 제외하고는 거의 발생하지 않는다. 따라서 군인은 전쟁을 거의 선호하지 않는다. 그는 전쟁의 위험이 군비 증가를 요구한다고 항상 주장할 것이다. 그는 군비 증가가 전쟁을 실용적이거나 바람직하게 만든다고 거의 주장하지 않을 것이다. 그는 항상 준비를 선호하지만 그는 결코 준비되어 있다고 느끼지 않는다. 따라서 전문 군인은 국가 정책 수립에 신중하고 보수적이며 절제된 의견으로 기여한다. 이것은 파시스트 독일, 공산주의 러시아 및 민주주의 미국을 포함한 대부분의 현대 국가에서 그의 전형적인 역할이었다. 그는 전쟁을 두려워한다. 그는 전쟁을 준비하기를 원한다. 그러나 그는 결코 전쟁을 할 준비가 되어 있지 않다.

이러한 평화주의적 태도는 제도적 보수주의와 국가 안보에 대한 우려에 뿌리를 두고 있을 수 있다. 군대 지도자는 사회의 가장 거대한 권력 구조 중 하나의 꼭대기에 있다. 그 사회가 전쟁에 휘말리면 그는 모든 위험을 감수한다. 승리 여부와 관계없이 전쟁은 다른 어떤 기관보다 군사 기관을 불안하게 한다. 차르(Tsarist)의 한 장교는 전쟁이 "군대를 망쳐 놓기 때문에" 전쟁을 싫어한다고 말했고, 미국 해군 장교는 남북 전쟁이 "해군을 망쳤다"고 불평했다.17) 이러한 태도는 수단이 목적이 되는 지점, 즉 머튼(Merton)의 용어로 잠재적 기능이 명시적 기능을 대체한다는 수단에 대한 성향을 반영한다. 권력에 대해 우려하는 군인은 권력의 사용 용도와는 상관없이 권력 축적 그 자체를 목적으로 간주하게 될 수도 있다. 그는 어떤 식으로든 그 힘을 소멸시키는 것을 가장 꺼릴 수 있다.

군인은 자신을 민간인이 선동한 전쟁의 영원한 희생자로 여기는 경향이 있다. 전쟁은 국민과 정치인, 여론과 정부가 시작한다. 그들과 싸워야 하는 것은 군대다. 군인이 아니라 민간 철학자, 홍보인, 학자들이 전쟁을 낭만화하고 미화했다. 군사력은 전쟁을 일으키지 않는다. 평화를 원하는 국가는 그 욕망을 실현할 수 있도록 잘 무장해야 한다. 약한 상태는 공격을 유발한다. 민간인 정치인의 성향은 군비를 억제하는 동시에 과감한 외교를 통해 대중의 환심을 사는 것이다. 군인은 두 경향을 모두 반대한다. 따라서 군사 윤리는 병력과 호전성, 군사적 국가와 호전적 국가를 명확히 구별한다.18) 전자는 질서 있는 권력의 군사적 덕목인 규율, 위계질서, 자제, 꾸준함을 구현한다. 후자는 거칠고 무책임한 흥분과 열정, 그리고 폭력, 영광, 모험에 대한 욕망이 특징이다. 전쟁에 익숙한 직업군인에게 이런 사고방식은 별로 매력이 없다. 전쟁의 궁극적인 불가피성을 믿는 직업군인은 즉각적인 전쟁 개입에 강력히 반대한다.

■ **군대와 국가**   군인의 직업은 전문적이고 제한적이다. 그 구성원은 자신의 분야 내에서 전문적인 역량을 가지고 있지만 자신의 분야 밖에서는 그 역량이 부족하다. 직업과 국가의 관계는 이러한 자연스러운 노동 분업에 기반을 두고 있다. 이 관계의 본질은 군사 전문가와 정치 전문가 또는 정치가의 상대적 능력 범위와 관련이 있다. 19세기 군사과학이 전문화되기 전에는 한 사람이 두 분야에서 동시에 자격을 가질 수 있었다. 이제 이것은 불가능하다. 나폴레옹은 예전의 군사 과학과 정치의 통합을 구현했다. 그는 새로운 양분을 상징하는 비스마르크(Bismarck)와 몰트케(Moltke)로 대체되었다.• 정치가와 군인 사이에 존재해야 할 관계의 정확한 성격은 정확하게 정의할 수 없다. 그러나 그 관계를 지배해야 하는 몇 가지 원칙을 진술하는 것은 가능하다.

군사과학은 전문적인 훈련과 경험을 통해 의사결정과 행동에 필요한 전문역량을 습득하는 분야이다. 군대에 의한 국가 정책의 이행과 관련된 이 분야는 상수요소와 가변요소로 나뉜다. 이 구분은 군사전문직이 출현한 후에야 인정되었다. 상수 요소는 인간 본성과 물리적 지리의 영속성을 반영한다. 이것은 전략이라고 부를 수 있으며 가변 요소인 전술 및 병참과 구별되고 "근본적", "불변한", "영원한", "변하지 않고 변할 수 없는" 전쟁 원칙으로 표현될 수 있다. 군사 역사가들은 이러한 원칙의 수와 내용에 있어 차이가 있지만 군사 과학의 근본 핵심으로서의 존재에 대해서는 의문을 제기하지 않는다. 그러나 기술과 사회 조직의 변화에 따라 그들의 적용은 끊임없이 변화하고 있다. 따라서 이상적인 군인은 전략

• "유감스럽게도 지난 세기에 정치가와 군인 사이의 호환성은 영원히 사라졌다. 독일인은 전쟁을 전문화했으며 현대 발명품들은 기술을 향상시킴으로 전쟁을 전문화시켰다. 정치도 마찬가지로 민주주의에 의해 전문화되었다. 비록 두 가지 모두 인간의 통치와 인간사의 질서의 한 분야에 속한 기술이기는 하지만 더 이상 한 사람이 두 가지 소명을 모두 수행하기를 희망할 수 없다." 야전 원수(Field Marshal) 얼 웨이블(Earl Wavell), *Good Soldier*(좋은 군인)(런던, 1948), 27–28쪽.

에 있어서는 보수적이지만 새로운 무기와 새로운 전술 형태에 대해서는 개방적이고 진보적이다. 그는 군사 과학의 상수 측면과 가변적 측면 모두에서 동등하게 전문가이다. 그의 기술의 본질은 두 가지 사이의 관계로 정의될 수 있다: "변화될 수 있는 전술적 형태와의 관계에서 좋은 장성의 변하지 않는 근본적인 조건."[19] 정치가가 군 전문가의 판단을 받아들여야 하는 것은 바로 이 영역이다.

정치는 국가 정책의 목표를 다룬다. 이 분야의 역량은 결정에 감안되는 요소와 이해관계에 대한 폭넓은 인식과 그러한 결정을 내릴 수 있는 정당한 권한을 소유하는 데 있다. 정치는 군사적 역량의 범위를 벗어나고, 군 장교들의 정치 참여는 그들의 전문성을 훼손하고, 그들의 전문적 역량을 감소시키고, 전문직을 스스로 분열시키며, 전문적 가치를 외부의 가치로 대체한다. 군 장교는 정치적으로 중립을 지켜야 한다. "군 사령관은 정치적 편의로 인해 군사적 판단이 왜곡되도록 내버려 두어서는 안 된다."[20] 군사과학 분야는 정치학 분야에 종속되어 있지만 정치 분야로서 독립되어 있다. 전쟁이 정치의 목적 달성을 위해 쓰여지듯이, 군사 전문직은 국가의 목적을 위해 쓰여진다. 그러나 정치가는 직업의 무결성과 그 주제를 인식해야 한다. 군인은 정치가로부터 정치적 지도를 기대할 권리가 있다. 민간인 통제는 정책의 목적에 자치적인 직업이 적절하게 종속될 때 존재한다.

국가에 대한 군인의 책임은 세 가지이다. 첫째, 그는 국가 기구 내에서 군사 안보의 주장을 대변하는 대표 기능을 가지고 있다. 그는 다른 강대국들의 능력에 비추어 볼 때 국가의 최소한의 군사적 안보를 위해 필요하다고 생각하는 것이 무엇인지 국가 당국에 알려야 한다. 그가 자신의 견해를 제시할 수 있는 정도는 정의하기 어렵지만 한계가 있다는 사실을 인식하고 수용해야 한다. 일반적으로 그는 행정부 또는 입법부와 관계없이 군간 자원배분 및 기타 청구권의 책임을 지는 공공 기관에 자신의 견해를 제시할 권리와 의무가 있다. 둘째, 군 장교는 군사적 관점에서 대안적인 국가 행동방침이 시사하는 바를 분석하고 보고하는 자문 기능을 가지고 있다. 국가 지도자들이 세 가지 가능한 정책을 비교하고 있다면 군인은 물론 어느 것이 가장 바람직한 정책인지를 판단할 수 없다. 그러나 그는 첫 번째 정책은 현재 가용한 군사력으로 쉽게 수행할 수 있고, 두 번째 정책은 상당한 병력 증강이 없는 한 심각한 위험을 수반하며, 세 번째 정책은 단순히 국가의 군사력을 넘어서 효과적으로 시행할 수 있지 않다고 말할 수 있다. 마지막으로,

장교는 그의 군사적 판단에 크게 반하는 결정이라 할지라도 군사 안보에 관한 국가 결정을 이행하는 집행 기능을 가지고 있다. 정치가는 목표를 설정하고 그 목표를 달성하는 데 사용할 자원을 그에게 할당한다. 그런 다음 그가 할 수 있는 최선을 다하는 것은 그에게 달려 있다. 이것이 실제로 정책과 관련된 군사 전략의 의미이다. "목전에 있는 목표 달성을 위해 장군이 사용할 수 있는 수단을 실용적으로 적용"하는 것이다.[21]

분명히 전략과 정책이 겹치는 상당한 영역이 존재한다. 이 영역에서 최고 군사 사령관은 순전히 군사적 근거로 결정을 내릴 수 있으며, 그 결정에는 자신이 알지 못하는 정치적 의미가 있음을 알게 된다. 이것이 사실로 판명되면 정책에 대한 고려가 전략에 대한 고려보다 우선시 된다. 군인은 전쟁터의 선택과 같은 순전히 군사적 결정이라고 생각할 수 있는 많은 경우에도 정치가 관련되어 있음을 인식해야 하며 그에 따라 인도되어야 한다. 클라우제비츠(Clausewitz)가 말했듯이 "최고의 관점에서 볼 때 전쟁의 기술은 정책이 되지만, 물론 메모를 작성하는 것이 아니고 전투를 벌이는 정책이 된다." 국가의 최고 군사 지도자들은 전략과 정책이 뒤섞인 이 세계에서 불가피하게 작전을 수행한다. 그들은 항상 군사적 태도의 정치적 함축에 주의를 기울여야 하며 정치가의 최종 결정을 기꺼이 받아들여야 한다. 집행적 지위에서 군사적 요소와 정치적 요소를 모두 포함하는 결정을 내려야 할 때 군인은 이상적으로 군사적인 해결책을 먼저 공식화한 다음에 필요에 따라 정치 고문들의 조언에 따라 그것을 수정해야 한다.

군인이라는 직업은 국가를 섬기기 위해 존재한다. 가능한 최고의 서비스를 제공하기 위해서는 직업 전체와 그것이 이끄는 군대가 국가 정책의 효과적인 도구로 구성되어야 한다. 정치적 방향은 위에서만 오기 때문에 이 직업은 복종의 위계로 조직되어야 한다. 직업이 그 기능을 수행하기 위해서는 그 안에 있는 각 계층이 하위 계층의 즉각적이고 충성스러운 복종을 명령할 수 있어야 한다. 이러한 관계 없이는 군사적인 전문성은 불가능하다. 결과적으로 충성과 복종은 최고의 군사적 미덕이다: "복종의 원칙은 다른 모든 군사적 덕목들이 기반을 하는 덕목의 표현이다."[22] 군인은 권한 있는 상관에게 명령을 받으면 논쟁하지 않고 주저하지 않고, 자신의 견해를 대신하지 않고, 즉각 복종한다. 그는 그가 시행하는 정책이 아니라 그가 그것을 실행하는 신속성과 효율성에 의해 평가된다. 그의 목표는 복종을 완벽하게 하는 것이다. 그의 복종의 용도는 그의 책임 밖이다. 그의 최고의 미덕은 궁극적인 것이 아니라 도구적인 것이다. 헨리 5세에 등장하는 셰익스피어의 병사처럼, 그는 대의명분은 그가 "알고" 또는 "추구해야 하는 것" 이상이라고 믿는다. 왕의 "사유가 잘못되었다면, 왕에 대한 우리의 복종은 우리에게서 범죄를 말소하기" 때문이다.

장교단은 충성심이 군사적 이상에 부합할 때 전문적이다. 다른 충성심은 일시적이고 분열적이다. 어느 날 정치적으로 호소력이 있는 것은 다음 날 잊혀질 것이다. 한 사람에게 정치적으로 호소하는 것은 다른 사람에 대한 증오심을 불러일으킬 것이다. 군대 내에서 직업적 역량의 이상에 대한 군사적 충성만이 일관적이고 단결이 되게 한다. 즉, 좋은 군인의 이상에 대한 개인의 충성, 최고 연대의 전통과 정신에 대한 부대의 충성이다. 가장 효과적인 군대와 가장 유능한 장교단은 정치적 또는 이념적 목적보다는 이러한 이상에 의해 동기가 부여된 군단이다. 그들이 군사적 이상에 의해 동기가 부여될 때만 군대는 국가의 복종하는 일꾼이 될 것이며 민간인이 군대를 통제하는 것이 보장될 것이다. 현대 군대에서 장교의 직업적 동기는 징집되거나 경제적 또는 정치적 호소 때문에 입대하는 임시 시민군 병사들의 동기와 대조된다. 전문 장교 군단은 사병의 복종을 보장하는 국가의 도구이다. 물론 임시 시민군 병사는 웨스트포인트(West Point)나 센시어(St. Cyr) 졸업생 특유의 직업적 동기와 직업적 책임감을 결코 발전시킬 수 없다. 그럼에도 불구하고 전문 장교와 사병의 차이는 최소화되어 사병이 외부의 동기와 영향에 무관심해지는 정도까지 된다. 잘 싸우는 것이 직업이기 때문에 잘 싸우는 직업군은 더 높은 목적을 가지고 버티려는 잘 싸우는 정치군보다 훨씬 더 신뢰할 수 있다. 미국 해병대와 프랑스 외인군단은 어떤 작전이든 변함없이 공정한 역량으로 정부에 충성한다. 전문가의 군사적 자질은 그가 싸우는 명분과 무관하다.

최고의 군사미덕은 복종이다. 그러나 복종의 한계는 무엇인가? 이 질문은 두 관점에서 볼 수 있다. 첫 번째는 군인의 복종과 직업적 능력 간의 관계, 즉 장교의 도덕적이고 지적 덕목에 관한 것이다. 두 번째는 복종의 군사적 가치와 비군사적 가치 사이의 갈등에 관한 것이다.

■ **군사 복종과 전문 역량**　　　군사적 복종과 전문적 역량 사이의 갈등은 일반적

으로 군대의 하급자와 군 상관의 관계에 관한 것이다. 그것은 운영과 교리라는 두 가지 넓은 의미에서 발생한다. 전자는 군의 하급자가 그의 판단으로 군사적 재앙을 초래할 수 있는 군사 명령을 수행하는 것이다. 상급자에게 자신의 의견을 알리고 상급자가 자신의 명령을 고수하거나 또는 하급자가 자신의 의견을 발표할 기회가 없다고 가정할 때, 하급자는 이에 복종하는가? 복종의 목적은 윗사람의 목적을 증진시키는 것이다. 부하가 이 목적을 충분히 알고 상사에게 알려지지 않은 상황 때문에 불복종을 통해서만 목적을 달성할 수 있는 경우, 부하가 불복종하는 것이 정당화될 수도 있다. 그러나 이런 경우는 아주 드물다. 일반적으로 작전 명령에 대한 불복종으로 인한 군사 조직의 혼란은 그러한 복종으로 얻은 이익보다 큰 문제로 여겨진다. 상사의 더 큰 역량과 지식이 전제되어야 한다. 작전, 특히 전투에서 순종은 군사적 역량과 상충될 수 없다. 이것이 바로 군사적 역량의 핵심이다.•

　둘째로 군사적 복종과 전문적 역량의 충돌이 나타날 수 있는 경우는 보여지는 비작전적 교리 문제와 관련이 있다. 완고하고 융통성 없는 복종은 새로운 아이디어를 억압하고 진보적이지 않은 일상의 노예가 될 수 있다. 고위 사령부가 과거의 사고방식에 묶여서 군 서열 통제를 활용하여 그들을 불편하게 하는 새로운 전술과 기술 발전을 억제하는 경우는 드물지 않다. 이런 상황에서 하급 장교가 상관에게 불복종하여 전문 지식을 향상시키는 것이 어느 정도 정당화될 수 있는가? 이 질문에 대한 쉬운 대답은 없다. 상급임원의 권위는 우월한 직업역량을 반영하는 것으로 추정된다. 그렇지 않을 때, 명령의 위계는 비전문적인 목적으로 매춘하는 것이다. 그러나 하급 장교는 매뉴얼에 구체화된 것보다 명백히 우월해 보이는 교리를 추진할 때 신중하게 행동해야 한다. 특히, 그들의 의견이 받아들여졌다고 가정할 때 부하들은 그 새로운 기술의 도입이 지휘 계통의 붕괴로 인한 효율성의 손상을 상쇄할 만큼 군사 효율성을 증가시킬 것인지 여부를 고려해야

• 작전 명령에 대한 불복종의 전형적인 예는 넬슨 경에 관해서이다. 그는 한 상황에서 자신의 행동을 이렇게 정당화했다. "나는 나같이 생각하는 사람을 드물게 본다. 그러나 명령에 복종하는 것은 모두 완벽하다. 윗사람이 뭘 지시하겠어? 그들은 내 앞에 무슨 일이 일어나는 것을 알까? 내 왕을 섬기고 프랑스 인을 파괴하는 것은 모든 것의 가장 큰 명령으로 간주된다. 만약 그 큰 명령에서 나온 작은 명령들이 큰 명령과 상충된다면 나는 그 큰 명령을 따를 것이다." 마한(A. T. Mahan), 넬슨의 삶(The Life of Nelson)(보스톤, 2권, 2d ed. rev., 1900), I, 56–63쪽, 189–191쪽, 445–451쪽, II, 89–92쪽; 회고와 전망(Retrospect and Prospect)(보스톤, 1902), 255–283쪽.

한다. 만일 그렇다면 그의 불순종은 정당화된다. 궁극적으로 전문적인 역량이 최종 기준이 되어야 한다.23)

■ **군사 복종과 비군사적 가치**　　두 번째 문제 세트는 군사적 복종과 비군사적 가치의 관계에 관한 것이다. 장교가 정치인에게 받은 명령이 국가 재난으로 이어질 것이라는 것을 알고 있을 때 장교의 책임은 무엇인가? 아니면 명백히 그 나라의 법을 위반하는 일을 하라는 명령을 받았을 때? 아니면 그가 일괄적으로 받아들여지는 명백한 도덕 표준을 위반하는 일을 하라는 명령을 받았을 때? 이러한 문제는 네 개의 그룹으로 나눌 수 있을 것 같다.

첫째, 군사적 복종과 정치적 타당성 사이에 갈등이 있다. 우리는 이미 군사 하급자가 군 지도자들에게 전문적 효율성을 증가시킬 새로운 개발을 강요하는 것이 정당화될 수 있다고 말했다. 상급 지휘관과 정치가 사이에는 같은 관계가 있어야 하지 않겠는가? 정치가가 순전히 정치적 어리석음으로 보이는 노선을 추구하고 있다면, 군사령관은 정치적 현명함의 기준에 호소하여 그것에 저항하는 것이 정당화되지 않는가? 상사에 "저항"하는 하급 장교는 전문적인 현명함에 호소하여 자신을 방어한다. 그러나 이 두 경우에는 큰 차이가 있다. 군사 효율성의 기준은 제한적이고 구체적이며 상대적으로 객관적이다. 정치적 현명함의 기준은 불확실하고 모호하며 매우 주관적이다. 정치는 예술, 군사 과학 전문직이다. 군인이 합리적인 사람들에게 자신의 정치적 판단이 정치가보다 낫다는 것을 증명할 수 있는 일반적으로 인정되는 정치적 가치는 존재하지 않는다. 정치가의 우월한 정치적 현명함은 사실로 받아들여야 한다. 정치인이 군인이 국가적 재앙으로 이어질 수 있다는 것을 알고 전쟁을 결정한다면 군인은 자신의 의견을 제시한 후 나쁜 상황에서 최선으로 나은 상황을 만들어야 한다. 예를 들어, 1930년대 후반 독일군의 지휘관들은 거의 만장일치로 히틀러의 외교 정책이 국가 파멸을 초래할 것이라고 믿었다. 그러나 군복무를 하기 위해 그들에게 그의 명령을 수행해야 했다. 일부는 이 명령을 따르고, 다른 일부는 정치적 목표를 추진하기 위해 직업적 규범을 저버렸다. 정부가 한국 전쟁을 수행하는 방식에 대한 맥아더 장군의 반대는 본질적으로 비슷했다. 히틀러에 대한 저항에 가담한 독일 장교와 맥아더 장군은 전쟁과 평화 문제를 결정하는 것이 군장교의 임무가 아니라는 사실을 잊었다.

둘째, 다른 극단적 측면에서는 정치적 상급자에 의해 군인의 역량이 위협받을 때 군사적 복종과 군사적 역량 사이에 갈등이 생긴다. 정치가의 명령이 군 장교의 전문적인 기준으로 판단했을 때 군사적으로 불합리하고 정치적 영향이 없이 명백히 군사 영역에서의 관건이라면 군 장교는 어떻게 해야 할까? 이 상황이 명백히 군사 영역의 과제이고 정치와 상관이 없는 관건이라면 이것은 외부 고려에 의한 직업 영역에 대한 명백한 침해를 나타낸다. 군 상급자가 의심스러운 명령을 내리는 경우에 존재했던 우월한 전문적 역량의 추정은 정치인이 군 문제에 관여할 때 적용되지 않는다. 여기서 전문적 기준의 존재는 군사적 불복종을 정당화한다. 히틀러가 제2차 세계 대전 말기에 했던 것처럼 전투 중인 대대가 진격할지 후퇴할지 여부는 정치가가 결정할 문제가 아니다.

셋째, 이 두 극단적인 경우 사이에는 군사적 복종과 합법성의 갈등이 존재한다. 군 장교는 민간 상관에게 내릴 법적 권한이 없는 명령을 받았을 때 어떻게 해야 하는가? 아마도 국가의 신하로서 군 장교는 오직 합법적인 국가 당국의 신하일 것이다. 그의 행동을 명령하는 정치가가 자신이 불법적으로 행동하고 있음을 인식하면 군 장교는 불복종하는 것이 정당화된다. 정치가가 합법적으로 행동한다고 주장하지만 그 행동이 군 장교에게 불법으로 보인다면 그 문제는 합법적이고 불법적인 것을 판단하는 군 장교와 정치가의 상대적 역량 중 하나이다. 군사 직업을 가진 대부분의 현대 국가에는 그러한 문제를 결정하는 기능을 하는 전문가 집단인 사법부가 있다. 그들이 그러한 문제의 판결을 내리면, 군 장교는 그것을 받아들일 수밖에 없다. 상황의 시급함이나 사법부 자체의 합법성이 의심되어 이것이 불가능하다면, 군 장교는 상황에 적용되는 법을 연구하고 스스로 결정할 수밖에 없다. 법의 기준은 일반적으로 정치의 기준보다 훨씬 정확하지만 군사 과학의 기준보다는 덜 명확하다. 어떤 경우에도 장교는 정치가의 의견에 상당한 타당성을 부여해야 한다. 국가에 두 개의 정부가 있고 각각이 정당하게 구성되었으며 군사적 복종을 받을 자격이 있다고 주장하는 경우, 군 장교는 둘 사이의 정치적 선택을 피할 수 없다.

마지막으로 군사적 복종과 기본도덕의 갈등이 있다. 만약 군 장교가 정치가로부터 대량 학살, 점령지의 사람들을 몰살하라는 명령을 받으면 어떻게 해야 하는가? 윤리적 기준을 판단하고 적용하는 능력에 관한 한 정치가와 군인은 동등하다. 둘 다 자유로운 개인으로 자신의 행동에 대해 도덕적으로 책임이 있다. 군인은 궁극적인 도덕적 판단을 내릴 수 있는 자신의 권리를 민간인에게 양도할 수 없다. 그는 도덕적 개인으로서 자신을 부정할 수 없다. 그러나 문제는 이처럼 간단하지 않다. 여기에는 기본적인 도덕뿐만 아니라 정치가 관여될 수 있다. 정치가는 국가의 정치적 이익을 증진하기 위해 일반적으로 받아들여지는 도덕을 위반해야 한다고 느낄 수 있다. 이런 일이 빈번하다는 것은 부인할 수 없다. 만약 정치가가 정치적 이유를 위해 개인적 양심을 무시한다면, 그는 자신의 양심과 마찬가지로 군인의 양심을 종속시키는 것이 정당화될 수 있을까? 장교에게 이것은 한편으로는 자신의 양심과 다른 한편으로는 국가의 이익, 그리고 복종이라는 직업적 미덕 사이에서 선택하는 문제로 귀결된다. 군인으로서 그는 복종할 의무가 있고, 인간으로서 불복종을 해야 할 의무가 있다. 가장 극단적인 경우를 제외하고는 그가 직업 윤리를 고수하고 복종할 것이라고 기대하는 것이 타당하다. 군인이 군사 복종과 국가 복지의 이중 요구를 저버리고 사적 양심의 명령을 따르는 것이 정당화되는 경우는 거의 없다.

■ **요약: 보수적 사실주의**   군사윤리는 인간 본성의 영속성, 비합리성, 나약함, 악함을 강조한다. 그것은 개인에 대한 사회의 우월성과 질서, 위계 및 기능 분할의 중요성을 강조한다. 그것은 역사의 연속성과 가치를 강조한다. 그것은 국가를 가장 높은 형태의 정치조직으로 받아들이고 국가들 사이에 지속되는 전쟁의 가능성을 인정한다. 국제 관계에서 권력의 중요성을 강조하고 국가 안보에 대한 위험을 경고한다. 국가의 안보는 강력한 군대의 창설과 유지에 달려 있다고 주장한다. 그것은 국가의 직접적인 이익에 대한 국가 행동의 제한, 광범위한 공약의 제한, 호전적이거나 모험적인 정책의 바람직하지 않음을 강조한다. 전쟁은 정치의 도구이며, 군대는 정치가의 신하이며, 민간인 통제는 군사 전문성에 필수적이라고 주장한다. 그것은 복종을 군인의 최고 덕목으로 삼는다. 따라서 군사직업에 대한 관점에서 볼 때 군사윤리는 비관적이며 집단주의적이며, 역사적으로, 권력 지향, 민족주의, 군국주의, 평화주의 및 도구주의적이다. 한마디로 현실적이고 보수적이다.

제4장

권력, 전문성, 이데올로기: 이론상의 민군 관계

문민통제의 다양성

사회에서 군의 역할은 "문민통제"라는 측면에서 자주 논의되었다.[1] 그러나 이 개념은 만족스럽게 정의된 적이 없다. 아마도 문민통제는 민간과 군부 집단의 상대적 권력과 관련이 있다. 군단의 권력이 축소되는 만큼 문민통제가 이뤄지는 것으로 추정된다. 결과적으로, 문민통제를 정의할 때 기본적인 문제는 다음과 같다. 어떻게 군사력을 최소화할 수 있는가? 일반적으로 두 가지 광범위한 답이 있다.

■ **주관적인 문민통제: 민간 권력의 극대화**   군사력을 최소화하는 가장 간단한 방법은 군대와 관련하여 민간 집단의 힘을 극대화하는 것으로 보인다. 그러나 민간 집단의 다수, 다양한 성격, 상충되는 이해관계로 인해 군에 대한 그들의 힘을 전체적으로 극대화 하는 것은 불가능하다. 따라서 민간 권력의 극대화는 항상 특정 민간 집단 또는 집단들의 권력 극대화를 의미한다. 이것은 주관적인 문민통제이다. 문민통제의 일반적인 개념은 민간 집단의 특정 이익과 동일시된다. 결과적으로 주관적인 문민통제는 민간 집단 간의 권력 관계를 포함한다. 한 민간 집단이 다른 민간 집단들을 희생시키면서 권력을 강화하기 위한 수단으로 문민통제를 추구한다. 따라서 그것은 그 자체가 목적이 아니라 '국가의 권리'와 같은 도구적 슬로건이 된다. 일반적으로 국가 차원보다 한 주에서 더 많은 권력을 가진 경제 집단이 국가 정부 내에서 더 많은 권력을 가진 집단과 투쟁할 때 주(state)의 권리에 대한 가치를 제기하는 것처럼 문민통제의 슬로건은 군대에 대한 권력이 없는 집단이 군대에 대한 그러한 권력이 있는 다른 민간 집단과 투쟁할 때 쓰여

진다. 주(state)의 권리와 마찬가지로 문민통제는 다양한 부정을 포함할 수 있다. 어느 민간인이 통제를 할 것인지 항상 물어볼 필요가 있다. 아주 최근에 서구 사회에서를 제외하고 문민통제는 이러한 주관적인 의미에서만 존재했다. 주관적인 문민통제는 실제로 전문 장교단이 없을 때 가능한 유일한 문민통제 형태이다. 다양한 역사적 상황에서 주관적인 문민통제는 특정 정부 기관, 특정 사회 계급 및 특정 헌법 형태의 권력 극대화와 동일시되었다.

■ **정부 기관에 의한 문민통제**　　17세기와 18세기에 영국과 미국에서 군대는 일반적으로 왕실의 통제 하에 있었으며 의회는 왕실에 대한 그들의 권력을 증가시키는 수단으로 "문민통제"라는 슬로건을 채택했다. 그러나 왕은 그들처럼 민간인이었기 때문에, 그들이 실제로 원했던 것은 일반적으로 문민통제보다 군대에 대한 의회 통제를 극대화하는 것이었다. 그리고 의회의 통제는 군대의 권력을 줄이는 수단이 아니라 왕의 권력을 축소하는 수단으로 추구되었다. 현재 미국에서는 의회와 대통령이 비슷한 투쟁을 벌이고 있다. 최고 행정관은 문민통제를 대통령 통제와 동일시한다. 의회는 군대를 효과적으로 통제하기에는 너무 크고 부실하게 조직되어 있다. 반면에 의회는 문민통제를 의회 통제와 동일시한다. 의회는 군사 고문의 포로가 될 가능성이 있는 대통령보다 국민들에게 더 가깝다. 그러나 의회와 대통령은 근본적으로 민간인과 군대가 아닌 행정부와 입법부 간의 권력 분배에 관심을 갖고 있다.

■ **사회 계급에 의한 문민통제**　　18세기와 19세기에 유럽 귀족들과 부르주아지들은 군대를 통제하기 위해 투쟁했다. 각 계급은 자신들의 이익과 문민통제를 동일시 했다. 그러나 일반적으로 귀족이 군부를 지배했기 때문에 자유주의적 부르주아 집단은 이 슬로건을 최대한 활용하여 귀족 통제를 군사 통제와 동일시하였다. 군사 기관은 사회의 모든 영역에 침투한 두 계급 간의 투쟁을 위한 하나의 전장을 제공했을 뿐이다. 관건은 군대에서 귀족적 또는 자유주의적 이익이 우세할 것인지의 여부였다.

■ **헌법 유형에 의한 문민통제**　　특정한 민간 이해관계와 문민통제를 이렇게 동일시하여 포괄하게 적용하는 것은 특정한 헌법 형태(보통 민주주의)만이 문민통

제를 보장할 수 있다는 주장이 제기될 때 발생한다. 문민통제는 민주 정부로, 군사 통제는 절대 또는 전체주의 정부와 동일시된다. 민주주의 국가에서는 정책이 설득과 타협에 의해 결정되고, 절대주의 국가에서는 무력과 강압(또는 적어도 무력이나 강압의 묵시적 위협)에 의해 결정된다고 한다. 따라서 가장 강력한 폭력 기구를 통제하는 군대는 민주주의 국가보다 전체주의 국가에서 더 강력할 것이다. 그러나 사실 이 주장이 반드시 맞는 것은 아니다. 민주주의 국가에서 군대는 민주 정부와 정치의 합법적인 절차와 제도를 통해 군대에 대한 문민통제를 약화시키고 강력한 정치 권력을 획득할 수 있다(예: 제2차 세계 대전의 미국). 반면 전체주의 체제에서는 장교단을 경쟁부대로 쪼개고, 당군과 특수부대(무장친위대(Waffen–SS), 비타즈(MVD))를 편성하고, 독립된 지휘 계통(정치위원)을 통해 군 위계를 잠입하는 등의 방법으로 군의 위력을 약화시킬 수 있다. 테러, 음모, 감시 및 무력은 전체주의 국가에서 정부의 수단이다. 테러, 음모, 감시 및 무력은 그러한 국가의 민간인이 군대를 통제하는 수단이다. 만약 충분히 무자비하게 사용된다면 이러한 수단은 사실상 군의 정치력을 제거할 수 있다(예: 제2차 세계 대전의 독일). 따라서 주관적인 문민통제는 특정 헌법 제도의 전유물이 아니다.

군사 전문직의 부상은 민군 관계의 문제를 변화시켰고, 군에 대한 권력을 극대화하려는 민간 집단의 노력을 까다롭게 만들었다. 그러한 집단은 이제 유사한 목표를 가진 다른 민간 집단뿐만 아니라 새롭고 독립적이며 기능적인 군사적 의무에 직면하게 되었다. 주관적인 문민통제의 특정 형태에 대한 지속적인 주장은 이러한 의무를 거부되거나 변형될 것을 요구했다. 이것이 불가능하면 주관적인 의미에서 문민통제가 불가능하게 된다. 기능적 군사 의무와 사회의 나머지 부분 사이의 관계를 지배하기 위해서는 몇 가지 새로운 원칙이 필요했다. 문민통제가 단순히 특정 민간 집단의 도구적 가치에 불과한 한, 그 의미에 대한 일반적인 동의를 확보하는 것은 물론 불가능했다. 각 집단은 그것을 자신의 이익에 유리한 권력 분배로 정의했다. 이것은 18세기와 19세기에 문민통제가 정치에서 정기적으로 사용되었고 자주 기록되었지만 그럼에도 불구하고 문민통제가 결코 만족스럽게 정의되지 않았다는 특이한 역사적 사실을 설명한다. 그러나 군사직의 부상은 주관적인 문민통제의 특정 형태를 쓸모없게 만드는 동시에 문민통제에 대한 새롭고 더 의미 있는 정의를 가능하게 했다.

■ **객관적인 문민통제: 군사 전문성의 극대화**   객관적인 의미에서의 문민통제는 군사 전문성의 극대화이다. 보다 정확하게는 군부대원들 사이에서 전문적인 태도와 행동의 출현에 가장 도움이 되는 것은 군과 민간 집단 사이의 정치권력 분배이다. 따라서 객관적인 문민통제는 주관적인 문민통제에 직접적으로 반대된다. 주관적인 문민통제는 군대를 민간화시키고 국가를 투영하여 그 목적을 달성한다. 객관적인 문민통제는 군대를 군사화하고 국가의 도구로 삼음으로써 그 목적을 달성한다. 주관적인 문민통제는 다양한 형태로 존재하고 객관적인 문민통제는 한 가지 형태로 존재한다. 객관적인 문민통제의 정반대는 군대의 정치참여이다. 군대가 제도적, 계급적, 헌법적 정치에 점진적으로 관여함에 따라 문민통제는 감소한다. 반면에 주관적인 문민통제는 이러한 개입을 전제로 한다. 객관적인 문민통제의 본질은 자율적인 군사 전문성의 인정하는 것이고, 주관적인 문민통제의 본질은 자주적인 군사영역에 대한 거부이다. 역사적으로 객관적 통제에 대한 요구는 직업군에서, 주관적 통제에 대한 요구는 군사분야에서 그들의 심을 극대화하기에 열심인 다방면의 민간단체들에서 나왔다.

모든 문민통제 시스템에서 가장 중요한 것은 군사력을 최소화하는 것이다. 객관적인 문민통제는 군대를 전문화시키고 정치적으로 무미하고 중립적으로 만듦으로써 군사력을 감소시킨다. 이렇게 함으로써 모든 민간단체들과 비교해서 군은 가능한 가장 낮은 수준의 정치력을 가지게 된다. 동시에 그것은 군사 직업의 존재에 필요한 권력의 필수적인 요소를 보존한다. 고도로 전문적인 장교단은 국가 내에서 합법적인 권위를 확보하는 민간단체의 바람을 수행할 준비가 되어 있다. 사실상 이것은 다양한 민간 집단 간의 정치권력 분배와 관련 없이 군의 정치권력에 대한 명확한 한계를 설정한다. 전문성이 극대화되는 지점을 넘어 군사력을 추가로 축소하는 것은 특정 민간단체의 이익을 배가시킬 뿐이며 다른 민간 단체와의 투쟁에서 그 집단의 힘을 강화하는 역할을 할 뿐이다. 따라서 군사 전문성을 가장 촉진시키는 정치권력의 분배는 어느 특정 민간단체를 편애하지 않고 군사력이 감소될 수 있는 가장 낮은 지점이기도 하다. 이 때문에 문민통제의 객관적인 정의는 정치적으로 중립적이고 모든 사회집단이 인식할 수 있는 단일한 문민통제의 구체적인 기준을 제공한다. 그것은 집단의 이익을 감추는 정치 슬로건에서 집단의 관점을 초월한 분석적 개념으로 문민통제를 격상시킨다.

    문민통제의 주관적인 정의는 문민통제와 군사안보의 필요성 사이의 충돌을 전제로 한다. 이것은 계속되는 군사적 불안정이 문민통제를 불가능하게 만든다고 일반적으로 주장하는 특정 민간단체의 지지자들에 의해 일반적으로 인식되었다. 이것은 단지 안보 위협이 강화되면 군사적 의무가 증가하여 민간 권력을 주장하기가 더 어려워진다는 것을 의미했다. 따라서 군사안보를 달성하는 데 필요한 단계는 문민통제를 훼손하는 것으로 간주된다. 반면 주관적인 의미에서 문민통제를 강화하려는 노력은 종종 군사안보를 훼손하는 경우가 많았다. 예를 들어, 국가 정책에 대한 고유한 견해를 가진 별도의 군사직의 존재를 인식하지 않았기 때문에 민간단체들은 자주 군사력이 감소하는 것이 평화를 유지하기 위해 필요하다고 추측했다. 그러나 군대의 힘의 감소는 훨씬 더 호전적인 민간단체들의 권력 증가를 초래했다. 그 결과 군대의 힘을 줄임으로써 전쟁의 위험을 최소화하려는 민간단체는 종종 오히려 그 위험을 높이게 되었다. 제2차 세계 대전 직전 몇 년 동안 일본을 제외한 미래의 모든 교전국에서 군의 정치력이 체계적으로 감소했거나 냉전의 격렬함이 소련 장군들의 정치력에 반비례하여 변하는 것처럼 보인다는 것은 우연의 일치라고 보기 어렵다. 그러나 문민통제가 객관적인 의미로 정의된다면 군사안보라는 목표와 상충되지 않는다. 그 반대이다. 객관적인 문민통제는 모든 민간 집단에 대해 군의 힘을 가능한 한 가장 낮은 수준으로 감소시킬 뿐만 아니라 군사안보 달성 가능성을 극대화한다.

    객관적인 문민통제의 달성은 물론 군사 직업의 출현 이후에만 가능했다. 주관적인 문민통제는 폭력 관리에 있어 별개의 전문인력이 등장할 정도로 분업이 진행되어 온 사회에서 근본적으로 적절하지 않다. 그러나 객관적인 문민통제의 달성은 여전히 많은 민간단체들이 주관적인 용어로 문민통제를 생각하는 경향으로 인해 방해를 받아 왔다. 19세기 귀족과 부르주아지, 또는 20세기 프랑스 입헌파들처럼, 그들은 단순히 정치적으로 중립적인 장교단을 받아들이기를 꺼린다. 그들은 자신의 이익과 원칙에 따라 장교단의 종속을 계속해서 주장한다. 결과적으로 높은 수준의 객관적인 문민통제는 현대 서구사회에서도 드문 현상이었다.

민군 관계의 두 가지 차원

군사 전문성과 객관적인 문민통제를 극대화할 수 있는 조건은 무엇인가? 답은 두 차원의 민군 관계 사이의 관계에 달려 있다. 권력 차원에서 핵심 쟁점은 사회 내 민간단체에 상대적인 장교단의 권력이다. 이념적 차원에서 관건은 직업 군인의 윤리와 사회에 만연한 정치이념의 양립성이다. 한편으로는 군사력과 민간 권력을 측정하는 기준이 필요하다. 다른 한편으로, 직업적 군사윤리가 정치적 견해의 범위에 어느 정도 부합하는지에 대한 개념이 필요하다.

■ **장교단과 정치권력**   권력은 다른 사람들의 행동을 통제하는 능력이다.[2] 권력 관계에는 최소한 두 가지 차원이 있다. 첫째는 권력의 정도 또는 양, 즉 한 사람의 특정 행동 유형이 다른 사람에 의해 통제되는 정도이다. 둘째는 권력의 범위나 위치, 즉 다른 개인이나 집단에 의해 영향을 받는 행동의 유형이다. 두 사람 또는 그룹 간의 관계는 일반적으로 양 방향으로의 권력행사를 포함하지만 거의 모든 경우에서 권력의 영역이 겹칠 경우 다소 다르다. 권력은 공식적 권위와 비공식적 영향력의 두 가지 형태로 존재하며, 둘 다 그 정도와 범위로 측정할 수 있다. 공식적인 권위는 정의된 사회구조에서 각자의 위치를 기반으로 한 다른 사람의 행동에 대한 한 사람의 통제를 포함한다. 권위는 개인에게 있는 것이 아니라 신분과 지위의 속성이다. 따라서 권위는 질서정연하거나 구조화되거나 정당한 권력이다. 그것은 관계에 관련된 개인의 연속적인 변화를 통해 비교적 일정하게 유지되는 지속적인 관계 패턴이다. 그 권위의 행사는 헌법, 규정, 내규, 법령 또는 오랫동안 받아 들여진 관습의 제재가 있다. 공식적 권위가 권력에 대한 한 부분을 보여준다는 것은 정치의 자명한 사실이다. 비공식적 관계는 한 사람 또는 여러 사람들의 집단이 다른 사람의 행동을 통제하는 곳에서도 존재한다. 그러한 관계는 그들이 공식 구조에서 특정 위치를 차지하기 때문이 아니라 다른 제재나 보상을 통제하기 때문에 형성이 된다. 이러한 영향은 성격, 부, 지식, 명성, 우정, 친족 또는 기타 다양한 원천에서 비롯될 수 있다. 그러나 그것의 구별되는 특징은 그것이 개인이나 집단이 차지하는 역할이나 지위가 아니라 항상 특정한 개인이나 집단에 내재한다는 것이다.

■ 권위　　　민군 관계에서 권위의 패턴을 분석할 때 핵심기준은 군과 민간 집단의 상대적 수준, 상대적 통일성, 권위의 상대적 범위이다. 한 집단의 권위 수준이 높을수록 구조의 통일성이 커지고 권위의 범위가 넓을수록 더 강력해진다.

권위의 수준은 정부 권위의 위계에서 집단이 차지하는 위치를 나타낸다. 군에 대한 수직적 통제는 군이 예하의 권위로 전락할 정도까지 행사된다. 장교단의 권위는 장교단이 서열의 정점에 배치되고 다른 정부기관이 종속되어 있을 때, 즉 장교단 또는 그 지도자들이 군사 자주권을 행사할 때 극대화된다. 군이 다른 기관에 대한 권위를 가지고 있지 않고 다른 기관이 군에 대한 권위가 없는 경우 다소 낮은 수준의 권위가 존재한다. 이 경우 권위의 두 가지 평행 구조가 존재한다. 하나는 군사구조이고 다른 하나는 민간구조이다. 이 상황은 군사적 독립이다. 셋째, 장교단은 실제 최종 권위를 가진 다른 한 기관에만 종속될 수 있다. 즉, 장교단은 군주에게 직접 접근할 수 있다. 그 후, 장교단은 점차적으로 정부 구조에서 더 종속될 수 있다. 그러나 그러한 종속은 일반적으로 그다지 수행되지 않으며 일반적으로 장교단과 군주 사이에 한 수준의 권위만 존재한다. 이 한 수준은 일반적으로 민간부 장관 형태이기 때문에 이 수준의 군사 권위는 장관 통제라고 부를 수 있다.

권위의 통일성은 주어진 집단이 다른 집단과의 관계에서 구조적으로 통합되는 정도를 의미한다. 독점기업은 시장 반대편에 있는 많은 기업과 거래할 때 유리한 점을 가지고 있다. 따라서 구조적으로 결합된 집단은 구조적으로 분리된 집단을 다루는 데 큰 이점이 있다. 장교단이 원래 육·해·공군으로 분할되었다가 단일 참모총장과 군사령관의 지휘로 통합된다면, 이러한 변화는 다른 정부기관에 대한 권위를 높이는 경향이 있을 것이다. 그들은 셋이 아닌 하나의 목소리로 말할 것이다. 다른 집단들은 한 쪽의 장교단을 다른 쪽의 장교단과 경쟁시킬 수 없을 것이다.

셋째, 권위의 범위는 집단이 권위를 부여받아 공식적으로 권력을 행사할 수 있는 가치의 다양성과 유형을 의미한다. 예를 들어, 군 집단의 권위는 일반적으로 군사문제로 제한된다. 참모총장이 농업보조금과 관련하여 정부에 조언할 수 있는 권한도 부여된다면 그 권위의 범위가 대폭 넓어진다. 수평적 문민통제는 정부 내 거의 같은 수준의 민간기관이나 집단이 병행하는 활동에 의해 제한된 범위

내에서 국한되어 군에 대해 행사된다.

■ **영향**   한 집단과 그 지도자의 정치적 영향력은 공식적인 권위보다 판단하기가 훨씬 더 어렵다. 그러나 장교단의 영향력을 평가할 수 있는 4가지 대략적인 지표가 있다.

(1) 장교단과 그 지도자의 집단 소속: 집단의 영향력을 가늠하는 한 가지 테스트는 다른 강력한 집단 및 개인과의 제휴 범위와 성격을 보는 것이다. 장교단의 경우 이러한 소속은 일반적으로 세 가지 유형이다. 첫째, 예비역 소속은 장교들이 장교단에 입대하기 전의 장교들의 활동에서 발생한다. 장교의 대부분이 특정 사회 계층이나 지역에서 뽑힌 경우, 이는 해당 계층이나 지역에 대한 군단의 영향력을 강화하는 것으로 가정할 수 있다. 둘째, 장교들은 군 복무 과정에서 현역 제휴를 발전시킬 수 있는데 의회 위원회 또는 군대에 제품을 납입하는 산업과의 특별한 관계가 그 예가 된다. 마지막으로, 복무 후 소속은 군단을 떠난 후 장교 활동의 일반적인 패턴을 반영할 수 있다. 예를 들어, 퇴직 후 장교가 일반적으로 특정 유형의 업무에 종사하거나 특정 지역에 정착한다면, 이는 또한 아마도 사회의 해당 부문에서 장교단의 영향력을 증가시킬 것이다.

(2) 장교단과 그 지도자의 권한에 따른 경제 및 인적 자원: 국가 생산물 중 군사적 목적에 사용되는 비율이 클수록, 민간집단 또는 군대에서 군에 관계된 일을 하는 개인의 수가 많을수록 장교단과 그 지도자의 영향력이 커질 것이다. 그러나 군사적 권위의 대상이 되는 자원의 증감이 그 권위 자체를 변화시킬 필요는 없다. 군사 권위의 수준, 통일성, 범위는 군사적 통제 대상인 자원이 변화하는 동안에도 일정하게 유지될 수 있다.

(3) 장교단 및 기타 그룹의 위계적 상호 관입: 장교단의 구성원이 비군사적 권력구조에서 권위의 위치를 차지하면 군사적 영향력이 증가한다. 군사적 영향은 군인이 아닌 사람이 공식적으로 정의된 장교단 내의 자리를 차지하는 정도까지 감소한다.

(4) 장교단과 그 지도자의 명성과 인기: 장교단과 그 지도자의 위상에 대한 여론과 군에 대한 사회 전반적 태도나 각각 집단들의 태도는 분명히 군대의 영향력을 결정하는 핵심요소이다.

이 네 가지 요소는 군대의 정치적 영향력에 대한 지표를 제공하는 데 도움이 될 것이다. 이러한 관계의 다소 양적인 범위는 군의 정치적 영향력의 정도를 나타낸다. 그런 관계의 구체적인 내용과 성격은 군사적 영향력의 소재를 알려준다. 예를 들어, 정부의 일반적인 민간부문에서 권위 있는 위치를 차지하는 군인의 총수가 증가하면 군사적 영향력의 증가한다는 결론을 내릴 수 있다. 군인들이 일하고 있는 특정 유형의 기관은 이러한 증가된 영향력의 소재에 대한 결론으로 이어질 것이다. 그들은 모두 외교부에 있을 수도 있고 일반적으로 정부 전체에 흩어져 있을 수도 있다.

■ **직업 윤리 및 정치 이념**　권력투쟁에 참여하는 다양한 민간단체가 있는 것처럼 다양한 공직윤리나 이념도 존재한다. 결과적으로 한쪽 끝의 군사적 가치에서 다른 쪽 끝의 공직 가치로 이어지는 연속체를 가정하는 것은 불가능하다. 군사윤리는 구체적이고 영구적이며 보편적이다. 반면에 "문민"이라는 용어는 단순히 비군사적인 것을 나타낸다. "군사 정신"과 "문민 정신" 사이에는 이분법이 존재하지 않는데, 이는 단일한 "문민 정신"이 없기 때문이다. 많은 "문민의식"이 있으며, 두 문민 간 윤리 사이의 차이는 그들 중 어느 하나와 군사윤리 사이의 차이보다 클 수 있다. 결과적으로 군사윤리는 특정한 문민윤리와 비교할 수 있을 뿐이다. 이 분석에서는 한 종류의 문민윤리의 네 가지 표현인 정치이념과 비교할 것이다. 정치 이데올로기는 국가의 문제를 지향하는 일련의 가치와 태도이다. 군사윤리와 비교할 이데올로기는 자유주의, 파시즘, 마르크스주의, 보수주의 등 서구문화에서 가장 중요한 4가지 이데올로기이다.[3] 각각의 경우의 쟁점은 사상체계로 본 이념이 어느 정도 군사윤리와 양립하거나 상충하는가이다.

■ **자유주의**　자유주의의 핵심은 개인주의이다. 그것은 개인의 이성과 도덕적 존엄성을 강조하고 개인의 자유에 대한 정치적, 경제적, 사회적 제약에 반대한다. 이에 반해 군사윤리는 인간은 악하고 나약하며 비합리적이며 집단에 종속되어야 한다고 주장한다. 군인은 인간 사이의 본성적 관계가 갈등이라고 주장하고 자유주의는 평화라고 믿는다. 자유주의는 이성을 적용하면 이해관계가 조화를 이룰 수 있다고 주장한다. 자유주의자들에게 어느 집단에서든 성공은 개인의 에너지를 최대한으로 방출하는 데 달려 있다. 군인의 경우 종속과 전문화에 달려

있다. 자유주의자는 자기 표현을 군인은 복종을 미화한다. 자유주의는 사회의 유기적 이론을 거부한다. 군사적 관점과 달리 자유주의는 인간의 본성이 유연하며 교육과 적절한 사회제도를 통해 개선될 수 있다고 주장한다. 자유주의자는 진보를 믿고 역사의 의의를 최소화한다. 인간은 자신의 경험을 의지하는 것보다 자신의 이성을 사용하여 자신의 정치적 문제에 대한 해결책을 찾을 가능성이 더 높다.

군인은 인간관계에서 권력의 중요성을 강조한다. 자유주의는 일반적으로 권력의 존재를 부정하거나, 권력의 중요성을 최소화하거나, 권력을 본질적으로 악하다고 비난한다. 자유주의는 군인이 지속적으로 위협받고 있다고 여기는 국가안보가 보장되어 있다고 가정하는 경향이 있다. 자유주의적 사고는 주로 경제 및 경제적 복지에 관심을 가져왔으며 대규모 군사력, 세력균형 외교 및 군사 동맹에 반대했다. 자유주의는 국제법, 국제법원, 국제기구 등 제도적 장치를 통해 평화를 이룰 수 있다고 믿는다. 자유주의는 평화주의적 경향이 많지만 일반적으로 자유주의자들은 더 많은 자유주의 이상을 위한 전쟁을 지지할 것이다. 국가정책의 도구로서의 전쟁은 비도덕적이다. 보편적으로 정의와 자유의 참된 원칙을 위한 전쟁은 비도덕적이지 않다. 따라서 자유주의자는 일반적으로 전쟁을 반대하지만 자주 특정한 전쟁을 지지하는 반면, 군인은 전쟁을 추상적으로 수용하지만 구체적인 표현에 반대한다.

자유주의는 일반적으로 군비와 상비군에 적대적이다. 그들은 평화와 입헌정부 모두에 위협이 된다. 군사조직이 필요하다면 자유주의적 원칙을 반영한 군사조직이어야 한다. 자유주의에서 문민통제는 군사기관에서 자유주의적 사상의 구현을 의미한다. 군 전문가들은 낙후되고, 무능하며, 경제, 사기, 이념의 중요성을 등한시한다. 국방은 소수가 아닌 모두의 책임이다. 만약 전쟁이 필요하게 된다면 국가는 민병대와 시민군에 의존하는 "무장한 국가"로서 싸워야 한다.

■ **파시즘**　　　군사윤리와 파시즘은 어떤 면에서는 비슷하지만 한 가지 근본적인 차이점이 있다. 파시스트는 군인이 가능한 한 효과적으로 싸우기 위해 존재의 사실로 받아들이는 것을 존재의 최고의 가치로 찬미한다. 군인은 인간관계에 내재된 투쟁을 본다. 파시스트는 투쟁을 인간의 최고의 활동으로 미화한다. 군사윤리는 민족국가를 독립된 단위로 받아들인다. 파시즘은 국가나 당을 도덕의 궁극

적인 원천인 도덕적 미덕의 구현으로 칭한다. 군사적 사고는 전쟁을 수용하는 반면, 파시스트적 사고는 전쟁과 폭력을 낭만화한다. 군인은 권력의 필요성과 사용을 인식하고 파시스트는 권력 그 자체를 목적으로 숭배한다. 군대 윤리는 인간 사회에서 지도력과 규율의 필요성을 인식하고 파시즘은 지도자의 최고 권력과 능력, 그리고 지도자의 의지에 대한 절대 복종의 의무를 강조한다.

인간의 본성과 역사에 대한 파시스트와 군사적 관점은 매우 다르다. 인간 특성의 보편성을 군사적으로 강조하는 것과는 대조적으로, 파시스트는 선택된 민족이나 인종의 타고난 우월성과 지도자의 타고난 천재성과 최고의 미덕을 믿는다. 반면에 군사적 사고는 모두에게 회의적이다. 군인은 역사에서 배우고 자유주의자는 이성에 의존하지만 파시스트는 직관을 강조한다. 그는 질서정연한 지식과 실용적이고 경험적인 사실주의를 거의 사용하지 않거나 필요로 하지 않는다. 그는 외부 장애물에 대한 의지의 승리를 축하한다. 이런 점에서 파시즘은 자유주의보다 더 개인주의적이며 인간 본성의 한계를 강조하는 군사윤리에서 더 멀리 떨어져 있다.

자유주의와 달리 파시즘은 강한 군사력의 유지를 기꺼이 지지한다. 자유주의자는 이상을 위해 싸우고 군인은 국가 안보를 위해 싸우지만 파시스트는 싸우기 위해 싸운다. 전쟁은 정치의 도구가 아니라 목적이다. 군인의 신중하고 호전적이지 않은 외교 정책과 대조적으로, 파시스트는 분쟁과 궁극적인 한계까지 국가의 권력 확장을 목표로 하는 역동적이고 공격적이며 혁명적인 정책을 옹호한다. 파시스트는 국가나 정당에 대한 다른 모든 사회 제도의 내부 종속을 믿는다. 군 직업 자체에 적절한 이념적 색채가 있어야 한다. 파시즘은 군사기관에 관련 없는 형태를 부과하는 자유주의만큼은 아니지만, 국가를 제외한 모든 잠재적 권력 원천의 존재에 대해 훨씬 더 적대적이다. 자유주의와 마찬가지로 파시즘은 전면전, 대규모 군대, 그리고 군인이 되는 것이 모든 시민의 의무라고 믿는다.

■ **마르크스주의**　　　　마르크스주의적 인간관은 근본적으로 군사적 인간관에 반대된다. 마르크스주의자에게 인간은 기본적으로 선하고 이성적이다. 그는 악한 제도에 의해 타락했다. 그는 천성적으로 동료들과 화목하다. 이것이 역사가 시작되기 전의 그의 상태였다. 이것은 변증법적 과정이 중단될 때 그의 상태가 될 것

이다. 마르크스주의 사상은 인간들 사이에 근본적인 구별이 존재한다는 것을 부정하지만, 그 사상은 오늘날에는 프롤레타리아트가 다른 계급보다 더 진보적이라고 본다. 군인처럼 마르크스주의자는 역사를 주의 깊게 연구한다. 명제, 대조, 종합의 끊임없는 반복에는 순환적 요소가 있지만, 역사의 기본적 과정은 선형적이고 점진적이다. 군인처럼 마르크스주의자는 투쟁을 전체적으로 보지만 그와 달리 그는 계급투쟁만을 본다. 군인은 역사에서 우연과 인간의 자유의 역할을 인식하지만, 마르크스주의자는 모든 중요한 사건은 경제력에 의해 결정된다고 주장한다. 역사에 대한 마르크스주의적 관점은 일원론적인 반면 군사적 관점은 다원론적이다. 마르크스주의자는 또한 어느 정도 유토피아적인 사회의 실현과 함께 역사가 끝날 것이라는 믿음에서 군인과 다르다.

　　마르크스주의와 군사윤리 모두 인간사에서 권력과 집단의 중요성을 인식한다. 그러나 마르크스주의자는 경제력의 중요성을 강조하는 반면 군인은 마키아벨리와 함께 검(sword)의 우월성을 주장한다. 마르크스주의자에게 기본 그룹은 계급이다. 인류는 수평으로 절단된다. 군인의 경우 기본 그룹은 민족국가이다. 인류는 수직으로 절단된다. 실제로 마르크스주의는 국가가 통합된 집단을 반영하는 실재라는 것을 부정하고 국가는 단지 계급투쟁의 도구일 뿐이라고 주장한다. 군사윤리는 국가가 여러 가지 이유로 전쟁을 할 것이라는 것을 인정하지만 특히 권력과 안보에 대한 우려 때문에 전쟁에 임할 것이라고 강조한다. 마르스크주의자들에게는 경제적 제국주의가 국가간 전쟁의 근간이다. 그가 제재할 수 있는 전쟁은 계급 전쟁뿐이며, 그가 승인할 수 있는 유일한 군대는 계급뿐이다. 그는 보편적인 군사적 가치와 형태를 인정하지 않는다. 모든 군대의 성격은 그것이 싸우는 계급적 이해관계에 의해 결정된다. 그는 "프롤레타리아트" 노선에 따라 조직되고 자본주의적 이해관계에 반대하는 군대에 호의적이다. 그러므로 자유주의와 마찬가지로 마르크스주의는 비군사적 사상에 대한 군사제도의 형태를 주장한다.

■ **보수주의**　　　　보수주의는 자유주의, 마르크스주의, 파시즘과 달리 기본적으로 군사윤리와 유사하다.● 실제로 군사윤리가 보수적 현실주의의 하나로 칭하는

● 이 책에서 이 부분과 이후에 사용되는 보수주의는 버크(Burke)의 철학을 말하며, 예를 들어 허버트 후버에 의해 예시된 자유방임. 재산권 형태의 자유주의를 가리키는 미국 대중 정치에서 쓰이는 보수주의의 의미가 아니다.

것이 적절하다고 판단되었다. 인간, 사회 및 역사론, 인간관계에서 권력의 역할에 대한 인식, 기존 제도의 수용, 제한된 목표, 거창한 계획에 대한 불신에서 보수주의는 군사윤리와 일치한다. 가장 중요한 것은 보수주의는 다른 세 가지 이념과 달리 일원론적이거나 보편주의적이지 않다는 점이다. 그것은 모든 문제와 모든 인간제도에 동일한 아이디어를 적용하려고 시도하지 않는다. 보수주의는 다양한 목표와 가치를 허용한다. 결과적으로 4대 사상 중 보수주의만이 군사적 기능의 요구에서 비롯되는 군사적 가치와 필연적으로 상충하지 않는다. 보수주의만이 군사 기관에 부과할 정치적−이데올로기적 형태가 없다. 군사윤리와 자유주의, 파시즘과 마르크스주의 사이에는 내재적 대조와 갈등이 존재하지만, 군사윤리와 보수주의 사이에는 내재적 유사성과 양립가능성이 존재한다.

객관적인 문민통제의 균형

군사적 전문성과 객관적인 문민통제를 극대화하는 민군 간의 권력 분배는 사회에 만연한 이데올로기와 직업적인 군사윤리 사이의 양립성에 따라 달라진다. 이데올로기가 본질적으로 반군사적(자유주의, 파시즘, 마르크스주의 등)이라면, 군대는 그들의 전문성을 희생하고 공동체 내에서 지배적인 가치와 태도를 고수해야만 실질적인 정치적 권력을 획득할 수 있다. 이러한 반군사적 사회에서는 군이 권위와 영향력을 포기하고 사회의 일반생활과 단절된 나약하고 고립된 생활을 영위함으로써 군의 전문성과 문민통제가 극대화된다. 반면에 군사적 관점에 우호적인 이념이 지배하는 사회에서는 고도의 전문성과 상충되지 않고 군사력을 훨씬 높일 수 있다. 따라서 객관적인 문민통제의 실현은 군대의 힘과 사회의 이념 사이의 적절한 균형 달성에 달려 있다.

냉담한 사회에서 군이 권력을 잡기 위해 양보하는 것은 권력의 효과가 개선되고 희석되는 일반적인 현상의 한 예일 뿐이다. 권력은 원리를 누그러지게 하고, 다원주의 사회에서 확고하고 독단적이며 경직된 가치체계를 고수하는 사람들이 권력에서 배제된다는 것은 자명한 사실이다. 융통성 있고 기꺼이 조정하며 타협할 준비가 된 사람만이 광범위한 지지를 얻을 수 있다. 권력은 항상 대가를 치르고 구입해야 한다. 군이 권력을 쟁취하기 위해 치러야 하는 대가는 군대윤리와 사회의 만연한 이념 사이의 괴리 정도에 달려 있다. 비보수적인 사회에서 권력을 획득하는 것이 군인들에게 미치는 영향은 권력을 획득하는 것이 급진주의자에게 미치는 진정 효과와 유사하다. 미셸(Michels)은 자신의 책, 정당(Political Parties)에서 "사회주의자는 승리할 수 있지만 사회주의는 결코 아니다"라고 언급한 바 있다. 냉정한 사회에서 군대도 마찬가지이다. 장군과 제독은 승리할 수 있지만 직업적인 군사윤리는 그렇지 않다. 정치권력의 길들이는 효과는 그들을 훌륭한 자유주의자, 좋은 파시스트, 또는 좋은 공산주의자로 만들지만 형편없는 전문가로 만든다. 직업적 수행에 대한 만족과 직업적 규범에 대한 준수는 권력, 직위, 부, 인기, 비군사적 집단의 승인에 대한 만족으로 대체된다.

대부분의 사회에서 권력, 전문성, 이데올로기 간의 관계는 역동적인 관계로, 집단의 상대적 권력의 변화, 의견과 사상의 변화, 국가안보에 대한 다양한 위협을 반영한다. 객관적인 문민통제를 구성하는 권력과 이데올로기 사이의 균형을 유지하는 것은 분명히 어려운 일이다. 어떤 직업이든 고유한 직업적 열망과 관련될 수 있는 외부 정치 사이에서 긴장을 경험한다. 군인이라는 직업은 사회에 대한 중대한 중요성과 국가가 위협을 받을 때 휘두를 수 있는 막강한 권력 때문에 대부분의 다른 전문기관보다 이러한 긴장을 더 많이 나타낸다. 이 관계에는 비극적 필연의 요소가 존재한다. 직업적 성공은 정치적 개입을 자극함으로써 스스로의 몰락을 낳는다. 그럼에도 불구하고 직업적 역량과 복종의 가치를 추구하는 전문인과 권력 자체를 목적으로 추구하는 정치인은 별개의 유형이다. 그러나 두 가지 요소 모두 대부분의 인간과 모든 그룹에 존재한다. 결과적으로 둘 사이의 긴장은 결코 제거될 수 없다. 어느 정도 견딜 수 있도록 하기 위해서만 정렬될 수 있을 뿐이다.

반군사상은 서구사회에서 번성했으며, 군사적 안보에 대한 요구 또는 단순히 권력에 대한 열망으로 인해 많은 군인들과 군사집단이 정부에서 지배적인 역할을 하게 되었다. 그러나 그들은 전문적 관점을 포기해야만 이것을 할 수 있었다. 그러나 이러한 군인들과 군사집단들은 가장 저명하고 정치적으로 관여하는 군인이었기 때문에 비군사집단들은 종종 그들의 태도를 전형적인 군인 사고 방식으로 가정했다. 따라서 드골(De Gaulle), 루덴도르프(Ludendorff), 맥아더(MacArthur)와 같은 일탈적이고 비군사적인 군인은 종종 "군인 정신"의 대표적인 예로 여겨진다. 실제로 이러한 사람들은 정치적 역할을 하는 비군사적 원천에서 비롯된 가치를 표현한다.

민군 관계의 패턴

권력, 전문성, 이데올로기 사이의 일반적인 관계는 민군 관계의 다섯 가지 다른 이상적인 유형을 가능하게 한다.• 이것은 물론 이상형과 극단이다. 실제로 어떤 사회의 민군 관계는 둘 이상의 요소를 결합한다. 다섯 가지 유형 중 세 가지 유형은 높은 수준의 전문성과 객관적인 문민통제를 허용한다. 두 가지는 낮은 전문성과 주관적인 문민통제를 전제로 한다.

(1) 반군사상, 높은 군사정치권력, 낮은 군사전문성: 이러한 유형의 민군 관계는 일반적으로 군사 전문성이 뒤떨어진 원시국가나 안보위협이 갑자기 강화되고 군부가 그들의 정치권력을 급격히 증대시키는 선진국에서 흔히 볼 수 있다. 서유럽에서 다른 국가로 군사 전문성의 제도와 윤리를 수출하는 것은 입헌 민주주의 제도를 수출하는 것만큼 어려웠다. 결과적으로 근동, 아시아 및 라틴 아메리카에서는 이러한 유형의 민군 관계가 우세한 경향이 있다. 터키와 같은 국가에서는 큰 어려움을 겪을 때만 정치에서 장교를 제거하고 전문적인 행동과 관점을 배양했다. 일본은 장기간에 걸쳐 이러한 민군 관계 유형을 유지하는 유일한 강대국이다. 그러나 이것은 또한 제1차 세계 대전 중 독일과 제2차 세계 대전 중 미국의 특징이기도 했다.

(2) 반군사상, 낮은 군사정치력, 낮은 군사전문성: 이러한 요소들의 결합은 사회이념이 너무 강해서 정치권력을 아무리 줄여도 군대가 그 영향력을 피할 수 없을 때만 나타난다. 현대 전체주의 국가의 민군 관계는 제2차 세계 대전 중 독

• 이 세 가지 요소로 생각할 수 있는 조합은 여덟 가지가 있지만 위에서 언급한 이론적 전제를 감안할 때 한 가지(반군사상, 높은 군사력, 높은 군사 전문성)는 불가능하고 다른 두 가지 조합(친군사상, 낮은 군사력, 낮은 군사 전문성; 친군사상, 높은 군사력, 낮은 전문성)은 가장 특이한 상황을 제외하고는 발생하지 않을 것이다.

일에서 달성된 것과 거의 유사한 이러한 유형일 수 있다.

　(3) 반군사상, 낮은 군사정치력, 높은 군사전문성: 안보에 대한 위협이 거의 없는 사회는 이러한 유형의 민군 관계를 가질 가능성이 높다. 역사적으로 이러한 양상은 남북 전쟁 이후 군사 전문성의 부상부터 제2차 세계 대전이 시작될 때까지 미국에서 널리 퍼져 있었다.

　(4) 친군사상, 높은 군사정치력, 높은 군사전문성: 안보 위협이 계속되고 군사적 가치에 동조하는 이념이 존재하는 사회는 높은 수준의 군사 정치권력을 허용하면서도 군사적 전문성과 객관적인 문민통제를 유지할 수 있다. 아마도 이러한 다양한 민군 관계의 뛰어난 성취는 비스마르크―몰트 킨 시대(Bismarckian―Moltkean epoch)(1860년―1890년) 동안 프로이센과 독일에 의해 이루어졌을 것이다.

　(5) 친군사상, 낮은 군사정치력, 높은 군사전문성: 이러한 형태는 안보위협으로부터 비교적 안전하고 보수적이거나 군사적 관점에 동조하는 이념이 지배하는 사회에서 기대할 수 있다. 20세기 영국의 민군 관계는 어느 정도 이런 경향이 있었다.

제5장
독일과 일본: 실제 민군 관계

독일과 일본의 양상

근대 일본은 1868년, 근대 독일은 1870년으로 거슬러 올라간다. 제2차 세계대전에서 패전할 때까지 이어지는 75년 동안의 독일과 일본 민군 관계의 역사는 이전 장에서 전개된 이론을 적용하는 데 훌륭한 자료를 제공한다. 미국인들은 독일과 일본을 근본적으로 "군사주의적" 국가로 분류하는 경향이 있다. 그러나 민군 관계의 양상은 이보다 더 다를 수 없다. 아마 근대 독일만큼 민군 관계에서 더 다양한 경험을 한 나라는 없을 것이다. 다른 어떤 장교단도 그렇게 높은 수준의 전문성을 달성하지 못했고, 다른 어떤 강대국의 장교단도 결국에는 그렇게 완전히 매춘을 하지 못했다. 독일 사례의 각 장에는 교훈과 경고가 있다. 제국의 경험은 문민통제의 이점을 보여준다. 공화정 시대는 정치적 혼란 속에서 그 통제를 달성하는 것이 어렵다는 것을 보여준다. 제1차 세계 대전은 군인들이 정치적 역할을 맡았을 때의 비참한 결과를 보여준다. 나치의 통치는 군사적 경고가 무시되고 정치 지도자들이 군인들을 업신여기고 함부로 대할 때 똑같이 재앙적인 결과가 낳는다는 것을 보여준다. 독일의 다양한 민군 관계는 독일의 역사를 끔찍하지만 매우 유익한 연구로 만든다. 대조적으로, 일본의 민군 관계는 1868년부터 1945년까지 비교적 안정적인 단일 형태를 유지했다. 처음부터 일본군은 자국의 정치에서 지속적으로 적극적인 역할을 했다. 독일의 높은 수준의 전문성이 군대와 대중 윤리 사이에 심각한 긴장을 야기한 반면, 일본 장교단의 대중적 사고는 군대와 대중의 전반적인 조화를 반영했다. 독일 민간 군사 관계의 핵심은 산발적인 분열이었다. 일본 민군 관계의 핵심은 지속적인 무질서였다. 그러나 독일균형의 붕괴와 일본의 균형발전 실패의 궁극적인 원인과 결과는 동일했다. 양국 모두에서 민군 균형의 붕괴는 보다 기본적인 헌법상의 장애를 반영했다. 두 나라에서 그 혼란은 국가 안보를 약화시키는 데 기여하기도 했다. 군인과 정치가의 관점과 판단을 왜곡하고 그들의 책임과 의무를 혼동시키고, 광신주의와 오만함을 조성하고, 평화시에 호전성과 전쟁시에 나약함을 초래하여 그들의 궁극적인 몰락에 기여했다.

독일: 직업군사주의의 비극

■ **제국의 균형, 1871-1914**   1871년과 1914년 사이의 제국의 민군 관계는 높은 수준의 제한된 군사 권위, 광범위하고 점진적으로 변화하는 군사적 정치적 영향력 기반, 호의적으로 보수적인 국가 이데올로기에 기반을 둔 매우 객관적인 민간 통제와 군사 전문성을 반영했다. 그러나 이 시대의 마지막 수십 년 동안 국가 상황의 변화로 이러한 균형이 무너지기 시작했고 결국 제1차 세계 대전에서 완전히 파괴되었다.

■ **군사 전문성**   근대 독일은 프로이센으로부터 물려받은 유럽에서 가장 전문적인 장교단이다. 그 중심 요소는 군사 작전에 대한 과학적이고 합리적인 접근 방식을 갖춘 참모부와 참모단과 최고 사령부에서 장교들이 전쟁 과학에 대해 훈련을 받는 전쟁아카데미(Kriegsakademie)였다. 이를 뒷받침하는 것은 전문 교육과 일반 교육을 모두 요구하는 입학 및 초기 훈련 시스템이었다. 독일사관학교와 참모진 사무실에서만큼 전쟁이 더 심각하게 받아들여지고 세심하게 연구된 곳은 없었다. 뛰어난 기술력, 높은 지적 성취도, 확고한 의무에 대한 헌신 등은 총참모단의 특징이며 어느 정도는 전체 장교단의 특징이었다. 독일의 전문성 탁월함은 크고 작든, 진보적이고 원시적이든, 다른 강대국의 군인들과 정치인들에 의해 인정되었는데 그들은 독일의 원형을 본떠서 자신들의 군사기관을 만들려고 열심이었다.

독일의 제도적 전문성은 독일군 정신에서 직업윤리의 지배에 상응하는 것이었다. "전쟁에 관해"(On War)라는 책은 장교단의 성경이었다. 제국의 두 명의 뛰어난 군사 지도자, 즉 1857년부터 1888년까지 참모총장을 지낸 폰 몰트케(von Moltke)와 1891년부터 1905년까지 같은 직책을 맡은 폰 슐리펜(von Schlieffen)은 모두 클라우제비츠(Clausewitz)의 제자였다. 그들의 생각, 글, 행동은 장교단의 지적이고 도덕적 분위기를 정했다. 그들의 영향으로 독일군의 가치관과 태도는 역사상 그 어떤 장교단보다 이상적인 군윤리에 가까워졌을 것이다. 이러한 직업적 가치의 강점은 문민통제의 두 가지 기본 관점과 국가 정책에서의 전쟁의 역할에 대한 장교들의 견해에 반영되었다.

장교단은 전쟁이 정치의 도구이며 따라서 군인은 정치가의 하급 파트너라는 교리를 받아들였다. 대부분의 장교보다 정치적인 성향이 강한 폰 베른하르디(von Bernhardi)도 기본 교리를 고수했다. 몰트케와 슐리펜은 정치와 전쟁의 분리된 정체성과 밀접한 관계를 인식했다. 몰트케는 슐리펜보다 정치적으로 더 잘 알고 있었지만 정치적 야망이 없었고 군사적 관점을 격렬하게 표현하는 것을 자제했다. 그의 지도 이상은 비정치적 군대였다.

> [몰트케가 선언하기를] 작전 지휘관은 눈앞에 군사적 승리를 목표로 삼아야 한다. 그러나 그의 승패에 대해 정치가가 결정짓는 것은 그의 영역이 아니다. 그것은 정치가의 것이다.[1]

슐리펜은 몰트케보다 훨씬 더 정치를 피하고 자신과 참모부는 엄격하게 군사 문제에 전념했다. 그는 뛰어난 군사 기술자였다. 독일 군사 사상의 합리주의는 또한 전쟁을 그 자체를 목적으로 미화하는 것을 허용하지 않았다. 전쟁은 불가피하고 누구도 이에 대해 이의를 제기하지 않을 것이다. 그러나 그것은 또한 바람직하지 않다. 인간은 단순히 그것을 견뎌야 했다. "궁핍과 불행"(want and misery)이라고 몰트케는 말했다. "질병과 고통과 전쟁은 모두 인간의 운명과 본성에서 영구적인 요소이다."[2] 대부분의 군사 동료들과 함께 몰트케는 전쟁은 독일에 "국가적 불행"이 될 것이라고 믿었다. 그러나 1875년과 1887년에 그는 독일의 군사 안보를 보호하기 위해 필요에 따라 각각 프랑스와 러시아와의 전쟁을 지지했다. 그는 항상 이러한 관점에서 문제를 고려했다. 그의 접근 방식은 유토피아적 낭만주의자가 아니라 이성적인 비관주의자의 접근 방식이었다. 제국주의적 동경에서 생겨났고 신생의 군사지부로 아직 그 지부를 설치한 사회와 완전히 차별화되지 않은 해군 장교단의 요소는 때때로 호전성과 제국주의로 기울어졌다. 그러나 군대 지도자들은 거의 만장일치로 두 경향에 반대했다. 바그츠(Vagts)가 말했듯이 군대는 "전략을 제외하고는 1914년 이전에 비공격적"이었다. 그 전략은 군대가 한 전선에서 빠르고 결정적인 승리를 요구하는 양면 전쟁의 악몽 같은 상황에 대처하기 위해 고안되었다. 참모총장은 1902년의 기밀 성명에서 다음과 같이 선언했다:

> 우리는 아무것도 정복하고 싶지 않고 단지 우리가 소유한 것을 방어하고 싶을 뿐이다. 우리는 아마도 결코 공격자가 되지 않을 것이며 오히려 항상 공격을 받을 것이다. 필요한 빠른 성공은 공세에 의해서만 확실하게 얻을 수 있다.3)

독일군은 실제로 국가 안보에 대해 거의 병적인 우려를 표명했다. 군 지도자들은 전쟁을 옹호하기는커녕 전쟁을 정책의 최후의 수단으로 여겼고 불길한 예감과 정신없이 전쟁을 준비하며 기다렸다.

■ **정부 권위**   독일의 전문성을 유지하는 데 도움이 된 정부기관의 구조는 세 가지 요소의 독특한 조합이었다. 첫째, 군사적 권한의 범위가 군사적 업무에 국한되었다. 군부는 국내 경제정책을 결정하는 데 아무런 역할도 하지 않았다. 외교정책은 수상과 외무부 장관의 관심사였다. 참모총장은 군사적 문제에 철저히 집착했다. 참모총장과 국방부 장관이 외교정책에 대한 군사적 견해를 제시하는 것은 당연하고 적절했다. 그들의 의견이 일반적으로 민간 당국의 의견과 다른 것 또한 당연하고 적절했다. 그러나 결국 결정은 장군이 아닌 민간 당국이 하였다. 예를 들어 비스마르크는 1880년대 오스트리아 및 프랑스와의 평화 조약과 러시아 정책에 대한 몰트케의 조언을 따르지 않았다. 외교 정책에서 계속해서 전문적인 역할을 초과해 행동한 유일한 장교는 폰 티르피츠 제독(Admiral von Tirpitz)이었고, 일반적으로 다른 제독들은 그를 본질적으로 정치적 인물로 여겼다. 그러나 전반적으로 군대는 권력을 확장하려는 영역을 장악한 다른 왕성한 관직과 관료들의 수평적 통제에 의해 자신의 영역에 국한되었다.

군사력을 제한하는 두 번째 요인은 민군 권력의 상대적 통일성이었다. 민간 권력은 황제와 수상의 손에 집중된 반면, 군사 권력은 여러 관직에 분산되었다. 독일 의회는 군사 문제에서 다소 성가신 역할 이상을 하지 않았으며, 군사 정책에 대한 의회의 통제를 강화하려는 노력도 문민통제를 약화시킬 만큼 강력하지 않았다. 게다가 장교단은 황제에게 무조건 서약했고, 스스로를 구속함으로써 행정부로 하여금 입법부를 견제하게 함으로써 권력을 강화할 가능성을 예견했다. 반면에 군사적 권위는 먼저 육해군으로 분할되었다가 다시 각 군으로 세분화되었다. 각각은 다음과 같이 구성된 세 부분으로 된 본부 조직을 가지고 있었다. (1) 통상적으로 전문 장교가 위원장을 맡고 행정적, 정치적, 병참적 측면과 관련된 부처; (2) 역시 장교가 지휘하며 인사 문제를 담당하는 내각; (3) 군사 작전 계획에 전념하는 참모부. 이들 사령부 중 어느 곳도 함대와 군단에 대한 지휘권을 갖고 있지 않았다. 결과적으로 6명의 본부장들과 사령관 및 제독들은 모두 황제에게 직접 보고했고 황제는 그에게 제안된 군사적 조언 중에서 골라 선택할 수 있었다. 또한 육군 내에서는 국방부, 내각, 참모부 사이에 상당한 경쟁이 있었다. 처음에는 국방부가 지배적인 기관이었지만 19세기가 진행되면서 처음에는 군내각이, 그 다음에는 참모부가 우세해졌다. 물론 결국에는 총참모부가 완전히 지배하게 되었다. 그러나 제1차 세계 대전 전까지 이 세 개의 군부기관 간에는 불안정한 권위의 균형이 존재했다.

군사 권위의 제한된 범위와 다양성의 효과는 그 권위의 높은 수준에 의해 상쇄되었다. 모든 최고 군사지도자들은 군에 대한 수직적 통제를 약화시키는 최고 전쟁 군주로서 황제에게 직접 접근할 수 있는 권리(Immediatstellung)를 가졌다. 황제가 그들의 조언에 의존했기 때문에, 장군들은 그들끼리 의견이 일치하지 않는 정도를 제외하고는 거의 완전한 자율성을 가지고 있었고 외부 간섭 없이 기관을 운영할 수 있었다. 군사 권위의 제한된 범위와 민간 권력의 통합으로 인해 군대가 정치에 관여하지 못했지만, 황제에 대한 군의 직접적인 접근은 정치인들을 군부 밖으로 내몰았다. 대체로 당시의 이념적 풍토에 비춰볼 때 권위의 전체 유형은 문민통제와 군사 전문성을 극대화하는 데 독특하게 적합했다.

■ **정치적 영향력**　　제국 장교단의 정치적 영향력에는 세 가지 중요한 측면이 있었다. (1) 군단과 융커(Junker) 귀족 관계의 점진적인 약화; (2) 1888년에서

1897년 사이에 군 지도자들의 일시적 정치 개입; (3) 독일 국민들 사이에서 군 지도자들의 광범위한 인기와 군 경력의 위신.

통일 전쟁 10년 동안 장교단의 3분의 2 이상이 귀족 출신이었다. 제국은 중산층이 성공적으로 군지휘를 주장함에 따라 이 비율이 꾸준히 감소하는 것을 목격했다. 1905년에 참모장과 함께 복무한 장교 102명 중 루덴도르프(Ludendorff)와 그뢰너(Groner)와 같은 미래의 등불을 포함하여 44명은 부르주아 출신이었다. 1913년까지 이러한 요소는 전체 장교단의 70%를 차지했다.4) 1890년 이후에 착수된 엄청난 해군 확장은 또한 귀족 집단보다 부르주아와 훨씬 더 밀접하게 연결된 해군 장교단의 규모와 영향력을 증가시켰다. 장교단과 귀족 사이의 유대가 약화되면서 한편으로는 군사적 이해관계가 계급적 이해관계에 종속될 가능성이 감소되었다는 점에서 전문성에 도움이 되었다. 한편, 융커의 관점은 군사적 관점에 대해 매우 보수적이고 동조적이었고, 그 집단에 대한 군사적 제휴의 감소로 인해 군대는 덜 보수적이고 변화에 민감한 일반 여론에 더 의존하게 되었다.

제국 시기 동안에는 군사 직업과 정치 사이의 경계를 넘나드는 사람은 거의 없었다. 이에 대한 중요한 예외는 1888년에서 1897년 사이에 발생했는데, 당시 민간 정치 지도부에 공백이 생겨 다양한 군부 인사들이 그 자리를 메웠다. 이 상황은 1888년 황제의 사망, 같은 해 몰트케의 은퇴, 1890년 비스마르크의 은퇴가 일치했기 때문에 발생했다. 새로운 젊은 군주는 개인 통치를 선호하고, 그의 헌법 고문들의 책임과 기능에 대한 존중이 거의 없었고, 군인들과 군의 하찮은 생각들에 대해 강한 개인적 애착을 가졌다. 몰트케의 자리는 정치적 기량과 정치적 야망을 가진 한 군인인 발더제(Waldersee)가 차지했으며, 그는 새로운 군주의 총애자로서 다양한 분야에서 자신의 영향력을 발휘하는 데 너무 열심이었다. 그는 1890년에 비스마르크가 함락되고 그를 다른 장군인 레오 폰 카프리비(Leo von Caprivi)로 교체하는 데 중요한 역할을 했다. 중요한 것은 군인 출신 정치인인 발더제가 군사 윤리의 두 가지 기본 요소를 거부했다는 것이다. 그는 예방 전쟁의 주도적인 옹호자였으며 또한 군사 쿠데타에 대한 생각도 가지고 있었다. 그러나 그가 황제에게 호감을 잃기까지는 그리 오래 걸리지 않았다. 그는 1891년 초에 해고되었고 군사 강자로써 권좌에 복귀하는 꿈을 갖고 은퇴했다. 참모총장으로서 그의 32개월은 몰트케가 32년 동안 재직했고 그의 후임자인 슐리펜이 14년을 지낸 것과 대조된다. 그는 근본적으로 제국 장교단에서 어울리지 않았지만 1920년대와 1930년대에 슐라이허(Schleicher), 라이헤나우(Reichenau), 블롬베르크(Blomberg)와 같은 군사 정치인의 선구자였다. 1894년 발더제의 야만적인 행동에 적극적으로 반대했던 카프리비가 총리로 교체되었고 1897년에는 민간 정치가가 정치 지도력을 재개했다. 기술적인 문제에 대한 슐리펜의 독점적인 관심과 함께 군대의 영향력은 직업적 경계 내로 물러났다.

1871년 이후에는 귀족과의 제휴가 줄어들었지만 군부가 대중들에게 큰 인기를 끌게 되었다. 이것은 몰트케를 국가적 영웅으로 만든 1866년과 1870년의 위대한 승리에서 비롯되었으며 그 승리는 제1차 세계 대전까지 군사 예산의 꾸준한 증가를 허용했다. 이렇게 긴 평시 기간 동안 빌헬름(Wilhelmine) 독일의 군사직과 군장교처럼 인기있는 명성을 가진 다른 현대 서구 사회는 없었다. 군인은 "아무런 도전 없이 국가 최초의 사나이"였고, 참모총장은 군사적 현명한 조언자이며 국가 안보의 보증인으로 경외의 대상이 되었다. "군인은 이제 축성된 영혼처럼 보였다. 중위는 젊은 신으로서 세계를 누비고 민간 예비군 중위는 반신반인으로서 세계를 누볐다."5)

■ **대중의 태도**　　대중의 마음이 군대 윤리에 동조하는 한 군대의 대중적 인기는 군사 전문성의 확고한 기반을 제공했다. 군대는 1880년과 마찬가지로 1914년에도 인기가 있었다. 그러나 1914년의 지적 풍토는 1880년의 그것과 크게 달랐다. 교묘한 세력이 독일 국가의 가치 구조를 크게 변화시켰다. 그 결과 군대의 인기는 전문성에 도움이 되기보다는 위협이 되었다. 제한적이고 보수적인 이데올로기는 민족주의적이고 적대적인 이데올로기로 교체되었다. 물질주의, 호전성, 폭력과 전쟁의 미화, 노골적인 권력(Macht) 숭배가 독일 정신에서 보다 합리적이고 이상주의적이며 인간적인 요소를 대체했다. 몸젠(Mommsen), 드로이젠(Droysen), 지벨(Sybel), 트라이치케(Treitschke), 니체(Nietzsche)가 괴테(Goethe), 쉴러(Schiller), 칸트(Kant), 클라우제비츠를 대체했다. 전쟁과 권력은 그 자체로 목적이 되었고, 따라서 권력자는 국가의 신하가 아니라 국가의 화신으로 여겨졌다. 국가는 권력이었고 권력 자체였다. 트레이취케의 "탁월한 정치 과학"이라는 표현에서 전쟁은 진보와 국가적 실현의 원동력이었다. 파울젠(Paulsen)이 말했듯이 "독일은 시인과

사상가의 국가라고 불려왔지만, 오늘날에는 원래 역사에 나타난 것처럼 뛰어난 전투가의 국가라고 부를 수 있다."6)

호전적 이데올로기는 대학들에 의해 생겨났고 독일 국민들에 의해 받아들였다. 그것의 영향력은 사회의 모든 부문에서 느껴졌다. 장교들이 군인 윤리에 충실했기 때문에 군단은 제1차 세계 대전까지 상대적으로 그러한 사상에서 면역이 되었다. 그럼에도 불구하고 새로운 아이디어는 군 직업의 변두리에 대해 스스로를 느끼게 했다. 해군은 시대의 산물이었고 민족주의와 확장의 철학에 취약했다. 군 장교는 폰 데어 골츠(von der Goltz)와 베른하르디(Bernhardi)와 같은 인기 작가로 변신하여 사람들의 호전적인 정서를 충족시켰다. 그들은 후자에게 지지를 얻었지만 참모총장의 지지는 받지 못했고 그들의 견해는 거부되었다. 그러나 대부분의 장교단은 군사윤리에 충실했고 권력윤리를 거부했다. 독일의 지적, 도덕적 퇴화에 직면하여 장교단은 오래된 사상을 고수했으며 로진스키(Rosinski)의 표현에 따르면 "변화하는 풍토의 단일 블록"으로 남아 있었다.7) 여러 가지 면에서 군 장교단은 보수적 도덕성을 포기한 것은 마지막 사회기관이었다. 그러나 새로운 대중 이데올로기는 그 존재의 본질이었던 권력과 전문성의 균형을 무너뜨리고 있었다.

■ **제1차 세계 대전: 군사 독재, 1914-1918**   제1차 세계 대전은 민군 관계에서 제국주의 균형이 완전히 파괴되는 것을 보았다. 전쟁이 끝날 무렵에는 독일 총참모부가 독일 정부를 운영하고 있었다. 공교롭게도 군 지도자들은 군사적 이상을 고수하는 것을 포기했다. 이러한 독일의 경험은 비보수주의 국가의 대규모 전쟁 수행으로 인해 발생하는 어려움을 잘 보여준다. 전투는 장군을 영웅으로 바꾸고, 영웅은 정치가로 변신하고, 그 결과 전문적인 군사적 구속과 신중함을 상실한다.

총참모부의 정치 참여는 폰 팔켄하인(von Falkenhayn)이 1914년 가을부터 1916년 8월까지 참모장으로 재임하는 동안 시작되었다. 이 기간 동안 군사적 권위와 영향력은 느리지만 지속적으로 확장되었다. 그러나 이것은 힌덴부르크가 팔켄하인을 대체하고 루덴도르프가 1군 총사령관이 되고나서 전쟁의 마지막 2년 동안 행사했던 사실상 절대적인 권력에 대한 서막에 불과했다. 이 엄청난 군사 통제 확장의 근본적인 요소는 독일 국민들에게 탄넨베르크(Tannenberg)의 승자가 전례 없는 인기를 얻은 것이다. 그는 독일인들이 암묵적으로 그들을 성공으로 이끌 것으로 신뢰했던 국가적인 우상이었다. 힌덴부르크의 찬사는 몰트케와 비스마르크를 포함해 독일 역사상 다른 어떤 군인이나 정치인에게 보낸 찬사를 훨씬 능가했다. 결과적으로 그는 루덴도르프(Ludendorff)와 총참모부가 정부 전체에 걸쳐 권력을 강화하는 데 사용하기에 이상적인 버팀대였다. 사임의 위협은 황제를 통제하기에 충분했다. 이 무기를 휘두르면서 루덴도르프는 총참모부와 민간 관리 사이의 대부분의 분쟁에서 황제가 군사적 견해를 수용하도록 강요할 수 있었다. 1917년 여름 그는 베트만-홀베그(Bethmann-Hollweg)를 수상직에서 물러나게 하고 그를 군에서 수용가능한 미카엘리스(Michaelis)로 대체했다. 몇 달 후 미카엘리스는 자신의 군사 지도자들이 만족할 만큼의 기능을 수행할 수 없음을 증명했다. 그는 해임되었고 최고 사령부의 추천에 따라 폰 헤르틀링 백작(Count von Hertling)이 그의 자리를 차지했다. 그 후, 1918년 1월에 힌덴부르크와 루덴도르프는 황제 내각 국장을 해임할 수 있었다. 다른 병무청도 마찬가지로 참모진의 의지에 종속되었다.

군 지휘관은 외교 및 국내 정책으로 세력을 확장했다. 황제가 1918년 1월에 군부에 외교와 평화 협상에 대한 완전한 권한을 부여하는 것을 거부했지만, 그들은 그들의 대리인인 폰 헤프텐 백작(Count von Haeften)을 통해 외무부를 조작할 수 있었다.8) 1918년 7월에 그들은 외무부 장관이 브레스트-리토프스크(Brest-Litovsk) 평화 조약에 대해 그들의 견해에 반대하자 외무부 장관의 해임을 주도했다. 이전에 그들은 외교문제에 있어서 그들의 영향력을 이용하여 많은 중요한 결정에서 민간의 의견을 무시했다. 1916년 가을에 동맹국(Central Powers)의 군대에 폴란드 사단을 추가하기를 희망하면서 독립 폴란드 왕국의 건설을 성공적으로 주장했다. 이것은 러시아와의 즉각적인 평화 조약 체결을 방해했다. 1917년 겨울, 베트만-홀베그의 반대에도 불구하고, 그들은 무제한 잠수함 전투의 도입을 확보했다. 이 두 가지 정책으로 최고 사령부는 한 적과의 전쟁을 계속하고 다른 적과는 전쟁을 시작했다. 1917년 내내 그들은 영토 합병을 전쟁 목표로 주장하여 협상된 평화를 가져오려는 노력을 좌절시켰다. 국내 경제에서도 군사력이 우선되었다. 전쟁의 특성상 초기에는 총참모부의 경제 부문을 식량, 자재, 노동 및 군수품 분야로 확장해야 했다. 그 후, 사실상 어떤 정책 분야도 그 관심 밖이 아니었다. 산업 생산은 소위 힌덴부르크 프로그램(Hindenburg Program)을 통해 통제되고 증가되었다. 이전에 군사 활동에 효과적이었던 모든 수평적 구속은 장군의 권위가 독일인의 생활의 가장 먼 곳까지 침투함에 따라 제거되었다.

최고사령부의 권력이 장교단들의 생각에 어느 정도 영향을 미쳤는지는 단언할 수 없다. 그러나 군부 지도자들의 견해는 최고 권력층의 비전으로 인해 크게 바뀌었다. 문민통제의 오래된 교리는 버려졌다. 루덴도르프는 수상이 누구인지는 별로 중요하지 않지만 "한 가지 확실한 것은 권력이 내 손에 있어야 한다는 것"이라고 말했다. 전쟁 전 참모부의 반제국주의적 태도와 현저하게 대조되는 팽창주의적 목표가 채택되었다. 1917년에 군대의 전쟁 목표는 폴란드, 러시아의 발트해 연안 지역, 프랑스 동부 및 벨기에 전체를 획득하는 것을 포함했다. 그리고 이것조차 광대한 게르만 왕국의 중추로만 여겨지고 결국 알프스 북쪽의 거의 모든 유럽을 그 체계로 끌어들였다.

이러한 당면한 정책 목표보다 더 중요한 것은 그들이 반영한 가치의 근본적인 변화였다. 이들은 전쟁 중이 아니라 패전 후 장군들이 작성한 문헌에서 가장 전형적인 표현을 받았다. 군사적 지배가 독일의 불행에 어느 정도 기여했는지 알지 못하고 그들은 전시 독일에서 군사 권력에 적절한 범위에 주어지지 않았다고 주장했다. 민간관료에게 책임을 전가하려는 노력의 일환으로 이 주제는 '등에 칼을 꽂았다'는 전설과 밀접하게 연관되어 있다. 새로운 교리에 대한 가장 권위 있는 진술은 1935년에 출판된 루덴도르프 장군 자신의 저서인 총력전론(Der Totale Krieg)에 포함되어 있다. 루덴도르프는 "클루비츠의 모든 이론은 배 밖으로 던져져야 한다"고 하며 전문적인 군사 전통을 단호하게 거부했다. 18세기 이후 전쟁의 성격이 변화하면서 전쟁이 정치에 종속되기보다는 정치가 전쟁에 종속되었다. 프랑코 프로이센 전쟁과 제1차 세계 대전에서 독일의 문제는 황제, 수상, 참모총장 사이의 권한 분할이었다. 대신, 전쟁이 발발하면 온 국민이 총사령관에게 종속되어야 한다. 그는 모든 정치 지도자를 대신하며 그의 권위는 "모든 것을 포용"한다. 그런 사람은 결코 훈련과 경험으로 만들어질 수 없다. 창조력, 강인한 성격, 책임감, 불굴의 의지가 특징이다. 그는 예능인이다. 그는 "그의 지위로 태어났거나 그렇지 않다."9) 따라서 루덴도르프는 천부적인 군사 천재라는 18세기 개념을 부활시켰다. 그의 이론은 전능에 대한 망상, 폭력에 대한 미화, 권력에 대한 찬사, 전문적인 능력에 대한 부정과 함께 19세기 독일의 군사 사상이 대변하는 모든 것을 거부했다. 절대적인 군사력을 합리화하기 위해 실제로 트라이치케(Treitschke), 니체(Nietzsche) 및 슈펭글러(Spengler)의 보다 추악한 요소를 사용했다. 역설적이게도 제1차 세계 대전의 군사적 지배에서 발전된 이 이론은 결국 제2차 세계 대전에서 오스트리아 상병에 의한 군대의 완전한 예속에서 가장 완전히 실현되었다. 초기 충돌에 대한 정확한 판결은 1924년에 다른 군인 폰 쇼에니히(von Schoenaich) 장군이 내렸는데 그는 "우리의 파멸은 민간 당국에 대한 군 당국의 우월성 때문이었는데 이것은 군국주의의 본질이다. 말하자면 독일 군국주의는 자살을 저질렀다"고 결론지었다.10)

■ **바이마르(Weimar): 나라 안의 나라, 1918-1926**　바이마르 공화국의 출범으로 군의 역할은 국가를 완전히 지배하는 것에서 국가에 필수적인 지원을 보급하는 것으로 바뀌었다. 공화국의 지적이고 정치적 풍토는 전문성 유지에 가장 불리했다. 바이마르 정부는 광범위한 수용과 많은 강력한 사회 집단의 지원이 부족하여 매우 빈약한 존재였다. 결과적으로 민간당국은 패배와 혁명을 이겨내고 정치적 붕괴 속에서도 실질적 권력의 중심으로 남아 있는 유일한 안정적이고 단련된 기관인 군부에 의존해야 했다. 따라서 정부는 전적으로 군의 지원에 의존했다. 그러나 군대와 헌법상의 문제로 직면해 있기에 바로 이 사실은 정부가 그 지원을 받을 것이라고 절대 확신할 수 없다는 것을 의미했다. 1918년에 공화국 대통령인 이베르트(Ebert)는 극좌를 탄압하는 대가로 군대의 지원을 받는 것을 군 지도자들과 조약을 협상했다. 1920년 카프 폭동(Kapp Putsch) 동안 군대는 관망 중립을 유지했다. 3년 후 극우파와 극좌파의 봉기 위협으로 정부가 위협받자 군사령부는 공화정을 수호하고 비상권을 행사했다. 바이마르 정부가 존재한 만큼 존재했던 것은 군대의 지원 때문이었다. 그러나 그 지원은 정부가 명령할 수 있는 것이 아니었다. 군대에서 허락한 일이었다.

공화국의 전반적 정치적 약점은 문민통제를 확립하는 데 새로운 헌법상의 어려움이었다. 첫째, 황제 정권 하에서는 모든 장교가 천황에게 복종하기로 맹세했다. 그들은 언제 누구에게 순종해야 하는지에 대해 의심할 여지가 거의 없었다. 그러나 공화국에서 그들은 헌법에 대한 충성을 맹세했는데, 이는 모호함이 없지 않은 긴 문서였다. 장교들은 특정 개인에 대한 복종이 언제 헌법에 대한 복종인지를 결정해야 하는 경우가 잦았다. 이 문제는 두 번째 요인으로 인해 악화되었는데 이는 다수의 민간기관 사이에 군대에 대한 권한이 분산되어 있다는 것이다. 대통령은 군의 최고사령관이었으며 모든 고위 장교를 임명하고 해임했다. 그러나 수상은 정부의 수장이었고 군에 대한 대통령의 모든 행동은 대통령이나 국방부장관의 승인을 받아야 했다. 수상과 국방부 장관은 일반적으로 군사 정책과 특히 군사 예산에 대한 모든 권한을 가진 독일 의회에 대한 책임이 있었다. 세 번째는 대조적으로 이 민간 당국의 분열은 군대의 새로운 통합이었다. 독일 제국의 여러 국가의 군대가 단일 국가 군대로 통합되었을 뿐만 아니라 모든 사령부 조직이 이제 단일 군사령관 아래에 있게 되었다. 네 번째로 이렇게 대변인 한 명을 둔 군대의 조직은 군사적 권위를 낮추려는 노력을 약화시키는 데 기여했다. 이론적으로 초기 참모(Truppenamt)는 국방부 장관 산하 육군 사령부 사령관 산하였다. 따라서 아마도 직위(Immediatstellung)의 권리는 군대에 의해 상실되었다. 그러나 실제로는 사령관이 군 조직을 완전히 장악함으로써 강화된 권력은 사실상 국방부 장관으로부터 독립하게 되었다. 처음 두 명의 국방부 장관인 노스케(Noske)와 게슬러(Gessler)는 군사적 이익을 대변하는 대변인이었고 마지막 두 사람인 그뢰너(Groner)와 슐라이허(Schleicher)는 장군이었다.

바이마르 공화국의 장교단은 군부독재의 이념에서 탈피하여 옛 제국주의의 군사윤리를 지향하였다. 1919년부터 1926년까지 독일군에서 지배적인 인물은 전문군인을 대표하는 폰 젝트(von Seeckt) 장군이었고 철저하게 비정치적 군대에 전념했다. 젝트는 자신의 능력에 따라 장교를 선발하고 최고 수준의 전문 역량을 개발할 수 있도록 세심하게 훈련시켰다. 젝트는 전쟁에 대한 전문적 증오심을 가지고 있다고 주장했다. "전쟁 경험이 있는 군인은 전쟁에 대해 무지하고 평화에 대해서만 이야기하는 교리학자보다 전쟁을 훨씬 더 두려워한다."11) 공화정부의 정책에 관한 조언에서 그는 일반적으로 국가의 군사적 안보를 위한 적절한 관심에 따라 움직였다. 군대 내에서 그는 군사적 덕목을 강조하고 모험가와 기회주의자를 배제하며 올바르고 비정치적인 행동을 단호히 주장했다. "군인은 지휘관보다 더 많이 알고 더 잘하려고 하는 것이 아니다. 그의 의무는 복종하는 것이다…

정치적 불화의 암이 침투한 독일군은 위험의 시기에 산산조각이 날 것이다."12)

젝트가 군사 윤리를 체계적으로 표현하는데 있어서 한 가지 결함은 군대의 궁극적인 충성이 어디에 있는지에 대한 모호함이었다. 이것은 바이마르 헌법의 모호성과 공화정 정부의 정치적 약점을 반영했다. 군대의 위치에 대한 젝트는 "군대는 국가에 봉사하며 정당 위에 있다"라고 묘사했다. 따라서,

> 군대는 국가안의 국가가 되어야 하지만 복무를 통해 국가에 통합되어야 하고 사실상 군대 자체가 가장 순수한 국가의 이미지가 되어야 한다.13)

여기까지는 괜찮았다. 그러나 정부와 군대의 관계는 정의되지 않았다. 정부에 봉사하는 전문 조합이 아니라 국가 내의 국가였다. 만약 정부가 국가의 대표자나 전형이라면 군대가 정부에 복종해야 하고 모든 것이 잘 될 것이다. 그러나 정부의 존재와 헌법의 성격이 정당 논란의 쟁점이라면 군대는 초연했을 것이다. 실제로 바이마르 공화국 정부는 이 두 가지 경우를 경험했고, 따라서 젝트가 정의한 바에 따르면 이에 대한 군대의 태도는 이상하게도 이중적이었다. 이것이 실제로 의미하는 바는 1923년 위기 당시 에베르트(Ebert)가 젝트에게 독일군의 입장을 물었을 때 잘 설명되었다. 젝트는 "대통령님, 독일군은 제 뒤에 서 있다"고 대답했다.14) 그리고 젝트의 입장을 정의하는 일반 원칙은 없었다. 때때로 그는 스스로 자주권을 행사하는 것을 진지하게 고려했다. 바이마르 공화국을 독일 국가의 영구적 전형으로 받아들이기를 거부함으로써 독일군 지도자들은 심각한 위기의 순간에 정치적 판단을 내려야 했다.

■ **바이마르: 파벌간의 분파, 1926-1933**　　젝트가 은퇴한 후, 그의 후계자인 하이(Heye) 대령과 그뢰너(Groner)와 같은 다른 장군들은 그의 정책을 계속하려고 시도했다. 그러나 이것은 점점 더 어려워졌고 바이마르 공화국의 말년에는 이전에 존재했던 것과는 상당히 다른 민군 관계 양상이 나타났다. 젝트 하에서 군대는 심각한 헌법 위기가 있을 때만 정치적 결정을 내려야 했다. 그가 떠난 후 당 정치의 일상적인 일과 정당 정치의 책략에 점점 더 관여하게 되었다. 이러한 개입은 권위 구조의 변화가 아니라 단순히 즉각적인 정치적 목적에 군대의 정치적 권력을 적용하려는 군 지도부의 의지에 의해 야기되었다.

이 변화의 두 주요 인물은 힌덴부르크(Hindenburg)와 쿠르트 폰 슐라이허 (Kurt von Schleicher) 장군이었다. 전자는 1925년 공화국의 대통령으로 선출되었다. 이제 군대는 국가에 대한 충성을 야전 원수와 국가 영웅에 대한 충성으로 정의했다. 젝트가 그러했듯이 대통령이 정당 정치에 초월해 있었다면 심각한 결과를 초래하지 않았을 것이다. 그러나 그렇지 않았다. 대신 힌덴부르크 대통령은 전쟁 중에 참모총장으로서 루덴도르프에게 버팀대를 제공했던 것처럼 슐라이허와 같은 군사 정치인에게 버팀대를 제공했다. 슐라이허는 1926년 국방부 정치국의 수장으로 임명되었다. 그는 힌덴부르크와의 영향력을 이용하여 다양한 정당의 정치인들과 협상하고 거래하면서 정부의 핵심인물이 되었고 타당한 이유없이 내각을 만들고 해체했다. 1927년 슐라이허는 자신을 임명한 국방장관 게슬러(Gessler)를 해임하고 그뢰너를 이 자리에 앉혔다. 그 후 1930년에 그는 뮐러(Müller) 수상의 내각을 몰락시키고 하인리히 브뤼닝(Heinrich Brüning)으로 교체했다. 2년 후 그는 브뤼닝과 그뢰너를 공격하고 폰 파펜(von Papen)을 수상으로 임명했다. 그는 자신이 국방부 장관직을 인수했다. 1932년 가을 파펜은 해임되었고 12월에 슐라이허는 수상이 되었다. 장군들은 이제 정부에서 가장 높은 주 직책을 맡았다. 그러나 그의 적들은 곧 슐라이허에 대항하여 연합했고, 1933년 1월 말에 히틀러(Hitler)는 슐라이허의 뒤를 이어 나치와 민족주의자들로 구성된 내각의 수장이 되었다. 슐라이허 치하에서 독일군은 국가 내의 국가가 아니라 파벌 사이의 파벌이 되었다. 장군들은 정치 경쟁에 뛰어들었고 그들은 패배했다. 1년 반 후 슐라이허는 1934년 6월 30일 나치에게 암살당하면서 전체주의 정치의 실패에 대한 대가를 치렀다.

■ **제3제국: 민간주의의 승리, 1933-1945**   나치에 의한 권력의 공고화는 군대와의 비공식적 합의에 달려 있었다. 군대는 정치에서 물러나고 이 분야를 나치에게 맡기고 그 대가로 나치는 확장된 재무장 프로그램을 추진하고 군대가 자체 영역 내에서 군사 기능과 자치권을 독점하도록 보장할 것이었다. 이 협정은 1934년 봄에 군대가 히틀러를 대통령으로 지지하기로 동의했을 때 명백한 승인을 받았다. 히틀러는 독일군을 이념 지향적인 대중 군대로 대체하는 꿈을 꾸던 룀 (Röhm)과 돌격대(S.A.)의 억압을 묵인했다. 나치 정권 초기 몇 년 동안의 민군 관계는 바이마르 공화국 초기 몇 년 동안의 관계와 어느 정도 유사했다. 군대는 나

치 법률의 많은 부분에서 면제되었고, 군인에 대한 민사 법원의 권한은 폐지되었으며, 정당 지도부과 국가비밀경찰(Gestapo)의 영향력은 엄격하게 배제되었다. 독일 사회의 주요 기관 중 하나가 동기화(Gleichschaltung)라는 나치 정책에 차례로 굴복하면서 군대는 상대적으로 국가 사회주의 바이러스의 영향을 받지 않은 건강한 고립된 중심지로 유지되었다. 여기에서 전체주의 국가의 맹공에서 탈출하고자 하는 독일인은 규율, 전문성, 의무 및 성실의 전문적인 패턴에서 피난처를 찾을 수 있다. 전직 장교들이 군대로 되돌아간 것은 놀라운 일이 아닐 것이고 이러한 현상은 "귀족적 이민 방법"으로 묘사되었다.

■ **군사 전문성**   이 기간 동안 장교단은 전문적인 군사적 관점에 의해 지배되었다. 군단의 대다수가 결코 행복하지 않았던 아찔한 슐라이허 에피소드 이후, 순전히 전문적인 역할에서 많은 위안을 찾을 수 있었다. 장교들은 정치를 피하고 꾸준히 성장하는 군대의 훈련과 규율에 집중할 수 있는 기회를 환영했다. 문민통제에 대한 군사적 준수가 재확인되었다. 예를 들어, 현대 전쟁의 기술(Art of Modern Warfare)에 관한 책에서 푸르츠(Foertsch) 대령은 전쟁이 정치에 종속되고 군인이 정치가에게 종속된다는 고전적 교리를 다시 설명하고 루덴도르프가 클라우제비츠에 도전하는 것에 대해 비평했다. 루덴도르프의 책 자체는 상급과 하급 모든 참모진에 의해 거부되었다.15) 30년대 초반의 재무장 및 문민통제에 관한 군사적 견해와 나치의 일시적인 일치에도 불구하고, 두 집단의 가치 사이에는 근본적인 갈등이 존재했다. 결국 이 갈등은 스스로를 드러날 수밖에 없었다. 복종, 충성, 명예, 지적 성실, 현실주의, 이성이라는 독일의 군사적 이상은 나치의 완전한 파렴치함, 부도덕, 비합리주의에서 더 이상 동떨어질 수 없었다.• 후자는 히틀러가 "지식인들로 이루어진 클럽"이라고 묘사한 총참모부의 "저주받은 객관성"에는 거의 쓸모가 없었다.16)

군사적 접근법과 나치의 접근법 사이의 갈등은 외교 정책에 가장 선명하게 들어났다. 독일 장성들의 태도는 사실상 군사윤리의 완벽한 표현이었다. 그들은

• 1935년 10월 전쟁사관학교 재개관 연설에서 참모총장 루트비히 벡(Ludwig Beck) 장군은 군사윤리를 훌륭하게 재언했다. 벡의 주제는 "천재는 일이다"라는 몰트케의 격언이었고 그는 "갑작스러운 영감"과 "희망적인 생각"을 맹렬히 공격했다. 그 연설은 그를 나치 당원들 사이에서 친구로 만들지 못했다.

독일의 무장 세력을 재건하기를 원했지만 전쟁을 벌이기 위해서가 아니라 독일 안보를 보호하기 위해 천천히 그렇게 하기를 원했다. 독일이 싸울 준비를 하기 전에 군비 산업을 확장하고, 훈련된 예비군을 구축하고, 군대에 현대식 무기를 장착하고, 방어 요새를 건설하고, 다른 많은 일을 완료해야 했다. 그들의 계산에서 이 날짜는 미래로 계속 뒤로 물러나는 것처럼 보였다. 지리적 취약성 때문에 독일에 유리한 조건으로 치룰 수 있는 전쟁은 없다고 생각하는 사람들이 많이 있었다. 그들은 독일이 전쟁을 시작하면 결국 독일을 완전히 파괴할 세력 연합에 직면하게 될 것이라고 주장했다. 냉정한 군대의 견해와 달리 나치는 동원을 서두르고 장애물을 무시하거나 제거하고 모험적이고 공격적인 외교 정책에 착수하기를 원했다. 전쟁 후 한 장군은 두 가지 관점 사이의 근본적인 대립을 다음과 같이 잘 요약했다.

> 히틀러는 이성과 지식이 아무것도 아니며, 승리에 대한 불굴의 의지와 목표를 향한 끊임없는 추구가 전부라고 가르치고 믿었다. 신비주의적 추측은 시간과 공간에 대한 고려와 적군의 힘에 대한 자신의 상대적인 힘의 신중한 계산을 대체했다.[17]

1930년대에 군은 단계적으로 히틀러의 공격적인 행동에 반대했고 그들의 경고가 거부되고 히틀러가 성공하는 것을 보았다. 그들은 국제연맹에 탈되하면 독일이 고립될 것이라고 국제연맹에서의 탈퇴를 반대했다. 그들은 베르사유 조약의 파기와 1935년 징집의 재도입에 대해 경고했고 그러한 조치는 연합군에 의한 보복 조치를 가져올 것이라고 확신했다. 프랑스의 개입을 두려워한 그들은 1936년 라인란트(Rhineland)의 재군사화에 대해 항의했다. 그해 말에 그들은 독일군을 스페인으로 보내는 것을 반대했다. 1937년 11월 히틀러가 군대 지도자들에게 오스트리아와 체코슬로바키아에 대한 확장 계획을 발표했을 때, 장군들은 독일의 군사력이 그러한 과감한 착취를 할 만큼 강하지 않다고 다시 주장했다. 그러나 오스트리아 병합(Anschluss)은 이듬해 봄에 내부 전복, 외교적 묘책, 군사적 허세를 교묘하게 결합하여 성공적으로 수행되었다. 체코슬로바키아에 대한 히틀러의 계획은 독일이 프랑스, 그리고 아마도 영국 및 러시아와의 전쟁에 쉽게 휘말리게 할 수 있었기 때문에 훨씬 더 큰 군사적 경악을 불러일으켰다. 1938년 여름의 군사적 반대는 참모총장인 베크(Beck) 장군이 이끌었다. 그러나 히틀러는 베크를 사임시키고 할더(Halder)로 교체했다. 체코슬로바키아에 대한 히틀러의 작전이 고조되자, 독일이 참혹한 전쟁에 휘말리기 전에 할더의 협조를 받은 군사 그룹이 정부를 장악하기 위해 쿠데타를 계획했다. 그러나 장교들은 우유부단함과 망설임으로 갈팡질팡했고 결국 뮌헨에서 연합군이 양보함으로써 해결되었다. 쿠데타가 취소되었다. 히틀러는 다시 그의 장군들을 패배시켰다.[18] 이것은 군대를 망쳤다. 그 후, 전쟁 동안 군부는 1939년 가을에 서쪽에서 공격하려는 히틀러의 욕망, 러시아 침공, 1943년에 스위스를 공격하기 위해 친위대(S.S.)에 의해 추진된 제안과 같은 히틀러의 더 과감한 계획에 반대했다. 그러나 계속되는 반대에도 불구하고 히틀러의 계속되는 성공은 군부의 자신감과 그들의 정부에 대한 영향력을 약화시켰다. 나치는 소심하고 지나치게 신중한 장군들을 경멸했다. 히틀러 자신도 군사적 정신이 그가 기대했던 것과는 많이 다르다는 것을 알게 되었고 한 번은 다음과 같이 말했다.

> 내가 독일 정부의 수장이 되기 전에 나는 독일 총참모부가 정육점의 개와 같다고 생각했는데 이런 개는 모든 것을 공격할 것이라고 위협했기 때문에 목줄을 꼭 잡아야 했다. 그 이후로 나는 총참모부가 결코 그렇지 않다는 것을 깨달아야만 했다. 그것은 내가 필요하다고 생각하는 모든 행동을 지속적으로 방해하려고 했다… 이 "정육점의 개"를 항상 자극해야 했던 것은 나였다.[19]

나치와 군사적 가치의 충돌은 둘 사이의 타협을 불가능하게 만들었다. 군사사상과 민중사상 사이의 긴장이 비교할 수 없을 정도로 컸다는 점을 제외하고는 1900−1918년의 상황과 유사하였다. "비정치적인 군대"는 완전히 정치화된 전체주의 사회에서 용납할 수 없는 이례이다. 이성적인 군사적 신중함은 혁명가 정신에 똑같이 이질적인 것이다. 제1차 세계 대전에서 군부는 그들의 견해를 포기하고 대중의 열광을 받아들였다. 군부의 몇몇은 그 과정을 다시 따르기로 되어 있었다. 대부분은 그러지 않았다. 결과적으로 군의 정치권력이 파괴되고 그의 관점이 강제적으로 나치의 관점으로 전환되야만 균형이 회복될 수 있었다.

■ 정부 기관　　　군대의 파괴는 생각할 수 있는 모든 기술로 수행되었다. 군사 기관의 권위는 축소, 분할, 제한되었다. 전문성의 중심이던 총참모부의 수준이 점차 낮아졌다. 1935년 히틀러는 최고사령관이 되었고 나치에 협력한 장교인 폰 블롬베르크(von Blomberg)가 국방부 장관과 독일군 총사령관이 되었다. 블롬베르크 아래에는 3개 부대의 사령관이 있었고 각 사령관 아래에는 참모들이 있었다. 또한 장관실(Ministeramt)(슐라이허의 이전 부서)에서 확장되어 창설된 국방군국(Wehrmachtamt)은 나치의 협력자인 카이텔(Keitel)이 이끌었고 블롬베르크 바로 밑에서 일했다. 따라서 장관급의 모든 관직은 나치와 함께 일하고자 하는 당원이나 장군들로 채워졌다. 이전에 그토록 열렬히 자신의 직위를 지켜왔던 총참모부는 이제 군 서열에서 4급으로 내려갔다.

　　1938년 2월 블롬베르크와 육군 사령관 폰 프리치(von Fritsch)가 쫓겨난 후 국방부는 사실상 폐지되었다. 히틀러는 독일군 총사령관으로서 블롬베르크의 직책을 맡았고, 카이텔의 지휘 하에 독일군 국방군국은 최고사령부(the High Command of the Wehrmacht)(OKW)로 변모했다. 최고사령부(OKW)의 주요 부대는 다른 나치 동조자인 요들(Jodl)가 지휘하는 작전참모부였다. 이 작전참모부는 이전에 육군 총참모부가 수행했던 많은 계획 기능을 인수했다. 그 결과 참모총장과 지휘관의 결정에 대한 공동책임이라는 원칙이 폐기되고 총참모부의 중요성이 더욱 축소되었다. 이 조직은 1941년 12월 육군 총사령관 폰 브라우히치(von Brauchitsch)가 해임되고 히틀러가 군대를 직접 지휘할 때까지 존속되었다. 그리하여 그는 국가원수, 당수, 국방부 장관 등의 정치직과 독일군의 최고사령관과 육군 총사령관의 군사직을 결합시켜 맡았다. 사실상 이는 후자의 군사적 기능이 더 이상 수행되지 않는다는 것을 의미했다.

　　군사적 권위가 분열되고 수준이 낮아졌다. 1934년 돌격대(S.A.) 지도부의 청산은 제국의 유일한 무기 보유자로서의 지위를 보호하기 위한 노력의 일환으로 군부에게는 큰 희생을 치르고 얻은 승리였다. 진정한 승자는 6월 30일 숙청 직후 친위대의 확장을 시작한 힘러(Himmler)였다. 결국 친위대는 사실상 1944년에 25개 또는 30개의 사단으로 구성된 두 번째 군대가 되었으며 사실상 모두 기갑, 기계화 또는 공수되었다. 괴링(Goring) 휘하의 독일공군(Luftwaffe)은 또한 일반적인 지휘 체계와 독립적이었다. 1935년에는 독일공군은 대공 부대를 인수하여 문제가 발생할 경우 군대가 괴링의 비행기를 격추할 수 없도록 했다. 1942년에 최종적으로 약 20명에 이르고 지상전을 위해 창설된 독일공군 야전 사단(Luftwaffe Field Divisions)은 잉여 공군 인원으로 구성되었다. 따라서 사실상 제3제국은 정규군, 힘러의 무장친위대 및 괴링의 다양한 독일공군 부대 등 3개 군대를 보유하고 있었다. 히틀러는 또한 복잡한 일련의 중복적인 명령 관계를 유지했다. 작전 계획에서 육군 총참모부의 역할은 1938년 히틀러가 체코슬로바키아의 완전 점령을 위한 계획 초안 작성의 책임을 국방군 최고사령부(OKW)에 주면서 축소되기 시작했다. 1941년 러시아 침공 이후 국방군 최고사령부와 육군 최고사령부(OKH)는 완전히 다른 권한 영역을 갖게 되었다. 후자는 러시아 전선에서의 전쟁 수행에 대한 책임이 있었고 전자는 다른 곳에서 군사 활동의 지휘를 맡았다. 이 두 사령부 사이의 유일한 연결고리는 히틀러 자신과 그의 개인 참모진이었다. 한 연대가 한 전선에서 다른 전선으로 옮기는 것조차 히틀러의 승인을 받아야 했다. 독립적인 지휘 체계는 현장에서 지속되었다. 특수 임무를 위해 수많은 특수 조직과 위계질서가 만들어졌다. 소위 조직토트(Organization Todt)는 당에 소속되어 있고 군부로부터 독립하여 군 건설 작업을 책임졌다. 1943년에 정치 세뇌 장교(National Socialistische Führungsoffiziere－NSFO)가 군대에 도입되었다. 이 장교들은 러시아 정치 위원들을 모델로 삼았으며 군 서열과는 무관한 지휘 체계를 가지고 있었다. 정보 기관 간의 경쟁은 독일 보고의 정확성과 효율성에 대한 비참한 결과로 조장되었다.[20]

군사적 권위의 범위도 축소되었다. 국제연맹 탈퇴, 재무장, 라인란트(Rhineland) 재점령과 관련하여 히틀러는 군 최고 사령부에 알리지 않았거나 마지막 순간에 자신의 계획을 말하지 않았다. 프리트쉬(Fritsch)와 베크(Beck)의 군의 자문권을 주장하려는 노력은 효과적이지 않았다. 이후 군부는 외교정책 결정에서 배제되었을 뿐만 아니라 순전히 군사적 결정을 내리는 것도 허용되지 않았다. 히틀러는 1938년 가을에 처음으로 군사 계획 준비에 개입하기 시작했다. 그러나 일단 전쟁이 시작되고 특히 독일에 좋지 않은 결과를 낳기 시작한 후에 히틀러는 그의 결정 범위를 가장 세부적인 전술 수준까지 확장했다. 장군들의 권고는 히틀러에 의해 번번이 무시되고 반박되었다. 그는 유연한 방어 시스템보다는 경직된 방어 체계를 고집했고 그의 허락 없이는 철수가 허용되지 않았다. 그는 대대들의 이동을 직접 감독했고, 장거리 전략 기획은 소홀히 했다. "모든 행동의 자유가 박탈되었다. 최고 지휘관들조차 견디기 힘든 감독을 받았다."21)

■ **정치적 영향력**　　　나치는 단순히 장교단의 권위를 없애는 데 만족하지 않았다. 자신의 고유의 가치와 목표를 내세운 자율적 집단으로서 장교단을 파괴하기 위해서는 본연의 성격을 바꾸는 것이 더욱 필요했다. 이 작업은 세 가지 주요 기술을 통해 수행되었다. 첫째, 선전, 위협, 부와 권력을 통한 뇌물을 통해 최고 사령관들을 나치의 명분으로 끌어들이기 위해 노력했다. 블롬베르크, 카이텔 및 요들은 의심할 여지 없이 나치와 협력하기 위해 받은 고위직과 명예에 부분적으로 설득되었다. 만약 장교들이 정권에 충성했다면 개인의 무분별한 행동은 총통(Führer)에 의해 용서될 수 있을 것 있다. 당에 특별한 공로를 하거나 충성심이 흔들리는 장교들에게는 상당한 선물이 수여되었고 나치는 중급 장교들에게는 설득과 승진이 사용되었다. 물론 나치는 군사 정통주의는 거의 쓸모가 없었고, 성격과 견해가 전통적인 총참모부 등과 같지 않은 구데리안(Guderian) 및 롬멜(Rommel)과 같은 군사적 인습타파주의자들과 반대론자를 빠르게 승진시켰다.

　　　장기적으로 더 중요한 것은 나치 성향의 젊은 장교들이 하급 계급으로 침투했다는 것이다. 나치가 군대의 확장을 요구하는 그 속도 때문에 베크와 다른 사람들이 보았듯이 군대가 신병을 소화하고 군단 규정을 주입하는 것이 어려워졌다. 신임 장교들은 종종 나치 청년기관을 졸업했다. 정권 초기에는 군대가 이 기관으로부터 부교대원의 유입을 억제하려고 했으나 지도자의 필요로 결국 굴복할수밖에 없었다. 결과적으로 후위자와 상급자 사이에 현저한 관점의 차이가 나타나고, 제2차 세계 대전까지 후자는 히틀러에 반대되는 군사적 조치를 명령한 경우 이념적 성향이 있는 부하들이 복종을 할지를 확신할 수 없었다.22) 해군과 공군에서 장교단은 사실상 처음부터 구성되어야 했다. 결과적으로, 이러한 체제들은 관점에 있어서 더 우세적으로 나치였다.

　　　장교의 양상을 바꾸는 나치의 마지막 기술은 단순히 전문적인 관점과 가치를 고수하는 사람들을 제거하는 것이었다. 첫 번째 주요 숙청은 1938년 2월 블롬베르크-프리트쉬 위기였다. 두 장교는 1937년 11월 5일 총사령관 회의에서 드러난 히틀러의 공격적인 계획에 반대했다. 블롬베르크는 또한 군인의 역할을 포기하고 정치에 뛰어들어 괴링과 힘러의 적대감과 질투심을 불러일으켰다. 1938년 1월 그는 총통의 허락을 받아 신분이 낮은 여성과 결혼했다. 2주 후 괴링은 새로운 블롬베르크의 신부가 매춘부였다는 것을 증명하는 문서를 히틀러 경찰에 제출했다. 이로 인해 블롬베르크는 독일군 총사령관직에서 해임되었다. 그러나 그의 뒤를 이을 논리적인 후보자는 육군 총사령관이자 철두철미한 직업 군인인 프리트쉬였다. 이 임명을 미연에 방지하기 위해 괴링과 힘러는 프리트쉬가 동성애자라는 증거를 제시했다. 혐의는 사실이 아니었지만 수사가 진행되는 동안 프리트쉬를 그의 직위에서 해임하고 총통에게 장교 군단을 개편할 기회를 주기에 충분했다. 6명의 다른 장교들이 퇴역했고 연대 지휘관들의 대대적인 개편이 일어났다.

　장교단이 조작된 혐의로 프리트쉬가 제거되도록 묵인한 것은 자치단체로서의 종말을 고했다. 이러한 책략에 맞서 장교들은 사실상 속수무책이었다. 전체주의 정치의 음모적이고 파렴치한 기법으로 반격하는 대신, 프리트쉬는 비밀경찰의 심문에 응했고 힘러에게 결투에 신청하는 것을 고려했다. 결국 특별법원에서 그는 무죄를 선고받았다. 그러나 그때 그는 이미 직장을 잃었고 비밀 경찰의 세력이 군대에서 느껴졌다. 그 후, 프리트쉬는 그의 옛 연대의 명예 대령이 되었다. 그러나 그는 망가지고 환멸에 찬 사람이었다. 전쟁이 시작되기 직전에 그는 동프로이센에 있는 그의 연대에 합류하여 다음과 같이 썼다. "나에게는 평화나 전쟁에도 히틀러의 독일에는 어떤 부분도 없다. 나는 집에 있을 수 없기 때문에 표적으로서만 내 연대와 동행할 것이다."[23] 1939년 9월 22일 그는 바르샤바(Warsaw) 외곽에서 폴란드 기관총 사격을 받고 전사했다. 프리트쉬는 전체주의 국가에서 정치인으로 어떻게 행동해야 할지 몰랐다. 그러나 그는 전쟁터에서 군인으로서 죽는 법을 알고 있었다. 그와 함께 독일 장교단의 도덕적 청렴성과 직업 정신도 죽었다.

　뮌헨 이후 3명의 장군이 추가로 퇴역했다. 두 사람인 베크와 아담은 히틀러에 대해 노골적으로 반대했다. 세 번째인 폰 룬트슈테트(von Rundstedt)는 옛 학파의 프로이센 전문가였다. 이 시점부터 전쟁 내내 군사적 주의나 불확실한 충성심으로 히틀러를 불쾌하게 만든 장교들은 꾸준히 해고당하고 퇴직되었다. 1941년 가을 독일군이 러시아에서 멈추어진 후 브라우히치(Brauchitsch), 룬트슈테트(그는 다시 호출됨), 보크(Bock) 및 레프(Leeb)가 현역을 떠났다. 마침내 1944년 7월

20일 정권을 전복시키려는 시도가 있은 후 총사령관에 대한 대량 숙청으로 20명의 장군과 1명의 제독이 처형되었고 5명의 다른 장군이 자살했으며 약 700명의 장교가 처형되거나 해임되었다.24)

■ **군사 신들의 황혼(Götterdämmerung)**　　나치의 침투에 대한 군부의 반응은 그들을 세 집단으로 나눴다. 한 파벌은 나치의 유혹에 굴복하여 전문적인 관점을 포기하고 나치의 관점을 받아들였으며 정부로부터 적절한 보상을 받았다. 함머슈타인-에쿠오르트(Hammerstein-Equord), 카나리스(Canaris), 베크, 아담, 비츨레벤(Witzleben) 및 대부분의 7월 20일 공모자들을 포함한 다른 집단은 히틀러와 그의 정책에 적극적으로 반대하는 정치적 역할을 맡았다. 이 두 집단 모두 정치를 위해 전문성을 포기했기 때문에 전문가가 아닌 정치적 기준으로 판단하는 것이 적절하다. 전자는 국가 사회주의에 대해 죄책감을 가지고 있었고, 후자는 보통 가장 높은 인도주의적 기독교적 이상에 의해 동기가 부여되었다.

　　장교단의 대부분은 어떤 식으로든 정치적인 열망이 없었고 단순히 적절한 전문적 조치를 따르기를 원했다. 나치 정권 초기에 이러한 행동은 실현 가능했다. 장군은 군인의 일을 하고, 군인의 경고를 발령하고, 기각되면 군인의 의무를 다했다. 그러나 프리트쉬가 축출된 후 군사적 역할은 불가능해졌다. 장교단의 권위가 침해되고 자치권이 파괴되면서 풀리지 않는 갈등이 발생했다. 군사 행동 규범은 완전한 복종이나 완전한 저항을 허용하지 않았다. 국가 지도자에게 복종해야 하는 직업적 의무는 국가 안보에 대한 직업적 책임과 양립할 수 없을 정도로 충돌했다. "나는 군인이다. 복종하는 것이 내 의무이다"라고 브라우히치는 주장했다. 똑같이 훌륭한 군사 논리를 가진 다른 사람들도 이에 동의하지 않았다. "전쟁 시 최고 사령관들은 하나님과 양심에 따른 복종과 인간에 대한 복종을 항상 구별할 수 있었던 것은 아니다"라고 슈파이델(Speidel)은 말했다.25) 장군들이 다음과 같이 고군분투했다. 1) 불평할 이유가 없는 곳에서 복종하고, 2) 가능한 경우 불가능한 정책을 방해하고, 3) 한 곳에서는 잠정적이고 다른 곳에서는 묵인하고, 4) 참을 수 없는 상황이 되면 사임하고, 5) 상황이 더 나빠지면 재복무를 받아들이면서 고군분투했다.

　　이러한 수행에서는 정치적으로 영예로운 것은 없었다. 그러나 그들은 정치적인 인물로 행동하려고 하지 않았다. 그들은 정치를 도피하고 있었고, 정치적인 기준으로 그들을 판단하는 것은 옳지 않다. 그들은 직업군인처럼 행동하려 했기에 군인들의 기준으로 판단해야 한다. 이 기준에 따르면 그들의 평가는 좋다. 악은 그들 안에 있지 않았다. 그들은 군인의 신조로 살 수 없는 환경에 있었다. 그들은 그 신조를 어기고 스스로의 선을 파괴하지 않고는 그 환경에서 악을 파괴할 수 없었다. 그들의 영예와 비극은 그들이 홀로코스트에 의해 말살될 때까지 그 믿음을 고수했다는 것이다.

■ **독일 민군 관계의 미래**　　샤른호르스트(Scharnhorst)와 그나이제나우(Gneisenau)에 의해 창설되고 몰트케, 슐리펜(Schlieffen) 및 젝트에 의해 최고봉에 도달한 전문 장교단은 제2차 세계 대전에서 존재하지 않게 되었다. 그것은 나치즘의 희생자였으며 그 파괴는 전쟁의 재난 중 하나였다. 그것은 서구 문명의 가장 고귀하고 훌륭한 요소들을 많이 구현했다. 계몽된 개혁에서 태어난 장교단은 청렴, 봉사, 역량, 의무, 충성의 이상에 의해 동기가 부여되었다. 그것은 어떤 용도로 쓰이던지 간에 그 자체로 이성, 현실주의, 평화를 위한 힘이었다. 독일이나 세계 어느 누구도 장교단의 소멸로 인해 상황이 더 나아지지 않는다.

　　독일연방공화국에서 어떤 양상의 민군 관계가 나타날지 두고 볼 일이다. 서독 군대에 대한 초기 계획은 오래된 전통의 일부 요소로 회귀하자는 것이었다. 그러나 지배적인 경향은 다른 방향으로 가는 것처럼 보였다. 연방의회는 군부의 통제권을 분담할 것을 주장했다. 새 군부는 기본적으로 민간인이라는 점이 강조되었다. 군법회의의 결정은 민간인으로 구성된 독립적인 위원회에서 검토해야 했다. 계급 간의 차별은 최소화되고 장교들의 권한은 축소되고 경례는 제한되었다. 더 중요한 것은 독일 정부의 국방 고문이 민간인 위원회가 군대의 "내부 질서"를 감독할 것이며 모든 군인은 특별한 "시민권 과정"을 거치게 될 것이라고 밝혔다. 블랭크(Blank)는 "민주주의는 민주주의자만이 지킬 수 있고 자유는 스스로 경험한 사람만이 지킬 수 있다"고 말했다.26)

　　이러한 아이디어의 효과적인 구현은 독일 민군 관계의 제 3단계를 시작할 것이다. 프리드리히(Frederick) 대왕의 귀족 군대는 나폴레옹에 의해 파괴되었다. 샤른호르스트와 그나이제나우가 창설한 전문 군대는 히틀러에 의해 파괴되었다.

이제 제안은 객관적인 민간 통제보다는 주관적인 통제를 구현하는 이념적으로 동기가 부여된 군대인 민주적 군대를 창설하는 것이었다. 부분적으로 이러한 접근은 과거의 전문성에 대한 반작용이었고 그 전문성을 히틀러와 잘못 동일시한 결과였다. 역설적이게도 그것은 부분적으로 히틀러의 미국 정복자들을 모방했다. 그러나 본(Bonn) 정부의 변화들은 더 나은 것이 아니었다. 그들은 더 원시적인 형태의 민군 관계로의 퇴보였다. 필연적으로 그들은 독일군이 영구적으로 정치에 휘말리게 하고 새로운 군대의 전투 효율성을 감소시킬 것이다. 헐 블랭크(Herr Blank)가 말해야 했던 것에도 불구하고, 민주주의 국가는 민주적 군대보다 전문 군대에 의해 더 잘 방어된다. 독일 연방 공화국은 시민들의 신뢰를 보유하고 있고 바이마르 공화국이 결코 같이 못한 강력한 중앙 기관들이 가지고 있다. 1920년대에 존재했던 문민통제에 대한 장애물은 더 이상 존재하지 않는다. 새로운 독일 민주주의가 효과적인 문민통제 체계와 전문 장교단을 재건할 기회를 잡지 못한다면 비극적일 것이다. 독일 민주주의에게 샤른호르스트, 그나이제나우, 클로스비츠의 전통을 부활시키는 것은 나쁘지 않은 일일 것이다.

일본: 정치적 군국주의의 연속성

■ **국가 이념: 신도(Shinto)와 무사도(Bushido)**   일본 민군 관계에 영향을 미친 핵심 요인은 1868년까지 700년 동안 지속된 봉건제였다. 봉건제 하에서 일본 사회의 지배층은 실권자인 천황, 실권자인 쇼군(shogun), 지방 영주나 다이묘(daimyo), 그리고 쇼군과 다이묘의 추종자인 사무라이나 무사들로 구성되어 있었다. 소작농과 고상계층을 포함한 대중은 정치에서 배제되었다. 1867–1868년의 유신은 봉건제를 종식시켰다. 쇼군이 폐지되고 황제가 은둔에서 벗어나 국정을 지휘하는데 적극적인 역할을 하고 지방 영주들로부터 국정으로 권력이 이양되었다. 사무라이들은 이러한 제국 통제의 재확립과 새로운 정부기관의 형성에 앞장섰다.

1945년까지 일본사상의 기본 틀을 정립한 일본의 민족사상은 본질적으로 제국주의 권위와 사무라이 통치를 반영하는 두 개의 상호 연관된 사상체계의 복합체였다. 이것들은 각각 국가 신도와 무사도에서 구현되었다. 국가 신도는 일본

생활에서 정부와 종교의 통일성을 표현했다. 그것은 3가지 기본 교리를 가지고 있었다.[27] "영원한 신성한 제국주의 주권"에 대한 믿음은 1889년 헌법 제1조와 제3조에 반영되어 있는데 이는 "일본 제국은 영원토록 끊어지지 않는 황제의 가계에 의해 통치되고 다스려질 것이며 황제는 신성하고 불가침하다." 황제는 살아있는 신이었고 그의 의지는 절대적이었고 신하의 가장 높은 의무는 단순히 그 의지에 복종하는 것이 아니라 황제에 대한 열정으로 자아를 잃는 것이었다. 신도의 두 번째 요소는 일본 민족 자체의 신성한 기원에 대한 믿음이었다. 일본인은 신성하게 제정한 제도를 가진 독특한 재능있는 사람들이었다. "국가의 신들은 일본에 신성한 땅, 신성한 인종 심리, 그리고 신성하게 확립된 국가 구조를 주었다." 마지막으로 일본의 신성한 사명에 대한 믿음이 있었다. 세계 각국은 사물의 계층 구조에서 정당한 위치를 차지해야 한다. 일본의 임무는 "천황의 무한한 덕을 온 세계에 널리 퍼뜨리는 것"이라고 한 제독이 말한 적이 있다. 이 임무를 수행하기 위해 때로는 군사력을 사용해야 할 수도 있지만 자비로운 일본 지도력을 통해 세계를 한 지붕 아래로 놓아야 했다.

　　일본 국가 이념의 또 다른 요소는 일본 봉건제도에서 군인 계급의 도덕 규범인 고대 사무라이 윤리였다. 봉건제가 끝난 후 이 윤리는 미화시켜지고 무사들의 관례에 관련하는 무사도(武士道)라는 이름이 주어졌다. 무사도 윤리는 유럽 기사도의 행동 기준과 많은 유사점이 있었다. 무사도의 가치는 폭력 자체를 애호하는 전사의 가치였다. 칼은 "사무라이의 영혼"이자 "신의 상징"이었다. 1867년 이후 상대적으로 제한된 계급에 속했던 이 호전적인 규범은 전 국민의 이념이 되었고 일본은 "이의의 여지 없이 호전적인 국가"가 되었다.[28] 따라서 국가신도와 무사도를 결합한 민족윤리는 제국주의 민족주의와 봉건군국주의의 종합이었다. 그것은 권위주의적, 민족중심적, 민족주의적, 제국주의적(황제 숭배와 일본 제국의 영광이라는 의미에서), 팽창주의적, 호전적이었고 전사와 전사의 미덕에 높은 가치를 부여했다.

■ **일본군 정신**　　일본군은 국가사상을 확고히 고수했다. 그 이유는 간단하다. 1868년의 유신을 초래하고 이 국가 이념의 부상을 촉발한 바로 그 세력이 근대 일본 군대를 창안했다. 더군다나 군대는 이데올로기에서 매우 독특한 위치를 차지했다. 그들은 황제와 거의 동일시되었다. 그것들은 야마토 종족의 세계 사명을

완수하기 위한 필수적 요건이었다. 그리고 그들은 사무라이 전통의 지속적인 구현이었다. 국가이념은 군대를 섬기고 군대는 그 이념을 섬겼다. 따라서 일본군은 독일군과 달리 항상 시대의 지배적 정신과 조화를 이루는 슐라이허의 이상을 달성했다. 군사적 가치와 정치적 가치 사이에는 갈등이 없었다. 결과적으로 일본은 세계에서 "가장 정치적인 군대"를 가졌다.29) 국가 이념의 성격과 봉건 전통과의 강한 연관성을 감안할 때 일본 장교단을 세계에서 가장 전문적인 정신이 부족한 주요 군대로 만들었다.

1868년 이후 수십 년 동안 새로운 정부 지도자들이 의식적으로 서구의 군대 제도를 본보기로 삼으려고 노력했기 때문에 일본 군대에서의 직업 윤리의 불모함은 더욱 놀라운 일이었다. 프랑스군과 독일군 고문단이 일본 육군의 창설을 도왔다. 사관학교가 설립되었다. 1872년 해군사관학교, 1876년 해군공과대학, 1888년 해군참모대학이 설립되었다. 장교 임용제도는 독일과 매우 흡사하였다. 진급을 위한 요구 사항은 유럽의 모든 장교 군단에서 볼 수 있는 것과 같다. 그러나 이러한 제도적 장치와 함께 서구에서 발달한 전문적 시각을 수입하는 것은 불가능했다. 일본은 군사전문성의 외형인 껍데기는 가지고 있었지만 실체는 없었다. 일본의 군사 정신은 여전히 대중사상에 의해 지배되었다. 20세기가 되어서야 직업군인 윤리와 유사한 무언가가 장교단에 기반이 마련했고, 그때도 상대적으로 약하고 확연히 소수 집단으로 제한되었다. 일본군의 지배적인 이상은 근본적으로 이러한 윤리에 반대하는 것이었다.

이 반대의 가장 기본적인 징후는 이상적인 장교라는 개념에 관한 것이었다. 직업적 군사 윤리는 군인의 덕목과 전사의 덕목을 구분한다. 그러나 일본인에게 이상적인 장교는 전사였다. 다른 사람이 폭력을 사용하도록 지시하는 관리자가 아니라 스스로 폭력을 휘두르는 전사였다. 이것은 전문적이지 않은 봉건적 이상이었다. 한 관측자가 일본 장교를 묘사한 것처럼, 그는 아마도 그의 서구 상대편보다 기술적으로 열등했을지 모르지만 "장엄한 '배짱'과 투지 열정"으로 보충되었다.

일본군 장교… 훌륭한 지도자이다. 그의 약점은 유럽 장교들이 하는 것처럼 전투의 달인으로 계속 남아 있지 못하는 것이다. 그는 전투를 지휘하기보다는 진행한다. 그의 용기와 명예에 대한 개념은 무기 기술의 필요성에

대한 현실적이고 실제적인 이해보다 전쟁에 대한 열정에서 훨씬 더 영감을
받았다… 일본인은 군인이라기보다 전사에 가깝고 그 속에 약점이 있다. 그
차이는 미묘할 수 있지만 실제로 존재한다. 전사의 본질적인 자질은 용기이
다. 군인의 본질은 규율이다.30)

일본군에서 장교 세뇌는 과학적 성취보다 포격시 용기의 중요성을 훨씬 강
조했다. 이와 관련하여 일본군 장교와 병사 사이에 존재하는 긴밀한 유대가 있었
다. 모두 함께 전사였다. 장교들은 사병들이 가지지 못한 기술과 능력을 가진 근
본적으로 다른 집단이 아니었다.

전문 군인은 적대국 간의 물질적 힘의 균형에 초점을 맞추는 경향이 있다.
그러나 일본 군사상은 물질적 요인의 역할을 최소화했다. 정신만이 결정적인 요
인이었다. 이것이 무사도의 기본 개념이었다. 일본의 승리는 우월한 군비에서 비
롯된 것이 아니었다.

아니요! 압록강 전투에서 한국과 만주에서 승리한 것은 우리의 손을 인도
하고 우리의 가슴을 뛰게 한 우리 조상들의 유령 때문이었다. 그들은 죽지
않았다. 그 유령들, 우리의 호전적인 조상들의 영혼.31)

또는 한 장교가 말했듯이 "일본 제국 군대는 전쟁 기술보다 정신적 훈련을
더 중요시한다. 도덕적 힘은 육체적 힘보다 크다."32) 1930년대 국방장관인 아라
키(Araki) 장군은 일본의 임무는

…사해 끝까지 제국의 길을 전파하고 찬미하는 것이다. 힘의 부족은 우리
의 걱정이 아니다. 우리가 물질적인 것에 대해 걱정해야 하는 이유는 무엇
인가?33)

따라서 전쟁은 믿음의 시험이었다. 무장이 강한 나라가 아니라 신념이 강한
나라가 우뚝 서게 될 것이다. 그들의 신성한 역할 때문에 이것은 반드시 일본인
이어야 한다. 서구의 군사 사상가에게 신은 거의 필연적으로 더 큰 대대의 편에
서고 일본인에게 그는 야마토 종족의 편에 서 있었다. 우리의 비교가 안 될 정도
로 많은 자원에도 불구하고 우리의 정신은 그들보다 약했기 때문에 일본군대는

미국과의 전쟁에 대해 거의 이의를 제기하지 않았다. 따라서 일본의 군사 정신은 객관적이기보다는 주관적이고, 초연하기보다는 관련되었다. 국가 이념이 스며들어 냉정하게 현실적이고 과학적으로 군사 상황을 분석하는 것은 불가능하지 않다면 어려웠다.• 일본 군사 훈련은 군대를 전투에 대비시키는 가장 중요한 측면으로 "정신적 동원"인 세이신 교이쿠(Seishin Kyoiku)를 강조했다. 본질적으로 이것은 개인을 국가와 동일시하고 천황의 뜻에 복종한다는 일본 민족 이데올로기의 정신과 원칙에 대한 주입이었다. 이러한 가르침은 훨씬 더 일찍 학교에서 시작된 과정의 연속이었다. 일본에서 징집을 한 이유 중 하나는 군대가 사실상 전체 남성을 무사도와 고도(황도)의 이상으로 훈련할 수 있는 기회를 제공했기 때문이다.

지성의 최소화와 정신의 고양은 일본에서 전문적인 군사 저술의 현저한 부족을 낳았다. 1905년부터 1945년까지 일본은 주요 해군 강대국이었지만 일본 작가 중 해상력의 성격과 사용에 관한 중요한 이론을 정립한 사람은 없었다. 사실상 제2차 세계 대전 이전에 이 주제에 대한 그들의 유일한 저술은 선정주의적이거나 매우 기초적인 것이었다. 학술적 분석은 없었다. 육군 작전에 있어서도 마찬가지였다. 일본은 "전쟁과학에 관한 일반적인 저작물을 출판한 적이 없다."[34] 마찬가지로 서구 전문학의 핵심인 군사사도 참모대학을 제외하고는 일본의 군사 교육제도 어디에서도 연구되지 않았다. 제1차 세계 대전 이후에야 상당한 수의 군사 정기간행물이 일본에 발행되기 시작했고, 해군에 관해서는 이들은 역시 매우 기초적인 수준에 머물렀다.

일본군의 규율은 봉건제도의 잔재였다. 장교들과 병사들은 황제를 위해 목숨을 바칠 준비가 즉각적으로 되었어야 했다. 일본 군인에게 있어서 "천황만세"(Tenno Heika Banzai)를 외치며 전투에서 죽는 것보다 더 높은 공적은 없었다. 전투에서 전사한 모든 군인은 신격화되었고 그들의 이름은 국가 사당에 새겨졌다.

• "군사적 관점에서 볼 때 일본인의 정신은 객관적이기보다는 주관적인 것으로 묘사될 수 있다. 평시에는 영국 학생이 지중해를 지휘하는 것에 대한 논문을 작성할 수 있는 것처럼 미국 작가는 태평양 전쟁에 대해 냉정하게 논의할 수 있다. 둘 다 모두 프랑스가 이탈리아에 반대하거나 독일이 러시아에 반대하는 상상의 군사작전에 대해 길게 논의할 수 있다. 반면 일본은 자신과 직접적인 관련이 없는 해역에 대해서는 관심이 부족하다. 서양 학생들은 해군적인 요소에만 집중하면서 순수하게 학문적인 노선을 따라가는 반면, 일본인들은 국가-정치적 접근을 제거하는 데 어려움을 겪는다. 원칙적으로 제거해야 할 조국에 대한 위협임을 언급하거나 암시하지 않고는 괌(Guam)에 대해 논의할 수 없다." 알렉산더 키랄피(Alexander Kiralfy), "일본 해군 전략," 에드워드 미드 얼(Edward Mead Earle)(ed.), 현대 전략기획자들(Makers of Modern Strategy)(Princeton, 1952), 459쪽.

게다가 전사교리는 후퇴를 허용하지 않았다. 후퇴는 군사적으로 필요할 수 있고 그에 따라 대비하는 것이 바람직하다고 인식하는 현실적인 서구의 전문 군사사상과 달리, 일본의 교리는 이를 용인할 수 있는 대안으로 간주하기를 거부했다. 이와 함께 "항복보다는 죽음"의 전통이 있었는데, 이는 현실적인 군사적 관점에서 항복이 정당한 행동 방침일 수 있다는 점을 인정하지 않는 것이었다. 아라키 장군의 말을 빌리자면

> 우리 군대에서 후퇴와 항복은 허용되지 않는다… 최선을 다한 후 항복하여 적의 포로가 되는 것은 외국 군인들에게 용인되는 행위로 간주된다. 그러나 우리의 전통적인 무사도에 따르면 후퇴와 항복은 가장 큰 수치이며 일본 군인에게 어울리지 않는 행동이다.[35]

전쟁은 일반적으로 바람직하지 않으며 국가 정책의 마지막 수단이라는 전문적인 군사관과 달리 일본의 봉건 전사는 폭력을 찬사하고 전쟁 자체를 목적으로 미화하는 경향이 있다. 일본 국방부는 다음과 같이 선언했다. "전쟁은 창조의 아버지이자 문화의 어머니이다. 패권을 위한 경쟁은 역경에 맞서 싸우는 것이 개인에게 하듯이 국가에 영향을 미친다. 그것이 두 경우에서 생명과 문화 창조의 탄생과 발전을 촉진하는 추진력이다."[36] 일반적으로 이러한 전쟁 철학을 고려할 때 일본 군대가 특정 상황에서 국가 목표를 달성하기 위한 수단으로 전쟁을 선호한 것은 놀라운 일이 아니다. 특히 군대 지도자들은 호전적이었고 정치에서 덜 중요한 역할을 했던 제독들은 더 보수적이고 전문적인 경향이 있었다. 일본군은 1894년부터 1895년까지 중국과의 전쟁에 열심이었다. 그들은 전쟁이 끝날 때 요동(Liaotung) 반도를 획득할 것을 촉구했다. 그들은 제1차 세계 대전 중 중국에 대한 강력한 정책을 선호했다. 그들은 전후 시베리아에 대한 개입 기간 동안 일본의 영향력을 확대하기를 원했다. 그들은 1928년 중국에 대한 개입과 1931년 만주 공격에 책임이 있었다. 마침내 그들은 1937년 중국 사건을 일으켰고, 1941년 12월에 적어도 육군 지도자(해군은 더 주저했다)는 미국과 영국 영토에 대한 공격을 옹호했다. 정치 지향적인 일본군 지도자들이 침략을 일관되게 지지했다는 이 기록은 전문적인 성향의 독일 장군들이 그들의 정부에 제공한 모험주의에 대한 지속적인 경고와 현저한 대조를 이룬다. 독일에서는 군부가 베르사유 조약을

위반하여 국제연맹 탈퇴와 재군사화를 반대한 반면, 일본에서는 런던해군조약 탈퇴와 폐기를 지지했다. 일본 장교단 내의 보다 극단적인 집단은 동아시아에 대한 일본의 지배를 정당화하기 위한 철학을 수립하는 데 상당히 노골적이었다.

■ **군사 당국: 이중 정부**　　　일본 국가에서 민군 관계의 법적 구조는 본질적으로 군사적 독립이었다. 정부는 군사와 민간의 두 영역으로 나뉜다. 그 이론은 "이중 정부"(niju seifu)였다. 그러나 민간인은 군사분야 내에서 어떠한 권한도 행사할 수 없는 반면, 군대는 정치적 영향력으로 인해 쉽게 민간분야로 권력을 확장할 수 있었다.

　　이 이중 정부의 법적 권위는 헌법과 관습에서 비롯되었다. 1889년 헌법은 천황을 군대의 최고 사령관으로 임명하고 군대의 조직과 평화 상태를 결정할 수 있는 권위를 부여하고 전쟁을 선포하고 평화를 맺으며 조약을 체결할 수 있는 권위를 부여했다. 이 조항은 모든 최고 군사 지도자와 황제 사이의 직접적인 관계에 대한 헌법적 정당성을 제공했다. 민간 내각과 달리 국방부 장관과 해군은 수상을 거치지 않고 황제에게 접근할 수 있었다. 참모총장도 사령관과 제독도 마찬가지였다. 황제는 직접 군사 지휘를 하였다. 군대는 그의 개인 도구였다. 이와 같이 군대를 왕좌와 밀접하게 동일시함으로써 천황에 대한 찬미와 함께 국가 신도에 대한 군사적 충실의 객관적 근거가 제공되었다. 그것은 또한 일본군과 독특한 법적 입장을 갖게 했다. 한 장군이 말했듯이 "해외 군대는 법적 근거로 존재하지만 제국 군대는 법보다 훨씬 더 귀한 것에 기반을 둔다."37) 민정부의 간섭이 없는 군사적 기능 수행은 1889년 황실 조례에 의해 보장되었는데 이는 "황제에게 직접 보고했었고 심의를 위해 내각에 제출되었을 수도 있었던 군사전략(gunki)과 군사지휘(gunrei) 문제를 제외하고 국방장관과 해군장관은 국가 주석에게 보고해야 한다."38) 국가의 민간 정부인 총리와 내각은 군대의 군사 및 해군 작전, 전략, 내부 조직, 교육 및 규율에 관해 왕좌에 조언하는 것이 금지되었다.

　　민정부의 간섭으로부터 군의 자유는 국방장관과 해군장관에 민간인을 임명하는 것을 금지함으로써 더욱 보장되었다. 1900년에는 고위 관리들만이 이 직책을 맡을 수 있었던 기존의 관습이 법으로 제정되었다. 현역에 있는 육군 장성이나 중장만이 국방부 장관이 될 수 있었다. 현역에 있는 해군 장성 또는 중장만이 해군 장관이 될 수 있다. 1912년에 이 제한은 비슷한 계급의 예비 장교를 임명할 수 있도록 제한되었다. 그러나 이러한 자유화는 1900년 절차로 복귀한 1936년까지만 지속되었다. 내각이 바뀔 때 장관이 사임하지 않고 여러 정부를 거치는 것이 관례였는데, 이는 민간 장관과 비교하여 그들의 뚜렷한 직책을 강조했다.

민군간의 이러한 완전한 권한 분할은 물론 그들 사이에 지속적인 마찰을 초래했다. 각자의 책임 영역을 규정하는 쉬운 방법이 없었기 때문에 정부를 유지하기 위해서는 두 부문의 지원이 필요했다. 그러나 문민 정치의 변덕과 변천으로 인해 군대가 우월한 위치에 놓였다. 아라키 장군의 말처럼 "국방 장관은 그 진영이 원하는 모든 조치를 채택하거나 자신이 승인하지 않는 조치를 차단할 것을 강요할 수 있다."[39] 이 결과는 단순히 사임 위협에서 비롯됐다. 내각에는 국방장관과 해군장관이 있어야 하고, 장교만이 그 자리를 채울 수 있기 때문에 각 군은 대표를 사임하게 함으로써 내각을 몰락시키거나 군의 요구가 충족될 때까지 새로운 내각의 구성을 막을 수 있었다. 이러한 형태의 군사적 압박은 일본 역사에서 거듭거듭 발생했다.● 이중 정부는 재정을 다루는 방식으로 인해 더욱 강화되었다. 실제적으로 군 지도자들인 왕좌가 군대의 평시 전력을 정하는 권한을 가졌다. 예산은 국회가 마련해야 했지만 국회가 예산 편성을 거부하면 자동으로 전년도 예산을 계속 유지했다. 민간 부문에 대한 추정치는 재무장관이 국회에 제출한 반면, 국방 및 해군 장관은 입법부에서 자체 예산을 옹호했다. 일반적으로 장관들은 군사 정책에 대한 실제 의회 논의를 낙담시키고 좌절시켰다.

군내 권위 구조에 존재하는 한 가지 약점은 다수의 군청들 간의 책임 분담

● 1912년 사이온지(Saionji) 태자 내각이 육군 증원 요구를 거부하자 국방장관이 사임하고 내각이 무너졌다. 1914년 기요우라(Kiyoura) 자작은 내각 구성을 시도했지만 어느 해군 제독도 해군 장관을 겸임하지 않아 내각 구성을 포기해야 했다. 1936년 히로타(Hirota)가 내각을 구성했을 때 군대는 외무성, 식민청, 법무성 임명을 거부했고, 군의 견해에 따라 더 많은 사람들을 선출하도록 강요했다. 1년 후 히로타와 군대가 결별하고, 국방 장관이 사임하고 내각이 무너졌다. 자유주의적인 장교인 우가키(Ugaki) 장군이 총리가 되라는 요청을 받았다. 그러나 군대의 지배적인 세력은 우가키와 화해해야 할 숙원을 가지고 있었고 어떠한 장교도 내각에 입각하는 것을 거부함으로써 우가키를 패배시켰다. 군대는 우가키를 뒤 이은 하야시(Hayashi) 장군에게 더 관대했지만 군대는 그의 국방장관 선택과 내각 프로그램을 지시했다. 1940년 요나이(Yonai) 내각의 붕괴는 육군 대표의 사임으로 촉발되었고, 요나이는 군 프로그램을 거의 완전히 채택한 고노이에(Konoye)로 교체되었다. 참조: 야나가 치토시(Chitoshi Yanaga) "일본의 군대와 정부"(The Military and the Government in Japan), American Political Science Review 35호(1941년 6월), 535-539쪽; Hillis Lory, 일본의 군주(Japan's Military Masters)(뉴욕, 1943), 제 5장; Hugh Borton, 1931년 이후 일본(Japan Since 1931)(뉴욕, 1940년), 45-55쪽.

이었다. 이러한 점에서 일본 조직은 제1차 세계 대전 이전의 독일 조직과 유사했다. 군대는 "빅 3"인 국방 장관, 육군 참모총장, 군사 훈련 총감이 이끌었다. 해군 조직은 장관과 해군 참모총장이 최고직이었다. 또한 1898년에 창설된 야전 원수 및 함대 제독 위원회가 있었지만 주로 명예 조직이었다. 더 중요한 것은 모든 주요 장군과 제독으로 구성되고 광범위한 군사 정책을 책임지는 최고 군사 평의회였다. 전쟁 중 제국 사령부는 육군과 해군 참모진에서 뽑아서 창설하게 되었다. 이러한 다양한 조직들은 그들이 함께 일함으로써 그들의 힘을 증가시킬 수 있다는 것을 서로 알기에 조직 간의 잠재적인 경쟁을 억제했다. 예를 들어 1931년에 정치 정당의 중요성이 증가했을 때 군대의 빅 3는 모든 중요한 인사 임명은 상호 동의가 있어야만 이루어질 것이라는 데 합의했다. 그 후, 국방부 장관은 더욱 강력해졌으며 1935년에는 군사 훈련 총감에 대한 자신의 권한을 주장했다. 1931년에 맺었던 합의는 폐기되었고 국방부 장관은 임명과 관련하여 모든 권한을 갖게 되었다. 따라서 국방부 장관은 대표의 역할을 하는 경향이 있었다. 군 당국 내의 협력이나 서로의 종속 관계는 민간정부가 다수의 군청으로 인한 약점을 이용해 혜택을 받지 못하게 했다.[40]

이론적으로 두 일본 정부는 완전히 별개의 영역에서 일을 수행했지만, 실제로는 민간인이 군사 업무에서 배제된 상태로 유지되고 군부는 민간 업무에서 적극적인 역할을 수행했다. 군대의 권위와 영향력은 모두 대외정책과 국내정책으로 확대되었다. 한 국방부 장관은 "최고군사위원회의 심의의 한계는 국방정책의 문제이지만 사실상 심의 범위에 제한이나 요건은 없다"고 말했다.[41] 이중 정부는 필연적으로 이중 외교를 낳았다. 군대를 보호하고 현장 상황의 요구 사항을 충족시키기 위해 군 사령관이 취한 조치는 내각의 통제를 받지 않았다. 예를 들어, 1931년의 만주 사태 때 야전의 사령관들은 도쿄의 군 지도부의 지원을 받아 독립 노선을 추구하여 9.18 사태의 영향을 제한하려는 외무부의 노력을 좌절시켰다. 군부는 외무부와 내각의 반대에도 불구하고 한국에 있는 일본군에게 국경을 넘어 만주로 향하도록 명령했다. 몇 주 후 외무장관은 일본이 국경 도시인 진저우(Chinchow)를 공격하지 않을 것이라고 미국에 확신시켰지만, 군대가 곧바로 진격하여 진저우를 점령했다. 한 장군은 만주에 대한 군사적 견해를 표현하면서 "우리의 국정을 가시화할 수 없는 외교부에 우리의 국가 외교를 맡기는 것은 매우 위험할 것이다. 오직 군대만이 국가 정책을 수행할 수 있다."42)

군부는 독자적인 대외정책을 추구할 뿐만 아니라 확실히 국내 정책인 경제 프로그램의 채택을 추진하는 데도 주저함이 없었다. 아라키 장군은 "군대는 군사적 행동뿐만 아니라 경제, 사회, 문화 문제를 해결하기 위해 준비해야 하며 외교 정책에서 확고하고 건전하며 정의로운 전제에 기초한 자주적 노선을 추구해야 한다"고 말했다.43) 1930년대의 국방부는 거의 군사 복지 국가에 해당하는 "제국 사회주의"의 전체 경제 철학을 발전시켰다. 국내 정치에서 군부에 대한 주요 반대는 일반적으로 상류 부르주아 계급에서 나왔고 군사 경제 프로그램은 사상적으로 반자본주의적이었다. 그것은 자유 기업에 반대했고 경제에 대한 엄격한 국가 통제, 사회 보장 및 실업 보험 프로그램 확대, 부의 집중 축적을 방지하기 위한 조세 제도 개정을 지지했다. 군대의 많은 경제 사상은 1938년에 통과된 국가 동원법(The National Mobilization Law)에 반영되었다.

■ **군사적 정치적 영향력**　　　일본 사회에서 군대의 정치적 영향력은 이 기간 동안 지속적으로 높았다. 예외는 1922년부터 1931년까지 전쟁의 가능성이 거의 없는 것처럼 보였고 일본이 책임있는 당정부를 가졌을 때였다. 이러한 군사적 영향력의 추락은 또한 군사력 기반이 씨족 지지에서 보다 널리 기반을 둔 대중적 지지로 전환되었음을 반영한다. 일본 군부의 정치적 영향력에는 다섯 가지 핵심 요소가 있었다.

첫째, 일본의 강력한 서부 씨족인 조슈(Choshu)와 사쓰마(Satsuma)와 군대의 제휴가 있었다. 이 씨족은 1868년 유신에 필요한 대부분의 지도력을 제공했다. 유신 후 몇 년 동안 조슈는 육군을, 사쓰마 해군을 지배했다. 1922년까지 사실상 모든 고위 장교들은 이 두 씨족 중 하나에서 뽑혔다. 두 씨족의 경쟁이 정부 전반에 만연해 있기 때문에 이것은 군부를 정치로 끌어들이는 경향이 있었지만, 이는 또한 각 군에 대한 정치적 지원과 지도력의 안정적인 기반을 제공하기도 했다. 예를 들어, 1909년 조슈 가문에는 정부에서 가장 영향력 있는 원로 정치가인 야마가타 원수, 수상, 국방부 장관 및 육군 참모총장이 포함되었다. 반면에 해군 장관을 제외한 거의 모든 주요 제독과 일부 장군은 사쓰마 일족의 일원이었다. 이 사무라이 집단과의 군부의 제휴는 1차 세계 대전 무렵부터 줄어들기 시작했다. 조슈의 영향력은 1922년 야마가타의 죽음으로 크게 약화되었다. 씨족들이 장교단을 독점하는 것은 물리적으로 불가능해졌다. 하급 씨족과 부르주아 계급을 대표하는 사람들이 군대의 계층 구조로 진출하기 시작했다. 1920년대 말까지 장교단은 주로 소규모 지주, 상점 주인, 소규모 공장 소유자 등 중하위 계층에서 신병을 모집했다. 장교단의 이러한 확장은 여러 면에서 융커 귀족과 독일군의 동맹이 점차적으로 약화되는 것과 유사했다. 그것은 지원을 위한 군의 주요 의존도를 집중된 사회-지리 집단에서 사회 전반으로 옮겨가는 경향이 있었다.

일본군의 정치적 영향력에서 두 번째 요소는 독일의 경우에 거의 존재하지 않았다. 이것은 정부에서 군인들이 중요한 비군사적 지위를 차지하는 현상이었다. 독일에서는 카프리비나 슐라이허와 같은 정치병사가 예외였으나 일본에서는 군인 정치가가 일반적이었고 한 사람이 군사적 기능과 비군사적 기능을 결합해 수행하는 것은 봉건 전통의 연속이었다. 유신 초기에 군 지도자들은 법을 성문화하고, 교육 체계를 구축하고, 국가 관료제를 조직하고, 기타 많은 개혁을 수행하는 데 중요한 역할을 했다. 그 후 몇 년 동안 군인들이 정부 고위직을 맡는 것이 용인되는 일이 되었다. 그들은 내각, 추밀원, 황실에 영향을 미쳤다.

1885년 12월 내각 정부가 출범한 이후 1945년 8월 항복할 때까지 일본에는 42개의 내각을 이끈 30명의 수상이 있었다. 그 중 15명은 장군이나 제독이었고 그들은 19개 정부를 이끌었다. 3명의 조슈 장군인 야마가타(Yamagata), 가쓰라(Katsurea), 데라우치(Terauchi)가 1889년부터 1918년까지 30년 중 절반 이상을 총리직을 맡았다. 1920년대에 당이 우세하던 시기에는 민정에 대한 군사 참여가 감소했다. 그러나 그때에도 가토(Kato) 제독과 야마모토(Yamamoto) 제독은 1923년과 1924년에, 다나카(Tanaka) 장군은 1927년부터 1929년까지 총리를 지냈다. 만주 사태 이후 군사적 영향력은 다시 높아졌다. 사이토(Saito) 제독과 오카도(Okado) 제독은 1932년 5월부터 1936년 2월까지 총리직을 맡았고, 그때부터 1945년 8월 항복할 때까지 일본에는 9명의 총리가 있었는데 그 중 4명은 장군이고 2명은 제독이었다. 가장 오래 총리직을 지낸 사람은 1941년 10월부터 1944년 7월까지 재직한 도조(Tojo) 장군이었다. 내각의 수장이 군인이든 아니든, 장교들은 종종 비군사적 지위를 차지했다. 군대는 1898-1900년 야마가타 내각의 10개 직위 중 5개를 차지했다. 1927년부터 1929년까지 총리를 지냈을 때 다나카 장군은 외무부 장관을 역임하기도 했다. 1930년대에는 군인들이 여러 차례 내무부 장관, 외무부 장관, 교육부 장관을 여러차례 역임했다.

정부의 다른 부서에서도 군사적 영향력이 느껴졌다. 야마가타 원수는 1902년부터 1922년까지 추밀원의 의장이었으며 왕좌를 조언한 원로 정치가 단체인 겐로(Genro)의 가장 영향력 있는 의원 중 한 명이었다. 그는 "정치와 군사 문제 모두에서 왕좌의 배후 권력자, 내각을 창설하고 파괴하는 사람, 그리고 그의 말이 법인 사람"으로 여겨졌다.44) 추밀회는 일반적으로 친군사적 성향을 가졌다. 예를 들어 1930년에는 런던 해군 조약의 비준을 5개월 동안 차단했다. 전통적으로 군대는 황실에서 황제의 참모들 사이에서도 강했다. 그러나 1930년대에 궁정 직위에 좀 더 자유주의적인 정치가를 임명함으로써 그들의 영향력이 약해졌다.

군부의 정치력에서 세 번째로 중요한 요소는 애국주의, 파시스트, 군국주의 사회로부터 받은 지지였다. 여기에는 흑해와 흑룡단과 같은 소규모 비밀단체와 전직 군인회, 애국여성회, 국방여성회와 같은 대규모 대중단체가 포함된다. 이들 및 기타 그룹의 활동은 테러리즘에서 선전에 이르기까지 다양했다. 장교들은 종종 그들을 조직하고, 지도하고, 자금을 조달하는 데 중요한 역할을 했으며, 그 단체들은 변함없이 대외 확장과 내부 개혁과 통제의 군사 대외 및 국내 정책을 지원했다.

씨족의 영향력이 쇠퇴하면서 군대에 대한 가장 중요한 정치적 지지는 국민 전체로부터 나왔다. 특히 군대는 서민과 동일시하기 위해 많은 노력을 기울였다. 유신 직후에는 모든 신체 건강한 남성에게 병역이 요구되었고 장교단의 계급은 공적에 따라 모든 사람에게 개방되었다. 육군은 전통적으로 계급에 복무하는 사람들에 대해 매우 가부장적인 정책을 따랐고 일본 대중의 복지를 개선하기 위한 많은 계획을 추진했다. 제2차 세계 대전 이전의 두 주요 정당들은 대기업의 이익과 밀접하게 연관되어 있었다. 군부는 정치인, 기업가, 은행가로 구성된 이 "부패한" 동맹을 자주 공격했으며, 국가 전체의 이익을 위해 공평하고 효율적이며 정직한 국정 운영을 지지하는 것으로 자처했다. 군부는 국익과 국가 이상의 구현이 되었다. 1920년대에 군대의 대중적 지지가 약해졌지만 군대는 일본의 평범한 남성에게 근본적인 호소력을 잃지 않았다.

군사 정치적 영향력의 다섯 번째이자 마지막 측면은 1931년 일본에서 테러리즘적 정부 방식으로 회귀한 것이다. 사실상 이것은 입헌 정부의 공식 시스템에 폭력의 법외적 시스템을 덧씌우는 것이었다. 군사적 요구에 반대하는 정치 지도자들은 암살당할 위험을 무릅썼다. 런던해군조약을 체결한 하마구치(Hamaguchi) 수상은 1930년 11월에 습격을 받아 부상을 입었다. 그의 후계자인 이누카이(Inukai)는 1932년 5월 15일의 군사 봉기 때 살해되었다. 가장 정교한 음모는 1936년 2월 26일에 추밀원 경호원, 군사 교육 감찰관 및 재무 장관이 암살당했고 대부분의 다른 고위 공직자들은 간신히 목숨을 건진 사건이다. 이러한 암살의 가해자는 정부가 국내외에서 군사 프로그램을 시행할 만큼 충분히 강력한 조치를 취하지 않는다고 느낀 젊은 장교와 생도들이었다. 이러한 극단주의 젊은 장교들과 최고 군사 지도자들 사이의 관계는 결코 명확하지 않았지만 모든 폭력 발생은 분명히 후자의 이익에 이바지했다. 각각의 주요 공격은 군사적 영향력의 상당한 증가와 군사적 요구에 대한 양보로 이어졌다. 2월 26일 사건 이후 군부는 사실상 새 내각의 구성을 지시하고 예비 장교가 복무 장관이 될 수 있도록 허용한 1912년 조례를 폐지했다. 은밀한 폭력 위협은 군부의 정치적 영향력의 핵심요소였다. 독일 장교들은 심리적으로 단 한 번의 암살도 성공적으로 수행할 수 없었다. 그들의 상대국가인 일본은 그러한 억제나 기술 부족에 시달리지 않았다.

■ **일본 민군 관계의 미래**   정치에 대한 지속적인 군사 개입의 양상은 1945년 일본 장교단의 파괴로 끝났다. 일본이 패배한 후 8년 동안 일본에서 유일한 민군 관계는 미국 점령 당국과 일본 민간기관 사이의 관계뿐이었다. 일본이 주권을 되찾은 직후, 그는 여전히 군대가 없었고, 따라서 실질적인 민군 관계도 없었다. 이 상황을 무기한 계속될 수는 없었다. 일본은 타불라 라사(tabula rasa)를 시작으로 어떤 의미에서 새로운 군사기관을 만드는 데 있어 이례적인 자유를 가지고 있다. 옛 장교단의 정치적 성격과 그 참담한 결과에 대한 일본 지도자들의 인식은 새 장교단의 절대적인 정치 기권을 주장하게 할 수 있다. 반면에 일본의 현대 이념은 매우 평화주의적이다. 전쟁 전 호전적인 민족주의와 크게 다르지만 군사 전문성에 대해서는 똑같이 적대적이다. 또한 전문적인 군사 전통의 부재와 미국의 사상과 관행의 영향은 객관적인 문민통제의 달성을 더욱 복잡하게 만들 가능성이 있다. 일본에서 1945년 이전에 우세했던 것과는 외형적으로 다르지만 본질적으로는 그렇지 않은 민군 관계 제도의 출현을 선호하는 것으로 보인다.

제2부

미국의 군사력:
역사적 경험, 1789-1940

제6장

이념적 상수(불변성): 자유주의 사회 대 군사 전문주의

미국 민군 관계의 역사적 불변성

미국에서는 자유주의가 항상 지배적인 이념이었다. 반면에 미국 헌법은 근본적으로 보수적이며 집중된 정치 권력을 두려워하고 그 권력이 수많은 정부 단위들 사이에서 널리 분산되도록 했던 사람들의 산물이다. 그러나 미국 민군 관계의 두드러진 역사적 사실은 자유주의 이념과 보수 헌법이 결합하여 정치 권력과 군사 전문성 사이의 역관계를 지시한 정도였다. 공화국의 탄생부터 제2차 세계대전까지 자유주의와 헌법은 미국 민군 관계의 비교적 변하지 않는 환경 상수였다. 또한 유럽에서 장교 전문화가 거의 완성될 때까지 미국은 장교직의 전문화를 연기했다. 그리고 그들은 정치 권력에서 군대를 사실 완전히 배제하는 것을 객관적인 문민통제의 기반으로 했다.

미국에서 자유주의의 만연

1784년 6월 1일, 미국 육군은 헨리 녹스(Henry Knox) 소령의 지휘 하에 700명의 병사가 있었다. 미국 독립전쟁은 6개월 전에 끝났다. 가이 칼튼(Guy Carleton) 경은 뉴욕에서 대피했고 워싱턴은 프라운시스 술집(Fraunces' Tavern)에서 그의 장교들에게 작별 인사를 했다. 700명은 대륙군의 마지막 남은 미국의 유일한 정규군이었다. 1784년 6월 2일 대륙 의회는 일브리지 게리(Elbridge Gerry)와 함께 "평시 상비군은 공화국 정부의 원칙에 어긋나며, 자유민의 자유에 위험하며, 일반적으로 전제주의를 확립하기 위한 파괴적인 엔진으로 전환된다"는 데 동의하면서 이 남은 자들의 해산을 명령했다.

> 다음과 같이 결의한다. 지휘관은 현재 미국에서 복무하고 있는 군인을 제대시키라는 지시를 받았다. 단 군용품을 지키기 위해 경비를 할 포트 피트(Fort Pitt)에 25명의 사병과 군용품과 탄창을 지키기 위해 웨스트 포인트(West Point)에 55명의 사병과 비례하는 수의 장교들을 제외한다. 대위 이상의 계급인 어느 장교도 근무하지 않는다…

이렇게 해서 정규군을 80명의 관리인으로 줄인 후 의회는 서부 국경에 수비할 수 있는 700명의 민병대를 제공할 것을 주에게 요청했다.

131년이 조금 넘은 1915년 가을, 국방장관 대행 헨리 브레킨리지(Henry Breckinridge)가 우드로 윌슨(Woodrow Wilson)에게 소환되었다. 그는 손에 볼티모어 선(Baltimore Sun) 신문을 들고 걱정으로 몸을 떨며 하얗게 질려 있는 대통령을 발견했다. 대통령은 신문에서 총참모부가 독일과의 전쟁에 대비하여 계획을 준비하고 있다고 보고한 이야기를 언급했다. 대통령이 이것이 사실인지 물었을 때 브레킨리지는 모른다고 대답했다. 그런 다음 대통령은 그에게 조사를 지시하고 만약 그것이 사실이라면 총참모부의 모든 장교를 해임하고 워싱턴에서 추방하도록 명령했다.1)

이 사건들은 미국의 정치 정신에 관한 두 가지 기본 요점을 보여준다. 첫째, 자유주의는 독립전쟁부터 20세기 전반까지 미국인의 사고를 지배했다. 둘째, 자유주의는 군사제도와 군사기능에 대해 이해하지 못하고 적대적이다.

미국에서 자유주의의 보편성과 본질적으로 정적인 성질은 유럽의 이데올로기의 다양성과 역동성과 대조된다. 프랑스인은 귀족적 보수주의, 혁명적 민주주의, 보나파르트주의(Bonapartism), 성직자주의, 군주주의, 자유주의, 사회주의, 공산주의를 직접 경험했다. 미국인은 자유주의밖에 모른다. 오늘날 영국인의 정치적 견해는 사회주의자이든 보수당이든 18세기 말의 일반적인 영국인의 정치관과 정신적으로 근본적으로 다르다. 우드로 윌슨의 정치 이념은 본질적으로 엘브리지 게리(Elbridge Gerry)와 본질적으로 동일했다. 미국의 자유주의는 변하지 않고 단조롭고 모든 것을 포용해 왔다.

미국 식민지 개척자들은 영국의 로크(Locke) 전통에서 자유주의 사상을 계승했다. 그러나 미국에서 자유주의의 지배는 상속이 아니라 경제적 팽창과 국제적 고립의 산물이었다. 꾸준한 경제 성장은 계급 갈등을 희석시켰다. 파이(pie)가 항상 커지고 있었기 때문에 파이의 분배에 대한 투쟁은 거의 없었다. 어떤 신생 집단도 기성 질서에 도전하는 급진적 이데올로기를 발전시킨 적이 없다. 항상 너무 빨리 그 질서에 동화되었다. 어떤 기존 그룹(두 가지 예외 제외)도 급진적 공격에 맞서 자신의 이익을 옹호하는 보수 이데올로기를 발전시킨 적이 없다. 그것은 기존 질서에 영향을 미치기 전에 항상 사라졌다. 급진주의와 보수주의는 똑같이 불필요했다. 초기 집단과 기존 집단 모두 자유주의를 고수했다. 유럽의 봉건제, 유럽의 계급, 유럽의 프롤레타리아트가 없는 상황에서 미국의 정치적 투쟁은 모두가 동일한 기본 가치를 공유하는 이익 집단 간의 제한된 목표를 위한 다툼으로 제한되었다.2) 몇 가지 예외를 제외하고 미국 역사의 큰 정치적 논쟁은 두 가지 이상의 자유주의 사이에 있었다. 19세기에 미국이 세계 정치로부터 고립되면서 자유주의의 지배가 강화되었다. 국가안보는 정치적 분석의 출발점인 단순한 주어진 사실이지 의식적인 정책의 최종 결과가 아니다. 다른 세계와 미국의 관계를 설명하고 국제 문제에서 적절한 행동 방침을 제안하는 철학이 무슨 필요가 있었겠는가? 미국 사회의 모든 집단이 일반적으로 경제적으로 안전하다고 느꼈을 뿐만 아니라 미국 사회 전체가 일반적으로 정치적으로 안전하다고 느꼈다. 국내 정치에서 권력의 역할에 대한 미국인의 인식은 계급 갈등의 부재로 인해 둔해졌다. 외국 정치에서 권력의 역할에 대한 미국인들의 인식은 외부 위협의 부재로 인해 둔해졌다.

드 토크빌(De Tocqueville)에서 뮈르달(Myrdal)에 이르기까지 외국 관측자들은 미국에서 자유주의 교리가 널리 퍼져 있음을 언급했다. 자유주의는 미국사회에 스며들어 전체주의 독재자가 부러워할 미국인들의 획일적 신념을 만들어 냈다. 본질적으로 가장 비자유적인 것처럼 보이는 기관들조차 그 자유주의의 영향력이 미치기 전에 굴복했다. 조직화된 종교는 보통 보수 세력이다. 그러나 미국에서는 개신교가 자유주의적 이미지로 변모되었고 가톨릭마저도 자유주의적 환경의 영향을 크게 받았다. 조나단 에드워즈(Jonathan Edwards)와 헨리 워드 비처(Henry Ward Beecher)는 한 세기 이상 떨어져 있었다. 종교의 정복은 아마도 이데올로기적으로는 자유주의의 가장 중요한 승리일 것이다. 계몽주의적 합리주의, 자유화된 개신교, 사회적 다원주의, 정통적인 경제적 개인주의가 독특하게 혼합된 미국 기업의 이데올로기는 근본적으로 자유주의적이었다. 미국 사회의 다른 집단들과 마찬가지로 기업들도 보수적인 이데올로기를 발전시켜야 한다는 충동을 느낀 적이 없다. 그것은 개인주의, 합리주의, 진보라는 자유주의적 신조를 고수하는 데 교회, 대학, 전문직, 노동운동과 합류했다.

　　미국 역사상 중요한 단 두 집단만이 자유주의 이데올로기를 고수하지 못했다. 둘 다 진정 보수적이었고 둘 다 남북 전쟁 이전에 존재했다. 연방주의자들은 대략 1789년에서 1812년 사이의 기간 동안 뉴잉글랜드와 대서양 연안의 상업 및 제조업계에 뿌리를 두고 있었다. 그들의 보수주의는 내부 및 외부 도전에서 파생되었다. 국내에서 그들은 스스로를 "부유하고 잘 태어난 사람들"의 정당이라고 믿었고, 보다 극단적인 연방주의자들은 도시의 재산이 없는 부류와 변방의 오지 농민들이 프랑스 모델을 따라 사회 혁명을 일으킬 것을 두려워했다. 연방주의자들은 또한 유럽의 이익이 아직 신생 국가를 위협하던 공화국의 첫 12년 동안 미국의 외교 정책을 수행하는 데 책임이 있었다. 미국은 프랑스, 영국, 스페인 영토와 영국 함대에 둘러싸여 있었다. 따라서 그들은 국가 안보에 대한 정당한 우려를 가지고 있었다. 연방주의자들의 보수적 이념은 해밀턴(Hamilton)과 존 애덤스(John Adams)의 저술, 워싱턴(Washington)의 일반적인 기질과 태도, 존 마샬(John Marshall)의 사법적 국가 정신에 반영되었다. 그러나 1800년의 제퍼슨 혁명이 잘못된 경보로 판명되자 연방주의자의 보수주의의 국내적 원천은 사라졌다. 희석 원리는 이미 작동하고 있었다. 거리에는 폭도들이 없었고 사유 재산의 몰수도 없었고 단두대도 없었다. 계급 구분이 확고히 되기는 커녕 흐릿해져 결국 호감시대(the Era of Good Feelings)에 사라졌다. 흠잡을 데 없는 연방주의자 혈통을 지닌 존 퀸시(Quincy) 아담스가 제퍼슨당에 의해 대통령으로 당선되어 "우리는 모두 연방주의자이며 모두 공화당원이다"라는 창당자의 취임 선언을 이행했다. 외부적으로는 겐트 조약(the Treaty of Ghent)으로 아메리카에서 유럽이 철수하고 80년 동안 미국의 화려한 대륙 고립이 시작되었다. 국내외의 위협이 사라지면서 보수적 연방주의도 사라졌다.

　　자유주의의 우세에 대한 두 번째 예외는 전쟁 이전의 남부였다. 남부 보수주의는 주로 국내적 이유에서 비롯했다. 남부 사회 체제는 자유주의 사회에서 비자유주의적 섬이었다. 자기 방어에 있어서 남부인들은 그들 이전의 연방주의자들처럼 창의적이고 독창적인 정치적 삼사를 통해 보수주의를 보여주었다. 역설적이게도 자유주의의 나라 미국은 뛰어난 자유주의 정치 이론가를 배출한 적이 없다. 국내외에서 도전받지 않은 미국의 자유주의는 경쟁의 부재로 발전하지 못했다. 자유주의 작가들은 18세기 논리를 반복하는 데 만족했다. 그러나 적대적인 사회에서 자신들을 정당화할 수밖에 없었던 보수주의자들은 정치 이론으로 몰렸고, 예전의 남부(Old South)에서는 조지 피츠휴(George Fitzhugh)와 존 씨 칼훈(John C. Calhoun)의 작업에서 주목할 만한 보수적 표현을 만들어냈다. 게다가 연방주의자와 달리 남부인들은 국내적 두려움을 가질 만한 충분한 이유가 있었다. 노예 소유주는 미국 역사상 유일하게 재산을 강제로 몰수당한 유일한 중요한 사회집단이었다. 남북 전쟁은 남부 보수주의의 운명을 결정지었다. 1865년 이후 자유주의는 미국 무대에서 도전받지 않고 지배했다.•

군사 문제에 대한 미국의 자유주의적 접근은 적대적이고 정적이며 지배적이었다. 연방주의자와 남부의 보수적 접근은 동정적이고 건설적이며 방해적 이었다. 군사 정책에 대한 가장 예리한 통찰력과 군사 기능에 대한 가장 깊은 인식을 보여준 두 정치인이 보수단체의 두 명의 위대한 대변인인 알렉산더 해밀턴(Alexander Hamilton)과 존 씨 칼훈(John C. Calhoun)이라는 것은 우연이 아니다. 그들은 군사 정책에 대한 견해뿐만 아니라 군사 문제에 대한 관심에서 자유주의 지도자들과 뚜렷한 대조를 이룬다. 150년이 넘는 기간 동안 미국의 자유주의는 군사 문제에 있어서 비슷한 능력과 관심을 가진 정부 지도자를 배출하지 못했다. 그러나 해밀턴과 칼훈은 미국의 지적, 정치적 발전의 주류로부터 고립되었다. 그들의 정치철학과 마찬가지로 그들의 군사 정책은 결코 미국인들에게 인기가 없었다. 자유주의의 눈사태는 그들을 불명예스러운 역사의 한 구석으로 몰아넣었다.

• 세기의 전환기의 네오 해밀턴주의자(Neo-Hamiltonians) – 시어도어 루스벨트(Theodore Roosevelt), 헨리 카봇 로지(Henry Cabot Lodge), 엘리후 루트(Elihu Root), 허버트 크롤리(Herbert Croly) – 는 50% 보수적이었다. 아래의 10장을 참조하시오.

군사 문제에 대한 자유주의적 접근

내가 느끼는 것은 갑자기 난처한 상황에 처하게 된 느낌, 갑자기 우리를 지탱하기 위해 의지했던 철학이 더 이상 통하지 않는다는 것을 발견한 느낌이다… 민주주의적 가치가 보존되려면 자유주의자들이 해야 하고 말해야 할 것들과 실제 군대들이 그들에게 강요하고 있는 것 사이의 대조는 나의 지적 감각에 너무 가혹한 충격을 준다.[3)]

미국이 제1차 세계 대전에 참전한 지 6개월 후 랜돌프 본(Randolph Bourne)이 한 이 말은 민감하고 예리한 관측자가 자유주의 철학을 전쟁 문제에 적용하려고 했을 때 겪었던 허무함을 통렬하게 표현했다. 본이 직면한 완고한 사실은 단순히 그의 철학이 전쟁, 평화 및 국제 관계에 대해 생각할 수단을 제공하지 않았다는 것이다. 이러한 문제는 이 에프 엠 더빈(E. F. M. Durbin)의 표현에 따르면 자유주의에 대한 "더 크고 소외된 문제"였다. 국내 문제에 국한될 때는 매우 다양하고 창의적이었지만, 외교 정책과 국방에 적용될 때는 자유주의가 휘청거렸다. 이러한 실패는 미국뿐 아니라 유럽에서도 보여진 자유주의의 특징이었지만 유럽에서는 그것이 시사하는 바가 그다지 분명하지 않았다. 각 유럽 국가들은 국가 안보를 다루는 더 유능한 방법을 제공하고 자유주의와 경쟁하는 다른 철학을 가지고 있었다. 그러나 미국에서 자유주의적 사고가 지배적이라는 것은 첫째 외교에 대한 보수적이거나 더 유용한 철학의 부재가 미국의 외교 및 국방 정책을 수행함에 있어 훨씬 더 절실히 느껴졌다는 것을 의미했고, 둘째 이 분야에서 책임을 회피할 수 없는 미국의 자유주의는 유럽의 자유주의보다 훨씬 더 광범위하게 국가간 관계에 대한 자유주의적 접근을 시도했다. 다른 한편으로, 미국의 경험은 또한 국제 관계에서 자유주의 사상이 무능력한 것에 기여한 주요 요소를 강조하고 과장한 경향이 있었다. 미국 자유주의의 이러한 요소는 (1) 국제 문제에 대한 무관심, (2) 국내 해결책을 국제 문제에 적용하는 것, (3) 국제 문제의 객관성 추구였다.

자유주의는 국가에 대한 개인의 권리 주장에서 시작되었다. 자유주의 사상은 개인과 국가의 관계와 사회 내에서 개인 간의 관계에 초점을 맞췄다. 자유주의는 국가의 존재에 대해 의문을 제기한 적이 없다. 대신 그것은 국가의 자급자족과 대외 안보를 전제로 했다. 예를 들어, 유럽의 자유주의에 대한 그의 고전적인 저작에서 루지에로(Ruggiero)는 자유주의 국가에 세 가지 기능을 부여했는데 이는 사회 내부의 이익을 조정하고 종합하는 정치적 기능, 개인의 권리를 보장하는 법적 기능, 개인의 자기계발 기회를 확대하는 경제적, 사회적 기능이다. 그는 자유주의 국가에 안보 기능을 부여하지 않았다. 자유주의 국가는 진공 상태로 존재하는 것으로 추정되었다. 국가에 대한 개인의 방어와 관련하여 자유주의는 한 국가가 다른 국가에 대해 방어하는 것을 정당화할 준비가 되어 있지 않았다. 유럽과 미국의 자유주의 정당들은 일반적으로 외교 정책과 국방 문제를 소홀히 했다. 소수의 자유주의자들이 외교와 군사 기술을 배양하려고 시도했다. 거의 한 세기 동안 미국 현실이 자유주의 이미지와 비슷했기 때문에 진공 상태에 있는 국가의 추정은 특히 미국 자유주의와 관련이 있었다. 자유주의적 가정을 미국에 적용할 수 있다는 점이 그 가정을 미국인들의 마음에 더욱 확고하게 정착시켰고, 그 공백이 무너지기 시작했을 때 해결하기 훨씬 어려워졌다.

안보 문제와 관련된 자유주의의 두 번째 측면은 국내 정책을 국제 문제에 적용하는 것이었다. 외교 정책의 문제는 국가 간의 권력 분배를 수반한다. 이 문제를 직접적으로 해결할 수 없는 자유주의는 외교 정책과 국방 문제를 자신들이 효과적으로 다룰 수 있는 국내적 문제로 축소하려고 했다. 이것은 다시 미국 사회 내에서 자유주의적 해결책의 엄청난 성공으로 인한 미국 자유주의의 특정한 특징이었다. 자유주의적 관점에서 볼 때 미국에서 심각한 사회적 갈등이 없는 것은 독특한 법체계와 독특한 경제체제 때문이었다. 법 체계가 논란의 여지가 없지 않았고 경제 체계가 그렇게 눈부신 성공을 거두지 못한 다른 나라에서는 이러한 접근 방식에 대한 경향이 미국만큼 강하지 않았다. 그러나 미국인들은 국제 문제에 대한 해결책으로 일련의 국내 개혁의 채택을 연속적으로 촉구했다. 공화주의적 정부 형태의 보편적 수용, 국제 자유 무역, 낙후된 지역의 산업화, 빈곤 퇴치, 중재 조약, 세계 법원, 전쟁의 불법화, 공개적으로 체결된 조약, 국가 간의 문화적 접촉 강화 등이 모두 미국 외교 정책에 필수적인 것으로 가끔씩 제안되었다. 이러한 개혁을 옹호하면서 미국의 자유주의는 국내적 성공을 대외 관계로 전화하려고 시도했다.

외교에 있어서 미국 자유주의의 어려움의 세 번째 측면은 객관적인 기준과 이상적인 목표를 추구하는 것이었다. 자유주의는 국가를 절대적인 기준으로 판단하는 경향이 있는데 이 기준은 개인의 자유를 극대화하는 정도였다. 이 기준을 외교 정책에 적용하는 것은 기이한 중립성과 객관성을 불러일으키는 경향이 있었다. 자유주의자가 일관성을 유지하려면 자신이 다른 나라에게 적용한 것과 동일한 기준으로 자신의 국가를 판단해야 했다. 결과적으로 그는 일반적으로 국가 간의 권력 투쟁에서 소외감을 느꼈다. 자유주의는 관여의 철학이 아니었다. 자유주의는 항상 관여에 대해 아리스토텔레스적 분위기를 가지고 있었다. 자유주의는 중산층의 철학으로 시작되었으며 귀족과 프롤레타리아의 극단 사이의 합리적인 수단으로 간주되었다. 20세기에 자유주의자는 자신을 공산주의와 파시즘 사이의 중요한 중심으로 생각하게 되었다. 최근까지 미국이 유럽 국가 체제의 운영에서 분리되었다는 사실에 의해 이러한 자유주의적 측면이 미국에서 강화되었다. 중도의 자유주의 철학은 세계 정치에서 미국의 위치를 정확하게 묘사했다. 유럽 전쟁에 대한 미국 초대 대통령의 즉각적인 반응은 중립 선언이었다. 미국은 1812년, 1917년, 1941년에 중립적 권리를 침해당하거나 균형자로서의 지위가 위협받았을 때에만 유럽 전쟁에 참전했다. 사회로부터 분리되어 이상적인 기준으로 판단하는 자유주의자들의 입장은 세계 문제에 있어서 미국의 입장과 일치했다. 자유주의자들이 그들의 이상을 위해 기꺼이 투쟁했지만 제도를 위해 거의 싸우지 않은 것처럼, 미국은 힘의 균형에 관여하지 않았기 때문에 국가이익보다는 보편적 이상에 의해 정의된 외교 정책 목표를 추구할 수 있었다.

■ **전쟁에 대한 미국의 양면성**　　전쟁에 대한 미국의 태도는 크게 변동했지만 근본적으로 변하지 않았다. 미국인은 전쟁이라는 주제에 대해 극단주의자인 경향이 있다. 그는 전쟁을 전적으로 수용하거나 완전히 거부한다. 이러한 극단주의는 자유주의 사상의 특성상 요구된다. 자유주의는 안보에 대한 국가이익의 도덕적 타당성을 부정하기 때문에 전쟁은 자유주의 목표와 양립할 수 없는 것으로 비난받거나 자유주의의 목표를 지지하는 이데올로기 운동으로 정당화되어야 한다. 미국 사상은 전쟁을 보수−군사적 의미에서 국가 정책의 도구로 보지 않았다. 전쟁이 다른 수단에 의한 국가 정책의 수행이라는 클라우제비츠(Clausewitz)의 격언이

비군사적인 미국 작가들에 의해 인용되었을 때, 냉혈한 계산과 부도덕을 비난하는 것이었다. 미국인들은 워싱턴의 고별 연설의 상당 부분을 국가이념에 담아왔지만, 클라우제비츠와 마찬가지로 국가는 "정의에 의해 인도되는 자국의 이익에 따라 평화나 전쟁을 선택할 수 있어야 한다"는 워싱턴의 견해를 결코 받아들이지 않았다. 이 조언이 구체화하고 있는 전쟁에 대한 상대적으로 고립되고 현실적이며 감정이 없는 태도는 미국인들의 마음에는 분명히 이질적인 것이었다.

미국 사상의 평화주의적 경향은 강했다. 전쟁을 전면적으로 거부하는 것은 인간이 이성적이고 결과적으로 그들의 다른 점을 평화롭게 해결할 수 있어야 한다는 자유주의적 견해와 일치한다. 민족주의적이고 호전적인 선전을 제거하는 적절한 교육이나 분쟁의 평화적 해결을 위한 기구를 제공하기 위한 적절한 기관(국제 기구 및 중재 조약)만 있으면 된다. 서구 문명의 조직적 평화주의는 보통 중산층 운동이었고 미국은 탁월한 중산층 국가로서 그러한 사고를 완전히 공유했다.4)

전쟁에 대한 십자군 접근법은 평화주의와 양립할 수 없었다. 미국 민족주의는 다른 민족에 대한 미국인의 우월성을 주장함으로써가 아니라 다른 민족의 이상보다 미국의 이상이 우월하다는 주장에 의해 정당화되는 이상주의적 민족주의라는 것은 일반적인 관측이다. "'미국인이 되는 것'"은 칼 제이 프리드리히(Carl J. Friedrich)가 우리에게 상기시키는 바와 같이 "이상적인 것이지만 프랑스인이 되는 것은 현실적이다."5) 미국의 이상주의는 모든 전쟁을 국가 안보의 특정 목표를 위해서가 아니라 민주주의, 해상의 자유, 자결권과 같은 보편적 원칙을 위해 싸우는 십자군 전쟁으로 만드는 경향이 있다. 실제로 미국인에게 전쟁은 십자군이 아니면 전쟁이 아니다. 미국의 일반적 전쟁 목록에는 19세기 인디언 분쟁에 대한 모든 언급을 생략하고 있지만, 많은 전쟁이 일반적으로 인식되는 7개 전쟁 중 일부보다 더 길고 유혈이 낭자한 전쟁이었다. 인디언 투쟁에는 십자군에 대한 이념적 목표와 대중의 열정이 없었고 그들은 주로 그 전쟁에만 참가한 특수 부대가 아닌 정규 부대에 의해 수행되었다. 이와 대조적으로 영국인들은 예를 들어 1차 및 2차 아프간 전쟁과 같이 전쟁이라고 불릴 만큼 심각한 사태이면 국경 투쟁을 전쟁으로 분류하는 데 주저하지 않는다. 그러나 인디언 분쟁을 제외하고 1950년 6월이 되어서야 미국인들이 십자군에 참여하기보다는 전쟁을 지원해야 했다.

한 극단에서 다른 극단으로 왔다 갔다 하는 경향은 자기 영속적인 특성을 가지고 있다. 포괄적인 이념적 용어로 표현된 전쟁 목표는 거의 달성할 수 없다. 결과적으로, 전쟁 후에는 일반적으로 자유주의적 목표를 확보하기 위한 수단으로 폭력의 기술에 대한 환멸이 뒤따른다. 미국-스페인 전쟁 이후 반제국주의의 물결이 일었다. 제1차 세계 대전 이후에는 고립주의와 수정주의 반응이 일어났다. 전쟁을 없애거나 전쟁의 대안을 찾는 것이 강조되었다. 헤이그(Hague) 법원과 중재 조약은 스페인-미국 전쟁 이후 체결되었고, 켈로그(Kellogg) 조약, 군축 회의 및 중립 조약은 1차 세계 대전 이후에 체결되었다. 결국 이러한 기술이 국익을 수호하지 못하고 자유주의적 평화주의에 대한 환멸이 만연하게 되면 국익을 새로운 이념적 목표로 합리화하고 새로운 십자군 전쟁을 열망하게 된다.

■ 군사직의 적대적인 이미지　　　　자유주의는 전쟁에 대해 견해가 분분하지만 군인이라는 직업에 대한 적개심에서는 일치한다. 이 직업의 기능은 국가의 군사 안보이며 십자군도 평화주의자도 이러한 우려의 정당성을 인정하지 않는다. 두 집단은 모두 군인이라는 직업을 자신의 목표를 달성하는 데 장애물로 보고 있다. 평화주의자는 직업군인을 전쟁광으로 보고 자신의 지위와 권력을 높이기 위해 갈등을 일으키려는 음모를 꾸민다. 십자군은 직업 군인을 전쟁이 벌어지는 이상에 무관심하고 냉담하여 전쟁을 수행하는 데 있어 불길한 방해물로 간주한다. 평화주의자는 군인이 자신의 평화를 오염시키는 것으로 보고 십자군은 군인들이 그의 십자군을 오염시키는 것으로 본다.

　　직업군인이 전쟁을 원한다는 평화주의적 견해는 서구사회에 널리 퍼져 있다. 더 특이한 것은 전쟁 중인 직업 군인에 대한 반대이다. 예를 들어 영국에서 군대는 전통적으로 평화로운 상태에서 어려움을 겪었지만 전쟁 시에는 의존되었다. 영국인의 태도 변화는 키플링 "Kipling"의 "토미 앳킨스(Tommy Atkins)"에 잘 반영되어 있다. 그러나 미국에서 정규군인은 평화와 전쟁 모두에서 거부되었다. 십자군 전쟁은 전문가가 아닌 사람들이 싸워야 한다. 전쟁의 이념적 목적에 가장 관심을 가진 사람들은 전문 장교들의 보수적이고 제한적인 정책을 가장 격렬하게 비난했다. 이러한 태도는 나다니엘 호손(Nathaniel Hawthorne)이 프랭클린 피어스(Franklin Pierce)의 선거운동 전기에서 멕시코 전쟁과 관련하여 잘 표현되었다.

　　우리의 전투에서 승리하는 용기는 훈련된 참전용사의 강인함이 아니라 타고난 자발적인 불길이다. 그리고 조국의 대의에 대한 시민 군인의 헌신에는 확실히 기사도적인 아름다움이 있다. 군인을 직업으로 삼아 의무만을 수행하는 사람은 시민 군인과 비할 수가 없다.6)

남북 전쟁에서 남부에 대한 적극적이고 공격적인 정책을 추구하기를 열망했던 급진 공화당원들은 매클렐런(McClellan)과 다른 장군들의 신중한 행동에 대해 공격을 가했다. 비슷한 맥락에서 우드로 윌슨은 제1차 세계 대전 중에 다음과 같은 근거로 전문가의 역할을 최소화했다.

> 이것은 전례가 없는 전쟁이고 따라서 어떤 의미에서 아마추어에게는 전쟁이다… 이전 전쟁에 경험이 있는 숙련된 군인은 그의 경험에 관한 한 등변호이다.
>
> 미국은 항상 무엇이든 할 수 있는 사람을 찾을 수 있다고 자랑했다. 미국은 세계 최고의 아마추어 국가이다. 독일은 세계 최고의 전문 국가이다. 이제 새로운 일을 하고 잘 하는 것에 관해서라면, 나는 전문가에 맞서서 아마추어를 매번 지지할 것이다.7)

군사적 관점의 본질적인 보수주의는 미국의 자유주의가 군사적 전문성을 외부와 국내의 적으로 보게 만들었다. 독립 전쟁은 조지 3세의 상비군과 용병을 상대로 한 시민−군인의 전쟁으로 묘사되었다. 남북 전쟁은 남부의 웨스트 포인트가 지휘하는 군대에 대항한 것이었다. 위에 인용된 윌슨 대통령의 말은 독일 군국주의가 제1차 세계 대전의 주요 적이라는 미국의 견해를 반영한다. 제2차 세계 대전에서 미국은 독일군을 나치 정권과 동일시하여 나치 정권에 대한 전자의 반대를 이용하는 가능성을 좌절시켰다. 즉, 전문가는 항상 반대편에 있다.

국내 정치에서 각 자유주의 집단은 군대를 자신의 특정 적이라고 보는 경향이 있다. 자유주의 사회에서 어떤 기능도 인정받지 못하고 미국의 이념적 합의 밖에 있는 군대는 보편적인 표적 집단이 되어왔다. 18세기 군사기관은 근본적으로 귀족적이었고 자유주의에 반대했기 때문에 군대를 정치적 적으로 동일시하는 것은 처음에는 타당했다. 그러나 이러한 사고방식은 군대가 귀족과 분리되고 전문화되기 시작한 후에도 지속되었다. 각각의 이어지는 신흥 자유주의 집단은 군대를 구질서의 기득권과 동일시했다. 제퍼슨식 민주당원은 군부를 군주제의 동맹이자 자유에 대한 위협으로 보았다. 잭슨주의자들은 군부를 귀족의 토대이자 민주주의에 대한 위협으로 보았다. 비즈니스는 군대를 과거 농경 시대의 구식의 잔재, 경쟁적인 민간 생활로부터의 기생충의 피난처, 생산성에 대한 위협으로 보았다. 반면에 노동계와 개혁 단체는 기업과 군대의 사악한 동맹을 추정했다. 분명히 이 모든 이론이 사실일 수는 없으며, 실제로는 남부와의 제휴를 제외하고는 군대가 미국 사회의 어떤 그룹과도 중요한 유대 관계를 맺지 못했다. 그러나 그들을 모두의 적으로 만드는 것은 바로 이러한 고립이다. 국내의 적과 군대를 동일시하는 것은 이중 효과를 갖는다. 이를 통해 각 자유주의 단체는 자신을 문민통제와 동일시하고, 일반적으로 자유주의적 합의 내에 있던 반대파를 그 합의 밖에 있는 군인 직업과 동일시함으로써 자신과 정치적 반대파 사이의 격차를 과장할 수 있다. 따라서 이러한 군대의 사용은 미국 사회의 모든 집단이 상대방을 외국 또는 "비미국인" 집단과 연결하여 정치적 차이를 확대하려는 경향의 한 표현이다. 그러나 동시에 이러한 관행은 미국의 마음 속에 이미 존재하는 반군사적 태도를 강화하는 역할도 한다.

■ **자유주의 군사정책: 순응 혹은 죽음**   이러한 적대적인 이미지는 미국 자유주의의 군사정책의 기초가 되었다. 이 정책의 핵심은 군사적 가치와 군사적 요구 사항에 대한 지속적인 반대이다. 군대에 대한 자유주의의 명령은 사실상 "순응하거나 죽다"였다. 한편으로, 미국의 자유주의는 사실상 모든 폭력기관의 제거를 지지해왔고 따라서 민군 관계의 문제를 완전히 없애려고 시도해왔다. 이것은 근절 정책이다. 반면에 미국의 자유주의는 군대를 유지해야 할 필요가 있을 때 엄격하고 주관적인 문민통제, 즉 군사적 특성을 상실하도록 자유주의 노선에 따른 군사기관의 개조를 주장했다. 이것은 변환 정책이다. 이 두 가지 접근 방식은 민군 관계 문제에 대한 미국의 해결책을 나타낸다. 수단은 다르지만 두 정책 모두 기능적 군사력과 전문적인 군사적 관점의 종속이라는 동일한 목표를 가지고 있다.

　　근절 정책은 안보의 필요성이 대규모 군대의 유지를 필요로 하지 않는 평화시에 우세하는 경향이 있다. 가장 분명한 표현은 "작은 상비군"이라는 개념에 대한 전념이었다. 그것은 군사 문제에 대한 미국의 접근 방식에서 상당히 일관되게 특징적인 여러 태도에 반영된다.

(1) 대규모 군대는 자유에 대한 위협이다. 이러한 태도는 공화국 초기 몇 년 동안 특히 인기가 있었고 주로 육군에 대한 것이었다. 19세기 말에 군대가 시민의 자유를 침해하는 경향이 있다고 주장이 제기되면서 다소 다른 형태로 부활했다. 당시의 위험은 추상적인 자유보다는 파업권, 병역 거부권, 평화주의 선전 활동과 같은 특정 자유에 대한 위험으로 간주되었다.

(2) 대규모 군대는 민주주의를 위협한다. 이러한 태도는 잭슨주의와 함께 나타났다. 그것은 장교단을 대중 정부를 전복시키려는 "귀족 계급"으로 보았다. 가장 전형적인 표현은 "웨스트 포인트 파벌"에 대한 분노였지만, 그것은 육군과 해군 모두에 대한 것이었다.

(3) 대규모 군대는 경제적 번영에 위협이 된다. 해군을 자유에 대한 위험으로 보는 것은 불가능했기 때문에 제퍼슨주의자는 해군을 경제에 대한 위험으로 공격했다. 남북 전쟁 후 장교의 전문화로 인해 "자유에 대한 위험" 주장이 육군에 대해서도 호소력을 상실했을 때 이 "군비 부담" 주장은 모든 군대에 적용되었다. 그것은 기업 집단과 과격 단체들 모두에게 인기가 있었으며 그들 각각은 군대의 비생산성을 공격했다.

(4) 대규모 군대는 평화를 위협한다. 군비 경쟁이 전쟁을 초래하고 군대가 전쟁의 주요 지지자라는 견해는 해군에 대한 제퍼슨주의자의 반대의 한 근거였으며 물론 평화주의적 태도의 일관된 부분이었다. 그러나 그것은 20세기 초에 가장 인기를 얻었고 "군비 부담" 주장과 마찬가지로 현재까지 계속되었다.

변환 정책은 대규모 군대가 필요하다고 인정되는 전쟁에서 더 우세했다. 그러나 그것의 요소들은 평화시에 나타나기도 했다. "민병대에 일차적인 의존을 해야 한다"는 슬로건과 1915년 해군과 관련하여 요세푸스 다니엘스(Josephus Daniels)가 선언한 "미국화되지 않은 기관은 미국에 있을 수 없다"에서 가장 잘 상징화된다. 이 정책을 지지하기 위해 세 가지 주요 주장이 제기되었다.

첫째, 군사적 방어는 참정권과 마찬가지로 모든 시민의 책임이다. 이것은 소규모 독점적인 집단에 위임할 수 없다. 군사 전문성이 부상하기 전에 식민지에서 시작된 이러한 견해는 20세기까지 "시민 − 병사"와 "무장한 국가"의 개념으로 지속되었다.

둘째, 민주주의 국가는 민주적인 군사력을 갖추어야 한다. 이것 역시 식민시대부터 내려온 것으로 가장 극단적인 표현은 장교를 선출하는 관행이다. 보다 덜 극단적인 형태는 장교와 사병 간의 구별을 폐지하고 민주적 자유주의 이데올로기를 군대에 주입하고 규율과 조정보다 개인 주도에 더 의존하는 것이 바람직함을 강조한다.

셋째, 군대는 유지되어야 하는 경우 군대는 다른 사회적으로 바람직한 목표를 달성하기 위해 활용되어야 한다. 이것은 공병단의 공공 사업 활동의 시작부터 현재에 이르기까지 미국 역사 전반에 걸쳐 지속적인 요소였다. 군대의 유일한 목적은 전쟁이라는 칼훈-루트의 견해와 대조된다.

자유주의 정치의 군사 영웅

미국인의 기질은 매우 강한 반군사적 성향을 보여왔기에 이러한 의문이 제기될 수밖에 없다. 왜 미국에서 군인 영웅들이 그토록 인기를 얻게 되었는가? 어떻게 33명의 대통령 중 10명이 장군이었으며 군사적 공적은 시어도어 루스벨트와 같은 다른 사람들의 인기와 성공에 크게 기여한 것인가? 세심한 분석에 따르면 군인 영웅이 군 경험이 없는 사람보다 대체로 성공적인 정치 후보라는 이유는 무엇인가? 이것은 일반적으로 군대에 대한 존중이 거의 없는 사회에서 특이한 이례가 아닌가? 대조적으로 1789년 이후 영국에는 성공한 장군이 수상이 된 경우는 웰링턴(Wellington) 공작뿐이었다.[8]

이 질문에 대한 답은 물론 미국에서 군사 영웅의 인기가 자유주의적 변환의 가장 좋은 예라는 것이다. 성공적인 군사 영웅은 직업 군인이 아니거나 직업 군인이었다면 군복을 버리고 자유주의의 모습을 채택한 사람이었다. 미국에서 군사 영웅의 역할은 정치력과 군사 전문성이 미국 분위기에서 양립할 수 없다는 결정적인 증거이다. 미국 대중은 군사 유산을 버린 인물을 영웅으로 만드는 데 주저하지 않았다. 반면에 군인과 같은 군인은 인기가 없었다. 딕슨 위터(Dixon Weeter)가 지적한 바와 같이, 워싱턴을 제외하고 미국 역사의 위대한 국가적 영웅은 모두 자유주의자들이었고, 따라서 전문 군인은 꾸준히 오랫동안 매력적이지 못했다.

그 대신 미국 국민의 공감을 얻은 사람은 아마추어나 해직된 전문가, 심지어 군대의 인습 타파주의자였다.

15명의 주요 정당 대선 후보는 군사 영웅으로 분류될 수 있다. 9명은 군 직업이 유일한 직업이 아니거나 대부분의 경우 주된 직업이 아니라는 점에서 비전문적이었다. 이 9명은 워싱턴, 잭슨(Jackson), 윌리엄 헨리 해리슨(William Henry Harrison), 피어스(Pierce), 프리몬트(Frémont), 헤이즈(Hayes), 가필드(Garfield), 벤자민 해리슨(Benjamin Harrison), 시어도어 루즈벨트를 포함했다. 6명의 전문가는 테일러(Taylor), 스콧(Scott), 매클렐런(McClellan), 그랜트(Grant), 핸콕(Hancock)과 아이젠하워(Eisenhower)였다.• 이 15명의 정치인 직업에서 두드러진 사실은 비전문인이 전문인보다 운이 좋았다는 점이다. 비전문가 9명 중 단 한 명인 프리몬트만 백악관 내부를 보지 못했고 반면에 6명의 전문가 중 3명은 실패했다. 선거운동의 측면에서 점수는 더 균일하다. 비전문가가 15개 선거운동 중 10개, 전문가들은 8개 선거운동 중에 5개에서 승리했다. 정규 장교가 패배한 세 번의 선거 중 두 번의 선거에서 승자는 비전문적인 군사 영웅이었다. 피어스는 1852년에 스콧을, 가필드는 1880년에 핸콕을 꺾었다. 두 선거 모두에서 시민 아마추어 대 전문 군인 간의 쟁점이 중요한 역할을 했다. 스콧은 군격식 때문에 공격을 받았다. 그의 전쟁 기록과 용병 동기는 단순한 이상주의, 애국심, 그리고 부름에 응하는 시민 군인 피어스의 용기와 불리하게 대조되었다. 28년 후 스콧의 이름을 딴 윈필드 스

• 잭슨, W. H. 해리슨, 프리몬트를 제외한 모든 비전문가들은 시민군인의 1차 시험을 통과했다. 그들의 군 복무는 전쟁 기간 또는 전쟁의 위협으로 제한되었다. 잭슨은 1812년 전쟁 중에 테네시 민병대에서 군 복무를 시작했으며 전쟁이 끝난 후 7년 동안 육군에 남아 있었다. 그러나 그는 군인이 되기 전에 이미 변호사, 판사, 농장주 및 정치인으로 명성을 얻었다. WH 해리슨은 1791년부터 1798년까지 정규 육군 장교였지만 군사 영웅으로서의 그는 이후 인디애나 준주 주지사와 1812년 전쟁의 소장으로 복무한 데서 명성을 얻었다. 프리몬트는 1834년부터 1848년까지 약 14년 동안 평화와 전쟁을 겪으며 복무는 했는데 그의 평시 복무는 거의 전적으로 탐사에 전념했다. 테일러와 스콧은 웨스트 포인터스(West Pointers)가 아니었지만 거의 모든 성인 생활을 군대에서 보냈다. 그랜트는 제대한지 7년이 지났지만 다른 직업에 능숙해지지 못했다. 매클렐런은 남북 전쟁 이전 4년 동안 철도 경영자였으며 아이젠하워는 더 짧은 기간 동안 대학 총장이었다. 핸콕은 결코 제복을 벗지 않았다. 매클렐런을 제외한 모든 전문가들은 대통령직에 진출했을 때 현역 복무 중이었다. 1848년 테일러를 상대로 민주당 후보로 지명된 루이스 캐스(Lewis Cass)는 1812년 전쟁에 참전했던 장군이었지만 그의 군 기록은 그의 선거운동에 별 역할을 하지 못했고 결과적으로 그는 "군사 영웅 후보"로 분류될 수 없었다. 어떤 의미에서 시어도어 루스벨트는 유일한 군사 영웅인 부통령 후보였고 1904년에 그는 주로 자신의 공적과 성격으로 출마했다. 그럼에도 불구하고, 그의 스페인–미국 전쟁에서의 공적은 그의 정치적 상승에 매우 중요한 역할을 하여, 그를 비전문적인 군사 영웅으로 분류하는 것은 합법적으로 보인다.

콧 핸콕(Winfield Scott Hancock)도 비슷한 공격을 받았다. 그의 독점적인 군사 경력은 대통령직에 부적합하다고 주장되었으며, 재건 기간 동안 문민통제에 대한 그의 군사적 고수는 남부에 대한 편파성으로 해석되었다. 가필드의 지지자들은 변호사, 교사, 학자, 정치인, 장군, 상원의원으로서 그의 다양한 경험을 강조했다. 미국인들은 정치 후보자가 군인 영웅이 되는 것을 좋아하지만 군인 경험이 민간 경력의 막간이나 부수적인 것이기를 원한다. 승리의 현장에서 바로 나온 군사 영웅을 제외하고 일반적으로 그들은 오로지 군인으로만 활동한 사람들보다 법, 정치, 비즈니스 또는 기타 시민 활동에서 성공한 다재다능한 후보자를 선호한다. 자유주의 영웅은 다재다능한 영웅이다. 딕슨 위터(Dixon Weeter)가 말했듯이 "미국인"은 "세계 대전의 요크(York) 병장처럼 자신의 게임에서 군대를 이길 수 있을 만큼만 직장을 떠나는 평화의 사람에게 특별한 애정을 가지고 있다."[9]

　　군사 전문직의 인기는 군인이 아닌 민중의 사람이 되는 정도에 달려 있었다. 대통령이 된 세 명의 전문 장교는 대체로 군사적 승리와 유쾌한 성격의 조합을 통해 그렇게 했다. 그들의 군 복무를 통해 그들은 정당이나 파벌이 아닌 모든 사람들의 하인으로 보일 수 있었고 여기에 "거칠고 준비된(Rough and Ready)", "엉클 샘(Uncle Sam)", "아이크(Ike)"와 같은 가정적이고 소박한 성격이 더해지게 요령을 썼다. 이러한 요인들은 또한 그들이 한 날의 대부분의 문제에 몰두하지 않아도 되도록 해 주었다. 그들이 대중에게 호감을 산 것은 군대와 관련되거나 아닌 명확한 프로그램이 있어서가 아니라 프로그램이 너무 적었기 때문이다. 패배한 전문군인인 스콧, 매클렐런과 핸콕은 너무 뚜렷한 군사적인 타입이었고, 성격이 사나웠거나, 민간 세계에서 자신의 미숙함을 너무 명확하고 너무 일찍 보여주었다. 듀이(Dewey)를 제외하고 해군 장교가 대통령 후보로 지명되거나 진지하게 고려되지 않은 이유는 해군 장교단의 보다 협소한 전문적이고 고립된 성격 때문이었다. 해군 장교들은 육군 동료보다 더 많이 민간 사회와 동떨어진 세계에 사는 경향이 있었고 결과적으로 광범위한 정치적 호소력을 확립하는 데 어려움을 겪었다.• 그는 또한 복무하는 동안 적대적인 행정부에 의해 거친 처우를 받

• 해군 장교들의 정치적 장애는 국회의원 선거까지 확대됐다. 150년 동안 정규 해군의 전임 장교는 단 6명만 의회에 선출되었다. 미국 해군 연구소 회의(U.S. Naval Institute Proceedings), LXXVII(1951년 12월), 1339-1340쪽.

은 것에 대해 선거에서 자신의 정당성을 입증하려고 시도했지만 전반적으로 성공하지 못했다. 미국인들은 복수심에 불타는 장군이 아니라 승리한 장군을 원한다. 1856년 프레몬트의 호소와 1864년 낙선된 출마는 그의 1848년과 1862년에 군대에서 비참한 퇴임을 반영했다. 스콧은 멕시코 전쟁이 끝날 때 사령관에서 해임된 것에 관해 민주당원들에 대해 자신을 해명하기를 원했고 맥클렐런은 링컨에게 비슷한 원한을 품고 있었다. 20세기에 레너드 우드(Leonard Wood)는 제1차 세계 대전에서 부당하게 야전 지휘권을 거부당했다고 주장함으로써 많은 지지를 얻을 수 없었고, 맥아더 장군의 극적인 해임은 자신에게 유리한 정치적 지지의 반격을 일으키지 못했다.

  대통령이 된 전문 장교들은 후보자로서뿐만 아니라 공직에서도 민간의 패턴에 순응했다. 한 가지 가능한 예외를 제외하고, 그들의 정책은 전반적으로 군 경험이 없는 대통령의 정책과 크게 다르지 않았다. 아마도 많은 민간 정치인보다 더 수동적으로 그들은 당시의 지배적인 정치세력의 적실한 대표자이자 도구였을 것이다. 특히 그들은 정부에 뚜렷한 정책적 견해를 강요하려 하지 않고 보통 그때 그때 상황을 봐서 일을 처리하고 의회의 의사를 크게 존중해 왔다. 듀이 제독은 "대통령이 되는 것은 쉽다. 대통령이 해야 할 일은 의회의 명령을 받는 것뿐이다"라고 선언한 것으로 알려졌다.10) 군사력의 규모에 있어서만 전문 군인 출신 대통령의 정책은 민간인 출신 대통령의 정책과 크게 다른 것으로 보인다. 테일러, 그랜트, 아이젠하워 행정부는 모두 군사 시설에서 상당한 감소를 보았다. 부분적으로 이것은 전후의 동원 해제 때문이었다. 부분적으로는 민간인의 가치에 대한 과잉 조정 때문이기도 했고, 장군이 다른 누구보다 육군의 규모를 줄이는 것이 훨씬 쉽다는 점도 작용했다.

  남북 전쟁 이후 군사 전문성의 부상은 군대와 정치 사이의 경계를 명백하게 하는 경향이 있었다. 그 이전에는 대부분의 정치인이 민병대 위원회를 구성했으며 많은 사람들이 정규군에 드나들었다. 9명의 비전문 후보자 중 5명은 남북 전쟁 이전에 공직에 출마했으며 3명은 남북 전쟁에서 군사적 명성을 얻었다. 시어도어 루스벨트의 스페인–미국 전쟁을 제외하고, 남북 전쟁은 민간 장교가 자신의 이름을 알릴 수 있는 마지막 기회였다. 미국은 전문적인 지도력 아래 20세기 전쟁을 치르고 있다. 비전문적인 군사 영웅은 아마도 과거의 현상일 것이다. 미래의 민간군인들은 승리한 군대의 지휘가 아니라 요크 병장과 같은 개인의 용맹함을 통해서만 자신의 이름을 떨칠 수 있을 것이다.

그러나 전문적인 군사 영웅에 대해 무엇이라고 말할 수 있는가? 그는 점점 더 중요해지는 경향이 있었는가? 전문가 중 두 명인 테일러와 스콧은 남북 전쟁 이전에 후보자였다. 정규직이라도 군복무와 정치 사이의 경계가 그리 뚜렷하지 않았다. 세 명의 다른 전문 후보들이 남북 전쟁에서 명성을 얻었다. 1880년부터 1952년까지 직업 군인은 대통령 후보로 지명되지 않았다. 이 기간 동안 분명히 가장 대통령직을 갈망했던 두 명의 전문군인은 듀이 제독과 우드 장군이었는데 성공하지 못했다. 그리고 의사로 입대해 미-스페인 전쟁에서 의용군 장교로 이름을 알린 우드(Wood)는 사실 "세미프로"에 불과했다. 따라서 핸콕과 아이젠하워 사이의 72년 간의 휴식은 1865년 이후 군대의 높아진 전문성을 반영했다. 비전문 군인(시어도어 루스벨트 제외)은 군사 영웅이 되지 않았기 때문에 군사 영웅 후보자가 되지 않았다. 직업군인은 직업군인이기 때문에 영웅후보가 된 것이 아니다. 그들은 정치에 과감히 뛰어드는 것에 회의적이었고 정치인은 그들을 뒤쫓는 것에 대해 회의적이었다. 반면에 1952년 아이젠하워의 당선은 1940년 이후 극적으로 변화된 상황에서 전문 군인의 정치 입문을 알렸다.

제7장
구조적 불변성: 보수적 헌법 대 문민통제

헌법상 객관적인 문민통제의 부재

반대되는 생각이 널리 퍼져 있음에도 불구하고 미국 헌법은 문민통제를 규정하고 있지 않다. 즉, 높은 수준의 군사 전문성과 양립할 수 있는 객관적인 문민통제를 허용하지 않는다. 이러한 의미에서 문민통제의 본질은 정치적, 군사적 책임이 명확히 구분되는 것이고 군부가 정치에 대한 제도적 종속을 하는 것이다. 정치와 군사 기능이 혼재되어 정치를 군사에, 군사를 정치에 개입시키는 헌법에서는 이러한 구분이 잘 알려져 있지 않다. 헌법제정자들이 헌법을 작성하고 그 조항들에 영속시켰을 때 헌법제정자들의 마음 속에 존재하는 것은 민군 관계에 대한 본질적으로 주관적인 접근이었다. 미국에는 문민통제가 한때 존재했지만 헌법 조항 때문이라기보다는 헌법 조항이 있음에도 불구하고 등장했다.

문민통제를 확립하는 것으로 자주 인용되는 헌법의 측면들이 달성하기 어렵게 만드는 부분이다. 만약 군대의 범위가 제한되고 한 명의 민간인 수장이 최고 위치인 권위 피라미드의 종속 위치로 강등된다면 문민통제는 극대화될 것이다. 그러나 헌법의 군사 조항은 거의 그 반대를 규정하고 있다. 그들은 군사 업무에 대한 민간 책임을 분할하고 군 당국의 최고위급 정부로의 직접적인 접근을 촉진한다:

(1) 전체 연방 정부 체제 내에서 민병대 조항은 주 정부와 중앙 정부 사이에서 민병대에 대한 통제를 나눈다.
(2) 국가 정부 내에서 권력 분립은 국가 군대의 통제를 의회와 대통령 사이에 분할한다.

(3) 정부의 행정부 내에서 총사령관 조항은 군에 대한 통제를 대통령과 부처 장관 간에 나누는 경향이 있다.

이 후자의 두 조항은 18세기 영국 정부가 군사력을 분배한 방법이기도 하다. 그러나 그 유사성은 한 세기 반 동안 근본적인 차이로 바뀌었다. 영국 정부의 진화는 내각의 군대에 대한 모든 권한을 중앙 집중화했으며 오늘날 영국 헌법은 매우 효과적인 문민통제를 규정하고 있다. 그러나 미국 헌법은 18세기 양상으로 동결되어 있다. 이 나라의 원심적 정치와 헌법의 문서화되고 경직된 성격이 결합되어 영국과 유사한 변화를 방해했다. 미국은 군사 문제에 대한 관심의 결여로 헌법 구조가 거의 법적 제정으로 보완되지 않게 되었을 수도 있다. 20세기 이전에 유일하게 중요한 추가 사항은 1789년에 창설된 국방부와 1798년에 만들어진 해군부였다. 대부분의 미국 역사에서 헌법과 그 어느 것도 미국 민군 관계의 법적 구조를 결정하지 않았다.

헌법제정자와 문민통제

헌법 제정자들의 연설과 글은 군대가 민권력에 종속되어야 한다는 진술로 가득 차 있다. 만약 그렇다면 어떻게 그들이 자기들의 의도를 완전히 이행하지 못한 것 같은가? 대답은 물론 18세기에는 군사 전문성과 군사직이 정치기관에 종속된다는 문민통제의 개념이 전혀 알려지지 않았다는 것이다. 문민통제를 규정한다는 점에서 헌법은 역사상 잘못된 시기에 작성되었다. 그것은 지난 몇 년간의 예비 장교의 산물이었다. 25년 후에 작성이 되었다면 군사력에 관한 조항이 상당히 달라졌을 것이다. 그러나 그들의 모든 정치적 현명함과 통찰력에도 불구하고, 헌법 제정자는 몇 가지 예외를 제외하고는 군사적 전문성과 객관적인 문민 통제의 출현을 예견하지 못했다. 그들이 헌법 초안을 작성할 때 존재하지 않은 것을 규정하지 않았다는 것으로 그들을 비난하는 것이 아니다. 문민통제에 대한 그들의 접근방식은 군 장교, 군대 및 정부 조직에 대한 아이디어에 반영되었다.

■ **군 장교**   헌법은 군사적 지도부에만 전념하는 별도의 계급을 상정하지

않는다. 조지 메이슨(George Mason)은 버지니아 총회에서 "나는 군인이라는 직업에 대해 잘 알지 못한다"고 선언했고 해밀턴, 핑크니, 그리고 몇몇 다른 사람들을 제외하고는 모든 헌법제정자들은 조지 메이슨과 같은 처지였다. 그들은 군사직도 모르고 별도의 군사 기술도 알지 못했다. 군 장교는 모든 사람의 속성이었다. 미국 연방 총회의 많은 회원은 혁명 기간 동안 군사 계급을 유지했다. 워싱턴은 군인 정치인 중에서 가장 눈에 띄는 곳이었다. 현대 일본의 사무라이 창시자들이 100년 후에 그들을 결합한 것처럼, 그들은 그들 자신의 군사적, 정치적 재능을 결합했다. 블랙스톤(Blackstone)에 이어, 그들은 자유 국가에서 시민은 군인이 되었을 때도 계속 시민인 것이며 도리어 시민이기 때문에 군인이 되는 것이라고 믿었다.[1]

이러한 견해는 제1조 6항의 부적격 및 부적합성 조항에서 명확하게 드러났다.

> 상원의원이나 하원의원은 선출된 기간 동안 신설된 미합중국 당국 또는 보수가 인상된 공직에 임명될 수 없다. 그리고 미합중국에 따라 공직을 보유하고 있는 사람은 공직 재임 기간 동안 상원 또는 하원 의원이 될 수 없다.

이 협약은 입법부를 사법 또는 행정부(군 포함)직과 양립할 수 없도록 만드는 이 단락의 두 번째 조항을 거의 만장일치로 지지했다. 이것은 권력 분립에 의해 요구되었다. 정치를 군대와 구별하는 것이 바람직하기보다는 입법부를 행정부와 구별해야 할 필요성을 반영했다. 협약에 대한 관심은 단락의 첫 번째 조항에 집중되었다. 세부 위원회(Committee of Detail)에서 보고한 바와 같이, 이 조항은 의회 의원이 임기 동안 어떠한 국가 공직에도 임명될 수 없도록 하는 것을 제안했다. 의원이 공직을 맡도록 허용하는 것에 대한 타당성에 의견이 다양했지만 결국 타협으로 해결되었다. 그러나 상원의원과 하원의원은 군관서에 임명될 자격이 있어야 한다는 보편적인 생각이 있었다. 구베너 모리스(Gouveneur Morris)는 "육군 및 해군 장교를 제외하고 민간 권력과 다른 이해 관계를 갖고 이를 반대하는 집단을 만들어라. 그리고 적과 감히 맞서지 못하는 '말많은 영주들을 경멸하고 비난하도록 자극해라'"라고 말했다. 그는 다음과 같은 경우에는 무슨 일이 일어날까라고 물었다.

…전쟁의 경우, 그것을 가장 잘 수행할 수 있는 시민이 만약 입법부의 일
원이라면. 우리의 자유를 위해 전쟁이 시작할 때, 또는 심지어 전쟁 후반의
과정에서 그러한 규제는 어떤 결과를 초래할까?

의원이 행정부에 부적격하다고 주장한 에드먼드 랜돌프(Edmund Randolph)와
같은 다른 사람들도 의회에 군사적 재능이 있을 수 있다는 점을 인식하고 군직에
대한 예외를 지지했다. 결과적으로 최종안에 민관과 군관 모두에 양립 가능성이
적용되었지만 자격은 민관에만 제한되었다. 그 후, 버지니아 총회에서 매드슨
(Madison)은 군관직 임명 시 그러한 제한이 없었다는 점을 인용하여 민관직에 관
한 자격 조항을 옹호했다. 그의 주장과 함께 비준 논쟁에서 군직에 대한 의회 의
원의 자격에 대한 반대의 결여는 이 신시내투스(Cincinnatus)의 군사 리더십 이론
이 얼마나 널리 수용되었는지를 보여준다.2)

■ **군대**   18세기 미국에 익숙한 두 가지 형태의 군사 조직인 상비군과 시민
민병대 중 하나에 대한 헌법제정자의 비전문장교라는 개념이 구체화될 수 있었
다. 그러나 이러한 형태는 본질적으로 다른 정치적 신념의 군사 영역으로의 확장
이었다. 상급 장교와 하급 사병으로 구성된 상비군은 기본적으로 귀족제도였다.
그것은 영국 왕실과 유럽의 전제정치와 연관이 되어 있었다. 그것은 또한 많은
미국인이 볼 때는 꽤 불필요한 것이었다. 미국은 유럽에서 멀리 떨어져 있었기
때문에 인디언을 상대하기 위한 소규모 국경 수비대를 제외하고는 영구적인 군
대를 필요로 하지 않는다는 것을 의미했다. 결과적으로, 시간제 장교와 사병으로
구성된 시민 민병대에 일차적으로 의존해야 한다는 것이 일반적으로 합의되었다.
이것은 새로운 공화국에 적합한 유일한 형태의 군대였다. 민병대는 국가의 방위
는 모든 시민의 책임이라는 민주주의 원칙을 구현했다. 장교와 사병의 구분은 최
소화되었고, 그 경계는 사회 구조의 뚜렷한 분열선과 같지 않았다.

민병대에 대한 선호는 주 전체에 걸쳐 거의 보편적이었다. 에드먼드 랜돌프
(Edmund Randolph)는 상비군이 설치될 것이라는 전망에 "연방 전당대회에 분노
를 느끼지 않은 의원이 한 명도 없었다"고 약간 과장했다. 비준을 위한 총회에서
정규군에 대한 반대는 더욱 심했다. 그럼에도 불구하고 그들은 상비군을 주에 배
치하는 것을 금지하면서 국가 정부에 상비군을 유지할 수 있는 무제한 권한을 부

여하는 헌법을 승인했다. 유일한 제한은 상비군을 위한 지출은 2년 이상 할 수 없었다. 이 명백한 변칙에 대한 이유는 두 가지였다. 첫째, 국가 정부는 국경에 일종의 영구적인 군대를 유지해야 한다는 것이 일반적으로 인식되었다. 둘째, 비상시에 상비군이 필요할 가능성이 항상 있었다. 그러나 희망과 기대는 이 비상사태가 절대 발생하지 않고 군사력이 사용되지 않는다는 것이었다. 헌법의 일부 조항이 마지못해 동의되었고, 상비군에 가장 격렬하게 반대하는 일부 대표들은 헌법에 서명하기를 거부했다. 이러한 무제한적인 의회 권한에 대한 비판은 주 총회에서 자자했다. 다수의 주는 그러한 군대의 유지를 위해 의회에서 압도적 다수를 요구하거나 민병대가 "자유 국가의 자연적인 방어"이고 평시의 상비군은 "자유에 위험"하다고 선언하는 수정안을 제안했다.3)

　　민병대에 대한 선호는 미래의 문민 통제에 대해 두 가지 중요한 결과를 가져왔다. 첫째, 이것은 전문적으로 장교가 될 수 없거나 문민통제를 받을 수 없는 군대에 미국 군사 계획의 주요 위치를 할당했다. 물론 그 당시에 전문 장교는 시민 민병대만큼 상비군에서도 드물었다. 그러나 상비군은 정규직으로 구성되어 있기 때문에 결국에는 훈련된 전문직으로 발전할 수 있었다. 이는 시간제 민병대에서는 불가능한 일이었다. 둘째, 방위에 있어 민병대가 주로 의존이 될 것이라는 기대로 인해 헌법제정자는 군대를 통제하기 위한 제도적 기술을 고안하는 데 상대적으로 관심을 두지 않았다. 부분적으로 이것은 그러한 장치가 결코 성공할 수 없다는 느낌의 결과였다. 그러한 장치가 불필요하다는 견해가 더 크게 반영되었다. 공화국은 충성스러운 시민 군인들에 의해 방어될 것이다. 민간 패권은 별개의 군대를 제거함으로써 유지될 것이다.

■ **정부 기관**　　헌법제정자의 문민통제 개념은 군대 자체를 통제하기보다는 민간인이 군대를 사용하는 것을 통제하는 것이었다. 그들은 장교의 손아귀에 있는 정치권보다 정치인의 손에 있는 군사력을 더 두려워했다. 그들은 별개의 군대 계급을 상상할 수 없었기 때문에 그러한 계급을 두려워할 수 없었다. 그러나 어떤 정부 기관이라도 군에 대한 권력이 집중되는 것을 두려워할 필요가 있었다. 보수주의자로서 그들은 군대에 대한 권력을 포함하여 권력을 분할하기를 원했다. 국가 정부가 군사력을 독점한다면 국가에 위협이 될 것이다. 대통령이 군대를 단

독으로 통제한다면 의회에 위협이 될 것이다. 그 결과 헌법제정자들은 군부에 대한 권위의 분할과 문민통제를 동일시하였다. 정치 및 군사 기능의 고유한 특성에 대한 고려보다 행정부로부터 의회의 독립성에 대한 우려로 인해 입법부와 군부가 양립할 수 없었다. 상비군과 민병대 중 어떤 군이 상대적으로 바람직한지에 관한 문제는 군의 형태가 어떻든 군대에 대한 국가와 주의 상대적인 권력, 행정부와 입법부의 상대적 권력 문제에 달렸다. 강력한 국가 정부를 원하는 사람들은 주저하지 않고 다음과 같이 주장했다. (1) 연합 규약을 지속하는 것은 모든 주에 상비군을 의미할 것이고, (2) 제안된 국가 정부는 반드시 상비군을 편성할 권한이 있어야 하고, (3) 이 권한을 행사할 필요성을 피하기 위해 중앙정부는 민병대를 조직하고 규율해야 한다. 반면에 주 권리 옹호자들은 중앙정부가 상비군을 보유할 필요가 없으며 어떤 경우에도 주가 국가 정부의 상비군으로부터 스스로를 보호하기 위해 민병대를 독점적으로 통제해야 한다고 주장했다.4)

민병대 조항과 군사 연방주의: 제국 내의 제국

　헌법의 민병대 조항은 두 가지 면에서 문민통제를 방해한다. 첫째, 그 조항은 군사규율에 완전히 종속되거나 정치적 관여에서 완전히 제거될 수 없는 준군사력에 헌법적 제재를 가한다. 둘째, 그 조항은 주 정부와 중앙 정부 간의 민병대에 대한 통제권 분할에 헌법적 제재를 가하며, 연방제도의 상충되는 이해관계에 민병대가 반드시 관여해야 한다. 반이 민간, 반이 군부, 반이 주정부, 반이 연방정부와 같은 독특한 조합의 성격으로 인해 민병대가 정부의 정책결정기관으로부터 간섭을 받지 않게 되는 경향이 있다.

　헌법제정자들이 정규군보다 민병대를 선호하는 데에는 그럴만한 이유가 있었다. 그러나 이 군대의 통제를 분할하는 데에는 합리적인 정당성이 거의 없었다. 매디슨이 말했듯이, 이 통제는 "본질상 두 개의 별개의 당국으로 나눌 수 있는 것처럼 보이지 않았다." 그러나 논리는 아닐지라도 정치는 매디슨을 포함한 헌법제정자들은 이중 통제를 지원하도록 강요했다. 해밀턴과 같은 일부는 연방정부의 완전 통제를 원했다. 다른 이들은 연방정부가 민병대에 대한 권한에서 완전히 배제되기를 바랐다. 이러한 관점의 충돌은 다양한 절충안을 낳았다. 결국 정치세력의 균형은 다음과 같은 민병대 조항을 낳았다.

> 의회는 다음과 같은 권한을 보유한다…
> 연방의 법을 집행하기 위해 민병대를 소집하기 위해 반란을 진압하고 침략을 격퇴하기 위해 준비한다.
> 민병대를 조직, 무장 및 규율하는 것과 미합중국에 고용될 수 있는 민병들을 관리하기 위해 의회에 규정된 규율을 따라 장교 임명 및 민병대 훈련의 권한을 각각 주에 유보할 것을 준비하고… 대통령은 … 민병대가 호출될 때 여러 주의 민병대의… 총사령관이 될 것을 준비한다…

또한, 의회는 군대 조항에 따라 "군대를 증원 및 지원"할 수 있는 권한도 가지고 있다.[5] 이러한 권한의 행사는 두 기간으로 나눌 수 있다. 1792년부터 1903년까지 민병대는 평화시에는 국가 통제하에 있었고 전쟁시에는 이중 통제하에 있었다. 1903년 이후 민병대는 평화 시에는 이중 통제하에 있었고 전쟁 시에는 국가적 통제하에 있었다.•

1903년까지 이 분야의 기본 법률이었던 1792년 민병법(Militia Act)에서 의회가 민병대 조항에 따른 권한 행사를 거부하고 효과적인 연방 감독이나 효과적인 연방 지원을 제공하지 않았기 때문에 19세기 내내 평시에 주정부의 통제가 존재했다. 결과적으로, 민병대는 연방에서 활동하지 않을 때 독점적으로 주군으로 군대로 남아 있었다. 그러나 그들이 그러한 복무에 있을 때 민병대 조항에 따른 이중 통제로 인해 민병대가 사용될 수 있는 목적과 장교 임명에 대한 끊임없는 혼란과 논쟁을 야기했다. 예를 들어, 1812년 대통령이 민병대를 소집했을 때 매사추세츠와 코네티컷 주지사는 상황이 소집을 정당화하는지 여부를 결정할 권리가 대통령이 아니라 그들에게 있다고 주장했다. 전쟁 말기에 나이아가라 국경의 민병대는 헌법상의 이유로 캐나다에서 싸우는 미국 정규군을 지원하기 위해 캐나다에 입국하는 것을 거부했다. 스페인-미국 전쟁에서도 마찬가지로 민병대는

• 민병대 조항에 의해 제기된 문제는 근래에도 근본적으로 변하지 않았으며, 이 민병대 논의는 1940년 이후의 사건을 포함할 것이다. 대조적으로, 이 장의 삼권분립과 총사령관 조항에 대한 논의는 1940년 이전의 기간으로 제한될 것이다. 1940년 이후에 발생하는 특별한 문제는 파트 3에서 별도로 다루어질 것이다.

미국 이외의 지역에서 복무하는 것을 거부했다. 대통령은 민병대가 연방 복무 중일 때 헌법상 총사령관이었다. 그러나 그의 장교들이 주지사들에 의해 임명되었을 때 평화시뿐 아니라 전쟁시에 대통령이 어떻게 이 직분을 수행할 수 있었겠는가? 1812년 전쟁에서 주지사는 민병대를 정규군 장교의 지휘에 종속시키는 대통령의 권한에 도전했다. 주 관리들은 자신들 보기에 적합하다고 판단이 되면 그들의 민병들을 연방 정규군에서 퇴치시키고 민병대가 이론적으로 종속된 일반 장교보다 더 높은 계급에 민병대 장교를 임명함으로써 지휘계를 혼란에 빠뜨렸다. 남북전쟁에서도 각 주에서는 민병대의 연대 장교와 각 주에 배정된 국가 지원병을 임명하고 대통령은 장군들을 임명했다. 1898년 4월 22일 미국-스페인 전쟁에 대한 의용군에 관한 법률은 이러한 권한 분할을 재현했다.6)

전쟁에서 이중 통제는 19세기에 살아남지 못했다. 민병대는 20세기에 군 조항에 따라 오로지 연방군으로 전쟁에서 싸웠다. 또한 평화시 주 통제 체제는 1903년을 넘어 존재하지 않았다. 민병대 조항에 따른 이중 통제는 의회가 그해 딕 법(Dick Act)을 통과시키면서 현실이 되었다. 이러한 변화의 영향은 두 가지였다. 전쟁 당시 민병대의 군사적 중요성은 증대되었는데 그 이유는 이제 효과적인 군대가 될 수 있는 재원이 갖추어졌기 때문이었다. 평화시 민병대의 정치력은 경쟁 관계에 있는 두 정부 사이에 위치했기 때문에 강화되었다. 19세기 전쟁시에 어려웠던 민병대에 대한 문민통제는 20세기 평화 시기에 어려워졌다. 따라서 민병대 조항은 강력한 정치 조직인 주방위군과 그 대변인인 주방위군 협회의 헌법 기반이다. 일반적으로 헌법은 정치세력에 의해 만들어지는 것으로 인식이 된다. 그러나 헌법 자체가 정치적 이익을 창출하거나 촉진할 수 있다는 것도 사실이다. 이것은 민병대 조항과 주방위군의 경우이다. 이 조항들이 없었다면 주방위대와 주방위군 연합은 오늘날과 같은 영향력을 행사할 수 없었을 것이다.

주방위군 협회(National Guard Association)는 1878년 민병대 조항에 따라 의회가 그 책임을 수행하도록 하기 위한 목적으로 민병대 장교들에 의해 설립되었다. 그것은 공동 통제를 위해 "힘을 합치"기 위해 고안되었다.7) 그 설립자들은 중앙 정부가 주 민병대에 자금, 지침, 표준 및 특정 감독 조치를 제공하기를 바랐다. 정규군은 민병대가 효과적인 국군이 될 수 없다고 생각했기 때문에 반대했다. 그러나 이중 통제 옹호자들은 1903년 첫 승리를 거두었고 이후 정규군의 지속적인 적대감에도 불구하고 그들의 위치를 강화하고 유지했다. 주방위군는 설립된 후부터 계속 민병대 조항를 존중하고 이중 지위를 굳건히 지켜왔다. 주방위군 장교들은 이러한 조항이 군사 정책에 대한 헌법제정자들의 진정한 정서를 구현한다고 주장한다. 헌법상의 "이중 통제"는 중앙 통제와 주의 독점적 통제와 상반된다. 후자는 주가 경비의 전체 비용을 부담하는 것이 경제적으로 실현 가능하지 않기 때문에 불가능하다. 주방위군에 따르면, 군대 조항은 연방 민병대가 아니고 상비군을 유지할 수 있는 권한만 의회에 부여하기 때문에 전자는 위헌이다. 주방위군에게 있어 평화시 이중 통제란 주가 지휘와 방향을 제공하고 중앙정부가 자금과 노하우를 공급해야 한다는 것을 의미한다. 주방위군 협회는 방위군 활동을 위해 지속적으로 더 많은 연방 자금을 요구해 왔지만 연방 정부의 통제권 확대에는 단호하게 반대했다. 예를 들어 1949년에는 병기고와 건설에 대한 연방 지원 확대, 주방위군 장교에 대한 균일한 의복 수당, 방위군 우편물에 대한 무료 우송의 특전을 요구했다. 동시에, 단일 국가 예비군에 대한 1948년 그레이 보드(Gray Board)의 권고를 "위헌, 비미국적… 우리의 개념과 삶의 철학에 위배되는… 그리고 불법"이라고 묘사하면서 주방위군에 대한 연방정부의 추가 통제를 강력하게 비난했다. 민병대 조항의 헌법적 기반에 따라 방위군은 엄청난 규모의 정치 세력을 창설했다. 협회장이 솔직하고 정확하게 선언했듯이 주방위군는 "제국 속의 제국"이다.8) 그의 관심 영역 내에서 그들의 말은 법률이거나 매우 빠르게 법률이 된다. 이러한 권력의 범위와 민병대 조항이 이에 기여하는 방식은 (1) 법적 지위; (2) 헌법상의 상징성; (3) 주 및 중앙 정부에서의 공식 대표; (4) 방위군 협회의 독특한 위치; (5) 의회에 대한 주방위대의 영향력에서 볼 수 있다.

■ **법적 지위**   주방위군의 이중적 위상을 높이려는 협회의 노력은 주방위군을 독특한 법적 위치에 놓이게 했다. 주방위군은 이중 존재를 가진 단일 조직이다. "여러 주와 영토의 주방위군"으로서 민병대 조항에 따라 조직되고 주 당국의 명령에 따라 주 내의 법과 질서를 수호하는 임무를 가지고 있다. 이러한 자격으로 미합중국 법률을 집행하고, 반란을 진압하고, 침략을 격퇴하는 제한된 헌법적 목적을 위해 의회의 적절한 권한 하에 대통령이 "소집"할 수 있다. 이것이 유일한 지위였다면 주방위대는 헌법상 조직으로서 외국 전쟁에 참여할 수 없었을 것

이다. 1917년 국외 복무 허가 없이 대원들이 개인 단위로 연방군에 입대하면서 주방위대 조직이 붕괴됐다. 그 결과 1933년 협회는 육군 조항에 따라 "미합중국 방위군"으로서 주방위군을 미 육군의 예비 부대로 만드는 법안의 통과를 확보했다. 이 지위에서 그들의 임무는 전 세계 어느 곳에서든 모든 유형의 군사 작전을 위한 부대를 제공하는 것이다. 미합중국의 방위군으로서 의회가 국가 비상사태를 선포한 후 대통령에 의해 현역 복무를 "명령"받을 수 있다. 주방위군은 두 세계 중 가장 좋은 것을 가지고 있다. 민병대 조항에 따른 지위는 평시 연방 통제로부터 보호한다. 육군 조항에 따른 지위는 전시에서 중요한 역할을 보장한다.

■ **헌법상의 상징주의**　　　이중 통제 하에 있는 민병대인 주방위군은 두 개의 외경받는 헌법적 상징인 시민-군인과 국가의 권리로 자신을 동일시한다. 방위병은 긴급 소집병(Minute Man) 전통에서 첫째 시민이고 두번째로 군인인 "아마추어 군인"이다. 협회는 1944년에 "과거와 같이 미래에도 건전한 전통, 오랜 경험, 그리고 이 국가의 기본법에 따라 전쟁 시 국가는 시민군을 의존해야 한다."라고 선언했다. 그러나 연방 예비군은 마찬가지로 시민군이라고 주장할 수 있다. 그러나 오직 주방위군만이 주의 권리를 발동할 수 있다. 월시(Walsh) 대통령은 우리의 "조직"은 "주에 속해 있으며 전시에 연방 정부에 대여될 뿐이다"라고 주장했다. 주방위군은 군사 시설에서 "연방 체제 준수"를 원한다. 따라서 주방위군은 중앙 정부에 대항하는 주 정부의 지원을 기대할 수 있다. 예를 들어, 1943년에 주지사 회의는 전후에도 주방위군의 이중 지위를 계속 유지할 것을 촉구했으며 1948년에는 회의 집행위원회는 그레이 보드(Gray Board) 보고서를 비난하는 주방위군에 합류했다. 주방위군의 주 제휴는 연방군의 예비군 협회에 비해 주방위군의 정치적 영향력을 강화한다. 1954년에 예비 장교 협회의 회원은 60,000명이었고 방위군 협회의 회원은 34,000명이었다. 예비군 협회는 일반적으로 방위군 협회보다 더 많은 돈과 더 많은 직원을 보유하고 있다. 그럼에도 불구하고, 주에 안전한 운영 근거지가 없기에 예비군 협회는 정치적 영향력에서 방위군 협회와 동등하지 않다. 1946년 예비군 협회 회장은 자신의 조직을 주방위군 협회의 "남동생"이라고 표현하고 "주 방위군은 우리 예비군이 갖지 못한 많은 것을 갖고 있다"고 인정했다.9)

■ **주 및 국가 대표**　　　주방위군의 위상은 주 정부와 중앙 정부 모두에서 공식

적인 발판을 통해 강화된다. 각 주의 방위군의 수장은 주지사들이 임명한 부관들이다. 이 관리들은 주정부 내에서 주방위대를 대표하며 방위군 협회의 "수반" 조직인 부관협회(Adjutants General Association)를 통해 전국적으로 연결되어 있다. 주방위군은 육군부에서 1920년 국방법에 따라 방위병이어야 하는 방위국 국장에 의해 대표되고, 방위군에게 영향을 미치는 모든 정책을 검토해야 하는 합동참모위원회의 주방위군 회원들에 의해 대표된다. 이러한 연방 대표들은 방위군 협회가 육군과 국방부 내에서 일어나는 일에 대해 잘 알도록 한다. 주방위군은 자주이 정책이 자신들에게 영향을 미칠 수 있는 국방부 정책 준비의 초기 단계에 포함되어야 한다고 주장해 왔다. 정책 개발에서 방위군을 배제한다는 것은 보통 프로그램이 의회에 제출될 때 방위군 협회에 반대했음을 의미한다.10)

■ **방위군 협회**　　　　방위군 협회는 다른 많은 강력한 단체와 마찬가지로 민간 단체와 공공 단체 사이의 경계에서 애매한 위치를 차지한다. 법적으로 이것은 단순히 방위군 장교들의 자발적인 조직이다. 그럼에도 불구하고 스스로를 "미합중국의 승인된 방위군 대표"라고 자처하고 있다. 그것은 또한 주방위군을 주 및 국가에서 공식적으로 대표하고 있다. 1948년 방위군 장교의 42%만이 방위군 협회에 속해 있을 때, 협회는 "모든 방위군 장교가 방위군 협회의 회원이 되어야 한다고 주장하는 것은 부사령관의 책임"이라고 선언했다. 이를 위해 각 주에 새로운 주방위군 장교들이 공식 심사위원회에 출석하기 전에 방위군 협회 회원 신청서를 작성하도록 요구할 것을 촉구했다. 이러한 수단을 통해 1953년까지 방위군 협회는 주방위군 장교의 99%가 회원이 되었다. 방위군 협회는 민간 협회로서 홍보 활동을 수행하고 "방위군(National Guardsman)" 월간지를 발행하며 다양한 법률과 관련하여 방위군을 대표한다. 예를 들어 1948년 병역법에 대한 논쟁의 한 시점에서 방위병의 관점이 우세하지 않은 것처럼 보였을 때 협회는 34개 주에서 회원들을 워싱턴으로 불러들여 하원의원들과 로비를 하게 했다. 이틀 만에 그들은 의회가 방위군 입장을 채택하도록 하는 데 크게 성공했다. 월시 대통령의 말에 따르면 방위군 협회의 가장 큰 장점은

> … 협회가 방위군이 자신의 이익을 보호하기 위해 의지할 수 있는 유일한 기관이고 이는 협회가 자유롭고 속박되지 않으며 특정 패턴을 따를 필요도

없고 의사 소통 채널의 협소한 한계나 지휘 계통 내에서 구속되지도 않기 때문이다.11)

■ **의회에 영향**　　　최종 분석에서 주방위군의 영향력은 의회에 대한 영향력으로 귀결된다. 민병대의 운명은 의회에 달려 있다. 의회는 민병대 조항에 따라 기능을 수행하는 것을 거부하고 1903년 이전 상황으로 돌아가면 주방위대의 이중 지위를 파괴하고 정치력을 약화시킬 수 있다. 반대로, 의회는 주방위대를 연방화하고 육군 조항에 따라 독점적인 국가 기구로 만들 수 있다. 그러나 방위군 협회 장교들은 "주 방위군의 미래는 우리가 해결해야 한다"고 주장한다. 방위군 협회가 주방위군의 운명을 "해결"하려면 주방위군 문제에 대한 의회의 조치를 해결해야 한다. 이 협회는 반세기 동안 정확히 이 작업을 수행하는 데 놀라울 정도로 성공적이었다. 주방위병의 지역적 근거, 주의 권리와 시민 군인에 대한 호소, 주 정부로부터의 지지, 로비 및 압력 전술은 국회의사당에서 권력을 장악했다. 윌시 대통령의 말에 따르면 "의회"는 "항상 우리의 피난처이자 힘이었다."

　　의회에서 주방위군이 성공했다는 기록은 1903년의 딕법(Dick Act)으로 시작된다. 딕 의원은 전직 주방위군 협회 회장이었다. 1908년에 협회는 방위대의 연방 지원을 강화하는 제 2차 딕 법의 통과를 확보했다. 1916년에 방위대는 총참모부의 대륙군의 계획을 무마시키기 위해 온 힘을 쏟아 부었다. 그것은 성공적이었고 그 해의 국방법은 그들의 견해와 일치했다. 방위대는 4년 후인 1920년 "위대한 성과이자 위대한 승리"로 묘사되는 국가방어법(National Defense Act)에 의해 방위대의 지위가 크게 강화되었다. 방위군을 전쟁뿐 아니라 평화시 육군의 예비 부대로 만드는 1933년 법을 통과시키면서 "의회는 방위군이 제출한 제안서와 의견이 일치했다." 1920~30년대에 걸쳐 방위군 협회는 경비 지출을 1920년 $13,000,000에서 1941년 $72,000,000로 늘리는 데 노력을 기울였다. 1940년 의회에서 제안된 최초의 선택 훈련 및 복무 법안이 방위대의 이 일을 보장하지 못하자, 협회는 "주방위군 보호 조항"을 삽입하여 "이 국가의 제1방위선의 불가분의 일부인 주방위군의 힘과 조직이 항상 유지되고 보장되는 것이 필수적"이라고 선언했다." 1946년에 주방위대는 대규모 조직화된 예비군단을 창설하려는 국방부의 노력에 맞서 싸웠는데 주방위대는 예비군을 "경쟁적"이고 "유사한" 조직으로 간주했다. 예비군 협회를 위한 40,000,000달러 예산 책정에 대한 국방부의 권장 사항은 방위군의 요구에 따라 의회에서 기각되었다. 그러나 주방위대는 스스로 자금을 조달하는 데 어려움이 없었다. 1949 회계연도에 예산국은 주방위군에게 $195,000,000를 제안했다. 방위군 협회는 이것을 충분하다고 생각하지 않았고 경제를 염두에 둔 제80차 의회가 2억 9000만 달러를 할당하도록 했다. 1948년에 협회는 또한 선별적 복무법에 그들의 견해를 써넣고 그레이 보드의 입법 권고를 막는데 성공했다. 1954년 국방부 차관보가 방위대를 친위대와 민방위 기능에만 사용해야 한다고 제안했을 때 월시 대통령은 자신 있게 "전쟁을 원한다면 여기서 시작하라""라는 도전을 받아들였다.12) 이 기록에 따르면 의회는 실제로 월시의 말대로 방위대에 "관대한 지원"을 제공했다. 대통령은 제80차 의회에 대한 성찰을 계속하면서 다음과 같은 질문을 던졌다.

> …어떤 조직도 방위군 협회만큼 짧은 기간에 입법 분야에서 성공적이지 못했다. 이 협회의 주요 입법 목표를 모두 달성한 것은 참으로 큰 성과이다.

2년 후 방위군 협의의 입법위원회는 협회가 "그들의 복지와 발전에 필수적인 법안을 제정하는 데 놀라울 정도로 성공적"이라고 보고했다.13) 방위군이 보호받는 이중 지위를 유지하는 한 이러한 상황은 계속될 것이다. 민병대 조항 뒤에 "제국 내의 제국"으로 자리잡은 이 최고의 군사 로비는 그들에게 이익을 주는 의회 절차를 효과적으로 지배하고 있다. 그것은 미국 헌법에 의해 만들어진 프랑켄슈타인(Frankenstein)의 괴물이다. 그 문서는 "항상 주방위군이 있을 것이다"라는 구호를 보증한다.

권력 분립: 국군에 대한 이중 통제

많은 면에서 권력 분립의 가장 중요한 측면은 대통령과 의회 간의 상대적인 권력 분립이 아니라 이 분립이 다른 집단의 권력에 미치는 영향이다. 두 개의 좌표 기관이 존재한다는 것은 다른 집단에 대한 이러한 각 기관의 힘이 어느 한쪽이 완전한 주권적 권한을 소유했을 때보다 약하다는 것을 의미한다. 이러한 권력 확산의 주요 수혜자는 조직화된 이익 단체, 관료 기관 및 군 복무였다. 권력 분립은 저항할 수 없는 세력은 아닐지라도 군부 지도자를 정치적 갈등으로 끌어들이는 영원한 초대이다. 결과적으로 그것은 미국에서 군사전문성과 문민통제의 발전에 큰 장애물이 되었다.

헌법 제정자들은 18세기 중반 영국과 식민지에서 지배적인 군대에 대한 권한 분할을 헌법에 일부를 수정하고 재현했다. 조지 메이슨은 "지갑과 칼은 [입법부이든 행정부든] 같은 손에 들어선 안 된다"고 말했다. 대통령은 영국 왕의 권한을, 의회는 영국 의회의 권한을 계승했다. 해밀턴은 페더럴리스트(Federalist)에서 대통령의 행정 권한은 "그레이트 브리튼 왕과 뉴욕 주지사와 동등하게 유사할 것"이라고 말했다. 그러나 헌법제정자들은 입법부에 유리하게 한 가지 중요한 조정을 했다. 의회에 전쟁 권한을 부여하면서 그들은 영국의 관행을 바꾸었고 대의제 정부의 진화에 중요한 선례를 남겼다. 그 결과 의회에 권력이 주어졌다.

전쟁을 선포하고, 후작과 보복의 서한을 수여하고, 육지 및 수역 포획에 관한 규칙을 제정한다.

군대를 모집하고 지원하지만 그 용도에 대한 자금 지출은 2년을 초과할 수 없다.

해군을 제공하고 유지한다.

정부에 대한 규칙과 육군과 해군에 대한 규제를 만든다.

전술한 권한을 실행하는 데 필요하고 적절한 모든 법률을 제정하고, 이 헌법에 따라 미합중국 정부 또는 해당 부서또는 관리에 부여된 기타 모든 권한을 만듭니다.

그리고 대통령은 "미국 육해군 총사령관"이 되었다.14)

이러한 권력 분할의 일반적인 의도는 분명하다. 그러나 대통령 권한 부여의 성격에서 더 많은 문제가 발생한다. 헌법에서 이 조항은 기능적 형태가 아닌 직위의 형태로 권한을 부여한다는 점에서 독특하다. 대통령은 "육군과 해군을 지휘하는" 기능이 주어지지 않는다. 그는 "총사령관"이라는 직위를 맡게 된다. 이러한 형태의 차이는 상당히 중요하다. 대통령 권한을 직책으로 정의함으로써, 헌법제정자들은 그 특정 권한과 기능을 정의하지 않은 채로 두었다. 이것은 비준 협약에서 헌법의 승인을 용이하게 했지만, 후손들에게 그것에 대해 생각하고 논쟁 거리를 제공했다. 결국 총사령관의 권한은 무엇인가? 그들은 전쟁을 수행할 수 있는 극도로 광범위한 권한에서 협소하게 제한된 군사 지휘권에 이르기까지 다양할 수 있다. 그들은 확실히 의회나 주에 특별히 할당된 모든 권한을 제외하고, 할당되지 않은 순수한 군사적 권한을 모두 포함할 것이다. 그러나 그 직책이 비군사적 권한도 가지고 있는가? 헌법제정자들은 스스로도 이 점에 대해 상반된 의견을 갖고 있는 것 같았다. 그러나 1850년 대법원은 총사령관으로서 대통령의 의무와 권한이 "순전히 군사적"이라고 선언하고 대통령 권한과 왕실 특권 사이의 유사성을 부인했다.15) 순전히 군사적인 것으로 해석하면 실제로 대통령직에 거의 권한을 추가하지 않는다. 사실 남북전쟁 때까지만 해도 그것은 코윈 교수의 말처럼 헌법에서 "잊혀진 조항"이었다. 그러나 남북 전쟁과 제2차 세계 대전에서 링컨과 루즈벨트는 이 조항을 사용하여 본질적으로 대체로 입법적인 비군사적 조치를 대통령의 권한으로 매우 광범위한 범위를 정당화했다. 그러나 존 러틀리지(John Rutledge)가 그 권한을 기능이 아닌 직책으로 정의했기 때문에 최고 사령관 조항에 의한 이러한 조치의 정당화는 설득력이 있었다. 총사령관의 직위가 파업에 묶인 전쟁 공장을 압수할 수 있는 권한을 가지고 있다고 주장할 수 있다. 육해군을 지휘하는 기능이 그러한 권위를 내포하고 있다고 주장하는 것은 불가능할 것이다. 즉, 군에 대한 문민통제를 확보하는 데 있어 이 조항은 상대적으로 직접적인 활용이 거의 없었다. 실제로, 어떤 면에서 그것은 그러한 통제에 직접적인 해를 끼쳤다. 그러나 그것은 기능이 아닌 직책으로 표현되었기 때문에 의회를 희생시키면서 대통령이 권력을 확장하는데 큰 도움이 되었다. 이는 결국 이 두 기관 간의 갈등 영역을 확대했으며 결과적으로 군사 지도자들이 이 정치적 논쟁에 휘말릴 가능성을 높임으로써 간접적으로 문민통제를 더욱 방해했다.16)

　　대통령이 군사와 관련하여 권한을 행사하는 수단으로는 군무원 임명, 행정 명령 및 명령의 발령, 민정수석의 대행기관에 대한 의존 등이 포함된다. 의회 무기에는 법령, 세출 및 조사가 포함된다. 이러한 무기는 일반적으로 군사 및 해군 문제위원회, 세출위원회 및 특별 전시 조사위원회에서 의회를 대신하여 휘두릅니다. 때때로 양측은 자신들의 계획을 지원하기 위해 군대에 호소하거나 자신들의 목적을 위해 군사 계획을 장악하고 추진하는 것이 필요하거나 적절하다는 것을 알게 되었다. 따라서 정치에 대한 국가 장교단의 참여는 민병대 장교단의 참여보다 성격이 덜 일관되고 산발적이었다. 두 개의 분리된 정부 사이의 권한 분할로 인해 민병대의 이익을 위한 영구적인 정치적 대변인이 필요했다. 같은 정부의 두 부서 사이의 권한 분할로 인해 군사력, 군사 전략, 군사 조직 및 군사 임명에 대한 논쟁에 개개의 장교와 파벌이 일시적으로 관여하게 되었다. 1940년까지 이러한 문제는 일반적으로 국가정치에서 그다지 중요하지 않았다. 결과적으로, 권력분립은 주로 군사 전문주의의 출현에 대한 수동적이고 잠재적인 장애물이었다. 군사정책이 의회와 대통령 모두에게 상대적으로 사소한 관심사였기 때문에 문민통제에 대한 권력 분립의 의미는 명확하지 않았다.

■ **군사력**   군대의 힘을 중시하는 국가정치의 양상은 군대의 정치참여 정도를 모호하게 만드는 경향이 있었다. 1940년 이전에 행정부는 일반적으로 의회보다 더 큰 규모의 군사시설을 선호하는 경향이 있었다. 의회는 외국의 위험과 직접적인 접촉이 적었고 지출을 삭감하라는 대중의 압력을 받고 있었다. 게다가 예산 과정에서 의회의 권한을 주장하는 가장 쉬운 방법은 단순히 행정부 요청을 줄이는 것이었다. 따라서 그들의 지지층의 압력과는 별개로 두 지부의 제도적 질투는 의회를 군사지출에 덜 우호적으로 만드는 경향이 있었다. 그 결과 군부 지도자들은 대체로 대통령 편에 서게 되었고 그들은 그의 프로그램을 지원하기 위해 의회위원회에 출석했다. 의회 편에서 군부들이 정치에 개입하는 것은 눈에 잘 띄고 극적인 경향이 있다. 대통령 편에서 군부가 정치에 개입하는 것은 미묘하고 덜 눈에 띄는 경향이 있다. 의심할 여지 없이 일부 행정부는 그들의 군사 제안에 대한 의회의 지지를 모으기 위해 인기있는 장교들을 이용했다. 그러나 국방을 위해 국가가 무엇이 필요로 하는지에 관해 의회에 전문적인 조언을 해주는 군인과 행정부를 위해 의회에 로비하는 군인을 구분하는 것이 매우 어렵다. 그 두 가지 역할은 이론상 별개이지만 실제로는 혼합되어 있다. 반면에 제2차 세계 대전 이후 이러한 패턴으로부터 많은 중요한 변형이 발생했으며, 의회는 대통령보다 군사요청에 더 호의적인 견해를 갖게 되었다.

■ **군사 전략**   군사력보다 전략에 대한 행정부 및 입법부의 지속적인 입장을 확인하는 것이 더 어렵다. 지속적인 패턴이 있다면, 의회는 일반적으로 보다 공

격적이고 공격적인 전략을 선호했지만 대통령은 주의와 자제를 지지했다. 문제가 제기되었을 때, 둘 다 장교단 내에서 그들의 입장에 가까운 파벌을 발견할 수 있었다. 행정부의 고위층에서 자신의 전략적 견해에 대한 지지를 찾지 못한 장교들은 자신들의 전략을 추진할 의사가 있는 의원들을 찾는 데 어려움이 없었다. 이와 비슷하게 전략과 관련하여 행정부를 공격하고자 하는 의원들은 일반적으로 그들의 비판에 대해 전문가로서 수긍을 표할 의사가 있는 장교를 찾을 수 있었다.

정치와 전략이 혼합된 가장 극단적인 예는 남북 전쟁에서 일어났다. 미국 의회 전쟁수행위원회의 설립목적에 대해 그 위원회의 창설자 중 한사람은 "국민의 지시에 따라 전쟁을 수행하는 모든 행정요원을 초조하게 감시하는 것"이라고 정의하며 "우리는 이 나라 군대의 지휘하에 있지 않고 군대가 의회로서의 우리 아래 있다"고 말했다.17) 위원회는 노예제에 대한 엄격한 반대와 공격적인 "리치 몬드로(On to Richmond)" 전략을 포함하는 "급진적인" 정책을 선호했다. 대통령과 맥클렐런 장군은 두 가지 조치를 모두 느리게 진행했다. 결과적으로 위원회는 자신의 권한을 사용하여 맥클렐런 장군을 약화시키고 지휘관직에서 물러나게 하는 데 주저함이 거의 없었다. 그 위원들은 군사전략과 관련하여 자신의 능력이 적어도 장군과 동등하다고 확신했다. 맥클렐런에 반대하는 것에 그들은 그들의 견해를 공유하고 "리틀 맥(Little Mac)"의 권위를 적극적으로 전복시킨 많은 육군 장교들의 도움을 받았다. 한편, 위원회의 입장에 동조했던 후커(Hooker), 번사이드(Burnside) 등의 장군들은 보다 보수적인 부하들의 음모에 곤경에 처했다.

■ **군사 조직**　군사 조직과 관련하여 관점의 자연스러운 우연의 일치로 인해 군 장교들은 대통령에 반대하여 의회 편에 섰다. 의회는 일반적으로 군사조직에 대한 상세한 입법절차를 통해 행정부에 대항하여 자신의 권력을 강화하려 하였다. 군 장교들은 일반적으로 대통령과 민간 장관에 대항하는 그들의 입지를 강화하기 위해 이러한 의회의 조치를 지지했다. 결과적으로, 군사조직 문제는 전략과 관련된 문제보다 군부의 정치개입에 대한 분명한 예를 제시한다.

남북 전쟁 동안 의회는 군사 조직의 세부 사항을 설명하는 작업에 착수했고, 맥클렐런이 지휘하는 군대의 수를 줄이기 위해 링컨에게 군대를 군단으로 나누도록 강요했다. 전쟁이 끝난 후 1867년에 제정된 육군 예산법(Army Appropriation

Act)은 대통령이 육군 총사령관(Grant)을 통해 군사 작전에 관한 모든 명령과 지시를 내리도록 지시했다. 또한 육군 장군은 자신의 요청이나 상원의 승인이 있는 경우를 제외하고는 워싱턴 이외의 지역에서는 해임되거나 사령관으로 임명되어서는 안 된다고 규정했다. 총사령관으로서의 대통령 권한의 일부를 군 부하에게 이전하려는 이러한 시도는 의심할 여지 없이 위헌이지만, 이것이 미국 역사상 시도된 유일한 사례는 아니다.

의회는 일반적으로 국방 장관이나 참모총장에게 권한이 집중되는 것을 반대하는 국방부 군장교들을 지지해 왔다. 공병단의 민간 기능과 관련하여 독립적인 입장은 행정권에 대해 군사력과 입법권을 결합하려는 이러한 경향의 가장 극단적인 예일 뿐이다. 1901년에 병참감, 군의관, 경리감, 공병대장 등 4명의 참모총장이 국방부 장관의 반대에도 불구하고 의회가 그들의 지위를 강화하도록 했다. 이후 참모총장과 부사령관의 상대적인 권한 논란에서 국방 장관이 전자를 성공적으로 지지했으나 후자는 의회위원회의 지지로 정당성을 얻었다. 1920년의 군대 조직법에서 의회는 "공익에 부합하지 않는" 경우를 제외하고는 국방장관이 제안된 법안과 함께 총참모부의 찬반의 의견을 모두 제출할 것을 요구했다. 이 조항의 목적은 일반 총참모장교를 "의회 위원회 앞에서 자신의 국장과 논쟁을 시도"하도록 하는 것이었다. 1914년과 1915년에 피스케(Fiske) 제독이 이끄는 해군 장교들은 의회 동조자들과 협력하여 대통령과 다니엘스(Daniels) 장관의 반대에도 불구하고 해군 작전 총사령관직의 창설을 확보했다.18)

■ **군사 임명**   정치에 대한 군사개입의 어느 패턴도 인사 임명에 관련해서는 압도적이지 않다. 개인이 관여하는 정도와 그들이 선택하는 편은 정책 및 정치적 소속에 대한 견해에 따라 정해진다. 그러나 의회와 대통령 모두 일반적으로 군사 문제에 대해 그들의 견해에 동조하는 장교의 임명을 보장하고 적대적인 사람들의 임명을 차단함으로써 그들 자신의 영향력을 극대화하려고 노력했다. 예를 들어, 멕시코 전쟁에서 육군의 두 고위 장군인 스콧(Scott) 소장과 테일러(Taylor) 소장은 휘그당이었다. 민주당원인 포크(Polk) 대통령은 이 장교들을 믿을 수 없다고 우려하고 그들이 인기 있는 군사 우상이 되기를 바라지 않는다고 했다. 그래서 그는 의회에 스콧과 테일러보다 계급이 높은 중장 자리를 만들 것을 요청했다.

이 직책에 그는 민주당 상원의원 토마스 하트 벤튼(Thomas Hart Benton)을 임명할 계획이었다. 그러나 의회는 그 생각을 따르기를 거부했고 1848년 테일러가 대통령으로 선출되었다. 남북 전쟁 동안 전쟁 수행위원회는 자신이 좋아하는 장군을 진급시키고 정책에 반대하는 사람들을 제거하기 위해 적극적으로 노력했다. 스페인–미국 전쟁이 발발하기 전에 듀이(Dewey)가 아시아 비행대 사령관으로 임명하는 과정에서 이례적으로 중요하긴 하지만 일상적인 의회 영향력 행사가 발생했다. 해군 장관 롱(Long)은 듀이에 반대하였고 시어도어 루즈벨트 차관보는 그를 지지했다. 시어도어 루즈벨트는 듀이에게 불러서 아는 상원의원이 있는지 물었다. 해군 장교가 버몬트 주의 프록터 상원의원을 안다고 했을 때 그 의원은 맥킨리 대통령에게 접근하도록 유도되었고 임명은 통과되었다.19)

의회와 대통령의 서로 다른 이해관계가 군 장교들이 지지하는 편을 결정했다. 군사력 문제에 대해서는 일반적으로 대통령과, 조직적 문제에 대해서는 의회에, 전략에 대해서는 의견이 나뉘고, 인사 문제에 대해서는 자신의 최선의 이익을 따랐다. 군사정책에 대한 중대한 문제가 제기될 때마다 국가 장교들은 입법부와 행정부의 투쟁에 휘말렸다. 권력의 분립은 미국 장교들이 그들의 전문성에 있어서 결코 안심할 수 없도록 만들었다.

총사령관 조항: 정치-군사 위계질서

총사령관 조항의 주요 기능 중 하나는 국가비상사태 시 대통령의 광범위한 권한의 행사를 정당화하는 것이었다. 두 번째 주요 기능은 행정부에서 문민 통제의 달성을 복잡하게 만드는 것이었다. 삼권분립이 대통령을 우회해 국회로 직행하라는 군부장관의 상설 초청인 것처럼, 총사령관 조항은 민정 장관을 우회하고 대통령에게 직행하라는 상설 초청장이다.

총사령관 조항은 헌법제정자의 정치기능과 군사기능이 혼합된 뛰어난 예이다. 상원의원이 전쟁에서 장군이 되는 것을 상상할 수 있게 해준 것과 같은 사고는 또한 민간 대통령을 군 통수권자로 받아들일 수 있게 허용했다. 원시 유목 부족에서 그들 시대에 이르기까지 대부분의 사회에서 국가 원수는 또한 최고 군사 지휘관이 되는 것이 관례였다. 이것은 그리스 도시 국가, 로마 공화국, 유럽 국가 군주국에서도 마찬가지였다. 그것은 나폴레옹 프랑스에서도 마찬가지였다. 사실상 그 당시의 거의 모든 주 헌법은 주지사를 민병대의 총사령관으로 삼았다. 군을 지휘하는 것은 행정관의 임명이나 동맹 협상 못지않게 최고 통치권자의 기능이었다. 이 역할이 대통령에게 배정된 것은 지극히 당연한 일이었다. 그는 유럽 국가의 왕실 전사를 본뜬 공화주의 군인 대통령이 될 예정이었다.

헌법제정자들이 대통령이 군사적 기능을 수행할 것을 기대했던 정도는 그들이 전장에서 군대를 지휘할 권한을 억제하지 않은 것으로 볼 수 있다. 이러한 제한은 뉴저지 계획(New Jersey plan)에 포함되었으며 해밀턴의 지원을 받았다. 그러나 총회는 직접 지휘할 수 있는 그의 권한을 제한하려는 이러한 시도를 명시적으로 거부했다. 이 권력에 대한 일부 비판이 주 총회에서 표명되었지만 그곳에서도 그것을 축소하려는 노력은 실패했다. 헌법제정자들과 국민의 의도와 기대는 대통령이 원할 경우 현장에서 직접 지휘할 수 있다는 것이었다. 초기 대통령들은 주저하지 않았다. 워싱턴은 위스키 반란을 진압하기 위해 소집된 민병대를 직접 지휘했다. 1814년 제임스 매디슨(James Madison)이 워싱턴의 효과적이지 않은 방어를 조직하는 데 직접 나섰다. 멕시코 전쟁 당시 포크 대통령은 야전에서 군대를 지휘하지는 않았지만 손수 전쟁의 군사전략을 수립하고 광범위한 군사문제에 관여했다. 대통령이 직접 군사적 기능을 수행한 마지막 사례는 1862년 봄에 링컨이 북군 지휘에 참여한 것이었다. 대통령은 직접 작전계획을 결정하고 그의 전쟁 명령을 통해 부대의 이동을 지시했다. 그랜트(Grant)가 버지니아에서 대통령직을 인계받은 후에야 군사문제에 대한 대통령의 관여는 끝났다. 제1차 세계 대전 당시 시어도어 루스벨트는 역으로 자신이 이전에 총사령관을 지낸 경험이 프랑스에서 사단을 지휘할 수 있는 능력을 입증했다고 주장했지만 차후의 대통령은 군사작전의 방향에 개입하지 않았다.[20]

19세기 중반까지는 정치적 능력과 군사적 능력 사이에 실질적인 구분이 존재하지 않았다. 어떤 사람도 지휘할 수 있었고 대통령이 군사적 기능을 행사하는 데 어려움이 없었다. 대통령에서 국방장관과 해군장관을 거쳐 제복을 입은 지휘관까지 이어지는 하나의 명확한 정치-군사 위계가 있었다. 정치적, 군사적 책임과 능력은 줄곧 뒤섞여 있었다. 대통령은 종종 이전에 군사경험이 있었다. 국방

장관은 거의 항상 그랬다. 반면 고위 장성들은 대개 정치에 관여했다. 따라서 군부 부서의 조직은 다른 부서와 거의 다르지 않았다.

이러한 통일된 위계는 군사기능이 전문화되면서 해체되기 시작했다. 대통령은 더 이상 군 지휘권을 행사할 자격이 없었고, 비록 사전 훈련을 통해 자격이 있다고 해도 정치적 책임을 저버리지 않고는 이 기능에 시간을 할애할 수 없었다. 대통령의 정치적 기능은 총사령관의 군사적 기능과 양립할 수 없게 되었다. 민간 정치인도 국방장관과 해군장관으로 임명되어 군사적 지휘권을 행사할 수 없었다. 반면, 군 직업의 출현으로 군 경험이 풍부하고, 정치인 장관들과는 사뭇 다른 유형이며, 기술적으로 지휘할 수 있는 자질을 갖춘 장교들을 배출하였다. 그러나 대통령이 지휘권을 행사한다는 헌법상의 전제는 여전히 남아 있어 대통령과 장관, 군사령관의 관계를 복잡하게 만들었다. 헌법에 따르면 군사령관은 군사, 장관은 정치, 대통령은 정치 및 군사였다. 통상적으로 자신의 부서의 이익을 대표할 의무가 있는 장관이 그의 더 넓은 이해와 책임을 가진 대통령보다 능력은 아닐지라도 관점에 있어서 더 군사적일 것이라고 가정할 것이다. 그러나 헌법은 이러한 관계를 뒤집고 위계 질서의 명확성을 모호하게 했다. 지휘계통이 민간정치인인 장관을 거쳐 대통령까지 올라가는 것이었는가? 아니면 대통령직에서 두 개의 권위의 선이 나와 정치—행정 선은 장관에게, 군사 명령 선은 최고 전문 장교에게 직접 전달되었는가? 이러한 문제는 오늘날까지 미국의 군사 조직을 혼란스럽게 하고 있다.

■ **균형, 조정 및 수직적 유형의 민군 관계**   대통령, 장관, 군사령관 사이의 세 가지 유형의 민군 관계를 생각할 수 있다.• **균형 잡힌 유형**은 대통령에게 최고 정책 이슈의 결정과 군사 시설의 전반적인 감독과 같은 순전히 정치적 기능을 부여한다. 대통령 아래에는 군사 조직 전체를 책임지는 순수 정치적인 인물인 장관이 있다. 장관 아래의 계층 구조는 군사 및 행정 부서로 나뉜다. 최고 전문 장교는 장관의 수석 군사 고문이며 통상적으로 군대를 지휘한다. 군사령관은 대통령

• 물론, 군 장교를 부처 장관으로 만드는 것과 같은 다른 가능한 행정 민군 관계의 구조가 있다. 그러나 이 분석은 미국의 경험과 관련된 세 가지 이상형에 국한될 것이다. 비록 전문 군인이 때때로 국방 장관으로 임명되기는 하지만 이는 이례적이고 일반적으로 받아들여지는 관행이 아니다. 군인을 장관 자리에 배치하기 위해 신중하게 진척된 유일한 계획은 1815년 3명의 해군 장교로 구성된 이사회를 해군 장관으로 대체하자는 제안이었는데 이 제안은 실패했다.

에 종속된 장관에게 종속되지만, 두 민간 관리는 모두 군 지휘를 하지 않는다. 군 지휘는 군의장급에서 멈춘다. 또한 장관 아래에는 부서의 비군사적 공급, 물류 및 재정 활동을 지휘하는 행정 관리(민간 또는 군대)가 있다.

　　이러한 균형 잡힌 조직 패턴은 군사 전문성과 문민통제를 극대화하는 경향이 있다.[21] 민간과 군의 책임은 명확히 구분되어 있고, 후자는 전자에 종속된다. 대통령과 장관은 정치적 문제, 군사 최고 책임자는 군사 문제, 참모 또는 사무국장은 행정 문제를 처리한다. 전문군사령관의 권한 범위는 행정국에 의해 군사영역으로 제한되며, 장관에 종속되는 그의 권한의 수준은 정치적 의사결정에 관여하지 않는다. 행정적, 군사적 이해관계는 대통령 직속의 장관에 의해 균형을 이룬다. 영국의 민군 관계는 19세기 후반부터 비슷한 방식으로 조직되어 왔다. 1794년에서 1870년 사이에 전쟁청은 군의 민사를 관장했고, 군주 직속의 총사령관은 군 통솔과 규율을 책임졌다. 그러나 1870년 내각은 군 참모총장을 국방장관에게 종속시키도록 요구했다. 1895년 총사령관직이 폐지되고 제국 총참모총장이 신설되면서 균형 잡힌 체계가 수립되었다. 같은 체계가 해군에도 존재했다. 이 조직은 주권자가 마지못해 제1 장군과 제독으로서의 역할을 헌법의 "위엄 있는" 일부로 만드는 데 동의했기 때문에 가능했다. 통제의 "효율적인" 위계는 의회에서 내각, 수상, 전쟁 국무 장관, 그 다음에는 군 참모총장과 전쟁 사무소의 행정 국장으로 이어졌다. 그러나 미국에서는 어떤 대통령도 최고사령관으로서의 헌법상의 기능을 위축되게 허용하지 않았다. 이것들은 여전히 효율적이고 위엄이 없다. 결과적으로 균형 잡힌 조직 유형은 달성하기 어렵고 유지하기는 훨씬 더 어려워졌다. 미국의 민군 관계는 거의 필연적으로 군사 전문성과 문민통제를 약화시키는 경향이 있는 다른 방식으로 끌려간다.

조정 체계는 대통령 직속의 군사 및 행정 기능의 분리를 포함한다. 장관은 비군사적 행정업무에 한정되어 있으며, 군사령관은 대통령 직속으로 그의 군 기능을 수행한다. 행정 체계는 대통령에서 장관, 국장으로 이어진다. 명령 체계는 대통령에서 군사령관, 군대에 이어진다. 이것은 헌법 이론에 부합하며 대통령을 제외한 민간인을 군 서열에서 제외한다. 그러나 이는 문민 통제를 약화시키는 경향이 있다. 군사령관의 권한 범위는 군사적 문제에 국한되지만 대통령과 직접 접촉하는 권한 수준으로 정치적 문제에 관여하게 된다. 대통령은 보통 다른 일에 너무 바빠서 정치와 군사 정책의 상호 관계에 충분한 관심을 기울이지 못하며, 따라서 군사령관은 정치적 결정을 내려야 한다. 대통령에 대한 그의 직접적인 접촉은 또한 대통령이 군사 업무에 개여하고 그가 특별한 능력이 없는 영역에서 전문적인 군사 기획 및 명령에 개입하도록 부추긴다.

   수직유형은 총사령관 조항의 문제를 다른 방식으로 해결하지만 문민통제와 동일하게 일치한다. 이 체계에서 장관과 군 사령관은 동일한 책임을 진다. 행정 국장은 전문군수에게, 전문군수는 장관에게 종속되고 장관은 대통령을 책임진다. 대통령은 여전히 최고사령관이고 그와 나머지 군부 서열 사이에 어떤 연관성이 존재해야 하기 때문에 장관은 군사 지휘 계통에서 한 자리가 주어지며 대통령의 부사령관 또는 이와 유사한 직위로 설명된다. 그러나 군 사령관은 장관 산하 부서의 모든 활동에 대한 통제권을 가지며, 특히 군 지휘 및 기획 기능은 부처의 행정 국장과 같은 수준에 있는 군 사령관의 부하에게 위임된다. 이는 군사령관의 책임이 장관과 동일하기 때문에 대통령에게 직접 접근할 수 없도록 한다. 따라서 그는 대통령과 특별한 관계가 있다고 주장할 수 없으며 장관에게 종속되어야 한다. 반면에 그는 장관 아래 부서의 모든 활동을 감독하므로 결과적으로 장관을 명목상의 수장으로 축소할 수 있다. 군사령관은 자신의 정치적, 행정적 책임과 군 통수권을 결합함으로써 자신의 역량을 넘어선다. 그는 더 넓은 범위의 권한을 위해 더 높은 수준을 희생하며, 이는 그의 직업적 지위에도 똑같이 해를 끼친다. 또한 대통령뿐만 아니라 장관도 군 지휘를 하는 것으로 가정하는 헌법에 관한 착각을 연장시키는 것을 현실의 진실에 위배된다.

   따라서 미국의 헌법 체계는 행정적 민군 관계의 균형 잡힌 패턴의 안정적인 존재를 촉진하지 않는다. 총사령관으로서 대통령의 권한은 필연적으로 행정부를 조정으로 또는 수직 패턴으로 밀어붙이는 경향이 있다. 자신의 이익 때문에 군 사령관은 대통령에 대한 직접적인 접촉과 그의 부서의 군사 및 행정 측면에 대한 전반적인 감독을 모두 추구하게 되었다. 반면에 장관은 대통령에 대한 독점적인 접근을 유지하고 그에게 보고하는 다수의 부하직원을 확보하려고 한다. 장관도 군사령관도 모두 두 가지 목표를 완전히 달성하지 못했다. 군사적 권위의 수준과 범위는 반비례하는 경향이 있다. 필연적으로 장관은 군사와 행정을 모두 총괄하는 사령관에 의해 해당 부서에서 단절되거나, 대통령과 직접적인 지휘 관계를 유지하는 전문 사령관에게 군사적 측면을 양보하는 경향이 있다.

문민통제 및 입헌 정부

객관적인 문민통제는 미국에 존재했지만 그것은 지리적 고립과 국제적 힘의 균형의 산물로 상비군을 사실상 제거하고 정치권력에서 군대를 배제할 수 있었다. 이러한 의미에서 문민통제는 너무 효과적이어서 미국인들은 이를 정부 시스템의 기본원칙이라고 불렀다. 그러나 그들은 착각하는 것이다. 그들은 헌법을 지리학의 미덕으로 여겼다. 객관적인 민간 통제는 우리의 정치적 전통의 일부이지만 헌법 전통의 일부가 아닌 초헌법이었다. 문민통제는 어떤 면에서 정당 체제와 비슷했다. 헌법제정자들은 대중 민주주의의 부상을 예상하지 못했다. 결과적으로 그들은 정당에 대해 언급하지 않았다. 그들은 군사 직업의 부상을 예상하지 못했다. 결과적으로 그들은 문민통제에 대해 준비를 하지 않았다. 둘 다 헌법에 고려되지 않았지만 둘 다 비헌법적 힘에 의해 존재하게 되었다. 헌법은 영국과 같은 강력한 정당 체제의 성장을 방해하는 데 기여했다. 그것은 또한 영국과 같은 효과적인 문민통제를 방해하는 데 기여했다. 성문 헌법의 제한은 가장 강력한 기능적 의무 중 일부에 대해 효과적인 것으로 입증되었다.

그렇다면 헌법을 수정하지 않고 기존 틀에서 문민통제를 제공하는 것이 어느 정도 가능한가? 어려움은 끊이지 않지만 모두 동일한 강도는 아니다. 총사령관 조항이 문민통제를 손상시키는 정도는 해당 직책을 차지하는 개인에 따라 크게 달라진다. 그것은 군사 전문성과 문민통제에서 기여하는 것 없이 약화시킨다. 영국 총리는 총사령관도 아니고 군사적 기능도 없는 인물로 미국 대통령보다 군을 더 효과적으로 통제할 수 있다. 이 조항의 주된 긍정적인 사용은 비군사적 영역에서 의회에 대한 대통령의 권한을 확대하는 것이었다. 만약 이 조항이 주로 이러한 비군사적 의미로 볼 수 있고, 대통령이 헌법상의 자제를 행사하여 군대에 대한 군 지휘를 잉글랜드 왕과 같이 명목상으로 여길 수 있다면, 이러한 문민통제에 대한 장애물은 제거되고 균형 잡힌 행정 조직 패턴이 실행 가능하게 된다.

민병대 조항은 군의 한 부문에서 군사 전문성 개발을 직접적으로 방해할 뿐이다. 물론 의회는 민병대에 대한 이중 통제를 폐지할 수도 있다. 그러나 주방위군의 정치적인 힘에 직면하여 이것은 거의 불가능해 보이다. 그리고 현재의 상황을 고려할 때 바람직하지 않을 수도 있다. 보다 적절한 방향은 군사연방주의의 상황을 최대한 활용하는 것이다. 주방위군의 존재는 강력하고 준비된 국가 예비조직의 발전을 필연적으로 막을 것이다. 헌법은 주방위군을 강력한 정치세력으로 만들었으며, 이 정치적 힘이 주방위군을 효과적인 군사조직으로 만들 수 있다는 것은 상상할 수 없는 일이 아니다. 1954년 말에 훈련받는 육군과 공군 주방위군은 육군 및 공군 예비군의 두배인 거의 400,000명이었다. 1956년 보병 주방위군은 21개의 보병 사단, 6개의 기갑 사단, 9개의 연대 전투단, 9개의 기갑 기병 연대, 123개의 대공포 대대, 74개의 야전 포병 대대 및 기타 부대로 구성되었다. 공군 주방위군은 27개의 전투단으로 조직되었다. 주방위대의 준비태세는 역사상 그 어느 때보다 높은 수준이었다. 많은 대공 부대와 요격 비행대대가 반능동 경계 태세로 국가의 방공에 참여하고 있었다.22) 기본적으로 주방위군은 객관적인 문민통제에 완전히 들어갈 수 없다. 그러나 기존의 헌법 및 정치적 틀 내에서 존경할 만한 예비군을 창설하는 것은 여전히 가능할 수 있다.

　　객관적인 문민통제에 대한 헌법상의 실제 걸림돌은 권력 분립이다. 이것이 미국 정부의 핵심이며, 그 영향력은 군대 전체에 걸쳐 느껴진다. 근본적인 헌법 개정 없이는 권력 분립을 변경할 수 없다. 과연 그런 변화가 가능하다 해도 그만한 가치가 있을지 의문이다. 문민통제와 군사적 전문성 외에 다른 가치가 있는데, 이는 헌법제정자들이 헌법을 작성할 때 염두에 두었던 가치들이었다. 외국에는 보다 효과적인 문민통제 체계가 있을 수 있지만 어떤 나라도 독단적인 정치권력에 대한 억제시키거나 행정부 통합과 입법 다양성의 독특한 균형은 유지하는 것만큼 효과적인 시스템을 가지고 있지 않다. 어쩔 수 없이 전문적 기준을 고수하려는 군 장교와 문민통제권을 행사하려는 장관 모두 내각제를 부러워할 수밖에 없다. 그러나 그러한 시스템은 미국을 위한 것이 아니다. 권력 분립의 틀 내에서 문민통제에 대한 해로운 영향을 줄이는 제도적 조정이 이루어질 수 있다. 그러나 이러한 효과를 완전히 제거하는 것은 결코 불가능하다. 문민통제에 대한 더 적은 척도와 더 낮은 수준의 군사 전문성은 미국 국민이 헌법제도의 다른 혜택을 위해 지불해야 하는 지속적인 대가이다.

제8장
남북 전쟁 이전의 미국 군사 전통의 뿌리

미국 군국주의의 세 가지 요소

    기술주의, 대중주의, 전문주의는 미국의 군사 전통의 세 가지 요소이다. 모두 남북 전쟁 이전에 시작되었다. 기술적 요소는 군인의 전문 직업성에 기여한 기계공학적 기술과 전문화된 과학을 강조했고 양질의 장교는 토목 공학, 선박 설계, 지도 제작 또는 수로학과 같은 전문적인 기술의 전문가였다. 군사 기술의 근원은 19세기 초반 미국 문화에 널리 퍼져 있었지만 주로 미국 군국주의에 대한 제퍼슨식의 기여에서 찾아볼 수 있었다. 기술적 영향은 군사 교육과 참모 조직, 특히 해군에서 가장 컸다. 미국 군사 전통의 대중적인 흐름은 지식이나 훈련에 상관없이 모든 미국인이 군사 기술에서 뛰어날 수 있는 일반적인 능력을 강조했다. 장교는 민주주의와 자유의 이상에서 영감을 받은 시민 군인이었다. 대중적인 요소는 주로 잭슨식 민주주의에서 파생되었다. 그 제도적 반영은 잭슨 시대에 확고화된 장교단과 육군 조직의 진입 및 진급 체제에서 가장 두드러졌다. 마지막으로, 전쟁의 과학과 그 과학의 군사 전문가라는 개념 − 군사 전통에 대한 남부의 기여 − 또한 세기 중반이 되서는 존재했다. 그러나 미국 자유주의의 지배적인 요소에서 파생한 기술적이고 대중적인 요소와는 달리, 군사 전문성은 세기 내내 미국 발전의 주류로부터 점점 더 고립하게 된 보수적인 집단의 소수와 동일시되었다. 군사 전문성을 하나의 개념으로 표현하도록 허용한 남부의 지지는 또한 군사 전문성을 실제로는 패배시키려고 비난했다. 기술주의나 대중주의와 달리 제도적 반영은 부족했다. 남북 전쟁 이전에는 미국에 중요한 전문 군사기관이 없었다.

연방주의의 실패: 해밀턴의 무산된 전문성

　　미국에서 제도적 진전을 이루지 못한 군사 전문성의 실패도 연방주의의 실패와 밀접하게 관련되어 있다. 연방주의자들은 거의 전형적으로 보수적이었다. 그들의 기본가치는 군사 윤리의 가치와 매우 유사했다. 어려운 초기 몇 년 동안 미국 안보에 책임을 맡은 그들은 군사문제에 보수적인 관심을 가지고 있었다. 두 번째 대통령인 존 아담스는 "해밀턴의 취미는 군대였다"라고 썼고, 자신도 국방은 "항상 내 마음에 가까웠다"고 주장했다.[1] 그들은 정부의 기능 중 군사력의 필요성과 국방의 우선성을 강조하였다. 연방주의자들은 권력 정치를 비난하거나 피하지 않았다. 그들은 약간의 즐거움과 상당한 기교를 가지고 정치 게임을 했다. 워싱턴의 고별 연설은 국가가 "정의가 이끄는 대로 평화와 전쟁을 선택"할 수 있을 만큼 충분히 강하고 현명해야 한다는 조언은 전쟁이 국가 정책의 합리적인 도구라는 전문적인 군사 개념을 반영하기까지 했다.

　　만약 연방주의 보수주의가 19세기까지 지적 흐름과 정치 세력으로서 그 활력을 유지했다면 군사 전문성의 비옥한 원천이 되었을 것이다. 대신에 연방주의자들은 전쟁의 과학과 군사 직업이 미국에서 기능적으로 실현 가능하게 되기 전에 사라졌다. 그 결과 군의 필요성을 강조하면서도 전문적 목표의 필요성에 대해서는 명확하지 않았다. 그들의 두 지도자인 워싱턴과 해밀턴은 쉽게 군대에서 정무직으로, 그리고 다시 군직으로 옮기면서 실제로 전문직 유형의 정반대였다. 그들은 마찬가지로 객관적인 문민통제에 대해 거의 이해하지 못했다. 워싱턴은 군인이 아니라 시민으로서 대륙회의에 복종했다. 연방주의자 중 해밀턴만이 군사 전문성의 중요한 요소를 예상했다. 그는 소규모 군 지도자들에게 전쟁 기술의 핵심을 장기간 전문적으로 가르치는 것이 분업의 필연적인 결과임을 보았고 "전쟁의 원칙, 전쟁이 요구하는 훈련, 그리고 전쟁의 기초가 되는 과학"에서 학교 장교들에게 정교한 군사 대학의 설립을 촉구했다.[2] 해밀턴의 견해는 연방주의 철학을 군사문제에 적용한 것 중 가장 진보적인 것이었지만 대부분의 연방주의자들에게는 받아들여지지 않았다. 그리고 더 중요한 것은 보수적인 연방주의 철학이 대부분의 미국인에게 받아들여지지 않았다는 것이다. 1800년의 정치 쇠퇴는 해밀턴의 초기 전문성보다는 제퍼슨식의 기술주의를 미국 군사 전통의 출발점으로 만들었다.

기술주의

■ **제퍼슨식 근원: 특수화의 원칙**   남북 전쟁 이전의 미국 장교는 종종 고도로 훈련되고 과학 교육을 받았지만 그의 훈련은 모든 동료 장교들과 공유하고 사회의 나머지 부분과 구별되는 군사 기술이 아니었다. 대신, 장교는 여러 기술 전문 분야 중 하나의 전문가였으며, 이는 다른 전문 분야에서 훈련을 받은 다른 장교들과 자신을 구분하는 동시에 군대 밖에서 자신의 전문 분야에서 일하는 민간인들과 긴밀한 유대를 형성할 수 있었다. 다시 말해 장교단는 하위 군단으로 나뉘었는데, 일부 집단은 나머지 집단보다 더 중요하기도 했지만 각각의 군단은 다른 군단보다 민간 사회의 한 부문과 더 밀접하게 연결되어 있을 가능성이 높았다. 육군 장교는 군사보다는 공학적 사고가 더 많았고 해군 장교는 해군보다 선원 정신이 더 많았다. 미국에는 아직까지 다양한 기술 전문 분야에서 발전하여 이를 수정하고 종속시키며 오로지 군사적 목적으로의 전쟁을 위한 별도의 주제로 통합할 수 있는 독특한 군사 과학이 없었다. 일반적으로 유럽에서 전문성으로 대체된 후에도 기술주의는 미국 군국주의에서 강력한 요소로 남아 있었다. 그것은 이론의 일반화와 의도의 목적론적 정의에 똑같이 적대적인 미국 문화의 많은 실용적이고, 경험적이며, 물질주의적이고, 실용적인 측면에서 그 힘을 얻었다. 군사 기술주의는 어떤 독특한 정치-지적 흐름에 뿌리를 두고 있는 한, 군사 기술주의는 주로 미국 군사 기관에 대한 제퍼슨식의 영향의 산물이었다.

다른 자유주의자들과 마찬가지로 제퍼슨은 정규군에 대한 관심이나 활용이 거의 없었고 전문적인 군 장교직의 새로운 성격에 대한 인식도 없었다. 제퍼슨은 객관적인 문민통제가 쓸모가 없었고 "민간과 군대의 구분은 둘 다의 행복을 위한 것"이라고 비난했다. 그러나 이후의 대부분의 자유주의자들과 달리 그는 국방을 위한 확실한 계획을 가지고 있었다. 제퍼슨은 미국에 대한 계속되는 위협이나 전쟁의 지속적인 가능성을 찾지 않았다. 그의 군사 정책은 해밀턴의 정책과 마찬가지로 불안정한 국제 관계에 뿌리를 두고 있다. 그러나 실질적으로는 크게 달랐는데 제퍼슨은 "국민의 군사적 주권"에 기초한 변형의 극단을 구현하는 해밀턴의 프로그램에 대응해 자유주의적 대안을 개발하려고 노력했다. 제퍼슨은 미국을 무장 해제시키기는커녕 미국을 무장 진영으로 만들고 싶었다. "무장한 국가만이 상비군을 필요로 하지 않는다. 따라서 우리의 무장하고 훈련된 상태를 유지하는 것은 항상 중요하다…"3) 민병대의 대상은 보편적이어야 한다 ─ "모든 시민은 군인이다"는 제퍼슨식의 모토이다 ─ 잘 조직되고, 분류되고, 훈련되고, 장비를 갖추고 있어야 한다. 결국 제퍼슨의 군사 정책은 해밀턴의 정책보다 더 성공적이지 못했다. 병역의무를 보편화하는 것은 사실상 이를 폐지하는 것이었다. 정규군을 자유군으로 대체하는 대신 의회는 정규군을 중요하지 않은 규모로 제한하는 것을 선호했다. 근절이 변형을 이겼다. 미국은 제퍼슨의 권고대로 비상사태에 대처하기 위해 평화적으로 민병대를 유지하고 전쟁에 정규군을 편성하는 대신, 평화시 비상사태에 대처하기 위해 정규군을 유지하고 전쟁 발발 후 민병대를 징집했다. 해밀턴식의 프로그램은 자유주의 원칙에 위배되기 때문에 자유주의 사회에서 실행 불가능했고 제퍼슨식의 프로그램은 사회의 원칙에 어긋나기 때문에 실현 불가능했다.

　　군사 과학 및 군사 지도력에 대한 제퍼소니식의 접근 방식은 군사 이론을 반영했다. 제퍼소니안들이 어떤 형태의 군대의 필요성을 인식한 것처럼, 그들은 또한 어떤 형태의 군사 지식과 교육이 필요하다는 것을 인식했다. 그러나 군대와 민간인을 동일시했던 것처럼 시민적 기술과 군사적 기술을 구분하지도 않았다. 양적으로 군대는 사회 전체와 구분할 수 없었다. 질적으로 군사과학은 과학 전체와 구별할 수 없었다. "우리는 남성 시민 전체를 훈련하고 분류해야 한다"라고 제퍼슨은 선언했다. "그리고 군대 교육을 대학 교육의 정규 부분으로 만들어야 한다." 군사교육이 사회 전반에 보급될 수 있었던 것은 군인의 직업에 필요한 기술이 다양한 민간 직업에 필요한 기술과 동일했기 때문이다. 기술적 주제는 1830년대 이전에 미국의 육군과 해군 장교들이 만든 희소한 문헌에서 군사 주제보다 훨씬 더 두드러졌다. 제퍼소니안은 계몽주의 과학자를 존경했다. 훌륭한 장교는 어떤 특수화된 과학 기술의 전문가였다.

　　육군 장교의 기술주의 경향은 미국 군국주의에 대한 프랑스의 영향으로 강화되었다. 이것 역시 프랑스 제도와 문화에 대한 제퍼소니안들의 호감에 의해 촉진되었다. 미국인들은 요새화, 포병, 공학을 강조하면서 프랑스를 모방했다. 초기에 웨스트포인트의 천재였던 실바누스 세이어(Sylvanus Thayer)는 프랑스 교육을 주의 깊게 공부했고 프랑스가 "군사 과학의 보고(寶庫)"라고 확신했다. 그는 의식적으로 프랑스 계통의 학교 패턴을 만들기 위해 에콜 폴리테크니크(Ecole Polytechnique)의 훌륭한 모델을 따르고 프랑스 강사와 프랑스어 교과서를 활용하였다. 할렉 (Halleck)과 마한(Mahan)과 같은 19세기 전반의 뛰어난 아카데미 졸업생들은 교육을 계속하기 위해 프로이센이 아닌 프랑스로 파견되었다. 조미니(Jomini)는 군사 작전의 더 큰 측면에 대한 최종 단어로 간주되었으며 미국 보병, 기병 및 포병 전술은 프랑스 육군의 전술을 모방했다. 사관학교와 육군 전반에 대한 프랑스의 영향력은 높은 수준의 기술 및 과학적 성취를 달성하는 데 도움이 되었지만 육군의 군사적 목적을 강조하지는 않았다.4)

■ **교육: 웨스트 포인트의 공학 학교**   미국의 군사 교육은 남북 전쟁이 끝날 때까지 목적과 내용 면에서 거의 전적으로 기술적이었다. 고등 군사 과학과 전략에 대한 교육은 거의 또는 전혀 없었고, 프로이센의 예비 학교나 베를린 육군 사관학교(Kriegsakademie)에 견줄 말한 미국 교육 기관도 없었다. 미국 군국주의에 대한 제퍼소니안 영향이 가장 주목할 만하고 지속적으로 나타난 것은 웨스트 포인트에 있는 사관학교에서였다. 1799년 해밀턴은 5개 학교를 설립할 것을 제안했다. 학생들이 2년 동안 "용병술의 다양한 분야에 대한 완벽한 지식에 필요한 모든 과학"에 대한 교육을 받는 기초 학교와 기초 과정을 마친 학생들이 전문 학습을 위해 하나를 선택해 가는 4개의 고급 공병 및 포병, 기병, 보병, 해군 학교를 제안했다. 이것은 군사 과학의 본질을 전체적으로 가르칠 뿐 아니라 좀 더 특수화된 분야의 요소를 가르치는 진정한 전문 학교이었을 것이다.5) 대조적으로 제퍼슨이 1802년 웨스트포인트에 설립한 기관은 해밀턴이 권유한 군사 대학의 5분의 1에 불과했다. 이것은 공병단 창설에 거의 부수적으로 만들어졌다. 그것의 주요 목적은 군사 및 민간 고용을 위한 기술자들을 배출하는 것이었다. 그것은 센시어(St. Cyr)가 아니라 에콜 폴리테크닉과 같은 것이었다. 군사 직업을 위한 전문 학교가 아니라 실용 과학 학교로 전 국민을 위해 고안된 기술 학교였다. 제퍼

슨은 조나단 윌리엄스(Jonathan Williams)를 초대 교육감으로 임명했는데, 그는 임명되기 전에 군사 경험이 없었지만 요새 건설에 참여했으며 실제 과학자로 명성을 떨쳤다. 제퍼슨의 관심은 항상 아카데미의 군사 활동보다는 과학에 있었다.

　　웨스트포인트의 제퍼소니안 기원은 미국 군사 교육에 엄청난 영향을 미쳤으며 기술교육에 대해 강조하기 시작했으며 그 잔재들은 오랫동안 지속되었다. 남북 전쟁 이전에 아카데미의 주요 공헌은 제퍼슨이 의도한 대로 공학 및 과학 분야였다. 남북 전쟁이 끝날 때까지 학교는 공병단의 일부로 남아 있었고 그 분교에서 교육감을 임명해야 했다. 공학이 커리큘럼을 지배했다. 공학부는 1812년에 설립되었지만 1858년이 되어서야 의회에서 전술부를 만들었다. 군사과목은 군사공학의 부수적 과목으로 가르쳤고, 군사공학과 자체는 토목공학에 종속되었다. 한 관측자는 남북 전쟁 당시 "전략이나 대전술, 군사 역사 또는 소위 전쟁 기술에 대한 지침이 없었다"라고 말했다.6) 사관학교 졸업생들에 대한 민간 고용주의 수요가 많았고 정부에서는 지형조사, 철도건설, 기타 내부개선공사에 그들을 활용하였다. 남북 전쟁이 일어나기 전 몇 년 동안 동문들은 군 복무보다 민간 직업에서 더 많은 두각을 나타냈다. 웨스트 포인트는 장군보다 더 많은 철도 회장을 배출했다. 많은 학생들이 육군 장교가 아닌 과학자나 공학자가 되기 위한 분명한 목적으로 사관학교에 입학했으며, 사관학교는 과학, 탐사 및 내부 발전에 대한 기여 측면으로 인해 국가에 정당화되었다. 1835년 이전에 웨스트포인트는 미국의 기술 교육 발전에 형성적인 영향을 미쳤다. 하버드와 예일 대학을 포함하여 1870년 이전에 설립된 19개 공학 학교의 대다수는 육군 사관학교와 직접적인 교육적 제휴를 맺고 있었다. 따라서 남북 전쟁 이전에 웨스트포인트는 예비 전문 군사 교육의 두 가지 구성 요소가 부족했다. 그것은 학생들에게 교양 과목에 대한 광범위한 기초를 제공하지 않았다. 또한 군사 과학의 기본적 요점을 제공하지도 않았다.

　　1860년대 이전까지 기술주의는 육군보다 해군 교육에서 여러 면에서 훨씬 만연했다. 그러나 그 원인은 제퍼소니안 근원으로 직접적으로 기인할 수 없었다. 초창기에는 항해술에 중점을 두었고 해군 장교는 종종 상선에서 직접 임관되었다. 그 후, 증기의 도입과 동시에 해양 공학에 대한 관심의 전환이 발생했다. 1845년 이전에는 장교의 교육이 실용적이고 무계획적이었다. 해군사관에게 필요한 유일한 시험은 항해와 항해술이었고 해군에는 장교의 교육을 위한 유일한 장소가 배의 갑판이라는 강한 전통이 있었다. 결국 웨스트포인트에 견줄 만한 해안 학교를 입법적으로 설립하는 것이 바람직하다는 것이 일반적으로 인식되었다. 그러나 이 학교의 성격은 여전히 기술적인 측면에서 생각되었다. 예를 들어, 1814년에 존스(Jones) 장관은 "해군 장교의 성취를 위해 필요"하다고 생각한 순수 기술적인 주제에 대한 교육을 주장했다. 1841년에 업슈어(Upshur) 장관은 증기선의 도입이 장교들 사이에 고도의 과학 지식을 필요로 한다고 주장했다.[7] 해군사관학교가 1845년에 마침내 설립되었을 때, 해군사관학교의 커리큘럼은 토목공학을 해양 기술로 대체한 것을 제외하고는 웨스트포인트의 커리큘럼과 매우 유사했다. 그후 수십 년 동안 이론 교육에 대한 반대는 여전히 해군에서 강하게 남아 있었다.

■ **참모 조직: 제퍼소니언 해군 기술주의, 1815-1885** 기술주의의 확산은 육군과 해군 조직에서 행정 참모들에게 주어진 핵심 역할에도 반영되었다. 이 기간 동안의 육군성이나 해군성에는 군사작전과 전쟁에 전문 지식을 적용하는 데 전념하는 진정한 총참모진이 없었다. 1813년에 창설된 육군 "참모부"는 부관, 육군 참모총장, 군수총장, 급여관장, 지형 공병 보조 및 그들의 조수로 구성되었다. 육군 구조에서 그들의 영향력은 이론적으로는 육군의 군사적 이해관계를 대표하지만 실제로는 정치적 논쟁에 깊이 관여하게 된 총사령관의 입장에 의해 어느 정도 균형을 이루었다. 기술 부문은 유리한 지위를 누렸다. 전쟁 규약(Articles of War)에서는 공학을 "군사 과학의 가장 고상한 분야"로 정의했다.[8] 남북 전쟁으로 이어지는 여러 해 동안 육군과 해군의 많은 에너지는 본질적으로 민간의 추구인 탐사, 과학 연구 및 내부 개발에 몰두했다.

제퍼소니안의 기술주의가 군사 조직에 미친 영향의 가장 주목할 만한 사례는 해군성이었는데, 그 조직은 1812년 전쟁 직후 매디슨 행정부 기간 동안 지속적인 성격을 부여받았다. 당시 설립되어 20세기까지 만연했던 조직의 형태에서, 군사 전문성이 기술 전문성과 명시적으로 동일시 되었으면 전쟁시 광범위한 해군 작전 수행을 위한 전문 지식의 필요성도 마찬가지로 명시적으로 인정되지 않았다. 따라서 해군 조직은 해군의 전문적인 군사 이익을 대변하기 위한 어떠한 조항도 마련하지 않았으며 결과적으로 행정 민군 관계의 세 가지 이상형 중 어느 것도 닮지 않았다. 그것은 대신에 엄격하게 사전 전문적인 형태의 조직이었다.

1798년부터 1815년까지 해군성은 모든 부서 업무, 민사 및 군대를 처리하는 장관과 소수의 서기로 구성되었다. 1812년 전쟁 후 더 많은 참모에 대한 요구가 제기되었고 의회는 3명의 대위로 구성된 해군위원회를 설립했다. 이사회는 장관 산하에 놓이게 되었고 그 책임은 그의 책임과 동일하게 되었다. 조달 및 건설과 같은 민사 업무와 선박의 고용과 같은 군사 업무는 이사회와 장관에게 동등하게 할당되었다. 의회의 의도는 분명히 수직적 조직 체계를 구축하는 것이었다. 그러나 이것은 해군 장관인 벤자민 크라운실드(Benjamin Crowninshield)의 견해가 아니었다. 첫 번째 조치 중 하나로 위원회는 장관에게 소함대의 목적지를 알릴 것을 요구했다. 크라운실드는 위원회가 민간-산업 관련의 문제만 다루어야 한다고 주장하면서 이 요청을 거부했다. 대통령은 법에 대한 이러한 해석을 지지했으며, 그 후 1842년까지 해군 위원회를 구성하는 3명의 해군 장교가 국방부의 민간 활동을 지휘하고 민간 장군은 군사 활동을 지휘했다.

이 체계는 표면적으로 터무니없이 역설적으로 보이다. 사실 그 이면에는 논리가 있었다. 해군의 민간 활동은 군사 활동보다 훨씬 더 전문화되고 기술적이었다. 해군 함정의 설계, 건조, 장비와 해군 야드 운영은 전문가의 몫이었다. 이에 비해 규율, 인사 배치, 선박 선정 등은 비교적 단순한 문제였다. 아무나 후자를 지시할 수 있으나 그가 전자를 관리하는 것은 불가능했다. 장관이 해군의 군사 업무를 처리할 능력이 있다는 생각은 1820년대까지 널리 퍼져 있던 관습으로 인해 해상 경험이 있는 사람을 그 자리에 임명하는 관습에 의해 강화되었다. 해군 조직에 관한 이유는 1839년 폴딩(Paulding) 장관에 의해 명시적으로 언급되었다. 그는 부서의 임무가 자연스럽게 두 부류로 나뉜다고 말했다. 첫 번째 부류는 "주의 보다 일반적이고 포괄적인 이익, 즉 해군의 규모와 분포, 그리고 해군 인력의 방향, 고용 및 기강에 관련된 사람들로 구성된다." 두 번째 부류에는 "해군 건설, 장비 및 유지 관리와 관련된 모든 것"이 포함된다. 장관에 따르면 첫 번째 부류의 직무는 "특별한 기술 또는 전문지식이나 경험이 필요하지 않다…" 결과적으로 이러한 직무는 장관이 직접 수행할 수 있다. 그러나 두 번째 부류의 임무를 수행하려면 "오랜 전문적 경험이 필요하며 유능한 해군 장교의 소관하에 더 완벽하게 달성될 수 있을 것으로 믿어진다."9) 1842년 해군 위원들이 국장 체제로 교체된 후에도 이러한 제퍼소니안 양상은 바뀌지 않았다. 이전에 해군위원회 위원들이 일괄하여 수행했던 임무는 평이하게 조선소 및 부두, 건설, 장비 및 수리, 공급품 및 제복, 병기 및 수로, 의학 및 외과 등 5개 국장에게 위임되었다. 해군 구조에서 전문적인 군사적 관점을 대표하는 대비책은 없었고 장관은 여전히 이 기능을 수행하려고 시도했다.

불가피하게 해군의 군사 활동이 점점 복잡해짐에 따라 장관들은 이를 관리할 능력이 떨어졌다. 이것은 전쟁에서 고통스러울 정도로 명백했다. 남북 전쟁에서는 전 해군 대위를 차관보로 임명하여 해군의 전문 군사 수장으로 활동하고 전략과 작전을 지휘할 필요가 있었다. 이 차관은 또한 링컨과 직접 접촉을 했으며 전쟁 기간 동안 해군 조직은 따라서 간략하게 조정 양상을 근사화했다. 그러나 1869년 차관보직이 폐지되고 해군은 전쟁 전의 전문직 조직으로 되돌아갔다. 이후 30년 동안 여러 차례 전쟁의 위협을 받을 때마다 해군은 군사 계획을 위한 임시 전문위원회를 서둘러 설치해야 했다. 스페인-미국 전쟁 중 해군 전략 위원회는 군사 작전을 지휘하기 위해 만들어졌다. 그러나 평화시에서 이것은 민간 장관의 직접적인 책임으로 남아 있었고 해군의 최고 군사 지도부는 기술국장의 책임자였다. 웨스트포인트의 기술적 강조가 육군의 군사 전문성의 출현을 방해한 것처럼, 해군 조직에 확고히 자리잡은 기술적 이해관계는 19세기 말 해군 전문 개혁가들에게 주요한 장애물이 되었다.

대중주의

■ 잭소니안(Jacksonian) 근원: 융합의 원리

독특한 군사 과학의 부재로 인해 장교는 한편으로는 기술 특수화로 이끌었지만 다른 한편으로는 장교로서 어떤 종류의 전문 역량도 필요하지 않다는 결론으로 이어질 수 있다. 전문적인 평가 기준이 없기 때문에 대중적인 기준을 사용하게 되었다. 필연적으로 군복무는 문관과 마찬가지로 정부의 정치 지도자들의 명예로운 일이건 아니건 간에 궁극적인 목적을 위해 이용되었다. 장교단을 특수 기술 분야에 따라 나누면서 군단의 부분과 해당 문관의 사이에 개별적인 연결이 구축되었다. 대중 정치가 군단 침투하는 것은 미국 생활의 주류와 광범위한 연관성을 만들었다. 이 연관성은 미국 문화에서 대중적이고 아마추어적이며 민주적이며 이상주의적인 것을 반영했다. 그것은 주로 잭슨식 민주주의의 산물이었다.

잭슨식 민주주의는 군사 문제에 대한 자유주의적 무관심의 시대를 시작했다. 1815년 이후에는 인디언을 제외하고는 미국 안보에 심각한 위협이 없었다. 군사적 방어를 위한 자유주의적 계획은 더 이상 필요하지 않았다. 대외의 위험이 사라지고 군사 전문성의 필요성이 대두되면서 시민 민병대와 기술 전문성을 긍정적으로 강조하는 경향에서 모든 군사 기관에 대한 부정적인 반대 방향으로 전환되었다. 잭슨파는 제퍼소닉 정책의 진부한 정책을 되풀이했지만 실제로 실현하려는 노력은 하지 않았다. 상비군의 위험성을 경고하고 민병대를 자유의 보루라고 부르면서 정규군을 폐지하거나 민병대를 효과적인 군대를 만들지 않았다. 남북 전쟁 이전 30년 동안 민병대는 군사 기강과 군사 기술이 결여된 거의 순수한 사회조직으로 전락했다.[10] 제퍼슨은 모든 시민을 군인으로 교육하기를 원했다. 잭슨파는 모든 시민이 훈련 없이 군인이 될 수 있다고 가정했다. 훌륭한 제퍼소니안 장교에게는 기술적인 능력이 필요했고 잭슨파 장교는 전투적인 열정을 보였다. 제퍼소니식의 기술주의와 대조적으로, 군 장교에 대한 잭슨식 태도는 명백히 반지성적이었다.

군 문제에 대한 잭슨식 태도의 두드러진 측면은 장교단을 귀족제도로서 반대하는 것이었다. 이러한 적대감은 국가의 안보와 시대정신에 뿌리를 두고 있었다. 단결되고 동질적인 사람에 대한 잭슨파의 개념은 어떤 종류의 사회적 차별과도 양립할 수 없었다. 드 토크빌이 보았듯이 평등에 대한 욕구는 획일성을 향한 욕구가 되었다. 그러나 균등은 또한 다양성과 연결되었다. 모든 시민은 모든 것을 할 수 있기 때문에 비슷했다. 제퍼슨은 "모든 시민은 군인"이라는 슬로건으로 표현된 무장한 국민을 기대한 반면, 잭슨파는 "융합의 원칙"으로 표현된 단결된 국민을 기대했다. 한 의회위원회가 말했듯이 미국 국가는 "모든 사회 질서를 통합한다는 위대한 원칙 위에 따라" 설립되었다. 그 사회에서는 모든 전문성이 의심스럽게 여겨졌다. 막 시작하는 군 직업은 태어날 때 사실상 거의 목이 졸려 죽었다. "자유 국가에서 군대가 습관, 이해 관계 및 감정면에서 사회의 다른 체계와 분리되는 것은 가장 비현명하고 안전하지 않다."[11]

■ 인사: 의회 임명 및 측면 진입   미국의 군사 전통에 대한 잭슨파의 영향은
진입 및 진급 시스템과 관련하여 가장 두드러졌다. 웨스트포인트는 잭슨주의자들
의 적대감의 주요 대상이었으며, 그들의 비판은 사관학교의 교육과정과 교육방법
이 아니라 사관후보생들이 임명되는 방식과 사관학교 졸업생이 육군에서 하급
장교 직위를 선점하는 정도에 집중되었다. 잭슨파의 시각에서는 군 장교에게 특
별한 기술이 필요하지 않았을 뿐만 아니라 모든 사람은 자신이 선택한 직업을 추
구할 천부적인 권리를 가지고 있다. 심지어 잭슨의 국방장관 조차도 "군에 입대
할 수 있는 독점적인 특권"을 비난하고 혁명적인 프랑스의 예를 인용하면서 대
열의 광범위한 승진을 정당화했다. 잭슨 자신은 장교직에 대한 자신의 개념과는
다른 장교직의 개념을 상징하는 아카데미에 대해 명백한 반감을 가지고 있었다.
그의 행정부 아래서 웨스트 포인트에서 군기가 흔들렸고, 결국 웨스트 포인트 교
육 방법의 감독이자 주조자인 실바누스 세이어(Sylvanus Thayer)는 엽관제도의 관
입에 혐오감으로 사임했다. 잭슨파의 공격은 1837년 웨스트포인트를 조사하도록
임명된 의회위원회가 웨스트포인트의 폐지를 권고하면서 절정에 달했다. 위원회
의 의견으로는 아카데미는 건국의 아버지의 원칙을 위반하고 "다른 모든 정부
부서와 마찬가지로 보든 시민"에게 공개되어야 하는 정규군 독점위원회를 독접
했다. 근본적인 문제는 "교육과 규율"이 "모든 것"이라는 가정이었다. 웨스트 포
인트가 만든 군사 계급은 자유태생 미국 시민을 이끌 수 없었다. 전쟁의 성공은
"천성적으로 그렇게 할 자격이 있는" 사람들에게 주어졌다. 위원회는 "학식의 풍
부함"을 맹렬히 비난하면서 18세기 군사 천재 개념을 설득력 있는 용어로 재언
급했다. 위원회는 생도를 선발할 때 가난한 사람보다 부자를 선호한다고 밝혔지
만 이 점에 대한 구체적인 증거는 없다고 인정했다. 의회가 위원회의 제안을 따
르고 웨스트 포인트를 없애지 않았지만 위원회가 반영한 적대감은 여전히 만연
했고 주 의회는 뉴욕의 "귀족 제도"를 "우리 자유주의 제도의 정신과 본질에 완
전히 부합하지 않는 것"이라고 비난했다.12)

    잭슨의 반대파의 가장 영구적인 유산은 아카데미에 대한 의회의 임명 제도였
다. 세기의 첫 수십 년 동안 생도들은 군 당국에 의해 임명되었다. 그러나 1820년
대와 1830년대에 후보자의 수가 임명된 수를 초과하기 시작했고 아카데미의 귀
족적이고 금권적인 성격에 대한 공격이 거세지면서 의회 선거구 간에 임명인선

을 분배하는 관습이 발전했다. 1840년대 초에 이르러서 하원의원의 추천으로 임명되었고, 하원의원들은 그들을 자신의 일반적인 후원자의 일부로 여기게 되었다. 이 제도는 1843년 의회가 생도를 의회 선거구에 균등하게 분배하고 생도들은 그가 임명받은 지역의 거주자여만 한다고 요구하면서 공식화되었다. 1845년 해군사관학교가 설립되기 직전에 의회는 또한 해군 사관생도의 임명을 하원의원과 대의원 수에 비례하여 주와 준주에 배분할 것을 요구했다. 각 지명자는 그가 임명된 주의 거주자여야 했기 때문에 해군성은 후보자가 속한 지역의 의원의 추천에 의존하게 되었다. 1852년에 의회는 육군사관생도로 선출되기 위한 전제 조건으로 의회 지명을 요구하는 이 제도를 공식화했다.13) 의회가 사관학교에 임용하는 제도는 대중의 주관적인 문민통제를 위한 조잡한 노력이었지만 미국의 군사기관에 지속적인 영향을 미쳤다.

민간인이 장교의 상위 계급으로 직접 측면 진입하는 것도 남북 전쟁 이전에 흔한 현상이었다. 그것은 어떤 면에서는 고대 관습이었지만 잭슨 시대에 훨씬 더 널리 퍼졌다. 예를 들어, 1836년에 4개의 용기병 연대가 추가로 편성되면서 30명의 민간인 4명의 웨스트포인트 졸업생이 장교로 임명되었다. 1802년부터 1861년까지 육군 장성 37명 중 웨스트 포인트 출신은 단 한 명도 없었다. 23명은 실제로 병역 경험이 전혀 없었고 11명은 대위나 그 이상의 계급을 가지고 입대했다. 멕시코 전쟁 당시 육군 규정은 민간인의 장교 임명을 장려했다. 정규 장교들은 자주 복무를 그만두고 민간 직종에 들어갔으며, 전시에 그들과 같이 복무하고 계속 복무하고 있는 장교보다 높은 등급의 민병대나 의용군 장교로 재입대했다. 장교는 민병대와 남북 전쟁 의용군의 낮은 계급에서 자주 선출되었다. 남북 전쟁이 끝날 때까지, 공로가 아닌 정치가 육군 최고의 직에 임명을 좌우했다. 그 영향은 해군과 해병대에서도 똑같이 중요했지만, 이들 군부에서는 본질적으로 더 개인적이었고 친족주의가 드물지 않았다. 1815년부터 1842년까지의 폴린(Paullin)은 "해군사관생도를 선택하는 데 있어 가장 중요한 요소는 정치적, 개인적 영향이었고, 고대의 많은 정치가는 잡다한 아들, 손자, 조카, 사촌 등을 해군사관생도를 만듦으로써 해군 명단에 가족의 기념비를 남겼다."14)

많은 사람들이 정치적 임명에 반대했지만, 가장 일반적으로 받아들여지는 대체는 연공서열 제도인데 이것은 질병보다 더 나쁜 치료법이었다. 19세기 전반기에 의회는 공식적인 승진제도로서 연공서열을 유지해야 한다고 주장했다. 그 결과 유능한 장교는 수십 년을 하급에서 보냈고, 그 계급에서 오랫동안 또는 초 정상적으로 오랫동안 복무한 장교는 모두 더 높은 직급에 도달할 수 있었다. 정 치와 마찬가지로 서열도 공로를 반영하는 계급을 원하는 사람들에게 공격을 받 았다. 심지어 일부에서는 영국의 구매 시스템이 연공서열에 의존한 미국 제도보 다 우월하다고 느꼈는데 이는 특히 연공서열이 정치를 최소화하려는 표면적인 목적에 실패했기 때문이었다. 한 장교는 "우리 군대는 우리가 귀족적이며 진정한 능력에 대해 완전히 비우호적인 제도를 가졌다고 생각하는 유럽의 어떤 정부보 다도 이런 종류의 편애와 정치적 편파을 훨씬 더 사용할 용의가 있다"고 불평했 다.15) 보다 전문적인 발전 시스템을 대체하려는 노력은 육군과 해군 모두에서 성공하지 못했다. 일반적으로 인정되는 전문적 능력을 평가하는 기준이 없기 때 문에 성과에 따른 승진 기준을 마련하는 것은 불가능했다. 육군과 해군에 퇴직제 도가 없기 때문에 장교들은 자신의 자리에서 죽을 때까지 버티며 후배 진급을 가 로막았다. 해군은 1855년에 제한된 퇴직제도를 받았지만 육군은 남북 전쟁이 끝 날 때까지 기다려야 했다. 또한 해군은 전문직 계급이 거의 없었으며, 중위, 사령 관, 대위의 3개 장교계급만 있었다. 일생에 단 두 번의 승진만으로, 두드러진 노 력과 전문성 향상에 대한 인센티브는 거의 없었다.

장교단 내의 대중주의 영향은 장교들의 정치 활동을 독려했다. 그 패턴은 육군 사령관에 의해 정해졌다. 제이콥 브라운(Jacob Brown) 장군과 스콧 장군은 활동적인 정치인이었고 후자는 군대를 지휘하면서 대통령 선거 운동을 했다. 대 다수의 장교는 군부의 정치 참여를 선호했다. 1836년 육군과 해군 연대기(Army and Navy Chronicle)에 실린 이 문제에 대한 논의에서 건국의 아버지들(Founding Fathers)이 적절한 모범을 보였다는 의견이 지배적이었다. 혁명군의 모든 장교는 정치인이었다고 주장되었다. "장교가 정치에 참여해서는 안 된다는 감정과 의견 은 가장 비굴한 정신으로 생각되고 무자비한 군사 귀족에 의해 주입된 것이다. 그들의 이익은 그들의 군림하려는 성향에 부하들의 마음을 완전히 복종시키는 것이다."16) 정치적으로 말하고 행동할 수 있는 장교의 권리는 다른 미국 시민의 권리와 다르지 않다는 데 동의했다.

■ **군대 조직: 조정 패턴, 1836-1903**　　　19세기 해군 조직 양상은 매디슨 행정부 동안 제퍼슨주의 노선을 따라 고정되었다. 20세기 초반까지 지배적이었던 육군 조직 체계는 1836년에 공식화되어 잭슨파의 영향을 뚜렷하게 반영했다. 1821년 이전에는 해군과 마찬가지로 육군에도 하나의 전문 수장 지휘관이 없었다. 국방 장관은 지리적 구역을 지휘하는 장군을 통해 육군을 관리하고 워싱턴에 있는 참모 기관의 운영을 감독했다. 그는 원한다면 1813년 암스트롱(Armstrong) 장관이 그랬던 것처럼 전장에서 군대를 직접 지휘할 수 있었다. 따라서 그는 자신의 부서를 완전히 통제했다. 정치적, 군사적 기능은 아직 구별되지 않았다. 그러나 1821년 존 C. 칼훈(John C. Calhoun) 국방장관은 유일하게 남아 있는 소장을 워싱턴에 파견하여 "여러 예하 부서를 통해 군대의 군사 행정과 군대의 재정을 정부의 직접적인 검사와 통제 하에 두도록" 지시했다."17) 칼훈의 의도는 균형 잡힌 조직 시스템을 구축하는 것이었다. 한편, 장관은 의학, 최저 생활, 병참장교, 급여, 부관참모, 공병단 등 기술 부서를 담당하는 "참모부" 장교들을 감독한다. 한편, 장관은 사령관을 통해 육군의 군사작전을 지휘하게 된다. 그러나 칼훈은 곧 자리를 떠났고 시스템은 그가 의도한 것과는 상당히 다른 방식으로 작동하기 시작했다. 특히 잭슨이 대통령이 된 후 그의 이전 군사 경험, 총사령관으로서의 대통령의 헌법적 역할, 대통령, 총사령관 및 장관의 성격, 정치와 이익의 끌어당김이 결합하여 칼훈의 조직을 왜곡하여 조정 양상을 띠게 되었다. 사령관은 장관으로부터 독립하여 군사 문제에 대해 대통령에게 직접 책임이 있다. 장관의 권한은 기술국의 감독을 포함한 재정 및 행정 업무에 국한되었다. 잭슨의 국방 장관인 루이스 캐스(Lewis Cass)는 이러한 새로운 상황을 지지하면서 "절대적으로 군사적이고 적절히 수행려면 군사 경험뿐 아니라 군과의 군사적 연계에 대한 이점이 요구되는 군사 행정을 감독하고 지시하는 것"은 사령관의 기능이라고 선언했다.18) 국무장관과 사령관에 의한 이중 통제의 조정 체계는 1836년 잭슨 행정부 말기에 공식적으로 육군 규정에 작성되었다.

　　　군사 체제는 규율과 군사적 통제에 관한 모든 면에서 총사령관의 명령을 받는다. 재정 관리는 참모의 행정 부서와 국방 장관의 지휘 하에 있는 재무부에 적절히 속한다.19)

남북 전쟁 전후 몇 년을 제외하고 이 조항은 1903년 루트(Root)가 국방 부서를 재편성할 때까지 이 규정에 남아 있었다.

조정된 육군 조직은 사령관이 육군의 영구적인 군사적 이해관계를 대표하고, 훈련받지 않은 민간인으로서 국방장관이 사령관과 헌법 총사령관 사이의 군사적 문제에 개입할 수 없다는 이유로 정당화되었다. 군사 체제 내에서 사령관의 기능은 지휘, 비서 행정부의 기능이었다. 민간인으로서 후자가 군사적 지휘를 수행하는 것은 불가능했다. James A: Gar field는 "모든 문제에 있어 엄격하게 군사적이다."라고 말했다. "육군 장군은 대통령 아래에서 2인자이다."20) 또한 대통령은 육군에 대한 지휘권을 장관에게 위임할 수 없었다. 비서관은 육군 소속이 아니었기 때문에 지휘할 권한이 없었기 때문이다. 육군과 전쟁부는 별개의 기관이었다.21) 대통령에 대한 사령관의 책임은 비서관에 대한 국장의 책임이었다. 1820년대 이후에는 국장들이 장관에게 직접 보고했고, 모든 비서관은 총사령관의 개입 없이 국에 직접 명령을 내릴 것을 주장했다. 입법부 설립 국은 사실상 항상 장관의 "지시" 또는 "감독"하에 두었다. 조정 계획에 따른 전쟁부 조직은 부분적으로 1795년에서 1870년 사이에 널리 퍼져 있던 유사한 영국 시스템을 의식적으로 모방했다. 영국 국방부 장관과 총사령관 사이의 책임 분담은 미국 군사 문서에서 가장 현명한 형태의 군사조직으로 일컬었다.

이론적으로 사령관은 육군의 전문적인 군사 이해관계를 구현하고 정치와 분리되어 있었지만 실제로는 정반대였다. 사령관이 대통령에게 직접 접촉할 수 있고 그와 장관 사이에 책임이 불분명하게 할당되어 육군의 최고 위급장교가 계속해서 정치적 논쟁에 휘말리게 되었다. 가장 큰 사건은 1855년 스콧 장군과 데이비스(Davis) 장관이 미국 행정에 원기를 불어넣기 위해 가장 신랄한 교류를 했을 때였다. 이러한 투쟁은 군사 업무의 지속적인 특징이 되었다. 맥클렐런(McClellan)은 남북 전쟁 중에 스탠튼(Stanton) 장관과 논쟁을 했다. 셔먼(Sherman)은 그랜트(Grant) 행정부 기간 동안 벨냅(Belknap) 장관과 논쟁을 했다. 셰리던(Sheridan)은 1880년대에 엔디콧(Endicott) 장관과 말다툼을 벌였으며, 마일스(Miles) 사령관과 알저(Alger) 장관은 스페인-미국 전쟁 중에 공개적으로 서로에게 적대적이었다. 스콧은 테일러(Taylor) 행정부와 잘 지내지 못해 워싱턴에서 뉴욕으로 본부를 옮겼다. 셔먼은 문민당국과 의견이 맞지 않아 지휘권을 세인트루이스(St. Louis)로 옮겼다. 또한, 장관이 사령관에 대한 그의 권한을 확대하려고 노력한 것처럼 총 사령관도 문민당국에 대한 통제를 시도했다. 1829년 부사령관은 사령관이 자신 과 관련이 없는 일에 간섭하고 있다고 장관에게 항의했고, 2년 후 사령관은 "참 모부서는 거의 같은 직책에 속하지 않는 것 같다"고 불평했다. 세기의 나머지 기 간 동안 행정부와 사령관, 사령관과 장관의 정치적 투쟁은 사령관이 진정한 직업 적인 군사 지도자로서의 기능을 하는 것을 성공적으로 막았다. "끊임없는 불화" 는 조정체계의 불가피한 결과였다.[22]

　　잭슨파가 설립한 조정 조직은 대통령을 총사령관으로 하는 헌법 조항을 군 사 지휘 및 기획에 전념하는 전문 직업의 존재와 조화시키려는 최초의 시도였다. 그러한 역사는 이러한 형태의 조직을 통해 객관적인 문민통제를 달성하는 것이 사실상 불가능하다는 것을 보여준다. 국방부가 장기간 동안 조정 형태를 유지하 는 것은 아마도 미국 행정 역사상 유일무이한 것이다. 다른 주요 부서 및 기관은 사실상 항상 한 개인 또는 한 개인으로 대표되는 이사회 또는 위원회가 이끌었 다. 그러나 국방부는 65년 동안 이중 통제 체제 하에서 운영되었는데, 이는 헌법 형태와 초기 잭슨파가 민군 관계의 균형 잡힌 패턴을 허용하지 않으려는 독특한 결과였다.

전문 직업 의식

■ **남부 근원: 군사 이익의 전통**　　　남부는 남북 전쟁 이전에 군사 전문성을 유 일하게 지원했다. "남부 군사 전통"은 뉴잉글랜드, 중서부 또는 로키산맥의 군사 전통이 없었던 방식으로 존재했다. 군사 문제에 대한 남부의 관심 근원은 다양했 다. 첫째, 남부는 군사력에 대한 독특한 국부적 수요가 있었다. 서쪽 국경에서 인 디언의 위협은 정착지의 진격선과 함께 서쪽으로 계속 이동하고 있었다. 수십 년 동안 군사 보호의 필요성을 느낀 지역은 없었고 친군 단체가 지속될 기반도 없었 다. 그러나 남쪽의 국경은 더 고정적이었다. 3대에 걸친 남부인들은 세미놀 (Seminoles)과 크릭(Creek)의 약탈로 인해 어려움을 겪었고 1842년데 6년간의 플 로리다 전쟁이 끝날 때까지 위협은 제거되지 않았다. 인디언의 왕성한 위협은 또

한 노예 반란의 잠재적인 위험으로 보충되었는데, 탈출한 노예가 종종 인디언 부족과 협력했기에 둘은 완전히 관련이 없지 않았다. 이 두 가지 위협의 결과로 강력한 군사력과 광범위한 군사 지식과 기술의 보급이 농장(Plantation) 체제의 보안에 필요하게 되었다. 남부 군국주의의 두 번째 원천은 전쟁 전 남부 문화를 주입한 낭만적 숭배였다. 이것은 대부분 남부의 농업적 특성, 영국인의 "신사" 이상에 대한 남부인들의 흠모, 중세 기사 작위의 매너와 관습을 모방하려는 스콧의 소설에 부채질된 열망에서 비롯되었다. 이 모든 것이 폭력, 기사도 및 무술 이상을 미화하는 데 기여했다.23) 셋째, 이 지역의 농업적 성격과 다른 지역에서 볼 수 있는 상업 및 산업 기회의 상대적 부재는 자연스럽게 군 경력에 대한 남부의 관심을 자극했다.

국부적인 사리사욕, 봉건적 낭만주의에 대한 맹렬한 충성, 그리고 농업 경제 모두 남부 군국주의를 키웠다. 그러나 이러한 근원은 그 자체로 군사 전문성을 높이기에 충분하지 않았다. 사실, 그들은 많은 면에서 직업적 이상과 양립할 수 없는 동기를 반영했다. 그러나 이러한 근원을 초월한 것은 남부 사회와 남부 사상의 보수적 성향인데 이는 자유주의 사회에서 비자유주의적 섬으로서의 남부의 방어적 입장의 산물이었다. 이러한 보수주의는 전문적 이상을 키울 수 있는 호의적인 환경을 제공했고, 남부 생활의 다른 측면에 의해 야기된 군사적 관심을 군사 직업의 본질과 직업으로서의 선호도에 대한 적극적인 인식으로 전환시켰다. 이러한 보수적인 환경의 매력은 남북 전쟁 발발 당시 뚜렷하게 나타났다. 1861년 남부의 직업군 장교가 직면한 잔인한 선택은 알링턴(Arlington)에서 고뇌에 차 서성거리는 리(Lee)로 상징이 되었다. 한편으로 남부 장교의 정치적 충성은 그를 남부맹방(Confederacy)으로 이끌었다. 다른 한편으로 그의 직업적 책임은 연방(Union)에 있었다. 그러나 그 결정은 단순히 정치적 가치와 직업적 가치 사이의 명확한 결정이 아니었다. 남부 자체가 북부보다 군인이라는 직업에 더 호의적이기 때문이다. 한 북부 장교는 전쟁 중에 이렇게 선언했다. "분리 이전 수년 동안 북부에서 군사직은 평판이 나빠져 경멸을 받았다. 정규군의 장교는 아무 일도 하지 않고 많은 대가를 받고 존경받을 가치도 없고 확실히 존중받을 가치도 없는 신사이다." 남부 해병대 대위는 알프레드 마한(Alfred Mahan)에게 당연히 마한의 아버지인 버지니아인이자 웨스트포인트 교수가 남부로 올 것이라고 외쳤다. "네 아버지의 선조들은 모두 군인이고, 북부에는 그러한 군인정신이 없다."24) 따라서 정치적 고려를 제쳐두고 남부 장교는 이상한 역설에 직면했다. 그의 직업적 의무는 그의 직업을 거부하는 사회를 지원하고 그의 직업을 낳은 사회와 맞서 싸워야 한다는 것이었다. 다행스럽게도 남부 장교들에게는 1860년과 1861년 연방 정부의 정책으로 인해 직업적 신뢰를 저버리지 않고 그들의 임무를 사임할 수 있게 해주었다. 그럼에도 불구하고 1860년에 현역으로 복무 중인 남부 출신 웨스트포인트 졸업생의 40~50%가 그들의 직책을 유지하고 연방에 충성했다. 그러나 전쟁이 진행되면서 남부와 북부의 다른 태도는 훨씬 더 분명하게 드러났다. 전문직 장교들은 연방에서 밀려났고 승진이 되지 않았는데, 적어도 전쟁 초기에는 고위직 장교직은 다시 복무하거나 공직에 있던 장교에게 주어졌는데 이들 중 다수는 "정치적" 임명자였다. 대조적으로, 남부는 전문가들을 환영하고 그들의 재능을 활용했다. 남부로 간 정규군 장교의 64%는 장군이 되었다. 연방에 남아 있던 사람들 중 30% 미만이 그 등급을 달성했다.25)

　　　남북 전쟁 이전 반세기 동안 남부인들은 군사 분야에 지도부의 주요 직책을 선점했다. 19세기 초반 30년 동안 전체 정부의 지도부는 주로 남부인이었지만, 군부는 훨씬 더 뚜렷한 남부의 혈색을 띠고 있었다. 세기의 중반 무렵에 발생한 민간 정부에서의 남부 인력의 점진적인 이동 군부 측면과 비교를 할 수 없었다. 대신 남부인들의 영향력은 군부에 더 집중되는 경향이 있었다. 의회의 임명제도에도 불구하고, 남부는 웨스트 포인트에 있는 생도의 매우 불균형적인 몫을 제공했다. 사관학교의 이상과 분위기는 세기 중반에 접어들면서 더욱 현저하게 남부화되었고, 해군사관학교도 '남부식이 만연한' 것이 특징이었다. 1837년의 육군 명단에는 현역 장군 4명 중 3명이 버지니아 출신이었고, 13명의 대령 중 9명은 남부 출신이었으며 그 중 6명은 버지니아 출신이었다. 육군의 최고위급 장교 22명 중 10명은 구 자치령 출신이었다. 장기간에 걸쳐 고위직을 맡은 장교들은 대부분 남부에서 왔다. 1841년부터 1861년까지 사령관인 윈필드 스콧(Winfield Scott), 1825년부터 1852년까지 부사령관이었던 로저 존스(Roger Jones) 대령, 1818년부터 1850년까지 병참감을 지낸 T. S. 제섭(Jessup) 준장은 모두 버지니아인이었다. 해군 장교 군단의 지리적 중심도 남부로 이동했다. 공화국 초기에 뉴잉글랜드는 해군이 우세했다. 그 후 19세기 초반부에 중대서양 연안항구의 "해군 씨족"이 해군 장교의 주요 공급원이었다. 그러나 1842년까지 장교 후보생 임명의 44%가 메릴랜드－버지니아 지역으로 넘어갔다. 이러한 집중에 대한 북부의 우려는 의회가 의회 선거구에 장교 후보생 임명을 분배하게 한 요인 중 하나였다. 가장 활발한 두 사람인 칼훈(Calhoun)과 제퍼슨 데이비스(Jefferson Davis)를 포함한 민간 국방장관과 해군 장관, 군사 업무의 의회 지도자들은 종종 남부인이었다.[26]

남부 지원은 군사 전문화를 보조하고 방해했다. 미국 문화의 지배적 요소와 "뚜렷하게 다른" 미국 사회의 일부와 군사 기관 및 이상을 동일시함으로써 북부와 서부에서 군사 전문성을 본질적으로 이질적이고 귀족적인 것으로 보는 경향이 강화되었다. 남부의 지지는 군사적 전문성이 지배적인 제퍼슨 및 잭슨주의적 태도에 대항할 수 있도록 하기에 충분하지 않았다. 남부가 남북 전쟁에서 패배할 때까지 미국의 자유주의는 전문성 개발에 맞서 싸우는 대신 단순히 그것을 무시했다. 그러나 남부의 지원이 단기적인 정치적 부채였다면, 그것은 또한 장기적인 지적 자산이기도 했다. 군사 조직, 교육, 입학 및 승진의 제도가 제퍼슨과 잭슨주의의 노선을 따라 형성되는 동안 남부 출처에서 파생된 아이디어는 미국 군인의 마음을 사로잡고 있었다. 남부의 관심은 군사 전문성이라는 개념의 출현을 촉발했고 남북 전쟁 이후 시대의 제도 개혁을 위한 토대를 마련했다. 미국 군사 전문성의 뿌리는 19세기 중반 남부 보수주의로 거슬러 올라간다.

■ **존 씨 칼훈(John C. Calhoun): 남부 군인의 좌절**　　남부 군사 전문성과 미국 사회의 나머지 부분 사이의 관계에 내재된 문제는 1817년부터 1825년까지 제임스 먼로(James Monroe) 치하에서 국방장관으로 있었던 존 씨 칼훈의 경력에 의해 잘 설명되었다. 칼훈은 많은 측면에서 모범적인 국방장관이었으며, 자신의 책임의 행정적 및 군사적 책임 모두 열정적으로 관심을 기울였다. 그는 국방부의 행정과 관리에서 수많은 제도적 개혁을 지속적으로 주도했다. 그는 육군 보급 체계를 합리화하고 책임 있고 효율적인 기반으로 조달을 배치했다. 그는 군부대의 활동을 견제하는 장관으로서의 감찰실을 활성화시켰다. 그는 의료 부서를 만들고 의회를 설득하여 19세기 대부분 동안 유지되어야 하는 조직의 필수 요소를 설정하여 총참모부를 재편성하고 강화했다. 그는 육군 회계 시스템을 점검하고 재정 책임 및 통제의 새로운 중앙 집중식 방법을 제정했다. 그는 육군 규정을 다시 작

성하고 성문화했다. 그는 육군의 생활을 개선하고 비용을 절감했다. 그는 유능하고 존경받는 사람들을 여러 참모국과 사단의 수장으로 임명했다.27) 그가 퇴임했을 때 육군의 원활한 행정 조직은 1812년 전쟁이 끝날 때 만연했던 혼란과 거의 유사하지 않았다. 그의 지휘 아래 국방부는 정부에서 가장 효율적인 기관이 되었다. 그 후 수십 년 동안 사무원은 "칼훈 씨가 해냈을 것"처럼 육군 업무를 처리하기를 열망했다.

따라서 군대의 살림 기능인 행정과 관리의 영역에서 칼훈은 큰 성공을 거두었다. 그러나 그는 또한 군사 조직으로서의 군대와 군사 정책 문제에도 관심을 가졌다. 이러한 문제에 대한 그의 견해는 본질적으로 보수적인 관점을 반영했다. 그것들은 인간의 본성과 전쟁의 필연성에 대한 해밀턴의 비관주의에 기초했다. 군사적 준비는 필수적이었고, 그 중 가장 중요한 것은 전문 장교단의 유지였다. 그 당시의 어떤 미국인보다 칼훈은 군인 직업 특성의 변화를 높이 평가했다. 그는 "군사과학의 급속한 발전"은 사병의 의무를 변경하지 않고 전문화된 장교를 가졌다고 주장했다. 폰 몰트케의 말에 걸맞게 칼훈은 천부적인 군사적 천재성이 충분하다는 18세기와 잭슨주의의 사상을 거부하고 훈련된 집단 능력의 필요성을 강조했다. 국가의 생존은 "재능과 성격의 시민이 … 군대를 직업으로 삼는" 정도와 군대가 평시에 "군사 기술과 경험"을 영속시키는 정도에 달려 있다. 칼훈은 웨스트포인트가 공병대로부터 분리되어야 한다고 믿었다. 왜냐하면 공병단의 다양한 임무는 "기존의 군대에 대한 언급이 거의 없었기" 때문이다. 웨스트포인트는 기술 기관에서 전문 학교로 전환되어야 하며, 따라서 "원래 기관에서 고려되지 않은" "특성과 중요성"이 부여되어야 한다. 웨스트포인트와 "전쟁 기술"의 기초 연구에 전념하는 추가 아카데미를 통해 지형 부대, 포병 및 공병을 위한 고급 응용 학교가 설립되어야 한다. 기본적으로 칼훈은 미국의 군사교육을 제퍼소니식에서 해밀턴식으로 개편하고자 했다. 칼훈의 군사 정책은 군대를 골격 기반으로 조직하여 대서양 요새와 인디언 초소를 수비하는 평시 임무를 수행하기에 충분하면서도 전쟁에 필요한 규모로 빠르게 증가할 수 있는 확장 및 증식을 제안했다. "확장 가능한 상비군"에 대한 이 계획에 내재된 전제는 소규모 정규군을 평화롭게 지휘하는 전문 장교가 전쟁에서도 확장된 군대를 지휘할 것이라는 전제였다. 신병은 정규군 연대로 흡수되고, 민병대가 부차적인 역할을 하는 것이다.

의회는 칼훈이 국방부 관리 및 효율성을 개선한 것을 지지하고 승인했지만 군사 교육 및 군사 정책에 대한 그의 보수적인 제안을 좌절시켰다. 의회와 대중의 지배적인 제퍼소닉―잭슨 자유주의자들은 군대를 경제를 고갈시키고 공화 정부를 위협한다고 비난했다. 칼훈은 반격해서 "평시에 군대 비용을 절약하려고 군대가 전쟁시 위험을 대처하기에 부적절하다면 어떤 합의도 경제적이라고 할 수 없다"고 경고했다. 그가 인정한 정규군의 정신은 자유주의 정신과 달랐다. 그러나 미국에서 위험은 군인 정신이 시민을 압도하는 것이 아니라 오히려 그 반대였다. "장교와 군인 모두가 순전히 시민 습관과 감정에 점차적으로 동화됨으로써 군사 습관과 감정을 잃게 될 것이다." 이 통찰에서 칼훈은 한 세기 반 동안 미국 민군 관계의 근본적인 문제와 자신의 정책이 실패한 이유를 모두 설명했다. 그의 노력에도 불구하고 군대는 규모가 축소되었다. 확장 가능한 군대 계획은 거부되었다. 이러한 계획은 전문 장교는 소규모 군대를 지휘할 때만 허용되고, 대규모 군대는 비전문 장교가 지휘할 때만 허용된다는 미국 자유주의의 기본원칙에 어긋났다. 육군 교육 시스템을 개발하려는 칼훈의 제안은 무시되었고 웨스트포인트에서의 기술적 강조는 계속되었다. 그가 설립할 수 있었던 하나의 새로운 학교인 버지니아 주 포트 먼로(Fort Monroe)에 있는 포병 학교는 1835년 잭슨주의자들에 의해 폐쇄되었다. 국방부에서 민군 관계의 균형 잡힌 패턴을 만들기 위한 그의 노력은 완전히 다른 시스템으로 뒤틀렸다. 심지어 그가 의회에 제안한 해안 방어에 대한 그의 권고조차도 무시되었다. 따라서 그의 행정개혁은 반세기 동안 국방부 작전의 패턴을 결정했지만 그의 군사정책은 일련의 뛰어난 국정 문서에서만 유효했다. 19세기의 어떤 국방장관보다도 칼훈은 군사 전문성의 요구들을 이해했다. 그러나 역설적이게도 그가 일하던 냉담한 분위기는 그가 국방부에 지속적으로 공헌한 것이 민간 행정 영역이라는 결론을 내렸다. 적대적인 미국환경은 그가 전문적 군사 개혁을 위해 가져온 추진력과 천재성을 압도하고 소멸시켰다.

■ 군사 계몽주의와 남부, 1832-1846

잭슨의 첫 번째 행정부가 끝난 후부터 멕시코 전쟁이 시작될 때까지 15년 동안 미국 역사상 여러 면에서 독특한 군사 사상과 글이 쏟아져 나왔다. 군사 사회가 생겨났다. 군사 잡지는 짧지만 활동적인 삶을 살았다. 군 장교는 중요하고 독창적인 책을 출판했다. 군사 직업의 개념이 설명되고 옹호되었다. 이 폭발은 적절하게 미국 군사 계몽주의라고 부를 수 있다. 많은 요인들이 그것의 출현에 기여했지만, 그것이 공급된 지적 우물은 주로 남부였다. 기이하게도 계몽주의는 시작되었던 것처럼 거의 갑자기 중단되었다. 1850년대는 1820년대만큼 중요한 군사 사상이 불모지였다. 더욱이, 이 군사적 개화는 오로지 자각과 표현의 하나였다. 지속적인 제도개혁이 전혀 없었다. 그러나 계몽주의의 사상은 남북 전쟁 이후에 실제로 전문주의가 취해야 할 형태를 형성했다.

계몽주의의 원인은 복잡했다. 군사 개발의 자연스러운 과정으로 인해 장교들은 점점 더 기술적인 전문분야나 민간 활동과는 구별되는 "군사 과학"을 인식하게 되었다. 웨스트포인트와 같은 초기의 군사 전문기관이 기여했다. 육군사관학교는 1817년에야 제 기능을 하기 시작했고, 결과적으로 20년이 지나서야 제 기능을 할 수 있게 되었다. 예를 들어 계몽주의의 주요 인물인 데니스 하트 마한(Dennis Hart Mahan)은 1824년에 졸업했고 1830년에 다시 교사로 돌아와서 40년 동안 후대 사관생도들에게 전문주의를 설명했다. 계몽주의 사상은 또한 1830년대와 1840년대에 유럽과 미국에 퍼진 과학에 대한 관심에 의해 자극되었다. 이런 점에서 계몽주의는 기술주의와 완전히 분리되지 않았으며 남북 전쟁 이후의 직업 운동과 달리 당시의 지적 조류와 다소 밀접하게 연결되어 있었다. 중요한 것은 해군의 유력한 인물인 마한(Mahan)과 매튜 폰테인 모리(Matthew Fontaine Maury)는 기술 전문가였는데 전자는 엔지니어로, 후자는 해양학자로서 초기 명성을 얻었다는 것이다. 군사 저널은 일반적으로 전쟁 기술에 관한 전문 기사보다 기술 기사를 더 많이 실었다. 1833년 브루클린 해군 공창(Brooklyn Navy Yard)의 장교들에 의해 설립된 미국 해군 라이세움(United States Naval Lyceum)과 같은 군사 협회는 과학 및 기술 연구를 후원했으며 때로는 해군보다 기상학, 동물학, 식물학, 광물학에 더 몰두하는 것처럼 보였다.[28] 그 당시의 정치적 상황도 전문적인 활동을 자극하는 경향이 있었다. 군 기관에 대한 잭슨주의자들의 공격은 장교로 하여금 사과문을 제작할 수밖에 없었다. 따라서 군사 사상의 진보된 분출을 군사 기관의 후진적인 상태와 관련이 없다고 할 수 없다. 연방주의자와 남부인들을 정치 이론으로 자극한 자유주의 사회의 동일한 전면적 적대감은 군사 전문성의 옹호자들이 세련된 사고와 신랄한 표현을 하게 했다. 군사 계몽주의에 대한 주된 긍정적인 자극은 남부의 보수주의에서 나왔다. 남부인들은 군사 문제에 대한 진지한 생각과 토론을 지배했다. 군사 정기 간행물은 1830년대와 1840년대에 번성했는데 이전에 그렇게 번성한 적이 없었고, 1890년대까지는 다시 그렇게 번성한 적이 없었다. 1833년부터 1836년까지 군사 및 해군 잡지(Military and Naval Magazine)가, 1835년에서 1844년까지 육군 및 해군 연대기(Army and Navy Chronicle)가, 1839년에서 1842년까지 군사 잡지(Military Magazine)가 발행되었다. 그러나 군사 문제에 관해서 가장 뛰어난 잡지는 남부 문예 전령(Southern Literary Messenger)이었다. 이 잡지는 일관되게 군사 및 해군 문제에 광범위한 관심을 기울였다. 1844년까지 그것은 "미 육군과 해군의 일종의 기관이 되었다." 이 잡지는 미국이 가진 육군과 해군 저널에 가장 가까운 것이었다.29) 계몽주의의 두 뛰어난 군사 작가이자 사상가인 마한과 모리는 모두 버지니아 사람이었고 모리는 남북 전쟁에서 남쪽으로 갔고 마한은 그렇게 하고 싶은 강한 유혹을 받았다. 군사 예술 연구에 대한 남부의 관심은 지역 군사 학교 설립에서도 뚜렷이 나타났다. 버지니아 군사 연구소는 1839년에 설립되었고, 시타델(Citadel)과 무기고(Arsenal)는 1842년 사우스 캐롤라이나에, 켄터키 군사 연구소는 1845년에 설립되었다. 1860년까지 플로리다와 텍사스를 제외한 모든 남부 주에는 웨스트포인트와 VMI의 모델을 본뜬 자체적인 주정부 지원 사관학교가 있었다. VMI와 시타델을 제외한 대부분의 남부 학교는 군사 잡지와 같이 남북 전쟁에서 살아남지 못했다. 그럼에도 불구하고 그들은 존재하는 동안 남부에게 북부와 서부에는 없었던 독특한 군사 교육 시스템을 제공했다.

계몽주의 기간 동안 미 해군의 예비 전문기관에 대한 가장 주목할 만한 비평가는 매튜 폰테인 모리(Matthew Fontaine Maury)였다. 남부 문예 전령(Southern Literary Messenger)과 리치먼드 휘그와 공공 광고자(Richmond Whig and Public Advertiser)에 표현된 해군 조직과 교육에 대한 그의 견해는 장교의 기능에 대한 진정한 전문적인 개념을 반영했다. 칼훈과 마찬가지로 그는 장교와 남성에게 필요한 훈련 사이의 뚜렷한 차이를 인식했다. 후자는 상선에서 하루 만에 모집할 수 있다. 반면에 장교는 "상당한 비용이 들지 않고 과정을 완료하는 데 몇 년의 기간이 필요한 독특한 사전 훈련 시스템을 이수해야 한다"고 말했다. 해군 장교직은 법조계 및 의료계에 버금가는 존엄성과 훈련을 받아야 한다. 전문 표준의 출현은 해군 계급에서 더 많은 수의 전문 계급의 차별화를 요구했다. 정규화된 임용 및 승진제도가 필요했다. 해군 장교는 "광범위하고 견고하며 포괄적인" 문학 및 기술 교육을 결합하는 "전문 교육의 혜택"을 받아야 한다. 모리는 또한 해군에서 전문적인 글쓰기가 부족하다고 개탄했다.30)

　　이 시대의 가장 뛰어난 군사 사상가는 데니스 하트 마한(Dennis Hart Mahan)이었다. 1832년 웨스트 포인트의 토목 및 군사 공학 교수로 임명된 마한은 자신의 직함에 "전쟁의 기술"이라는 단어를 추가해야 한다고 주장했다. 마한은 1871년 사망할 때까지 아카데미에서 가르쳤으며 공학에 관해 기술적 연구와 전략에 관한 전문 연구를 출판했고 미국에서 군사 전문성을 현실로 만들었던 남북 전쟁의 군사 지도자와 전후 세대의 교사이자 영감을 주는 사람이었고, 해군에서 가장 저명한 작가이자 홍보인의 아버지였다. 1841년부터 남북 전쟁까지 아카데미에서 교과서로 사용되었던 "군대의 구성과 전략에 관한 메모"와 "상급 근위대, 초소 및 부대 파견"에서 데니스 하트(Dennis Hart)는 철저하게 전문적인 군사관을 표현했다. "그는 직업 정신이 강했다." 그는 마음이 "엄격하고 고상한 군사적 이상"을 가진 버지니아 사람이었다.31)

　　미국의 군사 전문성에 대한 마한의 가장 큰 공헌은 아마도 역사에서 배울 수 있는 교훈을 강조한 것이다. 그는 군사예술의 "성장과 진보에 대한 역사적 지식"이 없이는 "단순한 기술적인 언어로 제공되는 것 이상으로 관용할 수 있을 정도로 명확한 기본 개념조차 얻을 수 없고 군사 역사에서 모든 군사 과학의 근원을 찾는다"고 주장했다. 그의 군사 역사에 대한 강조로 인해 마한은 작전 규모 면에서 전략과 전술 사이의 일반적인 구분을 포기했다. 그는 기본적이고 불변의 원칙을 포함하는 전략이 군사 과학에서 영구적인 것을 구현하는 반면 전술은 일시적인 것과 관련이 있음을 알게 되었다. 역사는 전략을 숙달하는 데 필수적이었지만 전술과는 관련이 없었다. 이 둘을 분별하는 것은 "과학과 예술을 구분하는 것"이다. 마한은 이 과학적 요소가 그 시대의 전쟁을 이전 시대의 군사 기술과 구별한다고 선언했다. 봉건 질서가 무너진 후에야 "군인직을 적절한 수준으로 끌어올려 정신과 공적을 제1순위로 하고 폭력과 단순한 기계적 기술을 결합한 것은 매우 하급"이 될 수 있었다. 오직 연구와 경험만이 성공적인 장군을 낳는다고 그는 잭슨주의자들의 지배적인 견해를 반박하면서 이렇게 주장했다. "판사의 예복을 입음으로써 어떤 법적인 사항을 결정할 준비가 되어 있다고 생각하면 안되듯이 장군의 군복을 입는데 있어서 장군의 직무를 수행할 수 있는 능력이 있다고 생각할 정도로 경솔한 사람은 없어야 한다." 마한은 또한 군사 직업과 전쟁의 관계, 그리고 군인 정신과 호전적인 정신 사이의 구분을 정의했다. 국가로서 미국이 가진 문제는 "우리는 아마도 가장 군사력이 낮지만 호전적인 국가로서 가장 뒤처지는 것은 아니다"라는 점이었다. 전쟁의 목적은 항상 "유리한 평화를 얻는 것"이었고, 이는 결정적인 지점에서 우세한 힘을 가해야만 달성할 수 있었다.

　　마한의 가르침의 영향은 1839년에 아카데미를 졸업한 그의 가장 지적으로 뛰어난 제자 H. 웨거 할렉(H. Wager Halleck)의 저서에서 볼 수 있다. 할렉은 남부인은 아니지만 보수적인 군사적 견해를 완전히 흡수했다. 1846년에 출판된 그의《군사 예술과 과학의 요소》(Elements of Military Art and Science)는 남북 전쟁 이전에 미국 군인이 저술한 가장 정교한 책이었다. 그것과 1845년 국방에 관한 의회 보고서에서 할렉은 모든 세부 사항에서 직업적인 군사 윤리를 사실상 완벽하게 표현했다. 할렉은 잭슨주의 비판자들에 맞서 군사 기관을 가장 노골적으로 옹호했으며, "군사 과학의 육성에 헌신할 사람들"과 프로이센의 교육 방식을 정치와 연공서열 두 가지 악을 대체하고 발전시킬 것을 호소했다. 그는 "우리가 개인의 재산과 건강을 돌보는 데 전문적인 교육이 필요하다고 생각한다면 국가의 명예와 안전, 군사의 명예, 국민의 생명을 지키는 데 덜 필요한가?"라고 물었다.[32] 그것은 계몽주의의 장교들이 제기할 수 있었지만 그들의 동족들이 대답하지 않기로 한 질문이었다.

제9장
미국 군인직의 창설

비즈니스 평화주의의 지배: 산업주의 대 군국주의

  1865년 남부의 패배로 미국은 이후 수십 년 동안 이데올로기적 동질성을 이례적으로 달성할 수 있었다. 서구 사회 역사상 처음으로 자본가의 이익이 대중의 이익과 통합되었다. 기업 자유주의, 개인주의, 호레이쇼 알제리(Horatio Alger) 신조의 이상과 철학은 미국 사회의 모든 중요한 집단들이 수용하고 고수하는 국가의 이상과 철학이 되었다. 심지어 대기업의 지배에 도전했던 대중주의자들조차도 자유 기업의 기업 윤리라는 미명 아래 도전했다. 군사 문제에 대한 이러한 윤리의 접근 방식은 놀라울 정도로 일관되고 명확했다. 그것은 실제로 어떤 면에서 미국의 자유주의가 만들어낸 민군 관계에 대한 유일한 명시적 이론이었다. "비즈니스 평화주의"라 부를 수 있는 이 이론의 근본개요는 당대를 대표하는 사상가들에 의해 받아들여졌고 대중의 정신에 깊숙이 스며들었다.

  비즈니스 평화주의의 해설자들 사이에서 허버트 스펜서(Herbert Spencer)는 의심의 여지 없이 탁월했다. 그는 이론을 가장 체계적인 형태로 기술했을 뿐만 아니라 대중적 사고와 비판적 사고 모두에 엄청난 영향을 미쳤다. 비록 영국인임에도 불구하고 그의 교리는 고국보다 미국에서 더 유행했다. 그는 두 세대에 걸쳐 지속되고 사회의 가장 비지식적인 계층에 침투한 지적 유행이 되었다. 또한 1870년대와 1880년대에 널리 인기를 얻은 미국인 존 피스케(John Fiske)는 〈우주철학의 개요〉(The Outlines of Cosmic Philosophy)에서 보다 기초적인 형태로 민군 관계에 대한 스펜서적(Spencerian) 이론을 제시했다. 나중에 세기가 바뀔 무렵 예일의 윌리엄 그레이엄 섬너(William Graham Sumner)가 비즈니스 이데올로기의 선도적인 지지자가 되었다. 스펜서 다음으로 그 시대의 지적 흐름에 미친 영향에서 섬너의 사상은 20세기의 새로운 조건에 비추어 비즈니스 평화주의 이론을 재조정한 것이다. 마지막으로 스펜서(Spencer), 피스케(Fiske) 및 섬너(Sumner)는 비즈니스 평화주의의 경쟁적인 지적 대제사장일 수 있지만, 선도적인 평신도 선지자로서 앤드류 카네기(Andrew Carnegie)의 역할에 도전하는 사람은 없었다. 그 시대의 가장 화려한 백만장자이자 호레이쇼 알제리의 누더기를 부자로 구현한 이 스코틀랜드 태생의 사업가는 또한 조직화된 평화 운동의 가장 지칠 줄 모르고 성실하며 관대한 지지자 중 한 명이었다. 자신을 스펜서의 "제자"라고 표현한 카네기는 어떤 의미에서는 벤자민 프랭클린(Benjamin Franklin)까지 거슬러 올라가는 평화주의에 대한 미국 기업의 오랜 전통의 정점이었다.1)

비즈니스 평화주의에는 세 가지 중요한 근원이 있다. 첫째, 가장 중요한 것은 청교도 버전의 개신교 윤리와 관련된 종교적 도덕주의였다. 전쟁은 물론 살인을 수반하기 때문에 악했다. 그러나 노동에 대한 숭배와 경제적 생산성의 도덕적 가치에 대한 강조로 인해 이 윤리는 특히 군국주의가 낭비적이라는 이유로 군국주의를 더욱 비난하게 되었다. 전쟁 자체는 경제적 부를 실제적으로 파괴했다. 평화 속의 군대는 간접적으로 파괴적이고 순수한 소비자였으며 다른 사람들의 노동의 열매를 먹고 사는 기생충이었다. 둘째, 고전적 경제 자유주의와 공리주의는 인간의 본성, 이성, 진보에 대한 낙관주의적 신념을 비즈니스 평화주의에 기여했다. 국가 간의 접촉을 확대하고 상호 이익을 창출함으로써 국제 자유 무역은 결국 전쟁을 생각할 수 없게 만들 것이다. 코브든(Cobden)과 브라이트(Bright)의 정신은 미국 사업가의 마음을 확고히 사로잡았는데 그가 그의 제품에 대해 특정한 예외를 요구할지라도 말이다. 카네기는 "무역은 우리 시대의 국기를 따르지 않는다"며 "무역은 최저가의 냄새를 따라간다. 무역에는 애국심이 없다"고 말했다. 비즈니스 평화주의의 세 번째 원천은 가장 놀랍고 즉각적인 것이었다. 바로 19세기 후반의 지적 세계를 지배한 사회 다원주의였다. 표면적으로는 적자생존 명제를 인간 사회에 적용하는 것은 갈등과 전쟁을 인간 진보에 필수적인 것으로 받아들이고 미화하는 결과를 낳아야 한다. 독일에서 널리 퍼진 것과 같은 완전히 다른 지적 환경에서 사회 다원주의는 실제로 이러한 노선을 따라 베른하르디(Bernhardi)와 다른 사람들에 의해 발전되었다. 그러나 영국과 미국에서는 사회 다원주의의 호전적인 버전이 제국주의의 세기말 논리에 기여했지만 지지를 덜

받았다. 그 지배적인 형태는 매우 평화적이었다. 다원주의 이론의 "투쟁"은 경제
적 경쟁을 의미하도록 재정의되었으며, 생존할 "적자"는 가장 생산적으로 효율적
인 사람과 동일시되었다. 이전 시대에는 생존을 위한 투쟁이 곧 권력을 위한 투
쟁이었다. 이제 그것은 최고의 가격을 위한 투쟁을 의미했다.

　개신교 도덕, 고전 경제학 및 사회 다원주의의 수렴은 인간 사회의 두 가지
기본 형태를 상정하는 군사 문제에 대한 독특한 관점을 만들어 냈는데 첫째는 전
쟁의 주된 목적을 위해 조직된 전투적 또는 군국주의적 형태, 둘째는 생산적 경
제 목적을 위해 조직된 산업 또는 평화적 유형이었다. 군에 대한 제퍼소닉의 적
대감은 공화 정부에 대한 위협으로서 상비군이라는 제한된 제도에 크게 국한되
어 있었다. 잭슨주의적 적대감은 이것을 확대하여 군부를 대중 민주주의의 적으
로 보고 군사 계급에 반대했다. 비즈니스 평화주의는 더 나아가 이러한 갈등을
더 이상 제도나 집단 간의 갈등이 아니라 완전히 다른 두 가지 삶의 방식의 근본
적인 투쟁으로 확장했다. 가장 확장된 형태로, 산업주의와 군국주의의 이분법은
경제와 정치 사이의 훨씬 더 광범위한 대립의 한 측면이 되었다. 즉, 복지를 극
대화하기 위한 목적과 수단을 과학적이고 합리적으로 결정하는 것과 그들의 권
력과 부에 관련된 정부의 자의적이고 비합리적인 행동과의 대조인 것이다.

　군국주의와 산업주의 사이의 이분법은 19세기 말 지식계에서 도전의 여지가
없는 교리였으며, 모든 비즈니스 평화주의 사상가와 브룩스 애덤스(Brooks Adams)
와 같은 다른 사람들이 받아들였다. 그것은 개인의 역할에서 두 사회 사이의 본
질적인 차이를 발견한 스펜서에 의해 가장 세심하게 묘사되었다. 스펜서는 전투
적인 사회에서 개인은 "국가에 의해 소유"되고 사회 보존이라는 목표에 종속된
다고 주장했다. 그러나 산업주의의 "적대 사회의 부재" 특성은 개인의 목표가 사
회적 목표보다 우선한다는 것을 의미했다. "각 사람의 개성은 다른 사람의 개성
과 유사한 플레이와 양립할 수 있는 최대한의 플레이를 해야 한다…" 전투적인
사회는 강제적인 협력과 지위의 사회였고 산업 사회는 자발적 협력과 계약의 사
회였다. 산업 사회 분권화, 대의제 정부, 그리고 범위 밖의 다양한 민간조합에 의
한 정부기능의 제한이 특징이다. 산업사회는 높은 수준의 가소성을 가지고 있었
고, 인접한 사회와의 무역과 우포의 긴밀한 유대관계를 발전시켰다. 산업사회는
시민들에게 독립 정신, 정부에 대한 작은 믿음, 임의적인 정책에 대한 적대감, 개

인의 주도권에 대한 의존, 타인의 개성에 대한 존중심을 키웠다. 전투적인 사회는 이 느슨하고 생산적이며 평화로운 유토피아와 뚜렷한 대조를 이루었다. 전쟁의 목적은 다른 모든 것보다 우선시되었다. 전사들이 국가를 다스렸다. 권위, 종속, 폭력이 표어였다. 국가는 전제적이었고, 권력은 중앙집권적이었으며, 국가 통제는 사회 활동 전반에 걸쳐 확장되었다. 전투적 사회는 독재적이었고 다른 국가와의 평화적 접촉을 최소화하고 경제적 자급자족이라는 목표를 위해 노력했다. 이러한 사회의 지배적 성격 유형은 육체적으로 강인하고, 강압적이고, 용감하고, 복수심이 강하고, 폭력적이며, 가차없고, 애국심이 강하고, 순종적이었다. 그는 자신의 지도자에 대한 절대적인 믿음을 갖고 있었고 주도권과 진취적인 능력이나 적성이 거의 없었다.

전쟁이 완전히 폐지될 수 있다고 생각하기에는 너무 현실주의자였던 섬너를 제외하고, 비즈니스 평화주의자들은 점진적인 전쟁 종식과 함께 전투적 사회에서 산업 사회로의 자연스러운 진보를 가정했다. 제퍼소니안에게 전쟁은 강력한 군대를 필요로 하는 현재의 일이었다. 잭슨인들에게 전쟁은 비상시에 무장하는 대중이 맞닥뜨릴 수 있는 미래의 일이었다. 그러나 비즈니스 평화주의자에게 전쟁은 산업주의의 진전으로 쓸모없게 된 과거의 일이었다. 스펜서와 섬너는 전쟁이 이전 시대에 유용한 사회적 목적에 기여했지만 이제 전쟁의 유용성은 끝났다고 주장했다. 전쟁은 윤리적으로 잘못되었고 경제적으로 파멸적이며 현대 문명과 양립할 수 없다. 피스케(Fiske)는 "인간 이익의 계속 증가하는 상호 의존성 자체가 산업 발전의 원인이자 결과로서 전쟁을 점점 더 견딜 수 없게 만들고 있다"라고 선언했다. 카네기에게 있어 "온유함의 최고 힘의 증거"인 국제법은 전쟁의 잔혹함을 제한하고 있었고 분쟁의 국제적 중재는 전쟁을 완전히 대체하는 수단이었다. 결국 지방 법원이 결투를 대체한 것처럼 국제법원이 전쟁을 대체하게 될 것이다. 비즈니스 평화주의자들은 미국이 계속해서 대규모 무장을 유지하는 유럽 국가들보다 평화로 가는 길에 더 앞서 있다고 보았다. 그들은 산업주의의 "미국적 기질"을 유럽 대륙에서 지배적인 "전쟁 이상"과 대조했다.

전쟁은 근본적으로 과거의 일이었기 때문에 비즈니스 평화주의자들은 모든 형태의 군사 기관과 준비를 없애기를 원했다. 군비는 전쟁의 원인이 되었고 군사 직업은 이전의 불합리한 시대의 쓸모없고 흔적의 잔재였다. 상비군과 정규 장교는 자연스러운 공격의 도구였다. 사회가 전투적 단계에서 산업적 단계로 진화함에 따라 군사 직업은 기능, 매력, 인기를 상실했다고 스펜서는 추론했다. 확산되는 평화의 시대에 무예는 사회의 관심과 지지의 부족으로 시들고 죽을 것이다. 카네기에게 군인은 자신이 싸운 대의명분의 옳고 그름을 평가하기를 거부한 "내면의 재판관"인 양심을 부정한 점에서 사실상 범죄인이었다. 그가 전쟁의 가능성을 인정했을 때, 비즈니스 평화주의자는 일반적으로 그것이 잭슨주의자들의 수단을 통해 그것을 충족시킬 수 있다고 생각했으며, 특히 카네기는 침략자가 공격을 가할 경우 대규모로 무장하는 태평양 앵글로색슨 국가의 비전을 제시했다. 그러나 그의 근본적인 전제는 비즈니스 평화주의자가 민병대를 포함한 모든 형태의 군사력에 대해 희미한 시각을 가질 것을 요구했다. 그는 자유주의 전임자들보다 휘그당에 더 가깝고 민주주의자는 적었지만, 그 때문에 그는 무장한 사람들의 전망에 덜 도취되어 있었다.

고립의 세월: 어둠과 밝음

사업적 평화주의의 만연은 1865년 이후 민군 관계의 지배적인 특징을 사실상 모든 군사 분야에 대한 거의 모든 미국사회의 완강하고 끈질긴 적대감으로 만들었다. 군대의 동조적인 보수주의의 근원은 남부와 함께 사라졌다. 미국사회의 전면적인 적대감은 군대를 정치적으로, 지적으로, 사회적으로, 심지어 물리적으로 그들이 복무하는 지역 사회로부터 고립시켰다. 선거에서 군사 투표는 무시할 만했다. 군인은 많은 장애와 제한으로 인해 원할 때 투표하기가 어려웠으며 많은 주에서 정규 육군 및 해군에서 복무하는 사람들에게 특권을 부여하지 않았다.2) 군부지원에 직접적인 이해관계가 있는 경제단체는 거의 없었다. 육군은 산업 생산품이 상대적으로 거의 필요하지 않았다. 1881년 이전의 해군도 마찬가지였다. 기갑 증기 해군이 1880년대에 건설되기 시작한 후에도 소수의 사업만이 정규 군수 공급업체가 되었다. 장교 군단의 고립은 모집 방식에 의해 강화되었다. 웨스트 포인트와 아나폴리스에 임명된 의회제도의 효과가 커지면서 남부에서 군대가 분리되는 것을 가속화시켰다. 장교단에 입성하는 이들과 남북 전쟁 이후 최고위 계급에 오른 이들 모두 미국 중산층이었다.• 장교단은 국가의 거울이 되면서 국가로부터 고립되기도 했다. 모두를 대표해서, 그것은 누구와도 소속되어 있지 않았다.

사회적으로나 육체적으로 서비스는 사회에서 분리되는 경향이 있다. 1890년까지 소규모 군대는 인디언과 싸우는 국경을 따라 배치되었다. 군대는 스페인－미국 전쟁에서 짧지만 불명예스러운 역할을 한 후 쿠바, 하와이, 운하 지대, 필리핀 등 해외에서 상당한 부분이 필요했다. 이 두 임무 모두는 급속히 도시화되어 가는 국가와 분리시켰다. 제1차 세계 대전 이전에 한 장교의 말에 따르면 군인들은 "군승들의 방식을 따라 작은 외딴 주둔지에서 따로 떨어져 살았고 시민들과 거의 접촉하지 않았다…" 해군 장교들도 마찬가지로 그들의 복무 중 많은 부분을 외국 기지에서 보내며 그들의 삶을 떨어져 살았다. 1905년에 그들 중 한 명은 "해군 장교들이 다른 장교와 그리고 다른 사람들과 너무도 오랫동안 떨어져 있다는 사실은 목적이 통일성이 결여되고 따라서 대중과의 영향력이 결여되는 경향이 있음에 틀림없다"고 말했다. 다른 장교들은 그들의 사회적 고립을 의식하고 있었는데, 이는 국가 초기에는 전례에 없던 중요한 사회적 기능에서 군 지도자의 부재로 두드러졌다. 한 장교는 미 육군이 사실상 "그것에 끌려온 사람들의 삶과 완전히 분리되어" 존재한 "외계인 군대"였다고 불평했다. 군부도 지적인 견해의 지배적인 조류로부터 분리되었다. 예를 들어, 웨스트포인트는 상당한 기여를 한 나머지 미국 교육 기관과 점차 연락을 끊고 자신만의 길을 갔다.3)

의회의 군사 정책은 비즈니스 평화주의 철학을 정확히 반영했다. 군대 지출은 남북 전쟁이 정점에 달했던 1871년 10억 달러에서 3천 5백만 달러로 꾸준히 감소했다. 그들은 다음 4반세기 동안 그 수치를 유지했는데 1873년에 4천 6백만 달러, 1880년 2천 9백만 달러였다. 육군의 힘은 평균적으로 약 25,000명의 장교

• 1842년부터 1891년까지 웨스트포인트 입학 후보자의 부모와 1892년부터 1899년까지 아카데미에 입학한 생도 부모의 직업은 다음과 같다. 농부와 재배자, 1,149; 상인, 722; 변호사와 판사, 625; 의사, 367; 육군 장교, 632; 정비사들, 341; 직업 없음, 191; 제조업체, 151; 성직자, 128. 다른 직업은 100명 이상의 후보자를 제공하지 않았다. 찰스 W. 라네드(Charles W. Larned), "웨스트포인트의 천대(The Genius of West Point)", 웨스트포인트 미 육군사관학교 100주년 기념작(The Centennial of the United States Military Academy at West Point), 뉴욕(New York), 1802-1902(Washington, I 904), pp. 482-483. 리차드 C. 브라운(Richard C. Brown), "미국 장군의 사회적 태도(Social Attitudes of American Generals), 1898-1940"(박사 논문 (Ph.D. Thesis), Univ. of Wisconsin, 1951), pp. 1-34. 브라운 박사의 논문은 장군의 사회적 프로필이 기업 및 정치 지도자들의 것과 본질적으로 동일하다는 것을 발견했다.

와 병사들이었다. 해군 지출은 일반적으로 1890년 이후까지 연간 약 2천만 달러였으며 해군과 해병대의 병력은 약 11,000명의 장교와 병사였다. 자금 부족으로 인해 군대는 새로운 기술과 전쟁 무기를 실험하고 개발할 수 없었다. 예를 들어, 두 서비스 모두 외국 열강들이 강선 대포로 교체한 후에도 오랫동안 활강포를 계속 사용했다. 육군은 한 번에 한 대대 이상의 병력을 소집할 수 있는 경우가 거의 없었다. 해군은 선박 설계 및 해상 병기 분야에서 다른 강대국들에 뒤처져 있었다. 증기 추진의 장점에도 불구하고 남북 전쟁 후 해군은 다시 돛을 사용했고 경제에 대한 열망은 해군 장교가 선박의 엔진을 사용하는 것을 거의 범죄로 만들었다. 1880년까지 미해군은 함대로서의 기능을 할 수 없는 구식 선박들로 제대로 분류되지 않은 수집품이었다. 미 육군은 그 기능에 능숙했지만 더 이상의 심각한 작전에 적합하지 않았고 준비가 되어 있지 않은 멀리 떨어진 인디언 추격 국경 경찰이었다. 비즈니스 평화주의는 군복무를 녹슨 쇠퇴로 만들었다.

남북 전쟁 이후 군대의 고립, 거부 및 축소로 인해 역사가들은 이것을 미국 군사 역사의 최저점으로 기록했다. 그들은 "육군 암흑기"와 "해군 침체기"를 일컫는다. 그러나 이러한 문구는 군대의 사회적 영향력과 정치적 영향력에 관해서만 정확하다. 그들은 민군 방정식의 한 측면만을 묘사하고 있다. 바로 그 고립과 거절이 복무의 규모를 줄이고 기술 발전을 방해했기 때문에 이 같은 해가 미국 군대의 역사에서 가장 비옥하고 창의적이며 조형적인 해로 만들어졌다. 권력과 영향력을 희생하고 자신의 단단한 껍질로 물러나면서 장교단은 독특한 군사적 성격을 개발할 수 있었고 허용되었다. 미국의 군사 직업, 그 제도 및 이상은 근본적으로 이 시대의 산물이다. 다른 어떤 시기도 미국 군사 전문성의 과정과 미군 정신의 본질을 형성하는 데 이렇게 결정적인 영향을 미친 시기는 없었다. 전쟁 전 군부가 남부와 연합하면서 좌절되었던 직업 개혁의 실제 작업은 민간 사회와의 모든 유대가 끊어지면 가능해졌다. 보편적인 적대감은 제한된 지원이 막는 것을 허용했다. 이러한 발전의 기초는 국가 안보에 중대한 위협이 없다는 것이었다. 군의 고립은 전문화의 전제조건이었고, 평화는 고립의 전제조건이었다. 역설적이게도 미국은 전문적인 군대를 즉시 사용할 수 없을 때만 전문적인 군대를 만들 수 있었다. 군사적 정치적 영향력의 암흑기는 군사 전문성의 황금기였다.

19세기 말에 민간 사회에서 군대가 철수하면서 20세기 투쟁에서 국가적 성공에 필수적인 높은 수준의 전문적 탁월함이 만들어졌다. 1870년대와 1880년대에 장교들이 거부되지 않았더라면, 육군과 해군이 뼈대로 줄어들지 않았다면, 미국은 1917년과 1942년에 훨씬 더 어려운 시기를 보냈을 것이다. 고립 기간이 끝나고 제1차 세계 대전과 제2차 세계 대전을 통해 민간 사회에 복귀한 장교는 1860년대에 철수한 그의 선조들과는 근본적으로 다른 존재였다. 그가 떠날 때 그는 시민 군인이었고 자유주의 가족의 일원으로 받아들여졌다. 그가 돌아왔을 때 그는 자기 집에서 이방인이었다. 그의 국민 가족 구성원은 더 이상 자유롭고 쉽고 편안하지 않았다. 수년간의 고립은 그를 일반 국민들과 근본적으로 반대되는 가치와 전망을 가진 전문가로 재탄생시켰다. 그들은 공동체의 정신에서 빠져 있는 그의 영혼에 강철을 주입했다. 그의 복귀는 미국 민군 관계의 진정한 문제인 보수적인 전문 장교와 자유주의 사회 사이의 긴장의 시작을 알렸다. 이처럼 그의 전문성은 심리적, 정치적 조정의 심각한 문제를 야기했지만, 그럼에도 불구하고 외적으로는 조국의 구원이었다. 전문 장교의 능력과 군대를 이끌고 두 차례의 세계 대전 작전을 수행하는 데 있어 인상적인 기록은 19세기 말에 거절당했음에도 불구하고 획득한 것이 아니라 거절당했기 때문에 얻어진 것이다.

창조적인 중심: 셔먼(Sherman), 업튼(Upton), 루스(Luce)

미군의 전문화는 남북 전쟁 이후 두 세대에 걸쳐 소수의 장교들이 수행한 작업이었다. 이 과정은 윌리암 T. 셔먼(William T. Sherman) 장군과 에모리 업튼(Emory Upton) 장군과 스티븐 루스(Stephen B. Luce) 소장이 시작했다. 미국의 전문주의가 취한 즉각적인 형태는 대부분 그들이 만들어낸 것이었다. 셔먼은 세 사람 중 가장 잘 알려져 있지만 그의 인기 있는 명성은 거의 전적으로 그의 남북 전쟁 공적에 달려 있다. 그러나 1869년부터 1883년까지 거의 15년 동안 그는 육군 사령관으로 근무했으며 위필드 스콧(Winfield Scott)을 제외한 다른 어떤 장교보다 더 오랜 기간 동안 그 군을 지휘했다. 그는 남북 전쟁부터 1891년 사망할 때까지 전 세대의 군인과 민간인을 위한 선도적인 인물이었다. 셔먼이 예상한 대로 정치 입문으로 기록이 훼손되고 논란이 된 그랜트와 달리 셔먼은 정치와는 아무런 관련이 없기 때문에 군사적 인기를 유지했다. 사령관으로서 그는 직업 개혁 운동을 촉발했다. 특히 군사 교육의 중요성을 인식한 그는 1868년에 재건된 포트 먼로(Fort Monroe)의 포병 학교를 강력하게 옹호했다. 포트 레븐워스(Fort Leavenworth)의 보병 및 기병 학교의 아버지인 셔먼은 웨스트 포인트가 전문직에게 필요한 예비 교양 교육과 군인에게 필요한 군사적 가치 및 규율 교육을 모두 제공하는 군사 교육 시스템을 지지했다. 그런 다음 고급 학교는 장교에게 직업에 대한 전문지식을 제공하고 더 높은 직위에 대비하게 할 것이다.

셔먼이 손길이 보이는 제도적 발전보다 더 중요한 것은 그가 군대를 위해 설정한 어조였다. 그의 시야와 사상은 철저하게 군사적이었고 그가 표명한 직업 정신은 장교군단 전체에 스며들었다. 소박하고 직접적이며 제한적인 그는 전문 장교의 모든 미덕과 악덕의 전형이었다. 화려한 개념보다는 단순한 진리를 가진 그는 꾸밈없는 '군인'이라는 칭호를 달고 그 이상도 이하도 아니길 바랐다. 다른 이익, 원인, 동기를 부인하면서 끊임없이 반복되는 그의 좌우명은 "내가 군인이라는 것을 세상이 나에 대해 아는 것으로 충분하다"는 것이었다. 연방군에 충성했지만 폐지에 반대하고 남부의 추종자였던 그는 남북 전쟁 동안 전문가의 방식으로 임무를 수행했다. 군사적 이상에 대한 그의 일편단심 헌신으로 인해 전후 시기에 그는 군대를 경찰로 사용하는 것에 반대하게 했고("그것은 군인의 소명 아래 있어야 한다") 그리고 평화시에는 "전쟁의 습관과 관습"을 보존하기 위해 군대는 항상 "진정한 군사원칙에 의해 조직화되고 조직적이어야 한다"고 주장했다. 이 목표를 달성하기 위해서는 문민통제가 필수적이었다. "법을 집행하고 국가의 명예와 존엄을 유지하기 위한 움직이는 기계, 행정부의 손에 있는 도구"가 되어야 하는 군대에서 민주적 절차는 적절하지 않았다. 셔먼은 특히 군부와 정계의 분리를 강조하는 데 단호했다. 그 이전의 6명의 사령관 중 3명은 대통령 후보가 되었다. 레너드 우드(Leonard Wood)를 제외하고는 셔먼으로부터 제2차 세계 대전이 끝날 때까지 차기 사령관과 참모총장들에 의해 유지되었던 정치적 중립의 전통이 시작되었다. 그는 1874년 대통령직에 대해 "대통령직에 훈련된 사람들이 담당하게 하고 언제든지 발생할 수 있는 비상 사태에 대비해 육군과 해군을 가능한 한 정치로부터 독립적이어야 한다"고 적었다. 정당 정치에 대해 "군 장교는 의견을 형성하거나 표현해서는 안 된다"고 말했다. 전쟁에 대한 증오와 정치의 회피라는 군대 윤리의 핵심 요소는 셔먼이 가장 많이 인용한 "전쟁은 지옥이다"와 "나는 지명되면 받아들이지 않을 것이고 선출되면 공직을 하지 않을 것이다"라는 두 구절에 간결하게 표현되어 있다.4)

　육군 개혁 작업에서 가장 영향력 있는 젊은 장교는 에모리 업튼이었다. 1861년에 웨스트 포인트를 졸업한 업튼은 남북 전쟁에서 두각을 나타내어 의용군 소장이 되었다. 전쟁이 끝난 후 그는 육군을 위한 새로운 보병 전술 체계를 준비하고 1870년부터 1875년까지 웨스트포인트에서 사관생도 사령관으로 복무했으며 1876년과 1877년에 세계를 순회하며 외국 군사 기관을 시찰했으며 포트 먼로에서 이론 교육감이 되었다. 그의 두 가지 위대한 저작인 〈유럽과 아시아의 군대(The Armies of Europe and Asia)〉와 〈미국의 군사 정책(The Military Policy of the United States)〉은 외국과 미국의 군사 기관에 대한 연구로 전문 군사 윤리의 기본 원칙을 명확하게 표현하고 다양한 개혁의 사례를 제시했다. 1881년 그가 자살할 당시 미완성이었고 1904년까지 출판되지 않았지만 〈미국의 군사 정책〉은 강력한 정규 군대를 위한 강력한 탄원이었다. 그것은 셔먼에 의해 승인되었고 이후 민병대 옹호자들과의 논쟁에서 정규군의 성경이 되었다. 1870년대 내내 업튼은 개혁 운동의 최전선에 있었다. 그의 동시대 제독인 루스(Luce) 제독은 1865년과 1869년 사이에 아나폴리스의 해군사관학교(Midshipmen) 교장이었고, 해사협회(the Naval Institute)의 설립자이자 총장이었으며, 해군 전쟁 대학(the Naval War College)을 설립하는 데 원동력이 되었다. 해군 전문성을 위해 지칠 줄 모르는 개종자인 루스는 정치와 기술주의에 반대하여 해군 장교들에게 "진짜 사업인 전쟁"에 집중할 것을 촉구했다. 그의 견해는 직업 윤리의 거의 정확한 표현이었고 그는 해군 장교 군단 전체에 지속적인 영향을 미쳤다. 피시크(Fiske) 제독이 루스에 대해 한 번 진실하게 말했듯이 "미 해군은 직간접적으로 관계를 맺은 그 어떤 사람보다 미 해군은 그에게 더 많은 빚을 지고 있다." 매튜 모리(Matthew Maury), 벤자민 아이셔우드(Benjamin Isherwood), 존 G. 워커(John G. Walker), A. T. 마한(A. T. Mahan), 시어도어 루즈벨트(Theodore Roosevelt) 모두 미 해군에 기여했다. 그러나 그 누구도 루스와 견줄 수 없었다. 그의 업적은 훌륭했지만 간단했다. "루스는 해군에게 생각하는 법을 가르쳤다."5)

　1870년대와 1880년대에 셔먼, 업튼, 루스의 작업은 세기의 전환기에 육군에서의 블리스(Bliss), 와그너(Wagner), 영(Young), 카터(Carter) 및 다른 개혁가들, 해군에서의 마한, 테일러, 피스크, 심스 및 해군의 동료들 등 제 2세대 개혁가들에 의해 수행되었다. 샤른호르스트(Scharnhorst), 그나이제나우(Gneisenau), 클라우제비츠(Clausewitz), 몰트케(Moltke)가 독일 군사 전통의 어조와 방향을 정했던 것처럼, 이 두 세대의 개혁가들은 미국 군국주의의 전문적 가닥의 성격을 결정하였다. 이 창조적인 중심은 세 가지 면에서 분명히 군사적 집단이었다. (1) 그들은 현대 미국 민간 영향으로부터 크게 단절되었다. (2) 그들은 미국 군사 계몽주의와 외국 군사 기관에서 그들의 아이디어와 영감을 얻었다. (3) 병역의 경계를 초월하여 두 군 간에 아이디어와 격려를 주고받으며 육해군에 적용할 수 있는 전문기관을 발전시켰다.

　　미국의 군사 직업은 거의 전적으로 장교 자신의 산물이라는 점에서 대부분의 다른 국가의 직업과 달랐다. 유럽에서 전문성은 일반적으로 사회 전반에서 작용하는 사회 정치적 흐름의 결과였다. 예를 들어, 프로이센 개혁가들은 슈타인(Stein)과 그의 동료들이 국가 전체를 위해 하려고 했던 것을 군대에서만 하고 있었다. 그러나 미국에서는 군사 전문성은 엄격하게 자기 주도적이었다. 민간 기여는 거의 전무했다. 전문성은 사회 내 일반적인 보수 개혁 운동의 산물이 아니라 본질적으로 자유주의 사회에 대한 보수 집단의 반응이었다. 군인이라는 직업은 미국 사회와 독립적으로 만들어졌다는 점에서 미국의 중요한 사회기관 중 유일했을 것이다. 이러한 기원에는 본질적으로 외계인이라는 직업에 대한 미국인의 적대감이 많이 있다. 자유주의 사회 내에서도 행정학의 시작과 공무원 개혁 운동과 같이 관료들이 끌어들일 수 있었던 일부 지적, 정치적 운동이 존재했다. 그러나 이러한 발전과 군부 사이에는 거의 접촉이 없었다. 장교들은 지원 없이, 그리고 대부분 민간사회에 대한 지식 없이 임무를 완수하면서 고독한 길을 걸었다. 민간인들이 허용하는 좁은 범위 내에서 그들은 원하는 대로 얼마든지 할 수 있었다. 전문적인 정신, 심지어 전문기관의 설립에는 돈이 많이 필요하지 않았다. 군대가 25,000명 이하로 유지되는 한 의회는 웨스트포인트 사람들이 자신들의 생각에 따라 군대를 운영하도록 했다. 장교들의 수를 적게 유지하는 한 의회는 승진 및 퇴직 계획의 변경을 승인했다. 예를 들어, 셔먼은 리븐워스에 응용학교를 설립할 때 의회를 조심스럽게 피했다. 그는 그것이 "입법의 주제"가 되는 것을 원하지 않았다. 그 후 그는 리브워스와 면로의 학교에 "일반 수비대 비용" 외에 추가 자금이 필요하지 않다고 거듭 지적했다.6) 이에 만족한 의회는 어깨를 으쓱하고 그렇게 하게 두었다.•

전문 개혁가 사상의 미국의 주요 출처는 1830년대와 1840년대의 군사 계몽주의였다. 그들의 작업의 지적 할아버지는 데니스 하트 마한(Dennis Hart Mahan)과 그의 아버지 H. 와그너 할렉(H. Wager Halleck)이었다. 셔먼, 할렉, 업튼은 마한의 제자였고 셔먼과 할렉은 아카데미에서 함께 공부했었다. 개혁전쟁에 활약한 인물들은 모두 육군사관학교나 해군사관학교 졸업생이었다. 이 근원에서 전문적인 개혁에 대한 고유의 기여가 유입되었다. 그러나 그 못지 않게 중요한 것은 개혁가들이 외국의 군사 기관에서 배운 것이었다. 비군사적 미국 출처에서 거의 도움과 영감을 받지 못한 그들은 비미국적 군사 출처로 눈을 돌렸다. 1870-71년의 전쟁은 미국 장교들이 프랑스 기관에 대한 존경심을 없애고 독일과 다른 나라의 기관에 대한 관심을 불러일으켰다. 셔먼은 1876년과 1877년 세계 순방에 업튼을 파견하여 독일과 관련된 외국 군사시설을 조사하는 데 중요한 역할을 했다. 업튼의 보고서는 미국이 외국의 발전에 얼마나 뒤처져 있는지 포괄적인 방식으로 처음으로 미국 장교들에게 드러났다. 업튼은 고급 사관학교의 설립, 일반 참모단의 창설, 상사가 부하 직원에 대한 종합적인 인사 보고 시스템, 장교의 강제 퇴직, 참모단 승진 및 임용을 위한 전제조건으로 시험을 사용할 것을 촉구했다. 그는 특히 객관적인 문민통제의 명확한 시스템에서 미국에 많은 교훈을 제공하는 인도의 군사기관에 깊은 인상을 받았다. 그는 "어떤 자유 국가에서도 인도의 정치-군사적 전제주의에서보다 더 명확하게 정의된 시민 권위에 대한 군대의 종속이 없다"고 선언했다.7) 10년 후 테스커 블리스(Tasker Bliss)도 영국, 프랑스, 독일 등지를 여행하며 군사학교를 공부했다.

미국의 개혁자들이 많은 국가의 경험을 분석했지만, 독일이 그들의 주요 관심의 초점이었다. 업튼 자신은 독일 군사기관에 대해 큰 존경심을 표명했다. 그는 1866년의 모든 프로이센 장군이 전쟁사관학교(Kriegsakademie)를 졸업했으며,

---

• 1865년에서 1914년 사이에 육군에 의해 설립된 6개의 다른 주요 고급 학교 중 5개는 사전 의회 승인 없이 부서 명령에 의해 처음 설립되었다.

이는 미국 군대의 후진적인 군사교육과 대조된다고 지적했다. 셔먼은 독일의 군사조직 체계가 "완벽하다"고 생각했다. 와그너는 이러한 감정에 동의하고 "프로이센의 군사 시스템의 우수성"을 격찬했다. 클라우제비츠는 1873년에 영어로 번역되었고, 미국의 전문 군사 저널은 프로이센 문제에 대해 많은 기사를 실었다.• 미국 장교들은 독일에 비해 그들의 후진성을 완전히 의식하게 되었고, 독일식 방법을 의심의 여지 없이 따라야 할 모델로 받아들이는 경향이 있었다. 19세기 말 스펜서 윌킨슨(Spenser Wilkinson)의 〈군대의 뇌〉(Brain of Army) 책과 미군 장교 테오도어 슈완(Theodore Schwan)의 보고에 자극을 받아 조직에 대한 미군의 사고는 독일의 참모진 이론을 완전히 받아들였다. 독일어 수업은 자주 잘못 해석되고 잘못 적용되었지만 독일 제도를 모방하려는 열망은 미국의 군사 전문성을 발전시키는 데 중요한 힘이 되었다. 독일 군국주의에 대한 해군의 관심은 육군 장교에 비해 다소 뒤떨어져 있었다. 관심은 여전히 고전적인 해상 강국인 영국에 집중되었다. 의심할 여지 없이 그의 아버지의 갈로마니아(Gallomania)의 영향을 받은 알프레드 마한(Alfred Mahan)은 조미니(Jomini)의 열렬한 추종자였다. 그럼에도 불구하고, 20세기까지 젊은 세대의 해군 장교들은 군사 조직에 대한 독일의 사상을 지지하려고 시도했고, 독일식 방법은 전쟁 대학에서 소개되었다. 그리고 마한 자신은 결국 클라우제비츠에게 많은 감명을 받았다.8)

민간인의 영향력과 분리되어 있으면서도 전문화 핵심은 군부대 경계를 넘나들었다. 군사 전문성의 기본 제도와 개념은 해군과 육군에서 동일했다. 결과적으로, 두 군부대의 장교들이 상호 교류하고 자극을 줄 수 있는 여지가 많았다. 데니스 하트 마한(Dennis Hart Mahan)의 프로페셔널리즘의 기본 개념을 받아들인 셔먼은 전쟁에 대한 전문적 접근의 의미를 실제로 보여줌으로써 루스 제독이 해군 개혁에 평생을 바치도록 영감을 주었다. 1865년 1월, 당시 소령이었던 루스는 사우스캘롤라이나로 북상하려는 해군과 육군의 협력을 계획하기 위해 사바나(Savannah)에 있는 셔먼에게 보고했다. 셔먼이 그의 작전 계획을 설명하는 것을 들은 루스

• 예를 들어, The Journal of the Military Service Institution의 1884년 3월호에는 폰 데어 골츠(von der Goltz)의 기사, 밀리쉬 타리슈 게셀샤프트(Militarische Gesellschaft)와의 서신, 폰 몰트케(von Moltke)에 대한 논의가 실렸다. 이것은 이례적인 일이 아니었다.

는 마한이 나중에 "깨달음"이라고 부르는 것과 실제로 군사 전문성의 의미에 대
한 갑작스러운 통찰력을 갖게 되었다. 루스의 말로 하자면:

> 셔먼 장군의 군사 상황에 대해 명확한 설명을 들으니 눈에서 비늘이 떨어
> 진 것 같다. 나는 속으로 말하기를, "여기, 자기 일을 잘 아는 군인이 있다!"
> 군사 작전의 기초가 되고 잘 조사해야 할 몇 가지 근본 원칙이 있다는 것을
> 알게 되었다. 즉, 그들은 작전이 육지에서 수행되든 바다에서 수행되든 일반
> 적용 원칙인 것이다.9)

이 비전을 통해 루스는 해군 부서를 재편성하고, 해군의 전문 군 수장을 신
설하고, 해군 전쟁 대학을 설립할 필요성을 인식했다. 그 후 업튼은 루스의 절친
한 친구가 되었고 이러한 프로젝트에서 그를 격려했다. 업튼은 버지니아 주 포트
먼로의 포병 학교에서 이론 교육의 교육감으로 재직하는 동안 루스와 함께 미국
군사 교육을 개선하는 방법에 대한 아이디어를 교환했다. 이때 루스는 포병 학교
를 모델로 삼아 해군에 "전쟁 기술" 교육 과정을 대학원 과정을 제공할 것을 처
음으로 촉구했다. 1884년 해군 전쟁 대학(the Naval War College)을 설립한 후 루
스는 데니스 하트 마한(Dennis Hart Mahan)의 아들과 세기의 전환기에 육군 전쟁
대학(the Army War College)의 설립을 주도한 육군 중위인 테스커 H. 블리스
(Tasker H. Bliss)를 강사로 데려왔다. 따라서 영향 흐름은 데니스 하트 마한에서
셔먼, 할렉 및 업튼, 셔먼에서 업튼과 루스, 루스와 업튼 사이, 루스에서 A. T.
마한과 블리스, A. T. 마한에서 젊은 해군장교, 그리고 블리스에서 육군으로 연
결이 되었다.10)

전문성의 제도

사실상 육군 사관학교를 제외한 거의 모든 미국 군사 전문직 기관은 남북
전쟁과 1차 세계 대전 사이에 생겨났다. 그들의 출현에서 공통적인 주제는 기술
주의와 정치를 군사적 전문성으로 대체하는 것이었다. 그것들은 전쟁 과학에 대
한 인식이 외부에 존재하는 다른 과학 및 전쟁 과학에 기여하는 하위 과학과 구

별되는 것을 서서히 반영했다. 이러한 인식의 발전은 교육, 인사 및 조직 영역에서 볼 수 있다.

■ **교육: 기본 구조의 완성**　　1865년에 존재한 유일한 국가 군사 교육 기관은 웨스트 포인트와 아나폴리스에 있는 육군 및 해군 사관학교였다. 그들의 과정은 자유주의, 군사, 기술 교육을 결합했는데 기술적인 요소가 촛점을 두었다. 다음 반세기 동안 세 가지 큰 진전은 (1) 웨스트 포인트와 아나폴리스에서 기술 교육의 중요성 감소, (2) 육군과 해군의 기술 대학원 설립, 그리고 (3) 고급 군사 연구를 위한 전쟁 대학의 설립이었다. 1865년에 미국은 전문적인 군사 교육을 거의 받지 못했다. 1915년에 와서는 거의 모든 요소에서 포괄적인 체계를 갖추었다.

남북 전쟁 직후 아나폴리스와 웨스트 포인트는 기술주의에서 벗어나 보다 군사적이고 전문적인 방향으로 이동하기 시작했다. 1866년에 사관학교는 공병대장의 통제에서 벗어났고, 그 학장직은 육군의 모든 부서의 장교들에게 개방되었다. 그 후 공학을 추구하는 졸업생의 비율은 눈에 띄게 감소했다. 한 보고서에 따르면 "군사학교는 더 이상 토목 및 기계 공학 직업을 위한 곳이 아니다."11) 그러나 아카데미에 대한 군사 비평가들은 수학에 많은 중점을 둔 것에 대해 여전히 만족하지 못했으며, 독일 장교와 마찬가지로 미국 장교에게도 광범위하고 자유로운 문화 교육이 필요하다고 주장했다. 그들은 기술 과정을 대학원으로 이전하고 한편으로는 영어, 역사 및 외국어에, 다른 한편으로는 전술 및 군사사에 더 많은 시간을 할애할 것을 지속적으로 촉구했다. 1902년까지 사관생도의 시간 중 약 31%는 엄격한 기술 과목에, 약 30%는 군사 교육, 약 39%는 교양 또는 기초 과학에 할애되었다. 해군 사관학교에서 기술성의 감소는 항해와 항해술에 대한 이전의 강조를 대체한 증기의 새로운 기술에 대한 스트레스로 인해 방해를 받았다. 1871년부터 1890년대까지 아나폴리스에는 두 가지 유형의 사관생도가 있었다. 즉, 해군 전열을 위해 훈련을 받은 일반 사관 생도와 특수 공학 교육을 받은 엔지니어 생도였다. 이전 시대의 웨스트포인트 졸업생을 모방한 많은 사관 후보생 엔지니어들은 자신의 전문 분야를 가르치고 실습하기 위해 민간 세계로 갔다. 1890년에 부분적으로 없어진 장교 후보생 간의 이러한 구분은 1899년 전열과 공병대의 합병과 함께 완전히 사라졌다. 20세기의 첫 10년 동안 교양 과목은 아카데미 교과 과정에서 점점 더 강조되었다.

　　1900년까지 전문적 목적은 웨스트 포인트와 아나폴리스 모두에서 최우선이었다. 군사적 강조는 두 학교를 민간 고등 교육 기관과 구별하고 미국 교육의 주요 흐름에서 분리했다. 교육 방법, 커리큘럼, 조직, 인성 개발에 대한 강조뿐만 아니라 교과 과정의 실질적인 내용에서 사관학교는 선택 과목에 대한 엘리엇(Eliot)의 사상과 듀이(Dewey)의 실용주의적 진보주의 모두에 영향을 받지 않는 외로운 길을 걸었다. 나머지 미국 교육은 대학생들이 자신의 길을 가도록 허용할 수 있는 자유의 한계를 탐구한 반면, 사관학교는 규정된 과정과 매일의 암송을 통해 복종, 규율 및 규칙성을 계속해서 강조했다. 군사 직업 전체가 비즈니스 자유주의에 반대하여 발전한 것처럼, 군사학교는 교육의 새로운 사상에 상대적으로 영향을 받지 않았다. 그럼에도 불구하고 사관학교는 기술적인 내용을 줄이면서 일반교양교육과 기초군사교육을 하나의 과정으로 통합하려 하였다. 두 가지 목표를 달성하기 위한 노력은 지속적인 긴장, 커리큘럼의 혼잡, 양측의 불만족, 지속적인 개혁 제안을 초래했다.[12] 따라서 남북 전쟁 이후 기간은 사관학교에서 기술 오리엔테이션에서 전문가를 대체하는 큰 진전을 이루었다. 그러나 그것은 예비 교육 시스템의 전문적 요소에 대한 자유주의의 관계를 해결하지 못한 채 남겨 두었다.

　　사관학교에서의 기술주의 감소는 특수 대학원 기술 학교의 출현과 밀접한 관련이 있다. 군사 예술에 기여하는 과학의 복잡성과 깊이가 점점 증가함에 따라 사관학교 교과 과정에 그들을 위한 공간을 찾는 것이 불가능해짐에 따라 뚜렷한 고급 기술 기관의 설립이 필요했다. 1866년 공병대에서 웨스트포인트가 분리되는 것과 동시에 육군은 뉴욕의 윌렛 포인트에 공병 학교를 설립했다. 1868년 포트 먼로에 있는 칼훈의 포병 학교가 부활했다. 1881년 셔먼은 포트 리븐워스에 보병 및 기병 지원 학교를 설립했다. 1887년 의회는 캔자스 주 포트 라일리(Fort Riley)에서 기병과 경기병을 위한 실용적인 학교의 설립을 승인했다. 1893년에 육군 의과대학은 군 직업을 위해 의사를 훈련시키기 위해 워싱턴에 설립되었다. 시그널(Signal) 학교는 1904년 포트 리번워스에, 1907년 캘리포니아 프레시디오(Presidio)에 보병 총사 학교, 1911년 오클라호마 포트 실(Fort Sill)에 야전 포병 학교가 설립되었다.

　　해군에서의 기술 교육은 아나폴리스에서의 초점의 전환과도 연결되었다. 1880년대에 해군 장교를 위한 유일한 대학원은 뉴포트에 있는 토피도(Torpedo)

학교였다. 그러나 그 10년 동안 해군은 전문 교육을 위해 장교들을 국내외 민간 대학에 파견하기 시작했다. 1893년 루스 제독은 해군 건조자 교육을 위해 매사추세츠 공과 대학에 해군 건축 학교를 설립했다. 1899년 아나폴리스에서 사관 후보생 과정이 폐지된 후 해군은 워싱턴에 해양 공학, 전기 공학 및 병기 분야의 고급 학교를 설립했다. 1909년에 이 학교는 아나폴리스로 옮겨졌고 결국 해군사관학교의 대학원이 되었다. 그러나 해군은 이 훈련을 보완하기 위해 민간 기관에 계속 의존했다.

군사 교육의 세 번째 주요 발전은 전쟁 기술에 대한 고등 연구에만 전념하는 학교의 출현이었다. 이 방향의 첫 번째 중요한 단계는 셔먼이 1881년 리븐워스에 보병 및 기병 학교를 설립한 것이었다. 어떤 의미에서는 이것은 단지 분교에 불과했지만 더 큰 목적으로 구상되어 궁극적으로 더 의미 있는 학교로 발전했다. 설립 이전에는 포트 먼로 포병학교의 이론 과정에서 셔먼의 육성과 업튼의 참여로 군역사, 전략, 병참과 같은 고급 전쟁 과학의 특정 요소가 제공되었다. 리븐워스의 초기 2년 과정에는 첫 해에 일반 교육 과목이 포함되었지만 시간이 지나면서 순전히 군사적 주제로 중점이 바뀌었다. 스페인-미국 전쟁으로 인해 학교 활동이 일시적으로 중단되었지만 1902년 엘리후 루트(Elihu Root)의 지휘 아래 확장되고 보다 명확한 헌장으로 다시 시작되었다. 육군전열학교는 대위급 이상의 장교들에게 "군술과 과학의 상급 분야"를 가르쳤다. 역시 리븐워스에 있는 육군 참모 대학은 전쟁에서 고위 참모직을 위해 전열 학교 졸업생을 훈련시켰다. 이 초기 몇 년 동안 학교에서 지배적인 인물은 1886년부터 1897년까지 그곳에서 가르쳤던 아서 L. 와그너(Arthur L. Wagner)였는데 그는 높은 수준의 교육과 수행을 고집했다. 그 기간 동안 〈코니그라츠 캠페인〉(Campaign of Könniggratz)과 〈조직 및 전술〉(Organization and Tactics)에 관한 와그너의 책은 업튼과 1차 세계 대전 사이에 군대가 생산한 최고의 군사 분석이었다. 스페인-미국 전쟁 후 와그너는 참모대학교의 사령관이 되었고, 1904년까지 리븐워스를 학교에서 전쟁을 가르칠 수 있다는 독일의 기본 전제를 구현하는 "군사대학"으로 언급하는 것은 부적절하지 않았다.13)

먼로와 이후에 리븐워스에서의 군사 과학 교육은 해군이 비슷한 것을 만들어내도록 유도했다. 루스 제독과 그의 동료들은 해군 교육이 육군 교육에 비해 열등하다고 거듭 지적했다. 루스의 캠페인은 결국 1884년 뉴포트에 해군전쟁대학(Naval War College)의 설립으로 이어졌다. 이것은 전쟁에 대한 고등 연구에만 독점적으로 전념하는 유럽 대학과 같은 진정한 전쟁 학교였다. 그러나 그것의 초기 존재는 불안정했다. 많은 해군 장교들은 그 목적에 대해 무지하고 그것이 바람직한지 확신하지 못했다. 뉴포트의 토피도 학교와 결합하거나 아나폴리스에서 대학원 과정으로 만들기 위해 정기적으로 노력했다. 루스와 마한이 지적했듯이 이러한 움직임은 기술과 군사 전문 지식으로 혼동하고 군사전문지식의 독립 존재를 인식하지 못하는 것을 반영한다.• 데이비드 D. 포터(David D. Porter) 제독의 지원, 루스의 선전, 그리고 마한의 인기는 결국 반대파를 압도했다. 스페인－미국 전쟁 이후, 그 대학의 존재는 의심의 여지가 없었다. 이 대학은 교과 과정과 교수법 개발을 개척했으며 유럽 해군의 유사한 기관의 모델이 되었다.14)

제1차 세계 대전 이전에 고급 군사 교육을 제공하는 마지막 단계는 1901년 육군 전쟁 대학의 설립이었다. 이것은 리븐워스의 논리적인 성장과 해군 전쟁 대학의 성공이었다. 리븐워스보다 더 발전된 교육 기관에 대한 육군의 요구는 10년 동안 강했다. 그러나 그 창설은 엘리후 루트가 전쟁 대학의 의무를 일반 참모진의 의무와 혼동함으로써 설립이 복잡해졌다. 해군사관학교가 전문학교와 구별되지 못해 발전이 저해된 것처럼 육군대학의 발전은 기획 및 행정기능과 교육 및 연구 기능을 구분하지 못하는 루트의 무능함이 반영된 것이다. 루트는 대학이 다른 육군 학교의 업무를 감독하고, 군사 정보 활동을 지시하며, 동원 및 군사 준비에 관한 계획을 준비하고 대통령에게 조언할 육군 참모부장으로 구성되기를 원했다. 이보다 더 이질적인 직무 집합은 거의 상상할 수 없다. 대학 자체가 1901년에 설립되었을 때, S. B. M. 영(Young) 소장이 이끄는 장교단의 지휘하에, 그 학문적 임무는 분명히 직원과 계획 활동에 부차적이었다. 1903년 영(Young)이 초대 참모총장이 되자 해군대학의 초대 육군 교관이었던 테스커 H. 블리스(Tasker H. Bliss) 준장이 전쟁대학의 자리를 물려받았으며, 결과적으로 그는 전쟁

• 루스는 이후 그의 반대자들에 대해 다음과 같이 썼다. "고등 수학, 병기 과학, 항해 천문학 및 그 밖의 다른 분야의 고급 과정을 촉구하면서 그들은 그들 자신의 과학, 즉 전쟁의 과학을 간과했다. 그들은 일반적으로 포술과 항해술, 기계 공학, 기계 기술에의 육성을 옹호하면서 그들 자신의 특별한 예술인 전쟁 기술을 고려하지 않았다." 미국 해군 연구소 회보(U.S. Naval Institute Proceedings), XXXVI(1910), 560.

대학의 목적에 철저히 젖어 있었다. 블리스와 그의 후임자 와그너가 리븐워스에서 옮겨 오게 되면서 대학은 고급 전쟁 연구에 더욱 관심을 갖기 시작했다. 그러나 루트의 영향 하에 주요 임무는 국방 계획을 준비하는 참모진을 보조하는 것이었다. 군대가 대학을 올바른 길로 인도하려는 노력에도 불구하고 모호한 시작은 1914년에도 여전히 "이미 습득한 지식을 실제적으로 적용하는 것이지 학문적 교육을 제공하는 것"이 주된 목적이 아니었음을 의미했다.[15]

만약 루트가 전쟁 대학의 기능에 대해 모호했다면, 그는 전문 군사 교육의 포괄적인 시스템의 필수적인 요소에 대한 분명한 인식을 가지고 있었다. 이전에 군 장교들은 독일 제도를 모방하여 웨스트포인트, 대학원, 일반군사학교, 전쟁대학으로 구성된 3단계 체계로 정의했다. 1901년 11월 27일자 훌륭한 비망록에서 루트는 이 계획의 핵심을 받아들이고 기존 육군 학교의 임무를 통일된 전체의 일부로 재정의했다. 유사한 의무로 해군은 장교 교육의 동일한 기본 단계를 인식하게 되었다. 1919년에 해군 교육을 조사한 녹스(Knox)-파이(Pye)-킹(King) 위원회는 네 단계가 관련되어 있다고 선언했다. 첫째는 해군 사관학교, 둘째는 아나폴리스의 대학원 과정, 셋째는 주니어(Junior) 전쟁대학 과정, 그리고 마지막으로 시니어(Senior) 전쟁대학 과정이었다.[16] 루트의 비망록과 해군 위원회의 보고서는 미국에서 전문 군사 교육의 기본 구조가 완성되었음을 알려주었다.

■ **협회 및 저널**　　　　새로운 군사 교육 제도는 미국에서 유례가 없는 규모의 전문 협회와 전문 학술지의 창설로 보완되었다.• 이 분야의 첫 번째는 1873년 아나폴리스의 장교들이 영국 왕립 연합 서비스 기관(British Royal United Service Institution)을 의식적으로 모방하고 "해군에서 전문적이고 과학적인 지식"을 발전시키겠다는 목적을 가지고 설립한 미 해군 연구소였다. 1874년에 연구소는 수년에 걸쳐 아마도 미국에서 가장 지적이고 영향력 있는 군사 학술지인 〈회의록〉(Proceedings)을 발간하기 시작했으며, 해군 장교들에게 전문적인 토론을 위한 지

• 남북 전쟁 이전에 가장 중요한 군사 협회는 1802-1812년의 웨스트 포인트 군사 철학 협회와 1830년대의 미국 해군 협회였다. 그러나 두 집단 모두 군사적 이익뿐만 아니라 과학적, 기술적 이익을 가지고 있었다. 해군 협회에서 발행하는 해군 잡지(Naval Magazine)를 제외하고는 군 계몽의 저널은 장교들 자신이 아닌 상업 기관에서 발행되었으며 모두 짧게 존재하였다.

속적인 포럼을 제공했다. 육군 장교들은 1879년 영국 RUSI 모델에 따라 군 복무 기관을 조직함으로써 해군의 선례를 따를 것이라고 말했다. 그 기관과 기관이 발행한 저널은 모두 제1차 세계 대전 중 지원 부족으로 인해 사라졌다. 그러나 이 때까지 육군에는 다양한 전문적이고 기술적인 군사적 관심을 반영하는 많은 협회와 잡지가 있었다. 이들 중 대부분은 군사 학교에서 시작되었다. 기병 협회는 1885년에 결성되었고 3년 후 〈기병 저널〉(Cavalry Journal)을 발간하기 시작했다. 〈미국 포병대 저널〉(The Journal of the United States Artillery)은 1892년 포트 먼로 포병학교에서 창간되었다. 그것은 1922년 〈해안포병저널〉(Coast Artillery Journal), 1948년 〈대공예보〉(Antiaircraft Journal)가 되었고, 1954년 〈전투군저널〉(Combat Forces Journal)로 병합되었다. 1893년 포트 리브워스의 장교들이 보병회를 설립했으며 이듬해 미국 보병 협회로 이름이 변경되었다. 1904년에 협회는 재조직되어 〈보병 저널〉(Infantry Journal)을 발간하기 시작했으며, 〈병역 기관 저널〉(the Military Service Institution Journal)이 사라진 후 최고의 육군 전문 기관이 되었다. 그 저널은 1950년에는 포트 라일리(Fort Riley)에서 야전포병협회(Field Artillery Association)가 설립된 후 1911년에 설립된 〈야전포병저널〉(Field Artillery Journal)과 합병하여 〈전투군저널〉(Combat Forces Journal)로 확장되었다. 1909년에 공병단은 격월간 〈전문회고록〉(Professional Memoirs)을 발간하기 시작했다.• 두 군대 모두에서 새로운 잡지는 전문 문학의 더 큰 일반 가용성에 대한 지속적인 요구를 충족시켰다.17)

■ **인사: 일반인과 전문가의 분리**　　　남북 전쟁과 제1차 세계 대전 사이에 전문 인사 제도의 필수 요소가 등장했다. 장교로의 진입은 주로 최하위 계급과 사관학교를 통해 이루어졌다. 고위직은 거의 사관학교 졸업생들이 독점했다. 이전의 공격을 견뎌낸 전통적인 연공서열 승진제도는 조건적이고 제한적이었는데 정치에 대한 두려움이 그 제도를 기본 기준으로 유지했다. 이전에는 사실상 존재하지 않았던 퇴직제도가 도입되었다. 장교들이 비군사적 활동에 참여하는 것에 대한 금지는 강화되고 명확해졌다. 이러한 모든 발전은 장교단의 개별적이고 기업적인 존재를 강화하고 구성원 간의 유대를 강화하며 사회의 다른 부분과의 격차를 넓

• 전문 문헌도 1882년에 설립된 해군 정보국, 국방부 군사 정보국, 해군 전쟁 기록국, 전쟁 대학이 모두 중요한 역할을 하며 양과 질적으로 증가했다.

히는 경향이 있다.

　군사 업무에 대한 기업 평화주의의 무관심과 잭슨주의적 접근과의 대조는 의회가 사관학교로의 장교 진입 경로를 기꺼이 좁힌 데에 반영되었다. 해군의 주니어 전열 장교 임명은 남북 전쟁 이후 아나폴리스 졸업생들에 의해 독점되었다. 해군의 필요는 적었고 아카데미는 그것을 충족할 수 있었다. 세기가 바뀌면서 해군의 확장으로 장교에 대한 수요가 증가하자 사관학교에 임용되는 수가 두 배로 늘어났다. 할당량을 채우기 위해 아나폴리스 졸업생이 충분하지 않은 경우 의회는 준위를 소위로 승진시키는 것을 승인했지만 이러한 기회는 엄격한 제한으로 인해 회피되었다. 1890년부터 전문 참모부를 제외한 해군의 모든 고위직은 아나폴리스 출신으로 채워졌다. 육군의 더 광범위한 장교 요구 사항은 웨스트포인트가 아나폴리스가 한 것과 같은 정도의 독점을 달성하는 것을 허용하지 않았다. 그럼에도 불구하고 1878년 의회는 임용시 사관학교 졸업생의 우선 순위를 확고히 설정했으며 다른 경로로 장교 군단에 입성하는 사람들에 대해 엄격한 전문 테스트를 요구했다. 1898년에 웨스트포인트 출신들은 장교 군단의 80%를 차지했지만 여전히 최고 계급에서는 소수에 불과했다. 20년 후 제1차 세계 대전은 거의 오로지 전문적 지도부 하에 싸웠고 정치와 영향력은 임명과 임무에서 엄격하게 배제되었다. 1898년에서 1940년 사이에 임관된 441명의 정규군 장군(의사 제외) 중 거의 4분의 3이, 1861년에서 1917년 사이에 입대했으며 거의 모두가 웨스트포인트 졸업생이었다.18)

　남북 전쟁 후 해군의 축소와 함께 연공서열 제도를 계속 고수하면서 승진이 정체되었다. 장교들은 끝없는 기간 동안 낮은 계급에 머물렀고, 은퇴 시기가 언제인지에 따라 더 높은 계급에 도달했다. 개혁안들은 선발에 의한 승진 또는 덜 유능한 장교를 제거하기 위한 효율적인 제도였다. 그러나 선출에 의한 승진의 옹호자들은 장교 임명에 영향을 미치려는 의원들과 다른 사람들이 노력에 의해 방해를 받았다. 장교들은 연공서열이 폐지되면 정치가 승진은 물론 임명까지 개입할 것을 우려해 공정한 선발제도의 가능성에 대해 의구심을 품었다. 선발에 의한 승진의 대안은 선발에 의한 제거였으며, 이는 결국 1899년에 의회에 의해 인사법에서 규정되었다. 그러나 장교단 내에서 여전히 추가 개혁에 대한 논쟁과 요구는 계속되었고, 해군 진급 제도는 1916년 의회가 1899년 방침을 해군에 고도로 발전된 전문 승진 제도를 제공하는 제한적인 선발 방침으로 대체했을 때 만들어졌다.

육군은 연공서열 자격을 갖추는 데 있어 해군에 뒤처져 있었다. 일반적인 관행에 따라 승진은 대령까지 포함하여 연공서열에 의해 이루어졌다. 장군을 뽑았지만 여기에서도 보통 연공서열의 관습을 따랐다. 1890년에는 소령 이하의 모든 장교 진급을 위한 시험을 요구함으로써 최소한의 전문적 능력이 보장되었다. 장교의 성격과 효율성에 대한 체계적인 인사 보고서는 1890년대 중반에 제정되었다. 엘리후 루트 등은 선발에 의한 승진 도입을 강력히 지지했다. 그러나 장교들은 선발이 "사회적 또는 정치적 영향력"의 침해를 초래할 뿐이며 장교단의 청렴을 유지하려면 어떤 대가를 치르더라도 피해야 한다고 우려했다. 개혁을 위한 루트의 노력은 성공하지 못했다.19) 해군에서와 마찬가지로 여기에서 장교들은 정치에 대한 직업적 의심으로 인해 외부 세력에 의해 조작되기 쉬운 더 높은 수준의 위험을 감수하기보다는 더 낮은 수준의 전문성에 안주하게 되었다. 장교들의 두려움은 주로 의회의 영향력을 향한 것이며, 선출에 대한 반대는 삼권분립이 군사 전문성의 발전을 방해하는 방식의 또 다른 예이다.

1855년 이전에는 육군이나 해군에 퇴직제도가 없었다. 그러나 그 해에 의회는 해군의 상급 계급을 정리해야 할 필요성이 있다는 것에 설득이 되어서 임무를 수행할 수 없는 장교들의 "예비 명단"을 만들었다. 1861년 의회는 무능력에 대한 육군 및 해군 장교의 강제 퇴직 계획을 승인하고 자발적 퇴직을 위한 첫 번째 조항을 도입했다. 1860년대와 1870년대의 후속 법률은 62세에 해군 장교의 의무적 퇴직을 요구하고 퇴직 급여를 증가시켜 자발적 퇴직을 촉진하려고 시도했다. 1862년과 1870년의 법률은 육군 장교가 30년의 복무 후 자신의 신청에 따라 또는 대통령의 재량에 따라 강제 퇴역할 수 있다고 규정했다. 64세의 의무적 퇴직은 전문직 장교들이 오랫동안 옹호해 온 개혁으로 1882년 의회에서 마침내 제정되었다.20) 세기말까지 육군과 해군 모두 적절한 연금제도를 갖추었다.

장교들의 비전문적인 활동 참여에 대한 법적 제한도 이 기간 동안 나타났다. 1870년에 의회는 현역 장교가 선거나 임명에 의해 공직을 맡는 것을 금지했을 때 기본적으로 헌법제정자의 헌법 이론과 상반되는 민군 관계의 개념을 지지했다. 후속 법안은 이 제한을 자세히 설명하고 은퇴한 장교의 고용에 제한을 두었다. 두 군부대는 또한 1876년, 1896년 및 1900년에 이에 대한 규정을 추가하

여 장교의 입법 활동을 축소하려고 시도했다.[21)]

■ **조직: 기술주의에 맞서는 투쟁**　　　19세기 말 육군과 해군의 근본적인 조직 문제는 전문적인 군사 기능을 수행하고 전문적인 군사 이익을 대표하는 기관을 제공하는 것이었다. 불가피하게 이 문제를 해결하려면 두 군부대의 구조에서 중요한 역할을 하는 기술－행정 단위의 종속이 필요했다. 인사조직 차원에서는 특수 참모부의 폐지나 제한이 문제였다. 육군에서는 다양한 참모 부서에 대한 임명이 후원에 따라 다소 수여되었다. 한 번 임명된 장교들은 전체 직업을 참모 전문직과 함께 보내며 군사 전문가가 아닌 기술 전문가가 되었다. 이러한 상황은 1894년 의회가 참모부의 모든 후속 임명이 육군 계열에서 이루어져야 한다고 요구했을 때 수정되었다. 세기의 전환기에 엘리후 루트는 참모단의 상임위원회 투쟁을 주도했으며 국경 또는 해외에서 복무하는 전선의 장교들 사이에서 참모부서는 워싱턴 의회 의원들과의 끊임없는 교제에서 비롯한 "모든 사치, 특권, 권력이 있는" 폐쇄된 기업이라는 느낌이 존재한다고 지적했다. 의회는 루트의 요구에 대응하여 1901년에 참모 부서의 장교들을 위한 4년 세부 사항을 설정했다. 이것은 육군의 나머지 부대로부터 참모단의 고립을 효과적으로 해소했고, 단인화된 군사 직업을 만드는 데 중요한 단계였다.

　　해군 장교도 전열과 여러 참모 군단으로 나뉘어졌다. 육군 내에서와 마찬가지로 해군 내에서도 참모부가 1위를 차지했다는 느낌이 들었다. 비군사 부서의 육상 근무에 대한 더 나은 급여와 승진 기회는 아나폴리스 졸업생을 끌어들였다. 가장 골치 아픈 문제는 전열과 1842년에 설립된 공병대의 관계였다. 이 두 기관은 각자의 권리와 특권을 놓고 끊임없이 대립했다. 그러나 1890년대에 이르러 이 둘을 구분하는 근거는 사라지고 있었다. 루스벨트 차관보가 의장이 되는 인사위원회는 1898년에 모든 엔지니어는 전열 장교가 되어야 하고 모든 전열 장교는 엔지니어가 되어야 한다고 보고했다. 위원회는 해군에 "현대 전선 장교의 임무를 효율적으로 수행할 수 있도록 모든 구성원이 훈련된 하나의 동질적인 조직"이 필요하다고 주장했다. 1899년 해군 인사법은 이 위원회의 권고를 구체화하고 두 군단의 합병을 규정했다.[22)]

　　기술주의에 반대하는 투쟁의 다른, 그리고 더 중요한 측면은 부서의 행정

조직, 즉 전문적인 군사 이익을 위해 장관, 국, 대변인 사이에 존재해야 하는 관
계에 관한 것이었다. 해군 조직은 해군의 기술－행정 운영에만 특별한 전문지식
이 필요하고 장관이 군사 업무의 지휘를 맡을 수 있다는 폴딩(Paulding) 장관의
이론을 여전히 반영했다. 이 이론은 남북 전쟁에서 비실용적인 것으로 판명되었
으며, 해군 과학이 더 복잡해감에 따라 이제는 평시에도 비실용적이었다. 해군의
군사적 요구, 전쟁 계획 준비, 함대 고용 및 분배를 처리하기 위해 일부 기관이
필요했다. 이러한 필요성은 1885년 휘트니(Whitney) 장관에 의해 분명히 표현되
었다. 폴딩 이론을 거부하면서 휘트니는 지국장의 별도 행정 책임으로 인해 장관
에게 "전쟁의 기술"에 필요한 "지적인 지도"를 제공하는 것이 불가능하다고 지적
했다. 폴딩의 군사 문제에 대한 자신감과는 대조적으로, 반세기 후의 휘트니의
선언은 해군의 군사 측면이 이제 전문직업이라는 공식 장관의 승인을 보여주었
다.23) 휘트니의 선언의 결과로 즉각적인 변화는 없었지만 그의 성명서는 1915년
해군 작전 총사령관실이 설립될 때까지 30년 동안 계속된 해군 조직에 대한 논
쟁을 촉발했다. 이 토론은 미국 공공행정 역사상 유례가 없을 수 있는 기사, 보
고서, 토론, 제안서 등의 형태를 취했다. 논란의 초점은 국장 및 장관과 관련한
전문군사령관의 역할이었다.

　　루스와 마한이 이끄는 해군 전통주의 학파는 균형 잡힌 조직 체계를 옹호했
다. 그들은 해군 기관의 군사적 측면에 대한 소홀함을 강조했다. 해군은 전쟁을
위해 존재했으며, 부처 조직이 해군의 군사적 필요에 대한 대변인을 제공하지 않
는 한, 적절히 지원 역할을 했던 한 부서의 민간 활동은 그 자체로 목적이 되는
경향이 있었다. 따라서 전통주의자들은 해군의 군사적 측면을 대표하는 기관을
만들어 국과의 균형을 유지하기를 원했다. 그들은 이러한 필요의 순전히 군사적,
전문적 성격을 강조했기 때문에 새로운 사무소가 해군부의 민간 측면을 감독해
야 한다고 주장하지 않았다. 해군의 군사적, 민간 측면 사이에 내재된 갈등을 인
식하고, 그들은 장관에게 그 둘을 화해시키는 임무를 맡겼다. 해군의 장관 지시
에 익숙해져 군의장과 장관, 그들은 대통령 사이에 존재하는 지휘관계의 문제로
고민하지 않았다. 장관은 해군 설립, 민사 및 군사에 관한 모든 문제에서 대통령
의 대리인으로 간주되었다. 전통주의자들은 해군 제1군주(First Sea Lord)와 민간인
제1군주(civilian First Lord)의 최고 권위 하에 있는 다른 해군 관리들 사이에 군사

및 민사 임무를 분담하는 영국의 해군 조직 체계를 모델로 삼았다.

해군의 조직적 병폐에 대한 수직적 해결책의 공감은 군부 내에 오랫동안 존재했으며 1890년대 수직 체계는 H. C. 테일러(H. C. Taylor) 및 윌리엄 S. 심스(William S. Sims) 제독들이 이끄는 젊은 세대의 해군 저항세력으로부터 새로운 지원을 받았다. 해군 반군은 전통주의자들과는 다른 필요성을 강조했는데, 이는 군 대표가 국과의 균형을 맞출 필요로 있는 것이 아니라 군 관리가 국을 조정하는 것이 바람직하다고 강조했다. 그들은 국의 독립적인 방식, 중복되는 임무, 부서 전체의 조정 부족, 장관들의 지식과 경험 부족 등을 지적했다. 그들은 장관이 부서와 관련된 모든 문제에 대해 책임 있는 단일 고문(개인 또는 이사회)이 있어야 한다고 주장했다. 그들은 이 고문을 그 권한이 국에까지 확장되는 일반 참모로 보았다. 반군은 독일군 조직을 지지했다. 그러나 이 점에서 그들은 엘리후 루트가 한 것과 같은 실수를 저질렀다. 그들은 독일 체제를 군대 조직의 모든 요소에 대한 총참모부의 권한을 확립하는 것으로 잘못 해석했다.[24]

논쟁의 수년 동안 해군 장관과 국 국장은 반군에 대항하여 전통주의자의 편을 드는 경향이 있었다. 수장들은 장관에게 직접 접근하는 것을 옹호했다. 장관들은 정책통제권을 사령관에게 넘기지 않고 전문적인 군사지원을 제공하는 것이 문제라고 보았다. 루즈벨트의 영향을 받은 사람들을 제외하고 그들은 수직적 제도를 거부했는데, 이는 그 제도에서 장관이 서류에 서명하고 군 수장이 국방부를 운영할 것을 두려워했기 때문이다. 그들은 대니얼스(Daniels) 장관이 "계산된 분산 정책"이라고 묘사한 것에 대해 사실상 만장일치로 찬성했다. 수직적 조직에 대한 그들의 반대는 또한 균형이 잡힌 부서 통제 계획조차도 바람직하지 않은지 의구심을 갖게 만드는 경향이 있었다. 여기서 그들은 딜레마에 빠졌다. 그들은 휘트니 장관의 1885년 보고서에서 장관에게 전문적인 군사 지원이 필요하다는 것을 인식했다. 그러나 그들은 원래 군사령관의 권한이 순전히 군사 업무에만 국한된 경우에도 국에 대한 권한을 확대하는 경향이 있다는 것을 두려워했다. 휘트니 장관은 스스로 장관을 보좌하기 위해 만들어진 해군자문위원회가 행정 기능을 인수하고 국의 책임을 침해하려 했다는 점을 지적했다. 그 후 1904년 장관들은 또한 전쟁 계획을 준비하기 위해 1900년에 설립된 총이사회가 해군 기지 관리, 해군 예비역 운영, 법적 문제에 연루되는 민간 임무를 침해한다고 불평했다. 군사 기관의 팽창주의적 경향은 그 자체로 미국의 계획에서 균형 잡힌 조직을 유지하는 것이 어렵다는 증거이며, 모든 개혁 계획에 대한 장관들의 의욕을 약화시켰다.

조직적 논쟁에 휘말린 생각과 힘은 결국 1915년 해군참모총장을 창설하는 법안으로 구체화되었다. 이 법안을 직접 발의한 사람은 브래들리 피스케(Bradley Fiske) 제독이었는데 그는 장관 몰래 동조적인 하원의원들에게 해군 재편을 촉구했다. "해군의 전쟁 준비를 책임지고 전반적인 지휘를 맡는" 해군참모총장을 신설하는 해군 세출 예산 법안이 수정되었다. 따라서 이 제안된 법안은 수직적 제도를 마련하였다. 대니얼스 장관은 강력하게 반대했고 법안을 대폭 변경하는 데 성공했다. 최종적으로 통과된 이 법은 해군참모총장(CNO)이 "해군 장관의 지시에 따라 함대의 운영과 전쟁에서의 사용을 위한 계획의 준비 및 대비를 책임져야 한다"고 규정했다.25) 따라서 대니얼스는 균형 잡힌 조직의 두 가지 필수 요소를 달성했다. CNO의 권한 수준은 장관에 종속되었다. CNO의 권한 범위는 국의 민사 활동으로 확장되지 않고 군사 업무에 국한되었다. 루스-마한 전통주의 관점이 우세했다.

국방부 조직의 개혁은 해군의 개혁과는 상당히 다른 길을 걸었다. 장교들 사이의 광범위한 토론과 논쟁의 산물이라기보다 훨씬 더 민간 외부인의 작업이었다. 실제로, 미국-스페인 전쟁 이전에 육군 장교들은 조직 문제에 거의 관심을 보이지 않았다. 분명히 그들은 일반적으로 기존 조정제도에 만족했다. 1900년에도 병무청에서 육군 최고 참모 조직에 대한 논술 대회를 후원했을 때 제출한 기사 중 어떤 것도 수상 자격이 없다고 판단되었다. 개혁을 위한 주도권은 주로 1899년에 국방 장관이 된 엘리후 루트에게서 나왔다. 그가 임명될 당시 루트는 군사 문제에 대해 거의 아는 것이 없었지만 일단 집권한 후에는 스스로 배우려고 열심히 노력했다. 그는 독일의 일반 참모 제도에 대한 일반적인 예찬을 받아들이고 스펜서 윌킨슨(Spenser Wilkinson)의 〈군대의 뇌〉(Brain of the Army)에 실린 독일 조직에 대한 분석에 깊은 인상을 받았다. 그러나 루트는 국방부의 재편성 계획을 승인하면서 한 번의 개혁으로 두 가지 결점을 해결하려고 했다. 국방부는 전문적인 군사 기능의 개선된 성능과 보다 효과적인 중앙 조정 및 통제를 모두 요구했다. 첫 번째 결점은 사령관을 장관에게 종속시키고 군사 계획을 준비할 참모를 장군에게 제공함으로써 충족될 수 있었다. 두 번째 결함은 장관의 법적 권한을 강화하고 그의 직위를 강화하여 사령관과 국장을 효과적으로 통제할 수 있게 함으로써 충족될 수 있었다. 이러한 개혁은 본질적으로 독일 제도와 스펜서 윌킨슨의 생각을 모두 반영하는 균형 잡힌 조직 체계를 국방부에 제공했을 것이다. 그러나 루트는 참모총장을 장관의 군사 고문으로 임명하는 조치만 취했다. 신해밀턴주의적(Neo-Hamiltonian) 관점이 완전히 물들은 루트는 군대에 군사적 기능과 정치적 기능이 혼합된 수직적 조직 체계를 제공했다. 루트의 이론을 구체화한 1903년의 일반참모법(General Staff Act)은 세 가지 측면에서 조직의 기존 조정 패턴과의 급격한 결별을 보였다.

(1) 대통령에 대한 참모총장의 직속관계를 폐지하였다. 새로운 시스템 하에서, "지휘는 참모총장을 통해 국방장관에 의해 또는 그의 이름으로 행사되어야 한다." 법률상 참모총장은 대통령과 국방장관의 지휘를 받았지만 새로운 방안은 실제로는 국방장관만이 "헌법 총사령관의 대표자"가 되도록 규정되어 있다." 참모총장의 임무는 "지휘권을 가진 상급 장교[국방 장관]를 보조하고, 그를 대표하여 그의 이름과 권한으로 행동하여 그의 정책을 수행하고 그의 명령 집행을 보장하는 것이었다."

(2) 국방장관의 군 지휘권의 인수는 참모총장의 통제가 국방부의 행정국으로 확대된 결과였다. 군 수장은 직급이 강등된 대가로 권한의 범위가 넓어졌다. 카터(Carter) 장군이 초안을 작성한 최초의 제안서는 순전히 전쟁 계획과 관련된 군사 기능을 할당받은 참모군단과 참모장을 위한 것이었고 균형 잡힌 조직을 제공했다. 그러나 루트 장관은 "군사령관으로부터 독립해 국방장관에게 직접 보고하는 보급부서의 즉각적인 지휘"를 군 수장에게 주어야 한다고 촉구했다. 수직적 조직을 필요로 하는 이러한 견해는 참모총장에게 참모 부서를 "감독"할 수는 있지만 "지휘"할 수 없는 권한을 부여한 참모법에 구체화되었다. 이러한 단어 선택은 의식적인 것이었고 루트의 견해는 "감독"이 상급자의 이익을 위해 감독하는 것을 의미하는 반면 "지휘"는 독립적이고 내재적인 권위를 의미한다는 것이다. 따라서 이 문구는 참모장이 장관에게 종속되는 것을 보장하고 국에 대한 참모장의 권위를 확립하기 위해 고안되었다.

(3) 참모장 이론의 세 번째 핵심 요소는 참모장과 장관 간의 상호 신뢰의 필요성이었다. 19세기 조직하에서 사령관의 독립은 비서관과의 갈등을 불가피하게 만들었다. 그러나 이 제도는 사령관의 책임이 순전히 군사적일 때만 가능했

다. 장관과 같은 권한을 가진 참모총장은 장관과 같은 이해관계와 생각을 반영해야 했다. 참모총장은 "사령관의 전적인 신뢰를 받아야" 했다. 결과적으로 대통령은 4년의 기간 동안만 전체 장교 군단에서 참모총장을 선출할 수 있는 권한이 있었다. 더욱이 대통령, 장관, 참모총장 사이에 절대적인 신뢰가 필요하기 때문에 후자의 임기는 "더 일찍 종료되지 않는 한 모든 경우에 대통령 임기 만료 다음 날에 종료되는데 그 세부사항은 대통령이 작성한다." 더구나 참모총장은 민간 상관을 충성스럽게 섬길 수 없다는 사실을 알게 되면 직위에서 해임을 요청해야 할 의무가 있었다.26) 이 제도 하에서 참모총장은 집권 행정부의 일부가 되었다. 그는 단순히 영구적인 군사 이익을 위한 대변인이 아니었다. 그는 정치인이기도 했고 그의 정서가 행정부의 정서와 일치하지 않으면 사임해야 했다. 사실상 그의 직위는 행정부의 차관급이었다. 따라서 루트의 재편성은 군사 직업주의와 문민통제의 관점에서 조정제도에 대한 약간의 개선에 불과했다. 참모총장 산하의 참모부는 전문적인 군사계획 업무를 맡았다. 그러나 부서 서열에서 기술 부서의 한 수준 낮은 것은 육군 참모총장의 책임을 전문적인 범위를 넘어 확대하는 대가를 치르면서만 달성되었다. 해군 조직은 이후 완전히 전문적인 균형 잡힌 체제로 발전했지만 육군 조직은 이 준전문적인 신해밀턴 형식으로 동결된 상태로 유지되었다.

■ **요약** 제1차 세계 대전까지 두 군부대는 모두 광범위하게 전문적인 일련의 기관들이 되었다. 미국의 군국주의가 직업적 패턴에서 크게 벗어나는 영역은 세 곳뿐이다.

(1) 전문적인 예비 교육 시스템은 이러한 업무를 전문으로 하는 기관에서 별도로 제공하는 교양 및 기초 군사 교육을 필요로 한다. 그러나 웨스트포인트와 아나폴리스는 전문 교육의 이 두 요소를 모두 단일 4년 과정으로 통합하려고 했다.

(2) 전문적인 승진 체계는 능력에 따른 승진이 필요하다. 그러나 정치에 대한 두려움으로 인해 군대는 연공서열 시스템을 고수하게 되었다.

(3) 전문적인 조직 체계는 최고 수준의 전문 업무 수행과 군사적 관점의 표현에만 전념하는 군사 기관을 필요로 한다. 1903년에 설립된 육군의 수직적 조직은 이에 미치지 못하였지만, 장관과 참모총장의 정치적, 군사적 책임이 뒤섞여 있었다.

미국 군대 정신의 형성

   미국의 직업 군인 윤리는 특히 남북 전쟁과 1차 세계 대전 사이의 산물이다. 1860년 이전에는 군사 계몽주의 작가들이 그 핵심 요소를 파악하고 표현했다. 그러나 이들은 시대를 앞서간 예외적인 인물들이었고, 1865년이 되어서야 대부분의 장교들이 그들의 사상을 공유하게 되었다. 남북 전쟁 이후 수십 년 동안 장교들은 전체적으로 독특한 군사적 관점을 발전시켰는데, 이는 비즈니스 평화주의 및 민간 자유주의 사상과 근본적으로 상반되는 것이었다. 제1차 세계 대전까지 이러한 공동의 군사적 관점은 안정된 신념의 패턴과 고정된 세계관으로 굳어졌다. 물론 육군과 해군은 전략적 개념에서 다르지만 이러한 직업 윤리의 기본은 두 군부대 모두에서 동일했다. 윤리의 출현은 군대의 고립과 군사 기관의 상승에 필연적인 결과였다. 셔먼, 업튼, 루스는 전문적인 사상을 개발했고 이것은 그들이 전문 기관을 만들게 했다. 그리고 기관, 특히 학교, 협회 및 저널은 직업 윤리에 대한 더 많은 수용과 명료화를 조장했다. 이 윤리의 발전은 이 기간 동안 장교들의 기사와 책에서 찾아볼 수 있다.•

■ **과학과 목적으로서의 전쟁**　　　인류 지식의 진화를 볼 때 군사 작가들은 전쟁의 출현을 별개의 연구 분야로 강조했다. 전쟁의 과학은 군인의 독특한 서식지였다. 1883년 육군 대위는 "전쟁은 전문이 되었다"고 선언했다. "전쟁은 난해한 과

• 다음의 미국 군사윤리 분석은 다음과 같은 포괄적인 연구를 기반으로 한다.
　(1) 병영 기관지(The Journal of the Military Service Institution), 1879-1917;
　(2) 미국 해군 연구소 회보(the United States Naval Institute Proceedings), 1874-1917;
　(3) 보병 저널(the Infantry Journal), 1904-1917;
　(4) 유나이티드 서비스(United Service), 1879-1905;
　(5) 몇 몇 장교들의 회고록과 교과서, 인기 저널의 기사들.
　전문 학술지는 다양한 이유로 군사적 사고를 위한 가장 좋은 자료이다. 그들의 기사는 현역 장교에 의해 작성되었으며 따라서 군사 환경에 몰두했다. 복무 중 책을 쓸 시간이나 의향이 있는 장교는 거의 없었고, 퇴직 후 책을 쓸 때도 낙관적인 관점으로 뒤돌아보기도 했다. 전문 학술지에 실린 기사의 대부분은 장교단의 생각을 반영한 것으로 추정될 수 있는 중·하급 장교들의 글이었다. 대부분의 책은 비직업인 영향을 반영할 가능성이 높은 장군들에 의해 쓰여졌다. 전문 학술지의 기사는 군대 독자를 위해 출간되었기 때문에 일반 대중을 위해 작성하는 경우보다 작성자가 자신의 진정한 의견을 숨기거나 수정할 가능성이 적다. 전문 학술지의 기사는 군사적 의견을 표현했을 뿐만 아니라 그것을 형상화하기도 했다. 미국 군사 윤리에 대한 다음 분석의 각 섹션 끝에는 본문에서 인용된 항목을 포함하여 해당 섹션의 주제에 대한 군사적 관점의 대표적인 표현들에 대한 참조가 제공된다.

학으로 발전했다." 전쟁 이론 개발의 중요성이 강조되었다. "전쟁 수행"이 전문적인 관심의 초점이 되었다. 해군 장교 군단은 "모든 장교의 연구는 해전의 과학이어야 하고 그의 표어는 '전투 준비'여야 하는데 이는 전쟁은 그의 직업이기 때문이다." 돛을 증기로 대체함으로써 선원은 항해술에 대한 염려에서 벗어나 조미니(Jomini)와 클라우제비츠(Clausewitz)가 이미 육상 작전을 위해 공식화한 것 같이 해군 전략의 추상적이고 일반적인 원칙을 발전시키게 할 것이다. 전쟁 과학은 영구 요소와 가변 요소로 분리되었다. 전략에는 "항상 존재했고 앞으로도 계속 존재할 기본 원칙"이 있지만 새로운 조건과 새로운 기술 개발은 전술과 병참을 통해 이러한 원칙의 적용에 영향을 미친다.

전쟁이 독립된 과학으로 존재한다는 생각과 밀접하게 연관된 것은 그 과학의 실천이 군대의 유일한 목적이라는 생각이었다. 육군과 해군은 싸우기 위해 존재했지 그 다른 이유가 없었다. 그들의 조직, 활동, 훈련은 오로지 전투 효율성만을 목표로 해야 한다. 이러한 군국주의 목적론은 국에 대한 전열의 우위를 주장하기 위한 이론적 토대였다. 기술주의를 대표하는 국은 오직 전문성을 대표하는 전열의 목적에 부합하기 위해 존재했다. 군대는 과거에 과학, 탐사, 상업 및 항해의 발전에 많은 기여를 했다. 그러나 이러한 "쾌락과 만족"은 군사적 효율성의 단일 목적에 집중하기 위해 배제되어야 한다.[27]

■ **자아 개념**　　처음으로 미국 장교들은 일반적으로 자신들의 직업을 법과 의학과 같은 의미의 학습된 직업으로 간주하기 시작하였으며 이런 식으로 생각하도록 된 것을 큰 진보라고 의식적으로 인식했다. 그들의 자아 개념은 전쟁을 과학으로 보는 새로운 관점에 뿌리를 두고 있었다. 전쟁의 문제들은

…그들의 해결책에 대한 요구는 최고의 인재와 가장 지속적인 적용이었다. 그 학생들은 평생 학생이다. 군직은 학습된 직업이 되었다. 그것이 단순히 싸우는 직업이었을 때 모두가 그것에 소속되어 있었고 군대 돌팔이는 없었다. 그것의 성격이 바뀌었다는 것은 일반적인 관찰에서 벗어난 것으로 보인다.

육·해군 장교들은 모두 '군사적 양심'의 필요성을 강조하며, 직업에 대한 헌신과 충성, 관심을 중심으로 장교의 본질을 강조했다. 군사 직업은 주요 특성

에서 다른 직업과 유사했지만 직업인 동시에 조직이라는 한가지 중요한 측면에서 달랐다. 행정과 관료주의는 필수적인 요소였다. 전투에서의 효율성이라는 군사 직업의 고유한 목표는 참모국의 상황과 달린 민간 생활에서 전선 장교와 유사하거나 유사한 직업이 없다는 것을 의미했다. 게다가 육군과 해군 장교 군단은 같은 기본 직업의 다른 부서일 뿐이었다.

전문 기관의 출현으로 천재성은 위험하지 않다면 불필요하다는 결론으로 이어졌다. 19세기 초에는 나폴레옹이 프랑스 승리의 열쇠였다고 하지만, 100년 후 아무도 오야마(Oyama)가 없었다면 일본이 러시아에 패했다고 주장하지 않았고 심지어 몰트케가 독일의 승리에 필수 불가결한 존재였다고 주장하지도 않을 것이다. 필요한 것은 뛰어난 개인이 아니라 완벽한 기계였다. 전쟁은 합리화되고 일상화되었다. "요즘은 '군대의 두뇌'인 참모장이 지휘관의 천재성을 대신할 수 있다." 독일 체제는 "모든 부분의 효율성은 끊임없이 개발되지만 항상 전체의 효율성에 종속되는" 팀워크의 의인화인 "조직된 평범함의 승리"로 진지하게 찬사를 받았다. 개별 스타들은 그들의 재능이 조직화된 구조에서 주어진 자리에서 넘쳐나기 때문에 위험했다. 1907년에 리븐워스의 학생들은 "군복무의 어느 사무실에서, 전열이든 참모든 상관없이 오늘날에는 뛰어난 군인이나 천재가 아니라 그 직책의 임무를 철저히 아는 사람을 찾아야 한다"고 배웠다.28)

■ **보수적 가치**   남북 전쟁 이전에 육군 및 해군 장교의 기본 가치는 대다수의 미국인들과 크게 다르지 않았다. 의심할 여지 없이 장교들은 보수주의 성향이 더 강했지만, 남부가 국가 정치와 사상에서 명망있는 지위를 유지하는 한, 민간 보수주의자들도 상당한 무리가 있었다. 그러나 남북 전쟁 이후 국가와 군대는 반대 방향으로 움직였다. 전자가 자유주의적이 되자 후자는 더 보수적이 되었다. 미국 생활의 주류에서 물러난 채, 그들의 존재가 전쟁의 개연성 또는 최소한 전쟁 가능성에 달려 있으며, 인간의 본성에 상당한 저주가 포함되어 있을 때에만 전쟁이 일어날 가능성이 있다는 것을 깨닫고, 군대는 낙관주의와 진보의 교리와 공통점을 거의 찾지 못했다. 세기가 바뀔 때쯤 다른 직업도 마찬가지이다. 법과 국방부와 같은 조직은 자유주의적 분위기에 완전히 적응했고, 군대만이 비타협적인 보수주의에 빠져 있었다. 좀 더 사려 깊고 덜 실용적인 수준에서 자신을 표현

한 장교들은 뚜렷하게 보수적인 노선을 취했으며, 다른 주제에 대해 보다 광범위하게 표현된 군사적 견해는 보수적인 철학을 내포하고 있었다.

군대는 고전적인 방식으로 인간의 악, 인간의 타고난 자존심, 획득욕, 탐욕을 강조했다. 미국 장교에게 있어 인간 본성의 선과 악의 이중성은 전쟁을 불가피하게 만들었다. 루스가 표현한 것처럼 "전쟁의 샘은 인간의 마음에 있다"고 군사 작가들은 자신의 이론을 있는 자연 그대로의 인간이 아니라 인간이 마땅히 되어야 할 인간상에 근거한 평화주의자들을 경멸했다. 프랜시스 웨일랜드(Francis Wayland), 데이비드 더들리 필드(David Dudley Field), E. L. 고드킨(E. L. Godkin)은 노먼 앤젤(Norman Angell)이 자신의 희망적인 생각뿐 아니라 인간이 순전히 경제적 동물이라는 가정으로 인해 비판을 받기 전까지 인기 있는 표적이었다. 장교들에게 인간의 본성은 변하지 않는 것이었다. 인간은 문명이 시작될 당시와 똑같았고, 어떤 제도적 장치도 그의 기본 구성을 바꾸지 못할 것이다.

인간에 대한 이러한 낮은 관점은 조직과 사회의 미덕에 대한 높은 강조로 이어졌다. 두 군 부대의 군인 작가들은 개인주의에 대한 공격에서 맹렬했으며, 종속, 충성, 의무, 위계질서, 규율, 복종과 같은 군사적 가치를 극단적으로 미화했다. 개인보다 집단이 최고였다. 군인의 최고의 영광은 "복종, 생각이 없고, 본능적이며, 신속하고 쾌활한 복종"이었다. 한 장교는 "군사 규율은 결코 이유가 없기 때문에 매우 중요하다"라고 주장했다. 의심할 여지 없는 복종과 상관에 대한 존경은 두 가지 필수 요소였다. 미군 병사의 모토는 "그들은 이유를 추론하지 않는 것"이었다. 모든 형태의 개인주의는 무정부 상태로 가는 단계로 가혹하게 비난받았다. 인간 본성의 불변하는 성격에 대한 군사적 관점은 역사에 대한 강조로 이어졌는데, 역사는 데니스 마한(D. H. Mahan)을 제외하고는 초기 미국의 군사적 사고에서 눈에 띄게 부재했던 것이었다. 오직 역사로부터 인간 행동에 대한 일반화를 발전시킬 수 있었고, 그러한 일반화를 통해서만 미래에 대한 지침을 세울 수 있었다. 역사는 진보에 반대했다. 진보는 오직 기술에서만 일어날 수 있으며 더 기본적인 수준에서 "도덕 과학은 … 1800년 동안 아무 진전도 없었다." 군사작가들이 역사이론을 전적으로 지지한 정도에서 그것은 순환적인 경향이 있었다.29)

■ **정치, 민주주의 및 권력 분립**   1830년대 장교단의 의견과 극명하게 대조되

는 남북전쟁 이후 장교들은 정치와 장교는 혼합되지 않는다고 만장일치로 믿었다. 500명 중 한 명도 투표한 적이 없는 것으로 추정된다. 부분적으로 이것은 복무지 이동하고 주 정부의 제한에 따른 결과였다. 그러나 육군 소령의 말을 빌리면 훨씬 더 큰 범위에서 장교단의 기권은 "확고한 신념, 조직으로서의 공화국과의 독특한 관계에 대한 본능적 감각"에서 비롯된 것이다. 사관학교의 가르침이 이제 효력을 발휘하고 있었다. 한 장교는 "만약 그 생도가…어떤 신념이라도 얻었다면, 그들은 일반적으로 단순한 정치인과 그들의 부정직한 행동 원칙에 대한 경멸의 대상이었다"라고 선언했다. 공평하고 초당파적이며 객관적인 직업 복무, 어떤 행정부나 정당이 집권하든 충성스럽게 복무한다는 개념이 군 직업에 대한 이상형이 되었다. 군대는 이 이상을 실현한 정도에 대해 자부심을 느꼈고, 더 낙후되고 여전히 정치에 치중한 공무원과 자신을 우호적으로 비교했다.

정치와 군대 사이의 첨예한 경계선을 유지하는 데 가장 시급한 도전은 의회였다. 시어도어 루스벨트가 듀이 제독에게 상원과의 친분을 활용하여 아시아 함대로 임명되도록 촉구했을 때, 듀이는 그렇게 하기를 "자연적 거부감"을 표현했고 강력한 차관보의 상당한 설득 후에야 굴복했다. 듀이의 "자연적 거부감"은 남북 전쟁 이후 몇 년 동안 시작된 권력 분리에 대한 직업적인 군사적 적대감의 표시 중 하나였으며, 그 이후로 정부에 대한 군사적 사고의 잠재적이지만 지속적으로 존재하는 요소였다. 새로운 미국 전문 장교는 최고 사령관으로서의 대통령에서 가장 낮은 사병에 이르기까지 지휘계통의 무결성에 대한 타고난 존경심을 가지고 있었다. 이런 구조에는 의회가 설 자리가 없었다. 입법부는 대통령의 위에도 아래에도 위치할 수 없었다. 그러나 분명히 어딘가에 위치해야 했다. 의회는 옆에 존재했고, 군사 계층의 대칭과 질서에 항상 존재하는 위협이었다. 장교들은 문제를 단순화하고 대통령에 대한 충성만을 강조하는 것을 선호했다. "대통령은 군의 최고사령관이며 그에게 엄정한 복종을 시키는 것이 그 임무이다. 의무는 군의 최고법이며 다른 모든 법에 우선한다." 군 장교들은 때때로 의회에서 군사적 관점을 전체적으로 대변할 수 있는 어떤 메커니즘을 원했지만 입법부의 영향력에 의존하고 특별 법안을 추진하려는 유혹에 굴복한 장교들을 강력하게 비난했다. 그들은 똑같이 군사 영역을 침범하는 의회 자체를 맹렬히 비난했다. 삼권분립을 무시하거나 부정하려 했던 점에서 전문적인 국가장교단은 같은 기간 국가와 주 정부에 대한 이중적 책임을 효과적으로 수행하려고 했던 비전문적인 민병대 장교단과 확연히 구분되었다. 민병대 장교들은 권력의 분리를 세력 확대의 기회로 보았다. 연방 장교들은 그것을 노이로제의 원인으로 보았다. 의회의 탈출구를 이용하는 것을 삼가하면서 연방 장교들은 제1차 세계 대전 이전에 독일 장교들이 황제에게 확고하게 충성을 유지하고 독일 의회가 황제를 대항하게 할 수 있는 기회를 활용하지 않았던 전문적 자가 부정을 보여 주었다.

더 깊은 수준에서 미국 장교들은 민주 정부가 직업 개발에 미치는 영향을 두려워했다. 대중의 통치는 직업의 자율성과 양립할 수 없는 것처럼 보였다. 군사 정책에는 일관성이나 현실성이 거의 없었다. 군대는 강력한 이해관계와 여론의 장난에 불과한 것처럼 보였다. 군 장교는 "종종 정당의 물신에 희생되었다." 휠러(Wheeler) 대령은 "지방의 이익이나 당 정신에 의해 추진되는 인색함과 지나친 소심함이 현 조직의 개선을 위해 제안된 모든 계획을 통제하는 이유인 것 같다"고 불평했다. 정치적·군사적 요구 사이의 갈등은 피할 수 없었다. 웨스트포인트에서 휠러의 후임자는 때때로 민주 정부는 "대중의 열광을 불러일으키고 사람들이 필요한 희생을 하도록 이끌기 위해 순전히 군사적 고려와 직접적인 관련이 있을 수도 있고 없을 수도 있는 조치를 채택해야 한다"고 경고했다. 일부 장교들은 민주주의가 진정한 군국주의에 완강하게 적대적이라고 결론지었다. 방해받지 않는 명령 체계와 단일 권위 중심을 가진 군주제는 이런 점에서 선호되었다. 미국 정부의 근본적인 특성은 "군사 전문가의 관점에서 효과적인 군대를 조직하고 훈련하는 것을 불가능하게 만들었다."30)

■ **민간인 통제: 육군 수동성, 해군 책임 및 국방위원회**   미국에서 객관적인 문민 통제의 이론과 실천의 기원은 이 기간 동안 군대가 사회로부터 제도적으로 분리된 것, 군대와 정치 사이의 적절한 거리에 대한 장교들의 생각, 그리고 그들의 심화된 직업 정신과 직업적 자율성에 기인한다. 객관적인 문민통제가 미국에서 효력을 발휘한 것은 그의 시작과 유지는 군사적이었다. 육군과 해군 장교들은 정부의 정치적 무기에 대한 종속을 강조했다. 군복무는 한 해군 관계자가 말했듯이 "입법부, 행정부, 사법부를 구성하는 지적인 부분에 의해" "통제되고 지시되는" 정부의 힘에 불과했다. 한 육군 장교는 육군이 "민 당국에 종속되었다는 것"이

"행정권, 입법권, 사법권 등 다른 모든 권력과 구별되는 권력"이라고 말했다. 그러나 민 당국의 우월성에 대한 이러한 근본적인 충성심 내에서 두 군부대의 서로 다른 경험으로 인해 약간 다른 형식으로 그들의 이상을 표현했다.

육군은 남부 재건, 인디언 전투, 노동 장애, 스페인 전쟁, 쿠바 점령, 필리핀 평화, 운하 건설 및 운영, 멕시코 징벌 원정 등 다양한 임무에 참여했다. 이에 따라 육군은 "국가의 순종적인 잡역부로서 국가의 일반 관리, 잘 훈련되고, 복종하며, 공무를 수행하는" 임무를 의심이나 주저 없이 수행하는 이미지를 갖게 되었다. 육군은 특별한 책임 분야가 없었다. 대신 그것은 위로부터의 명령을 맹목적으로 따르는 거대하고 유기적인 인간 기계였다. 군대를 기계에 비유하는 것은 작전을 개시하고 작전을 안내하는 요원에 대한 의존성이라는 의미에서 그리고 그 부분에 단독으로 의미를 부여하는 복잡하고 느리게 구성된 전체라는 의미에서 자주 사용되었는데, 이는 육군의 수동적 역할을 했기 때문이다. "조치를 취하면 그것은 단지 기계일 뿐이며 무책임한 것이다." 결과적으로 "군사력은 우월한 의지의 도구일 뿐이며 다른 정부 기능의 행사에 수동적이다." 군대 작가들은 군대가 합법적인 명령에만 복종할 의무가 있다는 점을 인정했지만 합법성을 판단하는 것은 군대가 아니라고 주장했다. "군인은 군인이지 변호사가 아닙니다." 말 그대로 모든 명령을 따랐기 때문에 육군은 자주 수행해야 하는 임무의 정치적 성격에도 불구하고 정치적 책임과 정치적 논쟁을 회피하려고 했다.

해군의 상황은 조금 달랐다. 그 역할은 외교 문제에서 국가의 의지를 집행하는 데 국한되었다. 그것은 또한 명백히 국가의 첫 번째 방어선이었다. 결과적으로 해군 장교들은 정부의 정치적 지시에 대한 해군의 종속을 강조하면서 동시에 국가의 안전에 대한 책임도 강조했다. 피스케(Fiske)는 "우리 나라의 해군 방어는 의회의 직업이 아니라 우리의 직업이라는 것을 기억합시다"라고 경고했다. 해군 직업은 민간인 상관에게 복종해야 하지만 직업적 의견을 알릴 의무도 있다. 명령된 행동 방침이 "전문적 신념"에 어긋나고 "해를 끼치는 것"으로 보인다면 고위 관리에 대한 "적절한 표현"은 "당연히 의무적"이었다. 해군 직업은 자신의 "전략, 전술, 규율의 규칙"을 제정할 여지가 있어야 하지만, 결국 이러한 규칙은 물론 "해군이 여지 없는 복종을 해야 하는 민간 권력의 일반 통제에 종속되어야 한다." 따라서 민간 통제에 대한 해군의 견해는 육군의 견해보다 그들의 군사 직업에 더 긍정적이고 적극적인 역할을 하게 되었다.

이 직업의 두 군대는 전략과 국가 정책 간의 전반적인 관계에 대해 거의 같은 생각을 가지고 있었다. 군사 정책은 정치에 달려 있었다. 국가 정책의 목적을 결정하고 군대가 그러한 목적을 달성하기 위해 사용할 수 있는 자원을 할당하는 것은 민간 정책 입안자의 기능이었다. 목표 달성을 위해 자원을 투입하는 것이 당시 군의 임무였다. 이 응용 프로그램을 계획하는 것은 전략을 구성했다. 만약 군사 활동이 정치가가 설정한 목표와 상충되는 자체 목적을 개발했다면 군사 목표는 포기해야만 했다. 한 장교는 해군 정책에 대해 "가장 높은 의미에서 이는 정부의 외교 정책에 달려 있기 때문에 해군 장교로서 논의할 영역을 넘어선다"고 썼다. 장교들은 만장일치로 전략이 "정치가의 종"이며 국가 목표의 결정이 전략에 대한 결정보다 먼저 이루어져야 한다는 데 동의했다. 평화와 전쟁을 통한 정책의 연속성도 강조했다. 국가와 함께 발전한 정책은 국가가 주권국가의 세계에 존재하는 한 끝이 없을 것이다. 한 해군 장교는 "정책은 전쟁을 일으키고, 전쟁은 추가 정책을 위해 수행되며, 전쟁이 자신에게 유리하게 결정될 때 조약은 이러한 정책을 이행한다"는 것이 명백해야 한다고 주장했다. 1914년에 와서는 전쟁과 정책에 관한 미군의 이론은 엄격하게 클라우제비츠적이었다.

피스케가 지적했듯이 이 견해는 전략이 준비되기 전에 정책의 목적이 정의되어야 한다고 전제했다. 그러나 미국 정부 시스템을 고려할 때 이것이 항상 안전한 가정은 아니었다. 종종 군인들은 진공 상태에서 일하고 국가 정책의 본질에 대해 스스로 추측해야 했다. 이러한 상황은 문민통제나 국가안보를 훼손하는 경향이 있었고, 군인들은 스스로 정책을 수립하거나 진지한 전략을 계획하는 것을 포기할 수밖에 없었다. 결과적으로, 직업군인들은 그들이 따라야 할 명확한 정책을 마련할 국방위원회(Council of National Defense)와 같은 일종의 기관에 대한 필요성에 대해 사실상 만장일치했다. 국가안전보장회의(National Security Council)가 창설되기 50년 전, 그들은 그런 기구가 필요하다고 거듭 거듭 호소했다. 그것 없이는 방향이 없었다. 대부분의 군사 제안은 의회와 행정부의 지도자를 포함할 것을 제안했으며, 결과적으로 이는 권력 분립에 대한 또 다른 군사적 적대감의 표현이었다. 군사작가들은 전쟁보다 평화시에는 국방의회가 더 필요함을 인식하고, 외국에 있는 기존의 회의를 지적함으로써 자신들의 주장을 뒷받침했다. 대니얼스 장관과 국무부 관계자 같은 민간 관리들은 군사적 권고에 반대했다. 1916년 의회가 국방위원회를 창설했을 때 그것은 군대가 생각했던 것과는 거리가 멀었다. 국무장관은 구성원이 아니었고 정규화된 전문적인 군사 자문에 대한 규정도 없었다. 따라서 국방위원회는 주로 경제 동원과 관련된 업무를 수행했다.31)

■ **국가 정책: 현실주의 또는 비관주의?**   국가 정책에 대한 미군의 태도는 이상형 군사윤리의 태도를 밀접하게 따랐다. 계속해서 장교들은 전쟁의 불가피성을 경고했다. 전쟁의 원인은 국제 정치의 "불안정한 균형"과 권력, 영광, 무역을 위한 주권 국가의 경쟁에 있었다. 전쟁은 지연될 수도 있고 제한될 수도 있지만 피할 수는 없었다. 장교들은 미국이 분쟁에 취약하다는 점에서 다른 나라와 다르지 않다고 조언했다. 전쟁은 모든 국가가 종속되는 하나의 "사건"이라고 와그너는 그의 동포들에게 상기시켰다. 장교들은 전쟁의 불가피성을 강조하면서 그들이 전쟁을 바람직하다고 보는 혐의에 대해서도 스스로를 변호해야 했다. 확실히 그들 중 몇몇은 사회 다윈주의의 호전적인 버전을 흡수하고 전쟁의 이점을 설명했다. 그러나 양 군 장교의 대부분은 전쟁의 폐해와 공포를 강조했다. 몰트케의 격언과 마찬가지로 전쟁에 대한 셔먼의 격언은 같은 맥락에서 육군 작가들에 의해 자주 인용되었다. 장교들은 전쟁의 원인이 본질적으로 민 당국 간의 문제이며 그들과 싸워야 하는 군대는 전쟁을 선동하려는 의욕이 거의 없다고 주장했다. 오히려 군인의 타고난 보수주의는 그가 평화 유지를 지지하도록 이끈다. 스페인-미국 전쟁 이전과 미국이 제1차 세계 대전에 참전하기 전에 장교들은 전쟁 옹호자 대열에서 눈에 띄게 없었으며, 대신 미국이 개입할 경우에 수반될 위험에 대해 경고했다.

제1차 세계 대전이 있기 20년 전은 전쟁이 조약이나 제도적 장치에 의해 예방될 수 있다는 믿음의 전성기였다. 군부는 평화궁(Peace Palaces)이 평화를 가져오지 않을 것이며 조약이 권력 정치의 근본적인 현실을 반영해야만 의존할 수 있다고 경고했다. 미국에서 특히 인기가 많았던 것은 국제 중재에 관한 앤드류 카네기(Andrew Carnegie)의 법적 지향적 아이디어였다. 따라서 미군 병사들은 중재를 통해 가장 사소한 분쟁을 해결할 수 있으며 중재조약이 군비를 대체할 수 없다고 경고하면서 이러한 개념에 대해 대부분의 공격을 가했다. 헤이그 회담(Hague Conference)에 미국 대표단으로서 마한(Mahan) 제독과 조지 B. 데이비스

(George B. Davise) 장군은 이러한 엄격한 군사적 견해를 표명했다. "그것들은 훌륭한 강장제였다"라고 앤드류 D. 화이트(Andrew D. White)는 마한의 견해에 대해 말했다. "그가 말할 때 천년은 사라지고 이 심각하고 가혹한 현실 세계가 나타난다."

　　전쟁과 평화의 문제에 대한 군대의 대답은 물론 더 강력한 군대였다. 이것은 아마도 1870년대 이후 군사 문학에서 가장 빈번한 주제였을 것이다. 윌슨 행정부의 준비태세에 대한 대중적 논쟁에서 나중에 활용될 모든 주장은 이 초기의 군사적 사고에서 찾을 수 있다. 군부는 특히 미국이 "잠재력"에 의존할 수 있다는 생각을 비판했다. 전쟁이 닥치면 잠재적인 자원이 아니라 존재하는 군사력이 전쟁의 결과를 결정할 것이다. 경제적인 이유로 군사적 대비도 주장했다. 존재하는 효율적인 군대는 적대 행위가 시작된 후 군대를 조직하는 데 낭비적인 노력보다 장기적으로 비용이 덜 들고 더 빠른 승리를 가져올 것이다. 강력한 군대의 유지는 또한 잠재적인 적의 침략을 억제함으로써 전쟁의 가능성을 줄이는 경향이 있다. 독일은 1871년 이후 유럽에서 가장 강력하고 최고의 군대를 유지했으며 다른 유럽 강대국보다 분쟁에서 자유로웠다고 지적되었다. 상당한 군사력의 유지가 내재적으로 전쟁을 유발할 경향은 전혀 없었다. 대신 그들은 전쟁을 막았다. 미군의 군사력이 측정되어야 하는 기준은 "가장 강한 적"이 우리에게 가져올 수 있는 추정된 병력이었다.32)

　　국가 정책에 대한 군사적 사고의 핵심은 권력과 국가들의 자연적 경쟁이었다. 이러한 점에서 그들의 태도는 외교정책에 대한 대부분의 미국인들의 생각보다 더 현실적이었다. 그러나 다른 한편으로 군사적 책임은 비관적이어야 하는 것이었고, 그들의 비관주의는 고립과 평화의 세월 동안 여러 면에서 비현실적이었다. 1880년대와 1890년대의 길고 조용한 세월 동안 재앙에 대한 그들의 예감과 더 많은 군사력을 위한 반복적인 간청은 맞지 않았다. 장교들은 시대를 앞서갔다. 민간인의 안일함은 임박한 전쟁과 침략에 대한 군사적 두려움보다 국제 정치의 현실을 더 정확하게 반영했다. 비록 그들은 국제관계에 대한 현실적인 가정을 가지고 출발했지만, 군부는 미국이 실제로 군사력이 거의 필요하지 않으며 해양을 보호하면 전쟁이 시작된 후 자원을 군력으로 전환할 시간을 준다는 논리적인 결론을 내리지 못했다. 대신에, 군사 저술가들은 군력의 필수성에 대한 자신의 견해를 대체했는데 이는 외교 정책의 필요성에서가 아니라 군인 직업의 필요성에서 비롯된 것이었다. 반면에 1898년 이후, 군대는 여전히 안일한 민 당국의 태도보다 국가적 필요사항에 더 근접했다. 제1차 세계 대전이 다가오면서 국가적 필요와 군사적 태도는 좀 더 일치가 되었고, 그때까지 지배적이었던 민간 관점과 국가적 필요와의 사이의 차이는 훨씬 더 커졌다. 그러나 이 무렵 군대는 이전 세기에 지나치게 경고를 많이한 것(crying wolf) 때문에 피해를 받았다. 비록 일련의 사건들이 비관론자들을 현실주의자로 만들고 있었지만, 민 당국은 대체로 이러한 변화를 인식하는 데 느렸다.

■ **미국 사회: 징고이즘, 개인주의, 상업주의**　　군 장교들은 그들의 전문 수도원에서 바라보는 그 시대의 분주한 미국을 보고 기뻐하지 않았다. 미국 사회의 가장 중요했던 측면들은 가장 비군사적으로 보이는 측면들이었다. 군인 정신에 있는 미국의 이미지는 징고주의, 개인주의, 특히 상업주의의 그림이었다.

　　군사 계몽주의 시절 D. H. 마한은 미국인들을 호전적이지만 비군사적이라고 불렀다. 그는 이것이 바뀌기를 바랐다. 그러나 A. T. Mahan은 그의 아버지의 말을 되풀이할 필요가 있음을 발견했다. 미국인은 "공격적이고, 전투적이며, 심지어 호전적"이었지만 "군사적 성향과 감정에 공감하여 군대의 반대"였다. 마한의 해군 동기들도 이 판결에 동의했다. 미국인들은 호전적이었을 뿐만 아니라 과도하고 매우 위험한 자신감에 시달렸다. 군 장교들은 미국에서 만연한 "국가적 자만심"에 대해 크게 경종을 표했으며, 미국인들로 하여금 군사 기술과 직업을 거부하게 만든 잭슨주의적 사고 방식의 영향에 대해 경고했다. 장교들은 "공화국의 명백한 운명에 대한 맹목적인 믿음"의 위험성에 대해 거듭거듭 말했다. 그들에게는 그것에 대해 명백한 것이 전혀 없었다. 미국 국민은 믿음은 행위로 뒷받침되어야 한다는 사실에 관계없이 "우리는 하나님을 믿는다"라는 통화 모토를 군사 정책으로 삼았다. 군인들은 남북전쟁 급진주의자들의 "리치몬드로(On to Richmond)" 슬로건으로 대표되는 경솔하고 모험적인 심리를 비판하고 용기보다 신중함이 우선이며 "인내와 비용이 많이 드는 방어"를 받아들일 필요성을 촉구했다. 일부 군인들은 미국이 국가적 오만함과 안일함을 억제할 수 있는 "예나(Jena)나 스단(Sedan)를 결코 알지 못했다"는 사실을 유감스럽게 생각하는 것 같았다.

　　군사적 견해에 따르면 미국의 국가적 이기주의가 국가 안보에 대한 위협이 되는 반면, 미국인 개인의 이기주의는 군 복무에 대한 위협으로 간주되었다. 군사 작가들은 미국 사회의 지배적인 흐름이라고 주장했던 개인주의의 폐해에 대해 끊임없이 추궁했다. 민간인의 개인주의와 자기 주장은 전문 군인에게 요구되는 규율과 복종과 대조를 이루었다. 군대에 대한 미국인들의 보편적인 적대감은 "자만심과 이기주의를 주입시킨 우리 제도의 결과"였다. 육군 장교들은 미국인들이 마지못해 받아들인 유일한 의무적 시민 의무는 배심원의 의무와 젊은이들의 교육이라고 지적하면서 미국 대중이 강제 병역을 지원하도록 할 수 없는 것에 대해 절망했다. 만연한 개인주의 정신이 군부대에 침투하여 효율성을 약화시키는 것으로 간주되었다. 한 해군 장교는 "지금이 이 개인주의를 적절히 통제해야 할 적기"라고 주장했다.

군대에 관한 한 유해한 국가 심리의 가장 심각한 측면은 널리 퍼진 상업주의 정신이었다. 그들은 산업주의의 부상과 비지니스 평화주의의 지배에 대해 격렬하게 반응했다. 철저히 비경제적 보수주의에 뿌리를 둔 군부로부터의 공격은 기본적인 공리주의 윤리를 기업과 공유하는 노동계와 급진적 집단으로부터의 공격보다 훨씬 더 근본적이었다. 장교들은 그들이 직면해야 하는 '엄청난 상업주의 정신'과 기업인들이 의회를 장악하고 있다고 개탄했다. 피스케는 "사업, 사회 및 쾌락의 지속적인 요구"는 국가를 지치게 만들고 국가를 부유하고 힘없게 만들고 공격받을 수 있게 할 것이라고 경고했다. 변덕스러운 군인—낭만주의자인 미국의 천재적인 호머 레아(Homer Lea)는 항상 보수적인 장교들과 공감하지 않지만 상업 정신을 비난하면서 진정한 군사적 어조로 말하고 있었다. 한 준장은 "우리의 문제는 의원과 공무원을 부패시키고 대중의 양심을 둔하게 만드는 추잡한 상업주의의 현대 악마 아래서 평범한 사람이 국가와 정부가 자신의 유일한 개인적 이익을 위해 존재한다고 생각한다는 것이고 그는 시민으로서 부여받은 권리, 특권 및 면책권에 상응하는 책임과 의무가 있음을 인식하지 못한다"고 말했다. 기술주의의 만연과 군부대 내의 물질에 대한 강조는 국가적 가치의 문턱에 놓였다. 마한은 올바른 군사 정신을 배양하기 위해 군대가 자신이 복무한 물질주의 사회와의 접촉을 중단하고 부패한 "시대 정신"에서 스스로를 고립시켜야 한다고 주장했다. 보병저널(The Infantry Journal)은 "과학적 물질주의"의 확산을 개탄했다. 산업 규율은 군사 규율과 반대되는 규율로 해군을 지배했다. 해군에서 군사적인 것은 해군사관학교, 훈련소, 해병대뿐이라고 한탄했다. 그것들 말고는 해군은 물질주의와 상업주의가 물씬 풍기는 "투쟁산업협회"에 불과했다.

　상업 사회에서 거부 당한 군부대는 그러한 사회의 가치를 경멸하고 자신의 신념의 우월성을 확신했다. 웨스트포인트의 가장 큰 장점 중 하나는 학생들을 "상업주의의 분위기"로부터 격리시켰다는 것이다. 사관생도들은 4년 동안 그 직책에 엄격하게 갇혀 있었고 용돈을 받거나 소유하거나 사용하는 것이 허용되지 않았는데, 이는 군사 수도원으로서 아카데미의 고립을 보여주는 작은 예제이다. 군 생활의 도덕적 우월성은 "돈벌이 무역의 추잡함과 비참함으로부터의" 자유에 근거했다. 군대 존재의 질서, 규율, 규칙성은 "군사적 만족"으로 이어진 반면, 광란의 분주함, 혼란스러운 이기심, 민간 인생의 불의는 불만을 민간 사회의 풍토병으로 만들었다. 마음의 평화, 물질적 이익을 위한 결코 만족할 수 없는 욕망으로부터의 자유는 오직 군 생활의 자기 수양과 자제 속에서만 가능했다. 미국 상업 민주주의에 대한 비판에서 장교들은 무의식적으로 2500년 전 아테네의 상업 민주주의에 대한 플라톤의 기소를 되풀이하면서 전통적인 기반을 밟고 있었다.

　미국 사회의 오만, 개인주의, 상업주의는 군대에 소외된 소수의 시각을 심어주었다. 1906년에 〈뉴욕 태양〉(New York Sun)이 관측한 것처럼 "미국에서는 직업 군인이 고립감과 허무함을 느낀다." 소외감은 철저하고 혼란스러웠으며, 20세기의 첫 10년 동안 군부는 조화를 이루기 위해 무엇을 할 수 있을지 고민하기 시작했다. 그들이 대중과의 불만족스러운 관계에 대해 논의하는 빈도가 눈에 띄게 증가했다. 그러나 그들의 우려에도 불구하고 기본적인 가치 충돌은 여전했다. 1905년 "미국 군인의 추기경(Cardinal Vices of the American Soldier)"에 대한 한 장교의 논평에서 무의식적이지만 그 뿌리 깊은 특성이 훌륭하게 지적되었다.33) 여기에는 개인의 독립심, 반항심, 과도한 욕구, 부족한 의무감, 상위 권위에 대한 비판, 자기 이익, 야심, 그리고 "겸손한 일과 의무에 대한 경멸"이 포함됐다. 주요 사람들이 반대한 바로 이러한 특성은 대부분의 미국 민간인들이 악덕보다는 국가적 미덕으로 다른 이름으로 나열하는 특성이었다. 군과 민간의 이러한 이념적 격차로 인해 장교들이 자신들의 복무를 정당화하려는 시도는 무시될 수밖에 없었다.

제10장
신해밀턴 타협의 실패, 1890-1920

신해밀턴주의(Neo-Hamiltonianism)의 본질

대략 1890년(⟨역사에 대한 해상력의 영향, 1660−1783⟩(The Influence of Sea Power upon History) 출판)부터 1920년(공화당 전당대회에 의한 레오나드 우드(Leonard Wood)의 거부)까지, 한 무리의 정치가와 홍보가, 그리고 신해밀턴주의자로 분류될 수 있는 사상 학파가 미국에 존재했다. 이 그룹의 뛰어난 인물은 시어도어 루스벨트(Theodore Roosevelt), 헨리 캐벗 로지(Henry Cabot Lodge), 엘리후 루트(Elihu Root), 앨버트 J. 베버리지(Albert J. Beveridge), A. T. 마한(A. T. Mahan), 허버트 크롤리(Herbert Croly), 레너드 우드(Leonard Wood), 헨리 아담스(Henry Adams) 및 브룩스 아담스(Brooks Adams)였다. 이러한 다양한 인물들 사이의 공통된 유대감은 일반적인 미국 범주를 초월한 정치에 대한 견해였다. 신해밀턴주의자들은 제프 퍼슨(Jeff Ferson), 잭슨(Jackson), 스펜서(Spencer) 및 윌슨(Wilson)과 같은 자유주의 전통에 속하지 않았다. 그러나 그들은 칼훈(Calhoun)이 보수적이었다는 의미에서 완전히 보수적이지도 않았다. 경제 문제에서 그들은 크롤리(Croly)와 신공화국 집단의 개혁 경향에서 엘리후 루트(Elihu Root)의 확고한 수구주의까지의 격차를 메웠다. 더 중요하게는 신해밀턴주의자들은 또한 군사적 사고와 민간적 사고의 요소를 결합했다. 그들은 사실상 정치 철학이 전문적인 군사 윤리의 요소를 어느 정도 의식적으로 차용하고 통합한 최초의 중요한 미국 사회 집단이었다.

비즈니스 평화주의로 특징지어지는 시대에 신해밀턴주의의 근본적인 원인은 19세기 말 미국이 세계 정치에 개입한 충격이었다. 신해밀턴주의는 본질적으로 고립의 종식에 대한 긍정적인 반응이었고 권력 정치를 할 기회에 대한 호의적인 반응이었다. 그것은 권력과 국익의 우위를 강조함으로써 미국인들의 관심과 지지를 잠시 사로잡았다. 그러나 우드로 윌슨(Woodrow Wilson)은 국익을 초월하고 미국 자유주의 전통에 더 깊이 뿌리를 둔 대안적 국제적 참여 철학을 발전시켜 치명적인 타격을 입혔다. 신해밀턴주의는 미국이 세계 정치에서 수행해야 하는 역할에 대해 어느 정도의 보수적인 설명을 제공했다. 윌슨주의는 완전히 자유주의적인 설명을 제공했다. 자유주의의 가치에 대한 미국 국민의 압도적인 집착을 고려할 때 후자가 전자를 대체해야 하는 것은 불가피했다. 그리고 윌슨 강령이 실패하자 미국인들은 1920년대에 신해밀턴식 개입주의로 돌아가지 않고 개입을 완전히 포기하고 자유주의적 고립주의로 되돌아가는 반응을 보였다. 신해밀턴주의는 특정 사회 또는 경제 그룹의 지속적인 이해와 전망에 안정적인 기반을 가지지 못했다. 신해밀턴주의자들의 정치적 수단은 공화당이었고, 마침내 비즈니스 요소에 대한 당의 통제력을 잃었을 때 더 이상의 정치적 영향력에서 돌이킬 수 없이 배제되었다. 미국 자유주의의 주요 흐름은 1890년과 1920년 사이에 장엄하게 계속 흘렀다. 신해밀턴주의는 다른 색조의 측면 소용돌이였으며, 때때로 정치적 물의 상당 부분을 우회시켰지만 궁극적으로 주요 수로에 의해 재흡수되었다.•

시어도어 루스벨트의 저술과 연설, 아담세스(Adames)의 철학, 엘리후 루트의 정책, 전쟁 전 〈신공화국(New Republic)〉의 사설 등의 신해밀턴 윤리의 민간적 표현은 자유주의-보수적 가치의 독특한 조합을 드러낸다. 신해밀턴주의는 자유주의와 다르며 인간사에서 권력의 역할을 인식한다는 점에서 직업적인 군사적 관점과 유사했다. 군대와 마찬가지나 자유주의자들과 달리 신해밀턴주의자들은 국제 정치를 기본적으로 서로 충돌하게 만드는 이해관계를 가진 독립 국가 간의 투쟁으로 보았다. 비즈니스 평화주의의 낙관적인 교리와 달리 그들은 전쟁이 결코 쓸모없는 것이 아니라는 군사적 견해를 고수했다. 또한 군대와 마찬가지나 자유주의와 달리 신해밀턴주의자들은 국가 정책이 추상적인 이상이 아니라 국익에 대한 현실적인 이해를 일차적으로 반영해야 한다고 주장했다. 이것이 정치인들의 첫 번째 책임이었다. 국가가 존재하는 한 무력이 궁극적인 결정권자이다. 결과적

• 신해밀턴주의는 1940년과 1941년에 잠시 재등장했는데 그렌빌 클라크(Grenville Clark), 스팀슨(Stimson), 로버트 P. 패터슨(Robert P. Patterson), 엘리후 루트 주니어(Elihu Root, Jr.), 그리고 루즈벨트-루트-우드 전통의 다른 사람들이 미국 재무장을 자극하고 1940년 선택적 병역법의 통과를 보장하는데 주요한 역할을 했다.

으로, 국가는 국가 정책을 뒷받침하기 위해 적절한 무장을 유지해야 하며, 그 국가 정책의 성격은 필요한 병력의 규모와 성격을 결정한다. 신해밀턴주의는 정책과 무력의 관계에 대해 본질적으로 클로제비츠식(Clausewitzian) 관점을 군대와 공유했다. 그들은 국가의 방어를 구축하기 위한 노력에서 군대를 지원했다. 그들은 대부분의 미국인들보다 더 기꺼이 군인의 직업을 받아들였다. 1915년 허버트 크롤리(Herbert Croly)의 〈신공화국(New Republic)〉은 하룻밤 사이에 무장을 하는 시민군이 국가를 방어하기에 충분하다는 브라이언(Bryan)과 카네기(Carnegie)의 자유주의적 환상에 시들어가는 경멸을 쏟아 부을 수 있었다. 군대와 함께 신해밀턴주의자들은 금권정치를 거부했고 만연한 상업주의, 물질주의, 그리고 경제적 지향적인 삶의 방식에 내재된 가치를 경멸했다. 그들은 충성, 의무, 책임 및 국가의 요구 사항에 대한 자기 종속을 강조하는 것을 군대와 공유했다. 브룩스 애덤스(Brooks Adams)는 심지어 미국이 월스트리트의 가치를 웨스트포인트의 가치로 대체하는 것이 좋을 것이라고 공개적으로 제안하기까지 했다.

군사 윤리에 대한 이러한 폭넓은 동의에도 불구하고, 상당한 차이가 있었다. 신해밀턴주의는 당시의 대중적 이데올로기와 완전히 분리되지 않았다. 시어도어 루스벨트를 비롯한 많은 지지자들은 정의와 정직이라는 보편적인 도덕적 가치의 관점에서 국익을 합리화하기 위해 노력했다. 정치에 대한 신해밀턴주의의 관심은 엄격한 군사적 접근보다 훨씬 광범위했다. 〈미국인의 삶의 약속(The Promise of American Life)〉에 나타난 크롤리의 국제적 사실주의는 국내외 정치 문제에 대한 답을 제시한 광범위한 정치 철학의 일부였다. 더 근본적인 것은 아마도 신해밀턴주의자들이 폭력과 무력에 부여한 가치였을 것이다. 많은 점에서 신해밀턴주의자들의 근본적인 도덕적 가치는 군사적 전문성보다는 귀족적 낭만주의의 가치에 더 가까웠다. 평화는 무력하고 굴욕적이었다. 인간은 투쟁하고 승리하기 위해 태어났다. 정력, 모험, 치열한 삶, 투쟁, 전투 등 그것은 그 자체로 좋은 것이었다. 사회 다윈주의의 전투적 버전은 군사적 사고보다 신해밀턴의 사상에 훨씬 더 큰 영향을 미쳤다. 군대와 달리 신해밀턴주의자들은 국가 확장을 지지했다. 세계는 자신을 내세우며 권력과 위신을 확장하는 강대국과 쇠퇴하는 약하고 소심한 나라로 나뉘었다. 이 두 집단 사이의 구분선은 종종 인종적 기반이 주어졌다. 즉, 자치 정부 능력을 지닌 정력적인 앵글로색슨 국가들과 열등한 민족들이 있었다.

크롤리가 말했듯이 "미국 국가는 심각한 도덕적 모험의 강장제가 필요하다." 그리고 그는 미국이 너무 편안하고 안전했다고 불평했다. 어떤 군인도 이 분석에 동의할 수 없었다. 그리고 여기에 차이의 근원이 있었다. 군대의 기본 목표는 국가 안보였다. 신해밀턴주의자들에게 이것은 국가적 주장이자 국가적 모험이었다.1)

마한과 우드: 군사 공보실의 비극

알프레드 마한(Alfred Mahan)과 레너드 우드(Leonard Wood)가 신해밀턴주의 사상을 표현하는 데 참여한 것은 미국 역사상 처음이자 유일하게 전문적인 군사 지도자가 정치적 움직임의 전망과 활동에 직접적으로 기여한 것이다. 그 이전과 이후로 다른 군 장교들은 정치 생활에서 두각을 나타냈다. 그러나 그들은 일반적으로 민간 이익이나 운동으로 자신을 식별하는 인기있는 영웅이었다. 그들의 역할은 수동적이고 도구적이었다. 반면 마한과 우드의 공헌은 적극적이고 긍정적이며 지적이었다. 그들은 신해밀턴주의에 군사 윤리의 많은 요소를 가져왔다. 그러나 그 영향력은 한 방향으로만 국한되지 않았다. 신해밀턴주의를 지지하면서 마한과 우드는 미국의 견해와 타협하고 완전히 군대적이지 못한 존재가 되어야 했다. 그들의 인기와 영향력에도 불구하고 두 세계 사이에 끼어 있는 것은 그들의 비극이었다. 한 발은 군사 전문성의 기반 위에, 다른 발은 정치와 여론의 변화무쌍한 모래 위에 서서 어느 쪽에서도 입지를 유지할 수 없었다.

마한과 우드는 모두 군사적 힘과 전쟁에 대한 일시적인 대중적 관심의 조류를 타고 군대와 미국 사회 사이의 격차를 메우려고 했다. 마한은 1890년대 신해밀턴주의의 첫 번째 단계에서 확장에 대해 선포한 장교였고, 우드는 1908년에서 1917년 사이에 두 번째 단계에서 준비에 대해 선포한 장교였다. 마한은 해군과 대중 사이, 우드는 육군과 대중 사이의 연결 고리를 구축하려고 시도했다. 마한은 비군사적 도덕적, 경제적, 정치적 근거로 확장을 정당화했고, 우드는 비군사적 도덕적, 경제적, 정치적 근거에서 준비를 정당화했다. 마한의 철학은 미국과 세계의 관계에 대한 반(半)군사적 설명이었고, 우드의 이론은 나머지 국가와 군대의 관계에 대한 반(半)군사적 설명이었다. 이들은 각자 자신의 군부대에서 전문성 개발에 기여했지만 그 속한 군부대에 있지 않았고 정치 인물이 되었다. 루스와 마한, 그리고 퍼싱(Pershing)과 우드 사이의 차이는 그들이 얼마나 전문적인 이상에서 떨어져 있는지의 척도였다.

■ **알프레드 세이어 마한(Alfred Thayer Mahan)**   마한은 물론 미국 군사 전통의 주류에서 태어났다. 그의 아버지의 군사적 이상, 웨스트포인트에서의 어린 시절, 리(Lee)와 매클렐런(McClellan)과 같은 인물과의 접촉, 심지어 육군 사관학교의 아버지를 기리는 그의 이름까지 모두 군 경력을 의미했다. 어린 나이에 그는 해군에 입대하여 1859년에 아나폴리스를 졸업했다. 남북 전쟁 동안과 병동 이후 20년 동안 그는 평범한 해군 경력을 쌓았고 꾸준히 계급과 책임의 사다리를 올라갔다. 그 자신이 이후에 말했듯이, 그는 당시 "단순한 존경의 계열을 따라 이동하는" 평범한 장교에 불과했고 자신의 직업 환경의 포로였다. 정치적으로 그는 철저한 반제국주의자였다. 그러나 1885년 루스의 초대를 받아 해군 전쟁 대학(Naval War College) 직원으로 합류하면서 전환점이 왔다. 뉴포트에서 7년 동안 그는 사고와 저술의 경력을 쌓기 시작하여 해군 전문가에서 해군 철학자로 바뀌었다.

    이 변혁은 주로 역사적 연구의 결과였고, 그의 시대의 사건과 의견의 흐름에 대한 그의 생각에 영향을 미쳤다. 그럼에도 불구하고 그를 이 방향으로 이끌었던 요소들은 그의 성격과 사상에 이미 존재했다. 그는 직업적인 군 생활에 완전히 만족한 적이 없었다. 그의 관심, 사고, 도덕성은 좁은 직업 영역에 완전히 흡수되기에는 너무 깊었다. 그의 아버지는 그가 군인보다 민간인에 더 적합하다고 경고했고, 이후 마한은 이러한 아버지의 통찰력의 지혜를 인정하게 되었다. "나는 그가 옳았다고 생각한다. 비록 내가 실패에 대해 불평할 이유가 없지만, 나는 내가 다른 곳에서 더 잘했을 것이라고 생각하기 때문이다."2) 초기 순방 기간 동안 그는 정치에 깊은 관심을 갖게 되었고 국제 관계에 대해 폭넓게 읽었다. 이러한 관심은 그가 해군 대학에 진학할 때까지 계속되었고 커졌다. 그는 해군 직업의 게으름과 일상, 그리고 그것이 미국 대중으로부터 받은 무관심으로 인해 크게 낙담했다. 그는 또한 극도로 종교적이었으며 그의 모든 관점은 정통 성공회로 물들었다. 아버지의 영향, 성공회 학교 출석, 목사였던 삼촌의 영향 등이 모두 이 방향에 기여했다. 아카데미와 초기 순방에서 그는 많은 생각과 독서로 신학적인 질문들에 대한 고민을 했다. 해군 직업에 대한 불만, 정치적 관심, 종교적 관심으로 인해 마한은 더 넓은 범위의 참조와 노력을 모색해야 했다. 그는 역사와 여론에서 발견했다. 그의 아버지가 전문직이 된 군사 기술자를 대표했던 것처럼 알프레드 마한은 정치인이 된 전문 장교를 대표했다. 사회적 유형의 진화에 있어서, 연장자 마한은 루스, 셔먼 및 업튼의 전문 세대에 의해 젊은 세대와 분리된다.

마한이 1890년 〈1660년-1783년의 역사에 대한 역사에 이친 해상력의 영향 (The Influence of Sea Power upon History, 1660-1783)〉을 출판한 이후 1914년 사망할 때까지의 역사 및 대중적 저작에서 표현한 견해는 군사적 요소와 비군사적 요소가 결합된 전형적인 신해밀턴주의 시대의 조합이었다. 마한은 기본적으로 보수적인 시각을 갖고 있었다. 전쟁의 근본적인 원인은 열정과 이성의 피조물인 인간의 본성에서 찾을 수 있었다. 각 국가는 각자의 이익과 운명, 이상을 추구했고 국가 간의 충돌을 피할 수 없었다. 마한은 국제 분쟁을 해결하는 수단으로서 중재의 가치에 대해 매우 회의적이었다. 그는 권력의 균형이 평화를 유지하는 가장 좋은 수단이며 효과적인 무장 준비가 국가적 필요라고 믿었다. 루스의 설교에 따라, 마한은 해군 장교들에게 그들의 직업의 진정한 핵심인 해전 과학에 집중하고 해군 역사의 중요성을 인식하고 통달하라고 촉구했다. 그는 해군 부서의 균형 잡힌 조직 시스템을 일관되게 옹호했으며, 이는 민간 및 군사 책임을 효과적으로 구분할 것이라고 믿었다. 그는 또한 외교와 군사 정책의 적절한 조정을 확보하기 위해 영국 국방위원회를 모델로 한 국방위원회를 설립할 것을 촉구했다. 이러한 모든 측면에서 마한은 당시 해군과 육군 장교 모두에게 공통적인 표준 군사 사상을 표명하고 있었다.

그러나 네 가지 중요한 사항에서 마한의 생각은 순전히 전문적인 관점을 넘어섰다. 국가의 흥망성쇠에서 해상력의 중요성에 대한 그의 이론은 군사적 분석의 한계를 초월했다. 해상력이란 군사적 요소만이 아니라 바다에서 국가의 힘에 기여하는 모든 요소를 의미했다. 그의 이론은 주로 아테네, 로마, 그리고 무엇보다도 영국의 예에 기초했다. 마한의 범위는 클라우제비츠, 조미니(Jomini) 또는 다른 군사 작가들의 범위보다 훨씬 넓다. 그의 이론은 전쟁철학이 아니라 역사철학이었다. 이와 같이 그것은 정치적, 이념적, 심지어 인종적 함축을 지니고 있었다. 둘째, 마한은 국제관계 연구에서 국익의 갈등과 그것이 전쟁으로 이어진 상황에 대한 단순한 현실적 분석을 넘어섰다. 대신 그는 국가 확장 자체를 목적이자 국가 의무 및 책임으로 미화하는 국가 권력의 철학을 공식화했다. 때때로 그는 권력의 신비에 도취되었다. 국가 확장의 정치적 목표가 국가 안보의 군사적 목표보다 우선했다. 그는 예를 들어 국가 안보에 미칠 수 있는 영향을 실제로 고려하지 않고 도덕과 의무를 이유로 미국이 필리핀을 인수하는 것을 지지했다. 셋째, 마한은 전쟁의 불가피성에 대한 경고를 넘어 도덕적·종교적 근거로 전쟁을 정당화했다. 전쟁은 인류의 진보적인 발전을 위한 도구였다. "권력, 힘은 국가 생활의 기능이며, 신이 국가에 부여한 재능 중 하나이다." 마지막으로 마한은 전략과 정치의 결합에 대한 그의 태도에서 정통적인 군사적 관점에서 벗어났다. 그는 해군 장교들에게 정치 지식과 정치적 행동의 바람직함을 강조하면서 "정치가이자 해군이되는 것을 목표로 삼으십시오"라고 조언했다. 1911년에 쓴 글에서 그는 이 주제에대한 자신의 관점이 이전의 보다 전문적인 관점에서 변화했음을 인정했다:

> 나는 한때 해군에서 너무도 전통적이어서 전문적이라고 부를 수 있었던 어조, 즉 "정치적 문제는 군인보다 정치가에게 속한다"는 어조를 반영하는 내 일상적인 말을 완전히 부인할 수 없다. 나는 예전 강의에서 이 단어를 찾았지만 곧 가장 친한 군인 친구인 조미니에게서 더 잘 배웠고 나는 내 어떤 인쇄된 책도 외부 정치가 군인들에게 전문적인 관심사가 아니라는 의견을 지지하지 않는다고 믿는다.3)

전문성을 넘어선 마한은 전문성이 부족한 장교들에게 탁월한 표적이 됐다. 직업으로서의 글쓰기에 대한 요건과 그가 쓰고 있는 내용은 모두 그를 다른 장교들과 분리시키는 경향이 있었다. 1892년 해상 임무 차례가 되자 그는 1896년에 40년의 복무를 마치고 육지에 남을 수 있다면 은퇴하겠다고 약속하며 이를 피하려 했다. 그는 자신의 말로 "이때쯤이면 작가라는 직업이 내 직업을 따르는 것보다 더 큰 매력을 가지고 있고 더 충만하고 성공적인 노년을 약속했다고 결정했다." 그는 그것이 가능했다면 즉시 은퇴했을 것이다. 육지에 마한을 두려는 루즈벨트와 롯지(Lodge)의 노력에도 불구하고 해군 관료들은 그의 문학적 성공에 무관심했다. "책을 쓰는 것은 해군 장교가 할 일이 아니다"라고 항해국 국장은 선언했고 마한을 바다로 보냈다. 이것은 그를 완전히 짜증나게 했다.

> 나는 살아 있지 않고 견디고 있다. [그는 한 친구를 썼다]. 내가 특별한 능력이 있는 일을 하는 것이 금지된 상태에서 내가 맡은 일을 무관심하게 하는 데 많은 노력을 기울이고 있다는 양심의 가책을 느끼고 있다. 특히 젊은 시절의 우둔한 어리석음이 내가 최고의 재능을 가진 직업이 아닌 직업을 갖게 되었다는 사실을 알게 되었을때 기분이 좋지 않다… 나는 전문적인 문학 작품에 엄청난 관심을 갖게 되었고 이제 그 일에서 상당한 성공을 거둘 수 있을 것 같다.

이러한 태도를 감안할 때, 그의 상관이 건강 보고서에서 마한의 "관심은 전적으로 군복무 밖에 있으며, 그는 군복무에 대해 거의 관심을 갖지 않으며 따라서 좋은 장교가 아니다"라고 선언한 것은 놀라운 일이 아니다.4) 이 마지막 해상 근무 후, 마한은 1896년에 은퇴했으며 그 후 스페인−미국 전쟁 기간 동안과 몇 가지 다른 임시 경우에만 현역으로 복무했다.

따라서 마한의 이론은 발전하는 해군 직업적 전망뿐만 아니라 당대의 민간의 지적 흐름을 반영했다. 그의 활동이 직업적 작업에서 대중적인 글쓰기로 변화한 것은 그의 생각이 직업적 사실주의에서 확장과 폭력의 방어로 변화한 것과 일치했다. 자신의 입장을 지지하기 위해 그는 기독교 교리, 사회 다윈주의, 공리주의, 민족주의를 주장했다. 그는 명백한 운명의 민간 교리에 대해 자세히 설명했다. 마한은 진정으로 "제국주의가 싹트기 시작한 그 시대의 사람"이었다.5) 그의 잡지 기사에서 그는 의식적으로 미국 대중을 자극하는 확장 정서에 호소했다. 그 자신이 말했듯이 그의 글은 "나의 발전이 아니라 1890년부터 1897년까지의 국가적 각성의 진전"을 추적했다. 그의 기능은 당시의 정치적 정서를 대중화시키고 분명하게 표현하는 것이었다. 마한의 교리는 여러 면에서 미 해군보다 미국 대중에게 더 널리 받아들여졌다. 동료 장교들에 대한 그의 직접적인 영향력은 더 전문적인 성향을 지닌 루스와 심스(Sims)의 영향력과 같지 않았다.6) 그의 직업에서 분리된 마한은 1890년대에 제국주의 감정의 팽창하는 조류를 탔다. 그는 국내에서도 호평을 받았고 해외에서도 존경을 받았다. 그의 책은 베스트셀러였으며 그의 기사는 널리 읽혀지고 인용되었다. 그는 새로운 교리의 최고 대변인이자 롯지

(Lodge), 루스벨트(Roosevelt) 및 당시의 다른 신해밀턴주의 정치 지도자의 측근이 자 고문이었다. 그러나 해군 직업에서 여론으로 자신의 기반을 옮기면서 그는 영 구적인 지원을 희생하면서 일시적인 힘을 얻었다. 세기가 바뀐 후 필연적으로 신 해밀턴주의와 제국주의에 대한 반발이 시작되었다. 대중적 여론은 자유주의, 고 립주의, 평화주의, 대비와 국가적 위대함의 책임에 대한 무관심으로 되돌아갔다. 그의 책은 더 이상 예전처럼 청중을 지배하지 못했다. 마한은 〈대환상(The Great Illusion)〉을 거세게 비판했지만, 지금 베스트 셀러가 된 것은 마한의 책이 아니라 노먼 엔젤(Norman Angell)의 책이었다. 1907년에 펴낸 그의 자서전에서 대중과의 괴리감이 직업과의 괴리감만큼이나 뚜렷했다. 마한은 미국인들이 비군사적이었 고 군사적 정신을 "외계인 기질의 강요"로 여겼다는 것을 유감스럽게 생각했다. 독일로부터의 위험과 해군 준비의 필요성에 대한 그의 경고는 무시되었다. 그는 1912년에 미국인들이 "평화와 준비 사이의 밀접한 관계를 전혀 모르고 있다"고 선언했다. 1913년에 그는 자신의 "유행은 거의 끝났다"고 인정했다.7) 그는 다음 해에 사망했다.

■ **레너드 우드(Leonard Wood)**　　　레너드 우드는 마한보다 군사 전문성과의 초기 연결이 적었다. 하버드 의과대학을 졸업한 그는 군의관이 되었고 몇 년 동 안 남서부에서 마지막 인디언 전쟁에 복무했다. 그는 클리블랜드(Cleveland) 행정 부에서 대통령의 외과의로 임명된 후 워싱턴으로 가서 맥킨리(McKinley)와 함께 지냈다. 스페인 전쟁이 발발했을 때 그는 시어도어 루스벨트와 함께 러프 라이더 스(Rough Riders)를 조직했다. 우드는 전쟁 후 의용군의 소령이 되었고 1899년부 터 1902년까지 쿠바의 군부 총독을 역임했다. 맥킨리는 또한 그를 의무병 대위 에서 정규군 준장으로 승진시켰다. 그 후 루즈벨트는 그를 소장으로 임명하여 필 리핀의 군사 총독으로 파견했다. 1908년에 귀국한 그는 1910년부터 1914년까지 육군 동부 사령관과 참모총장을 역임했다.

　　우드의 군사 및 국가 문제에 대한 견해는 1908년 미국으로 돌아온 후의 연 설, 저술 및 행동에 표현되었다. 마한과 마찬가지로 그의 견해는 대체로 군사 전 문가의 견해였다. 그는 군대에서 전문적인 개혁을 옹호하고 시행하는 데 중요한 역할을 했다.8) 그럼에도 불구하고, 그는 마한과 마찬가지로 결국 비군사적 정치적 세계관(Weltanschauung)의 지지자가 되었다. 우드의 생각은 군 복무에 대한 시민의 책임과 군 복무를 통해 시민이 받는 혜택이라는 두 가지 개념에 관한 것이었다. 전문 군인과 달리 우드는 군대를 "선택된 계급의 직업"이 아니라 민중의 구현으로 보았다.9) 그는 대비태세의 군사적 필요성을 인식하면서 시민적 필요를 훨씬 더 강조했는데 이는 국가 전체에 걸쳐 군 또는 적어도 준군사적 애국심의 덕목, 책임감, 의무에 대한 헌신, 남자다움 등을 자극하는 것에 대한 바람직함이었다. 1913년에 그는 대학생들을 위한 여름 훈련 캠프를 조직했다. 1915년에 이 아이디어는 사업가들을 위한 플랫츠버그(Plattsburg) 캠프로 확장되었다. 제1차 세계대전이 끝날 무렵, 그의 부대가 해산되기 전에 우드는 자신의 사단을 대학교로 전환하여 장교와 사병 모두를 위한 교육 계획을 추진했다. 그는 군사 훈련을 시민권 및 국가 복무의 이상에 대한 광범위한 교육과 결합하기를 원했다. 우드는 정치적, 교육적, 도덕적 이점으로 일반 국민 군사 훈련을 정당화했다. 그것은 시민권에 의미를 부여할 것이며 보편적인 남성 참정권의 논리적 귀결이었다. 범죄를 줄이고 경제적 효율성을 향상시킬 것이다. 그것은 나라를 하나로 단결시키고, 분파, 계층, 국적의 차이를 초월하는 하나의 국가 정신을 형성할 것이다. 비슷한 맥락에서 우드는 쿠바, 운하 지대, 푸에르토리코 및 필리핀에서 공학, 공중 보건, 위생 분야에서 건설적인 작업을 하는 정규군을 옹호했다.10) 우드의 전망은 1915년에 그의 두 강의 제목에 요약되어 있었는데 이는 "시민의 군사적 의무"와 "군인의 시민적 의무"였다. 군복무의 보편성을 강조하면서 우드는 해밀턴보다 제퍼슨을 더 많이 떠올리게 되었지만, 그가 그의 주장을 변호하기 위해 강조한 사항들(남자다움, 의무, 책임, 애국적 열정)은 제퍼슨의 공식에서 우선적으로 강조된 것이 아니었다.

미국이 세계 대전에 참전하기 10년 전, 우드는 긍정적인 국가 정책을 추진하고 미국의 군사력을 강화하는 데 주도적인 역할을 했다. 그는 국가를 범람시킨 대비 문헌이 쏟아져 나오도록 자극하는 데 중요한 역할을 했다.• 대비에 대한

• 1914-1917년의 이 책들은 국방 문제에 관해 미국 민간인과 군인들이 쓴 몇 안 되는 중요한 저작물 중 하나이다. 준비를 선호하는 거의 모든 사람들의 어조는 철저히 신해밀턴적이었다. 대부분은 우드의 친한 친구가 썼고, 다른 사람들은 우드에게 헌정했으며, 다른 사람들에게는 그가 머리말을 썼다. 더 주목할 만한 저서들 중 일부는 제닝스 C. 와이즈(Jennings C. Wise)의 〈제국과 무장(Empire and Armament)〉(뉴욕, 1915), 프레데릭 루이스 후이데코퍼(Frederic Louis Huidekoper)의 〈미국의 군사적 미대비(The Military Unpreparedness of the United States)〉(뉴욕, 1915), R. M. 존스턴(R. M. Johnston)의 〈무기와 경주(Arms and the Race)〉(뉴욕, 1915), 에릭 피셔 우드(Eric

그의 지지는 윌슨 행정부의 정책을 훨씬 능가했다. 루스벨트 및 다른 신해밀턴주의자와의 친밀한 개인적 유대는 윌슨의 평화주의와 우유부단에 대한 그들의 폭력적인 공격과 우드를 연결시켰다. 우드 자신은 대중 연설에서 자신의 최고 사령관에 대해 매우 비판적인 연설을 한 적이 있다. 그는 또한 공화당원이었고 1915년과 1916년에는 그가 공화당의 대통령 후보가 될 수 있다는 생각을 공개적으로 수용했다.

정치 참여는 우드가 정식 회원이 된 적이 없는 군사 직업에서 더욱 멀어지게 했다. 웨스트포인트 출신이 아니고, 군의관으로 입대하고, 클리블랜드와 맥킨리의 신뢰받는 친구가 되고 루즈벨트의 절친한 친구가 되어 완전히 비전문적인 러프 라이더들(Rough Riders)의 지도자로서의 군사적 명성을 얻은 우드는 장교단 내부의 많은 사람들에게 의심과 질투를 받았다. 1899년 군대에서 제대하라는 국방부의 조언을 거부하고 그는 대신 최고위 직위에 올랐다. 필연적으로 이 의료인이 자격 있는 직업 장교의 수장을 능가하게 된 것은 정치적 편애 때문이었다. 1908년에서 1917년 사이에 국가에 대해 험담하는 그의 정치 활동은 조용하고 공평한 직업 복무라는 셔먼–업튼 철학에 가르침을 받은 한 세대의 장교들과 잘 맞지 않았다. 결국, 장교단은 그와 합의했다. 그들이 그들만의 방식으로 지휘한 첫 번째 전쟁에서 전문가들은 레너드 우드를 위한 자리를 찾을 수 없었다. 우드는 군사적 영예를 갈망했지만 퍼싱은 그를 불복종하는 정치 장군으로 여겼고 그를 프랑스에 두는 것을 거부했다. 그는 한쪽으로 밀려났고 대서양 한 쪽에서 훈련 캠프를 지휘하며 전쟁을 보냈다. 비록 그가 받은 대우에 대해 윌슨과 민주당원을 비난했지만, 이번에 그의 진짜 적은 그가 오랫동안 무시해 왔던 군사 전문가들이었다.•

Fisher Wood)의 〈벽 위의 글쓰기(The Writing on the Wall)〉(뉴욕, 1916)였다. 시어도어 루스벨트는 대비 캠페인에서 레너드 우드를 무색하게 만든 유일한 인물이었다.

• 헤르만 하가돈(Hermann Hagedorn)은 우드에 대한 매우 동정적인 전기에서 그와 퍼싱의 차이를 다음과 같이 요약했다.
"우드와 퍼싱 사이의 갈등은 단순한 개인적 적대감보다 더 깊어졌다. 미군이 무엇을 해야 하는지에 대한 그들의 견해는 근본적으로 달랐다. 프로이센 이론가들 클라우제비츠, 베른 하디, Treitschke, 폰 데어 골츠를 배운 퍼싱에게는 군대는 지성인으로서 인간이 다른 기계를 자신의 목적을 위해 사용하는 것처럼 군대는 기계였다. 우드에게 군대는 무엇보다도 용감하고 사랑스럽고 훌륭한 인간의 집합체였으며, 주어진 리더십에 따라 그들은 비겁하거나 영광스럽게 될 수 있었다. 그들을 전투에 투입하고, 원정에서 승리함으로 지위를 얻기 위해 싸우게 하는 것은 장군의 기능 중 하나에 불과했다. 그것은 필수적이었지만 그가 맡은 사람들을 진실하고 헌신적인 공화국 시민으로 만들고, 그들에게 국가에 대한 비전을 주고, 그들이 무엇을 위해 싸우고 있는지 보여주는 것도 똑같이 중요했다."

장교단은 전쟁 중 우드에게 전투 지휘권을 거부함으로써 우드와 동률을 이루었다. 정치인들은 전쟁 후 우드의 두 번째 위대한 야망을 좌절시켜 동률을 이루었다. 군대에서 거부당한 우드는 여전히 정치에서 자신을 만회하기를 희망했다. 그는 1920년 공화당 대통령 후보 지명의 유력한 경쟁자였다. 그러나 전당대회와 국가는 전투 정신에 지쳤다. 그는 군인에게는 너무 많은 정치인, 정치인에게는 너무 많은 군인이었다. 그의 동료 공화당원들은 준비가 아닌 정상을 원했고 고된 삶이 아닌 쉬운 돈을 원했다. 시어도어 루즈벨트가 살았다면 새로운 분위기에 적응할 수 있을 만큼 유연했을 것이다. 하지만 레너드 우드는 그렇지 않았다. 그는 전후 반군사주의에 휩쓸려 버렸다. 상업주의와 플래퍼리즘(flapperism), 진공장과 재즈, 지미 워커(Jimmy Walker)와 F. 스콧 피츠제럴드(F. Scott Fitzgerald), 하딩(Harding)과 멘켄(Mencken)의 미국에서 그에게 어떤 자리가 있었는가? 새 행정부는 그를 총독으로 복귀시키기 위해 필리핀으로 파견함으로써 그를 위해 할 수 있는 최선을 다했다. 그는 1927년 잠시 미국으로 돌아와 그를 거의 기억하지 못하고 그에게 거의 도움이 되지 않는 나라에서 사망했다.

사회와의 무산된 동일시, 1918-1925

1918년 이후 군대는 미국 사회와의 전시 동일시를 계속하고 미국 사회와의 신해밀턴적 관계를 확장하기 위해 모든 노력을 기울였다. 특히 육군에서 전쟁은 민군 관계의 새로운 시대를 여는 것으로 간주되었다. 보병 저널은 "정규군의 '화려한 고립'은 과거의 일"이라고 선언했다. 군대는 미국 사회의 일원이 되어야 한다. 1920년 국방부 장관은 국민과 별개의 특수 계급으로서의 군대는 "상대적으

〈레너드 우드(Leonard Wood)〉(뉴욕, 2 vols., 1931), II, 268. 윌슨은 1918년 6월 5일 스프링필드 〈공화당원(Republican)〉에 보낸 편지에서 우드를 미국에 둔 이유를 설명했다.
"애초에 나는 퍼싱 장군이 그를 원하지 않는다고 말했기 때문에 나는 그를 보내는 것이 아니며, 둘째로 퍼싱 장군이 우드 장군이 오는 것을 내키지 않은 것은 근거가 너무 충분할 뿐이다. 우드 장군은 어디를 가던지 논쟁과 판단의 충돌이 있다."
전시 참모총장인 페이튼 C. 마치(Peyton C. March) 장군은 퍼싱과 거의 공통점이 없었는데 예외는 그의 엄격한 전문성과 레너드 우드를 싫어한다는 점이었다. 마치의 〈전쟁 중인 국가(The Nation at War)〉(Garden City, N.Y., 1932), pp. 57-68 참조.

로 쓸모가 없다"고 말했다. 그 대신, "그들이 속했던 시민 노변의 생각과 정서와 생생하고 지속적으로 접촉"해야 한다.11) 군의 희망은 전쟁 이전에 군대와 대중의 분리가 주로 본질적으로 물리적이었으며, 인구, 문명 및 상업의 중심지에서 멀리 떨어진 국경 수비대에 배치된 결과라는 그들의 믿음을 크게 반영했다. 인디언 전쟁이 끝나면서 이러한 고립의 이유는 이제 끝났다. 소속되고, 수용되고, 공동체 전체와 동일시되고 싶은 충동은 "사람들과 가까워지는 것"의 필요성을 강조하면서 군 장교들의 주요 목표였다.

군대와 국민을 하나로 묶는 토대는 1920년 국방법에 마련된 것으로 보였다. 이것은 민사 군사 관계의 새 시대를 여는 것으로 군 대변인에 의해 보편적으로 환영받았다. 정규군의 주요 임무는 이제 민간인 조직인 주방위군과 예비군을 훈련시키는 것이었다. 기존 토지 보조금 대학(land grant college) 계획의 훨씬 더 확장된 형태인 새로운 ROTC 프로그램은 자격을 갖춘 모든 대학이나 고등학교에서 군사 교육을 제공했다. 10여 년 만에 300개 이상의 ROTC 부대가 학교와 대학에 설치되었으며 약 125,000명의 학생이 이 프로그램에 참여하여 정규군 장교의 약 5%에 해당하는 에너지를 흡수했다. 민간인과의 두 번째 연결은 레너드 우드의 전쟁 전 플래츠버그 운동에서 발전한 청소년 여름 훈련 캠프에서 비롯되었다. 새로운 캠프 중 첫 번째는 1922년에 열렸고 30일 동안 만 명의 젊은이들에게 군사 및 시민 교육을 제공했다. 셋째, 1920년 법은 정규 장교를 주방위군과 예비군의 교관으로 하는 것을 승인했다. 육군의 목표는 전국적인 조직을 구축하여 국가의 모든 지역사회가 최소한 하나의 군부대의 대표를 가질 수 있도록 하는 것이었고 군부의 관점이 국민들 사이에 공감되어서 국민들이 강력한 국방을 지지하는 지혜를 알게 되는 것이었다. 마지막으로, 바로 전후 몇 년 동안 군대는 각 정규군 부대를 특정 지역에 배치하여 대중적 지지를 구축하고 지역의 자긍심을 이용하기를 바라면서 지역 모집을 실시하기 위해 단호한 노력을 기울였다.12) 군대 전체가 국민과 재통합될 뿐만 아니라, 각 연대는 특정 지역과 긴밀한 유대를 발전시키기 위한 노력이었다.

이러한 새로운 활동 범위는 필연적으로 군 복무에서 가장 높이 평가되는 태도와 행동 양상을 변경했다. 군인들은 사회에 적응해야 한다. 해군 장교는 "우리 육군과 해군의 성격은 …미국인의 성격, 즉 그들의 사상, 이상과 생각을 반영해야 한다"고 주장했다. 새로운 관점은 "우리가 군직을 맡았을 때 시민을 버리지 않았다"는 워싱턴의 명령의 정신을 구현해야 한다. 장교들은 배타적인 모습을 버리고 "모든 시민을 위한 동료감"을 발전시키라는 지시를 받았다. 장교는 시민군 훈련에서 규율보다 "협조 정신"에 의존해야 했다. 투표에 실패했다고 자랑하는 전쟁 전 관행은 사라져야 한다. 군인은 다른 시민과 마찬가지로 자신의 권한을 행사할 의무가 있다. 투표소에서 장교들의 기권은 "그와 이야기하는 진보적인 사업가가 오히려 의아해 하는 것일 것이다." 군은 기존의 홍보에 대한 혐오감을 버리고 기업이 활용하는 모든 기기와 매체를 통해 적극적으로 여론을 수렴해야 한다. 다른 모든 사회 단체, 심지어 교회와 같은 보수적인 기관도 홍보 담당자와 홍보 고문을 고용했다. 육군도 마찬가지로 할 때였다. "일단 일어서서 사업 여건에 맞는 사업 방식을 취해야 한다"는 주장은 전쟁 전의 사업이나 상업주의를 암시하는 모든 것에 대한 군사적 혐오와 극명하게 대조되는 주장이었다. 이 새로운 접근 방식은 장교들의 국가 정책에 대한 공개 토론을 금지한 윌슨 대통령의 명령의 폐기와 1927년에 육군 장교들의 중요한 당연하고 논리적인 임무 중에 하나가 군사 정책을 공개적으로 방어하고 옹호하는 것이라고 선언한 새로운 육군 규정에 의해 공식적으로 인정되었다."13)

특히 민간 부대의 교육에는 새로운 시각을 가진 새로운 유형의 장교가 필요했다. 맥아더 장군의 말에 따르면 장교는 "인간 감정의 역학에 대한 깊은 이해, 세계와 국가 문제에 대한 포괄적인 이해, 지휘 심리의 변화에 해당하는 개념의 자유화"를 갖는 것은 필수적이었다. 예비군과 함께 근무하는 장교는 군인의 전문 기술뿐만 아니라 "영업"에 대한 자격을 갖추고 있어야 한다. 그는 싸움을 잘할 뿐만 아니라 "친목"도 잘 해야 한다. 예비 임무를 맡은 장교들은 지역 상공회의소와 친분을 쌓고, 영향력 있는 사업가를 만나고, 지역 미국 군단과 긴밀히 협력하고, 키와니스(Kiwanis)나 로타리(Rotary)에 가입하라는 조언을 받았다. 요컨대, 그들은 중산층 비즈니스 미국과 혼합되어야 했다. 무엇보다 '너무 군사적으로 행동하지 말라'는 경고를 받았다.14)

군사 프로그램의 추진에는 비즈니스 문명의 기술뿐만 아니라 가치의 채택이 포함되었다. 상대방을 설득하여 결론의 타당성을 확인하기 위해 군대는 상대방의 생각을 전제로 해야 했다. 레너드 우드가 전쟁 이전에 주장한 것처럼 사회에 대한 비군사적 혜택이라는 측면에서 정규 복무에 대한 방어는 계속되고 정교화되었다. 해군은 국가의 일차 방어선으로서의 역할을 이상으로 산업과 과학에 대한 공헌 측면에서 찬사를 받았다. 1921년에 해군 장관이 선언한 해군은 "유용하고 인도주의적인 사업에 지속적으로 참여하고 있다." 2년 후, 인도주의적 대의를 위한 해군의 활동은 한 번도 전투를 하지 않았더라도 그 존재를 정당화한다고 주장했다. 육군은 "자원, 과학 및 남자다움의 국가적 발전"에 대한 공헌으로 찬사를 받았다. 장교와 남성에게 민간 기술을 교육함으로써 "방어태세와 산업 및 시민 지원을 융합"했다. "육군 평시 성과의 경제적 가치"를 지적하는 데 주저함이 없어야 한다. 여름 훈련 캠프는 진정한 우드 스타일로 국가 통합에 대한 기여를 근거로 옹호되었으며 정규군은 "훌륭한 시민의식 교육에 있어 국가에서 가장 위대한 기관" 중 하나로 선언되었다.15)

군대가 자신들을 부인하고 비군사적 이유로 군사 프로그램을 옹호한 가장 극단적인 경우는 전후의 일반 국민 군사 훈련(UMT) 캠페인이었다. 그러한 계획에 대한 의회의 승인 가능성이 1920년 이후 급격히 줄어들면서, 그 계획에 찬성하는 주장은 군사적 요건에서 점점 더 없어졌다. 결국 장교들은 UMT를 미국을 괴롭히는 모든 사회적 병폐에 대한 만병 통치약으로 발전시키고 있었다. 그것은 국가적 단결을 강화하고, 소수 민족 그룹의 통합을 촉진하고, 민주주의와 관용을 장려할 것이다. 그것은 신체적으로 유익할 것이며 미국에서 사실상 문맹을 제거할 것이다. 산업에 피해를 입히거나 직업 기술 개발을 지연시키는 것은 커녕 오히려 역효과만 낳을 뿐이다. 육군은 법률, 상업, 운송, 공학 또는 기타 여러 기술 분야에서 기초 훈련을 받은 신병을 제대시킬 것이다. 가장 중요한 것은 일반 국민 군사 훈련에서 파생되는 도덕적 이점이었다. 상업 문명의 가치를 매우 빠르게 지지하는 동시에 장교단은 상업적인 생활 방식보다 군대가 도덕적으로 우월하다는 오래된 감각의 일부 요소를 여전히 유지할 수 있었다. 군대 훈련을 통해 젊은 이들에게 충성, 애국심, 명예, 규율, 공정성, 법에 대한 존중을 주입할 수 있었다. 요컨대, 장교들은 군복무를 제외한 모든 이유로 강제 병역의 필요성을 결정적으로 입증했다.16)

군대의 새로운 활동은 또한 평화주의, 종교 및 교육 조직과의 정치적 논쟁에 연루되었다. 장교들의 주장을 액면 그대로 받아들이기를 거부하고, 이 단체들은 ROTC 프로그램, 여름 캠프 및 제안된 UMT 계획을 전쟁으로 이어질 수 있는 사회의 군사화를 위한 계획으로 보았다. 프랑스 참호의 참혹함에 대한 민간인의 기억과 끔찍한 총검 휘두르는 기술을 십대들에게 가르치는 것에 대한 자연스러운 거부감은 반군사적 선전에서 활용되었다. 군부대는 평화 단체의 동기와 활동을 비난하는 것으로 대응했다. "평화주의자"라는 별명은 제1차 세계 대전 직전에 신해밀턴주의의 대비 프로그램에 반대하는 사람들을 묘사하기 위해 만들어졌다. 이제는 군 장교들이 군사적 목적을 비판하는 사람을 묘사하기 위해 널리 사용되었다. 자신들을 소외된 소수자로 보는 전쟁 전의 관점과 대조적으로, 장교들은 이제 자신을 모든 진정한 미국인의 대표자이자 100% 애국자로 묘사하려고 했다. 반면에 그들의 반대자들은 미국 제도를 약화시키려는 교활한 음모를 꾸미거나 무의식적으로 이것을 목표로 삼았던 자들의 도구로 사용되는 작고 음모적이며 파괴적인 파벌로 시각화되었다. 장교들은 20년대 초반에 국가를 휩쓴 적군과 볼셰비키에 대한 국가적 비난에 전적으로 참여했으며, 주저하지 않고 더 나아가 평화주의자들을 붉은 위협과 연결했다. 장교들은 평화주의자 중 일부는 전쟁에 대한 부당한 반대를 하는 감상주의자이거나 군비를 줄이려는 납세자일 수 있다는 점은 인정하면서도, 평화주의자의 핵심은 육해군을 파괴하고 정부를 전복하려는 궁극적인 목적으로 군사훈련을 반대하는 정치적 급진주의자로 보는 경향이 있었다.[17] 군부대는 미국 국민의 진정한 의지를 반영했다. 그들의 반대자는 정치적인 추방자들이었다.

장교들의 이러한 환상은 아주 천천히 바로 잡아졌다. 그러나 1920년이 끝나갈 무렵에는 그들이 지역사회와의 정체성을 유지하는 것이 불가능해졌다. 정부 내에서 강력했던 군사적 이상과 군사 프로그램에 대한 반대는 더 이상 잘못된 정보나 의회가 국가의 정서를 정확하게 반영하지 못한 탓으로 돌릴 수 없었다. 군의 교육 개입에 대한 반발이 거세지고 있는 것도 음모적 소수자의 소행으로만 볼 수 없었다. 군비 지출은 장교들이 국방법의 목적을 수행하는 데 필요하다고 판단한 수준보다 훨씬 낮았다. 해군에 대한 전후 반응은 예산을 감소시켰고 워싱턴 군비 회의를 개최하게 했다. 현지화된 채용 캠페인은 의미있는 결과를 가져오지 못했다. 중등학교에서의 군사 훈련은 점점 더 공격을 받게 되었고 일부 지역에서는 중단되고 있었다. 의회의 법안은 ROTC의 의무적 측면을 폐지하도록 제안했다. "우리 학교와 대학에서 군사훈련에 대한 반감의 물결이 이 나라에 퍼지고 있는 것 같다"는 것이 명백했다. 1926년 새로운 참모총장인 서머럴(Summerall) 장군이 더 큰 국방예산에 대한 대중의 지지를 불러일으키려고 했을 때 대통령에 의해 갑자기 침묵을 지켰는데, 이는 공공 토론에 참여할 새로운 장교들의 자유가 기존의 군사 정책을 지원하는 데 국한되었기 때문이었다. 더 근본적인 것은 웨스트포인트에 대한 적대감의 부활과 사관학교의 목적과 방식에 대한 비판이었다. 1927년 생도 연감에 따르면, "민간인들 중에 웨스트포인트 출신에 대한 강한 편견이 있다." 또 다른 장교는 "현재 유행병, 군사 공포증"이 존재한다고 말했다. 온갖 다양한 반군사적 편견이 표면화됐다. 미국의 개척자들은 군대가 완고한 개인주의의 반대였기 때문에 군대를 싫어했다. 최근 이민자들은 구세계 귀족 협회 때문에 군대를 싫어했다. 노동당은 파업 의무 때문에 군대를 싫어했다. 그리고 사업? 한 해군 장교는 상업에 대한 정통 군사적 관점으로의 회귀를 시사하며 "복합적인 미국 비즈니스 마인드"는 "미래의 안보보다 현재의 이점을 중시하고 평화시에는 국가 보장에서 이익을 볼 수 없다"라고 썼다. 그 모든 것의 기저에는 정부에 대한 미국인들의 불신과 공공 서비스의 민간 부문과 함께 군대가 본질적으로 비효율적이고 대체로 불필요하다는 믿음이 있었다. 한 장교가 직설적으로 말했듯이 "사실을 직시"해야 할 때였다.[18] 사회와의 격차를 좁히려는 군사적 노력은 실패로 돌아갔다. 반군국주의의 승리는 볼셰비키주의가 아니라 미국인들의 타고난 무관심, 전쟁에 대한 타고난 혐오감, 군대와 전쟁의 연관성, 평화로운 진보의 미래에 대한 믿음 때문이었다. 전후 세계에서는 신해밀턴주의의 타협이 불가능했다. 반군사적 정서는 소수의 평화주의자와 급진주의자로부터가 아니었다. 미국 그 자체였다. 또 다시 거절당한 군부가 할 수 있는 일은 전쟁 전의 고립 상태로 돌아가 직업의 일상적인 임무에 관심과 만족을 찾는 것 외에는 없었다.•

• 철수의 실례는 육군 최고 전문 잡지인 보병 저널의 변화하는 내용이었다. 20대 초반에 정치 문제, 공산주의, 국방 정책, 사회 및 경제 문제에 대한 기사로 가득 차 있었다. 군대가 정치적 논쟁에 휘말렸기 때문에 그 복무에 대해 비판적인 기사는 거의 없었다. 대신에, 군사 프로그램의 미덕은 찬사를 받았다. 그러나 20대 후반과 30대 초반이 되자 정치는 잡지에서 사라졌다. 그 내용은 보다 엄격하게 전문이 되었으며 동시에 군대, 군대 보수주의, 조직적 결함, 기술적 낙후성에 대한 자기 비판이 훨씬 더 광범위해졌다. 기술적 군사 문제에 대한 냉정한 논의가 정치적 행동에 대한 이전의 권고를 대체했다.

제11장
양차 대전 사이의 민군 관계의 불변성

사업 개혁에 대한 적개심과 군사적 전문성

　　1920년대의 온건함 속에서 신해밀턴주의가 증발하면서 재통합된 미국 사회는 군사 문제에 대해 혐오감을 갖게 되었다. 부분적으로 이것은 20년대에 비즈니스 평화주의의 새로운 지배를 반영했다. 그러나 그것은 또한 세기의 1920년대와 1940년대 동안 두드러진 자유주의 전통의 다른 한 가닥에서도 분명히 나타났다. 개혁 자유주의는 1880년대와 1890년대에 포퓰리즘을 빙자하여 시작되었고, 추문 폭로자, 진보 운동, 뉴 프리덤, 그리고 결국에는 뉴딜정책과 함께 1920년대로 확산되었다. 군사 문제에 관한 개혁가들의 많은 생각, 그리고 확실히 그들의 생각을 표현한 언어는 기업 대변인의 생각과 언어와 상당히 달랐다. 그러나 개혁적 접근과 사업적 접근의 근본적인 본질과 궁극적인 효과는 동일하였다. 개혁 자유주의의 반군사주의는 기업 자유주의의 반군사주의를 보완했다. 이러한 점에서 윌슨(Wilson)에서 하딩(Harding), 루즈벨트(Roosevelt)로 근본적인 변화는 없었다. 그 결과, 전간기 동안 군사 전문성의 구현은 현저하게 정적이었다. 수년간의 사업 거부 기간 동안 생산된 아이디어와 제도는 사회 외곽의 치열한 전문성을 반영했다. 전후 신해밀턴 연계의 붕괴와 함께 민군 관계는 이러한 패턴을 다시 시작하여 1920년대와 1930년대에 걸쳐 유지되었다. 전간기 동안 미국의 군사 전문성의 불변성은 비즈니스의 근본적인 불변성을 반영하고 군사 문제에 대한 개혁 접근 방식을 반영했다.

개혁 자유주의: 군국주의의 실용적 사용

　　개혁 자유주의는 종종 서로 모순되는 많은 요소들로 구성되었다. 그러나 "대기업"의 이익에 대한 일반적인 반대와 보다 공평한 부의 분배를 확보하기 위해 정부를 활용하려는 일반적인 의지에 근본적으로 통합되었다. 군 문제에 대한 개혁적 접근 방식에서도 피상적인 다양성과 더 깊은 통합이 존재했다. 표면적으로 개혁에는 일관되고 지배적인 군사 정책이 없었다. 개혁자들은 준비, 징집, 대규모 군대와 해군, 제1차 세계 대전에 대한 미국의 개입, 군축, 중립 법안, 전쟁 포기, 1930년대 재무장, 1940년과 1941년 동맹국에 대한 연합국에 대한 원조를 지지하고 비난했다. 사실상 거의 모든 주요 국방 문제 양쪽에서 동등하게 자격을 갖춘 개혁가를 찾았다. 그러나 이러한 접근 방식의 다양성은 그 자체로 근본적인 유사성의 산물이었다. 개혁가들은 일관되게 군사제도와 군사정책을 군사안보의 목적과 관련하여 그들 자신의 관점이 아니라 개혁의 목적과 관련하여 개혁가의 관점에서 바라보았다. 이러한 목적은 범위가 세계적이든 미국 사회에 국한되든 본질적으로 국내적이었다. 즉, 국가 간의 관계가 아니라 개인과 국가 간의 관계에 관한 것이었다. 개혁가들은 당면한 목표가 다르기 때문에, 또는 국방정책 문제가 개혁의 공통 목표 실현과 관련되는 방식을 다르게 분석했기 때문에 국방 문제의 다른 편에 서게 되었다. 개혁 자유주의의 군사적 도구주의는 그 통일성과 다양성을 모두 설명했다.

　　개혁의 반군사주의는 기업의 반군사주의와 어조가 달랐다. 비즈니스 접근 방식은 군국주의의 모든 측면을 거부했다. 군대는 야만적인 과거의 잔재라고 생각하고 기업은 군대를 자신의 목적으로 활용하려는 노력을 기울이지 않았다. 개혁가는 더 실용적이었다. 군대에 대한 그의 반대에는 비즈니스 평화주의의 정교한 이론적 근거가 부족했다. 20세기 전쟁 시대의 시작에 직면한 개혁가는 전쟁과 군국주의가 쓸모없다고 쉽게 가정할 수 없었다. 그러나 군사제도가 존재한다면 개혁가는 그것을 개혁의 목적에 맞게 바꾸고 싶었다. 결과적으로 개혁가는 오로지 군사안보만을 목적으로 설계되어 필연적으로 개혁의 요구와 경쟁할 수밖에 없는 군사 전문성만을 일관되게 반대하였다. 기업정책은 오로지 근절인 반면 개혁정책은 근절과 변형이 혼재되어 있었다.● 어떤 면에서는 개혁가의 직업군국주의 제도에 대한 반대가 기업의 평화주의자보다 더 격렬했다. 부분적으로 이것은 군사 기관이 자연사할 것이라는 낙관적인 결론을 받아들이지 못한 결과였다. 그 대신 개혁가는 군국주의를 제거하는 데 필요한 긍정적인 조치가 필요하다고 생각했다. 대부분의 자유주의자들과 마찬가지로 개혁가는 직업군을 자신의 최악의 적과 동일시했다. 해롤드 스턴스(Harold Stearns)는 몰리(Morley) 자작의 말을 인용하여 "군사주의는 규모와 위장이 무엇이든 간에 가장 완전하고 심오한 의미에서 자유주의와 완전히 반대되는 것"이라고 말했다.1) 개혁 사전에서 군국주의는 사실상 모든 악과 공존하고 있었으며 그것은 미국 사회의 민주주의 전제와 양립할 수 없었다.

직업 군국주의에 대한 개혁의 공격은 두 가지 일반적인 형태를 취했다. 첫 번째는 많은 면에서 비즈니스 평화주의적 관점과 유사했으며, 그 관점에서 상당 부분 파생되었다. 그것은 군대 직업을 후진적이고 원시적인 것으로 보았다. 오로지 군사 기관만 유지하는 것에 대한 공리주의적 명분이 존재하지 않았다. 비즈니스 평화주의자들은 이것을 자명한 사실로 진술하는 데 다소 만족했지만, 개혁자들은 그것을 풍자적인 방식으로 문서화했다. 군사 지출은 순전히 낭비였다. 이러한 쓸모없는 목적에 투입된 자원은 인간 복지 향상을 위한 개혁 목적으로 사용해야 한다. 월터 리프먼(Walter Lippmann)은 "내 젊었을 때 우리 모두는 전함에 쓰는 돈이 학교 건물에 더 잘 쓰일 것이라고 생각했고 전쟁은 진지하게 생각하는 진보적 민주주의자들이 주의를 기울이는 것이 아닌 '군국주의자'들이 이야기하는 사건이라고 생각했다."2) 1920년대에 스튜어트 체이스(Stuart Chase)는 미국의 평범한 평시 군사력을 유지하는 데 필요하다고 생각했던 백만 노동자의 낭비된 에너지를 한탄했다. 이후 1930년대 루이스 멈포드(Lewis Mumford)는 러스킨(Ruskin)의 표현을 사용해서 군대를 "질병"의 "부정적 생산자"로 정의했다.3) 개혁가들은

● 유사하게, 개혁가들은 전쟁을 국내적 또는 국제적 개혁에 대한 기여의 관점에서 보았다. 그들은 처음에 미국이 제1차 세계 대전에 참전하는 것을 반대했다. 왜냐하면 그것이 국내에서 개혁을 종료하고 사업을 안정에 올려놓을 것이기 때문이었다. 그들은 국제 개혁의 14개항(Fourteen Points)의 희망찬 전망을 보았을 때 결국 참여를 정당화했다. 전후 권력복귀 정치, 식민주의, 군비 경쟁으로 인해 국제 개혁의 도구로서 전쟁에 휘말리게 되었고, 미국 개입을 지지하는 데 있어 자신들의 잘못을 인정했다. 그러나 동시에 개혁가들은 전쟁 기간의 국내 집단주의에 대한 향수를 갖게 되었으며, 이는 돌이켜 보면 국내 사회 개혁을 위한 그들의 노력에 적용할 수 있는 유사점과 기술을 제안하는 것처럼 보였다.

또한 군사적 가치와 자유주의의 인도적 가치 사이의 충돌을 강조했다. 군인의 관습과 풍습은 베블레니아식 사회적 폭로라는 무기로 처참한 분석을 받았다. 군 생활의 허무함, 비인간성, 야만성이 끊임없이 강조되었고, 그 형식적인 사회 규범은 현대 자유주의 윤리의 관점에서 조롱을 받았다. 이러한 개혁비평의 측면은 오늘날까지 이어져 온 군대에 대한 사회학적 분석의 기조를 마련하였다. 명예, 복종, 충성에 대한 군사적 기준은 위선적이거나 매우 위험한 것으로 판단되었다. 〈신공화국(New Republic)〉의 작가는 장교를 "암흑 시대에 속한 삶에 대한 태도를 간직한 사람"이라고 선언했다. 앤드류 카네기(Andrew Carnegie)를 괴롭혔던 개인의 도덕적 책임과 군사적 복종의 관계 문제는 개혁주의적 비판에서도 다시 나타났다. 추문 폭로자의 시대에 가장 많이 활동한 반군사주의자인 어니스트 크로스비(Ernest Crosby)는 "명령에 대한 절대 복종은 물론 양심과 이성의 포기를 포함한다"고 썼다. 장교와 사병 사이의 사회적 차이를 규정하는 군 규율의 세부사항과 복무 관습도 마찬가지로 군 계급에 대한 공격을 위한 탄약을 제공했다. 이러한 비판은 특히 제1차 세계 대전 직후에 만연했는데, 이는 전시군의 전문 장교와 시민 군인 사이의 분노를 반영한 것이었다.4) 요약하자면, 개혁가는 군사 전문성을 경제적으로 낭비적이고 사회적으로 무익하며 윤리적으로 낙후된 것으로 간주했다.

개혁자들은 또한 개혁에 반대하는 투쟁에서 대기업의 적극적인 동맹자로서 군대에 대해 제 2의 그리고 더 긍정적인 이미지를 가지고 있었다. 여기에서 개혁가는 기업의 반군사적 주장을 이어받아 반기업적 요소를 추가했다. 대규모 육해군의 배후의 경제적 필요는 과잉 생산을 위한 출구를 위한 자본주의 경제의 필요성이었다. 개혁가들과 사업가들은 경제적으로 생산적인 것을 숭배하고 군대를 비생산적인 것으로 묘사하는 데 단결했다. 그러나 그들은 군국주의 배후 세력에 대해서는 의견이 일치하지 않았다. 사업가의 존경할 만한 공리주의는 장군과 구식 귀족을 보았다. 개혁가의 급진적 공리주의는 이들과 사업가 자신을 보았다. 허드슨 맥심(Hudson Maxim)과 같은 소수의 고립된 무기 제조업체들은 "혈액과 이윤" 이론이 사실 어느 정도 뒷받침할 수 있는 충분한 증거를 항상 제시했다.5) 세계사에서 가장 평화로운 지배적인 사회 집단인 미국 기업은 피에 굶주리고 계급에 굶주린 장군들과의 신성하지 않은 동맹에서 전쟁을 계획하는 것으로 그려져야 한다는 것은 매우 역설적이었다. 이 경우 개혁자들은 두 가지 면에서 모두 틀렸다. 집단으로서 장군도 자본가도 전쟁을 열망하지 않았다. 그럼에도 불구하고 종전과 반동에 기여한 이 동맹의 이미지는 매우 널리 퍼져 있었다. 장군들은 전쟁을 원했고 제조업자들은 그 목적을 위해 무기를 공급했다. 제조업자들은 노동력을 분쇄하기를 원했고, 장군들은 그 목적을 위해 그들에게 군대를 제공했다. 마르크스주의를 정제하면 군비와 군사 기관은 필연적으로 상류층과 관련이 있는 반면 하류층은 본질적으로 평화주의적이고 반전적이라고 주장되었다. 시메온 스턴스키(Simeon Strunsky)는 "군비확충은 유행이다"라고 선언했고 해롤드 스턴스(Harold Stearns)는 전쟁 전 대비 운동을 엄격하게 "상류층"으로 회고했는데 이 운동의 추진력은 영국의 형제들과 인종적, 계급적 유대감을 느꼈던 사회적 상류층에서 나왔다. 1930년대 초에 이르러 이 주제는 1차 전쟁에 대한 수정주의적 해석에서 중요한 요소가 되었다. 전문 장교들이 기업이 군사 기관에 미치는 악영향을 한탄하는 동안, 헌신적인 개혁가들은 "군국주의와 산업주의의 불가피한 동맹"을 언급하고, 개혁은 "군사적 정신뿐만 아니라, 그것을 이중으로 활용한 비즈니스 마인드도 다루어야 한다고" 주장했다.6) 그러나 기업－군 동맹의 전체 개혁 이론은 기업과 군대의 관계에 대한 것보다 개혁과 군대의 관계에 대해 더 많이 설명했다.

개혁가들은 직업군을 국내 계급의 적과 동일시하면서도, 그렇게 부패되지 않고 진보의 필요에 부응할 군사 기관일 수 있다는 가능성은 인정했다. 스트런스키(Strunsky)조차도 1789년 프랑스 모델에서 민주주의 군국주의의 가능성을 인용하고 미국을 집어삼키고 있던 계급 군국주의와 대조했다. 많은 개혁가들은 강제 병역의 민주주의, 즉 위대한 평준화에 깊은 인상을 받았고 이러한 진보적인 군사 정책을 "군주제와 세습 계급 다음으로 인간이 발명한 것 중 가장 비민주적인 것인 고용된 또는 직업 군대"에 의존하는 정책과 대조했다. 이러한 견해와 무장국가 개념의 매력은 20세기의 모습을 한 제퍼슨식이었다. 그들은 특히 집단주의적이고 평등주의적인 개혁가들에게 특히 매력을 느꼈고, 자유의지론과 인도주의적 가치를 더 강조하는 사람들은 일반적으로 모든 군사 기관에 더 적대적이었다. 신해밀턴주의자와 마찬가지로 개혁자들은 군인을 교육하고 "고양"하고, 사회적으로 생산적인 목적을 위해 고용하고, 민간인 생활에 바람직한 이상과 기술을 가르치는 데 군대를 직접 활용하기를 원했다. 예를 들어 윌슨의 해군 장관인 요세푸스 다니엘스(Josephus Daniels)는 자신이 생각하는 복무의 가장 큰 두 가지 결점인 교육 부족과 민주주의 부족을 모든 배에 학교를 배치하고 장교와 남자 사이의 사회적 "격차"를 줄임으로써 해결하기 시작했다.[7]

군사 기관

■ **교육 및 승진**　　　제1차 세계 대전 이전에 설립된 기본 전문 기관은 이후에도 계속되었다. 물론 약간의 수정과 추가가 있었다. 새로운 전문 학회와 저널이 설립되었다. 새로운 기술 학교는 전쟁의 변화하는 성격을 반영했다. 새로운 전문 조직이 만들어졌으며 기존의 기관들도 수정되었다.● 그러나 일반적으로 변화가 거의 없었고 변화할 필요가 거의 없었다. 이전 세대는 잘 지어졌다. 반면 미완으로 남겨둔 영역은 미완으로 남아 있었고, 미해결 과제로 남아 있었다. 양 대전 사이의 기간 동안 논란과 불안은 세 가지 분야에 집중되었다. 제퍼소니안 기술주의의 유산이 여전히 사관학교의 교과과정을 가득 채운 예비 교육, 잭슨의 대중주의와 권력 분리에 대한 두려움으로 인해 연공서열에 대한 지속적인 의존이 요구되는 승진, 그리고 헌법상의 모호성으로 인해 민간 및 군부 지도자들 사이의 책임 경계가 모호한 행정 조직이었다.

　　사관학교는 초기에 기술적으로 유능한 엔지니어와 선원을 양성하는 비교적 분명한 사명을 가지고 있었다. 장교직의 전문화는 이 단일한 기술적 목표를 교양 교육과 기초 군사 교육의 이중 목적으로 대체했다. 그러나 4년 과정은 특히 기술 과목이 여전히 커리큘럼에 남아 있을 때 이러한 목적을 모두 달성하기에 충분하지 않았다. 교과 과정의 어려움 외에도 자유주의 및 군사 교육에는 다양한 유형의 기관이 필요했다. 하나는 지적 호기심과 토론에 유리한 편안하고 회의적인 분

● 가장 중요한 새로운 전문 학회 및 저널은 전쟁 직후 육군 병참장교, 병기 및 공병을 위해 설립된 학회, 1922년 리븐워스 학교에서 시작한 〈군사 논평(Military Review)〉, 1925년에 설립된 보병 학교 〈계간지(Quarterly)〉이다. 1925년과 1940년 사이에는 새로운 군사 간행물이 거의 나오지 않았다. 가장 중요한 새로운 교육 기관은 조달 및 경제 동원 분야에서 장교를 훈련시키기 위해 1924년에 설립된 육군 산업 대학(Army Industrial College)이었다. 1932년 참모총장은 미 육군의 "학교 시스템은 세계 어느 곳에서도 타의 추종을 불허한다"고 어느 정도 사실대로 주장할 수 있었다. 해군 고등교육도 확대되어 1927년에는 아나폴리스 대학원에 일반전술 과정이 개설되었다. 국방부 장관의 연차보고서(The Annual Report of the Secretary of War), 1932, p. 73; 국방부 장관의 연차보고서, 1925, pp. 24-25, 1927, pp. 157ff.

위기에서 번성하는 기관이고, 다른 기관은 가능한 한 최단 시간에 군사적 가치와 군사적 지식을 흡수하기 위해 수련되고 목적적이며 집중적인 노력을 요구한다. 이 두 가지 불일치 요소를 하나의 커리큘럼으로 묶으려는 시도에서 사관학교는 한 가지도 성공적으로 하지 못했는데, 만약 각각 따로 수행되었더라면 할 수 있었을 것이다. 이론적으로 사관학교는 입학을 위해 교양 대학 교육을 요구하는 군사 대학원이 될 수 있었다. 그러나 군인이라는 직업에 대한 미국 사회의 전반적인 적대감 때문에 이것이 실제로 성공할 가능성은 거의 없었다. 대학 졸업 후까지 모집을 미루면 미국 사회의 다양한 기회와 민간 대학 생활로 인한 다양한 관심사, 상대적으로 매력 없는 군 생활로 인해 충분한 양과 질을 갖춘 장교를 확보하기 어려울 것이라는 군 여론이 들끓었다. 냉담한 미국 환경에서 미래의 장교가 지배적인 반군사적 가치와 동기를 완전히 흡수하기 전에 군사 교육과 훈련을 시작하는 것이 필요했다. 다른 대안은 사관학교 교과 과정에서 군사 및 기술 과정을 제거하고 군사 대학원으로 유예하고 웨스트 포인트와 아나폴리스에서 교양 교육을 제공하는 데 집중하는 것이었다. 그러나 군대는 교양 분야의 대학과 경쟁할 준비가 되어 있지도 않고 경쟁할 의향도 없었다. 연방대학 졸업생들이 모두 공직에 들어간다고 해도 중앙정부의 문과교육에 뛰어드는 것을 정당화하기는 어려운 일이었을 것이다.

　　1920년대와 1930년대의 아나폴리스와 웨스트포인트의 변화는 사관학교 교육의 본질을 근본적으로 바꾸지 않으면서 교과 과정의 교양 구성 요소를 늘리려는 시도였다. 아나폴리스는 1923년에 영어 및 역사 과정을 개선했다. 그리고 1932년에는 교육과정의 급격한 변화로 장교 후보생의 문화 과목 학업 시간 비율이 21.6%에서 31.6%로 증가했다. 기술 과목은 33.6%에서 31.2%로, 전문 과정은 44.8%에서 37.2%로 줄였다. 경제 및 정부 부서가 만들어졌다. 그러나 장교들은 여전히 동시대 외국인들에 비해 열등한 문화적 배경에 대해 불만을 토로했다. 그들은 이러한 배경을 제공할 수 있는 전문 대학을 개설하거나 기술 및 공학 과목을 대학원으로 강등하거나 과정을 4년 이상으로 연장할 것을 촉구했다. 거의 모든 다른 직업에는 5년에서 8년의 초기 훈련이 필요하다고 지적했다. 1933년 심스(Sims) 제독은 과감하게 방문위원회의 소수 보고서에서 아카데미를 전문 과목만을 위한 2년제 학교로 변경할 것을 권장했다. 웨스트포인트에서는 1920년에 영어 교육이 두 배로 늘어났고 1926년에 경제, 정부 및 역사과의 의장이 설립되었다. 루키우스 홀트(Lucius Holt) 대령과 헤르만 뷰케마(Herman Beukema) 대령의 지도 아래 사회 과학이 생도 교육에서 점점 더 중요한 역할을 하게 되었다. 그러나 아카데미는 미래의 장교에게 수학과 과학이 필수적인 것이라고 강조했다는 점에서 여전히 비판을 받았다.[8]

1916년 법은 전후 기간 동안 해군 장교 승진에 관한 기본 법률로 남아 있었다. 그것은 때때로 운영상의 약간의 변경이 필요한 어려움과 불만을 야기했지만 일반적으로 만족스럽게 운영되었다. 육군 진급제는 1920년 국방법에 의해 개정되어 군목과 의무병을 제외한 모든 장교를 단일 명단에 올려놓고 공석이 생기면 승진시키는 제도로 대령급까지 적용되었다. 진급 심사를 위해 만든 위원회에 의해 진급에 부적합하다고 판단된 장교는 특별 범주에 배치되고 제거되었는데 이러한 측면은 1899년에서 1916년 사이의 해군과 선발 제도와 유사하다. 일반 장교 계급으로의 승진은 선발에 의해 계속되었다. 육군이 직면한 기본적인 문제는 여전히 연공서열대 선발이라는 오래된 논쟁이었다. 1920년대 초에 국방 장관은 소수의 유능한 장교를 더 신속하게 승진할 수 있도록 연공서열을 보충할 것을 권고했다. 이것은 연공서열 제도의 공평성을 방해하거나 선발되지 않은 장교들의 신용을 떨어뜨리지 않으면서, 더 활기차고 야심 찬 장교에게 자신과 복무의 이익을 위해 자신을 차별화할 동기를 부여할 것이라고 주장했다. 이 계획은 실패했고 많은 사려 깊은 군인들은 여전히 평시에 어떤 하급 장교들이 전쟁 중에 좋은 상급 지휘관이 될지 예측하는 것이 불가능하고, 육군은 "상대적으로 적은 수의 뛰어난 인물들"보다는 장교단 전체의 일반적인 능력에 의존해야 했고, 그 선발은 항상 정치적 간섭의 위험을 안고 있었다. 육군 내 의견 분열로 인해 2차 세계 대전까지 연공서열 제도가 유지되었다.[9]

■ **조직**　　1915년 이후의 국방부와 해군성은 이론적으로나 실제로 서로 다른 민군 관계 체계를 가지고 있었다. 군대의 수직적 조직은 엘리후 루트(Elihu Root)의 신해밀턴주의 사상과 헌법 및 행정 필요성의 지배를 반영했다. 해군의 균형 잡힌 조직은 루스와 마한의 해군 전통주의적 견해와 지배적인 기능적 고려를 구현했다. 그 결과 육군 체계는 평시에는 화합과 능률을 얻었지만 전쟁의 임무에는 역부족

이었다. 반면에 해군 체계는 구성 요소들 사이에서 지속적인 불만과 마찰을 유발했지만 전시 작전의 실행 가능한 기반을 제공했다. 전쟁에서 민군간의 긴장이 고조되고 국방부 상급의 전문적인 책임이 더 커짐에 따라 육군은 전쟁에서 균형 잡힌 조직 형태로 이끌렸다. 반면에 조정 또는 수직적 조직에 유리한 정치적, 헌법적 압력은 해군이 평화롭게 균형 잡힌 체계를 유지하는 것을 어렵게 만들었다.

■ **육군 민군 관계**   1903년 참모법은 국방장관과 참모총장 사이에 이해관계를 형성했다. 장관과 국장을 대응한 사령관의 기존 정렬은 장관과 참모총장을 대응한 국장의 새로운 정렬로 대체되었다. 일부 장관들은 균형 잡힌 체계를 위해 몇 발짝 내디뎠지만, 기존 조직의 정신에 역행하여 수포로 돌아갔다. 참모총장을 장관 기구로 의존하는 것이 더 쉬웠다. 화합과 상호 신뢰는 19세기 국방부의 군사 및 정치 지도자 사이의 악감정을 대체했다. 참모총장은 장관을 아낌없이 칭찬했다. 장관은 마찬가지로 관대하게 대응했다.10) 루트의 법칙 이후 20년 동안 장관은 참모총장이 육군의 모든 부분에 대한 권한을 확장하는 데 일관되게 지원했다. 1912년 레너드 우드(Leonard Wood) 참모총장과 프레드 에인스워스(Fred Ainsworth) 부관 참모 사이의 "소집 명단" 논쟁에서 각각의 권한과 의무에 대해 스팀슨(Stimson) 장관은 우드를 지지했다. 에인스워스에 대한 의회의 지지에도 불구하고 부관 참모는 불복종으로 해고되었다. 스팀슨의 표현에 따르면 참모총장의 이러한 승리는 "그의 권력을 예전의 사령관들보다 훨씬 더 확장시켰다." 1916년의 국방법에서 의회가 참모를 약화시키려고 했을 때, 베이커(Baker) 장관은 그 법을 참모총장의 권위를 유지하도록 해석했다. 하버드(Harbord) 장군이 묘사한 바와 같이, 베이커의 결정은 "매우 광범위한 영향을 끼쳤다. 그것은 항상 전선과 보급 직원 사이의 고대 투쟁을 해결했다." 1918년 참모총장으로 임명된 마치(March) 장군도 국장과 장관 간의 직접 거래를 강력히 반대했으며 베이커 장관은 독립적으로 행동하고 장관 및 대통령과 직접 접촉하려는 퍼싱(Pershing) 장군의 노력에 맞서 국장의 패권을 옹호했다.11) 그러나 육군에 대한 참모총장의 권한을 확대함에 있어서 장관들은 그들의 실효적인 권위를 약화시켰다. 이론적으로 장관은 군사 지휘권을 행사했고 참모총장은 그의 고문에 불과했다. 실제로 참모총장은 그 체제의 지지자들도 알다시피 군대를 지휘하였다.12) 참모총장을 통하지 않고는 자신의 부

서와 거의 접촉을 하지 않는 장관은 명목상 우두머리가 되고 참모총장은 궁중 시장이 되는 경향이 있었다. 솔직한 순간에 장관들은 참모총장들에 대한 의존을 인정했다.13) 동시에 참모들의 광범위한 책임으로 인해 순전히 전문적인 군사적 관점을 초월하고 장관들의 타고난 성향에 접근하는 가톨릭적 견해를 채택해야 했다.

　　수직적 체계는 평화시 효과적인 문민통제를 어렵게 하는 반면, 전쟁에서는 효과적인 군사작전을 극도로 어렵게 만들었다. 주요 분쟁에서 일반 참모부가 확장된 모든 군사, 행정, 보급 및 조달 기능에 대한 통제를 유지하는 것은 불가능했다. 제1차 세계 대전에서 불라드(Bullard) 장군이 예상했던 대로 중앙집권적 참모 체제는 그냥 붕괴되었다.14) 1918년 전반부의 급격한 개편으로 조달 및 공급을 처리하기 위한 특별 구매, 저장 및 교통 부서가 만들어졌다. 이론적으로 참모부의 일부인 이 사단은 실제로 군수국장이라는 직함을 가진 차관보의 지시에 따라 주로 기능했다. 이론적으로는 수직적 체계를 고수했지만 실제로 부서의 운영은 사건의 압력이 요구하는 균형 체계에 거의 근접했다.• 전쟁이 끝난 후, 차관보 베네딕트 크로웰(Benedict Crowell)은 의회에 루스(Luce)와 마한(Mahan)의 언어로 자신의 주장을 주장하면서 부서를 위한 균형 잡힌 조직을 설립할 것을 강력하게 촉구했다. 1920년 국방법은 그의 권고를 부분적으로 따랐고, 참모부가 보급 문제에 대한 일부의 책임을 계속해서 지었지만 동시에 차관보에게 조달 및 산업 동원에 대한 감독을 부여했다. 이 계획은 수직적 체제과 균형 체제 간의 절충안이었다. 그러나 이후의 평화시에는 균형적 계획에 유리한 기능적 압력이 약화되고 수직적 체제를 지지하는 제도적 이해관계가 다시 지배적이었다. 차관보가 조

• 이론과 실제의 편차는 크로웰(Crowell) 차관보가 다음과 같이 설명했다.
"조직개편이 법을 준수해야 했기 때문에 구매, 저장, 교통과의 중앙 업무 부서인 부서에 군사적 지위를 부여해야 했다…
"이러한 필요성은 참모부에 … 실제로는 가지고 있지 않은 권력의 외양을 주었다. 도표에서 참모부 자체는 구매, 저장 및 교통 부서를 통해 분명히 순수한 군사 기능뿐만 아니라 국방부의 훌륭한 조달기관이 된 것으로 보였다. 그러나 이는 구매, 보관 및 교통 부서의 행위에 신뢰성을 부여하기 위한 형식일 뿐이었다. 사실, 다른 준비가 시행되고 있었다. 구매, 보관, 교통 부서는 차관보가 산업을 통제할 수 있는 기관으로 계획되었다. 그 후 국방 차관보는 국방부의 산업 책임자였다. 그러나 이러한 조치는 이후 법이 아니라 합의에 의한 것이었으므로 차관보의 행정 결정은 국방장관에서와 같이 구매·보관·교통부서로 내려갔다. 총참모부의 법적 채널. 따라서 겉모습에도 불구하고 참모부는 순전히 군사조직으로 남아 있었다. 참모총장은 국방장관의 군사고문이었고, 차관보는 국방장관의 산업고문이었다." Benedict Crowell and Robert F. Wilson, The Armies of Industry (New Haven, 2 vols., 1921), I, 10ff. 이 점에서 폴 Y. 하몬드(Paul Y. Hammond)의 "제1차 세계 대전 중 육군 보급 프로그램 행정에서의 민간의 역할"이라는 미공개 논문에서 많은 도움을 받았다.

달 계획에서 계속해서 중요한 역할을 하는 동안, 참모총장과 참모부는 군사 체제의 모든 요소에 대한 권한을 다시 주장했다.[15] 그러나 제2차 세계 대전의 훨씬 더 큰 사건은 참모총장과 참모부가 모든 일을 수행하는 것을 불가능하게 했다. 다시 말하지만, 맥나니(McNarney) 장군과 같은 육군 조직자들은 "전쟁을 위한 군대의 동원 및 준비"와 "야전 작전"이라는 국방부 책임의 이중적 성격을 강조하기 시작했다. 1942년 3월, 미국에게 전쟁의 가장 중요한 고비에서, 국방부 조직은 철저히 개편되어야 했다. 모든 조달 및 보급 기능은 브레혼 소모르벨(Brehon Somervell) 장군의 지휘와 로버트 패터슨(Robert Patterson) 차관의 감독하에 육군 부대에 주어졌다. 다시 말하지만, 제1차 세계 대전에서처럼 소머벨(Somervell)의 지휘권은 이론적으로 참모총장의 통제 하에 있었다. 그러나 실제로는 참모총장이 보급 문제에서 작은 역할을 했고 패터슨-소머벨(Patterson-Somervell) 팀은 거의 완전히 자율적으로 운영되었다. 반면 참모부의 "전략적 지시와 작전통제, 군사적 요건 결정, 내부 영역에 영향을 미치는 기본 정책 등을 제외한" 모든 책임이 없는 참모총장을 위한 진정한 참모부로 개편됐다. 한 국방부 위원회가 "전시 중 참모부의 활력소실"이라고 명명한 이 두 번째 예에도 불구하고, 1945년 육군은 수직 체제의 재도입으로 되돌아갔다.[16]

■ **해군 민군 관계**　　　육군과 달리 해군의 균형 잡힌 조직은 평화시에는 효과적인 문민통제와 전쟁에서는 효과적인 군사작전을 제공했다. 그러나 이러한 가치를 얻은 것은 장관, 해군참모총장, 국장들 사이의 끊임없는 언쟁과 마찰을 대가로 치러야 했다. 1915년 해군 전통주의적 견해가 법으로 제정되자 균형 체제는 해군 전열 장교들 사이에서 거의 모든 지지를 잃었다. 루스와 마한의 조직 이론은 전후 세대의 해군 장교들에게 잊혀졌다. 해군 의견은 해군참모총장의 권한을 국에 확장함으로써 수직적인 체계를 갖추는 것을 선호했다. 1915년부터 1945년까지의 해군조직의 역사는 한편으로는 해군참모총장과, 다른 한편으로는 장관과 국장들 사이의 끊임없는 투쟁의 역사이다. 한 명을 제외한 모든 해군참모총장은 그가 국에 대한 지시권을 가져야 한다고 믿었다.[•] 1921년 해군참모총장과 전열

• 1930-1933년 해군참모총장인 W. V. 프랫(W. V. Pratt) 제독은 예외로서 조정 조직을 원했다. 기존의 지국 체계에 만족한 프랫과 그의 추종자들은 지휘부와 행정부를 구분하기 위해 해군참모총장이 대통령에게 직접 접근할 수 있

장교들은 전쟁의 해군 기소를 조사하는 상원위원회에서 자신들의 입장을 주장했다. 1921년에 그들은 조직에 관한 부서 위원회에 해군참모총장이 이론적으로 그 부서에 대한 법적 권한을 가지고 있다고 말했다. 그에게 필요한 것은 이 권한을 구현하기 위한 관리기구였다. 1924년 해군참모총장은 국의 특정 활동에 대한 조정 권한을 부여받았을 때 부분적인 성공을 거두었다. 8년 후 이 권한 부여는 국에 명령을 내릴 권한이 포함되어 있지 않다고 선언한 대통령에 의해 무효화되었다. 그러나 해군참모총장은 의회에 계속해서 항소를 했고, 제2차 세계 대전 중에 킹 제독은 국방부를 수직적 체제로 재편하려고 했지만 대통령과 포레스탈(Forrestal) 차관의 단호한 반대에 의해 중단되었다.17)

1920년대와 1930년대에 걸쳐 장관들은 해군참모총장이 국에 대한 권한을 확대하려는 노력에 일관되게 싸웠다. 장관과 국장 간의 직접 거래에 대한 가장 다채로운 변론은 1920년 대니얼스(Daniels) 장관에 의해 이루어졌다. 가장 논리적인 변론은 1940년 에디슨(Edison) 장관에 의해 이루어졌다. 그는 "해군에는 두 가지 직업이 있다. 군인 직업이 있고 기술 또는 지원 직업이 있다." 이 둘 사이의 경쟁은 "논쟁을 해결하고 최종 결정을 내리는" 장관의 심판이 있다는 전제 하에 자연스럽다. 그러나 어떤 경우에도 한 직업이 다른 직업에 종속되어서는 안 된다. 이것은 전문적 역량과 분업의 한계를 위반하는 것이다.18) 1920년대와 1930년대에 대통령이 지지하는 장관의 견해가 일반적으로 우세했다. 때때로 참모총장의 방향으로, 다른 때에는 국의 방향으로 기울었다. 그러나 근본적인 균형은 유지되었다. 해군은 기본적으로 1차 세계 대전에 참전했던 조직과 동일한 조직을 가지고 2차 세계 대전에서 나왔다.• 국방부의 세 가지 요소 사이에 끊임없는 갈등이 있었지만 문민통제와 군사 전문성은 모두 극대화되었다. 1913년 마이어

어야 한다고 주장했다. 1930년대 말에 이르러 해군장관의 개인적 무능함, 국제적 긴장 고조, 해군에 대한 대통령의 관심이 결합되어 대통령과 해군참모총장 사이에 빈번한 접촉의 형태로 조정 패턴의 요소가 도입되었다. 미해군부(U.S. Navy Dept.), Naval Administration: Selected Documents on Navy Department Organization, 1915-1940, pp. V-13-V-14, VI-28-VI-31; U.S. Naval Institute Proceedings, LVIII (1932), 806, 1502-1503, LIII (1927), 275-277; Adm. William D. Leahy, I Was There (New York, 1950), p. 3.

• 제2차 세계 대전이 시작될 때 해군 참모 총장과 미국 함대 사령관의 두 직책을 통합하고 조달 및 자재 사무소를 창설한 킹(King) 제독에 의해 해군 조직이 바뀌었다. 전자의 변경은 해군의 군사적 측면에서의 권한과 기능을 재분배했고 후자는 보급 측면에서 재분배했다. 그러나 어떤 변화도 전문 지도부, 보급 조직 및 국방부의 정치적 방향 간의 민군 관계의 기본 패턴을 변경하지 않았다.

(Meyer) 장관이 자신의 사무실을 요세푸스 다니엘스(Josephus Daniels)에게 넘겼을 때 그는 책상을 가리키며 후임자에게 한 마디 조언을 했다. "권력은 여기에 있으며 여기에 남아 있어야 한다!"19) 제2차 세계 대전까지 해군 부서의 조직은 마이어의 말을 이행하기 위해 설계되었다. 이 시스템의 한 가지 결함인 조정과 통제의 도구인 장관실의 행정적 약점은 1940년 부서 개혁으로 수정되었다. 전열 장교들은 군무를 수행했고, 국은 해안 활동을 운영했으며, 장관들은 그들 위에 머물렀다. 군사적 요소와 민간적 요소 사이의 지속적인 마찰은 각각의 독특한 관점에서 생성된다. 전열 장교들은 루스와 마한의 세대에서 유래한 해군 직업의 특징적인 군사적 관점을 고수했다. 육군 참모총장의 폭넓은 접근 방식에 비해 해군참모총장은 민간 장관들과 지속적으로 대립하는 편협한 군인으로 보였다. 스팀슨(Stimson) 장관이 한 번 언급했듯이 제독들은 "해왕성은 신이고 마한은 그의 예언자이며 미해군은 유일하게 참된 교회"라는 "기이한 심리"에 휩싸였다.20) 그러나 시스템의 대가는 전쟁에 있었다. 평화시의 구조가 전시의 요구를 충족시켜야 한다는 마한과 칼훈의 조직 목표를 실현하려고, 넬슨(Nelson)의 표현에서 의하면 "항해의 명령은 전투의 명령이다." 미 해군은 민군 관계의 급격한 변화 없이 두 차례의 세계 대전을 겪었다.

미국 군인 윤리, 1920-1941

■ **충의**   전쟁 사이의 미군 직업의 근본적인 가치는 이전 기간 동안 발전된 것과 크게 변하지 않았다. 인간 본성에 대한 비호의적인 시각, 역사에서 배울 교훈, 전쟁과 갈등의 지속 가능성, 인간사에서 질서와 예속의 필요성, 이 모든 것이 계속 강조되었다. 전쟁 전과 비교하여 어조에서 가장 두드러진 변화는 군사적 덕목으로서 충성을 강조한 것이다. 전쟁 전 관점은 객관적 복종의 가치를, 전후에는 주관적 충성의 가치를 강조했다. 일상적인 복종만으로는 충분하지 않았다. 맥아더(MacArthur) 준장이 말했듯이 "객관적 규율을 주관적인 규율"로 대체하는 것이 필요했다. 해군의 경우 충성심은 "항상 필수 불가결한 요소"라고 심스(Sims)는 말했다. 충성심과 자주성이 생각 없는 복종보다 선호되어야 했다. 해군이 내세우

는 네 가지 가치인 미덕, 명예, 애국심, 종속은 모두 충성도의 기본 가치에 기초하고 수용되었다. 1920년대와 1930년대를 걸쳐 군사적 가치 위계에서 중심적인 위치에 대한 충성심에 필적할 만한 다른 덕목은 없었다. 그것의 중요한 역할은 거의 단조로운 방식으로 계속해서 강조되었다.[21]

충성에 대한 이러한 관심의 중요성은 두 가지이다. 첫째, 전쟁 이전부터 효율적인 군사조직의 특성에 대한 보다 정교한 이해의 발전을 나타냈다. 이전에는 생각 없이 복종하는 것, 즉 위로부터 내려오는 명령에 대한 단순한 응답이 핵심이었다. 그러나 이제 솔선수범하는 것이 바람직하다는 것을 인식하고 자주성은 충성을 통해 복종과 조화를 이루었다. 상급 지휘관은 일반적인 지시만 주어야 한다. 그리고 부하들은 이를 다양한 상황에 적용할 수 있는 기술과 충성을 가져야 한다. 자주성의 행사는 상사의 욕구를 충성스럽게 이해하고 반영해야 한다. 이러한 변화된 태도의 기저에는 장교들이 비슷하게 생각하게 되면서 주관적인 동일한 교리 체계를 고수하게 되었다는 느낌이 있었다. 응집력은 객관적인 구속을 대체할 것이다. 이러한 새로운 강조점은 서로의 전문적 능력에 대한 상호 신뢰를 반영했다. 또한 독일군에서 훈련 계획의 몰트킨 제도에 대한 보다 현실적인 평가가 있었다.

충성심에 대한 군사적 강조의 또 다른 의미는 그것이 군사적 가치와 민중적 가치 사이의 분리를 반영하는 정도였다. 최고의 미덕이 개인주의인 나라에서 충성심은 결코 높은 순위를 차지한 적이 없었는데, 이는 충성심이 자신 외의 또는 자신보다 위에 있는 목표나 기준에 대한 개인의 종속을 의미하기 때문이었다. 충성심은 또한 공동의 충성이 집단 존재의 기초이기 때문에 인간사의 집단적 측면에 대한 강조를 전제로 했다. 개인의 의무보다 개인의 권리를 찬양하고 개인의 사리사욕 추구에서 비롯되는 사회적 이익을 보는 미국의 경향은 충성에 대한 높은 가치와 양립할 수 없다. 충성심은 미국 도덕 철학에서 많은 관심을 받지 못했다. 이것에 대한 한 가지 중요한 논의는 조시아 로이스(Josiah Royce)의 〈충성의 철학(Philosophy of Loyalty)〉에 있었고 로이스 자신은 자신의 견해가 소수임을 인식했다. 그는 제임스(James)와 듀이(Dewey)의 실용주의를 공격할 수 있었지만 미국인들의 마음에 호소하는 데 있어서는 결코 그것과 경쟁할 수 없었다. 그리고 아마도 그들의 역사에서 미국인들이 1920년대의 평온한 시대와 1930년대의 실험

적 환경에서보다 충성심과 관련된 가치의 신드롬에 덜 기울어졌다고 느끼는 경
우는 거의 없었을 것이다. 그러나 로이스는 사람들에게 잊혀진 반면, 군대에서는
로이스를 기억했다. 〈충성의 철학〉은 이 주제에 관한 군사 문서에서 지속적으로
인용되고 언급되었다.

■ **정책**　　국제정치의 본질에 대한 군사적 해석과 외교정책에 대한 처방은
매우 정적이었다. 모든 국가는 "광범위한 추상적인 원칙이 아니라 자기 이익"에
의해 동기가 부여되었다고 주장했다. 이해관계가 상충되면 우선 외교로 갈등을
해결할 수도 있지만, 실패하면 무기밖에 없었다. 전쟁은 "정책의 연속"이었고 정
상적인 상황에서 예상할 수 있었다. 중재 조약, 국제 연맹, 국제법, 켈로그─브리
앙(Kellogg─Briand Pact), 군축 회의 등 어느 것도 평화를 보장할 수 없다. 전쟁을
지연시킬 수 있는 유일한 방법은 적절한 힘의 균형을 유지하는 것이었다. 국제정
치는 끊임없는 투쟁이었다. 전쟁과 평화를 나누는 뚜렷한 경계는 없다. 외교 정
책은 무력으로 그것을 지원하려는 국가의 의지와 능력만큼만 확장될 수 있다. 조
직화되지 않은 군사 자원보다 군사력이 바람직한 보험이었다. 행동은 적의 의도
에 대한 추정보다는 적의 능력에 따라 이루어져야 한다. 군인은 전쟁과 평화 문
제에 대해 근본적으로 자신을 보수적이라고 생각했다. 그는 군대가 투쟁을 조장
했다는 주장에 맞서 자신을 변호했다. 군대에 의한 전쟁의 미화는 실제로 이 기
간 동안 눈에 띄게 없었다. 1930년대의 위기에서 군대는 정치가에게 미국의 군
사적 약점을 경고하면서 조심스럽게 행동할 것을 촉구했다.[22]

이러한 1920년대와 1930년대 외교에 대한 군사적 관점은 1870년대와 1880
년대에 미국 장교들이 발전시킨 군사적 관점과 거의 다르지 않았다. 이러한 유사
성은 군사적 관점을 형성하는 결정적 영향이 세계 정치의 실제 상황이 아니라 군
대가 달성한 전문성의 수준임을 다시 한번 시사한다. 직업의 본질적인 특성에서
나오는 내적 원인, 즉 직업적 정당화의 내적 논리가 군인이 세상을 볼 때 무엇을
보느냐를 결정했다. 1930년에 국제정치를 보고 있던 장교는 그의 전임자가 1880
년에 가졌던 것과 근본적으로 똑같은 것을 보았다. 세상이 똑같기 때문이 아니라
군인은 똑같았기 때문이다. 미국의 군사적 관점의 끊임없는 성격은 미국의 군사
전문성의 지속적인 성격을 반영한다. 루덴도르프(Ludendorff)처럼 미국 장교가 전

문성에서 거리를 둔다면 독일군 지도자를 따라 국제 관계에 대한 폭넓은 다른 인식을 발전시켰을 것이다. 1880년대에 군사적 관점은 국제 관계에서 미국의 입장과 거의 관련이 없었다. 그러나 세월이 흐르면서 군사적 관점이 타당성과 적절성을 얻게 되었다. 1930년대까지 국제 정치에 대한 미국의 점진적인 개입으로 인해 미국 대외 관계의 영역은 군대가 항상 그렸던 이미지와 비슷해졌다.

군사적 시각과 국제적 현실 사이의 간극은 좁혀진 반면, 군사적 관점과 지배적인 민간 여론의 간극은 넓어졌다. 여기서도 동적 요소는 비군사적 요소였다. 1880년대에는 군사적 관점과 민간인 관점이 크게 분리되어 있었다. 세기의 전환기에 신해밀턴주의는 둘 사이에 일종의 다리를 건설했다. 제1차 세계 대전 후 신해밀턴주의의 타협이 무너지면서 군사적 사고와 민간인 사고 사이의 간극이 다시 벌어졌다. 권력 정치에 대한 신해밀턴주의의 매혹은 자유주의적 고립주의나 자유주의적 국제주의로 대체되었다. 둘 다 국제 관계에 대한 군사적 사고와는 거리가 멀었다. 국제 문제에 대한 미국 민간인의 관심은 제1차 세계 대전 이전의 평화 운동에 기원을 두고 있으며 전후에는 국제 조직, 국제법, 그리고 연맹 관련의 복잡한 과정에 초점을 맞췄다. 그것은 실질적인 것보다 형태의 승리를 반영했다. 그것은 국가들 사이의 이해의 조화를 가정했다. 그 접근의 기초가 되는 분석 모델은 "영구적인 평화를 특징으로 하는 세계 연방"이었다.23) 계속되는 투쟁에 벌이고 있는 독립국가의 군사 모델 사이에 이보다 더 뚜렷한 대조는 없을 것이다. 1930년대가 끝나갈 무렵, 민간인들의 사고는 더 큰 현실주의 방향으로 움직이기 시작했다. 국익과 무력의 역할에 대한 새로운 인식은 얼(Earle), 스파이크만(Spykman), 울퍼스(Wolfers) 및 슈만(Schman)의 작업에서 명백해졌다. 그들은 제1차 세계 대전 이후 사상을 특징짓는 국제 문제에 대해 민간인이 처음으로 군사적 접근을 채택한 사례이지만 이것은 두 전쟁 사이의 민간인 시각에서 사소한 흐름이었다. 지배적인 철학은 철저히 비군사적이었고, 군부는 외교 정책에 대한 미국적 사고의 부당한 이상주의, 평화주의, 이타주의에 대해 끊임없이 불평하면서 이에 대해 날카롭게 반발했다.24)

■ **정부**   정부와의 관계에 대한 장교단의 관점은 19세기 후반의 전문적인 관점을 지속하고 강화시켰다. 클라우제비츠의 고전적인 교리는 육군뿐만 아니라

해군에서도 표준 복음서가 되었다. 독일의 이론가는 해군 장교들에게 "전쟁의 대가"로 환호를 받았다. 그는 해군 전쟁 대학(Naval War College)의 학생 주제에 너무 자주 등장하여 속기사들이 인용 부호를 제공할 수 있다고 믿었다고 한다.•
미 육해군 장교들은 전형적으로 군대를 정부의 "수단"이라고 불렀고, 국가정책이 군사정책을 결정한다는 말을 되풀이했다. 전쟁은 정책의 목표에 따라 제한되거나 무제한일 수 있다. 그러나 군대를 지도하기 위해 "명확하고 간결하며 모호하지 않은 국가 정책 선언"을 만드는 것이 정치가의 의무였다. 군대는 정책 공백 상태에서 작동할 수 없다. 이 정책 지침을 제공하기 위해 장교들은 영국 제국 국방위원회와 주요 외국의 유사한 기관을 모델로 한 국방위원회 창설을 계속 요구했다.[25] 이전과 마찬가지로, 이 제안은 행정부에서 명확한 정책 성명을 확보할 뿐만 아니라 행정부와 입법부 사이의 지속적으로 조마조마한 격차를 해소하는 방법으로 자주 진전되었다.

정통적인 군사 방식에서 정치에 군대가 종속되는 결과는 각자의 영역 내에서 각각의 독립으로 간주되었다. 정치와 군사의 경계는 거듭 강조되어 왔고, 날카롭고 명확하여 유지되어야만 했다. 1936년 육군참모학교 간행물에서 "정치와 전략은 근본적으로 별개의 것이다. 전략은 정치가 끝나는 곳에서 시작된다. 군인들이 요구하는 것은 일단 정책이 정착되면 전략과 지휘는 정치와 분리된 영역에 있는 것으로 봐야 한다는 것이다… 정치와 전략, 공급과 작전 사이에 경계선을 그어야 한다. 이 경계선을 찾으면 모든 측이 다른 측에 관여를 삼가야 한다."[26]
이러한 정치가와 전략 사이의 분리를 유지하는 것은 군사적 관점에서 볼 때 정치인들이 군대의 자주적 영역을 침범하려는 경향에 의해 위협을 받았다. 특히 인기 있는 정부에서 장교들은 경고를 받기를 민간 정치 지도자들은 다음 선거를 염두에 두고 작전 수행을 방해할 수도 있다고 경고했다. 돈을 절약하고 빠른 승리를 거두고자 하는 열망은 끊임없는 유혹이었다. 정치가와 군인의 갈등은 계속될 것이고, 결국 군인은 이것을 삶의 난관으로 받아들여야만 한다. 전반적으로 이 기

• 1920대 초반의 보병 학교 권장 독서 목록은 독일 학교 전체에서 4개의 "고전 작품"을 제안했다. 〈전쟁에 관해서(On War)〉; 폰 카메러(von Caemmerer)의 〈19세기 전략 과학의 발전(The Development of Strategical Science During the Nineteenth Century)〉; 그리고 폰 데어 골츠(von der Goltz)의 〈전쟁 실행(Conduct of War)과 〈무장국가(Nation in Arms)〉.

간 동안의 문민통제에 대한 군사적 관점은 일반적으로 이 주제에 대한 민간 저술에서 볼 수 없는 매우 정교한 분석을 구현했다.

엄밀한 군사 작전에 관한 한 정부 내에서 군의 역할은 분명했지만, 전쟁의 범위가 확대되면서 한계에 대한 다른 문제가 제기되어 쉽게 대답할 수 없었다. 전쟁이 총체적으로 진행됨에 따라 일반적인 군사적 인식의 범위를 훨씬 넘어선 경제적, 정치적, 심리적 요인이 수반되었다. 전통적으로 군인은 전쟁을 자신의 독특한 전문 분야로 정의했다. 그러나 이제 전쟁의 수행에는 분명히 다른 많은 전문 분야가 포함되었다. 군인은 현대 전쟁의 모든 면을 포괄하려 했는가, 아니면 전쟁의 군사적 측면에만 관심을 기울였는가? 이론상으로는 후자가 정답이었고, 대부분의 군인들은 이것을 인지했다. 군인은 물론 전쟁의 군사적 구성요소와 다른 구성요소의 관계에 관심을 가져야 했지만 다른 구성요소에 대한 책임을 질 수는 없었다. 이 이론을 추구하기 위해 장교는 육군공업대학에서 조달과 경제동원을 연구할 수도 있겠지만, 이는 그에게 경제동원을 지시하는 권한을 부여하는 것과는 다른 것이었다. 이러한 태도를 반영한 미국의 군사 저술은 계속해서 거의 전적으로 기술적인 군사 문제에 초점을 맞추었다.[27] 그럼에도 불구하고 이러한 성향은 1920년대와 1930년대에 존재했다. 이것은 주로 정부의 민간 부문에서 전쟁의 비군사적 측면에 대한 관심이 부족하고 이러한 기능을 수행할 수 있는 민간 기관이 없기 때문이었다. 그 결과 국방부가 동원계획 업무를 맡게 되었다. 민간인들은 군 기관에 민간 전쟁 기능을 부과했다. 그런 의미에서 1930년대 국방부의 전국동원계획은 제2차 세계 대전 중과 그 이후에 일어나게 될 대규모 민간인 직무포기의 전조였다.

■ **사회**　　1920년대 초반 이후의 군사 통신의 내용과 취지는 자유주의 사회의 적대감이 군대에 강요한 고립을 반영했다. 군사적 가치에 대한 새로운 강조가 있었고, 군사적 가치와 미국 사회에 만연한 가치 사이의 괴리에 대한 새로운 인식이 있었다. 1927년 육군 참모총장은 군인 정신과 규율의 핵심 요소가 무시되어 왔다고 주장했다. 그는 육군들은 "장교나 군인이 되는 것에 대한 자부심"이 있어야 한다고 선언했다. 군대가 존재하기 위해서는 규율과 사기가 필요했다. 군 복무의 군사적 목적은 항상 가장 우선시 되어야 한다. 다른 장교는 "기술적이고

상업적인 철학은 전투 가치가 있는 군대에서 최고가 될 수 없다"고 주장했다. 1936년 한 작가는 군대 윤리와 민간 윤리가 근본적으로 양립할 수 없다고 선언했다.

> 남자가 완전히 군인으로 생활하는 것에 만족하지 못한다면 군대에서 물러나야 한다. 준민간 체제를 중첩하는 것은 군사 의식을 감소시킬 것이며 용인되어서는 안 된다. 군인과 민간인은 사회의 다른 계급에 속한다. 군인의 코드는 민간인의 코드와 같을 수 없다. 왜 그것들을 섞으려 하는가?

장교들은 여전히 시민군에 대한 군지휘의 문제를 의식하고 있었지만, 시민군과 정규군 모두에게 적용 가능한 하나의 이론을 발전시키려는 대신 시민군은 정규군과 다른 종류의 대우가 필요하다는 것을 인식하게 되었다. 미국 민간인은 "왕의 특권을 질투하는 주권자"였으며 독립 선언은 그의 "개인적이고 일상적인 신조"였다. 결과적으로 정규군에서는 전통적인 유형의 군사 규율이 적용되는 반면, 비상시에 소집되는 대규모 군대에는 열의와 애국심을 활용한 다른 유형의 군사 규율이 필요했다.[28]

전쟁 전 군생활의 도덕적 우월감이 변형된 형태로 다시 나타났다. 이전에는 군대의 가치가 상업 문명의 가치와 대조되었다면, 지금은 군대의 가치는 1920년대와 1930년대에 미국의 가치가 결여된 것과 대조된다. 미국은 도덕적 닻을 버리고 실용주의와 상대주의의 혼란스러운 바다로 과감히 모험을 떠나는 나라로 여겨졌다. 그 시대는 "젊음, 도전, 자기 표현, 회의주의의 시대 – 새롭고 더 큰 자유의 시대"였다. 미국은 평등과 민주주의의 사상을 극단적으로 몰고간 결과로 "교활한 교리", 방만한 생활, "관능적인 공개", 범죄와 소탕에 휩싸이고 있었다. 평화주의는 "정치적 고양, 느슨한 사고, 언론의 자유"의 자연스러운 부산물에 불과했다. 현대인은 인간을 상당히 높은 유형의 동물과 다른 것이 없다고 보는 과학적 실용주의에 뿌리를 둔 "잔인한 시대"와 "유물론적 문화"의 산물이라고 탄식한 장교가 1939년 현대 현장에 대한 암울한 군사적 시각을 잘 표현했다. 쾌락주의는 너무 많고 이상주의와 종교는 너무 적었다. 현대 전쟁의 공포는 "치명적인 도구"를 생산한 과학과 인간을 인간과 대립시키는 이데올로기를 생산한 철학의 결과였다.[29]

그들의 사회와의 관계에 대한 변화하는 군사적 해석은 교육에 대한 그들의 변화된 태도에서 잘 표현되었다. 1920년대 초에 그들은 소규모 볼셰비키와 다른 급진주의자들이 미국 학교와 대학에 침투하고 있다고 경고했다. 이제 그들은 위험이 훨씬 더 깊고 만연해 있음을 보았다. 미국 교육은 과학적 분석과 연구만을 강조하고 오래된 믿음과 이상을 거부하는 "학문적 자유주의" 철학에 의해 지배되었다. 학생은 자연주의와 사실주의에 휩싸였다. 도덕적 가치를 박탈당한 대학 신입생은 "신이 없는 철학, 행동주의적 심리학, 감각적인 글래드스톤(Gladstones)과 술에 취한 워싱턴의 역사, 음탕한 헬렌스와 까부는 갤러해드(Galahads)로 맛을 낸 문학에 필사적으로 뛰어들었다." 존 듀이(John Dewey)와 그의 추종자들의 "부적절하고""무가치한" 철학이 공립학교를 압도하고 "다른 미국인"을 양산하고 있다고 경고했다. 교장들은 일반적으로 두뇌나 뛰어남이 없었고 그들 스스로도 지도가 필요했다. 문과대학과 사관학교의 차이는 '기회제도'와 '의무제도'의 차이다. 아나폴리스의 보수주의는 민간 학교의 "급진주의와 유행"과 호의적으로 대조되었다. 군인 학생은 이즘을 필요로 하지 않았으며 극소수만이 니체, 멘켄, 러셀 또는 스펭글러를 읽었다.30)

1920년대의 비즈니스 자유주의와 1930년대의 개혁적 자유주의 모두로부터 군인의 소외에 대한 최종 요약은 미국이 제2차 세계 대전 참전을 할때 보병 저널의 편집자에 의해 "미국의 직업 군인(The American Professional Soldier)"에 대한 사후 에세이에서 훌륭하고 통렬하게 표현되었다.31) 어떤 의미에서, 이 기사는 단순히 인간의 본성은 변하지 않고, 장치가 전쟁을 막지 않고 군인이 전쟁을 일으키지 않고, 힘만이 안보의 유일한 원천이라는 전문적인 군사관을 웅변적으로 재창조했다. 그러나 이를 넘어 현대 군인과 현대 지식인 사이의 적대감을 첨예하게 드러냈다. 지식인은 군대를 전쟁과 연관시키고 전쟁이 인간 지성의 힘에 대한 안타까운 반영이기 때문에 그들을 미워했다. 군인의 위대한 덕목인 정직, 의무, 신념은 "그는 완전히 현대 지식인이 될 자격을 상실했다." 학자, 작가, 자유주의자의 세계는 직업 군인을 경멸할 수밖에 없었다.

따라서 미국 사람들 중 명확하게 표현할 수 있는 언어, 아이디어, 생각에 종사하는 미국인들은 주로 군대에 대한 혐오감을 갖는데서 비슷했다. 이상하지 않는가? 작가, 연사, 이상주의자, 과학자, 종교가, 철학자, 사이비 철학자로 구성된 이 이질적인 목록이 우리 인구의 거의 모든 목소리를 내는 부분에 공통적으로 하나의 강력한 감정을 가지고 있다는 것이다. 그들은 직업군인을 싫어했다.

번스(Bums) 소령은 자신의 직업이 소용없는 "이른바 과학 문명", 그것을 무시하는 사회학자, 그것을 조롱하는 지식인, 그리고 그것을 공격한 〈국가(Nation)〉와 〈신공화국(New Republic)〉의 "훌륭한 정신"에 대해 그의 직업의 쓰라림을 쏟아 부었다. 75년 동안 축적된 분노와 좌절이 이 기사에서 뿜어져 나왔다. 그것은 제2차 세계 대전이 영원히 종식될 오래된 민군 관계 시스템에 대한 적절한 비문이었다.

제3부

미 민군 관계의 위기,
1940-1955

제12장
제2차 세계 대전: 권력의 연금술

전면전에서의 민군 관계

제2차 세계 대전은 미국의 민군 관계에 새로운 시대를 열었다. 몇 년 사이에 군대의 권력과 태도에 있어서 주목할 만한 혁명이 일어났다. 새로운 양상은 전쟁 중에 극도로 발전했다. 그러나 1870년대 이후 유행했던 양상과 구별되는 그 근본적인 요소는 1945년 이후에도 지속되었다. 문제는 추축국(Axis)에 대항하는 전쟁에 미국이 참여함으로써 회복할 수 없을 정도로 산산이 부서진 구 체제를 대체하기 위해 문민통제와 군사 전문성의 새로운 균형을 구축하는 것이었다.

제2차 세계 대전에서 미국의 민간 군사 관계의 세 가지 주요 측면은 약간의 단순화로 단도직입적으로 기술될 수 있다.

첫째, 정책과 전략의 주요 결정에 관한 한, 군대가 전쟁을 진행했다.

둘째, 이 정책과 전략 분야에서 군대는 미국 국민과 미국 정치가가 원하는 대로 전쟁을 진행했다.

셋째, 국내에서는 경제 동원에 대한 통제를 군과 민간 기관이 공유했다.

전문적인 군사 지도자의 힘은 제2차 세계 대전에서 전례 없는 수준에 이르렀다. 그러나 그들은 군사적 관점을 희생하고 국가적 가치를 수용함으로써 이러한 정상 회담을 확장했다. 군사 지도자들은 자유주의적인 환경과 섞였고, 그들은 이질적이고 냉담한 성격을 잃고 국가 목적의 최고의 구현체로 등장했다. 권력의 미묘한 연금술은 그들의 관점과 정책에 놀라운 변화를 가져왔다. 그러나 이는 정부의 공백을 메우기 위해 군부가 쉽게 개입하는 대외정책과 대전략에 있어서만 사실이었다. 반면 국내 전선에서는 경제동원에 대한 민간 통제가 원래 결정하는 것이고, 강력한 민간 이익단체들이 군부에 맞섰다. 군대가 영향력의 범위를 넓혔지만 국제적 측면에서와 같은 패권을 확립할 수는 없었다. 따라서 그들은 외교정책에서 했던 것처럼 경제동원에 대한 폭이 넓은 관점을 발전시키지 못했다. 그들은 더 좁게는 군사적 이익과 군사적 관점을 대변하는 대변인으로 남았다. 그 결과 군대가 민간 목표를 채택함에 따라 목적과 정책의 놀라운 조화가 국제 전선에서 우세했다. 반면 국내 전선은 상반된 이해관계를 추구하기 위해 민군 기관이 충돌하면서 끊임없는 갈등과 신랄함, 관료내분의 현장이었다. 대전략에서 군대는 광범위한 책임을 지고 새로운 권력을 행사했다. 그러나 국내 현장에서 그들은 경제에 대한 군사적 통제를 요구하고 투쟁했는데, 그들은 절대 그것을 얻을 수 없다는 사실을 알고 적정하게 안전했기 때문이었다. 헐(Hull)과 넬슨(Nelson)의 차이점은 마샬(Marshall)과 소모벨(Somervell)의 차이를 상당 부분을 설명해 주었다.

제2차 세계 대전의 미국 민군 관계는 어떤 면에서는 제1차 세계 대전의 독일과 유사했다. 1913년 이전의 독일 장교 군단과 마찬가지로 1939년 이전의 미국 장교단도 고도로 전문화되었지만, 훨씬 더 작고 민간인 생활의 중심에서 멀리 떨어져 있었다. 그러나 그에 상응하여 민간 통제의 제도적 장치는 훨씬 약했다. 전쟁이 일어났을 때 미군은 권력을 추구하지 않았다. 마샬(Marshall)은 루덴도르프(Ludendorff)가 아니었다. 대신에 불가피하게 권력이 그들에게 주어졌다. 그들에게는 그것을 받아들일 수밖에 없었고, 그와 함께 그것이 부여된 암묵적인 조건도 주어졌다. 독일 참모부가 독일 민족주의의 대리인이 된 것처럼 그들은 미국 자유주의의 대리인이 되었다. 그러나 국내적으로는 그들의 통제은 힌덴베르크(Hindenberg), 루덴도르프(Ludendorff), 그로너(Gröner)에 근접한 적이 없었다. 독일의 문민통제의 붕괴와 군사 전문성의 약화는 독일이 전쟁에서 패배하는 데 기여했다. 미국에서의 유사한 상황들은 미국이 평화를 잃는 데 기여했다. 양국에서 전후 기간은 민군 관계의 실행 가능한 균형을 재구축하려는 시도가 부분적으로만 성공한 것으로 표시된다.

군사적 권위와 대전략의 영향력

■ **군사력의 기초**   군 지도자들의 전시권력은 전쟁과 군대에 대한 미국의 자유주의적 태도에 뿌리를 두고 있다. 전쟁은 평화와 분명하게 구별되었다. 나라가 전쟁을 하면 전쟁을 전문적으로 하는 자들에게 전쟁의 방향을 넘기며 전폭적으로 나아갔다. 완전한 승리라는 국가적 목표는 다른 모든 것을 대체했다. 군대는 국가 의지의 집행자가 되었고, 기술자들은 기본 정책 결정을 이행하기 위해 소집되었다. 미국의 관점에서 그들의 기능은 전쟁과 평화 속에서 국가의 군사적 안보를 제공하는 것이 아니라 단순히 전쟁에서 승리하는 것이었다. 미국 국민과 미국 정치가는 만장일치로 루덴도르프(Ludendorff) 철학을 고수했다. 헐(Hull)은 진주만 며칠 전에 스팀슨(Stimson)에 "내가 손을 씻었다"며 "그리고 그것은 이제 당신과 육군과 해군의 손에 달려 있다"라고 말했다. 그의 말은 민부의 퇴위를 상징했다. 스팀슨은 자신의 전시 의무가 "자신의 장군을 지원하고 보호하며 방어하는 것"이라고 선언했다. 대표적인 한 의원은 다음과 같이 말하면서 의회의 묵인을 표명했다.

> 나는 이 쇼를 운영하는 사람들인 국방부 참모부의 말을 듣고 있다. 그들이 이것이 이 전쟁의 성공적인 진행과 궁극적인 승리를 위해 필요한 것이라고 말한다면 나는 찬성한다. 그 규모에 따라 나에게 큰 충격을 주든 말든 나는 여전히 그것에 찬성한다.[1]

전시 군사 지도부의 중심은 고위 장교들의 공동 조직이었다. 1942년 2월 이전에는 각 군부대에서 4명의 고위 장교로 구성된 합동 이사회가 있었다. 이사회는 1903년에 설립되었지만 대부분의 역사 동안 그 임무는 미미했다. 그러나 1939년부터 육해군 레인보우 연합 전쟁 계획을 준비하는 데 점점 더 중요한 역할을 했다. 그 영향력과 기능은 빠르게 확장되었다. 1941년 12월부터 1942년 1월까지 있었던 아카디아 회의인 진주만 이후 열린 첫 영미 회담에서 군사적 긴급상황을 위해 동남아시아에 미국, 영국, 네덜란드 및 호주 군대를 위한 합동 전투지역 사령부를 구성해야 한다는 것이 분명했다. 전투지역 지휘관은 누군가에게 보고해야 했다. 이에 따라 미국 참모총장과 영국 참모위원회 대표로 구성된 연합참모총장회의가 워싱턴에 설립되었다. 미국의 관점을 조정하고 단일 목소리를 내는 영국 대표자들에게 일종의 통일 전선을 제시하기 위해 미국 참모총장은 스스로를 합동참모본부로 조직했다. 이 기관은 이전 합동 이사회를 대체했다. 그것은 육군 참모총장, 육군 공군 사령관, 해군 작전 사령관, 그리고 1942년 6월 이후에는 최고 사령관의 참모총장으로 리히(Leahy) 제독으로 구성되었다. 그 구성원들은 합동참모본부에서 미군 부대로 참여하고 미군의 해외 작전을 위한 지휘 및 계획의 공동기관으로 역할을 하는 이중 기능을 가졌다.

1939년 합동 이사회의 확장과 1942년 합동참모부의 설립은 모두 순전히 군사적 필요, 즉 합동 및 연합 계획 및 지휘의 필요성을 반영했다. 이론상으로 합동이사회와 합동참모부는 정부에 대한 전문적인 군사 자문과 군에 대한 전문적인 지휘의 최고 기관이어야 했다. 기능적 군사적 요구에 대응하여 만들어졌지만 두 기관은 조직적, 정치적 영향으로 인해 정치 및 군사 기관으로 운영되었다. 합동참모부는 대통령에 이어 순전히 전문적인 조직의 차원을 훨씬 뛰어넘는 활동의 수준과 범위, 전쟁의 전반적인 수행에서 가장 중요한 단일 세력이 되었다. 그 결과 합동참모부는 단순한 군사조직으로서의 기능을 경험하지 못한 채 종전을 맞았다. 4년 간의 전쟁은 그들에게 정치적 전통과 역할을 부여했다.

■ **합동참모부와 대통령**　　대통령과 합동참모부의 긴밀한 관계는 공식적인 법적 지위와 비공식적인 개인적 관계 모두에 달려 있다. 1939년 이전에는 군 참모들이 집합적으로 대통령에게 직접 접근할 수 있는 법적 권리가 없었다. 합동이사회는 두 군무장관의 합의에 의해 설립된 부처간 위원회에 불과했다. 모든 행동은 장관의 승인을 받아야 했다. 그러나 1939년 7월 5일 대통령은 합동이사회와 육해군 합동 군수위원회가 자신의 직속으로 육해군 총사령관으로 기능하도록 명령했다. 이 조치는 집단적 군사기관을 부서 통제 영역이 밖에 놓았다. 합동참모부가 합동이사회를 대신할 때 그들도 대통령 직속 군사 고문으로 활동했다. 합동참모부는 1947년까지 마샬 장군과 킹 제독 간의 서신 교환보다 더 확고한 법적 근거를 가진 적이 없었지만 대통령에 대한 그의 위치에 대해서는 의심의 여지가 없었다. 또한 킹과 마샬은 각각 군부대 사령관으로서의 개별 자격으로 각자의 군부대의 전략, 전술 및 운영과 관련된 문제에 대해 대통령과 직접 처리할 수 있는 권한이 있었다.[2]

합동참모부의 공식적 위치는 대통령과의 개인적인 관계로 인해 강화되었다. 루즈벨트는 자신을 최고의 전략가로 보았고 최고사령관이라는 직함을 즐겼다. 그는 군대 지도자들과 어울리기를 좋아했고, 그들과 동등한 조건으로 협치를 할 수 있다고 생각하기를 좋아했다. 리히와 루즈벨트는 제1차 세계 대전 당시 후자가 해군 차관보였을 때, 그리고 전자가 해군 작전 사령관이었을 때 1930대 후반의 오랜 동료였다. 1942년 7월 총사령관의 참모총장으로 임명된 후, 리히는 아마도 해리 홉킨스(Harry Hopkins)를 제외한 다른 어떤 개인보다 전쟁 수행에 있어 대통령과 더 밀접하고 지속적으로 연결되었을 것이다. 최소한 그는 대통령과 매일 회의를 했고, 물론 그는 대통령과 다른 합동참모들과의 주요 연락 담당자였다. 마샬 장군은 1939년 자신을 참모총장으로 임명할 것을 추천한 홉킨스에 의해 처음으로 루즈벨트의 관심을 끌었다. 그 후 3년 동안 홉킨스는 백악관과 마샬의 주요 연락 담당자였다. 진주만 공습 이후, 마샬은 루즈벨트의 완전한 신뢰를 얻었고 1943년에는 그들 사이에 중재자가 필요하지 않았다.3)

■ **민간인 조언의 배제**　　대통령에게 직접 접근할 수 있다는 단순한 사실만으로는 전쟁 수행에 있어 합동참모총장의 권한을 설명할 수 없었다. 그들의 권력은 오히려 자신들의 직접 접근에 민간 조언이 배제된 산물이었다. 전쟁 중에 최고 지휘자는 반드시 그의 군사 고문들과 직접 대해야 한다. 군사적 문제가 중요해질수록 의사결정의 수준이 높아지고, 정부 수반은 군사적 문제에 더 많은 시간을 할애하게 된다. 그러나 문민통제가 유지되려면 어떤 수준의 결정이 내려지든 군사적 관점과 관련 정치적 관점 사이에 균형이 있어야 한다. 대통령 차원의 균형은 정치군사적 평의회나 국무장관, 전쟁장관, 해군장관, 경제동원장, 군수 등을 포함한 참모진을 통해 이뤄질 수 있었다. 두 전쟁 모두에서 영국 수상은 국방부 내각과 그 사무국에 그러한 도구를 가지고 있었다. 그러나 전쟁과 군대에 대한 미국의 태도는 루즈벨트가 자신의 정책권을 축소시키는 모든 장치에 반대한 것과 결부되어 그러한 기관의 설립을 방해했다. 진주만 이후 전쟁위원회로 발전했을 것으로 추정되는 각각의 위원회들은 덩굴에서 시들었다.• 민간인들은 대전략

• 전쟁 직전에 1) 국무차관, 육군참모총장, 해군참모총장으로 구성된 상임연락위원회, 2) 국무장관, 국방장관, 해군장관으로 구성된 "3인 위원회," 그리고 3) 똑같은 세 장관과 참모총장과 해군참모총장으로 구성된 전쟁평의회 등

에 대한 고려를 중단했다. 아이러니하게도 평소 자신의 권위를 극대화하기 위해 부하들을 능숙하게 상대했던 루즈벨트는 일련의 참모들이 자신의 가장 중요한 결정들을 선점하도록 허용했다. 그의 평소 패턴에서 벗어난 이 이상한 이탈은 자신감, 그의 참모들에 대한 자신감, 그리고 전쟁의 성격과 전쟁이 수행되어야 하는 방식에 대한 미국의 지배적인 생각이 대통령의 생각에 있음을 반영했다. 그 결과 민군 전쟁협의회의 틀 안에서 자문을 하는 대신 합참의장이 직접 그 자리를 대신하게 되었다.

세번째 루즈벨트의 정부 내내 국방장관과 해군장관은 대전략 문제에서 제외되었다. 1940년 루즈벨트가 스팀슨(Stimson)과 녹스(Knox)를 선택한 것은 의심할 여지 없이 루즈벨트 자신이 군부대를 직접 지휘할 것이며 두 명의 연로한 공화당원이 행정적으로 수동적이고 정치적으로 중립화되는 경향이 있다는 느낌에서 부분적으로 동기가 되었다. 장관들은 대통령과 합동참모총장을 만나지 않았다. 그들은 한두 가지 예외를 제외하고는 전시 연합 회의에 참석하지 않았다. 그들은 합참 문서의 일상적인 배포 목록에 포함되지 않았다. 이들은 군과 민간기관 간의 접촉에서 배제되는 경향이 있었는데, 민간기관은 군사적 관점의 단일 통일 대변인으로서 합동참모본부와 거래하는 것을 선호했기 때문이었다. 때때로 장관들과 구체적인 사항에 대해 협의를 하긴 했지만 그들은 여전히 "군사 전략 문제에 대한 공식적인 책임은 없다"고 말했다.[4] 조달 및 물류조차 주로 패터슨(Patterson) 차관과 포레스탈(Forrestal) 차관이 담당했다. 군부대 장관들은 두 가지 기능을 수행했다. 부서 내에서 그들은 행정, 시설관리, 더 좁게는 민간 문제들을 관리했다. 외부적으로는 대통령, 의회, 대중 앞에서 자신들의 군부대의 이익을 옹호했다.

국무부는 정치적, 개인적, 조직적 이유로 전쟁의 방향에 작은 역할을 했다. 이념적으로 국무부는 전쟁이나 전후의 문제를 처리하는 데 특히 부적절했다. 1930년대에 국방부는 라틴아메리카 문제(좋은 이웃 정책)와 경제적 문제(호혜 무역협정 프로그램)에 집중했다. 전쟁 중에 국무부는 그 기능이 외교이며 외교는 무력과 구별

3개 기관이 존재했다. 연락위원회와 전쟁평의회는 전쟁 중 활동이 중단되었고, 대전략 결정에서 배제된 "3인 위원회"의 역할은 미미했다. 1944년 12월이 되어서야 차관보로 구성된 국무-국방-해군 조정위원회가 최초의 성공적인 정치-군사 기구가 되었다. 초기에는 항복 조건과 점령 정책에 관여했던 국무-국방-해군 조정위원회는 국가안전보장회의(NSC)의 직계 조상이었다.

된다고 계속 믿었다. 그 결과, 중립국 및 소수 동맹국과의 관계와 유엔기구를 위한 계획 개발에 전념했다. 헐(Hull) 장관과 웰스(Welles) 차관 사이의 격렬한 적대감도 국무부를 약화시켰다. 대통령은 헐이 1943년 웰스의 사임을 요구할 때까지 서로를 겨루게 하는 경향이 있었다. 그러나 루즈벨트는 내내 헐이 전쟁의 주요 결정에 참여하는 것을 원하지 않았다.● 그의 후계자인 스테티니우스(Stettinius)와 번스(Byrnes)와 달리 헐은 주요 전시 회의에 참석하지 않았다. 전쟁 중 국무부 조직도 목적과 역할의 혼란에 시달렸다. 스테티니우스는 1943년 차관으로 임명된 후 부서를 재편하려고 시도했지만 그다지 성공적이지 못했다. 국무부의 지엽적 역할을 상징하는 것은 클레이(Clay) 장군이 1945년 독일에서 군총독이 되기 위해 떠나기 전에 대통령, 스팀슨, 맥클로이, 번스, 마셜 및 서머벨 등과 상의했지만 국무부를 방문한 적이 없다는 사실이었다. 그가 나중에 말했듯이, 이것이 현명한 일이 될 수 있다는 생각은 그에게 전혀 들지 않았다.5)

대통령에게 자문을 제공하는 합참의장들의 탁월함은 루즈벨트가 그들의 권고를 거부하지 않은 빈도에 반영되었다. 분명히 이것은 분쟁 과정에서 단 두 번 발생했다. 1942년 여름 북아프리카 침공을 결정했을 때와 1943년 12월 카이로 회담에서 인도양 공세를 포기했을 때였다.6) 두 경우 모두 대통령은 처음에 합참의장들의 견해를 받아들이고 나서 그의 결정을 번복했는데 이는 미국 민간 소식통의 상충되는 조언 때문이 아니라 영국인의 압력 때문이었다. 한두 번은 루즈벨트가 합참의장들과 상의하지 않고 진행했을지 모르지만 이러한 예외를 제외하고는 대통령과 그의 군사 고문 사이에 조화가 유지되었다.

■ **군 당국의 범위**　　합동참모본부는 전쟁협의회를 대신해 활동과 이해관계를

● 이러한 배제에 대한 헐의 감정은 그의 회고록(뉴욕, 2권, 1948), II, 1109-1110쪽에 잘 반영되어 있다.
　"진주만 이후 나는 군사 관련 회의에 참석하지 않았다. 대통령이 초대하지 않았기 때문이다. 나는 그에게 몇 번이고 문제를 제기했다⋯
　"대통령은 카사블랑카, 카이로, 테헤란 회담에 나를 데려가지 않았다. 그 회담은 주로 군사적 만남이었다. 나는 워싱턴에서 처칠 총리와의 군사적 논의에 참여하지 않았다⋯
　"히틀러를 정복하기 위한 대규모 군사 작전에서 군대들이 어디로 상륙할 것인지, 그들이 대륙을 가로질러 어떤 경로를 택할 것인지에 대한 문제는 일찌감치 결정을 내렸다는 통보를 받았지만 대통령이나 그의 고위 군 관계자가 나와 논의한 바가 없었다.
　"나는 원자폭탄에 대해 들은 적이 없었다."

군사적 차원을 넘어 외교, 정치, 경제 분야로 확장했다. 독일을 먼저 패배시키겠다는 위대한 결정에서부터 일본과의 종전과 관련된 마지막 복잡한 결정에 이르기까지 전쟁의 주요 전략 및 정책 문제는 대통령, 합참의장, 해리 홉킨스(Harry Hopkins)에 의해 해결되었다. 합참에 대한 공식 헌장의 부재는 기능 확장을 촉진했는데 이는 경쟁 기관이 권한을 초과한다고 주장하는 것이 불가능했기 때문이었다. 대통령과 밀접하게 연결된 합참의장들의 이해관계와 권력은 대통령의 권력과 함께 확대되고 같은 영역으로 확장되는 경향이 있었다. 연합국 간 전쟁 회의를 준비하는 미국의 입장 공식화는 일반적으로 군대와 대통령에 의해 이루어졌다. 민간 장관이 국내에 있는 동안 합참의장들은 거의 모든 회의에 참석했다. 군부는 정부를 위한 외교적 협상을 수행했을 뿐만 아니라 영국군 참모총장들과 지속적으로 소통했다. 현장에서 맥아더와 아이젠하워와 같은 전구 지휘관들은 정치적, 외교적 역할을 수행했다. 적어도 해외 작전과 관련해서는 민정과 군사 정부는 주로 군사적 책임 영역이었다.

전쟁 초기에 미국의 정책 수립은 최고의 조정 기관이 없었기 때문에 어려움을 겪었다. 군부는 정부의 정책에 대해 명확한 개념 없이 갈팡질팡했다. 그 결과, 그들은 영국군을 상대하는 데 상당히 불리한 처지에 놓였다. 그러나 결국 군부가 정치지도를 해야 한다는 사실을 깨닫고 합참의장들이 "국가정책 결정의 행정적 조정"을 인수했다. 그러나 이로 인해 영국과는 전혀 다른 시스템이 만들어졌다. 합동참모본부에서 다루는 활동의 범위는 정말 인상적이었다. 영국과 미국 시스템을 비교하면서, 한 미국인 참가자는 미국과 비교했을 때 영국군 합동 기획자들은 "경제적, 사회학적 또는 행정적 성격의 문제"와 훨씬 관련이 없다고 지적했다. 이러한 비군사적 문제는 영국군에 지침을 제공한 다른 영국기관에서 처리했다. 어떤 경우에는 영국 장교들은 "우리 [군] 기획자들이 다루는 주제 중 일부가 영국에서 어떻게 다루어졌는지조차 몰랐다."[7]

합참은 군사적 역량의 범위를 넘어 스스로를 확장했을 뿐만 아니라, 전쟁이 진행되면서 정치적 의사결정에 있어 군 기관의 개입이 군사 계층의 하위 계층까지 침투했다. 1945년까지 국방부 직원들은 의식적으로 외교 정책에 연루되었다. 이러한 개입은 거의 전쟁이 시작될 때부터 존재했지만 1944년 이전에는 이러한 정치적 결정의 고도의 군사적 내용으로 인해 가려졌다. 전쟁이 끝날 때까지 군사 참여 수준은 본질적으로 동일하게 유지되었지만 군사 문제의 중요성은 감소했고, 결과적으로 위장이 벗겨지면서 군 참모들은 정치적 문제를 점점 더 공개적으로 다루었다. 군대는 군사 문제가 논의되기 전에 정부의 정치적 입장을 취하는 것이 "도움이 될 것"이라고 계속 생각했지만, 그들은 또한 그럴 가능성이 없고 결과적으로 군사기관이 자체적으로 정치적 결정을 내릴 수밖에 없다는 점을 인식해야 했다. 한 장교가 말했듯이 "우리가 좋든 싫든 국방부는 다양한 범주의 정치적 문제에 진정한 관심을 가지고 있다는 사실을 직시해야 할 때가 왔다." 원래 국방부서는 이러한 상황을 좋아하지 않았지만 전쟁이 끝날 무렵 상황들로부터의 압력은 "전통적으로 군대가 상관할 일이 아니었던 문제에 관여하는 것에 OPD[참모작전과] 측의 모든 양심의 가책을 극복하게 했다." OPD가 포츠담 회의를 위해 준비한 문서의 절반 이상이 군사 작전 이외의 문제에 전념했다.8)

■ **군대와 의회**   의회가 군대를 통제하는 두 가지 주요 수단은 예산의 권한과 조사의 권한이다. 제2차 세계 대전 중 자원의 부족으로 예산의 힘이 비효율적으로 만들었다. 달러 통제는 행정 우선순위와 직접 할당으로 대체되었다. 불가피하게도 이것은 권력이 입법부에서 행정부로 이양하게 했고, 의회는 이 양도를 어느 정도 기꺼이 수락했다. 군사 예산이 클수록 의회는 이에 대해 더 적은 정보를 받고 이에 대해 토론하는 데 소요하는 시간도 줄어들었다. G. A. 링컨 대령과 그의 동료들이 지적했듯이, 국방부는 1945년에 총 872페이지의 예산 문서 중 16페이지를 차지한 것으로 추정한다. 1945년 추정치의 5%였던 1950년에 국방부는 1,400쪽 중 90쪽을 차지했다. 1930년대의 낮은 예산은 하원에서 4~5일 동안 논의된 반면, 40년대 초반의 높은 예산은 1~2일 동안 논의되었다. 그 이유는 의회가 전시 예산을 평시 예산보다 덜 중요하게 생각했기 때문이 아니라 오히려 의회가 평시 예산이 의회의 책임이 아니라고 생각했기 때문이었다. 군대는 필요한 모든 것을 갖추고 있어야 하며, 어떤 근본적인 방법으로든 군사적 추정치를 조사하는 것은 의회의 능력을 넘어선다고 느꼈던 것이다. 그 결과 군부대가 원하는 것을 얻었고 전쟁이 끝났을 때 사용되지 않은 예산은 약 500억 달러이었다. 승리를 거두기 위해 의회는 기꺼이 "신과 마샬 장군을 신뢰"했다. 한 의원은 "국방부 또는 … 마샬 장군이 … 사실상 예산을 결정했다"고 언급했다.9)

의회를 통제할 수 있는 다른 수단인 수사권은 의회가 자발적으로 제지했다. 전쟁 수행위원회(Committee on the Conduct of the War)의 유령은 여전히 의회를 괴롭히고 있다. 기술적인 군사문제에 개입하는 것에 대한 두려움은 대전략의 영역에서 벗어나고자 하는 일반적인 의지로 확대되었다. 전쟁 노력에 대한 의회의 주요 감시기관인 트루먼 위원회(Truman Committee)는 한편으로는 전략 및 정책에서, 다른 한편으로는 생산 및 경제 동원에서 전시 민군 관계의 서로 다른 시스템을 지지했다. "위원회는 군사 및 해군 전략이나 전술을 한 번도 조사한 적이 없고 조사해서는 안 된다고 여전히 믿고 있다"고 선언했다. 위원회는 또한 행정부 관리들이 그 영역에 침입하려는 시도로부터 군대를 방어할 것임을 분명히 했다. 그러나 위원회는 전쟁의 방향에 대한 군사적 통제를 지지함과 동시에 본토에 대한 문민통제와 경제동원도 지지했다. 위원회는 그 활동이 "육군과 해군이 필요하다고 판단한 국방물품이 최소한의 비용으로, 최소한의 시간에, 민간 경제에 혼란을 최소화하여 생산되는 것은 국방사업의 비군사적인 측면으로" 제한되어야 한다고 말했다.10) 이 분야에서 위원회는 때때로 군대에 대해 매우 비판적일 뿐만 아니라 장성들과 고투하는 전쟁 생산이사회와 전쟁 동원 사무소를 지원했다.

전시 권력에 대한 군사적 조정

■ **조화와 그 뿌리**　　전쟁의 기본 전략에 관해 미국 정부의 고등 평의회에서는 놀라운 조화를 이루었다. 전구 지휘관, 사무국장들과 같은 덜 책임이 있는 사람들은 그들의 이익과 의무와 마찬가지로 그들의 특정한 필요를 위해 싸웠다. 그러나 몇몇의 예외를 제외하고, 최상층의 군인과 정치가, 외교관과 장관, 개인 고문, 기획 참모 등은 모두 매우 유사한 관점에서 전쟁을 바라보았다. 조화를 나타내는 것은 1943년 섬너 웰스(Sumner Welles)의 해임을 제외하면(전쟁 이전에 개인적 적대감의 결과였다), 갈등, 악감정 또는 심각한 정책 충돌이나 성격 충돌이 심해서 누군가를 해고하거나 혐오감으로 사임하는 경우가 없었다. 전쟁을 시작한 바로 그 사람들이 전쟁을 끝냈다. 합의 영역에는 주요 정책 결정에서 제외된 민간 지도자도 포함되었다. 스팀슨과 헐은 정책 결정과 관련이 없었지만, 그럼에도 불구

하고 만들어진 정책에 대해 논쟁할 이유가 거의 없었다. 스팀슨이 인정한 바와 같이, 그들의 입장을 참을 수 있었던 것은 바로 이 사실뿐이었다.[11] 상호간의 의견차에 의해서만 활성화된 전략적 정책 결정의 기록은 끊임없는 조직 변화, 불같은 성격 충돌, 극적인 사임 및 해고 등으로 경제적 동원 전선에서 팽배했던 반대 극단과 비교할 때 단조롭고 지루했다.

군인과 정치인들 사이의 화합의 근원은 무엇이었는가? 1930년대에는 국가 정책에 대한 민간 및 군사적 접근 방식이 극과 극이었다. 전쟁 중에 달성된 통일 전선은 정치 지도자들이 직위를 포기하고 군사적 견해를 수용하거나, 군부 지도자들이 직업적 보수주의를 버리고 지배적인 미국 민간인 관점을 고수하는 것을 의미했다. 널리 받아들여지는 한 학파는 전자를 주장한다. 이런 비평가들은 미군의 참모들이 순전히 군사적 관점에서 생각하는 것을 비난하고, 다른 모든 목표는 배제하고 군사적 승리를 추구해야 한다는 교리를 미국인이 수용한 데 대해 참모들을 비난한다. 비평가들은 미국 의사결정자들의 "군사적" 태도를 영국 전시 정책의 "정치적" 동기 및 성격과 대조한다.[12]

이 학파의 결론을 받아들이는 것은 불가능하다. 물론 비평가들은 전쟁에서 미국의 최우선 목표가 군사적 승리였다고 말하는 것이 옳다. 그러나 그들은 이 목표가 군사적 사고에 뿌리를 두고 있다고 말할 때, 그들은 잘못되었다. 그들은 군인들이 결정을 내렸기 때문에 엄밀히 군사적 관점에서 결정을 내렸음에 틀림없으며, 군사적 관점의 내용에 대한 그들의 가정이 틀렸다고 가정하는 데 오류가 있다. 직업적인 군사 정신은 군사적 승리가 아니라 군사적 안보에 관심이 있다. 비평가들이 가장 강조한 바로 그 점, 즉 무조건적인 항복과 서유럽을 작전의 무대로 발칸 반도를 거부하는 것은 정부의 거의 모든 정치 지도자가 지지를 받고 미국 여론의 팽배한 양상에 의해 사실상 요구되는 정치적 결정이었다. 영국과 미국 정책의 차이는 정치적 사고와 군사적 사고의 차이가 아니라 당시 두 나라의 국민과 정치가가 정의한 국가적 정치적 목표의 차이일 뿐이다. 미국의 정책이 가장 현명한 정책이 아닌 것으로 판명된 것은 그것이 군사적 마음의 산물이기 때문이 아니라 오히려 그것은 그들이 국제 정치 방식이 미숙한 국가에 의해 장기적인 정치적 목표가 무엇인지 제대로 인식하지 못하는 잘못된 정치적 사고를 반영했기 때문이다. 우리 정책이 너무 "군사적"이었다는 주장은 국무부가 더 많은 발언권을 가졌다면 정책이 더 현실적이고 선견지명이 되었을 것이라는 것을 의미한다. 사실, 그 반대가 사실이다. 국무부는 비평가들이 개탄하는 사고방식의 중심이었다. 미국의 민간인 사상과 달리 전쟁 전 군대의 사상은 일반적으로 냉정하고 전문적이며 환상이 없었다. 그들은 실제로 외교 정책에 대해 그러한 접근 방식을 취한 유일한 중요한 그룹이었다. 전쟁의 방향을 잡은 후에도 계속해서 군사적 사고를 할 수 있었다면 비평가들이 '군사적 마인드'의 결과라고 잘못된 꼬리표를 붙이는 정책 결정은 피할 수 있었을 것이다. 그들의 견해가 바뀌지 않았다면, 군사 지도자들은 국가에 권력 투쟁의 영속성, 전후 조화의 불가능성, 국제 조직의 약점, 유럽과 아시아에서 권력 균형을 유지하는 것이 바람직함, 그리고 오늘의 동맹국들이 종종 내일의 적이라는 역사의 진실에 대해 경고했을 것이다. 그러나 대신 권력을 장악하면서 군 지휘관들은 직업적 보수주의를 버리고 만연한 민간인 관점을 받아들여야 했다. 미국의 정책 결정의 문제는 군사적 사고가 너무 많은 것이 아니라 너무 적은 것이었다. 그리고 이것은 그들의 전문적인 군인들이 그들의 능력을 넘어서는 권력과 책임을 떠맡는다는 미국의 주장에 의해 직접적으로 야기되었다. 잘못은 군대가 아니라 미국 자체에 있었다. 군 지도자들이 민간인 노선으로 생각을 조정하지 않았다면 처칠과 같은 방식으로 전쟁 중에도 같은 의심을 받고 사악한 음모로 질책을 받았을 것이다. 물론 전쟁 후 5년 후에 그들은 처칠처럼 예언적 정치가로 환영받았을 것이다. 그러나 1942년에는 현재와 미래의 영광 사이에서 선택할 자유가 그들에게 열려 있지 않았다.

　　미국과 영국의 전쟁 수행 체제의 진정한 차이점은 미군 참모총장의 범위가 크게 확장되어 광범위한 정치적 관점을 채택하도록 강요당한 반면 영국군의 제한된 활동 범위는 전문적인 군사적 관점을 고수하도록 허용했다는 것이다. 셔우드(Sherwood)는 "처칠이 루즈벨트보다 훨씬 더 자신의 참모들을 지배했다는 미국의 견해"라고 말하고 리히(Leahy) 제독은 공개 논평에서 다음과 같이 말한다.

　　　영국군 참모총장들과 가장 가깝게 연락하며 일하면서 영국 동료들이 자신들의 의무이고 명령을 이행하고 있다는 이유만으로 국방장관[처칠]의 견해를 충실히 지지하고 있다고 느꼈던 경우가 한두 번이 아니었다. 우리는 그런 장애 아래서 일한 적이 없다. 물론 의견의 차이는 있었지만 대통령과 군 참

모들 간의 상호 신뢰와 일상적인 접촉으로 인해 이러한 의견 차이는 결코 심각하지 않았다.13)

전쟁을 군사적 관점에서 바라보는 영국의 참모총장들은 정치적 관점에서 전쟁을 바라보는 정부와 달랐다. 그러나 훌륭한 군인으로서 그들은 동의하지 않는 정부의 결정을 지지했다. 반면에 미국 참모총장들은 정부의 정책을 지지했는데, 이는 전쟁의 정치적 지도자로서 정책 수립에 중요한 역할을 했기 때문이다. 권력에 익숙해진 그들은 어쩌다 제압 당했을 때 그들의 패배를 선하게 받아들이지 않았다.14) 그들이 제한된 역할을 하는 영국군 장교를 부러워하지는 않았지만, 미군 지도자들은 영국의 문민통제 체제가 만들어낸 탁월한 조정과 단결을 인정해야 했다. 적어도 영국군은 정부의 정책에 동의하지 않더라도 항상 정부의 정책이 무엇인지 알고 있었다. 다만 미국 측에서는 누가 정책을 만들고 있는지에 대한 혼란이 존재했으며, 때때로 미군은 영국 체제의 질서정연한 책임분담을 갈망했다. 그러나 미국 조직의 분열은 단순히 미국 사상의 조화의 결과였다. 너무 많은 조화는 너무 많은 갈등만큼이나 나쁜 조직의 증상이다. 표면적으로는 4년에 걸친 대규모 전쟁이 진행되는 동안 정치 지도자가 전문 군사 고문을 두 번만 제압하는 시스템에 문제가 있다. 이것은 그들 중 하나가 자신의 적절한 기능을 소홀히하고 다른 하나의 작업을 복제했음을 의미할 수 있다.

■ **국가 정책: 전체 승리에 대한 힘의 균형**　　1930년대 말에 두각을 나타내기 시작한 군 지도자들의 관점은 전후 수십 년 동안 미국 장교단에서 만연했던 보수적인 직업적 군사 윤리를 반영했다. 1939년 훨씬 이전에 미국 장교들은 전쟁의 불가피성에 대한 군사적 신념을 고수하면서 미국이 또 다른 세계 분쟁에 휘말리게 될 것이라고 확신했다.15) 결과적으로, 1930년대의 침체기 동안 군부는 국가 안보의 요구에 부합하는 최소한의 병력을 증강하기 위한 다양한 제안을 강력하게 추진했다. 1938년 가을에 행정부가 군비확충에 더 깊은 관심을 갖기 시작한 후, 군부는 균형적이면서도 상당한 수준의 군사력 증강을 계속 주장했다. 동시에 전시 민군 화합 이전인 1940년과 1941년 행정부에서는 군사적 관점과 지배적인 민간 의견 사이에 상당한 분열이 존재했다. 군은 피할 수 없는 충돌을 지연시켜 더 잘 대비할 수 있기를 바라면서 추축국에게 전쟁의 빌미를 줄 수 있는 모든 행동을 피

하고 주의를 기울여야 한다고 일관되게 주장했다. 반면에 홉킨스(Hopkins), 스팀슨 (Stimson), 녹스(Knox), 익스(Ickes) 및 모르겐소(Morgenthau)는 모두 보다 적극적이고 호전적인 조치를 선호하는 경향이 있었다. 대통령과 헐 비서관은 두 조치 사이에서 흔들렸고, 대통령은 일반적으로 민간인 집단을, 헐은 대개 군사 학파에 가까운 결론을 내렸다. 1930년대 독일 참모부의 공포를 연상시키는 방식으로 군대는 미국이 양면 전쟁에 개입하는 위험을 강조했다. 1940년과 1941년 내내 그들은 유럽 전쟁에 참여하겠다는 미국의 명시적 또는 묵시적 약속에 일관되게 반대했으며 미국 수출 금지 및 미국 해군 부대의 싱가포르 방문과 같은 일본을 도발할 수 있는 움직임에 반대했다. 1941년 가을 극동 지역의 긴장이 고조되자 군 지도자들은 일본과의 협정과 '급격한 군사 행동'을 자제할 것을 촉구했다. 그러나 그들의 경고는 민간 지도부에 의해 기각되었고, 11월 말에 충돌을 촉발시킨 미국의 최종 결정은 사실상 군부의 참여 없이 이루어졌고, 결정적으로는 군사 승인 없이 내려졌다.16)

미국의 군사 지도자들은 군사력과 외교적 자제를 옹호할 뿐만 아니라 전쟁 전의 국제 상황에 대한 전반적인 접근 방식에서 직업적 군사 윤리를 고수했다. 이 기간 동안의 군사적 관점에 대한 가장 포괄적인 두 가지 서술은 아마도 1941년 1월 영국인과의 참모 대화에 대한 미국 입장의 공식화와 1941년 9월 11일의 "미국 전체 생산 요구 사항에 대한 합동 이사회 추계서"이었을 것이다. 이전 문서에서 군사 기획가들은 미국이 "우리의 국가 미래를 영국의 지시에 맡겨서는 안 된다"고 경고했으며 미국의 계획은 미국의 계속되는 정치적 목표와 이익에 대한 인식에 기초해야 한다고 강조했다. 계획가들은 영국인들이 항상 "전쟁 후 자신의 상업적 이익과 군사적 이익"을 염두에 둘 것이라고 선언했다. 결과적으로 우리도 "우리 자신의 궁극적인 이익을 보호"해야 했다.17) 9개월 후, 마셜(Marshall)과 스타크(Stark)가 서명한 합동 이사회 추계서(Joint Board Estimate)에서 군사적 접근이 더욱 정교해졌다. 즉각적인 미국 전략에 대한 특정 요구 사항과 추축국 전략 및 기능 분석 모두에서 추정치는 냉정하게 현실적이고 전문적인 접근법을 보여주었다. 랭거(Langer)와 글리슨(Gleason)의 말에 따르면 그것은 "허위 희망이나 자기 망상이 전혀 없는" 것이었다. 그것은 "미국의 주요 국가 목표"를 다음과 같이 정의했다.

　　미국과 나머지 서반구의 영토, 경제 및 이념적 완전성의 보존, 대영 제국
　　의 붕괴 방지, 일본 영토의 추가 확장 방지, 유럽과 아시아에서 궁극적으로
　　그 지역의 정치적 안정과 미국의 미래 안보를 거의 보장할 수 있는 세력균
　　형 확립, 그리고 실행 가능한 한 경제적 자유와 개인의 자유에 우호적인 체
　　제의 수립.18)

　　이때에도 군 지도자들은 국가 정책과 관련하여 여전히 보수적이고 현실적인
관점에서 생각하고 있었다. 미국의 장기적 목표는 독일과 일본의 패배가 아니라
유럽과 아시아의 세력균형 구축이었다. 추축국에 대한 승리는 이 목적에 기여한
한에서만 바람직했다. 미국 목표에 대한 이 기밀 군사 성명은 한 달 전 대서양
헌장에서 대통령이 미국 목표에 대해 이상적이고 모호하게 공개적으로 선언한
것과 현저하게 대조되었다. 그러나 합동이사회에서 국가목표의 정의를 내려야 한
다는 사실 자체가 군대가 오랫동안 이를 고수할 수 없다는 신호였다. 추계서의
기원은 군사 생산 요구 사항에 대한 대통령의 요청이었다. 그러나 이렇게 말하려
면 군대가 전반적인 국가 정책이 무엇인지 알아야 했다. 그러나 제로(Gerow) 장
군의 말에 따르면, 1941년 여름에 존재했던 유일한 정책은 "어느 정도 모호한"
것이었다. 따라서 군 참모들은 국가정책에 대한 정의를 나름대로 내려야 했다.
이 초기 시대에는 여전히 군사 윤리 정신으로 이것을 할 수 있었다. 그러나 얼마
지나지 않아 이것은 불가능하게 되었고 군사 계획자들은 합동 위원회 추계서에
서 대서양 헌장으로 그들의 생각이 바뀌는 것을 발견했다.
　　전쟁 중에 미국이 실제로 따랐던 외교 정책은 전쟁 전의 군사적 사고와 현
저하게 대조되었다. 가장 중요한 요소는 거의 독점적으로 민간 출처에서 파생되
었다. 이러한 주요 요소는 (1) 다른 모든 고려 사항을 배제하고 추축국의 군사적
패배에 집중, (2) 전후 해결에 관한 정치적 결정을 전후로 연기, (3) 추축국 강대
국의 무조건 항복 요구, (4) 일본 전에 독일의 패배에 대한 우선시 함 등이었다.
　　전쟁 초기에 대통령은 모든 미국의 군사 계획이 우리의 정치적 목표가 가장
효율적으로 군사적 승리를 거두는 것이라는 가정에 기초해야 한다는 결정을 했
다. 스팀슨(Stimson)의 말에 따르면 "전쟁의 유일한 중요한 목표는 승리였으며 전
시 행동에 대한 유일한 적절한 테스트는 그것이 승리하는 데 도움이 될지 여부였

다."19) 이러한 강조는 국제 관계에서 자연스러운 조화를 가정하는 미국식 접근 방식에 뿌리를 두고 있다. 이러한 조화의 파괴는 하나의 일시적인 악으로 인해 야기되었으며 그것을 제거하면 더 많은 갈등을 끝낼 것이다. 그 결과, 미국인들은 발칸 반도를 통한 공격에 대한 처칠의 간청을 거부하고 전쟁의 마지막 몇 주 동안 서방 군대가 영토와 수도의 점령보다 독일 군대의 파괴에 주로 집중해야 한다고 주장했다. 연합국과 전후 목표를 고려하거나 논의하지 않으려는 바람은 자연스럽게 이러한 관점의 일부였다. 헐과 대통령은 전후 합의에 관한 약속에 열강을 참여시키려는 영국과 러시아의 노력에 강력하게 저항했다. 무조건 항복의 목표는 표현상 루스벨트가 개인적으로 창조한 것이지만, 본질적으로는 미국의 정책과 사상에 함축되어 있다. 그것은 대통령이 군사 고문들과 먼저 상의하지 않고 결정한 것이다. 마지막으로 독일 우선주의 정책은 민간과 군사적인 뿌리를 모두 가지고 있었다. 물론 군사적 관점에서 볼 때 미국 안보에 대한 주요 위협을 먼저 물리치는 것이 바람직했다. 그러나 이러한 고려보다 더 중요한 것은 미국이 개입하기 2년 전 내내 우리의 정책은 주로 방어적인 태도를 취함으로써 태평양에서 일본을 저지하면서 영국을 지원했다는 사실이었다.20)

전쟁 중에 군대가 권위와 영향력을 획득함에 따라 그들은 서서히 전쟁 전의 태도를 버리고 민간인 사고의 전제와 가치를 수용했다. 이러한 조정은 합동참모총장들이 대통령의 견해에 맞게 견해를 바꾼 모습에서 구체적으로 볼 수 있다. 일찍이 1941년 4월, 마셜이 루즈벨트에 대한 전략 브리핑을 시작했을 때 참모총장들은 부하들에게 "대통령이 전문적인 군사적 견해뿐만 아니라 여론에 좌지우지된다는 사실에 육군 기획자들은 그들의 생각을 인식하고 조정할 수밖에 없었다"는 것을 상기시켰다.21) 실제 육군과 해군의 최고 사령관은 부분적으로 그들이 "전 세계 상황의 정치적 측면과 순전히 군사적 측면을 고려할 수 있게 하는 정치가 정신"을 소유했기 때문에 선택되었다.22) 군부의 묵인은 부분적으로 대통령과의 일상적인 접촉과 그의 호소력 있는 설득의 결과였다. 하지만 합참이 대통령의 분신이 되어 전쟁을 치르면서 비슷한 책임과 관점이 비슷한 정책을 내놓는 것은 당연했다. 합참 역사부의 T. B. 키트리지(T. B. Kittredge) 대위는 다음과 같이 말했다.

대통령이 공식적으로 그들을 기각한 경우는 거의 없는 것이 사실일 수도 있지만, 이는 대통령이 리히(Leahy), 마셜(Marshall), 킹(King), 아놀드(Arnold)와 비공식적으로 논의하여 보통 대통령의 견해를 미리 알게 만들었기 때문이었다. 그들은 의심할 여지 없이 자신들의 생각에 받아들여질 수 없을 공식 제안을 제출함으로써 기각당할 위험을 무릅쓰는 것보다 자신의 해석으로 대통령의 제안을 받아들이는 것이 이롭다는 것을 자주 인식했다.23)

이러한 미묘한 과정을 통해 대통령의 가치와 전제는 차츰 차츰 군 참모들의 생각에 새겨졌다. 최고 군사 지도자들이 채택할 수 있는 가장 쉬운 민간의 목표는 세력의 균형을 통한 지속적인 군사 안보를 위한 총체적 승리로 대체하는 것이었다. 예를 들어, 1943년과 1944년에 마셜은 이전에 내세웠던 견해를 포기하고 대신 스팀슨과 함께 군사적 승리가 최우선 목표이며 군사 전략의 요건이 국가 정책의 결정적인 요소라는 데 동의했다.24) 코델 헐(Cordell Hull)이 전쟁의 기본 결정과 거의 관련이 없었지만, 그가 세력균형 개념을 거부한 것은 결국 합동참모본부에 의해 승인을 받았다. 1943년 8월 퀘벡 회담 당시 참모총장은 유럽에서 독일을 무너뜨리면 러시아가 지배적 위치에 놓이게 될 것이라는 암시를 받아들이고 있었다. 그들은 이에 대한 미국의 대응은 지중해 지역에서 러시아와 균형을 이루려는 영국의 미약한 노력을 뒷받침하는 것이 아니라 러시아에 "모든 지원"을 제공하고 우정을 얻기 위해 "모든 노력을 기울여야 한다"고 덧붙였다. 이는 사실 2년 전 냉담한 현실주의와는 거리가 멀었다. 이어 1944년 5월 합동참모총장들은 세력균형의 대안으로 3대 화합에 대한 새로운 관점을 재천명하면서 "전후 합의에서 우리의 기본 국가 정책은 3대국의 연대를 유지하고 다른 모든 면에서 장기간의 평화를 보장하기 위해 계산된 조건을 확립하기 위해 노력해야 하며, 그 동안에는 미래의 세계 분쟁을 방지하기 위한 준비를 완벽하게 할 것이다"라고 말했다.25) 러시아와의 합의에 대한 이러한 강조는 부분적으로 극동 분쟁에서 러시아의 지원에 대한 군사적 우려를 반영했다. 그러나 그 내용과 맥락을 보면 전쟁 전의 정치적 태도의 변화도 반영하고 있음을 알 수 있다. 합참은 전후 합의에 대한 고려를 전쟁이 끝날 때까지 미루는 정책을 비슷하게 지지했다. 리히 제독이 말했듯이, 미국은 유럽 정치에서 멀리 떨어져 있어야 하며 그의 정책을 "전쟁 중에 이루어진 가장 심오한 정치적 발표 중 하나"인 대서양 헌장에 맡겨야 한다.26) 물론 미국 최고 사령부는 그들의 생각에서 군사적 관점을 완전히 포기하지 않았다. 일본을 패배시키는 데 필요한 시간과 노력을 비관적으로 보는 일부 지휘관의 경향은 일반적인 군사적 보수주의를 반영했다. 마찬가지로, 미국이 일본의 위임된 섬들에 대한 완전한 소유권을 얻으려는 그들의 욕망은 정부의 민간 기관과 매섭게 대립하게 만들었던 전형적인 군사적 접근이었다. 그러나 일반적으로 주요 정책 문제에 대해서는 합참의 견해가 민간 정치인과 미국 대중의 견해였다.

물론 군대가 이러한 조정을 해야 하는 압력은 계급과 지위에 따라 다양했다. 선을 긋는 것이 불가능하지 않다면 어려운 것인데, 정치화가 일반적으로 상급 계급과 민간인의 필요와 관점을 다루는 특별한 역할을 하는 장교로 제한되었다는 것은 상당히 분명하다. 낮은 수준에서 직업 윤리는 다소 손상되지 않았다. 전쟁 내내 하급 장교들과 군사 전문 잡지들은 전후 세계(postwar world)와 전후 세계(postwarfare world)의 차이에 대해 경고했다. 그들은 전쟁이 끝나기 전에 전후(postwar) 목표를 수립하고, 승리 후에도 강력한 군대를 유지하며, 전 세계적인 세력 균형을 달성하는 방향으로 정책을 추진하는 것이 바람직하다고 촉구했다.27) 발칸 반도 대 서유럽 분쟁에서, 마셜의 지휘부 역할을 했던 참모 작전부는 일반적으로 지배적인 정치적 정통을 받아들였다. 그러나 하위 참모들에게는 적어도 약간의 의구심이 있었다. 국방부의 G-2(군사정보부) 부서에서 작성한 참모 연구는 발칸 반도에서 러시아가 지배하는 정치적 위험에 대해 경고했다. 그러나 이것은 합참이 유럽에서 러시아의 우위를 묵인하고 있을 때 일어난 일이다. 결과적으로, 한슨 볼드윈(Hanson Baldwin)의 말에 따르면, 참모 보고서의 저자는 "한 상관에 의해 귀가 박혀 있었고, 그는 그들에게 날카롭게 말하기를 '러시아인들은 발칸에서 정치적인 목적이 없고 단지 군사적인 이유로 그곳에 있다.'"28)

■ **정부 역할: 군사적 지배에 대한 문민통제**　　　군사적 사고의 변화하는 성격은 민간 통제에 대한 지휘관의 태도에서도 볼 수 있다. 1930년대에 미군은 이 개념을 철저히 고수했다. 이것은 전쟁 직전과 전쟁 초기에도 계속되었다. 국가 정책의 "무엇"을 결정하고 그 정책을 뒷받침하는데 지원에 필요한 군사 작전의 형태로 "어떻게"를 결정하는 것이 군의 책임인지를 결정하는 것은 1940년 7월에 확

인된 육군 전쟁 계획과 같은 민간 당국의 기능이었다.29) 전쟁 초기의 최고 군사 지도자들과 전쟁의 더 긴 기간 동안 그들의 부하 기획 참모들은 효과적인 사무국이 있는 영국 노선을 따라 민군 전쟁 내각의 창설을 선호했다. 물론 이것은 민간 지도를 제공하는 강력한 국가 정책 기관에 대한 1920~1930년대에 군사적 요구를 되풀이한 것에 불과했다.

　　문민통제에 대한 군사적 태도는 전쟁 중에 완전히 바뀌었다. 1944년과 1945년에 군대가 개발한 전후 군대 조직 계획은 정부에서 그들의 역할에 대한 새로운 개념을 반영했다. 1930년대 승리한 미군의 자랑스럽고 강력한 지휘관들에게 겁 많고 복종적인 사람들은 거의 알아보지 못할 것이다. 문민통제는 미래에 거의 설 자리가 없는 과거의 유물이었다. 1945년에 리히 제독은 "현재 합동참모본부는 문민통제를 받고 있지 않다"라고 말했다. 그리고 합참들은 이 상황을 영속화하고 싶다는 뜻을 분명히 했다. 리히 제독의 말을 다시 인용하자면 "우리 모두가 동의한 한 가지 점이 있었다." "합동참모본부는 대통령에게만 책임을 지는 상임기구여야 하고 합참은 국방예산에 대해 대통령에게 조언해야 한다고 생각했다"고 말했다.30) 킹 제독은 전시에 대통령에게 직접 접촉할 수 있는 권한을 공식화하고 영구적으로 만들려고 시도했다.31) 제독은 맥너니(McNarney) 계획에서 전시 합참 체제를 전후로 이양할 것을 명시적으로 제안했다. 이 계획은 미 합동참모본부가 대통령에게 군사 전략, 병력 수준, 전쟁 계획, 군 예산의 규모, 복무 간 자금의 배분 및 기타 사실상 모든 주요 정책 사항을 직접적으로 다루기 위해 마련되었다. 국군의 민간 장관도 있었으나 그는 엄격하게 스팀소니언의 노선을 따랐다. 그는 "정치적, 행정적 문제"에 대해 대통령에게 자문을 제공해야 했지만, 군사예산 편성에는 참여하지 않았다. 그의 주요 책임은 "경제 및 개선"에 영향을 미치는 것이었다.32)

　　맥너니 계획이 상당한 반대에 부딪혔을 때, 육군의 군 지도자들은 이듬해 콜린스(Collins) 계획의 형태로 수정된 제안을 내놓았다. 그러나 이 역시 합동참모본부는 전쟁 중에 있었던 것처럼 계속 기능해야 한다는 명제에 근거했다. 참모총장은 이제 조직도에서 국군 장관 아래에 배치되었지만 여전히 대통령과 직접 상대하고 "군사 정책, 전략 및 예산 요구 사항"에 대한 완전한 권한을 가져야했다. 그들의 예산안은 장관을 거쳐 대통령에게 가는 것이었으나 그는 이를 변경할 권한이 없었다. 합참의 공식 승인을 받은 또 다른 계획에는 국군 사령관이 대통령의 참모총장이자 중앙군 참모총장을 겸직하도록 하는 규정이 마련됐다. 참모총장은 민간 장관이 산하에 두도록 되어 있었지만, 군 지도자들은 전략과 작전에 관한 문제를 대통령과 직접 처리하게 돼 있었다. 장관은 대통령에게 군사적 문제의 정치적, 경제적, 산업적 측면에 대해 조언하고, 행정적 문제를 책임지고, 참모총장과 함께 군사예산 편성에 참여하는 역할을 하였다.[33]

1941년 이전에 군사 조직적 처방에서 되풀이되는 한 가지 요소는 군대에 대한 권위 있는 정책 지침을 수립하기 위한 국방위원회였다. 1944년과 1945년 두 개의 육군 계획과 합동참모본부와 같은 리히 제독의 구상의 두드러진 특징은 군과 국무부 사이에 정치−군사적 조정에 대한 그러한 규정이 없었다는 것이었다. 전쟁 중 국무부의 방관자 역할과 국가 정책 형성에 있어 합동 참모의 핵심적인 중요성이 이를 뒷전으로 밀어 넣었다. 전통적인 군사적 사고방식과의 급격한 단절의 결과로, 1947년에 설립된 국가안전보장회의(National Security Council)는 1890년대에 제기된 군사 권고에 의한 것이 아니었다. 대신, 그 근원은 페르디남드 에버슈타트(Ferdinand Eberstadt)가 1945년 포레스탈(Forrestal) 해군 장관을 위해 작성한 계획에 있었다. 에버슈타트 제안은 그러한 조직을 선호하는 전쟁 전 해군 전통에서 영감을 받은 것이 아니라 영국 국방위원회의 경험에서 영감을 받았다. 에버슈타트의 권고는 군사적 제안보다 더 효과적인 문민통제를 제공했지만, 국방부 장관에 대한 규정이 없다는 점에서 다른 약점을 가지고 있었다. 결과적으로 합동 참모본부는 그를 견제할 중앙 민간 장관 조직이 없이 전략과 군사예산에 대해 대통령과 직접 상대를 하는 불확실한 상태에 빠졌다.[34]

경제 동원에서의 민군 관계

경제동원에서 민군 관계의 두드러진 측면은 결국 관련된 모든 이해관계가 어떤 형태로든 조직적 표현을 받았다는 점이다. 1943년 중반에 와서는 대통령의 전폭적인 지지와 지원으로 전쟁동원국과 같은 심판에 의해 군사기관의 요구가 다른 여러 청구기관의 요구와 조정되어서 거칠지만 효과적인 균형 잡힌 민군 관계 시스템이 운영되었다. 그 결과 민간과 마찬가지로 군대도 각자의 고유한 필요와 이익을 위해 자유롭게 대변인이 되었다. "포토맥(Potomac) 전투"에 관련된 다양한 이해 관계는 투쟁의 역사에 반영되어 있다. 일반적으로 중대한 사건에 대한 해석에 동의하는 대전략을 다룬 회고록의 설명과 대조적으로, 경제 동원에 대한 전후 설명 각각은 분쟁 참가자 중 한 사람의 독특하고 제한된 관점을 구현하는 경향이 있다.35)

경제동원 분야의 초기 기관은 육군과 해군의 차관보로 구성된 육해군 군수품 이사회(ANMB)였다. 그 기관이 작성한 1939년판 산업동원계획은 동원전 기간 동안의 경제동원에 대한 군사적 사고의 최종 표현이었다. 군의 제한된 역할과 효과적인 민간통제체제를 규정했다는 점에서도 이 시기 외교전략분야에서 군이 바라는 것과 유사한 조직구조를 제시하였다. 이 계획에서 제안한 핵심 기관은 자격을 갖춘 민간인으로 구성된 전쟁 자원 관리국으로, 대통령의 이름으로 전쟁 진행에 필요한 모든 경제적 조치를 시작하고 시행해야 했다. 전쟁재정, 무역, 노동, 물가통제와 같은 특수한 문제는 다른 여러 민간기관이 처리해야 했지만, 이들은 전쟁자원국에 종속되었다. 실질적인 군수품의 조달은 군부대의 손에 달려 있었다.36) 따라서 민간인과 군대 사이에 합리적인 책임 분담이 있었고 실제로 1940년 산업 동원 계획이 무시되었지만 1943년에 등장한 조직 체계는 이 계획에서 제안한 것과 다르지 않았다.

계획에 따라 군수품 이사회는 전쟁자원관리국이 시작되고 사라지도록 지원하는 것이었다. 사실, 이사회의 일들은 다소 복잡한 것으로 밝혀졌다. 이것은 주로 경제 동원이 3년에 걸쳐 확산되었고 이 기간 동안 산업 동원 계획에서 제안된 것과 같은 강력한 중앙 민간기관이 부족했기 때문이다. 결과적으로, 국방자문위원회·생산관리실·공급할당위원회 등 일련의 단명한 기관들을 통해 민간 쪽에 동원 작업이 발전함에 따라 육해군이사회는 엄밀히 말해서 고려된 범위 내에서 보다 특히 우선순위와 관련하여 더 많은 권력을 축적하기 시작했다. 이사회는 1941년 말에 페르디난드 에베르슈타트(Ferdinand Eberstadt)를 회장으로 임명함으로써 더욱 강화되었다. 그러나 1942년 1월 대통령은 도널드 넬슨(Donald Nelson) 휘하의 전쟁생산이사회(War Production Board)를 설치하고 1939년부터 합동위원회와 마찬가지로 대통령 직속이었던 육해군 군수품 이사회(ANMB)에 전쟁생산이사회(WPB)를 통해 보고하도록 명령했다. 또한 그 다음 달에는 모든 육군 조달 활동을 통합하고 동원 문제와 관련하여 육군의 주요 대변인 역할을 하기 위해 서머벨(Somervell) 장군 휘하의 육군 보급부가 설립되었다. 따라서 육해군 군수품 이사회(ANMB)는 스쿼지 플레이에 빠졌다. 3명의 민간인이 지휘하는 군부대의 기관인 준군사기관으로서의 모호한 지위로 인해 군부대 부서 내에서는 문민통제 수단으로, 군부대 외부에서는 군사 이익을 위한 대변인으로 간주되었다. 이것의 결과는 양쪽에서 모두 위상과 기능을 상실한 것이었다. 육군과 해군 조달청은 자신의 주장을 전쟁생산이사회에 직접 제출하는 것을 선호했으며 우선순위 시스템이 무너지면 전쟁 생산 이사회가 후속 생산 요구 사항 계획 및 통제된 자재 계획의 관리를 인계받았다. 실제로 에버슈타트(Eberstadt)는 1942년 가을에 전쟁생산이사회(WPB)로 넘어가 통제된 자재 계획을 시행했다. 그리고 이 움직임으로 육해군 군수품 이사회(ANMB)는 소규모 기관의 지위로 떨어졌다.37)

육해군 군수품 이사회(ANMB)가 사라지면서 동원 전선에서 민간 군사 관계의 핵심 요소는 전쟁 생산 이사회와 군사 조달 기관인 육군 복무군과 해군 조달 및 재료 사무소 간의 관계가 되었다. 여기서 군대의 역할은 상당히 명확하고 모호하지 않았다. 그들은 그들이 필요로 하는 전쟁 도구를 얻는 책임이 있었고, 일심으로 헌신하여 이 목표를 추구했다. 그들은 군사적 필요와 군사적 필요만을 찾고 있었다. 나머지 경제의 이익을 대변하는 것은 다른 누군가의 책임이었다. 진짜 문제는 그 누군가의 정체에 관한 것이었다. 전쟁생산이사회(WPB)를 설립하는 대통령 지시는 이사회 의장에게 전체 산업 동원 운영에 대한 불분명하고 광범위한 권한을 부여했다. 생산 관리 사무소와 공급 우선 순위 및 할당 위원회는 폐지되었고 그 권한은 다른 권한 부여와 함께 전쟁 생산 이사회에 할당되었다. 전쟁생산이사회(WPB) 의장은 "전쟁 조달 및 생산 프로그램에 대한 일반적인 지시를 행사"하고 "전쟁 조달 및 생산에 관한 여러 연방 부처, 시설 및 기관의 정책, 계획, 절차 및 방법을 결정"했다.38) 이 명령의 상당히 명백한 의도는 전쟁생산이사회(WPB)와 그 이사회의 의장을 전쟁 동원 프로그램의 최종 중재자로 만드는 것이었다. 그러나 취임 직후 넬슨(Nelson)은 주요 기능을 다른 기관에 위임하기 시작했다. 그의 권한에 더 큰 피해를 준 것은 1942년 가장 필요했던 것이 상충되는 주장의 중재자가 아니라 민간 경제의 필요를 대변하는 일부 기관이 필요했다는 사실이었다. 이것은 새로운 필요였다. 1942년 봄까지 전쟁생산이사회(WPB)와 그 전신의 민간 보급부는 주로 전쟁 생산으로의 전환을 가속화하는 데 관심을 가졌다. 그러나 상황이 긴박해지기 시작하고 군사적 요구 사항에 대한 성명이 많아지면서 누군가가 필수적인 민간 요구를 방어해야 한다는 것이 분명해졌다. 아마도 열악한 행정 전략이었던 전쟁생산이사회(WPB)는 민간 공급 사무소를 확장하거나 별도의 기관으로 분리하지 않았다. 결과적으로 전쟁생산이사회 자체가 민간인의 필요를 위한 주요 대변인이 되었다. 심판이 아니라 희소 자원을 위한 투쟁에서 청구 기관 중 하나로 간주되게 되었다. 의장의 명령에 대한 관심과 권위는 줄어들었고 그 위에 있는 대통령에게 점점 더 자주 호소했다. 넬슨의 참모진은 군대가 경제 전체를 장악하기 위해 나섰음을 확신하게 되었고, 군대는 전쟁생산이사회가 막연하게만 전쟁이 있다는 것을 인식하고 있다는 것을 똑같이 확신하게 되었다.

1942년 9월 에버슈타트(Eberstadt)가 육해군 군수품 이사회(ANMB)에서 전쟁생산이사회(WPB)로 이동하면서 문제가 더욱 복잡해졌다. 사실상 에버슈타트는 전쟁생산이사회 구조 내에서 군대를 대표했다. 이러한 의미에서 넬슨이 에버슈타트와 그의 다른 부회장인 찰스 윌슨(Charles E. Wilson)의 균형을 맞출 수 있었다면 그는 자신의 지위를 회복할 수 있었을 것이다. 그러나 군대는 이제 그를 완전히 반대했고, 1943년 초에 군 부서는 대통령에게 넬슨을 해고하고 마루흐(Baruch)와 에버슈타트가 이끄는 이사회를 재편할 것을 촉구했다. 넬슨은 에버슈타트를 해고함으로써 이러한 움직임을 미연에 방지했고, 그로 인해 자신의 에이전시를 희생시키면서 개인의 지위를 구했다. 에버슈타트가 사라지면서 군부대는 전쟁생산이사회를 공개 경쟁자로 볼 수밖에 없었다. 반면에 넬슨이 전투에서 졌다면 바루흐와 에버슈타트는 전쟁 생산의 총감독으로서 전쟁생산이사회의 권위를 재확립했을 것이다. 그러나 이제 전쟁생산이사회는 "1942년 1월 대통령의 행정 명령에 의해 문서상으로 만들어진 지배적인 기관이 아니라 기관 팀의 일원"이었다는 것이 이제 분명해졌다.[39] 전쟁생산이사회와 군, 기타 민간기관을 조정할 수 있는 상급기관의 창설은 불가피했다.

1943년 5월 제임스 F. 번스(James F. Byrnes)의 지휘 하에 설립된 전쟁동원국(Office of War Mobilization)은 실제로 전쟁생산이사회(WPB)가 문서상으로 보유하고 있던 권위를 행사했다. 이 사무소는 이전 가을 전쟁동원국의 지시에 따라 설립된 경제 안정국(The Office of Economic Stabilization)의 파생물이었다. 경제 안정국(OES)은 이론적으로 생산에 대한 책임이 없었지만 그럼에도 불구하고 생산과 안정화 사이에 예리한 선을 긋지 못했고 번즈가 전쟁생산이사회 의장이 갖지 못한 위신과 영향력을 주는 백악관에 자리를 잡았기 때문에 경제 안정국도 점차 전쟁생산이사회의 권위를 침해했다. 전쟁동원국(OWM)의 설립과 함께 이러한 경향은 공식화되고 전쟁생산이사회는 강등되고 번즈는 경제동원을 담당하는 '대통령보'로 떠올랐다. 그 후 1944년 가을 의회는 전쟁동원국을 법정 기반으로 전쟁 동원 및 재전환 사무소로 개명했다. 존재하는 동안 이 기관은 주로 두 가지 사실의 결과로 심판으로서 자신을 유지할 수 있었다. 창설 당시 동원 프로그램에 관련된 모든 주요 이해당사자들은 어떤 형태로든 대리인을 달성했다. 따라서 전쟁동원국이 한 청구자에 대해 다른 청구자에 대한 대변인의 위치로 끌어내리는 것은 불가능했다. 대신에 가장 필요한 것은 상충되는 주장과 요구 사항을 조화시키고 조정하는 것이었다. 둘째, 참모진을 작게 유지하면서 번즈 자신은 합동참보총장들과 마찬가지로 권한의 원천인 대통령과 가까이 지내므로 모든 의도와 목적을 위해 번즈의 명령은 대통령의 명령이었다. 기관들은 때때로 전쟁동원국 이사의 머리 위에 호소했지만 거의 성공을 거두지 못했다. 기록에 따르면 전쟁의 마지막 2년 동안 전쟁동원군은 충돌하는 민간 및 군사 기관 사이에서 균형자와 심판 역할을 할 수 있었다. 군대는 적절한 영역에서 유지되었지만 필수 요구 사항은 충족되었다.40)

조화와 악랄함의 열매

한편으로는 외교 정책과 전략에서 민군 관계의 다양한 패턴과 다른 한편으로는 경제 동원력에 있어 상당한 생각할 거리를 제공한다. 한편으로는 협력과 화합이 있었다. 다른 한편으로는 갈등과 적대감이 있었다. 어떤 패턴이 더 성공적이었는가? 확실히, 국내 전선에서는 전쟁동원국과 유사한 기관이 그 과정에서 더 일찍 만들어졌다면 많은 떠들썩한 "워싱턴 전투"를 피할 수 있었을 것이다. 그럼에도 불구하고, 모든 내분, 적대감, 욕설, 책략으로 인해 국내의 신랄한 체제가 외국의 조화 체제보다 훨씬 더 성공적이었다고 결론을 내리지 않을 수 없다. 상대적이든 절대적이든 어떤 기준으로 보아도 미국의 경제 동원은 눈에 띄는 성공이었다. 투쟁의 주요 참가자들보다 상당히 늦게 시작하여 곧 그들을 따라 잡았다. 그리고 이것은 단순히 우수한 자원 때문이 아니었다. 뛰어난 기획력과 조직력도 반영했다. 독일과 일본의 경제동원에 비하면 미국의 노력은 현실성과 예지력으로 이루어졌다.[41]

미국의 대내외 전쟁정책 수립 사이의 대조는 민간인과 군대의 역할이 다르기 때문에 더욱 심화되었다. 외교와 관련하여 군대의 역할은 본질적으로 도구적이었다. 전쟁생산이사회(WPB)가 1940년에 말했듯이 정치 지도자의 기능은 "무엇"을 결정하는 것이고 군대는 "어떻게"를 결정하는 것이다. 국내에서는 반대였다. 군사 요구사항 "무엇" 등 광범위한 정책을 결정하는 것은 군대의 기능이었고 군용 최종 품목이 "어떻게" 생산될 것인지 결정하는 것은 민간 기관에 달려 있었다. 각각 도구적 "방법" 측면은 역량을 나타내는 중요한 기능과 이러한 역량을 제공할 수 있는 지속적인 전망을 가지고 있다. 도구적 측면은 특정 영역의 방어든 일정 수의 탱크 생산이든 정책 목표를 달성하기 위한 능력 동원과 관련하여 억제 또는 선동 역할을 할 수 있다. 제2차 세계 대전에서는 동원 측의 민간 기관이 이 역할을 완벽하게 수행했다. 미국이 참전하기 전에 그들은 군대에 생산 목표를 높일 것을 촉구했다. 1940년과 1941년의 어떤 시점에서 민간 동원 기관은 생산 목표를 주장하는 군대가 제출한 것보다 2~3배나 더 생산 목표를 주장했다. 여전히 1930대의 부족한 배급이 만연했다. 그러나 전쟁이 발발하자 둘의 정책은 역전됐다. 군 기관은 생산 목표를 하늘 높이 세웠고, 특히 1942－1943년의 유명한 "타당성 논쟁"에서 민간 기관들은 국가 민간인의 요구, 자본 자원 보존의 바람직함, 국가의 경제적 능력의 한계를 유용하게 상기시켰다. 마찬가지로 종전을 앞두고 군대가 전면전 생산을 요구하고 있던 상황에서 전쟁생산이사회의 넬슨이 재전환 준비를 시작했다. 따라서 이 경우 민간인 도구 기관은 군사 정책 기관에 즉각적인 목표의 일시적인 성격을 상기시키는 역할을 했다. 그들은 항상 미래에 필요한 역량을 찾고 있었다. 즉각적인 정책 목표에 대한 군사적 관심과 경제적 수단의 개발 및 보존에 대한 민간적 관심 사이의 상호 작용은 일반적으로 현명한 동원 정책을 초래했다.

이것을 외교 정책의 상황과 대조하면 여기에서 정치 기관인 대통령과 국무부는 즉각적인 목표를 설정해야 하고 군대는 이러한 목표를 달성하는 데 사용할 수단에 고민해야 한다. 미국이 참전하기 전에 군대는 더 큰 군사력의 필요성을 경고하고 그 군사력이 달성될 때까지 분쟁을 연기할 것을 촉구하는 적절한 역할을 했다. 그러나 미국이 전쟁에 참전하자 그들은 자신들의 기능인 군사적 안보에 대한 계속되는 문제에 대해 더 이상 관심을 갖지 않고 대신 당면한 정치적 목표를 달성하는 데에만 몰두하게 되었다. 그들은 미래를 내다보기보다 현재를 위해 자신을 희생했다. 정책 기관이 제시한 목표는 너무 압도적이어서 다른 모든 것은 잊어야 했다. 각 단계에서 군사 요구 사항 목표에 도전했기 때문에 국내 전선에서는 그렇지 않았다. 반면 전략전선에서는 미군이 계속해서 요구하는 미국의 안보에 대한 책임을 포기하고 완전한 승리라는 정치적 목표를 향해 돌진했다.

따라서 제2차 세계 대전 수행의 주요 결함은 국가 전략 수립에 있어 군사적 관점을 충분히 표현하지 못했다는 것이다. 중요한 역할을 했어야 하는 이 핵심 이해관계는 강등되고 무시되었다. 반면에 경제적인 측면에서는 모든 논란과 함께 모든 이해 관계자가 발언권을 가졌다. 그 결과 전쟁의 전략적 수행은 아쉬움을 남겼지만 경제동원은 눈부신 성공이었다. "전쟁의 큰 실수"는 동원이 아니라 전략 분야에 있었다. 더 적은 조화가 더 나은 정책을 만들어냈을 것이다. 만약 합참이 집권을 잡고 민간의 목표를 수용하는 대신에 군사적 역할을 유지하고 정치 지도자들에게 어떤 전쟁도 마지막 전쟁이 아니며 브이데이(V-day) 이후에도 군사안보 문제는 여전히 우리와 함께 할 것이라고 경고했다면 그날 미국은 전쟁보다 훨씬 더 나은 전략적 위치에서 전쟁에 진출했을 것이다. 미국 민군 관계의 혼란은 단순히 더 심각한 병의 제도적 반영이었다. 무지와 순진한 희망은 미국인들로 하여금 그들의 목표를 군사적 안전에서 군사적 승리로 바꾸도록 이끌었다.

제13장
전후 10년의 민군 관계

민군 관계의 대안

제2차 세계 대전 이후 10년 동안 민군 관계의 두드러진 측면은 군사적 명령과 미국 자유주의 사회 사이의 고조되고 지속적인 평시 긴장이었다. 이러한 긴장은 미국인의 마음 속에 자유주의가 계속해서 지배하면서 한편으로는 민군 관계에 대한 자유주의적 접근을 계속해서 수용하고, 다른 한편으로는 미국의 군사 안보에 대한 위협이 강화되면서 군사적 요구 사항의 필요성과 국가 정책에 대한 군사 윤리의 관련성이 높아진 된 결과였다. 냉전은 외교 정책의 초점을 외교와 묘책에서 수립과 운영으로 옮겼다. 다수의 강대국이 있는 국제정치의 구식 패턴에서는 정적 요소는 다양한 국가들의 상대적 권력이 되는 경향이 있었다. 역동적인 요소는 국가 간의 연합과 조정의 변화였다. 그러나 제2차 세계 대전 이후 외교적 요소는 상대적으로 정적이었고(일반적으로 냉전 시대에는 국가가 한쪽 또는 다른 쪽이었다), 동적 요소는 두 편의 상대적인 군사력 및 경제적 강점이었다. 냉전 시대 중국과 유고슬라비아의 변화로 힘의 균형이 바뀌었지만, 열핵 능력 개발에 있어 소련과 미국의 상대적인 진전 이전에는 그 중요성이 희미해졌다. 따라서 군사적 요구 사항은 외교 정책의 기본 요소가 되었고 군인과 기관은 이전에 미국 현장에서 군사 전문가가 소유했던 것보다 훨씬 더 많은 권위와 영향력을 획득했다.

제기된 기본적인 문제는 자유주의와 근본적으로 상반되는 전문적인 군대와 기관의 유지가 필요한 경우 자유주의 사회가 군사적 안보를 어떻게 제공할 수 있느냐는 것이었다. 이론적으로 세 가지 대답이 가능했다. 긴장은 1940년 이전 민군 관계 패턴으로 돌아간다면 완화될 수 있었다. 즉, 군대를 최소화하고, 군사 기관을 사회에서 격리하고, 군사적 영향력을 무시할 수 있는 수준으로 줄이는 것이다. 미국 사회는 자유주의에 충실할 것이고 미군은 전문적인 보수주의의 껍질로 돌아갈 것이다. 그러나 이 정책을 추구하면 국가의 군사 안보를 희생시키면서 이러한 가치를 실현할 수 있다. 두 번째 해결책은 증가된 군사적 권위와 영향력을 수용하되 군사 지도자들이 전문적 관점을 포기하고 군사 기관을 자유주의적 노선에 따라 개혁해야 한다고 주장하는 것이었다. 전통적인 군사적 보수주의를 희생하면서, 이것은 미국 사회에서 자유주의의 지속을 보장하고 적어도 일시적으로 국가의 군사적 안보를 제공할 것이다. 그러나 제2차 세계 대전에서와 같이 장기적 목표를 희생하고 궁극적으로 군사적 효율성을 상실하면서 이러한 목적을 달성할 수 있었다. 마지막으로 사회가 군사적 관점과 군사적 필요에 대해 좀 더 호의적인 이해와 인식을 채택한다면 군부와 사회 사이의 긴장을 완화할 수 있을 것이다. 이것은 기본적인 미국 자유주의 윤리에 대한 급격한 변화를 수반할 것이다. 가장 어렵고 가장 영구적인 문제 해결 방법이기도 하다. 실제로 제2차 세계 대전 이후 10년 동안의 미국 민군 관계는 이러한 경로 중 어느 것도 일관적으로 따르지 않았다. 보수적인 군사적 전망, 자유주의적 사회적 가치, 군사력 증대 사이의 긴장은 대체로 해결되지 않았다. 그러나 정책과 실천의 지배적인 경향은 첫 번째와 두 번째 해결책, 즉 군사적 가치와 제도의 말살이나 변형이라는 전통적인 자유주의적 접근을 지향하는 경향이 있었다.

민군 관계에 대한 전후 관점

■ **군국주의 국가 가설**   전후 10년은 스펜서(Spencer), 섬너(Sumner) 및 카네기(Carnegie)의 비즈니스 평화주의 이후 최초의 의식적이고 체계적이고 정교한 민군 관계 이론이 미국 현장에 등장하는 것을 보았다. 이것이 군국주의 국가의 개념이었다. 원래 1937년 해럴드 라스웰(Harold Lasswell)이 중일 전쟁에 대한 해석으로 언급한 군국주의 국가 개념은 제2차 세계 대전과 그 이후가 될 때까지 창시자에 의해 완전히 정교화되고 대중화되지 못하다가 지식인에 의해 고수되고 대중 매체에 의해 암시되는 민군 관계의 지배적인 이론이 되었다.[1] 라스웰 개념의 중요성은 미국 자유주의의 전통적인 가정과 가치를 계속되는 군사 위기의 명백한 현실

에 적용하려는 시도에서 파생되었다. 그것은 세 가지 요소를 결합했는데 이는 1) 20세기 국제 분쟁에 대한 분석, 2) 영구적인 전쟁의 결과는 특정 형태의 사회 조직, 즉 군국주의 국가의 일반적인 출현이 될 것이라는 예측, 그리고 3) 군국주의 국가에 대한 유일한 가능한 대안으로서 세계 연방에 대한 선호 표명이었다.

라스웰의 분석은 허버트 스펜서가 중단한 지점에서 시작되었다. 역사의 자연적 과정은 호전적이고 군국주의적인 계급 사회에서 태평양, 부르주아, 민주주의 사회로 진보적이며 상향적이다. 전쟁 국가 또는 군국주의 국가의 반대는 19세기에 점점 더 지배적이 되고 있던 비즈니스 국가이다. 당시 사회의 목표는 경제적, 즉 "평화로운 번영 추구"였고, 복잡한 상업 관계의 부상은 "제한된 세계 질서를 위한 물질적 기반을 제공할 세계 시장을 만드는 것처럼 보였다." 그러나 제1차 세계 대전이 시작될 무렵부터 역사는 궤도에서 벗어났다. 추세는 "자유인의 세계 연방국에서, 군국주의 국가가 카스트에 포로된 사회 시스템을 재도입하는 세계 질서"로 바뀌었다. 이러한 역사의 단절 또는 편향의 결과로 "우리 시대의 경향은 사업가의 지배에서 벗어나 군인의 지배를 향하고 있다." 전쟁은 이러한 경향을 재촉하지만 심지어 "전쟁의 지속적인 위협조차도 역사의 방향을 역전시킬 수 있다." 라스웰은 전쟁, 위기, 불안의 원인에 대해 분명히 하지 않았다. 그는 20세기 중반을 내다보며 그들의 존재를 받아들였다. 그러나 진보의 자유주의 이론으로 그는 그것들이 존재한 이유에 대해 실질적으로 설명을 하지 못했다. 그것들은 분명히 1917년 러시아에서 공산당이 권력을 장악하면서 시작된 "우리 시대의 세계 혁명적 패턴"과 연결된 것으로 보였다. 이것은 공산주의의 보편적 사상과 러시아 국가의 특정한 필요 및 제도 사이에 지속적인 긴장을 야기했다. 군국주의 국가는 세계혁명의 논리적 산물이거나 그에 대한 반작용이다. 그의 초기 저작에서 라스웰은 그것을 후자로 가정하는 것처럼 보였다. 그의 후속 저서에서는 전자로 가정하였다. 한 국가가 사회 조직의 군국주의 국가 형태를 채택하면 패턴이 보편화되는 경향이 있다. 미국과 소련 모두에서 군국주의 국가는 냉전이 장기간 지속되는데 필요한 산물이 될 것이다.

군국주의 국가의 성격에 대한 라스웰의 예측에는 군사적 가치의 내용, 자유주의 사회에서의 군사화 가능성, 민군 관계 유형과 국가 형태 간의 관계에 관한 많은 오해가 내재되어 있다. 그의 견해에 따르면 군국주의 국가의 기본은 다른 모든 목적과 활동을 전쟁과 전쟁 준비에 종속시키는 것이었다. 호전적인 의도와 가치의 우위는 국가에서 군대가 수행하는 지배적인 역할에 반영된다. 여기서 라스웰은 전통적인 자유주의가 군대를 전쟁과 폭력으로 동일시 하는 것으로 간주했다. 군대가 민간인보다 전쟁을 더 선호한다는 잘못된 견해를 갖고 현대 사회에서 군대의 힘을 확대 추정하여 전쟁의 위협 하에서 신념 체계의 군사화가 상대적으로 쉬울 것이라고 결론을 내렸다. 그는 초기에 군국주의 국가의 방향에서 군사 기술 그룹의 지배적인 역할을 강조했다. 이후의 에세이에서 그는 지배 엘리트에 경찰과 군대를 포함시켰다. 이제 외국 및 국내 폭력 전문가들이 최상위 계층이 되었다. 공교롭게도 그는 단순히 군국주의 국가보다 "군국주의－경찰" 국가 또는 "군국주의－감옥" 국가에 대해 더 많이 말했다. 라스웰은 군대를 적과 연결하는 자유주의적 패턴을 계속해서 여기에서 전체주의 경찰과 동일시했다. 그는 또한 더 구체적으로 군국주의 국가를 그 당시의 즉각적인 위협으로 여기는 경향이 있었다. 그는 1937년에는 일본이 군국주의 국가 형태에 가장 근접했고 냉전 발발 이후 소련이 가장 전면적으로 군국 국가 경향을 드러냈다.

군국 국가는 소수의 손에 권력이 집중되어야 한다. 행정부와 군부는 입법부와 민간 정치인을 희생시키면서 권력을 얻는다. 민주주의 제도는 폐지되거나 순전히 의례적인 것이 된다. "권위는 위의 지휘관에게서 아래로 흐르고 아래로부터의 주도권은 견디기 힘들다." 라스웰은 군사적 통제가 민주주의와 양립할 수 없다고 가정하여 민군 관계의 형태를 정부 형태와 동일시했다. 군국주의 국가는 정부의 범위를 결국 확장되고 사실상 사회와 공존하게 된다. 기술, 산업, 과학, 노동은 모두 전쟁을 목적으로 편성되었다. 군사 방위를 위한 사회 자원의 이러한 활용은 본질적으로 비생산적이다. 군국주의 국가는 사용을 하기 위해 생산하는 자본주의와 사회주의와 다른데 실제로 한 시점에서 라스웰은 "우리 시대의 지배적인 위기"는 "사회주의와 자본주의 대 군국주의－감옥 국가"라고 지적했다. 군국주의 국가는 평등주의적 측면을 가지고 있지만 수용소의 평등주의이다. 즉, 식량 부족과 많은 위험의 평등이다. 군국주의 국가는 간단히 말해서 전쟁 중인 루덴도르프(Ludendorff)의 국가, 스펜서의 호전적인 사회에 현대 기술을 더한 것이다. 그것의 궁극적인 형태는 현대의 전체주의와 구별할 수 없다.

라스웰은 군국주의 국가의 출현을 "개연성이 있는", "가능성이 있는" 또는

"발생할 수 있는 일"로 다양하게 표현했다. 그러나 세계 연방에서 군국주의 국가에 허용 가능한 유일한 대안은 "적어도 불가능한 것" 아니다. 현대 과학과 기술은 세상을 하나로 묶는다. 인류의 근본적인 열망은 전 세계적으로 동일하다. 러시아와 미국 문화조차도 많은 유사점을 공유한다. 생활 수준과 과학적 지식 수준을 높이는 데 지배 엘리트의 이기심이 전쟁 가능성을 낮추도록 이끌 것이다. 전쟁을 연기할 수 있다면 '공동의식과 계몽' 요인이 '안정적인 협력 재개'를 가능하게 할 것이다. 일단 이것이 시작되면 "두 극지 진영 사이의 미미한 태평양을 가로지르는 접촉은 확대되는 흐름으로 팽창하여 세계 공동체가 보다 완전한 자유인 공동체를 향해 직접 전진하는 평화로운 연합의 새 시대를 열 것이다." 그 결과는 "과학과 민주주의가 결합된 동질적 세계문화," "세계적 권력의 상관관계," "인류의 궁극적인 통합"이 될 것이다. 라스웰은 과학, 문화, 이성, 정신의학, 경제 및 기술의 조형적 영향을 강조하는데서 다양한 자유주의적 접근을 결합했다.

세계 통합은 미국 정책의 최종 목표이어야 한다. "사실 우리의 목표는 긍정적이고 세계를 포용하는 것이다." 같은 사회 내에서 자유주의적 제도와 군사적 제도를 유지하는 것이 불가능하듯이, 같은 세계에서 상반되는 두 사회체제의 지속도 마찬가지이다. 평화로운 통합이 있거나 결국 치명적인 분쟁에 야기할 군국주의 국가의 지속적인 발전이 있다. 이 분쟁은 "인류의 거의 완전한 절멸"을 의미할 수 있다. 그것은 하나의 로마가 아니라 두 개의 카르타고(Carthages)를 만들 것이다. 그러나 그때쯤이면 군사화된 사회에서 계속되는 삶보다 파괴가 더 나을 것이다. 비록 제3차 세계 대전이 "전례 없는 규모로 인간과 그의 삶을 황폐화시킬 것"임에도 불구하고 전쟁 준비로 자유 제도를 약화시키는 것은 제3차 세계 대전보다 "더 교활한 위협"이 된다. "전쟁의 최종 사실은 전쟁을 위한 영구적인 준비보다 덜 위험할 것 같다."

라스웰은 세계 연방에서 완전한 평화가 있거나 완전한 전쟁과 파괴가 있어야 한다고 주장했다. 그는 갈등과 조정이 계속될 가능성을 배제했다. 이것에서 그는 사회 단위들 사이의 지속적인 마찰의 전망을 용인하지 않겠다는 자유주의적 거부감을 반영했다. 어떤 식으로든 역사는 멈춰야 한다. 이 견해의 근본에는 다름에 대한 심리적 편협함과 보편성과 조화에 대한 심리적 갈망이 있다. 대안은 달성할 수 없는 세계 단일성 또는 견딜 수 없는 세계 대전이다. 라스웰의 이론은 비관주의의 척도였고 실제로 자유주의자가 제2차 세계 대전 이후의 장면을 숙고하는 과정에서 일어난 절망이었다. 그의 목소리는 자포자기와 절망의 목소리였으며, 이것은 자유주의적 환상이 인간 상황의 완고한 암울함에 의해 산산이 부서진 정도에 대한 비통한 인식이었다.

■ **정치-군사 융합**　　　군국주의 국가론은 장기화된 군사 위기 상황에 적응하려는 노력이었다. 정치군사융합론은 군사력이 강화된 사실에 적응하려는 시도였다. 군국주의 국가 가설이 세계적 상황에 직면한 무력감의 수동적 표현이라면, 융합에 대한 요구는 기능적 전문화의 가능성을 부정함으로써 문제의 한 측면을 해결하려는 적극적인 시도였다. 이 이론은 전후 세계에서 군사 정책과 정치 정책이 이전보다 훨씬 더 밀접하게 상호 연관되어 있다는 부인할 수 없는 사실에서 출발했다. 그러나 정부 고위층에서 정치와 군사 기능의 구분을 유지하는 것이 불가능해졌다고 주장했다. 새로운 상황으로 인해 "정치적" 및 "군사적"이라는 오래된 범주가 무익하고 구식이며 의미가 없다는 주장이 계속해서 제기되었다. 융합주의 이론은 전후 민군 관계의 행정적 문제에 대한 민간사고를 지배하였다.2) 그것이 정부 기관의 분석에 적용된 구체적인 형태에서 정치－군사 기능의 통합에 대한 이러한 요구는 그 자체로 미국의 군대 접근 방식에서 새로운 요소였다. 부분적으로는 군사적 책임의 명확하게 정의하지 않은 내재된 헌법상의 어려움을 반영했고, 부분적으로는 전쟁이 총체적이 되었기 때문에 군사적 영역도 마찬가지라는 느낌에서 파생되었다. 그러나 그것은 더 큰 범위에서 단순히 군사 지도력의 증가된 힘이 전문적인 군사적 관점에 대한 수용이 높아지는 것을 의미할 것이라는 자유주의적 두려움을 반영했을 뿐이다. 결과적으로 군사적 지도의 불가피한 전환을 상정함으로써 전문적인 군사적 접근을 약화시키고 종속시키고, 증대된 군사력과 자유주의적 가치를 조화시키려 하였다. 사실상 융합주의 이론은 전후 민군 관계의 문제를 그 존재를 부정함으로써 해결하려 한 것이다.

　　융합주의 이론은 두 가지 형태로 나타났다. 한 가지 요구 사항은 군사 지도자의 사고에 정치적, 경제적, 사회적 요인을 통합해야 한다는 것이었다. 이 사상학파는 "군인은 군인 정신을 가져야 하는가?"라는 되풀이되는 질문에 "아니다. 그들은 적어도 군사적 권위의 최고 수준에서는 군사적 정신을 가져서도 안되고 가질 수도 없다"고 답했다. 편협한 "군사 기계공"을 비난하고 순수히 군사적인 관점을 초월한 넓은 마음을 가진 "군사 정치가"를 칭찬했다. 합참, 국무부 및 기타 기관 간에 행정적 조정을 확보할 수 있는 유일한 수단은 공통된 국가적 관점을 공유하는 것이라고 주장했다. 국가 정책에 대한 모든 결정에는 분리할 수 없는 군사적 요소와 비군사적 요소가 모두 포함되어 있었다. "순전히 군사적 결정 같은 것은 없다"라고 융합주의자들은 합창하며 민군행정의 합당한 배치를 애원했다. 물론 합동참모본부 차원에서 '순전한 군사적 결정'은 없다. 합참이 법적으로 의사결정기구가 아닌 자문기구로 구성된 정확한 이유다. 그러나 국가 정책에 대해 군사적 안보 고려 사항의 중요성을 강조하는 군사적 관점이 분명히 존재한다. 국가 정책에 대한 모든 결정에는 경쟁하는 가치 사이의 선택이 포함된다. 군대의 임무는 군사 안보를 극대화하는 것이 바람직함과 다른 가치의 비용 사이에서 균형을 유지해야 하는 정치적 의사 결정자가 군사 안보를 소홀히 하지 않도록 하는 것이다. 광범위한 군사정치가를 요구하는 융합주의적 요구는 군 지도자들이 더 높은 역할을 하기 위해 자신을 부인할 것을 요구하는 것이었다. 따라서 그것은 자유주의적 반군국주의가 취할 수 있는 가장 미묘하고 가장 설득력 있는 형태였다. 융합주의 이론은 모든 군사 정책 권고가 특정 정치적, 경제적 가정에 기초해야 한다는 부인할 수 없는 사실을 확장하여 군대가 그러한 가정을 제공해야 함을 의미한다. 이 입장의 지지자들은 합참이 정치적 고려의 중요성을 옹호하는 동안 국무부 대표들이 부처 간 회의에서 군사적 논쟁을 제기한 정도를 지적했다. 그들은 또한 장교들이 국가 정책의 복잡성을 인식할 수 있게 해줄 뿐만 아니라 정치 및 경제적 문제에 대해 장교들이 스스로 결론을 내릴 수 있게 해주기 때문에 국립전쟁대학(National War College)과 같은 기관의 설립을 높게 평가했다. 이 이론의 지지자들이 모호하게 남아 있는 한 가지 점은 그들이 장교들이 참여하기를 바라는 정치적 사고의 실질적인 내용이었다. 장교들은 무엇에, 또는 더 중요하게는 누구의 정치적 사상을 고수해야 하는가? 융합주의자들은 구체적으로 대답하지 이 질문이다. 만약 그들이 이 질문을 고심했다면, 군 지도자들은 그들의 생각에 비군사적 요소들을 필연적으로 그들의 생각에 통합해야 한다는 거의 만장일치의 민간의 의견이 불가피하게 한 민간과 다른 민간 사이의 격렬한 논쟁으로 사라지고 말았을 것이다.

　융합주의 이론의 두 번째 발현은 군 지도자들이 비군사적 책임을 져야 한다는 요구였다. 군사 지도자의 비군사적 사고에 대한 주장은 기능적 전문화와 객관적인 문민통제를 암묵적으로 거부했다. 이 두 번째 요구는 주관적인 문민통제를 명시적으로 선호했다. 군사 지도자의 정치적 중립성과 국가 기관에 대한 단순한 복종에 의존하는 것은 불가능하다고 주장했다. 대신, 라스웰이 말했듯이 군사 전문성의 가능성을 최소화하면서 "민간 패권의 영속은 특정 정부 형태를 유지하는 것이 아니라 군인이든 아니든 모든 구성원들 사이에서 자유 사회의 가치 목표의 활력을 보장하는 데 달려 있는 것으로 보인다."3) 자신의 생각을 군사적 고려로 제한한 "군사 기계공"이 거부된 것처럼, 책임의 범위를 좁게 정의한 "군 기술자"도 거부되었다. 융합주의 이론의 가장 주목할 만한 표현 중 하나는 독일 장군들이 나치 정권의 국내외 프로그램에 공개적이고 적극적으로 반대하지 않음으로써 히틀러주의의 도덕적, 정치적 죄책감을 공유했다는 주장이었다. 이 비판을 지지하는 일부 지지자들은 1945년 폰 룬스테트(von Rundstedt)에 대한 비난을 1951년 맥아더에 대한 똑같이 맹렬한 공격으로 보충함으로써 논리에 다소 뻔뻔하게 도전했다. 텔포드 테일러(Telford Taylor)와 같은 다른 비평가들은 딜레마를 이해하고 미국에 대한 그들의 비판이 내포하는 함의를 다루고자 시도했다.4) 전후 10년 동안의 미군 장교들은 자신의 행동에 대한 뉘른베르크(Nuremberg)의 "더 높은 충성" 철학의 관련성을 인식했다. 맥아더 장군은 "우리 군대의 구성원이 그들이 수호하기로 맹세한 국가와 헌법보다 정부 행정부의 권위를 일시적으로 행사하는 사람들에게 일차적인 충성과 충실을 빚고 있다는 새롭고 지금까지 알려지지 않은 위험한 개념"을 비난하면서 독일 장군에 대한 많은 미국 민간 비평가들의 의견에 동의했다.5) 더 명확하게 말하자면, 또 다른 미국 장교는 1949년 B-36 논쟁에서 그가 동의한 크롬멜린(Crommelin) 대위의 "불복종"에 대해 다음과 같은 이유로 변호했다.

> 뉘른베르크 국제 군사 재판소의 결정은 대부분 전문 군사 피고인이 히틀러의 명령이 아니라 양심에 따라야 한다는 교리에 근거했다. 따라서 군인이 복종하기를 거부하는 것이 불복종하는 것이 아니라 그의 의무인 경우가 있다.6)

객관적인 문민통제라는 안전한 근거에서 벗어나 융합 옹호자들은 다양한 용도로 사용할 수 있는 무기를 꺼냈다.

미국 사회에서 군사적 영향력

　1946년과 1955년 사이에 미국 사회에서 군인의 영향력은 제2차 세계 대전 중보다 훨씬 적었다. 그럼에도 불구하고 전면전이 없는 상태에서 유례없는 수준이었다. 전문 군 장교가 정부, 산업 및 정치에서 비군사적 역할을 담당하고 비군사적 집단과의 관계를 발전시키는 정도는 미국 역사상 새로운 현상이었다. 이 기간 동안 미국에서 군 장교들은 다른 어떤 주요 국가보다 훨씬 더 큰 권력을 행사했다. 그들의 영향력에 대한 가장 중요한 세 가지 표현은 다음과 같다. (1) 민간인이 일반적으로 점유하는 정부 직위에 군 장교가 유입되었고, (2) 군사 지도자와 기업 지도자 사이에 긴밀한 유대가 발전했고, (3) 군인 개개인의 인기와 명성이 널리 확산되었다는 것이다.

　이러한 전후 군사적 역할을 분석할 때 두 가지 문제가 특히 중요하다. 첫째, 근본적으로 제2차 세계 대전과 관련된 요인으로 인해 군대의 영향력이 커졌기에 결과적으로 이러한 영향력은 일시적인 현상이었는가? 아니면 냉전과 관련된 원인에서 비롯되었으며 결과적으로 미래에도 무기한 계속될 수 있는 것인가? 의심할 여지 없이 미국의 세계 정치 개입으로 인한 군사적 의무의 증가는 1940년 이전에 존재했던 것보다 훨씬 더 높은 수준의 군사적 영향력에 기여했다. 그럼에도 불구하고, 전후 첫 10년 동안의 군사적 영향력은 여러 면에서 제2차 세계 대전의 여파이기도 했는데 1940년에서 1945년 사이에 군대가 획득한 명성과 영향력, 그리고 그 기간 동안 민간 기관과 리더십이 약했던 것이 평시로 이월한 것으로 볼 수 있었다.

　둘째, 군사적 영향력의 증가는 전문적인 군사적 관점의 보다 광범위한 수용을 수반했는가? 일반적으로 미국 사회에서 초기에 만연했던 이 두 가지 요인 사이의 역관계는 1946년-1955년 기간 동안 계속되었다. 군사적 영향력의 급속하고 광범위한 증가와 군사적 수요 및 군사적 요구사항의 성공률이 상당히 낮은 사이에는 상당한 격차가 존재했다. 가장 큰 정치적 영향력을 획득한 군사적 요소는 직업윤리를 가장 멀리 저버렸고, 그들의 다양한 역할은 민간인들이 직업적 군사적 사고의 가정을 쉽게 거부할 수 있게 하였다. 강제병역과 군사 예산의 규모와 같은 문제에 관해서는 전문적인 군사적 관점과 전통적인 미국 민당국의 태도 사이에 명확한 차이가 있었고 후자가 일반적으로 승리했다. 실제로 이 기간 동안 미국의 군사 정책은 여러 면에서 군사적 안보를 달성하기 위한 최선의 수단은 실질적인 병력의 유지를 통한 것이라는 전문적인 군사적 결론에서 벗어나기 위한 일련의 지속적인 노력이었다.

■ **민간 정부에서의 참여**　　군사적 기술만을 필요로 하지 않는 정부 직책에 전문 장교의 진출은 두 가지 형태를 취했는데, 이는 군사적 기능과 정치적 기능을 결합한 공동 직위의 군사적 점유와 전적으로 비군사적 기능을 가진 민간인 지위의 군사적 점유였다.

　　결합된 직책 중 가장 주목할 만한 예는 (1) 1949년까지 독일과 1952년까지 일본에 존재했던 것과 같은 점령 지역의 군사 총독직, (2) 북대서양조약기구(North Atlantic Treaty Organization)의 SHAPE 및 유엔 한국군사령부와 같은 국제군사령부, 그리고 (3) 미국의 지원을 받는 국가의 군사 자문 및 훈련단 등이었다. 결합된 직책은 증가된 기능적 전문화에 충분히 빠르게 적응하는 정부 조직의 실패를 반영한다. 융합주의 이론이 현실로 나타난 한 분야였다. 군사적 책임과 정치적 책임을 별도로 수행하기 위한 적절한 제도적 장치가 없는 상황에서 결합된 직책의 점유자들은 두 직무를 모두 수행했다. 점령된 총독직은 제2차 세계 대전 이후 발전한 일시적인 현상이었다. 적대행위가 여전히 진행 중이고 종료 직후에는 정치적 기능과 군사적 기능을 분리하는 것이 사실상 불가능했다. 군정부와 민사업무는 군지휘기관을 통해 자연스럽게 처리되었다. 그러나 전쟁이 끝난 후 점령지에서 군사적 보안 기능의 중요성은 줄어들었다. 당면한 문제는 경제적, 사회적, 정치적, 헌법적 문제였다. 이론적으로 이 시점에서 군사적 통제는 민간인의 지시로 넘어갔어야 했으며 독일의 프랑스, 영국, 러시아 지역에서는 문민통제가 군사적 통제를 대체했다. 그러나 맥아더 장군의 국가적 인기와 정치적 지지로 인해 그를 민간 점령지 총독에 속하는 군사 부하로 전락시키는 것은 불가능했다. 독일에서는 국무부가 점령 통치에 대한 책임을 지기를 꺼려하여 군사 통제를 1949년까지 연장했다. 극동과 독일에서는 순전히 정치 및 민사 업무에 전념하는 대규모 참모부가 총독이 그의 정치적 책임을 다하는 것을 지원하기 위해 개발되었다. 어떤 형태로든 대부분 민간인으로 구성된 이 참모진은 군 지휘 조직에 속하거나 소속되어 있었다.

국제군사령부는 냉전으로 인한 군사안보 위협에 대한 대응이었다. 결과적으로, 하나의 유형으로서 그들은 결합된 사무소의 보다 영구적인 발현이었다. SHAPE 사령관과 극동 유엔군 사령관은 정치적 외교적 임무를 수행하는 데 상당한 시간을 할애해야 했다. 보다 임시적인 유엔군 사령부는 정치적 책임과 군사적 책임을 분리하는 수단을 개발하려는 노력을 하지 않았다. 반면에 유럽에서는 SHAPE 군사 조직의 초기 창설과 첫 번째 테스트를 통한 시범 운영은 군사적, 정치적, 외교적 기술의 독특한 조합이 필요했다. 그러나 일단 구조가 확립되면 기능이 어느 정도 분리가 가능해졌다. 리그웨이(Ridgway)와 그루엔터(Gruenther)의 보다 철저한 군사적 접근과 이스메이 경(Lord Ismay) 휘하의 민간 조직의 출현은 모두 나토(NATO)에서 군사 및 민간 활동을 분리하려는 노력을 반영했다. 그러나 두 기능의 완전한 분리는 아마도 비실용적일 수 있는 새로운 형태의 국제 정치 기관의 개발을 필요로 했다. 결과적으로 나토의 지휘관과 참모들은 군사적 모습을 하고 군사적 메커니즘을 통해 정치의 긴급 상황이 보다 공개적으로 수행하는 것을 허용하지 않는 정치적 기능을 계속 수행했다.7)

미국의 군사적 지원을 받는 국가에 대한 군사 자문단은 외교적 책임과 군사적 책임을 결합했다. 가장 중요한 형태의 미국 지원에 대한 통제 덕분에 자문단과 그 국장은 때때로 대사와 국무부에 적절하게 속한 의무와 영향력을 흡수하는 경향이 있었다. 외국에서 이러한 규모의 민군 대표단을 조직하는 문제는 미국에 비교적 새로운 것이지만 과거에는 다른 국가들에서 이것이 효과적으로 처리되었다. 미국의 군사 지원 및 자문단은 의심할 여지 없이 미국 외교를 수행하는 데 있어 비교적 영구적인 기구로서 계속 남아 있을 것이며, 해외의 군사 및 민간 임무 사이의 궁극적인 책임과 의무의 구분은 해결되지 않는 어려움을 나타내지 않아야 했다.

제2차 세계 대전 이전에 전문적인 장교들은 때때로 국가 정부에서 민간 직책을 맡았다. 그러나 제2차 세계 대전 이후 민간 직위에 군부가 진출하는 범위는 미국 역사상 전례가 없었다. 1948년에는 150명의 군인이 민간 정부에서 중요한 정책 결정 직책을 맡은 것으로 추산되었다.8) 정부에서 가장 중요한 임명 직책 중 상당수는 한 번쯤은 군 장교가 차지했다. 장교들이 공무원직으로 유입된 이유는 복합적이었다. 일부는 제2차 세계 대전의 결과였고, 일부는 냉전의 새롭고 지속적인 요구에서 파생되었다.

(1) 전통적인 임명은 계속해서 미국 민군 관계의 특징이었다. 연방 정부의 일부 지역에서는 제2차 세계 대전 이전의 군인 임명 전통이 있었다. 장교들은 그들의 복무에서 분리되거나 퇴직 후에 이러한 직책에 임명되었다. 전통적인 임명의 가장 중요한 영역은 육해군의 기술적 전문성과 밀접하게 연관되어 있었다. 해군 장교는 해양 문제와 관련된 연방 직위에 자주 선발되었다. 예를 들어, 1937년과 1949년 사이에 미국 해양 위원회(United States Maritime Commission)는 5명의 위원 중 항상 1-3명의 장교를 두었으며, 대부분 제독이 지휘했다. 초기부터 육군 공병 장교는 종종 민간 공공 사업 직위에 임명되었다. 1930년대에 뉴딜은 공공사업진흥국(WPA) 및 유사 기관의 많은 장교들을 활용했으며, 트루먼 행정부와 아이젠하워 행정부에서도 비슷한 직책에 고용되었다.• 다른 영역에서 브래들리(Bradley) 장군이 1945년에 임명된 보훈국장 자리는 1923년부터 다른 장군이 차지하고 있던 자리였다. 비록 브래들리 장군 뒤에 민간인이 그 직책을 차지했지만, 이 직책에도 군인 점유의 전통이 있다고 결론짓는 것이 타당해 보인다. 전통적인 임명은 특정 부류의 전문 장교가 소유한 특별한 유형의 비군사적 전문 지식을 활용하려는 민간인의 열망을 반영했다. 그것들은 미국 정부에서 지속적이고 비교적 보편적인 현상으로 나타났다.

(2) 명예적이고 정치적인 임명은 제2차 세계 대전 직후의 독특한 특징이었다. 제2차 세계 대전 후 많은 군사 임명은 주로 전쟁에서 두각을 나타낸 군 지휘관을 기리기 위해 고안되었다. 미국 전투 기념비 위원회(American Battle Monuments Commission)에서 봉사할 주요 장군과 제독 선발, 임시위원회에 다양한 군인 임명, 일부 군인의 대사로의 임명이 이 범주에 속했다. 명예 임명은 아이젠하워 행정부보다 트루먼 행정부에서 더 빈번했다. 1945년과 1953년 사이의 많은 군사 임명은 의심할 여지 없이 트루먼 행정부가 외교 정책을 수행하기 위해 제2차 세계 대

• 예를 들어, 필립 플레밍(Philip Fleming) 소장은 1933-35년 P.W.A.의 부장이었고 1941-49년 연방 작업 관리자(Federal Works Administrator)의 차장이었다. 에드먼드 레비(Edmond H. Leavy) 소장은 1936년-1940년 뉴욕의 W.P.A.에 차장이었고 1940년 부국장이었다. 아이젠하워 행정부는 허버트 보겔(Herbert D. Vogel) 준장을 T.V.A.의 회장, 그리고 존 브래그던(John S. Bragdon) 준장을 공공 사업 코디네이터로 임명했다.

전 최고 사령관의 정치적 인기를 이용하려는 바람을 반영했다. 이러한 동기가 존재했던 가장 주목할 만한 사례는 아마도 마셜 장군을 중국 주재 대통령 특사, 국무장관, 국방장관으로 고용한 것이다. 명예직과 정치적 임명은 모두 일시적인 현상이었다. 이후의 정권은 트루먼 행정부처럼 정치적 지원에 대한 특별한 필요성이 없었고, 전면전을 제외하고 어떠한 전쟁도 그러한 지원을 제공하거나 명예직을 받을 자격이 있는 인기 있는 군사 영웅을 배출할 가능성이 거의 없었다.

(3) 행정 임명은 냉전의 새롭고 지속적인 요구를 반영했다. 전후 10년 동안 공직에 대한 군사 임명의 대부분은 외교 및 국방 기관에서 이루어졌으며 그 직책은 본질적으로 "행정"이라고 할 수 있다. 그것들은 무기한으로 존재하게 될 가능성이 있는 새로운 명령에서 파생되었다. 1933년 이전에는 연방 정부의 인력 요구 사항이 상당히 적었다. 뉴딜 시기 국내 기관의 확대는 프로그램 중심의 전문직 종사자, 학자, 변호사 등이 워싱턴으로 이동하면서 이루어졌다. 전시 활동을 수행하기 위해 정부는 고용의 일시성과 정부 기능의 애국적 의무에 대한 이중적 호소를 통해 기업가와 전문 인력을 유치하였다. 그러나 1945년 이후 계속된 중요한 외교 및 국방 활동의 인력 충원은 어려운 문제를 제기했다. 임시 전쟁 직원은 고향으로 흩어졌고, 뉴딜에 관여한 사람들은 일반적으로 외교에 관심이 없었다. 그리고 사업가들은 일반적으로 민주당 행정부에서 일하기를 꺼려했다. 행정 및 외교 기술을 갖춘 준비된 민간인의 출처가 없었다. 결과적으로 군대는 그 공백을 채우기 위해 호출되었다. 장교들은 기꺼이 봉사하고, 공공 고용에 익숙하고, 낮은 급여에 익숙하고, 좌파 계열에 오염되지 않았으며, 특수 이익 단체와의 관계에서 분리되었다. 군사 기술이 그들이 임명된 직책의 전제 조건은 아니었지만, 그들의 군사 배경은 중요한 시민 집단이 소유하지 못한 특정 유형의 경험과 훈련을 제공했다. 국무부는 특히 민간기관 중 경험이 풍부하고 유능한 인력을 전후 직후에 필요로 하고 전문 장교들을 활용하였다.• 1946년과 1947년 이후에 민

• 여기에는 다음이 포함된다. 조지 마셜(George C. Marshall) 육군 장군, 1946년 중국 특별대표, 1947년–1949년 국무장관; 헨리 바이로드(Henry C. Byroade) 준장, 1949년–1952년 독일문제국 소장, 1952년–1955년 국무차관보, 1955년– 이집트 대사; 존 힐드링(John H. Hilldring) 소장, 1946년–1947년 국무차관보; 월터 베델(Walter Bedell Smith) 중장, 1946년–1949년 소련 대사, 1953년–1955년 국무차관; 존 베이스(John W. Bays) 해군 소장, 1947년–1949년 외교행정부 수장; 리 팍(Lee W. Park) 대령, 1944년–지도제작부 수장; 토마스 홀콤(Thomas Holcomb) 소장, 1944년–1948년 해병대 남아프리카 공화국 부서; 알버트 웨더마이더(Albert C. Wedemeyer) 중

간 외교 및 국방 직책에 있는 장교의 비율이 감소하는 경향이 있었고, 아이젠하워 행정부는 어느 정도 전문직 공무원을 기업가들로 대체했다. 그러나 군 행정 임명의 완전한 제거는 군보다 우수한 이 분야의 교육과 경험을 가진 고위 민간 행정관의 지속적인 자원의 개발에 달려 있었다.

특히 1946년에서 1948년 사이에 군인들의 민정 유입은 상당한 비판을 불러 일으켰다. 군인 임명은 정부의 군사화, 문민 통제 포기, 군국주의 국가의 임박의 징후로 여겨졌다. 의회는 트루먼 대통령의 군사 임명 중 3건을 승인하기를 거부 했다.* 1950년에 마셜 장군을 국방부 장관으로 선출하면서 이 문제에 대한 새로 운 논쟁이 촉발되었다. 아이젠하워 행정부의 군 임명자 중 일부는 의회의 강력한 반대에 부딪쳤다.9) 군대 유입에 대한 거의 모든 비판은 추상적인 헌법 및 정치 원칙과 시민 정부에 대한 일반화된 위험이라는 측면에서 다루어졌다. 몇 가지 예 외를 제외하고 특정 장교의 행동이 군인 정신의 본질적으로 위험한 특성을 반영 한다는 것을 입증하는 것은 불가능했다. 군대의 일반적인 유입을 군국주의 국가 로 향하는 경향의 증거로 인용하는 것은 모두 매우 적절했다. 그러나 브래들리 (Bradley)가 재향군인 행정관(Veterans Administrator)으로, 마셜(Marshall)이 국무장관 (Secretary of State)이 되자 군사화의 위협은 빠르게 사라졌다. 전문 장교들은 새로 운 민간 환경에 섞여들어 비군사적 목적을 수행했고, 비군사적 고려에 의해 동기 를 부여받았으며, 민간인 전임자 및 후임자들과 조금 다르게 그들의 직무를 수행 했다. 의심할 여지 없이 1946년과 1947년에 국무부로 이동한 장교들은 그 기간

장. 1947년 중국과 한국 특별대표; 앨런 커크(Alan G. Kirk) 제독, 1946년-1948년 벨기에 대사, 1949년-1952 년 소련 대사; 필립 플레밍(Philip Fleming) 소장. 1951년-1953년 코스타리카 대사; 레이몬드 스프루언스 (Raymond A. Spruance) 제독, 1952년-1953년 필리핀 대사; 프랭크 하인즈(Frank T. Hines) 준장, 1945년- 1948년 파나마 대사; 아서 에이지턴(Arthur A. Ageton) 중장, 1955년- 파라과이 대사. 기타 중요한 군사 임명은 다음과 같다. 케네스 니콜스(Kenneth D. Nichols) 소장, 1955년- A.E.C.의 단장; 에드먼드 그레고리(Edmund B. Gregory) 소장, 1946년 국가자산관리회 행정원; 로버트 리틀존(Robert M. Littlejohn) 소령, 1946년-1947년 국가 자산관리회 행정원; 윌리엄 라일리(William E. Riley) 중장, 1953년-해병대 F.O.A. 사무장; 월터 델레이니(Walter S. DeLaney) 해군중장, 1953년- F.O.A. 사무장; 글렌 에저튼(Glen E. Edgerton) 소장, 1953년-수출입 은행 상무 이사와 회장.

* 로렌스 쿠터(Lawrence S. Kuter) 소장이 C.A.B.의 회장, 마크 클락(Mark Clark) 장군이 바티칸 대사, 체스터 W. 니 미츠(Chester W. Nimitz) 해군원수가 대통령의 내부안보와 개인의 권리 위원회의 회장. 세 사건은 모두 후보자의 군사 배경 외에 논란의 여지가 있는 사안이었다. 트루먼 대통령은 쿠터(Kuter) 장군을 선출하기 전에 민간이 6명 에게 CAB 회장직을 제안했지만 이들 모두가 그 직무를 거부한 것으로 알려졌다.

동안 국무부에서 발전된 보다 보수적인 관점에 기여했다. 그러나 1947년과 1948년에 국방부에서 지배적인 외교 정책에 대한 새로운 접근 방식은 국방부 자체의 전문가들에 깊은 뿌리를 두고 있었기 때문에 이조차도 민간 환경에 대한 적응이었다. 장교들이 그들의 민간인 역할과 관점에 쉽게 적응할 수 있었기 때문에 비평가들은 임명된 특정 장교들이 바람직한 규칙에 대한 무해한 예외이지만 미래를 위해 위험한 선례가 세워지고 있다는 주장으로 선회할 수밖에 없었다. 이 역시 설득력이 없었다. 장교들의 "민간화"는 예외는 아니었다. 대신 그것은 미국의 자유주의가 허용할 수 있는 유일한 규칙이었다.

■ **군과 기업의 화해**　　전후 10년 동안 군대의 새로운 위상을 미국 사회의 비즈니스 엘리트들과 함께 발전시킨 긴밀한 관계보다 더 극적으로 상징하는 발전은 거의 없었다. 제2차 세계 대전 이전에 전문 장교와 자본가는 정신적으로나 사실상 극과 극이었다. 미국 비즈니스 커뮤니티는 군사적 필요성을 거의 느끼지 못했고, 군사적 전망에 대한 인식도 거의 없었으며, 군인에 대한 존중도 거의 없었다. 기업에 관한 군대의 태도도 마찬가지였다. 제2차 세계 대전 이후 이 관계에 급격한 변화가 일어났다. 전문 장교들과 사업가들이 새로 서로를 존중하기 시작했다. 전례 없는 수의 퇴역한 장군과 제독이 미국 기업의 경영진으로 자리를 잡았다. 기업 경영과 군 지도부의 격차를 해소하기 위해 새로운 조직이 생겨났다. 장교에게 비즈니스는 미국 생활 방식의 전형이었다. 기업과의 관계는 그들이 소외된 지위를 포기하고 미국 사회의 존경받는 구성원이 되었다는 긍정적인 증거이자 확신이었다. 재정적으로나 심리적으로 장교에서 기업으로 이동한 군인들은 보안, 수용 및 복지를 얻었다. 반면에 비즈니스 회사는 잘 알려진 지휘관의 명성, 비군사 기술 분야에 장교의 특별한 기술과 전문 지식, 일반 행정 및 조직 능력, 국방부와의 비즈니스 수행 지원 등에 활용했다. 전후 10년 동안 두 그룹을 하나로 묶은 유대는 분명히 많고 강력했다. 실제로, 그것들은 두 개의 완전히 다른 토대에 기초했다. 하나는 광범위하지만 기간은 일시적이다. 다른 하나는 더 제한적이지만 더 영구적이다.

　　군사와 기업의 동맹의 더 일시적인 기반은 제2차 세계 대전 당시 군대의 위신이었다. 대기업은 유명한 전투 지휘관을 고용하기를 열망했다. 맥아더(MacArthur)는 레밍턴 랜드(Remington Rand)로, 베델 스미스(Bedell Smith)는 아메리칸 머신 앤 파운드리(American Machine and Foundry)로, 브래들리(Bradley)는 불로바(Bulova)로, 할시(Halsey)는 인터내셔날 스탠다드 일렉트릭(International Standard Electric)으로 갔다. 냉전은 기업의 관심을 끌 만큼 충분한 명성을 가진 군인을 거의 배출하지 못했기에 이러한 유형의 임명은 따라서 일시적인 현상이었다. 이들 장교를 임명한 사업체는 대개 상당한 규모의 국방 계약을 체결한 대규모 제조회사였지만, 대부분의 경우 정부 사업에 전적으로 의존하지도 않고 주로 의존하지도 않을 정도로 규모가 크고 다양했다. 군대 영웅들은 사장, 부사장, 이사회 의장 또는 이사로 직책을 맡아 기업 구조의 최상의 직위에 들어왔다. 제1차 세계 대전 이후에 소수의 임명이 발생했지만 이 정도 규모의 명예 임명은 미국에서 전례가 없는 일이었다. 그들은 성공한 장군들에게 귀족 신분으로 보상하는 미국식의 영국 관행이었고, 상업 사회는 백작과 자작을 대신하여 기업 회장직과 이사회 의장직을 주었다. 반면에 군사 영웅들은 기업에 화려함과 대중의 관심을 가져왔다.• 기업은 영예를 얻었고 장군도 마찬가지였다. 그러나 군인을 고용한 대규모 산업적 문제는 대규모 군사 시설에 반대하는 주요 거점이었다. 그들은 기업 자유주의의 주요

• 마셜(Marshall)장군을 제너럴 모터스(General Motors) 이사회에 추가하는 것에 대한 찬반 양론은 1945년 기업 관계자들 사이에서 논의되었으며 슬론(Sloan) 회장은 다음과 같이 제안했다. "그가 계속 워싱턴에 살고 그가 지역사회와 정부 관계자와 지인들 사이에서 차지한 지위를 인식한다면 마셜은 그의 현재 자리에서 퇴임할 때 우리에게 도움이 될 수 있을 것이다. 그리고 만약 그가 우리의 생각과 우리가 하고자 하는 것에 익숙해졌다면, 그것은 우리가 상징이자 수익성이 있는 사업인 대기업에 대한 일반적인 부정적인 태도를 상쇄할 수 있을 것이다." 반면 라모 뒤 퐁트(Lammot du Pont)는 "첫째는 나이, 둘째는 주식 보유가 부족하고, 셋째는 산업경영 경험이 부족하다"는 이유로 마셜을 기각했다. 뉴욕타임즈 1953년 1월 7일, pp. 33, 35. 제1차 세계 대전 후 오웬 영(Owen D. Young)은 다음과 같은 말로 미국 라디오 방송국 사장의 자격을 정의하고 퍼싱(Pershing)에 있는 프랑스 참모총장인 제임스 하버드(James G. Harbourd) 장군이 적격일 것이라고 결론을 내렸다.
"1. 그는 국내적으로나 국제적으로 잘 알려져 있어야 하고 외국 정부나 우리 정부에 권위 있게 말할 수 있는 위치에 있었어야 한다.
2. 그는 정치적 인물이 아니어야 하는데 이는 그런 인물은 당파적 성향과 당파적 반응을 의미하기 때문이다.
3. 미국 국민이 라디오 방송국을 월스트리트나 금전적 이익과 동일시해서는 안 되는데, 이는 미국 국민이 라디오 방송국을 월스트리트의 이익을 일차적 목적으로 하는 조직이 아니라 국내외에서 미국의 이익을 위한 조직으로 받아들여야 했기 때문이다.
4. 행정 경험이 있어야 하고 가능하면 사업 경험이 있어야 한다.
5. 그는 워싱턴에서 잘 알려져야 하고 의회 위원회와 부처에 참석해 그의 사실 진술이 의심의 여지 없이 받아들여져야 한다. 이와 관련하여 우리 국제 은행가들의 경우 여러 사례에서 그랬던 것처럼 아무도 그의 미국주의에 의문을 가질 수 없어야 한다는 점이 특히 중요하다.
6. 좋은 정치보다는 나쁜 정치를 공격하는 공적 인물이어야 한다."
Gleason L. Archer, The History of Radio to 1926(뉴욕, 1938), pp. 246-247에서 인용.

제도적 기반이자 일관되게 군비 절감을 요구했던 전국제조업협회의 지배적 일원이었다. 그들의 군 장교 고용이 월터 맥로플린(Walter H. McLaughlin, Jr.)이 군사 문제에 대한 "무관심한 태도"로 묘사한 것에 근본적인 변화를 나타냈다는 증거는 거의 없다. 또한 임원들은 비즈니스의 정치적 관점에 어떠한 변화를 줄 수 없었을 것이다. 기업들은 장교들을 받아들이고 그들의 재능과 명성을 활용했지만 전문적인 군사적 관점은 받아들이지 않았다. 군인 영웅들과 그들의 사업 동료들 사이에 사고방식에 화해가 있는 한, 그들의 직업적 관점을 포기하고 새로운 환경에 적응하고 양보한 것은 군인들이었다.

　　군 지도부와 국방부에 물품을 공급하는 기업 간에 더 제한적이지만 더 오래 지속되는 유대 관계가 발전했다. 1940년 이전에는 육군과 해군이 미국 산업에 시장을 거의 제공하지 않았다. 제1차 세계 대전에서 산업계는 대규모 방위 계약을 수락했지만 전쟁이 끝날 때 갑자기 취소되었을 때 혼란과 어려움을 겪었다. 그 결과 기업은 1939년과 1940년에 다시 군수 명령을 받는 것을 가장 꺼려했다. 미국이 참전하자 군수품과 장비 생산에 산업계가 전심으로 협력했고 수백 명의 기업인들이 워싱턴으로 가서 국방 및 해군 부서에서 일했다. 1945년과 1946년의 급속한 동원 해제는 처음에는 1차 세계 대전 이후 패턴의 반복을 나타내는 것처럼 보였다. 그러나 시간이 흐르면서 특히 한국 전쟁이 발발한 이후에는 냉전 시대의 군사적 수요가 상당하고 상대적으로 안정적일 것이라는 것이 분명해졌다. 군부 주문의 달러 규모와 현대 군대의 복잡한 기술 요구 사항으로 인해 미국에서 처음으로 중요한 영구 방위 산업이 존재하게 되었다.• 방산업체는 민간시장을 겨냥하는 동시에 군수품을 공급하는 자동차산업 등의 대형 종합제조기업체의 일부로 구성되어 있었던 반면 항공기 제조업체, 전자 산업 부문 등 일부 산업은 거의 군부 주문에 의존하고 있었다. 방위산업체를 군대에 합류시킨 경제적 연계는 이들 회사의 경영에 합류한 수많은 전직 장교와 군사적 비즈니스 유대를 공고히 하기 위해 발전한 다양한 조직에 모두 반영되었다. 방산업체들이 고용한 장교들은 일반적으로 잘 알려진 공적 인물이 아니라 명예직보다는 운영직으로 기업에

• 제너럴모터스(General Motors)는 가장 큰 방산품 생산업체였지만 1951년 매출의 19.3%만이 군용이었다. 뉴욕 타임즈, 1952년 3월 11일, p. 42.

입사한 젊은 남성들이었다. 장교의 대부분은 일부 전문 과학 분야의 기술 전문가였으며 많은 사람들이 육군 기술 서비스와 해군국에서 높은 직책을 맡았다. 그들 중 일부는 사업 경력을 쌓기 위해 군대에서 사임했다. 방위산업에 고용된 기술 전문가들은 전후 10년 동안 민간 기업이 고용한 장교 및 기병의 단일 그룹 중 가장 큰 그룹을 구성했다. 항공기 회사와 관련 산업만이 이들 중 상당 부분을 차지했다. 이러한 유형의 업무적 군사 배치는 명성있는 임명과 달리 전후 10년 동안 감소하지 않고 증가하는 것으로 나타났다.[10]

1880년대와 1890년대의 군대의 전문화와 그들의 사회에서의 철수는 장교만을 위해 조직된 수많은 군사 협회의 조직에 반영되었다. 군대가 사회로 복귀하고 냉전 방위 산업과의 긴밀한 관계는 장교, 민간인 및 기업체 모두에게 개방된 다른 유형의 조직이 형성되는 것으로 표시된다. 아마도 이 그룹들 중 가장 중요한 그룹은 "미국 비즈니스가 군부와 밀접하게 유지될 것"을 보장하기 위해 1944년 제임스 포레스탈(James Forrestal)이 조직한 국가안보산업협회(National Security Industrial Association)(NSA)였다. 1954년에 협회는 600개의 산업 회사로 구성되었으며 거의 모두 상당한 방위 계약을 맺었다. 협회의 많은 장교들은 전직 장군이나 제독이었다. 협회는 회원의 회사와 국방부가 생산 기술, 조달 및 특허 문제를 해결하는 데 주로 적극적인 역할을 했다. 국군화학협회(Armed Forces Chemical Association)와 국군통신협회(Armed Force Communications Association)는 전후 몇 년 동안 관심 있는 군대와 기업 사이의 격차를 해소하기 위해 설립되었다. 1920년에 군 장교로만 구성된 조직으로 형성된 기존의 병참장교 협회는 민간인을 정회원을 허용하고 회사의 회원 자격을 제공하기 위해 확대되었다. 1919년에 설립된 육군 병기 협회(Army Ordnance Association)는 세 군부대를 모두 포괄하는 미국 병기 협회(American Ordnance Association)로 개편되었다. 그 직원은 대부분 퇴역 장교로 구성되어 있었지만 미국 병기 협회의 3만 5천 명의 회원은 대부분 군수품 제조업체를 대표하는 사람들이었다.[11] 항공기 산업 협회와 공군 협회는 항공 산업과 군대를 연결하는 역할을 했다.•

• 새로운 군사-기업 관계는 제2차 세계 대전의 최고 통신 책임자였고 1946년과 1947년 국군통신협회(Armed Forces Communications Assoc)의 조직자, 1948년 R.C.A 통신 회장이었던 해리 잉글스(Harry C. Ingles) 소장과

　　일반적으로 방위사업이 경제적인 이유로 지원한 정책은 장교들이 직업상의 이유로 지원했다. 물론 전문적인 판단에 의해 필수적이지 않다고 여겨지는 무기나 장비를 생산하거나 계속 생산하는 데 관심이 있는 기업의 경우에는 예외가 있었다. 그러나 전반적으로 보다 다양한 고객을 보유한 기업보다 방위 산업과의 관계를 용이하게 하는 관점의 우연한 일치가 나왔다. 장교들을 더 다양한 고객을 보유한 기업보다 방위 산업과 더 쉽게 연관될 수 있는 것에 관점이 일치가 되었다.

　　기업 관계자들과 군 관계자들은 기술 개발에 대한 공통의 이해를 공유했고, 미국 역사상 처음으로 방위 산업은 군사 프로그램에 상당한 경제적 지원 기반을 제공했다. 그러나 다른 측면에서는 방위 산업과의 연계가 군사 전문성에 도움이 되지 않았다. 필연적으로, 기업은 자신을 먼저 생각했고 여전히 국가에 도움이 될 수 있는 유용한 복무를 여러 해 동안 할 수 있는 많은 젊은 장교들을 끌어들였다. 1950년대 중반에 매년 2,000명이 넘는 정규 장교들이 더 많은 돈을 벌기 위해 군대를 떠났다. 또한 군대의 기술 부서 중 하나에서 보수가 좋은 산업 직업으로 이동할 수 있는 능력이 전선에 비해 기술 직원의 인기와 매력을 향상시킬 가능성이 있었다. 전후 10년 동안 비즈니스 임명 중 아주 적은 비율이 유명한 공인도 기술 전문가도 아닌 군 지휘관을 배경으로 하는 정규 전선 장교에게 돌아갔다. 이러한 장교들을 고용한 기업은 장교나 기장이 반드시 좋은 관리자가 틀림없이 될 것이라고 가정하는 것 같았다. 그러나 상대적으로 적은 숫자는 심지어 방위 사업과 군부의 보다 엄격하게 전문적인 군사 요소 사이에 여전히 남아있는 격차를 나타냈다. 주요 경험이 연대와 사단을 지휘한 소령은 제조 회사에 제공할 것이 거의 없었다.

■ **맥과 아이크: 사무라이의 귀환**　　흥미로운 기사에서 해리 윌리엄스(T. Harry Williams)는 미국에는 두 가지 군사 전통이 있다고 주장한다.[12] 하나는 민주주의와 산업 문명의 이상을 반영하고 민간인 상관들과 쉽게 협력하는 친절하고 소박하며 느긋한 군인으로 대표된다. 이 "아이크(Ike)" 전통은 재커리 테일러(Zachary

---

　　제2차 세계 대전 총사령관, 인터내셔날 하베스터(International Harvester)의 부사장, 군–기업 협력의 철학을 표현한 〈산학연협회(The Industry–Ordnance Team)〉(뉴욕)를 1946년에 출판한 미국병기협회의 회장을 지낸 레빈 캠벨(Levin H. Campbell) 중장의 경력에 의해 성명되었다.

Taylor), 그랜트(U. S. Grant)와 드와이트 아이젠하워(Dwight D. Eisenhower)에 의해 대표된다. 이에 반대하는 것은 명석하고 오만하고 냉정하고 극적이고 오래된 귀족 유산에서 자신들의 가치와 행동을 도출하고 민간 당국에서 종속되기 어려운 윈필드 스콧(Winfield Scott), 조지 매클렐런(George B. McClellan)과 더글라스 맥아더(Douglas MacArthur)로 구현된 "맥(Mac)" 전통이다. 윌리엄스의 이분법은 분명히 현실적이고 중요하다. 그러나 어떤 의미에서는 범위가 제한되어 "아이크"나 "맥" 범주에 속하지 않는 미국 군사 전통의 중요한 요소를 포함하지 못한다. 본질적으로 아이크와 맥은 같은 미국 군국주의의 두 가지 측면, 즉 정치적 개입의 전통을 나타낸다. 진정한 반대는 테일러-그랜트-아이젠하워 노선과 스콧-맥클렌린-맥아더 노선 사이가 아니라, 이 두 노선과 미국 군국주의의 전문적 노선인 셔먼(Sherman)-퍼싱(Pershing)-리그웨이(Ridgway) 사이다. 근본적 차이는 아이크와 맥 사이가 아니라 "아이크-맥"과 "빌리스 삼촌(Uncle Billies 또는 "블랙 잭스(Black Jacks)" 사이에 있다. 아이크형과 맥형의 차이점은 두 종류의 정치인의 차이다. 즉, 전자는 카리스마 넘치고, 영감을 주고, 포기하지 않는 그가 추종자들보다 우월하다는 이유로 이끄는 정치 지도자이고 후자는 융통성있고 세속적이고 가식 없는 그가 추종자들를 대표하기에 이끄는 정치지도자들이다. 아이크가 일반적으로 정치적 추구에서 맥보다 더 성공적이었다는 것은 그가 민간인이든 군인이든 관계없이 미국 환경이 아이크 유형에 일반적으로 더 유리하다는 것을 나타낸다. 아이크와 맥의 차이는 단순히 잭슨(Jackson)과 칼훈(Calhoun), 시어도르 루즈벨트(Theodore Roosevelt)와 라폴렛(LaFollette), 웬델 윌키(Wendell Willkie)와 로버트 태프트(Robert A. Taft)의 차이일 뿐이다.

의미심장하게도, 윌리엄스는 남북 전쟁 영웅들과 제2차 세계 대전 이후 인물들 사이에서의 아이크나 맥 전통에 대한 대표자를 언급하지 않았다. 그 사이에 미국 전통의 정치적 가닥의 두 가지 노선은 모두 지배적인 전문성에 종속되었다. 1870년대와 1880년대에 시들었던 정치적 전통은 제2차 세계 대전 이후 군대가 사회로 복귀하면서 미국 군국주의의 주요 주제로 다시 등장했다. 전후 10년 동안 미국 역사상 처음으로 전문직 공무원은 인기 있는 공인이 되었을 뿐만 아니라 후보자 및 선거의 국내 정치, 정치 운동 및 정당에 깊이 관여하게 되었다. 가장 눈에 띄는 인물은 물론 아이젠하워와 맥아더였다. 그러나 다른 장교들도 많지는 않았지만 대중 정치에서 눈에 띄는 역할을 맡았다. 이러한 정치적 개입의 원인은 본질적으로 계속되는 냉전 문제 및 정책과 거의 관련이 없다. 장교들은 국가 정책의 많은 부분에 대해 논쟁을 벌였지만, 당파적 정치 영역에 진입한 것이 주로 이념적 또는 정책적 고려에 의해 동기가 부여된 것은 아닌 것으로 보인다. 대신, 그들의 참여는 근본적으로 아이젠하워와 맥아더의 인기와 이 두 위대한 군인 사이의 경쟁이 낳은 결과였다. 전후 10년의 맥과 아이크의 갈등은 현실이었지만, 그것은 전통이 아닌 개성의 충돌이었다. 그것의 근원은 제1차 세계 대전의 혼란스러운 사건과 1920년대와 1930년대 대중의 시야에서 가려진 정규군 내부의 긴장과 불화에 있다. 초기에 맥아더와 조지 마셜(George C. Marshall)은 군대 내에서 반대 그룹에 속했다. 제1차 세계 대전 중과 그 이후에 일련의 사건과 오해로 인해 라이벌 관계가 발전했다. 아이젠하워는 맥아더의 보좌관이었고 맥아더는 1930년부터 1935년까지 참모총장을 지냈고 그 이후로는 필리핀 정부의 군사 고문을 지냈다. 그러나 결국 아이젠하워 역시 맥아더와 결별하고 1939년 미국으로 돌아왔다. 적절한 시기에 아이젠하워는 현재 자신이 참모총장이 된 마셜의 주목을 받았고 빠르게 경력을 발전시켜 결국 유럽 침공의 최고 사령관으로 임명되었다. 이 과정에서 아이젠하워는 마셜 그룹에 속하게 되었다. 그의 급속한 승진과 태평양보다 유럽 전역에 우선순위가 주어진 것은 필연적으로 맥아더 지지자들의 분노를 불러일으켰다. 아이젠하워와 맥아더가 전쟁의 인기 있는 두 영웅으로 등장하면서 국가 정치의 더 큰 틀에 본질적으로 군사 내부의 불화가 투영되었다. 유럽 지향적 전략과 아시아 지향적 전략으로 경쟁을 식별함으로써 개인의 경쟁을 강화했다. 전후 당파 논쟁에 대한 개별 장교들의 거의 모든 중요한 참여는 이 두 인물 간의 경쟁의 기능이었다. 한편으로는 마셜-아이젠하워, 유럽, SHAEF-SHAPE, 펜타곤 그룹이 있었다. 반면에 맥아더, 아시아, SCAP, "바탄(Bataan)" 그룹이 있었다. 은퇴한 장교는 장군 중 한 명을 대표하여 적극적으로 활약했다. 맥아더에게는 웨데마이어(Wedemeyer)와 보너 펠러스(Bonner Fellers)가, 아이젠하워에게는 클레이(Clay)와 베델 스미스(Bedell Smith)가 있었다. 다른 장교들은 중립적인 역할을 하거나 둘 사이에서 어려운 선택을 했다.13) 이 논쟁의 영향은 전후 한동안 지속되었지만, 제2차 세계 대전 당시 군 지도자의 세대가 사라지고 적대감에서 제거된 새로운 장군의 등장은 의심할 여지 없이 군사적 정치 참여가 줄어들게 할 것이다.

    아이젠하워와 맥아더의 정치적 개입은 장교뿐만 아니라 병사들에게도 영향을 미쳤다. 어느 쪽도 직업군인 윤리의 기본을 지키지 못했다. 당연히 두 사람은 전문적인 기준에서 벗어난 "비군사적" 군인으로 등장했으며 수백만 명의 미국인에게 영웅적이고 상징적인 인물이었다. 맥아더의 정치적 역할 참여는 그의 직업군인 윤리 이탈과 마찬가지로 아이젠하워보다 훨씬 오래 전부터였다. 처음부터 맥아더는 뛰어난 군인이었지만 항상 군인 이상의 것이었다. 논쟁의 여지가 있고 야심 차고 초월적인 인물, 너무 유능하고 너무 확신에 차 있고 너무 재능이 있어 직업적 기능과 책임의 한계에 국한되지 않았다. 일찍이 1929년에 그의 이름이 대통령직과 관련하여 거론되었고 1944년, 1948년, 1952년에는 대통령 정치판의 변두리에 있었다. 1920년대와 1930년대에 진화한 맥아더 이념은 일반적으로 직업 군인의 실용적이고 현실적이며 물질주의적인 접근과 대조되는 본질적으로 종교적, 신비적, 감정적이었다. 마한보다 훨씬 더 맥아더의 태도는 기독교에 대한 깊은 느낌과 개인화된 버전을 반영하는 것 같았다. 전문적인 군사력이 존재하는 것과는 대조적으로 전쟁의 도덕적, 정신적 측면과 시민군인의 중요성을 강조했다. 대부분의 장교단과 대조적으로, 맥아더는 미국에 대한 위협이 동등하거나 우월한 물질적 힘을 가진 다른 국가가 아니라 교활한 정치 철학에서 발생하는 것으로 보았다. 그의 사명감과 헌신은 정상적인 직업적 비관주의와 대조되는 지속적이고 억제되지 않는 낙관주의를 불러일으켰다. 직업 장교는 회색의 세계에 존재한다. 맥아더의 세계는 흑백이고 시끄럽고 충돌하는 색상 중 하나였다. 그의 명료하고 다양한 견해는 자신의 이념적 성향을 충족시키는 동시에 호의적인 대중의 반응을 불러일으킬 신념과 정책에 대한 지속적인 탐구를 반영했다.

    맥아더와 대조적으로 아이젠하워는 국가가 제2차 세계 대전에 참여하는 방향으로 나아가면서 여전히 알려지지 않은 중령이었다. 맥아더가 자신이 다르다는 것을 특화했다면 아이젠하워는 주변 환경에 적응하고 환경을 반영하고 주변 사람들의 태도와 행동 패턴을 흡수하는 데 특화했다. 1920년대와 1930년대에 전문적인 환경에 몰두한 그는 전형적인 전문 장교였다. 지위와 명성의 정점에 오르자 아이젠하워는 계속되는 새로운 환경에 빠르게 적응하여 쉽게 "시민적 사고를 가진" 사람으로 떠올랐다. 맥아더보다 말은 적고 더 많이 웃으며, 그는 논쟁이 아닌 합의의 화신으로 등장했다. 맥아더는 등대였고 아이젠하워는 거울이었다. 전

자가 미국인 의식에 다양한 다리를 건설하려고 시도하는 동안 후자는 기다렸다
가 다리가 그의 밑에 건설되도록 내버려 두었다. 철학과 창의적인 독창성에 대한
가식이 거의 없었기 때문에 아이젠하워는 공공 문제에 전념하거나 가장 널리 알
려진 미국 가치를 제외하고 어느 가치를 수용할 필요가 거의 없었다. 아이젠하워
의 이념은 너무나 익숙하고 수용할 수 있었기 때문에 종잡을 수 없었다. 그것으
로 대체된 것은 따뜻하고 동정적이지만 애매모호한 이해였다.

맥아더와 아이젠하워가 서로 다른 경로를 통해 전문 윤리에서 얼마나 벗어
났는지에 대한 완전한 측정은 1950년대 초에 극적으로 나타났다. 맥아더는 전쟁
폐지의 주요 옹호자가 되었다. 아이젠하워는 군대 감축에 있어 가장 효과적인 수
단으로 떠올랐다. 두 역할 모두 군인들이 몰입했던 민간인 환경의 영향을 반영했
다. 1956년까지 헨리 월리스(Henry Wallace)도 평화와 전쟁에 대한 두 노병의 견
해를 지지했다.

초기부터 전쟁에 대한 맥아더의 태도는 미국 자유주의 전통의 지배적인 사
상을 구현했다. 1920년대와 1930년대에 그는 도덕적, 종교적 근거로 전쟁을 정
당화했고, 감상적 낭만주의로 전사의 예술을 둘러쌌다. 데니스 하트 마한(Dennis
Hart Mahan)과 달리, 그러나 마한의 잭슨주의의 반대자들과 유사하지만, 맥아더는
군사적 정신보다 호전적인 정신을 선호했다.14) 일부 관측자들은 맥아더가 "군사
적 정신"의 위험을 비난한 1951년과 1952년에 아이러니를 감지했다. 그러나 장
군은 확고한 입장에 있었다. 그의 생각과 전문 장교의 생각 사이에는 엄청난 간
극이 존재했다. 제2차 세계 대전 후 그는 1920년대와 1930년대에 자신이 비난했
던 평화주의 사상을 채택하여 켈로그-브랜드(Kellogg-Briand) 용어로 전쟁은
"세계로부터 불법화"되어야 한다고 촉구했다. 전쟁은 궁극적으로 피할 수 없고
인간의 능력으로는 막을 수 없다는 군사 교리의 기본 교리에서 이보다 더 완전히
훈련된 전문 훈련을 받은 군인은 없었다. 맥아더는 일본 헌법에 군대 유지 금지
를 명시했다. 그는 자신의 국가에 "세계의 강대국과 협력하여 전쟁을 폐지할 준
비가 되어 있음을 선언할 것"을 촉구했다. 전쟁의 완전한 폐지를 요구한 맥아더
의 요구는 계속되는 국제적 마찰의 좌절, 당혹감, 부담을 받아들이지 않으려는
그의 의지를 반영했다. 라스웰의 표현에서 그는 "최종 분석에서 전쟁 준비 비용
의 증가는 전쟁 자체만큼이나 많은 면에서 물질적으로 파괴적"이라고 선언했다.

대신 그는 "만약 한 가지 문제가 해결된다면 다른 모든 문제를 해결할 수 있다"는 세계 병폐의 만병통치약으로 전쟁의 폐지로 눈을 돌렸다.15) 그들의 차이점에도 불구하고, 맥아더의 전쟁에 대한 이전과 이후의 관점 사이에는 근본적인 일관성이 존재했다. 전쟁은 항상 총체적이고 대재앙적인 행위였다. 초기에 그는 이 행위와 관련된 영웅적인 자기 희생과 영광을 강조했다. 말년에 그는 그것이 수반하는 파괴와 재앙을 보았다. 그러나 전쟁에 대한 그의 반응은 항상 극단적이었다. 그는 "전쟁은 통제할 수 없고 폐지할 수 있을 뿐"이라며 "힘을 쓰면 무력을 제한할 수 있다"는 개념을 단호히 거부했다. 총체적 전쟁의 완전한 평화 이분법을 고수함으로써 맥아더는 필연적으로 클라우제비츠보다 루덴도르프에 더 가까운 민군 관계 이론으로 이끌어졌다. 전쟁은 단순히 정치의 확장이 아니라 정치의 완전한 파산을 의미했다. 따라서 전쟁에서 "정치적, 경제적, 군사적으로"의 완전한 통제는 군 지휘관의 손에 있어야 하며 국가는 군 지도부에 대한 완전한 신뢰를 집중시켜야 한다.16)

맥아더가 전쟁 폐지에 대한 미국의 가장 웅변적인 옹호자로 떠오른 동안 아이젠하워는 미국의 군사력을 줄이는 데 가장 효과적인 도구가 되었다. 이것에서 아이젠하워는 공화당을 위해 이중으로 봉사하면서 자신을 둘러싼 세력에 대한 자신의 반응을 다시 보여주었다. 그는 인기 있는 군사 영웅 후보로서 소수 정당이 20년 만에 처음으로 중앙 정부를 장악하도록 도왔다. 일단 집권한 후 그의 군사적 명성은 당의 지배적 요소들이 지출을 줄이고, 세금을 낮추고, 예산 균형을 맞추는 목표를 실현하도록 도왔다. 그의 행정부가 제출한 처음 세 개의 군사 예산은 모두 군대의 규모를 축소했고, 모두 의회에서 반발에 부딪혔으며, 모두 국방에 적절하게 제공할 것이라는 대통령의 개인적 확언 하에 승인을 받았다. 예를 들어, 1953년에 공군의 의회 지지자들이 공군 예산을 50억 달러로 줄이려는 행정부의 계획을 뒤엎을 것이라고 위협했을 때, 대통령은 개입하여 예산을 살렸고 의회에게 삭감이 "모든 주요 세부 사항에 대해 자신의 개인적 승인"을 받았음을 확신시켰다. 퍼거슨(Ferguson) 상원의원이 정확하게 예측한 바와 같이, "나는 … 대부분의 상원의원들이 대통령과 함께 이 문제에 대해 동의할 것이라 믿는다. 왜냐하면 그는 군사 전문가이고 그의 판단은 신뢰할 수 있어야 하기 때문이다."17) 그는 군비 삭감에 없어서는 안될 도구였다. 애들라이 스티븐슨(Adlai Stevenson)도로버트 태프트(Robert A. Taft)도 거의 저항을 받지 않으며 군비 삭감을 수행할 수 없었다. 야당은 처음부터 무장해제됐다. 한 민주당원은 슬프게도 "도대체 어떻게 상원의원이 아이크 아이젠하워 장군과 군사 문제에 대해 어떻게 논쟁할 수 있는 가?"라고 슬프게 말했다.18) 그 결과 대통령과 그의 이전 전문직 동료들 사이에 균열이고, 비즈니스 자유주의라는 가장 반군사적 철학을 가진 미국에서 가장 인 기 있는 장교에 대한 규명이었다.

제14장
합동참모본부의 정치적 역할

정치적 역할: 실질적이고 옹호적

합동참모본부와 같은 군 지도부의 정치적 개입은 두 가지 다른 형태를 취할 수 있다. 군사 지도자는 비군사적 출처에서 파생되고 전문적인 군사적 관점과 관련이 없거나 반대되는 정책을 지지하거나 추천할 수 있다. 이 경우 군사 지도자는 실질적인 정치적 역할을 맡는다. 또는 군 지도자들은 의회와 대중 앞에서(내용에 관계없이) 정책을 공개적으로 방어하거나 상품화에서 적극적인 역할을 할 수 있다. 이 경우의 정치적 개입은 군 지도자들의 실체적 견해가 아니라 그러한 시각을 표명한 장소, 방식, 시기, 효과에 기인한다. 이것은 선동적인 정치적 역할이다. 본질적으로 공개적인 반면, 군 참모들의 정책적 견해가 소수의 행정부 관료를 넘어 알려지지 않을 수 있다는 점에서 실질적인 정치적 역할은 난해하다. 물론 이러한 역할은 상호 배타적이지 않다. 군사 지도자는 공개적으로 비군사 정책을 촉구함으로써 두 역할을 동시에 맡을 수 있다.

전후 몇 년 동안 합동참모본부는 제2차 세계 대전의 최고 권력과 영광에서 다소 멀어져 갔지만 여전히 높은 수준의 정치적 개입을 계속했다. 그러나 이 기간의 가장 두드러진 측면은 높은 수준으로 유지될 것으로 예상되는 참여 정도가 아니라 다양한 형태를 취했다는 것이다. 트루먼 행정부 동안 합참의 정책에 대한 견해는 직업적인 군사 윤리와 놀라울 정도로 일치했다. 많은 면에서 그들의 태도는 전문성의 전성기에 독일 참모에게 공을 돌렸을 것이다. 제2차 세계 대전 당시 참모들이 얼마나 윤리에서 벗어났는지를 고려할 때 이러한 전통적 군사노선으로의 복귀는 더욱 두드러진다. 다른 한편으로, 트루먼 참모들은 의회와 대중 앞에서 정책 지지자로서 옹호하는 정치적 역할에 확실히 관여하게 되었다. 반면 아이젠하워 행정부의 첫 2년 동안은 그 반대의 경향이 있었다. 언론에 보도된 바와 같이 많은 중요한 사건들에서 아이젠하워 참모들의 국가 정책에 대한 견해는 전문적인 군사적 관점에서 크게 벗어났다. 따라서 실질적인 정치적 역할을 맡았지만 아이젠하워 참모들은 자신의 견해를 공개적으로 발표하는 데 있어 전임자들보다 훨씬 더 과묵했다. 트루먼 참모들과 아이젠하워 참모들 사이의 이러한 차이를 지나치게 강조하는 것은 잘못일 것이다. 둘 다 어느 정도는 두 가지 정치적 역할을 모두 맡았다. 그러나 이를 무시하는 것은 훨씬 더 유감스러울 것이다. 각 행동 패턴은 전문적인 군사 지도력 기관과 그 기관이 운영되는 정치적 환경 사이의 긴장을 완화하기 위한 나름의 노력이었다.

두 합동참모본부의 정치적 역할이 다른 경향을 보인 이유는 무엇인가? 그 이유는 조직에서 찾을 수 없다. 국방부는 1953년에 개편되었지만, 1949년에는 더 중요한 개편도 거쳤다. 어떤 개편도 정부에서 합참의 위치를 근본적으로 바꾸지 못했다. 조직의 차이가 행동의 차이에 기여한 요인일 수 있지만 결정적인 것으로 평가하기는 어렵다. 또한 이러한 변화를 군대에 대한 근본적인 국민적 태도의 변화로 설명할 수도 없다. 이 기간 동안 이들은 기본적으로 자유주의를 유지했다. 이에 대한 답은 두 행정부가 만든 합동참모본부의 보다 구체적인 환경, 두 행정부의 정치적 리더십, 지배적 이해관계, 정책적 관점에서 찾아야 한다. 합참은 정부 가까이 그리고 주로 정부 체제에서 활동한다. 그들은 불가피하게 그들이 지속적으로 접촉하는 정책 입안자와 정치가의 태도와 행동에 영향을 받아야 한다. 이러한 직접적인 주변 환경인 "정부 환경"은 보다 기본적이지만 더 멀리 떨어진 국가 환경보다 합동참모본부에 더 큰 직접적인 영향을 미친다. 물론 장기적으로 보면 후자가 결정적이지만 단기적으로는 두 가지가 다를 수 있다. 트루먼 참모총장과 아이젠하워 참모총장의 차이는 트루먼 행정부와 아이젠하워 행정부의 정부 환경의 차이에서 비롯된다.

트루먼 행정부의 합동참모본부들

■ **이중성**　트루먼 합참의 행동에 대한 이유는 트루먼 행정부의 가장 두드러진 특징 중 하나인 외교와 국방으로 분리된 성격과 다른 한편으로는 국내 문제에서 찾을 수 있다. 많은 면에서 그것은 하나의 두 행정부였다. 내정에서 행정부는 한 관료에 의해 공식화되고 실행되는 자유 개혁 정책을 추구했다. 외교 문제에 있어서 행정부는 다른 관리들에 의해 수립되고 실행된 보수적 봉쇄 정책을 따랐다. 이 두 반쪽 사이의 접촉은 거의 최소화되었다. 사실 그들이 진정으로 연결된 곳은 대통령 자신뿐이었다.

　　이러한 이중성은 아마도 행정부가 두 분야에서 정책을 수립하고 실행하기 위해 고용한 인력에 가장 잘 반영될 것이다. 국내 측면에서 트루먼은 뉴딜 기간 동안 있었던 것과 같은 유형의 관리에게 의존했다. 1945년과 1946년에 구세대 뉴딜 공직자들이 워싱턴에서 대량 탈출하는 동안, 본질적으로 다르지 않은 젊은 세대가 그 자리를 차지했다. 이 젊은 그룹에는 이념 지향적인 개혁가, 투표 지향적인 정치인, 프로그램 지향적인 정부 경력주의자인 해네건(Hannegan)과 클리포드(Clifford), 맥그래스(McGrath)와 맥그래너리(McGranery), 와이어트(Wyatt)와 릴리엔탈(Lilienthal), 토빈(Tobin)과 스틸맨(Steelman), 올즈(Olds)와 클랩(Clapp)이 포함되었다. 이들 아무도 1930년대에도 부적절하지 않았을 것이다. 실제로 트루먼 행정부에서 그들의 기능은 뉴딜 정책의 공정 거래 버전을 수행하는 것이었다. 그들은 개혁 자유주의의 공정 거래 프로그램(공공 주택, 사회 보장 확대, 농장 지원, 계곡 당국, 공권력, 최저임금 인상, 교육에 대한 연방 지원, 흑인을 위한 시민권)에 전념했다. 그들 모두는 농부, 노동, 공권력 이해관계, 도시 상사의 고문과 정치 지지자들, 소수 민족과 같은 공정 거래─뉴딜 연합의 정치적 세력 중 하나 이상과 어떤 식으로든 연결되어 있었다. 거의 모두가 민주당 당원들이었다.

　　트루먼 정부의 외교 정책─국방 측면에서는 상황이 사뭇 달랐다. 여기에 또 다른 유형의 문제가 지배했다. 뉴딜러도, 기계 정치인도, 진보주의자도 더 적었다. 국내 지도자들은 민주당 연정의 다양한 이해관계를 반영하는 다양한 출처에서 나온 반면, 외교 지도자들은 은행가, 변호사, 군인, 외교관으로 구성된 상당히 긴밀한 조직이었다. 포레스탈(Forrestal), 로벳(Lovett), 애치슨(Acheson), 패터슨(Patterson), 해리먼(Harriman), 니체(Nitze), 핀레터(Finletter), 드레이퍼(Draper), 매클로이(McCloy)가 전형적인 국내 지도자였다. 외교 지도자는 마샬(Marshall), 브래들리(Bradley), 아이젠하워(Eisenhower), 브루스(Bruce), 케넌(Kennan), 퓨리포이(Peurifoy)였다. 그들은 호프만(Hoffman), 시밍턴(Symington), 포스터(Foster)와 같은 몇몇 떠돌이 사업가들에 의해 강화되었다. 이 외교 정부의 내부 핵심은 포레스탈(Forrestal), 마샬(Marshall), 로벳(Lovett) 및 애친슨(Acheson)의 4인조였다. 그 중 한 명은 트루먼의 두 행정부 내내 18개월을 제외하고는 국방부 장관이었고 2년을 제외하고는 국무장관이었다. 또한 번스(Byrnes)가 국무장관이던 2년 동안 애치슨(Acheson)은 차관보였으며 번스(Byrnes)가 회의에 자주 참석하지 않았기 때문에 국무부의 업무를 지휘하는 중요한 역할을 했다. 또한 로벳(Lovett)은 마셜(Marshall)이 국무 장관이었을 때 국무 차관이었고 마셜(Marshal)이 국방부 장관이었을 때 국방부 차관보이었다. 이 4명은 대외원조 분야의 호프만 및 해리맨(Harriman)과 함께 트루먼 외교정책－국방 정부의 핵심을 형성했다.

외교 지도자와 보좌관은 당파 정치와 거의 완전히 분리되었다는 점에서 국내 정책 지도자와 달랐다. 그들은 정당 노선을 거의 고려하지 않고 선택되었다. 가장 눈에 띄는 사람은 로벳, 맥클로이, 포스터, 호프만, 패터슨과 드레이퍼와 같은 공화당원이었다. 이들은 맥닐(McNeil) 및 쿨리지(Coolidge) 국방부 차관보, Petersen 전쟁 차관보(후에 아이젠하워 클럽의 국가 재정 회장), 폴 니체(Paul Nitze) 정책 기획 담당자, 앨런 덜레스(Allen Dulles) 중앙정보국(CIA) 부국장 등 2급의 다른 공화당 의원들에 의해 보강되었다. 물론 전문 외교관과 군인은 초당파적인 경향이 있었다. 심지어 민주당원들은 국내 기관들에서 민주당원들과 달랐다. 애치슨은 확실히 민주당 당파였지만 그는 페어딜(Fair Deal) 국내 지도자들과 완전히 같은 옷을 입지 않았으며 어느 정도 그의 당파 성향이 그에게 강요되었다. 포레스탈의 정당 관계는 흐릿했다. 그는 민주당 국내 연정의 여러 핵심 그룹에 비공식적인 인물이었으며 1944년 선거 운동에서 만난 "부드러운 회색 모자와 위로 올린 외투 칼라"의 "정치적 인물"과 그 사이에 큰 격차가 존재했다. 트루먼 행정부 말기에 타임즈의 레스턴(Reston)이 실시한 설문조사에 따르면 공화당이나 무소속이 중요한 직위에 임명된 39명 중 22명은 국무부에, 10명은 국방부에, 5명은 기타 국가 안보에, 국내 부서에는 단 2명이 임명됐다. 아이젠하워 자신 외에도 그의 가장 적극적인 지지자 4명인 호프만, 루이스 더글라스(Lewis Douglas), 덜레스(Dulles), 클레이(Clay)는 민주당 아래에서 핵심적인 위치를 차지했다.[1]

트루먼 외무기관에 국내 정치인이나 자유주의 개혁가가 등장하는 경우는 드물었다. 그러한 예로 루이스 존슨(Louis Johnson)이 있다. 그는 행정부의 외부 절반을 지배하는 사람들과 세력, 이해 관계 및 태도를 상당히 다양하게 대표했다. 그는 예산 삭감의 대중적 대의의 상징이 되었고 정치적 야망을 가진 것으로 평판이 좋은 당파 민주당원이었다. 외교·국방 분야에 대한 그의 침입은 거세었다. 해군장관은 사임하고 해군 작전 사령관에서는 해고되었다. 공군 장관은 공개적으로 그와 싸웠다. 다른 군 지도자들과 비서관들은 그와 행정적 냉전을 벌였고, 국방부와 국무부 사이의 의사 소통은 최소한으로 줄어들었다. 결국 애치슨 국무장관과의 관계는 그들 중 한 명이 떠나야 할 정도로 악화되었다. 그래서 트루먼은 존슨(Johnson)을 해고하고 국방부에서 그 반대자를 교체하기 위해 애치슨이 국무부에서 교체한 마셜과 로벳를 불러들였다. 이로써 외교정책팀의 화합과 단결이 회복되었고, 국무부와 국방부의 관계는 마셜과 포레스탈이 정무를 총괄하던 시절에 존재했던 상호신뢰와 우애를 다시금 발전시켰다.

■ **방어 보수주의**　　　트루먼 정부의 국내외 인사의 이러한 첨예한 이분법의 의미는 그것이 반영한 정책의 첨예한 차이에 있다. 행정부는 국내적으로는 실용적인 자유 개혁의 길을 따랐지만 외교 정책에서는 분명히 보수적인 길을 고수했다. 전쟁 기간의 자유주의는 포기되었다. 고립, 보편주의, 율법주의, 십자군은 후퇴했다. 정책의 주요 특성은 헌신, 주의, 확고함, 인내 및 현실주의였다. 정책의 전체 양태는 정책 작성자가 지정한 이름으로 잘 요약되었고 비판자들은 조롱했다. 이 정책에 대해 혁명적인 것은 없었고 자유주의적인 것은 거의 없었다. 그것은 자기 보존에 대한 미국의 제한된 국익에 기초했다. 그 목표는 "강력한 상황"의 창출, 무장 동맹, 약한 비공산주의 정부의 강화였다. 본질적으로 에드가 안셀 모러(Edgar Ansel Mowrer)가 지적했듯이 봉쇄는 1941년 9월 합동 이사회 각서의 세력균형 정책으로의 복귀였다. 이러한 전환의 상징은 1947년 11월 7일 국무장관 마셜이 선언한 "이 시점부터 우리의 정책의 목표는 유럽과 아시아의 세력균형을 회복하는 것이며

모든 행동은 이 목표에 비추어 볼 것이다."2) 전쟁에서의 완전한 군사적 승리에 대한 열망에서 마셜은 1941년에 그가 국가를 위해 정의한 목표로 돌아왔다.

이 보수적인 외교 정책의 원천은 네 가지였다. 가장 중요한 사람은 대통령이었다. 국내에서 자유주의적이었던 해리 트루먼은 외교에 있어 매우 보수적이었다. 이러한 두 가지 정책 측면을 대표하고 구현할 수 있었던 것은 그의 독특한 정치적 천재성과 성격이었다. 그는 보수적인 은행가와 페어딜 개혁가, 구청장(ward boss) 및 전문 군인을 동등하게 다룰 수 있었다. 포레스탈은 1948년 선거 직후 관측하면서 이러한 특성의 본질을 다음과 같이 포착했다. "우리는 트루먼과 같은 사람이 있어 행운이다. 그는 이 나라와 전 세계에서 자유주의 세력을 반영하지만 그럼에도 불구하고 보수주의의 진정의 의미에서 보수적인데 그는 우리가 지키고자 하는 것을 지키는 사람이다."3) 트루먼의 보수주의는 정치철학이 아니라 러시아인들과 잘 지낼 수 있는 유일한 방법은 그들에게 강해져야 한다는 개인적인 확신에서 비롯되었다. 대동맹(Grand Alliance)의 전시 정책과 관련이 없는 트루먼은 과거에 대한 책무 없이 스스로 공격할 수 있는 점에서 다른 많은 미국 지도자들에 비해 우위에 있었다. 또한 의심할 여지 없이 처음에는 번즈와, 그 다음에는 러시아와 강경한 노선이 바람직하다는 월리스(Wallace)와의 어려움이 그의 관점을 강화하는데 기여했다.4)

트루먼 정부의 외교 정책 보수주의의 두 번째 원천은 정부의 최고 민간 지도부였다. 이 은행가와 변호사들의 배경은 그들에게 일반적인 미국 기업가의 것과는 아주 다른 일에 대한 관점을 제공했다. 후자는 일반적으로 가장 짧은 시간에 가장 적은 비용으로 가장 많은 제품을 생산하여 비즈니스 제국을 건설하는 것을 목표로 하는 "운영자"인 go-getter이다. 이것은 낙관적, 개인주의적, 진보적 기풍을 자극한다. 정부로 이전하면서 "더 큰 돈을 벌기 위한 더 큰 돈"에 대한 열망이 전형적으로 나타났다. 반면에 트루먼 사람들은 투자 은행가인 경향이 있어 사물의 구체적인 생산보다는 금융의 미묘한 복잡성에 더 관심을 기울였다. 그들은 은행 품종의 본질적이고 진정한 보수주의를 모두 소유했다. 정부로 옮긴 그들은 인간 문제의 복잡성, 인간의 선견지명과 통제의 한계, 자원을 넘어 약속을 확장하는 위험을 인식하고 있는 신중한 현실주의자였다. 그것들은 또한 시어도어 루즈벨트가 1933년 이후 민주당 행정부의 지적인 대부가 된 이상한 방식의 또 다른 표현이기도 했다. 아이크(Ickes)와 같은 전 진보주의자들은 뉴딜에 많은 기여를 했다. 전시와 전후 기간에는 보다 보수적인 신해밀턴주의가 그 역할을 했다. 루트(Root)에서 스팀슨(Stimson), 마셜(Marshall), 로벳(Lovett) 및 맥클로이(McCloy)까지 명확한 선이 존재했다. 전후 정부 전역에 퍼진 포레스탈 사람의 영향은 비슷한 관점에서 국가 정책에 기여했다.

국무부와 외교부의 전문직은 트루먼 정부의 외교 정책의 세 번째 원천이었다. 1930년대에는 경제적 우려가 국무부의 전망을 지배했다. 그 후, 전쟁 동안 국방부는 유엔 계획과 관련된 법률적, 조직적 문제에 몰두하게 되었다. 두 단계 모두에서 국무부의 접근 방식은 근본적으로 자유주의적이었다. 그러나 전쟁이 끝나고 냉전이 시작되면서 지배적인 어조와 양상이 바뀌었다. 오랫동안 소련의 동기를 의심해 왔지만 이전에는 예속된 위치에 있었고 정책에 중요한 영향력을 행사할 수 없었던 외무성 장교 그룹이 전면에 등장했다. 그러나 1947년과 1948년에 이 그룹의 견해가 부서에서 우세해지기 시작했다.5) 물론 그들은 1947년 봄 조시 케난(George Kennan)의 "소련 행동의 근원"의 분석에서 그들의 고전적인 표현을 받았고, 마셜 하에서 그들은 부서의 정책기획부에서 제도적으로 구체화되었다. 마셜과 애치슨 정권 동안 정책에 대한 국무부의 견해는 군대의 견해보다 훨씬 더 강경하고 권력 지향적이고 현실적이었다. 케난과 같은 사람들은 군사력의 중요성을 많이 강조했고, 그들의 분석에서 거의 완전히 이데올로기적 요소를 권력 요인에 종속시켰다. 국무부가 이 기간 동안 군사적 압력에 굴복했다는 이유로 때때로 비판을 받기도 했지만, 국무부의 군사적 관점은 대체로 외교 문제에 대한 자체적인 사고의 강요되지 않은 산물이었다. 부서에서 이러한 새로운 관점의 일반적인 성격은 퇴임 후 지지자들이 만든 업적에 반영되었다.6) 이 세계관(weltanschauung)의 공통 요소는 권력의 필요성, 미국 권력의 한계에 대한 인식, 국가 안보와 국익을 증진하기 위해 권력을 사용하는 도덕성의 수호 등에 대한 강조였다.

트루먼 정부의 외교 정책 보수주의의 마지막 원천은 물론 군대였다. 마셜과 함께 합참은 직업윤리로 돌아왔다. 그러나 그러한 복귀는 전시 대외정책과 국내 자유주의의 결합이 양분되었기 때문에 가능했다. 트루먼과 고위 민간 지도자들의 정치적 전망과 국무부의 새로운 보수적 현실주의는 공감할 만한 환경을 제공했다. 민간인들은 군대를 원래 자리로 데리고 왔다. 병력 수준과 군사 예산과 관련하여 트루먼의 참모들은 국가 안보의 군사적 필요를 상당히 일관되게 대표했다. 그 결과 그들의 전략적 사고는 종종 정치적, 경제적 현실과 분리되었다. 그들의 예산 요구는 일반적으로 대폭 삭감되었다. 때때로 그들은 "국가가 감당할 수 있는 것"에 대한 추정치를 분석에 통합했지만, 적어도 나중에 브래들리 장군은 그렇게 함으로써 자신들의 적절한 역할을 포기하고 있음을 인식했다.7) 트루먼의 합동참모부도 마찬가지로 군사력을 사용하여 신중하고 보수적인 노선을 추구했다. 1946년 유고슬라비아가 일부 미국 항공기를 격추했을 때 국무부는 무력 과시를 뒷받침하는 최후 통첩을 발송하기를 원했다. 합참은 우리 군사력의 한계를 지적하고 절제를 촉구했다. 한국과 관련하여 국무부는 다시 개입을 촉구했고 합동참모본부는 소극적인 역할을 했다.8) 한국전쟁의 확대, 이스라엘, 일본의 평화조약, 독일의 재무장, NATO의 조직과 무장에 관한 권고에서, 합참은 마찬가지로 미국이 국방력을 강화하기 전까지 군사 안보에 대한 가장 중요한 우려와 모험적인 습격을 피하려는 열망을 반영했다. 빠르고 쉬운 해결책의 불가능성, 의도보다는 적의 능력에 기반한 정책의 필요성, 다양하고 많은 유형의 무력을 구현하는 다원적 전략의 바람직함, 군사적 목적보다 정치적 목표를 중시하는 시각을 초월하는 것에 중점을 둔 브래들리 장군의 전체적인 관점은 직업 군인 윤리를 거의 완벽하게 수립했다. 문민 통제에 대한 견해에서 트루먼의 참모도 마찬가지로 전통적인 군사적 견해를 지지했다.9)

■ **실행**   트루먼 정부가 보수적인 외교정책을 수행할 수 있는 능력은 대중이 외교에 무관심한 정도, 외교정책 결정이 대중의 통제에서 벗어날 수 있는 정도, 트루먼 정부의 관점으로 국민을 끌을 수 있는 정도에 달려 있었다.

트루먼 정부를 지지하는 핵심 요인은 외교 정책에 대한 지지자들의 상대적인 무관심이었다. 민주당 연립의 이해관계는 수없이 많고 다양하며 상충되며 본질적으로 국내적이었다. 트루먼 정부는 1948년에 주로 국내 경제 문제에 대한 선거에서 이러한 이해관계에 호소함으로써 다시 집권했다. 결과적으로 그러한 문제에 대해서만 정치적으로 전념했다. 더욱이 연정의 이해관계 사이에 정치적 교착 상태의 발생은 한 집단이 자신의 견해가 국내 정책과 외교 정책 모두에 우선

한다고 압도적으로 주장할 수 없을 것을 보장했다. 어쨌든 트루먼 정부 유권자의 가장 큰 블록은 일반적으로 외교 정책에 무관심하고 운명론적인 가난한 경제 계층에서 뽑혔다.10) 결과적으로 트루먼 정부는 인기가 없고 전문적인 출처에서 파생된 외교 정책을 추구하는 데 비교적 자유로웠다. 물론 팔레스타인 등 어느 시점에는 국내 이해관계와 보수 노선 사이에 갈등이 발생했으며, 이 경우 후자는 일반적으로 양보해야 했다. 그러나 일반적으로 민주주의 이해관계는 은행가, 외교관, 군인들이 자신들을 대신하여 수행하는 외교 정책에는 거의 관심을 두지 않았다.

트루먼 정부는 또한 가능한 한 외교 정책 결정을 의회와 공공 통제로부터 격리하려고 시도했다. 아이러니하게도 루스벨트가 인기있는 국내 정책과 자유주의적 전시 외교 정책을 시행하기 위해 발전시킨 정부 리더십과 의사 결정의 전통은 인기가 없고 보수적인 외교 정책을 수행하기 위해 트루먼 정부에 의해 호출되었다. 그토록 루스벨트 시절에 존재했던 전면적이고 역동적인 리더십이 트루먼에게 부족했던 것은 트루먼이 잭슨식 "국민의 호민관"이 아니라 버크식(Burkeian) 국가의 사실상 대표자로서의 대통령 특권을 주장했기 때문이었다. 루스벨트는 대중의 의지를 구현했다. 트루먼은 그것으로부터 탈출했다. 비입법적 사항에 대해서는 먼저 결정을 내린 다음 공개적으로 발표하고 의회에서 토론, 비준 또는 수정하는 것이 대표적인 패턴이었다. 트루먼 정부의 외교 정책에 대한 거의 모든 의회의 큰 논쟁은 정부가 국가를 공약한 후에 발생했다. 베를린 공수, 수소폭탄, 포모사 정책, 한국전쟁, 국가비상사태 선포, 유럽 파병, 맥아더 해임 등의 결정은 모두 이 패턴을 따르는 경향이 있었다. 사실상 행정부는 외교 정책에 대한 통제가 입법부에 속하는 것이 아니라 공익을 위해 그것을 더 잘 사용할 수 있는 사람들의 손에 있어야 한다는 로크(Locke)의 연방 권력 이론을 가능한 한 고수했다. 이 이론은 실제로 거의 플라톤(Platonic)적 용어로 외교 정책은 대중의 의견을 위한 곳이 아니며 대중은 법과 의학에서와 마찬가지로 전문가의 판단에 따라야 한다고 주장한 케넌(Kennan)에 의해 재진술되었다.11)

때때로 트루먼 정부의 대외적 측면에서 요구하는 정책과 정치적으로 실행 가능한 정책 사이에 심각한 격차가 존재했다. 이것은 아마도 "NSC 68"의 역사에 의해 가장 잘 설명되었을 것이다. 이것은 소련의 원자 폭탄 폭발에 대한 반응으로 1949-1950년 겨울에 개발된 미국의 광범위한 군사력 증강 계획이다. NSC 68의 결론은 일반적으로 국무부와 국방부의 군부대에 의해 강력하게 지지되었다. 국방부 장관인 루이스 존슨(Louis Johnson)은 확장 프로그램에 대해 다소 덜 호의적이었고, 예산국은 확실히 반대했다. 대통령은 1950년 4월에 NSC 68의 일반 원칙을 승인했으며 세부 이행 프로그램의 개발과 비용에 대한 추가 고려를 조건으로 했다. 따라서 1950년 봄 정부는 사실상 다음 회계연도에 권장되는 130억 달러 국방예산으로 구체화된 공적 국방 정책과 NSC 68에 구현된 민간 정책이라는 두 가지 국방 정책을 시행했다. 이러한 이중성은 1950년 여름에 정부가 NSC 68 지지자들에 의해 이전 가을에 촉구되었던 병력 증강을 진행하도록 허용한 한국 전쟁이 발발하면서 종식되었다.

NSC 68의 역사에서 알 수 있듯이 의회와 대중은 외교 정책에 관한 가장 중요한 많은 결정에서 제외될 수 없었다. 지속적인 입법 참여의 주요 영역은 물론 국방 및 해외 원조에 대한 지출이었다. 여기에서 행정부의 외교 측면의 정책은 프로그램의 주장과 경제, 균형 예산 및 감세에 대한 끊임없는 요구를 추진하는 국내 기관의 이해관계와 부딪쳤다. 결과적으로 이 분야에서 보수적인 외교 정책은 완전하게 남았다.12) 장기적으로 입법과 국민의 지지가 없는 외교 정책은 불가능했다. 정부는 영업술을 통해 다른 노력을 보완해야 했다.

그러나 미국 국민에 대한 봉쇄의 상품화는 트루먼 정부의 부족한 정치적 자원을 훨씬 능가했다. 대통령 자신은 직무에 필요한 명예와 존경을 받지 못했다. 국무부는 항상 국내 유권자의 부족으로 어려움을 겪었다. 더욱이 당파의 공격이 증가하고 있었다. 그 인사들은 무능하거나 불충실하다는 낙인이 찍혔고, 이는 외교적 행로에 대한 대중의 좌절감의 상징이 되었다. 게다가 애치슨(Acheson) 씨는 때때로 여론의 민감성을 다소 냉정하게 무시했다. 1951년까지 의회의 대부분의 민주당원들조차 그의 해임에 찬성했다. 일반적으로 자유주의적인 민주주의 행정부로 간주되었던 공화당이나 보수적인 민주당원으로서 외교의 민간 지도자들은 사실상 정치적으로 무능했다. 뉴딜러와 정당 계열의 공화당원은 둘 다 로벳이나 호프만을 의심했다.

결과적으로 행정부는 의회와 대중 앞에서 자신의 정책을 설명하고 정당화하기 위해 군 전문가에게 의지해야 했다. 상당한 정도로 이것은 마셜과 같은 사람을 민간 직위에 임명함으로써 이루어졌다. 또한 합동참모본부에 대한 의존도가 높아졌다. 합동 참모총장은 여전히 제2차 세계 대전의 명성을 많이 유지했다. 그들은 전문적이고 사심없는 단체로서 주목을 받았고, 1940년 이전에는 회원들이 공무에 완전히 무관심했기 때문에 그들을 급진주의나 다른 형태의 추잡한 정치와 연관시키는 것이 불가능했다. 따라서 참모총장들이 전문적 관점을 다시 가질 수 있었던 것은 보수적인 외교 환경의 존재였으나, 이들을 국가 앞에서 공적인 옹호자가 되도록 한 것도 이러한 특수한 환경의 존재였다. 행정부의 외교 분야에서는 75년 동안 미국의 민군 관계를 특징지어온 전문 군인과 민간인 정치가 사이의 긴장은 제2차 세계 대전만큼이나 현실적이지만 실질적으로는 크게 다른 통일된 전망에서 증발했다. 그러나 미국인의 마음 속에 자유주의가 만연한 것을 감안할 때 이러한 긴장은 외교 부문과 나머지 정치 공동체 사이의 경계선을 따라 다시 나타났다. 군대는 전자의 주요 대사가 되었다. 그들은 해외원조예산을 주장하고, 조약 비준을 촉구하고, 유럽에 미군을 배치하는 것을 옹호하고, 맥아더 장군의 해임을 정당화하고, 한국 전쟁의 수행을 옹호하고, 군대 수준과 예산에 대한 행정부의 결정을 설명했다. 일반적으로 그들은 이 역할을 좋아하지 않았지만 행정부의 필요에 따라 그 역할에 끌렸다. 의회 위원회와 시민 단체 이전에는 정치적 옹호자로 활동했다. 그들의 활동의 상징은 1952년 3월 20일 패서디나(Pasadena) 상공회의소 앞에서 브래들리 장군의 유명한 연설이었는데 그는 후버(Hoover)와 태프트(Taft)가 옹호한 방어의 "지브롤터(Gibraltar) 이론"을 "이기적"이고 "방어적"이라고 비난하고 공군력이 과중하지 않고 균형 잡힌 군사력을 이루는 정책을 촉구하였다. 당시 핸슨 볼드윈(Hanson Baldwin)이 예리하게 지적한 바와 같이 브래들리의 견해는 단순히 "군사적 상식"에 불과했지만 그는 이를 대통령 선거의 흐름에 추가할 의향이 없었다.13)

한동안 합참은 군사 영웅과 기술 전문가의 결합된 명성을 활용하여 옹호 역할을 성공적으로 수행했다. 의회는 애치슨을 무시하고 브래들리의 말에 귀를 기울였다. 그러나 결국 군사 통화의 가치가 떨어지기 시작했다. 그들이 옹호하고 있던 정책의 인기가 없었기 때문에 그것을 옹호하는 사람들의 개인적, 제도적 명성이 낮아졌다. 그들은 여전히 정책의 본질에 대한 전문적인 견해를 고수했지만, 합동참모부는 이 정책을 정치 코스로 채택한 행정부를 대신하여 공개적으로 그 정책을 열렬히 옹호함으로써 필연적으로 당파적 비판에 스스로 말려들어 갔다. 이는 한국전쟁 발발 이후 급속히 확산되어 맥아더의 해임으로 더욱 심화되었다. 태프트(Taft) 상원의원은 1951년 봄에 "그들을 전문가로 받아들이지 않는 지경에 이르렀는데 특히 브래들리 장군이 외교 정책 연설을 할 때이다. 나는 합동참모부가 절대적으로 행정부의 통제 하에 있어야 한다고 제안한다." 좀 더 절제된 용어로 공화당의 외교 정책 대변인인 존 포스터 덜레스(John Foster Dulles)도 외교 정책에서 군대의 역할을 비판했다.14) 1952년까지 그들의 설득력은 대체로 사라졌다.

　　근본적으로 자유주의적인 국가를 위해 6년 동안 보수적인 외교 정책을 수행한 것은 어떤 의미에서는 트루먼 정부에 있어 상당한 정치적 성과였다. 그러나 불가피하게 지속할 수는 없었다. 제2차 세계 대전 당시 군부가 보수적인 태도를 유지하는 것이 불가능했던 것처럼, 냉전시대에도 군민외교정책기관이 보수적인 정책을 유지하는 것은 불가능했다. 이 문제는 한국 전쟁의 수행에 대한 문제로 대두되었고 이후 1952년 민주당 패배의 주요 요소였다. 비평가는 이것이 단순히 모든 사람들을 속일 수는 없다는 링컨의 격언을 증명했다고 말할 수도 있다. 그러나 그것은 불공평하다. 보수적인 정책이 오래 지속되었다는 것은 부족한 자원을 최대한 활용하는 행정부의 능력에 대한 찬사이다. 그것이 끝났을 때 그것이 끝났다는 것은 미국 민주주의의 활력에 대한 찬사이다.

한국 전쟁: 장군, 군대, 그리고 대중

　　한국 전쟁은 민군 관계의 트루먼 패턴을 깨뜨렸다. 그것은 대외 정책에 대한 대중의 관심과 분노를 불러일으켰다. 그것은 의회에서 당파와 야당을 자극했다. 합동참모부의 정치적 영향력을 소진시켰다. 한국 전쟁은 십자군 전쟁이 아닌 미국 역사상 최초의 전쟁(인디언 투쟁 제외)이었다. 또한 전쟁 수행에 대한 대중의 분노가 집권당의 축출에 기여한 것은 이번이 처음이다.

　　전쟁은 여러 면에서 특별했지만, 전쟁을 지휘하는 행정부, 야전에서 전쟁을 지휘하는 장군, 최전선에서 전투를 벌이는 군대, 국내에서 응원하던 사람들 사이에 있었던 기이한 관계보다는 결코 그렇지 않았다. 트루먼 정부의 근본적인 결정은 한국의 독립을 유지한다는 제한된 정치적 목적을 위해 전쟁을 하는 것이었다. 이 결정이 확실히 하룻밤 사이에 이루어지지 않았다. 오히려 그것은 1950－1951 년의 길고 힘든 겨울 동안 사건의 혼란과 사소한 결정의 복잡성에서 이루어졌다. 그러나 일단 그 결정이 확립되면서 행정부는 고집스러운 끈기로 그것을 고수했다. 대통령, 애치슨, 마셜, 로벳, 브래들리, 합동참모 등 행정부의 모든 민간 및 군 지도자들은 이 기본 개념에 동의했다. 제한된 동원과 재래식 군대의 재건이라는 국내 결과와 함께 이 결정은 물론 본질적으로 보수적인 결정이었다. 미국은 전면적인 목표를 갖고 있지 않았다. 그것은 단순히 현상 유지를 재건하기를 원했을 뿐이다. 이것은 이 목표를 달성하기 위해 신중한 측정과 군대의 계산된 고용을 요구했다. 그러나 루덴도르프가 아닌 클라우제비츠에 따르면 전쟁을 하는 것은 미국인들에게 새로운 경험이었고 일반적으로 받아들이기를 꺼리는 일이었다. 따라서 행정부의 근본적인 문제는 이 새로운 사업에서 군대, 장군 및 대중의 지지를 확보하거나 최소한 묵인하는 것이었다.

행정부는 군대와 함께 성공을 거두었다. 전쟁 초기에 미 육군은 열악한 상태였다. 점령된 일본의 연약한 삶에서 갑자기 빠져나와 점점 더 많은 적과의 싸움에 던져진 부대들은 힘든 시간을 보냈다. 그들은 훈련도 제대로 받지 못했고 심리적으로 전투에 대한 준비도 되어 있지 않았다. 그러나 1951년 봄까지 제8군은 강인하고 전투 경험이 풍부한 전투 부대로 재건되었다. 그러나 행정부의 정치적 목적은 완전한 군사적 승리를 추진하거나 한반도에서 완전히 철수하는 것을 허용하지 않았다. 결과적으로, 문제는 지구의 먼 구석에서 명백히 무기한이고 우유부단한 갈등에서 군대의 사기를 유지하는 것이 되었다. 물질적, 심리적 수단을 모두 시도했다. 물질적으로는 전선이 안정되면 하루에 한 번 샤워하고 하루에 두 번 우편으로 하루에 세 번 따뜻한 음식을 먹는 등 군인의 생활을 최대한 편안하게 만들기 위해 온갖 노력을 기울였다. 가능한 한 미국 민간인의 생활 수준을 전쟁 최전선에 도입하기 위해 수단을 아끼지 않았다. 전쟁이 끝날 무렵 미군은 세계 역사상 유일무이한 물리적 사치와 안락함의 수준에서 싸우고 있었다.

그러나 군대가 전쟁을 수용하도록 하는 데 있어 그에 못지않게 중요한 것은 최전선의 심리를 형성한 교대 정책이었다. 물질적 혜택의 제공과 달리 이것은 미국의 과거와의 급격한 단절을 의미했다. 제2차 세계 대전에서 군인들은 한 기간 동안 참전했다. 그들은 정부가 군사적 승리라는 정치적 목표를 달성했을 때만 귀국이라는 개인적인 목표를 달성할 수 있었다. 그러나 한국에서 교대는 군대의 개인적인 목표와 정부의 정치적 목표를 분리시켰다. 병사의 목표는 전선에서 9개월을 버텼다가 철수하는 것이었다. 전쟁은 필요악이었고, 그는 그것을 그대로 수용하고 받아들였다. 그의 태도는 최전선에서 등장한 스토아 학파적 체념의 고전적인 표현으로 훌륭하게 요약되었다. 미국 역사상 처음으로 일반 군인이 주요 전쟁에 참가한 이유는 전쟁이 진행되고 있는 정치적 목표에 대해 동일시를 공유했기 때문이 아니라 전투 명령을 받았기 때문이다. 대신 그는 전문가의 전통적인 특징인 전쟁의 정치적 목표에 대해 극도의 무관심을 발전시켰다. 그리고 "전문가"는 제2차 세계 대전 전사와 구별되는 한국 전사의 독특한 심리를 설명하기 위해 뉴스 기자와 관측자들이 사용하는 한 용어였다.15)

어떤 면에서 제2차 세계 대전의 정신은 한국 전쟁을 수행함에 있어 공산주의자 못지않게 많은 문제를 야기했다. 교대는 병사들의 심리에 기적적인 변화를 가져왔지만, 야전에서 전쟁을 지휘한 장군들의 태도를 바꾸는 데 필적할 만한 것은 없었다. 그들에게는 "전쟁에서의 해방"이 없었다. 그들은 계속해서 제2차 세계 대전의 관점에서 생각했다. 전쟁의 유일한 적절한 종료는 군사적 승리였으며, 그들은 이것이 왜 그들에게 거부되어야 하는지 이해할 수 없었다. 1939년에 육군이 한국전쟁에 참전하라는 명령을 받았다면 참모총장에게 아래서 순종하며 생각지 않고 전쟁에 참전하라는 지시가 내려진 조건으로 싸웠을 것이라는 데는 의심의 여지가 없었다. 실제로 마셜 장군은 맥아더 장군의 행동과 1916년 멕시코의 징벌적 원정에 대해 윌슨이 부과한 정치적 제한을 퍼싱(Pershing)이 순순히 수용한 것과 대조를 이뤘다.16) 트루먼 정부의 동조적인 환경의 합동참모본부 전쟁 이전의 전문적인 계류장으로 돌아갈 수 있었다. 그러나 제2차 세계 대전의 심리에 젖어 있고 국내의 정치적, 대중적 분노에 부추겨진 현장의 지휘관들에게는 불가능한 일이었다. 군사 윤리와 실질적으로 분리되어 자유주의 국가의 보수 행정부에서 그들의 종속적인 위치는 그들에게 옹호적 역할을 강요하는 경향이 있었다. 그리하여 민간인들이 제2차 세계 대전에서 군사적 승리를 최고의 정치적 목표로 선양한 것은 10년 후에 민간인들을 괴롭히게 되었다. 한 번 포기된 책임은 쉽게 회복되지 않았다. 아이러니하게도 "승리를 대체할 수 있는 것은 없다"는 맥아더 장군의 말은 루즈벨트의 유령에게서 영감을 받은 것일 수 있다.

그 결과 '전문가'가 부대의 태도를 요약한다면, '실망'은 장군의 태도를 묘사하는 것이었다. 군대는 공이 튀는 방식을 기꺼이 받아들였지만 장군은 그렇지 않았다. 그들은 반응했다. 그들은 항의했다. 그들은 피했다. 그들은 몸부림쳤다. 호머 비가트(Homer Bigart)는 다음과 같이 보고했다.

> 국가적 목표를 달성할 수 있는 군인은 거의 없는 것 같다. 가혹하고 원시적이며 종종 비참한 존재에 사로잡혀 있는 병사의 지각은 너무 무디어져서 예지력은 개인의 목표인 교대에 국한된다. 더 많은 생각을 할 수 있는 장교는 교착 상태의 명백한 허무함에 대해 곰곰이 생각하고 교대를 갈망한다. 그러나 장군들은 직장에서의 좌절로 거의 미칠 지경이었다.17)

장성들이 야전사령관 집단으로서 정부의 정책에 공감하지 않는 정도는 아마도 미국 역사상 전례가 거의 없었을 것이다. 남북 전쟁 중에도 한국에서 표출된 만장일치의 군사적 반대의견이 있은 적이 없었다. 리지웨이(Ridgway) 장군을 제외하고 맥아더, 밴 플리트(Van Fleet), 스트라트마이어(Straatemeyer), 아몬드(Almond), 클락(Clark), 조이(Joy)와 같은 거의 모든 야전 지휘관은 이전에 맥아더 또는 극동 지역과의 연관성에 관계없이 제너(Jenner) 위원회가 "승리를 거부당했다는 불안감, 정치적 고려가 군대를 압도했다는 좌절감과 확신…"이라고 말했다. 클라크 장군은 이 문제를 논의한 극동 지역의 모든 지휘관이 그들의 승리를 거부하는 정치적 제한을 제거하기를 희망한다고 말했다.18)

한국 야전사령관들의 대규모 불만과 가장 근접한 최근 유사점은 핵무기와 열핵무기 건설에 대한 정부 정책에 대한 원자력 과학자들의 불만이었다. 각각의 경우에 대해 잘 정의된 전문 인력 조직은 그들이 담당한 정부의 정책에 반대하는 정치적인 입장을 취했다. 각각의 경우에 전문가 집단의 불만은 미국 여론에 깊숙이 뿌리를 두고 있었고 군사 윤리의 기본 가정을 구현하는 본질적으로 보수적인 정책에 반대했다. 물리학자들은 러시아와의 무기한 핵무기 경쟁의 부담과 좌절을 받아들이기를 거부하고 협상에 의한 군축을 통한 종식을 요구했다. 한국의 장성들은 공산주의 중국과의 무기한 제한된 전쟁의 부담과 좌절을 받아들이기를 거부하고 완전한 군사적 승리로 그들을 종식시킬 것을 요구했다. 각각의 경우 불만의 주범인 맥아더와 오펜하이머(Oppenheimer)와 같은 카리스마 넘치는 인물로, 거의 종교적인 신비주의에 가까웠고, 강렬한 정서적 충성과 증오를 불러일으켰고, 결국 정부에서 인정사정없이 퇴출되었다.

최종 분석에서 트루먼 행정부 정책의 지속 가능성은 대중의 수용 여부에 달려 있다. 그러나 대중은 잠시 동안 그것을 취할 수 있지만 대중은 그것을 무기한으로 가져 가지 않을 것이다. 명료하지 않고 비이성적이며 감정적인 방식으로 미국인들은 해롤드 라스웰(Harold Lasswell)이 군국주의 에세이에서 지적으로 표현한 그의 태도를 여전히 고수했다. 전통적인 반응은 죽기를 거부했다. 군대가 행정부의 편이었다면 대중은 장군의 편이었다. 실제로 월터 밀리스(Walter Millis)가 지적했듯이 사기의 진정한 문제는 전선이 아니라 국내에 있었다. 장군들의 반체제 인사는 대중 불만의 초점이자 결정적인 지점이 되었다. 누적된 국민적 분노와 좌절은 야당이 간과할 수 없는 정치적인 사실이었다. 아이젠하워는 한국 전쟁이 없었다면 승리했을 것이다. 그러나 성격으로서의 그의 매력조차도 그가 외교 정책에 대해 "뭔가를 할 것"이라는 느낌과 크게 연관되어 있었다. 선거에서 지배적인 이슈가 있었다면 그것은 확실히 한국이었다.19) 밴 플리트의 서한, 방한 약속, 아시아인은 아시아인과 싸워야 한다는 주장, 신문 1면에 실린 사상자 명단과 부상자 사진 등 이 모든 것이 미국인들에게 동아시아의 불편한 현실을 상기시켰고, 이것들이 빨리 중단될 수 있다는 희망에 투표를 자극했다.

아이젠하워 정부의 첫 2년 동안 합동참모본부

■ **단일성**   확실히 아이젠하워 행정부가 전임 정부의 정부 패턴에서 가장 근본적인 변화 중 하나는 공통된 전망에 따라 대외 정책과 국내 정책을 통합한 것이다. 어떤 의미에서 이것은 1952년에 미국인들이 투표한 것이었다. 새로운 통일은 정부의 지도력에 가장 분명하게 반영되었다. 공화당 행정부는 말 그대로 팀이었다. 주요 경영진은 비즈니스, 특히 제조 부문에서 또는 비즈니스 철학을 공유하는 사람들에서 채용되었다. 내무부 장관은 "기업과 산업을 대표하는 행정부"로서 "우리는 안장에 있다"라고 아주 정직하게 말했다. 정부 고위직에 있는 기업

간부의 비율은 트루먼 정부의 두 배에 불과했다.[20] 내각을 8명의 백만장자와 배관공으로 구성하는 것은 부당했지만, 이 현명한 균열의 진실 요소는 논란의 여지가 있게 배관공이 일찍 그만 둔 것에 의해 강조되었다. 일반적으로 내각 관리들은 놀라운 관점의 동질성뿐만 아니라 놀라운 연속성과 안정성을 보여주었다.

트루먼 정부와 달리 같은 유형의 사람들이 정부의 국내 기관과 외교부 모두를 운영했다. 국방부의 기업인 비율은 상무부의 비율만큼 높았다. 정부 출범 첫해 말에 국방부의 장관급 24명 중 17명이 기업 또는 법인 간부였다.[21] 트루먼 정부의 특징인 경력과 관점의 날카로운 분열은 사라졌다. 포레스탈은 하네간(Hannegan)이나 채프먼(Chapman)의 언어를 사용하지 않았다. 그러나 윌슨은 서머필드(Summerfield)나 맥케이(McKay)와 의사 소통하는 데 어려움이 없었다. 그들은 모두 같은 산업 단지에 연결되어 있었다. 게다가 정부는 모두 같은 정당이었다. 트루먼 치하에서 일부는 민주당원, 일부는 공화당이었던 국무부와 국방부는 아이젠하워 치하에서 완전히 공화당이 되었다.

아이젠하워 정부의 통합은 정치와 여론의 상당한 발전을 반영했다. 전통적으로 미국의 자유주의는 기업과 경제적으로 더 나은 사회 집단의 이익을 반영하는 휘그당과 농민, 중소기업, 노동에 뿌리를 둔 개혁적 자유주의의 대중적인 민주주의 분파로 나뉘었다. 이 두 부문 사이에 근본적인 이념적 갈등은 거의 없었지만 경제적 이해의 차이는 있었다. 경제 위기의 시기에 개혁당이나 대중적 자유주의당은 대개 경쟁자를 압도할 수 있었다. 1932년 이래로 이것은 민주당이 집권을 유지하는 수단이었다. 따라서 공화당은 기업의 이익과 국민의 이익 사이의 갈등이라는 관점에서 생각하는 지배적인 경향을 극복해야 했다. 아이젠하워 정부는 논쟁의 대상을 국내 정책에서 외교 정책으로 전환함으로써 기업 자유주의와 대중적 자유주의 사이의 이해 관계를 동일시하였다. 이 분야에서 대중의 태도는 기업의 이익을 강화했다. 비즈니스는 대중의 의지에 반대되는 것이 아니라 그 챔피언이 되었다. 내정에 대한 기업의 견해와 대중의 견해 사이의 분열은 경제 문제가 우세한 한 민주당을 다수당으로 만들었다. 외교-국방 정책에 대한 기업과 대중의 견해가 일치는 경제 문제가 전면에 드러났을 때 공화당에 다수를 주었다.

■ **방어 자유주의**　미국 자유주의의 전통적인 성향은 아이젠하워 행정부의 국방 정책에서 다양한 방식으로 나타났다. 행정부의 외교정책은 "개방성, 단순성, 정의"를 원칙으로 하였다.[22] 전쟁과 평화를 절대화하고 이분법화하려는 자유주의적 경향은 지속적인 제한적 개입에 대한 행정부의 적대감에 반영되었다. 한국 전쟁이 종식되었고 이러한 성격의 추가 충돌을 방지하기 위한 희망으로 "대규모 보복" 정책이 발표되었다. 1954년 봄에 정부는 인도차이나에 대한 개입을 고려했지만 의회와 영국의 반대로 인해 이 제안을 포기했다. 자유주의적 낙관주의는 러시아 적의 강점에 대한 행정부의 평가에 반영되었다. 윌슨 장관과 키예스 (Kyes) 차관은 일찍부터 비관적인 군부의 추정에 대한 불신을 표시하고 미군이 세계 최고이며 미국이 무기 기술에서 러시아보다 오래 앞서고 있다고 일관되게 주장했다. 행정부는 또한 전임자보다 더 포괄적이고 보편적인 용어로 미국 정책의 목표를 정의하는 경향이 있었다. 1952년 캠페인에서는 동유럽의 '해방'이라는 목표를 강조했고, 취임 후에도 정부는 '보다 역동적인 반공' 정책이 바람직하다는 점을 계속 강조했다. 국방부의 지도자들은 국내 및 경제적 해법이 군사 안보 문제에 적용될 수 있다는 자유주의적 믿음을 고수하는 경향이 있었다. 사업에서 성공을 가져온 동일한 기술, 정책 및 조직이 정부에서도 성공을 거둘 수 있었다. 군사 기관과 군사력에 대한 전통적인 자유주의적 적대감은 국가 안보를 위한 수단으로 대규모 군대를 대체하려는 행정부의 노력에서 드러났다. 정부가 출범한 첫 해에는 강력한 경제가 우리의 일차 방어선이며 재정 안정이나 국가 지급 능력을 위협할 수 있는 군사력을 유지해서는 안된다는 주장이 제기되었다. 행정부 2년차에는 기술적 대체가 강조되었다. 미국이 다양한 핵무기와 열핵무기를 보유하면 재래식 군대의 감축이 정당화될 것이다. 행정부의 3년차에는 대규모 상비군에 대한 대안으로 상당한 예비의 시민 군인을 만드는 것이 강조되었다. 이 기간 동안 행정부는 균형 예산과 세금 감소에 높은 우선순위를 두었고 결과적으로 군사 지출을 줄였다. 물론 여기서 정부의 기업 자유주의가 대중의 염원과 가장 밀접하게 일치했다.

　　아이젠하워 정부는 합참이 이러한 자유주의 철학을 공유할 것으로 기대했다. 이것은 아이젠하워 정부에 대한 바람직한 합참 위원의 자격이 이전 행정부의 자격과 상당히 다르다는 것을 의미했다. 트루먼 정부는 정부의 정책을 수행할 정치적 명성을 가진 군사 지도자를 필요로 했다. 아이젠하워 정부는 군 참모들의 지지가 아니라 합의를 원했다. 윌슨 장관의 말에 따르면 그들은 팀의 대변인이 아니라 팀의 일원이었다. 1953년 봄에 합참에 첫 임명은 의회 및 대중과 정치적 영향력을 행사할 사람보다는 행정부의 "새로운 모습"을 공유할 사람을 확보하려는 이러한 열망을 반영했다. 이 같은 경향은 2년 후 버크(Burke) 소장이 해군 작전 사령관으로 선출되면서 더욱 확산되었다. 트루먼 정부는 아마도 정치적으로 그렇게 낮은 기수 계급으로 하락할 여유가 없었을 것이다. 임기가 정해져 있지 않은 참모총장 임명과 2년 후 모든 임명을 재검토하겠다는 명시적 의향은 행정부가 군 지도자의 위상을 높이는 것보다 합의를 확보하는 데 더 관심이 있음을 시사했다. 1953년 봄에 펜타곤의 개편 계획을 수립한 록펠러(Rockefeller) 위원회는 통일된 민군 사고의 바람직함을 강조했다. 위원회는 "한편으로 군사 업무와 다른 한편으로 민간 문제(정치, 경제, 산업 등)를 충분히 명확하게 구분하여 군 장교와 민간 장교 사이의 책임을 구분하거나 또는 두 개의 지휘 노선을 평행으로 구축하기 위한 실용적인 기반이 되는 것은 불가능했다"고 밝혔다.23) 보고서는 또한 국방부 장관이 합동참모회의에 참석할 것을 촉구했다. 트루먼의 참모들이 순전히 "군사적 관점에서" 이야기했다고 주장한 반면, 1954년 여름에 윌슨 장관은 참모들에게 "군사, 과학, 산업 및 경제를 포함한 모든 관련 관점을 대표해 가장 유능하고 사려 깊은 생각을 최대한 활용하라"는 명령을 내렸다.24) 대통령은 합참의 만장일치 결정만을 원한다고 선언한 것으로 알려졌다. 그 후, 리지웨이(Ridgway) 장군은 그가 행정부의 관점에서 반대하는 자신을 발견했을 때 "자신에게 선입견인 정치-군사 '정당 노선'을 따르도록" 설득하기 위해 "끊임없는 압력"을 받았다고 비난했다. 장군이 그의 생각을 조정하기를 거부했을 때, 그의 "비동의"가 공개적으로 알려지게 해서는 안 된다는 것이 분명해졌다.25)

　　이러한 조화로운 시각을 확보하기 위한 정부의 다양한 노력에도 불구하고, 새로운 합동참모총장이 새로운 철학에 사고를 맞추는 데에는 시간이 걸렸다. 1953년 여름에 취임하면서 그들은 군사적 요인과 새 행정부의 재정 정책을 모두 고려하여 "새로운 모습"의 군사 전략을 수립하라는 지시를 받았다. 이 명령에도 불구하고 그들은 가을에 트루먼 전임자들과 거의 동일한 전력 수준 제안을 내놓았다. 그러나 국가안전보장회의(NSC)는 이러한 권고를 거부하고 군에 비용이 덜

드는 전략 계획을 수립하도록 지시했다.[26] 물론 이 자체가 민군 책임을 위반하지 않았으며 합동참모부가 단순히 지침을 준수하고 NSC 예산 한도 내에서 가능한 최고의 권장 사항을 제시했다면 군사적 역할을 포기하지도 않았을 것이다. 그러나 증거에 따르면 합참의 일부 구성원은 이를 넘어섰다. 그들은 정치 당국이 설정한 한계를 그냥 받아들이지 않았다. 그들은 또한 정치 지도자들의 마음에 가장 중요한 가정을 자신들의 생각에 통합했다. 특히 합참의장인 래드포드(Radford) 제독이 그랬다. 카니(Carney) 제독과 트와이닝(Twining) 장군도 마찬가지였다. 자신의 독립적인 군사적 판결을 고수하면서도 이 판단이 대통령과 그의 민간 보좌관의 판단에 종속되는 것을 받아들이는 엄격한 직업적 역할에 대해 서술한 리지웨이 장군은 그렇지 않았다. 군인들은 경제적, 정치적 판단을 해서는 안 된다는 브래들리의 경고를 거부하면서 래드포드 제독은 합동참모본부가 전체 국민소득 추정부터 시작해야 해서 다음과 같이 해야 한다고 주장했다.

> …방어에 할당될 수 있는 금액에 대해 가정한다…
>
> 나는 주저 없이 군인으로서 장기적으로 계획을 세울 것이라는 이론에 동의한다…우리는 경제적 요인을 고려해야 한다…
>
> 장기간에 걸쳐 예상 국민 소득에 대해 얻은 수치에서 고정 비용을 다소 제거했으며 나머지 추정 금액 내에서… 우리는 적절한 군사 프로그램을 생각해냈다 …[27]

그 후, 래드포드 제독은 "새로운 모습"의 축소된 예산에 대한 완전한 지지를 표시했는데, 이 입장은 행정부의 군사 감축의 두 번째 단계가 의회에 있을 때 이듬해 다시 취했다. 아이젠하워 합참은 또한 덜레스 장관이 보다 적극적인 반공 정책이 바람직하다는 가정을 생각의 일부로 채택하는 경향이 있었다. 1954년 봄, 래드포드 제독은 디엔비엔푸(Dienbienphu)를 공격하는 적군에 항공모함 공습을 통해 인도차이나 전쟁에 개입할 것을 촉구했다.[28] 1954년 가을, 합참(리지웨이 반대)은 공산주의의 공격으로부터 해안 섬(Quemoy)을 방어하기 위해 필요하다면 미국이 중국 본토를 폭격함으로써 개입할 것을 권고했다. 여전히 나중에, 극동 지역을 순회한 후, 래드포드 제독은 분명히 그의 직책에 대한 행정부의 부분적이고 다소 흐릿한 승인을 얻을 수 있었다. 거의 동시에 그는 공산주의자들에 의해

억류된 미국인들의 석방을 확보하기 위해 필요하다면 중국 해안 봉쇄를 지지할 것이라고 밝혔다.29)

래드포드 제독의 견해가 군사윤리에서 얼마나 벗어났는지는 그가 후원한 〈전투적 자유(Militant Liberty)〉에 관한 문서에서 드러났다. 제독실에서 준비된 이 18쪽 분량의 책자는 국군의 안내를 위해 "우리나라가 건국된 원칙"을 서술하고자 하였다.30) 순전히 이데올로기적 용어로 서방 블록과 소비에트 블록 사이의 갈등을 정의한 〈전투적 자유〉는 둘 사이에 깔끔한 이분법을 그렸다. 공산주의의 강점은 "말살된 개인의 양심"이었다. 자유 세계의 강점은 "개인의 민감한 양심"이었다. 세계의 국가들은 인간 활동의 6가지 영역에서 권리와 책임이 균형을 이루는 정도에 따라 플러스 100에서 마이너스 100의 척도로 평가될 수 있다고 주장했다. 미국 정부가 아닌 다른 곳에서 펴온 책자는 괴짜의 순진하고 재미있고 무해한 작품으로 기록될 것이다. 그러나 펜타곤에서 발간된 그것은 장군과 제독들이 군사 단결을 포기하고 정치 철학으로 모험하는 융합적인 조언을 따를 때 어떤 일이 일어날 수 있는지를 보여주는 민간인 퇴위 조치이자 충격적인 예로서 민군 관계의 혼란에 대한 경고 신호였다.

■ **실행**　아이젠하워 정부의 정치적인 힘, 민간 지도자들의 인기, 정책의 인기로 합동 참모총장은 전임자들과 같은 규모의 정책 옹호에 참여할 필요가 없었다. 트루먼 정부는 군 지도자들이 정책 문제에 대해 공개적으로 말할 것을 장려했지만 아이젠하워 정부는 침묵을 선호했다. 카니 제독과 같은 군 참모들이 엉뚱한 발언을 했을 때 이를 거부하고 군에서 나오는 성명과 기사에 대해 정교한 통관 절차를 도입했다. 행정부는 군 지도자들이 대중 앞에서 정부 정책을 호소할 필요성을 거의 느끼지 못했다. 트루먼 정부(1951년 1월-1953년 1월) 동안 합참 의장으로 그가 재직한 마지막 2년 동안 브래들리 장군은 의회, 민간 단체, 라디오 및 텔레비전을 통해 57번의 공개석상에서 군사 정책의 중요한 문제를 논의했다. 대조적으로, 래드포드 제독은 합참 의장으로 재임한 첫 2년(1953년 8월-1955년 8월)에 그러한 진술을 단 39개만 했다.• 브래들리 장군은 "지브롤터(Gibraltar)" 연설

• 여기에는 "브래들리, 18-래드포드, 16(Bradley, 18-Radford, 16)" 공식, 공개 의회 청문회의, "브래들리, 26-래드포드, 23(Bradley, 26-Radford, 23)" 비군사 단체 앞에서의 연설, "브래들리, 13-래드포드, 없음(Bradley, 13-

에서 트루먼 군사정책에 대한 전통적인 설명을 전하고 외교정책에 대해 광범위한 발언을 자주 했다. 반면에 아이젠하워 정부의 군사 정책에 대한 전통적인 공식은 장군도 국방부 장관도 아닌 덜레스 장관이 "대규모 보복" 연설에서 만든 것이었다. 이 정책에 대한 민주당의 공격에 대한 대답은 또한 장관이 기자 회견과 〈외교(Foreign Affairs)〉의 기사에서, 그리고 닉슨 부통령이 전국 라디오 연설에서 발표했다. 합동 참모총장이 토론에서 유일하게 중요한 기여를 한 것은 1954년 3월 9일 연설과 부통령 연설 이틀 후 상원 세출 위원회에서 열리는 군사 예산 청문회에서 래드포드 제독이 한 적절한 발언이었다. 인도차이나 위기도 비슷한 패턴을 따랐다. 래드포드 제독은 정책 개발의 주동자였지만 공식 발표에서는 미미한 역할만 했다. 처음에는 대통령이 3월 24일과 4월 7일 성명에서, 덜레스 장관이 3월 29일 뉴욕 연설에서 주도권을 잡았다. 부통령은 신문과의 유명한 "기록 밖(off the record)" 연설에서 다시 핵심적인 역할을 했다. 중재가 마침내 거부되었을 때 행정부의 의도가 바뀌었다는 신호를 보낸 사람은 덜레스였다. 래드포드의 중요한 공개 성명은 4월 15일 연설에서 나왔지만 대통령과 국무장관이 이미 말한 것을 반복했을 뿐이며 다음 날 부통령의 더 극단적인 선언으로 인해 금세 잊혀졌다.

    행정부가 옹호 목적으로 군 지도자를 활용하지 못한 것은 이러한 출처로부터의 정치적 지원이 필요하지 않다는 것을 반영했다. 브래들리는 트루먼의 강력한 동역자였지만 아이젠하워는 래드포드에게 필요했던 것이 무엇인가? 정부는 또한 인도차이나와 포모사와 같은 국방 정책 문제에 대한 의회의 견해에 여러 면에서 더 많은 관심을 기울였으며 결과적으로 의회가 자신의 견해를 정당화하도록 설득하는 수단이 덜 필요했다. 때때로 아이젠하워 참모들은 의회 위원회 앞에서 정책에 대해 연설하고 행정부 프로그램을 주장했다. 그러나 이러한 역할은 전임자보다 훨씬 덜 중요했다.

Radford, none)" 추가 라디오 및 TV 출연 등을 포함한다. 브래들리 장군과 래드포드 제독이 제공한 공개 문서 및 정보로부터 편집되었다.

결론

두 행정부의 민군 관계 패턴은 군사 전문성과 자유주의 정치 사이의 긴장을 완화하기 위한 서로 다른 노력을 반영했다. 전쟁과 군대에 대한 기본적인 미국의 태도가 전통적인 틀에서 지속되는 한 합참은 정치적 역할, 실질적인 정치적 역할 또는 이 두 가지를 어느 정도 결합하는 쪽으로 추진할 것이다. 군부 자체가 제2차 세계 대전 직후와 같은 명성과 인기를 되찾을 가능성은 낮기 때문에 이후의 행정부가 트루먼 정부만큼 정치적 지원을 활용할 수 있을 것 같지 않다. 그러나 집권 정당이 보수적이고 인기 없는 노선을 따르려고 시도한다면 군부가 기여할 수 있는 모든 지원은 그 정책을 대중에게 상품화하는 데 확실히 사용될 것이다. 반면에 보다 대중적인 정책을 따른다면 합동참모본부는 기존의 견해를 고수할 것으로 예상된다. 불가피하게, 합동참모총장들은 여론의 대표자이거나 그 앞에 변론자여야 한다.

제15장
권력 분립과 냉전 방어

권력 분립의 영향

　　냉전 시대에 요구되는 고도의 국방 활동이 계속되면서 민군 관계에 대한 분립의 영향은 세 가지로 강화되었다. 첫째, 군사정책과 군사행정 측면에서 의회의 역할을 강화했다. 둘째, 의회－군 관계의 초점을 군의 보급부대에서 전문적인 군 의장으로 이동시켜 권력 분립과 군사적 전문성 사이의 긴장을 고조시켰다. 셋째, 다원적이거나 균형 잡힌 국가군사전략을 수립하는 경향이 있었다.

권력 분립과 기능의 분리

■ **의회 이해관계의 변화**　　냉전 기간 동안 증가된 군사 업무의 중요성은 필연적으로 합리적으로 군사 정책 및 군사 행정에 대한 의회의 참여를 증가시켰다. 1940년 이전에 의회는 그러한 군사 정책에 거의 관심을 두지 않았다. 상대적으로 제한적이고 좁은 관점에서 전쟁 및 해군 부서의 활동을 보았다. 의회의 관심은 육군 초소와 해군 야드의 위치, 군사 건설, 군사 조달, 그리고 일반적으로 무엇을 위한 것보다 군사 지출이 어디에서 누구에게 이루어졌는지에 집중되었다. 국부적, 경제적, 지역적 이해관계는 의회가 군사 문제에 관심을 갖게 된 동기 요인이었다. 군사 예산 책정에 대한 토론은 많이 참석하지 않고 군사 지출과 전혀 관련이 없는 주제에 대한 토론이 빈번하게 진행되었다.[1] 군사 정책의 주요 문제에 대한 의회의 고려는 1916년 및 1920년 국방법 및 1916년, 1934년, 1938년과 같은 해군 건설의 주요 승인에 대한 것이다. 그러나 이러한 경우를 제외하고 의

회는 군사 정책이 관심을 받을 만큼 정치적으로 중요하지 않다는 단순한 이유로 군사 정책에 거의 관심을 기울이지 않았다.

그러나 제2차 세계 대전 이후 10년 동안 의회는 선택 복무, 일반 국민 군사 훈련, 현역의 규모, 예비군의 구성, 국방의 조직과 같은 군사 정책의 주요 실질적 문제로 거의 끊임없이 몰두했다. 설립, 장교 및 사병의 복무 조건. 또한 매년 국방예산은 군사정책의 가장 중요한 문제를 제기하고, 매년 군사 및 해군 건설 및 군사 지원에 대한 승인은 중요한 결정을 필요로 했다. 군사 업무가 중요한 국민적 관심사로 바뀌면서 영국 왕이 군대를 지휘하고 관리할 수 있는 권한을 대통령에게 할당하고 의회에 영국 의회의 권한을 부여하여 군대의 존재, 규모, 구성을 결정하는 헌법적 기능 분담을 유지하는 것이 불가능했다.

■ **기능의 중복**　　　미국 연방정부의 특징 중 하나는 헌법상의 권력 분립과 헌법상의 기능분립의 갈등이다. 헌법제정자들은 의회와 대통령을 서로 독립적으로 만들어 헌법의 별도 조항에서 권위를 끌어내고 서로 다른 선거 시스템을 통해 별도의 선거구로부터 권력과 영향력을 획득했다. 이러한 분리된 권력의 원천은 의회와 대통령에 대한 "이익 집단의 차별적 접근"에 의해 더욱 강화되었다. 어떤 사람들은 대통령을 통해, 다른 사람들은 의회를 통해 일함으로써 목적을 더 잘 달성할 수 있다. 의회와 대통령이 서로 그리고 다른 상위 기관으로부터 독립한다는 것은 둘 다 통치할 수 있는 궁극적인 권한을 공유한다는 것을 의미한다. 필연적으로 결과는 끊임없는 경쟁과 마찰이다. 그러나 헌법은 또한 기능의 분리를 규정하고 있다. 가장 넓은 의미에서, 의회는 입법 기능과 대통령의 집행 기능을 가지고 있지만, 헌법은 일부 집행 의무를 의회에 할당하고 일부 입법 의무를 대통령에게 할당한다. 그러나 현실에서는 헌법상의 권력 분립이 헌법상의 기능분립을 훼손하고 있다. 의회와 대통령 사이의 끊임없는 경쟁은 정부 활동의 주요 실질적 영역에서 서로가 서로의 헌법 영역을 침범하도록 이끈다. 대통령이나 의회 지도자들은 목적을 추구함에 있어 입법 기능과 집행 기능 간의 이론적, 법적 구분을 인정하지 않는다. 의회는 조사하고, 행정 관리들에게 회계 처리를 요청하고, 제한된 수량과 특정 목적을 위해 자금을 분배하고, 여러 면에서 대통령보다 행정 절차에 훨씬 더 깊이 침투한다. 반면, 대통령은 주요 정책을 수립하고 회기별 입

법 프로그램을 발의하며 행정명령과 규정을 통해 전면적인 권한을 부여하는 역할을 하며 사실상 정부 정책의 전반적인 방향을 결정한다. 권력 분립 하에서 의회와 대통령은 행정과 입법을 동시에 수행해야 한다. 그것이 제도적 생존의 철칙이다. 통치권은 제한되거나 분할될 수 없다. 각 지부가 그것을 공유하려면 각 지부가 기회가 있을 때마다 그것을 행사해야 한다. 따라서 권력의 분립은 필연적으로 기능의 중복으로 이어진다.

　　권력 분립 이전의 기능분립의 붕괴는 일반적으로 의회의 정책결정 기능을 빼앗았다는 이유로 대통령을 공격하는 반동 정치가들과 행정적 세부사항으로 분주한 의회를 비판하는 학자들에 의해 통탄된다. 그러나 실제로는 기능의 효율적인 배분보다는 권력의 광범위한 분배가 미국 헌법의 판테온(pantheon)의 핵심가치이다. 권력 분립은 중앙정부와 국가, 중앙정부의 3개 부서, 행정부와 기관, 경쟁하는 의회 위원회 간에 관할권이 지속적으로 중첩되고 충돌하는 결과를 낳는다. 많은 사람들이 다른 사람의 일을 하고, 경쟁적 권력과 청구를 끊임없이 판결해야 하는 필요성 때문에 법조계와 법원은 매우 중요하다. 그러나 권력 분산의 다른 결과는 행동을 취하기 전에 사실상 모든 이해 당사자(칼훈(Calhoun)의 동시 과반수)의 합의를 확보해야 할 필요성, 정부에 대한 접근 경로의 민주적 확대, 모든 그룹 및 정부 기관이 서로에 대해 행사하며 자의적이고 독재적인 권력 행사를 막는 상호억제들이 있다. 서로의 기능 보존에 대해 관해서는 의회와 대통령은 미국 정부의 기본적인 천재성의 전형을 보여준다.

■ 의회 위원회의 정책 및 행정적 역할　　의회는 위원회를 통해 정책 및 행정에 대한 책임을 수행하며, 그 중 대다수는 어떤 방식으로든 군사 문제에 관여한다.[2] 그러나 전후 10년 동안 군사 정책 및 군사 행정과 관련된 주요 도구는 6개였다.● 하원과 상원 군사위원회는 정책과 행정 모두에 대한 광범위한 이해를 결합하여 중요할 역할을 했다. 하원 군사예산 소위원회는 예산 절차를 통해 군사 행

● 군사 업무에 관한 의회 위원회의 역할에 대한 이 추정치는 1947년부터 1954년까지의 운영을 기반으로 한다. 군사 문제를 거의 조사하지 않았으며 이 분야에 대한 드물게 개입하는 것은 일반적으로 주요 초점이 다른 곳에 있는 조사의 부산물이었다(예: 전복 또는 정부 조달에 대한 영향력). 하원 외교위원회는 연간 군사원조 법안을 심의했지만, 그 외에는 군사적 문제에 대해서는 깊이 있게 다루지 않았다. 물론 원자력 공동위원회는 국방부가 직접적인 이해관계를 갖고 있는 문제를 정기적으로 다루었다.

정의 세부 사항을 조사했다. 상원 군사 세출 소위원회는 군사 정책에 대한 보다 일반적인 고려를 시도했다. 하원 정부운영위원회는 군사행정에 깊숙이 들어갔다. 상원 외교위원회는 조약과 연례 상호 원조법에 의해 제기되는 군사 정책의 중요한 문제를 다루었다.

하원 군사위원회는 군사 할당 및 재편 계획을 제외하고 군대와 직접 관련된 거의 모든 법안을 심의했다. 80~82차 의회에서는 장교 승진 정책, 보편적인 군사 훈련, 선택적 복무, 군대 조직, 통합된 군사 사법 규정, 1949년 국가 안보법 수정, 군인 급여 규모, 공군 조직 및 군대 예비 법안 등을 다루는 방안에 대한 대대적인 청문회를 열었다. 또한 1949년 "통합과 전략"에 대한 조사는 맥아더 청문회에 앞서 전후 국가 군사정책을 가장 철저히 조사하는 계기가 되었다. 위원장과 위원들은 군대의 규모와 구성에 관한 세출예산위원회의 활동에 지속적인 관심을 보였다. 하원 위원회는 본질적으로 행정적인 문제에도 깊이 관여했다. 군사 시설의 어떤 측면도 합법적인 관심 영역 밖에 있지 않았다. 위원회의 조사는 각종 군기지와 기지 상황, 병역의무 관리, 공군의 안전 절차 및 공중 히치하이커, 조달 방법, 병기 시설 운영 등을 조사했다. 위원회의 행정적 개입 정도는 각 군부가 25,000달러 이상의 부동산을 취득하거나 처분하기 전에 하원 및 상원 군사 위원회의 승인을 받아야 한다는 요건에 반영되었다. 하원 해군 문제 위원회는 1944년 해군 부서와 관련하여 이 권한을 처음으로 획득했다. 1949년 81차 의회가 시작될 때 새로운 민주당 의장이자 전 하원 해군 의장인 칼 빈슨(Carl Vinson)은 위원회가 해군 부동산 거래와 관련하여 위원회의 책임을 수행하기 위해 특별 소위원회를 임명한다고 발표했다. 기능의 헌법적 분리가 무효가 되는 경향을 현저하게 보여주는 연설에서 그는 계속해서 다음과 같이 말했다.

의장. 이제 그와 관련하여 이 주제가 제기되는 동안 모든 토지 취득 및 처분과 관련하여 육군과 공군을 포괄하는 법안을 준비하고 우리가 이에 대해 두 부서뿐만 아니라 해군에 대해서도 같은 관할권을 가져야 한다는 것이 매우 중요하다고 생각한다.

킬데이(Kilday) 씨. 의장님, 거부권을 행사할 수 있는 가능성을 피하기 위해 그것을 다른 법안에 넣는 것을 제안해도 될까요?

회장. 글쎄, 그것은 좋은 생각이 될 수 있으나 그것으로 충분하다.

처분에 대한 발언권을 갖는 것은 분명히 의회의 권한 안에 있다.

자, 이제 인수 합법성에 대해서는 약간의 의심이 있을 수 있지만, 처분에 대해서는 의문의 여지가 없다… 물론 지금 우리 입장의 약점은 국회가 아니라 위원회라는 것이다. 질문이 생길 수 있다. 그러나 그런 일이 생기면 그때 해결할 것이다. 그러니, 스마트(Smart) 씨, 법안을 수정하고 우리는 그것을 고려해야 할 것이다 …

이제 우리는 전문 직원인 브라운(Brown) 씨를 베이트(Bates) 씨에서 했던 것처럼 [해군 거래에 관한] 이 작업을 수행하도록 지명할 것이다. 나는 당신의 업적에 대해 칭찬하고 싶고 당신의 기록이 모두 최신 상태이기를 바란다. 나는 그것을 확인하지 않았지만 모든 것이 괜찮다고 믿으므로 우리 모두가 무슨 일이 일어나고 있는지 알게 될 것이다…

글쎄, 나는 그것이 좋은 통제라고 생각한다. 나는 이 위원회가 부서가 위원회에 무엇을 할 것인지 말하는 것이 아니라 부서를 운영하는 것과 관련이 있기를 바랍니다.

다음 사안은 해군성의 특수재산 처분을 담당할 특별위원회를 임명하는 것이다.

여러분, 이 중 많은 부분이 특히 해군과 관련이 있다. 왜냐하면 우리가 해군의 운명을 안내할 때 위원회가 많은 일을 직접 다루어야 한다고 느꼈기 때문이다.

나는 모든 군대에 대해 그렇게 생각한다.[3]

킬데이의 경고에도 불구하고 빈슨 의장은 별도의 법안으로 자신의 권한을 확보하려고 했다. 대통령은 이를 거부했다. 빈슨은 그런 다음 이러한 조항을 1951년의 군사 및 해군 건설법에 썼고, 트루먼은 서명할 수밖에 없었다. 위원회는 이 권한을 군사용 부동산 거래를 거부하거나 계약 조건의 변경을 강제하는 데 자주 사용하지 않았다.

상원 군사 위원회는 일반적으로 하원 위원회보다 주요 법안에 더 많은 노력을 기울였다. 후자와 달리 외교위원회와 함께 군사원조 법안 심의에 참여했고, 상원 군사예산 소위원회와도 긴밀한 관계를 유지했다. 1951년에는 맥아더 장군의 구호와 추가 미군의 유럽 배치에 관한 국가 군사 정책의 두 가지 주요 조사에서 외교위원회와 합류했다. 조사는 일반적으로 특별 소위원회에서 수행되었다. 논의 기간 중 가장 중요한 것은 린든 존슨(Lyndon Johnson) 상원의원이 이끄는 준비 분과위원회로 한국전쟁 당시 군사조직표, 공군력 증강 속도 등 군사정책과 행정의 다양한 주제를 조사했다. 병력, 텅스텐 부족, 군수품 위원회 관리, 북아프리카 공군 기지 건설, 군사 유도 센터 운영, 육군의 도료 조달, 미국과 러시아 사단의 비교 화력 등 군사 정책과 행정의 다양한 종류의 주제들을 조사했다. 83차 대회에서는 2개의 특별 준비 분과위원회가 한국의 탄약 부족과 항공기 조달에 대한 조사를 수행했다. 상원 위원회는 또한 상세한 공공 사업 지출을 승인하고 군용 부동산 거래를 승인하는 책임을 하원 군사위원회와 공유했다. 83차 대회가 시작될 때 위원회는 군사 건설 프로그램에 대한 연구가 이루어질 때까지 해외 공군 기지 건설에 대한 5천만 달러에서 6천만 달러의 지출을 중단할 것을 요청했다. 상원 위원회는 군 복무의 모든 승진과 국방부 참모장 및 고위 민간 관리 임명에 대해 행동하는 중요한 추가 권한을 가졌다. 때때로 위원회는 직무를 잘못 수행하여 공개적으로 비판을 받은 임원의 승진을 승인하기를 거부했다. 반면, 위원회는 행정부에서 소홀히 되거나 차별을 받은 것으로 보이는 임원의 승진도 확보할 수 있었다.•

    1947년 국가 안보법과 1953년 국방부 개편은 모두 하원에서 정부 운영위원회(이전의 행정부 지출위원회)에서 고려되었다. 이러한 주요 조직 정책 문제를 제외하고, 정부 운영위원회의 군사적 이해는 거의 전적으로 행정, 관리, 공급 및 조달에 있었다. 1951년과 1952년에 정부 운영에 관한 소위원회는 포터 하디(Porter Hardy)를 의장으로 하여 군대 조달의 비정규성과 군사 건설 기술 및 절차에 대한 광범위한 조사를 수행했다. 같은 기간 동안 Herbert C. Bonner 의원이 이끄는

• 1953년에 위원회는 해군의 원자력 잠수함 전문가인 하이먼 릭오버(Hyman Rickover) 대위를 기수로 승진시키기 위한 규정이 마련되지 않으면 해군에서 승진을 보류하겠다고 위협했다. 1955년 위원회는 개인이 중장과 전체 장군으로 승진하는 것은 특정 직책에 한해서만 이루어져야 한다고 요구함으로써 고위 장교들의 직무 할당을 쟁탈하는 데 있어 대통령의 재량을 제한하려고 시도했다. 반면에 임원은 승진은 미래의 임무에 대한 고려 없이 이루어져야 한다고 주장했다. 위원회의 입장은 사실상 직위가 직위의 전제 조건이 아니라 직위에 의존하는 전문직 이전 시스템으로 돌아가는 것이었다. Army Navy Air Force Journal, XCIII(1955년 3월 19일), 848(1955년 5월 7일), 1053, 1064 참조.

정부간 관계 소위원회는 군수품 처분과 군수품 관리를 조사했다. 다른 소위원회는 연방 카탈로그 프로그램의 군사적 측면과 보편적 군사 훈련과 관련하여 국방부의 홍보 활동에 참여했다. 1953년과 1954년에 Riehlman 군사 작전 소위원회는 조달, 공급 관리 및 잉여 재산 처분에 대한 민주당 전임자들의 관심을 계속했다. 또한 군사 연구 및 개발의 조직 및 관리에 대한 광범위한 조사를 수행했다. 소위원회의 운영은 종종 군대의 행정 및 관리에 관한 가장 세부적인 문제에 소위원회를 관련시켰다.4)

■ **군사 세출 절차**   군사 예산은 군대와 의회 간의 가장 중요한 연례 접촉이다. 이는 의회가 광범위한 군사 정책을 검토 및 설정하고 군사 절차와 행정을 철저하게 세부적으로 검토할 수 있는 기회를 제공한다. 의회에서 군사예산 절차의 두드러진 측면은 예산을 다루는 데 있어 군사예산 분과위원회가 소유하는 상대적 자유이다. 대부분의 정부 활동 영역에서 기본 정책과 프로그램은 주제별 입법위원회에서 이전에 검토하고 의회에서 승인한 실질적인 입법에 명시되어 있다. 세출위원회는 실질적인 입법을 시행하는 데 지출할 자금을 매년 결정하는 데 있어 이러한 경계 내에서 운영된다. 그러나 군사 문제에 관해서는 패턴이 상당히 다르다. 세출위원회에 지침을 제공하는 실질적인 입법의 역할은 대부분의 다른 분야보다 덜 중요하다. 군대의 인력과 조직력을 승인하는 기본 입법은 일반적으로 실제로 거의 접근하지 않는 상한선만을 설정한다. 같이 승인된 법안이 300억 달러 또는 600억 달러 중 하나의 예산에 대한 기초가 될 수 있다. 더욱이 1950년 한국전쟁이 발발한 이후에는 병역의무가 우선 유예되었다가 500만이라는 높은 수준으로 설정되어 실질적인 효과가 없었다. 결과적으로, 군사 시설의 규모와 다양한 유형의 군대의 상대적 중요성에 대한 의회의 결정에 대한 전적인 책임이 예산 책정 과정에 위임되었다. 세부적인 승인이 있었던 군사 프로그램의 주요 측면은 군인 급여 규모, 외국에 대한 군사 지원 및 군사 공공 사업이었다. 따라서 사실상 군사위원회는 군사정책에 관한 가장 중요한 연간 결정에서 제외되었다. 이러한 격차를 해소하기 위한 노력은 상원에서 세출예산위원회와 군사위원회 간의 중복 회원을 통해 이루어졌다. 반면 하원 군사위원회는 다양한 수단을 통해 군사 예산에 영향력을 행사하려 했다. 예를 들어, 1949년 위원회는 공군을 70개 그룹

으로 확대할 것을 촉구하는 결의안을 통과시켰고, 위원회의 직원들은 위원장이 세출위원회에 제출한 포괄적인 군사 예산을 준비했으며, 위원장은 증가된 공군 예산에 대한 의회 승인을 확보하고 해군 항공 기금을 늘리기 위해 노력한다. 1955년 하원 군사위원회(House Armed Services Committee)는 광범위한 해군 함선 건조 프로그램을 승인하는 법안을 도입하고 고려하는 한편, 세출위원회는 이 목 적을 위한 자금을 고려했다. 군사위원회 청문회는 세출위원회의 지도부가 추가 항모 건조에 반대하는 것으로 보고되었을 때 해군이 프로그램, 특히 추가 포레스 탈(Forrestal)급 항모 건조에 대해 공개적인 입장을 밝힐 기회를 주었다. 그러나 일반적으로 세출예산위원회는 군사예산을 결정하는 데 있어 이례적인 권한을 가 지고 있다.

　구체적이고 실질적인 법률이 없다는 것은 군사예산 분과위원회가 광범위한 정책 문제에 대해 신중하고 광범위한 관심을 기울여야 한다는 의미를 내포하고 있다. 그러나 세출위원회는 군사 정책 문제에 너무 신경을 쓰지 않고 대신 행정 세부 사항 문제에 집중했다는 이유로 격렬한 비판을 받았다. 이러한 비판이 시사 하는 바는 의회가 군사예산을 다룰 때 군사 지휘 및 행정의 세부 사항에 관여해 서는 안 되며 공공 정책의 주요 문제에 대해 적절한 관심을 기울이지 않는다는 것이다.5) 그러나 비평가들은 두 가지 면에서 모두 틀렸다. 권력 분립은 의회가 다른 분야와 마찬가지로 예산 과정에서 행정 세부 사항에 관여할 것을 요구한다. 또한 실제로 의회는 예산과 관련된 군사 정책의 주요 문제에 대해 신중하고 효과 적인 관심을 기울이고 있다. 군 예산 절차에서 분업화를 통해 하원 군사예산분과 위원회는 행정의 효율성, 낭비, 중복 등을 상세하게 검토하고, 상원 군사예산분 과위원회는 군사정책의 주요 현안에 초점을 두고 있다. 양원의 암묵적인 경쟁은 정책과 행정부 모두로 이끄는 경향이 있지만, 그럼에도 불구하고 이들 사이의 기 능 분할은 실제로 현실이다.

　양원의 군사예산 절차 기능의 차이는 조직과 절차의 차이에 반영된다. 하원 세출분과위원회는 일반적으로 상원에서 받는 것보다 훨씬 더 긴 시간 동안 군사 예산을 검토한다. 결과적으로 하원은 제안된 지출과 이전 지출을 매우 자세하게 분석할 수 있다. 일반적으로 하원은 늦은 봄까지 군사예산안을 끝내지 않고 회계 연도가 끝나는 6월 30일 이전에 조치를 완료하는 것이 바람직하기 때문에 상원

위원회는 종종 시간이 촉박하다. 따라서 주요 문제에 집중할 수밖에 없다. 또한, 그러한 조치가 하원의 조치 후에 일어난다는 사실은 상원에 상소 기능을 부여한다. 군부는 일반적으로 덜 중요한 항목에 대한 하원 삭감을 수락하고 가장 중요하다고 생각하는 항목만 복원하도록 상원에 요청한다. 또한, 하원 세출분과위원회는 일반적으로 각 군부대에 대한 소분과위원회로 나뉘는 반면 상원 청문회는 단일 군사세출분과위원회 또는 전체 세출위원회 자체 앞에서 열린다. 하원 위원회에서 증언하는 수백 명의 공무원은 대부분 중급 민간 행정관과 프로그램의 재정 및 행정 세부 사항에 대한 전문가이다. 반면 상원위원회에서의 증언은 행정보다는 정책에 관심을 두는 비서관과 군 참모총장이 독점하는 경우가 많다. 또한 하원 청문회는 일반적으로 비밀로 진행되지만 기록은 나중에 공개되고 1947년 이후 상원 청문회는 일반적으로 공개되었다. 물론 전자의 절차는 행정 세부 사항의 조사에 더 적합하고 후자는 공공 정책의 광범위한 논의에 더 적합하다. 마지막으로, 하원의 군사예산분과위원회는 하원 군사위원회와의 접촉이 상대적으로 적은 반면 상원의 군사예산분과위원회와 상원의 군사위원회 사이에는 긴밀한 유대관계가 존재한다. 예를 들어, 1953년에는 군사세출분과위원회의 15명의 위원 중 4명이 병역위원회의 위원이기도 했다. 또한, 군사위원회의 다른 3명의 위원은 해당 위원회의 직권 대표자로 세출 청문회에 참석했다. 상원에서의 표준 관행인 이러한 관습은 또한 입법부로 하여금 그 조치의 재정적 의미를 더 의식하게 만드는 경향이 있다.

　　예산 절차를 통해 군사 정책과 행정에 영향을 미치는 양원의 역할에 대한 훌륭한 예는 1953 회계연도를 위한 국방부 세출 법안에 의해 제공되었다. 1952년 1월 10일부터 4월 3일까지 3개월 동안 이 법안은 하원 군사세출분과위원회에 회부되었다. 그 분과위원회는 육군, 해군, 공군, 군 공익사업의 4개 소분과로 나뉘었다. 전체 분과위원회 이전의 청문회는 26일 동안 지속되었는데 6일 동안은 국방부 전체에 관한 일반 정책 문제, 12일 동안은 개별 군대의 정책 문제에, 8일은 국방부 장관실에 제안된 예산안의 세부 검토에 할애되었다. 병역비 항목별 심의와 사유는 해군 소분과위원회에서는 23일간, 공군 소분과위원회에서는 20일간, 육군 소분과위원회에서는 22일간 열렸다. 해군은 민간인 23명, 장교 93명, 육군은 민간인 43명, 장교 132명, 공군은 민간인 30명, 장교 102명이 참가했다. 이

증인들의 증언 중 실질적으로 군부대 전반에 걸친 정책 및 이해 관계의 문제를 다루지 않았으며 거의 모든 것이 중요하지 않은 특정 항목에 관한 것이었다. 분과위원회는 결국 509억 2,100만 달러의 권장 예산에서 78가지 항목에서 총 42억 3,000만 달러를 삭감했다. 4월 둘째 주 하원에서 열린 토론에서는 이전에 고려되지 않았던 세 가지 일반 정책 문제가 표면화되었는데, 이는 (1) 1955년 중반, 1956년 혹은 그 이후에 143 날개 공군(143 wing Air Force)을 달성할 것인지의 문제와 관련된 공군 지출 규모, (2) 다른 포레스탈급 항모 건조문제와 관련된 해군 건설 자금의 규모, (3) 1953 회계연도에 국방부 지출(예산 제외)을 460억 달러로 제한하는 안건을 포함하고 있다. 하원은 세 가지 문제 모두에서 경제에 찬성표를 던졌다. 그러나 그 조치의 의의는 이러한 사안이 신중한 고려를 받은데 있는 것이 아니라(위원회에서나 하원 내에서 이를 받지 않았다) 이 세 가지 사안이 많은 사소한 사안들과 공공 정책에 대한 중요하고 논란이 많은 세 가지 문제로서 분리되었다는 데 있었다. 4월 10일에서 6월 21일 사이에 상원 군사예산분과위원회 이전 20일 간의 청문회 중 15일은 이러한 문제와 기타 주요 정책 문제에 거의 독점적으로 할애되었다. 대부분의 증언은 비서관, 차관보, 군수에게서 나왔다. 소련 위협의 성격, 국가 경제에 대한 군사 예산의 영향, 다른 유형의 군대의 상대적인 선호도, 항공모함 전력의 전략적 역할, 인력 정책 및 조달, 군대에서 대체 준비 날짜의 중요성 구축 등 모두 광범위하고 지능적이며 사려 깊은 토론을 받았다. 위원회는 지출 제한을 없애고 포레스탈급 항공모함을 승인할 것을 권고하면서 하원에서 내린 두 가지 성급한 결정을 번복하기로 의결했다. 상원 토론회는 6월 28일과 30일 이틀 동안 주요 정책 현안을 중심으로 다시 논의됐다. 상원은 두 가지 경우에 대해 위원회의 권고를 승인했지만 1955년 중반까지 공군 조달 기금에 6억 달러를 복원하여 143 날개 공군에 찬성표를 던졌다. 세 가지 주요 정책 문제에 대해 하원을 뒤집는 상원의 결정은 양원 협의회에서 승인되어 법률로 작성되었다.

　　이 예산 절차를 개선할 수 있는 방법을 찾기는 어렵다. 세출 세부 사항은 예산의 다른 부분을 다루는 여러 소규모 위원회에서 먼저 고려되었다. 그런 다음 그들의 행동을 종합하여 하원에서 승인했다. 이 과정에서 주요 쟁점을 발전시켜 상원 위원회가 철저히 조사하고 의결하였다. 일반적으로 상원은 이러한 문제에 대한 결정을 하원이 승인하도록 하는 데 성공하는 경향이 있다. 최근 몇 년 동안 상원 군사예산분과위원회에서의 군사 정책에 대한 논의는 가장 중요한 현안 문제에 대해 정보를 바탕으로 지적이며 집중적이었다. 상원 청문회에 대한 녹색 볼륨은 사실 미국 군사 정책의 일반적인 특성에 대한 가장 좋은 자료 중 하나이다. 예를 들어, 이 포럼에서 아이젠하워 정부가 공군과 육군에서 1953년과 1954년 삭감의 의미를 가장 철저히 조사했다. 실제로 입수 가능한 정보에서 알 수 있는 한, 1953년 공군의 감축은 행정부에서 받은 것보다 상원 위원회에서 더 신중하게 고려된 것으로 보인다.

권력 분립과 군사적 전문성

■ **전쟁 전의 군사-의회 관계의 양상**　　미국 역사의 대부분을 통틀어 권력 분립과 객관적인 문민통제 사이의 고유한 갈등은 명백하기보다는 더 잠재되어 있었다. 권력 분립은 군사 전문성 개발을 지연시키고 억제하는 영향력을 행사했다. 그러나 냉전은 계속되는 고위급 국방활동의 요구와 함께 군사적 전문성과 권력 분립 사이에 존재하는 긴장을 현저하게 증가시켰다. 군사 정책의 중요성이 커짐에 따라 1947년 이후에 만연한 의회-군사 관계의 패턴은 1940년 이전의 그것과 확연히 달라졌다. 초기 관계는 주로 의회와 군대의 민간인, 보급품 및 병참 요소 간의 관계였다. 육군의 기술 서비스(공병단, 병참장교 군단, 병참부, 통신군)와 해군국(해군 야드 및 부두, 병기, 보급품 및 회계, 건설 및 수리, 증기 공학)은 의회와의 가장 집중적이고 지속적인 접촉을 가졌다. 반면에, 의회와 군대의 전문 장교들과의 접촉은 멀고 산발적인 경향이 있었다. 의회가 전투 측면보다 군사 시설의 지출 측면에 더 관심이 있는 한 이러한 패턴은 예상할 수 있었다. 의회를 대할 때, 기술적 군부대 및 국의 수장은 부분적으로는 전문 기술 고문으로 기능했으며 훨씬 더 큰 범위에서는 단순히 군부 내 특정 조직의 이익을 대표하는 역할을 했다. 그들은 전문적인 군사 역할을 하지 않았다. 실제로 그들은 민간 기관의 대표자였을 수도 있다. 이러한 접촉에는 민군 관계의 실제 요소가 포함되지 않았다. 많은 경우에 국과 군부대는 경제적 이익의 단순한 상호성을 기반으로 특정 의회 블록 및 의회 위원회와 긴밀한 관계를 구축했다. 물론 극단적인 경우는 육군 공병대, 하천 및

항만 로비, 남부 및 중서부 주의 의원들 사이에 존재하는 복잡한 관계 패턴이었다. 엔지니어와 의회의 연결은 근본적으로 고객 그룹과 밀접하게 관련된 농업 및 내무부의 다른 행정부의 의회 관계와 유사했다.[6]

군사 정책 문제의 상대적 중요성 부족과 그러한 문제에 대한 의회의 상대적 무관심도 의회를 대할 때 전문적인 군대 참모들이 주로 행정부의 대변인 역할을 하도록 허용했다. 의회가 군사 정책 문제에 신중한 주의를 기울이지 않는 한 전문적인 군사 조언이 필요하지 않았다. 결과적으로, 특히 군사 예산과 관련하여 의회를 대할 때 군 참모들은 군사적 필요에 대한 독립적인 전문적 추정치를 제시하지 않고 대신 대통령의 권고를 충실히 지지했다. 이러한 행동은 부분적으로 1921년 "예산에 대한 견적이나 요청과 그러한 견적이나 요청의 항목 증가에 대한 요청은… 하원의 요청이 없는 한 어느 부서 또는 기관의 공무원 또는 직원에 의해 의회 또는 어느 위원회에 제출할 수 없다"라는 예산 및 회계법의 가처분 명령을 반영했다.[7] 의회가 군사 정책에 대한 자체적인 결론에 도달하고 장교들로부터 국방 지출에 대한 독립적인 견해를 도출하는 데 관심이 없는 한, 군대가 할 수 있는 일은 대통령을 지원하는 것뿐이었다. 1920년대 초반을 돌이켜보면, 마셜 장군은 한 번 이렇게 말했다.

> 아주 친밀하게 말하면서 나는 펄싱(Pershing) 장군[육군 참모총장]이 그의 견해가 전혀 고려되지 않는 위치에 있는 것을 보았다. 그는 결코 그것들을 고려될 수 있게 하지 못했다. 그러나 그는 이 나라에서 큰 명성을 얻은 사람이었다. 그러나 그가 느낀 것에도 불구하고 베이고 베고 또 베였다. 그 주된 이유는 그가 불충실한 입장에 서지 않고서는 공개적으로 표현할 기회가 없었기 때문이다. 물론 그는 결코 그렇게 하지 않았을 것이다.[8]

군장교들은 보편적으로 대통령의 결정에 구속감을 느꼈다. 1935년에 맥아더 장군은 "우리가 제시하는 예산안에서 우리는 단지 대통령의 대리인일 뿐이다"라고 말했다.[9] 이전에 육군 재무국장은 대통령의 정책이 국방부가 의회에 직접 필요 사항을 제출하지 못하도록 막는 통제 요인이었다고 의회에 명시적으로 알린 바 있다. "나는 예산이 대통령에 의해 승인되어 의회에 전송되었을 때, 그것은 그의 예산 추정치이며 어떤 국방부 장교나 관료도 여기에 와서 그 추정치에 포함된 것보다 1달러를 더 받으려고 시도할 권리가 없다."10) 이것은 1940년 이전의 표준적인 군사적 사고와 관행이었다. 유일한 중요한 예외는 해군 건설 행위와 관련하여 발생했다. 국가 안보에 대한 해군의 중요성이 높아짐에 따라 의회와 전문 지도자 간의 직거래가 이루어졌으며 해군 총이사회는 대통령 승인이 없는 경우에도 주저하지 않고 자신의 견해를 발표했다. 그러나 해군에 대해서도 의사소통은 제한적이었다. 이 문제는 간혹적인 매우 중요한 행위와 관련하여 실제로 발생했으며 1913년 이전에는 총이사회의 견해가 공개되지도 않았다. 이러한 전체 관계 패턴의 놀라운 측면은 의회가 대통령에 대한 군사 전문가의 종속을 묵인하고 직접적인 전문가 조언의 거부를 수용한 정도였다. 이것은 군사 정책이 일반적으로 특별히 중요하지 않고 의회가 일반적으로 특별히 관심을 갖지 않았기 때문에 발생할 수 있었다. 1916년과 1920년의 해군 법안과 국방법에서와 같이 중요했던 곳에서 의회는 전문 참모들로부터 직접 듣는 것을 주장했다. 그러나 이것은 일반적인 패턴의 예외였다.

■ **의회의 군사지휘부 접근**　　1945년 이후로 계속되는 군사 정책의 중요성은 의회-군 관계의 주요 초점을 기술 부대와 사무국에서 전문적인 군사 참모기능으로 변화시켰다. 권력 분립의 완전한 의미는 더 이상 피할 수 없었다. 의회와 군대 간의 관계는 민군 관계에서 문제가 되었다. 의회가 국가 군사 정책을 결정하는 데 역할을 하려면 대통령이 받은 것과 동일한 독립적인 전문가 조언이 필요했다. 이전에 하원의원들은 때때로 군사 참모의 직접적인 견해에 대한 권리를 주장했다. 제2차 세계 대전 후 그들은 정기적으로 군 지도자들이 의회 위원회에 직접 자신의 견해를 자유롭게 제출할 수 있도록 해야 한다고 주장했다. 특히 군사 예산과 관련하여 의회는 합동참모본부의 순전히 "군사적" 권고안을 "여러 추가적인 군사적 고려사항으로 구성된" 대통령의 예산과 비교할 수 있을 때에만 헌법적 책임을 이행할 수 있다고 주장되었다.• 전쟁 전 패턴에서 전환을 표시하는

• 칼 빈슨(Carl Vinson)은 이 연설에서 계속해서 다음과 같이 주장했다.
  "의회의 책임은 단순히 예산국이 제안한 총액을 수락하거나 줄이는 것보다 더 크다…
  적절한 국방을 위해 무엇이 필요한지에 대한 최선의 판단을 이 나라에서 주로 어디에서 찾는가? 행정부에 대한 궁극적인 책임은 물론 대통령에게 있다. 그러나 그의 의견은 전문적인 군사적 견해가 아니다. 그것은 결코 그럴 수 없으면, 우리의 시스템도 그렇게 할 의도가 없다. 우리의 군사적 판단의 최고 출처는 합동참모본부이며 법에

법적 이정표는 1949년 국가 안보법(National Security Act)에서 합참의 구성원이 "그가 적절하다고 간주할 수 있는 국방부에 관련된 어느 권고안을 국방부 장관에게 먼저 통보한 후" 의회에 직접 제출할 수 있는 조항이었다.11) 이것은 미국 역사상 처음으로 전문적인 군 참모가 자신의 견해를 의회에 제출할 수 있는 권한을 부여한 법률이었다. 이 법률은 대통령, 국가안전보장회의(NSC), 국방장관의 군사 고문인 합참을 의회의 주요 군사 고문으로 만들지는 않았지만, 그럼에도 불구하고 1921년 예산 및 회계법의 법적 제한으로부터 그들을 해방시켰다. 그러나 이러한 법적 권한은 행정부의 압력이나 보복으로부터 군 참모들을 보호하는 정치적 수단 없이는 수행되지 않을 수 있다. 1949년 해군 작전 사령관인 덴펠드 (Denfeld) 제독이 해임된 후 B-36 청문회에 참석한 후 하원 군사위원회는 이러한 성격의 "위협"이 더 있을 경우 "의회에 헌법적 배상권 행사를 요구할 것"이라고 경고했다.12) 그러나 이 "헌법적 권한"은 의회가 행사하는 것보다 주장하는 것이 더 쉬운 권한이다. 행정 조치로부터 군 장교를 보호하기 위해 사용할 수 있는 효과적인 장치는 거의 없다.

참모들의 이러한 취약성은 그들에게 목소리를 내야 할지 침묵해야 할지에 대해 엄청난 부담을 준다. 의회 위원회에 소집되어 대통령의 권고를 비판하도록 초대받았을 때 직업적 행동의 올바른 과정은 무엇인가? 대통령의 정책을 의회에서 비판하는 데 앞장서기 전에 대통령의 정책에 대한 참모의 의심과 불일치가 얼마나 강해야 하는가? 의회 세출위원회에서 참모장의 연례 심리적 위기는 미국 정부에서 새롭지만 분명히 지속되는 현상이다. 군 참모총장이 대통령의 정책을 수용하고 옹호한다면 그는 자신의 직업적 판단에 복종하고 헌법에 따라 부여된 조언을 의회에 거부하고 행정부 정책의 정치적 옹호자가 되는 것이다. 군 참모총장이 의회에 자신의 직업적 의견을 표명한다면, 그는 총사령관을 공개적으로 비

따라 무엇보다도 국가의 전략 및 병참 계획을 책임지고 있다. 한 세대에 걸친 군생활의 경험과 노력을 거쳐 국군의 최고위 자리에 오른 이들이 바로 우리의 국방 요구 사항에 대한 가장 권위 있는 조언을 위해 우리가 바라봐야 할 사람들, 그리고 대통령이 바라봐야 할 사람들이다.

그래서 나는 여러 가지 추가 군사적 고려사항이 첨부된 대통령의 군사예산을 합동참모본부가 권고하는 전적으로 군사적 성격을 띠고 있는 최저예산과 대조했다. 그런 과정을 통해, 나는 의회가 대통령의 예산만을 기준으로 삼는 것보다 우리의 국방 필요에 더 건전하게 도달할 수 있다고 본다."

빈슨은 두 가지 예산을 검토한 후 합참 수치가 17조 4억 3천 9백만 달러이고 대통령이 추정한 14조 7억 6천 5백만 달러와 비교하여 16조 3억 6천 4백만 달러의 예산 책정을 추천했다. 의회 기록, XCV(1949년 3월 30일), 3540.

판하고 정치적 적들에게 유용한 탄약을 제공하는 것이다. 이 딜레마에서 쉽게 벗어날 수 있는 방법은 없다. 전후 시대의 군 지도자들의 행동은 대통령 정책에 대해 반대하는 다소 적극적인 운동(제독들의 통합 및 B-36에 대한 논쟁)에서부터 전문적인 판단에 반대되는 대통령 정책 방어(브래들리 장군의 1951 회계연도 예산)에 이르기까지 다양한 행동을 보였다. 그러나 중도가 가장 전문적으로 바람직한 과정인 것 같다. 의회 앞에서 완전한 침묵이나 대통령의 노선을 엄격하게 고수하는 것은 더 이상 올바른 행동이 아니다. 군 참모는 대통령과 의회 모두에게 솔직하게 말할 직업적 의무가 있다. 래드포드 제독은 1920년대의 군사적 견해와 대조적으로 다음과 같이 말했다.

> …미 의회가 위원회에 출석한 증인으로부터 완전하고 솔직하고 진실한 답변을 얻을 수 없다면 우리는 우리 정부 형태로 기능할 수 없다. 저는 의회 위원회에 출석한 군인들이 자신의 의견을 묻는 경우 가능한 한 진실하고 솔직하게 의견을 제시해야 한다고 생각한다.13)

1954년과 1955년 상원의 심문을 받은 리지웨이 장군의 행동은 적절한 길을 찾기 위한 노력을 반영했다. 두 경우 모두, 장군은 자신의 판단과 명백히 일치하지 않는 군대의 규모를 결정하는 고위급 행정부 결정을 수용한다고 강조했다. 1954년 그는 행정부 회의에서 자신의 견해를 밝혔다. 1955년에 그는 자신의 군 부대의 바람직한 규모에 대한 군사적 견해를 공개적으로 발표했다.14)

이러한 행동 패턴을 유지하려면 군인, 입법자 및 행정부의 상호 억제와 의식적인 협력이 필요하다. 행정부가 장교들을 의회에 전문적 의견을 제시했다는 이유로 처벌하거나, 의회 의원들이 정부를 난처하게 만들기 위해 군인들을 이용해야 한다고 주장하거나, 군인들이 자신의 전문 분야를 넘어 정치외교 분야로 빠져든다면 군사 전문성과 객관적인 문민통제가 불가능해진다.•

• 예를 들어 한국전쟁 수행을 조사하는 제너(Jenner) 분과위원회는 트루먼 정부가 군부를 통제하려는 노력을 비판하고 "적대 행위 및 군사 정전 협상에 대한 정치적 간섭을 제거하기 위한 조치를 취해야 한다"고 촉구했다. 또한 미군의 유엔참가와 소련과의 국교 단절에 대해 퇴역한 한국전쟁 참모들에게 의견을 구했다. 내부 안보 소위원회, 사법위원회, 한국 전쟁 및 관련 문제, 84 의회, 1차 세션(1955).

권력의 분리와 전략적 일원론

■ **(의회-행정부) 간 경쟁 및 국가 전략**　　미국이 매우 효과적인 문민통제 체계를 갖추는 것은 헌법상 거의 불가능하지만, 문민통제와 군사 전문성이 일반적으로 방지하려는 상황에 시달리는 것도 헌법상 불가능하다. 이 상황은 군사 안보를 달성하는 수단으로 단일 전략 개념, 무기 시스템 또는 병역에 일차적으로 의존하는 전략적 일원주의 국가 군사 정책을 장기간 고수하는 것이다. 이와 반대로 전략적 다원주의는 잠재적인 안보 위협의 다양성에 대처하기 위해 다양한 군대와 무기를 필요로 한다. 전략적 일원론은 가능한 적의 행동을 예측하고 통제할 수 있는 능력, 보다 적극적이고 아마도 더 공격적인 외교 정책을 추구하려는 의지, "안전하게 플레이"하는 것을 꺼리는 것을 전제하여 모든 내기, 그리고 일반적으로 낮은 수준의 총 군사 지출을 수용함으로써 높은 수준의 군사 전문성과 양립할 수 없다.15) 문민통제와 군사 전문성을 최대화하는 민군 관계 시스템은 일반적으로 다원적 전략을 선호하는 결정을 내리는 경향이 있다. 그러나 미국에서는 높은 수준의 전문성이 아니라 삼권분립의 운영을 통해 다원주의적 경향이 이루어지고 있다.

　　광범위하고 다양한 의회 구성에는 사실상 모든 군사 개념, 군사 프로그램 및 군 복무를 지지하는 사람들이 포함된다. 행정부가 한 가지 군사적 이해관계를 강조하여 다른 이해관계에 손해를 입히는 것처럼 보일 때 일반적으로 그 불만을 품은 이해관계는 의회에서 동정적인 지지를 받을 수 있으며 때로는 행정부 정책을 변경할 만큼 강력한 지지를 의회로부터 받을 수 있다. 행정부가 거부한 군사적 이해관계를 돕기 위해 형성되는 의회 연합은 일반적으로 동기가 상당히 다른 세 가지 요소로 구성된다. 지원의 핵심은 단순히 하나의 특정 프로그램이나 군부대의 보호에 관심이 있는 의원들로부터 나온다. 그러나 그들은 일반적으로 더 강력한 군대를 지원하고 어떤 국방 프로그램에서 행정부의 삭감에 반대하는 두 번째 집단에 의해 강화된다. 이러한 성격의 대부분의 의회 연합에서 아마도 가장 약한 요소일 수 있지만, 연합에서 이 집단만이 다원주의적 전략에 대한 의식적인 열망에 의해 동기가 부여된다. 하원에서 이 집단은 군사위원회(Armed Services

Committee), 특히 그 의장인 빈슨 하원의원을 중심으로 했다. 예를 들어, B-36 논쟁에서 위원회의 보고서는 전략적 다원주의를 명시적으로 승인했다. 상원에서 "강력한 방어" 블록은 전후 10년이 끝날 무렵 스튜어트 시밍턴(Stuart Symington) 이 가장 논리 정연한 의원으로 부상하면서 더 흐지부지되었다. 특정 군사 프로그램의 지지자들과 모든 군사 프로그램의 지지자들은 만약 그들이 당파적 이유나 권력 분립에서 의회의 지위를 높이려는 욕망 때문에 대통령 정책에 반대하는 사람들로 구성된 제 삼의 분산됐지만 대규모의 의회 집단의 보조를 요청할 수 없다면 일반적으로 의회에 큰 비중을 차지하지 않거나 행정부를 압도하지 않을 것이다. 불만을 품은 군사적 이해관계는 의회가 행정부 리더십에 대해 가지고 있는 모든 내재된 질투와 적대감을 지지하기 위해 자주 결집될 수 있다. 권력 분립은 의회와 대통령 사이에 기능의 동일성을 생성하는 경향이 있는 반면, 정책의 차이를 생성하는 경향도 있다. 두 기관의 경쟁은 국가 정책에 대한 자신의 기여를 발전시켜 서로를 구별할 것을 요구한다. 때로 한 지부가 다른 지부와 다른 정책을 취하는 것은 문제에 대한 강한 의견이 있어서가 아니라 단지 국정운영에 있어서 최소한 동등하다고 주장해야 한다고 생각하기 때문이다. 바람직한 정책이라 할지라도 한 지부에서 다른 지부가 옹호하는 정책을 계속 묵인하면 결국 승인 지부가 시작 지부에 종속되게 된다.

행정부 기관 간의 이례적인 만장일치는 종종 의회가 의심과 적대감을 가지고 반응하도록 만든다. 예를 들어 1947년의 통합 논쟁에서 하원 정부운영위원회는 청문회를 열고 통합에 대한 반대를 조사하였는데 부분적으로 이러한 이유는 지난 겨울의 군간 협정을 육군과 해군이 연합해서 지지했기 때문이었다.16) 몇 년 후 칼 빈슨은 1952년 해병대 법안에 대해 군 지도자들이 사실상 만장일치로 반대한다는 점을 강조하여 하원을 설득하여 1952년 해병대 법안을 통과시켰다.

나는 이것이 모든 면에서 의회의 조치라는 것을 분명히 하고 싶다. 그것은 국방부에서 후원하지 않는다. 사실 우리 국방부 지도자들은 이 법안의 제정에 강력히 반대하고 있다. 국방부 차관이 법안에 반대하는 위원회에 서신을 보냈고 합동참모본부가 반대 증언했다. 상원에서도 법안에 반대하는 증언을 했지만 상원은 반대에도 불구하고 법안의 원칙을 만장일치로 승인했다. 하원에서는 앞서 같은 증언을 듣고 반대표 단지 1개로 하원에 호의적으로 보고했다.

따라서 이 법안은 하원에 상정된 모든 법안과 마찬가지로 미 국방부에서 작성되어 의회가 제정하기 위해 통과된 법안이 아니라 의회의 법안이고 의회에 의한 것이다.17)

삼권분립이라는 독특한 변증법에 따라 법안에 대한 행정부의 지나친 지지는 법안의 부결로 이어질 수 있고, 과도한 행정부의 반대는 법안 통과로 이어질 수 있다.

전후 10년 동안의 의회 군사 정책은 분명히 논리나 일관성이 결여되어 있었다. 모든 군부대들과 대부분의 중요한 군사 프로그램은 한 번쯤은 의회의 보호와 지원을 받았다. 행정부에서 약한 군부대 또는 집단은 의회에 지원을 호소했다. 그들은 문민통제와 의회통제를 동일시했다. 반면 행정부의 강력한 군부대와 집단은 군사 문제에 대한 의회의 개입을 비난했다. 1944-1947년 대통령이 통합에 대한 육군의 견해를 지지했을 때 의회는 해군을 지지했다. 1948년과 1949년에 대통령이 공군 확장에 반대했을 때 의회는 이를 위해 두 차례 추가 기금을 의결했다. 1947년과 1948년에 행정부가 주방위군 자금을 제한했을 때 의회는 대통령의 요청을 거부하고 지원금을 늘렸다. 1946년에서 1948년 사이에 해병대에 대한 행정부의 적대감에 대한 보고가 있었을 때 의회는 국가 안보법에서 해병대의 기능을 명시하고 민간 행정 공무원에게 해병대의 존엄성과 존립에 대한 존중을 보장할 것을 요구함으로써 해병대를 보호했다. 그 후 행정부가 1952년 해병대 법안에 거의 만장일치로 반대했을 때 의회는 어쨌든 그것을 통과시켰다. 1953년 아이젠하워 정부가 공군 예산을 삭감했을 때 의회는 이를 복원하기 위한 힘든 노력을 기울였지만 성공하지 못했다. 1954년 행정부가 육군 자금을 삭감했을 때 양상이 반복되었다. 1955년 행정부가 해병대 자금을 줄이기를 원했을 때 의회는 이번에는 이를 거부하고 추가 자금을 표결했다. 1956년 윌슨 장관에 대한 반감과 소련에 대한 두려움 때문에 의회는 행정부의 반대에도 불구하고 공군에 대한 추가 자금을 승인했다.

사실 의회는 국가 전략에 대해 고정적이고 명확한 견해를 갖고 있지 않다.

전체적으로 의회는 기본적으로 친육군, 친해군, 친공군, 심지어 친해병대가 아니다. 의회는 단순히 친 의회이다. 그 공감과 정책은 시대의 요구와 행정부의 욕망에 따라 변한다. 의회 조치의 일관된 결과는 전략적 다원주의를 향한 강력한 경향, 즉 프로그램과 활동의 증대와 경쟁적인 군사 요구 사이의 자원 분배를 균등화하려는 경향을 낳는 것이다. 의회는 편협한 압력과 이해관계에 대해 민감하고, 로비에 취약하며, 책임과 규율이 부족하고, 정책에 대한 통합적 접근 방식을 개발할 수 없다는 이유로 자주 비판을 받는다. 그러나 군사 문제에서 의회의 이러한 분산과 개방은 직업적 군사 윤리가 요구하는 것과 밀접하게 일치하는 정책을 생성하는 경향이 있다. 관세 법안, 세금 정책, 농업 보조금과 관련하여 장점이 무엇이든, 의회의 특수주의와 편협주의의 강점은 미국의 군사 안보를 강화하는 데 일조한다.

■ **조직적 다원주의**   의회가 다원적 전략을 수립하는 주된 수단은 불만이 있는 군사적 이해관계가 자신의 견해를 표명할 기회를 제공하는 조사, 국방 시설 조직의 법적 규정, 다양한 군대에 대한 기능의 법적 할당, 그리고 가장 중요한 것은 군사 예산의 통제이다. 행정부에 대한 의회의 반대는 행정부에서 권위의 중앙 집중화에 반대하고 독립과 자치를 수호하려는 군부대를 지원하도록 만들었다. 1944년에서 1947년까지의 통합 논쟁에서 의회는 대통령이 옹호하는 것보다 더 분산된 형태의 조직을 일관되게 지지했다. 1945년 12월 의회에 제출된 대통령의 초기 제안에는 군대를 단일 참모총장 아래 단일 부서를 제안했다. 의회는 이 제안을 철회할 것을 강요했다. 국방 장관과 해군 장관이 동의한 두 번째 대통령 제안은 1946년 6월에 수립되어 세 가지 군부대를 모두 수용할 단일 행정기관을 설립했다. 다시 의회에서 반대파가 이를 중단시켰다. 마지막으로, 1946년에서 1947년 가을과 겨울에 두 군부대는 세 번째 타협안에 동의했고, 의회가 결국 1947년 여름에 승인했다. 진행 과정 전반에 걸쳐 통합에 반대하는 해군은 행정부의 중앙 집권적 집행 권한이 의회의 영향력을 감소시키는 정도를 강조했고, 의회는 가능한 육군의 지배로부터 해군과 해병대를 보호하고 문민통제 행사에 의회의 참여를 확보하기 위해 느슨한 조직을 주장했다. 1949년 개정된 국가보안법 개정안을 고려할 때 의회는 처음에는 합참의장 설치를 주저하다가 결국 합동참모본부가

엄격한 보호 장치에 둘러싸여 있고 권한이 협소하게 규정되었을 때에 합참의장 설치에 동의했다. 1953년 아이젠하워 대통령의 국방부 개편안은 합참 위원장의 권한을 강화하자는 제안으로 하원 정부운영위원회에서 부결되었고 하원에서 108 대 234로 승인되었다. 이 제안의 반대자들의 힘과 열정은 의회가 국방 기득권에 있어서 권위의 중앙집권화를 묵인하는 데까지 갔음을 시사했다. 개별 군부대 조직에 대한 전후 고려에서 의회는 마찬가지로 분권화와 권한 분산을 선호했다.[18] 의회는 또한 광범위하고 모호한 권한보다 명시적이고 밀접하게 정의된 법적 권한을 선호함으로써 다원주의 경향을 강화했다. 예를 들어, 1947년 통합법에서는 육군과 공군보다 훨씬 더 구체적인 용어로 해군과 해병대의 기능과 의무를 정의함으로써 해군과 해병대에 대한 행정부의 적대감에 균형을 맞추려고 시도했다.

　　분산에 대한 의회의 지지는 군부 내부에 분산을 선호하는 부대가 있는지 여부와 상관없이 존재했다. 1944년부터 1947년까지의 통합 논쟁에서 의회의 이해는 해군의 이해와 일치했다. 1953년에 의회 내부의 상당한 반대파가 아이젠하워의 조직개편 계획에 반대했는데 이때 군부 내부에는 공개적인 반대가 없었다. "프로이센 총참모제"의 위험에 대한 의회의 끊임없는 우려는 군사력 강화에 대한 두려움이 아니라 행정부의 강화에 대한 두려움을 반영했다.

■ **예산 다원주의: 행정적 감축과 정책 증가**　　예산 관리인으로서의 역할을 잘 알고 있는 의회는 전쟁 사태를 제외하고 거의 항상 대통령의 군사 예산을 수정해야 한다고 생각한다. 일반적으로 의회 수정은 두 가지 형태 중 하나로 일어난다. 의회가 일반적으로 대통령의 군사 정책에 동의하고 강력하게 반대하는 이해 관계가 없다면 의회는 군사 정책보다 경제 정책을 최우선으로 하여 예산에 접근한다. 그 정책 목표는 예산에 내재된 군사정책을 근본적으로 도전하지 않으면서 가능한 한 국방예산을 줄이는 것이다. 결과적으로 제안된 추정치에서 광범위하고 일반적이지만 약간 감소하는 경향이 있다. 여기에서 의회는 경제와 효율성의 전반적인 이익을 위해 행동하고 있다. 그것은 특정 프로그램에서 상당히 삭감하지 않고 대신 각 프로그램이 심각한 감축 없이 해당 몫을 흡수할 수 있기를 희망하여 예산 전체에 삭감을 분배한다. 예를 들어, 1953년 예산에서 하원 위원회는 총 8%의 군사 예산 삭감을 78개의 다른 항목에 분배했다. 종종 의회는 행정부 요청

을 다음 낮은 내림(lower round) 수치로 축소한다. 아니면 전면적으로 모든 항목의 비율을 줄이거나 총 군사 예산에서 10억 달러와 같은 총액을 제거하라는 요구가 제기될 것이다. 의회는 때때로 군비 지출을 줄이도록 지시할 수 있지만 예산 삭감을 결정하는 것은 행정부에 맡긴다. 이러한 감축을 함에 있어서 의회는 군사정책의 영역이 아니라 군사행정의 영역에서 대통령에 대항한다. 의회는 대통령의 군사계획의 기본 전제를 받아들이고, 더 적은 돈으로 동일한 프로그램을 제작하도록 군에 도전하는 것이다.

의회가 예산과정에서 독립적인 역할을 할 수 있는 두 번째 방법은 대통령과는 다른 군사정책과 국가전략을 추진하는 것이다. 대통령 제안에 대한 보다 근본적인 도전을 표현하는 일반적인 방법은 하나의 특정 서비스나 프로그램에 할당된 기금의 증가를 지원하는 것이다. 의회의 군사 지출 감소는 일반적으로 광범위하고 불특정하며 작지만 의회의 증가는 일반적으로 구체적이고 집중적이며 상당하다. 하나의 경우에서 의회는 경제와 효율성의 일반적인 이익을 위해 행동하고 다른 경우에서 의회는 특정 군사 프로그램이나 서비스의 특정 이익을 위해 행동한다. 1940년 이전에는 군사 정책에 관심이 없었기 때문에 의회에서 프로그램을 크게 늘리는 경우가 거의 없었다. 예산 과정에서 자신의 역할을 주장하는 전형적인 방법은 행정부의 권장 사항을 줄이는 것이었다. 그러나 제2차 세계 대전 이후로 군사 정책의 실질 사항에서 의회의 참여가 증가하면서 대통령 예산의 특정 요소를 늘리려는 의지가 높아졌다.● 대부분의 증가에는 사소한 정책 문제가 수반되지만 때로는 주요 프로그램과 기본 정책이 위태로워진다. 이러한 유형의 의회 조치의 가장 중요한 예는 의회가 1948년 추가 예산과 1950 회계연도 정기 세출에서 공군에 대한 승인을 늘린 것이다. 대통령과 의회 지도자 모두가 동의하듯이, 이 갈등에서 "정책의 주요 문제"가 되었다. 위에서 언급한 다른 경우에, 의회는 주방위군과 해병대 기금을 증가시켰고 의회 내의 단체들은 다른 곤경에 처한

● 의회는 물론 행정적 감축과 정책적 인상을 동시에 할 수도 있다. 1950 회계연도 공군 예산에서 하원 위원회는 민간인력, 생활비, 의복, 장비, 운송비에서 5천 1백만 달러를 제거하고 58 공군 집단을 유지하기 위해 항공기 자금에 8억 5천 1백만 달러를 추가했다. 후자르(Huzar)가 지적한 바와 같이, 이러한 감축은 "국군창설법(National Military Establishment)의 행정부에 대한 의회의 지속적인 불만을 반영"하는 반면, 증가는 "행정부의 전략 프로그램에 대한 의회의 불만을 표현"했다. Elias Huzar, The Purse and Sword: Control of the Army by Congress through Military Appropriations, 1933-1950 (Ithaca, N.Y., 1950), p. 187.

군부대에 기금을 복원하기 위해 열심히 노력을 기울였다. 이 모든 경우에 의회 또는 의회 요소는 군사 예산의 제한적인 특정 군사예산 증액을 지원함으로써 대통령의 군사 정책에 대한 반대를 표명했다.

의회가 행정부를 압도하고 특정 군부대나 프로그램에 대한 기금을 증액한 사례가 비교적 적은 것은 의회와 대통령이 국방 정책에 대해 비슷한 견해를 갖고 있는 정도를 부분적으로 반영한다. 그러나 이것은 또한 대통령이 예산 권고에 대한 의회의 반응을 고려하는 정도를 반영하기도 한다. 행정부는 의심할 여지 없이 프로그램을 실제로 수행하는 데 필요한 것보다 더 많은 것을 요구함으로써 의회의 행정 축소로부터 스스로를 보호하려고 시도한다. 마찬가지로, 의회 정책 증가와 관련하여 행정부는 칼 프리드리히(Carl J. Friedrich)의 예상 반응 법칙을 따라서 의회 공격을 유발할 수 있는 군부대나 프로그램에서 급격한 삭감을 삼가하는 경향이 있다. 예를 들어, 1951년에 행정부에서 공군 목표를 95 전투기에서 143 전투기로 늘리는 것에 대한 행정부의 승인은 부분적으로 의회가 증가를 위한 자금을 충당할 가능성에 의해 결정되었다. 유사하게, 1956년 초에 아이젠하워 정부는 B-52 조달을 위한 추가 자금을 요청했으나 거부되었는데 이는 의회의 더 큰 증가를 미연에 방지하기 위한 명백한 시도였다. 따라서, 표면상 의회는 거의 항상 대통령의 군사 추산액을 순감시키는 반면, 그보다 미묘하고 만연한 영향력은 군사 프로그램의 증가와 높은 수준의 군사비 지출에 있다.

예산에 대한 의회의 조치가 다원주의적 전략을 더욱 강화하는 정도는 물론 의회가 행정부로 하여금 군사의 증가를 수용하고 실행하도록 강제할 수 있는 정도에 달려 있다. 의회가 지출 증가에 대한 요구 사항을 준수하도록 강제할 수 없는 경우 이전이든 아니든 행정부가 특정 부문이나 군부대에 집중하는 데 어떠한 제약도 없을 것이다. 그러한 권한이 없을 경우 의회는 행정부를 비판하고 여론을 불러일으킬 수 있지만 궁극적인 제재를 가할 수는 없을 것이다. 결과적으로 의회가 그들이 할당한 예산을 행정부에 지출하도록 강요할 수 있는지 여부에 관한 헌법상의 문제는 상당한 의미를 갖는다. 이 문제는 1946년 행정부의 연구 개발 자금 압류, 1949년 58 그룹 공군에 대한 추가 자금, 1955년 해병대 예산 증가와 관련하여 가장 극적으로 발생했다. 소수의 사람들(확실히 의회 내의 그 누구도) 이전에 필요하다고 생각했던 것보다 적은 자금으로 프로그램을 실행할 수 있다는 사실을 알게 되면 대통령이 돈을 지출하지 않을 권한에 이의를 제기하지 않을 것이다. 의회는 모두 행정적 절감과 감축에 찬성한다. 그러나 의회는 이것과 행정부가 의회의 정책 결정을 이행하는 것을 거부하는 것을 명확히 구분한다. 마혼(Mahon) 의원은 공군 자금의 압수에 대해 다음과 같이 언급했다.

> 나는 정책 문제에 대한 의회의 의지를 우회하는 것은 적절하지 않다고 생각한다. 나는 다른 의원들이 반대하지 않을 것이라는 것을 알고 있고, 나도 정부의 합리적인 경제에 반대하지 않을 것이다. 그러나 경제와 의회의 정책과 프로그램을 포기하는 것은 별개이다.[19]

의회 의견은 대체로 마혼에 동의했다. 하원 세출위원회는 트루먼 대통령의 공군 자금 몰수를 의회 기능의 위헌적 찬탈이라고 비난했다. 하원 군사위원회는 이 조치를 의회 의사에 대한 노골적 부정이라고 규정하고 행정부가 자금을 보류하기 전에 지출위원회와 협의하도록 요구하는 법안을 제안했다. 반면에 존슨(Johnson) 장관은 최고 행정관이자 최고 사령관으로서의 고유 권한을 근거로 대통령의 행동을 옹호했다.[20]

이 논쟁의 장점은 확실히 의회에 있다. 만약 대통령이 세출예산법을 법률로 서명한 다음 책정된 자금의 상당 부분을 사용하는 것을 거부함으로써 해당 법안에 내재된 주요 정책을 무효화할 수 있는 권한이 있다면 그는 사실상 항목 거부권을 가진 것이다. 게다가 그는 의회의 3분의 2의 투표로 무효화될 위험 없이 절대적인 거부권을 행사한 것이다. 총사령관 조항이나 헌법의 다른 어떤 조항도 그에게 항목 거부권이나 절대 거부권을 부여하지 않는다. 군대의 규모와 구성을 결정할 최종 권한은 대통령이 아니라 의회에 있다. "군대를 양성하고 지원"하고 "해군에게 제공하고 유지"하는 의회의 권한은 군부대에 대한 상한선을 설정하는 데 국한되지 않는 긍정적인 권한이다. 군대 및 기타 행정 부서에 자금을 제공하는 의회의 헌법적 권한은 필연적으로 자금 지출을 강제할 수 있는 헌법적 권한을 의미한다.

지출 증액을 강요하는 의회의 권한은 전문적인 의견을 의회에 직접 제시할 수 있는 군사령관의 법적 권리 및 의무와 밀접한 관련이 있다. 불가피하게 예산과 관련하여 참모들은 행정부가 승인할 수 있는 것보다 더 많은 자금을 원한다.

그러나 의회에 항소할 수 있는 권리는 의회가 항소에 대해 조치를 취할 수 있는 권한을 보유하지 않는 한 무효가 된다. 이 두 권한은 불가분의 관계에 있으며 함께 삼권분립의 운영에 필수적이다. 의회에 솔직하게 말할 수 있는 참모들의 권리는 법으로 확립되어 있고 실제로는 어느 정도 받아들여지고 있다. 마찬가지로 군비 지출을 요구하는 의회의 권한은 입법부와 행정부에 의해 명시적으로 승인되고 묵인되어야 한다.

제16장

민군 관계의 부서구조

전후 10년의 조직 문제

민군 관계의 부서 조직은 세 가지 별개의 기능을 수행해야 한다. **전문적인 군사 기능**에는 국가의 군사적 요구 사항을 대표하고, 제안된 행동 방침의 군사적 의미와 채택된 정책을 수행하는 데 필요한 군사적 요구 사항에 대해 조언하고, 국가 정책의 시행에서 군대를 지휘하는 것이 포함된다. **행정-재정 기능**에는 경제 및 효율성의 이익을 대표하고 재정, 예산 및 관리 문제에 대한 자문, 공급, 조달, 건설, 비군사 인력 및 예산과 같은 "민간" 활동 관리가 포함된다. **정책-전략 기능**에는 전문적인 군사 및 행정 재정 관점의 균형, 군대 수준 및 군사 예산에 대한 부서별 권장안 작성, 외부 그룹보다 부서 관점 옹호가 포함된다. 부서 조직의 수직 체계에서 민간 장관과 군 참모는 세 가지 기능 모두에 대한 책임을 공유한다. 조정 조직 패턴에서 민간 장관은 행정-재정 기능, 군 참모는 전문적인 군사 기능, 그리고 민간 장관과 군 참모 모두 정책-전략 기능을 공유한다. 부처별 민군 관계의 균형 잡힌 체계는 보다 높은 수준의 전문화를 통해 객관적인 문민 통제와 군사 전문성을 극대화한다. 세 가지 기능 각각은 부서 내에서 별개의 단위에 의해 수행된다. 장관은 정책 전략을 책임지고, 군 참모는 전문적인 군사 기능을 담당하고, 별도의 공무원은(민간이든 군인이든) 행정-재정 업무를 담당한다.

제2차 세계 대전 이후 행정부의 민군 관계의 주요 문제는 중앙 군부 수준, 즉 개별 군부대(육군, 해군, 공군)보다 높지만 정부에서 가장 높은 정치적 권위(의장, 국가안보회의)보다 낮은 수준에서 이 세 가지 기능을 분배하는 것이었다.● 문제는

● 군부 단계에서 해군은 균형 잡힌 조직 체계를 유지했다. 육군은 처음에는 수직적 참모제로 복귀했으나 냉전, 특히

미국이 제2차 세계 대전에서 전문적인 군사 기능뿐 아니라 정책-전략 및 행정-재정 기능을 수행한 이 수준의 조직화된 기관인 합동참모본부가 생성되었기 때문이었다. 이 수준에 중요한 민간 기관이 없었기 때문에 합동참모본부를 효과적으로 제한할 수 없었다. 리히(Leahy) 제독이 말했듯이 그들은 "어떤 민간인의 통제도 받지 않는다." 결과적으로 근본적으로 필요한 것은 합동참모본부를 "군사화"시키고, 합참의 비군사적 기능을 해제하고, 행정-재정 및 정책-전략 책임을 수행하기 위한 적절한 기관을 개발하는 것이었다. 어떤 의미에서 합참은 1941년에 시작된 대저택의 하나의 완성된 방으로서 1945년에 존재했다. 제한된 목적으로 설계되었지만 4년 동안 이 방은 보통 집 전체가 필요로 하는 요구 사항을 충족시켰다. 전후 몇 년 동안 합참 주변에 대저택의 나머지를 짓고 합참에서 견고하게 자리 잡은 가구와 비품의 대부분을 이관하는 것이 필요하게 되었다.

균형 잡힌 조직 체계의 개발은 세 가지 요소로 인해 복잡했다. 첫째, 기존 권한과 기능을 가진 합동참모본부의 존재 자체가 미국 국방체제의 성격에 결정적인 영향을 미쳤다. 조직 입안자는 이상적인 체계를 무(無)에서 시작하지 않았다. 그들은 합동참모본부의 확립된 사실과 함께 시작되었다. 1944년부터 1947년까지의 모든 국방 조직 논쟁을 통해 합참의 지속적인 존재는 육군, 해군, 공군, 민간 행정관 또는 의회에서 한 번도 이의가 제기된 적이 없는 단 하나의 관건이었다. 전시에 권력을 잡고 다른 모든 중앙방위 기관보다 6년 앞서 설립된 합참은 순전히 전문적인 역할에 적응하는 데 큰 어려움을 겪었다. 군 기관의 정치 기능 수행이 관례로 받아들여지는 환경에서 자라난 민관들은 정치적 리더십을 주장하는 데 소극적이었다.

한국전쟁의 영향으로 전문적인 군사 및 행정-재정 기능이 상당 수준으로 분리가 되기 시작했다. 육군 장관의 말을 빌리면 "주로 군사적인 활동과 … 군사 활동을 지원하지만 산업적 또는 상업적으로 더 많이 참여하는 활동을 구별"할 필요는 7가지 모든 기술부대에 대한 권한을 가진 군수참모부장의 창설로 이어졌다. 즉각적인 냉전 군사 작전에 덜 관여하고 전면전 계획에 더 관심을 두는 공군은 보다 엄격한 수직선을 따라 조직되었다. 1948년 해군 조직법, 62 Stat. 66; Robert H. Connery, *The Navy and Industrial Mobilization in World War II* (Princeton, 1951), chs. 19, 20; 미해군, 관리 엔지니어 사무실, 미해군: 기능 조직에 대한 설명(*The United States Navy: A Description of its Functional Organization*)(워싱턴, 1952); 1954년 4월 16일 해군 조직 위원회 보고서(워싱턴, 1954); 육군 조직(*Organization of the Army*), 육군 조직에 관한 자문 위원회 보고서, 1953년 12월 18일; *Army Navy Air Force Journal*, XCI (1954년 6월 26일), 1298년 (1954년 7월 3일), 1335; 공군조직법 1951, 65 Stat. 326; H. rept. 9, 82d Cong., 1차 세션 (1951); S. rept. 426, 82d Cong., 1차 세션 (1951).

두 번째 어려움은 전후 몇 년 동안 민군 관계에 대한 융합주의적 접근의 광범위한 수용에서 비롯되었다. 주관적인 문민통제에 대한 자유주의적 선호에서 출발한 이 이론은 군사적 책임과 정치적 책임의 분리를 본질적으로 바람직하지 않고 불가능하다고 거부했다. 이는 균형 잡힌 구조에 반대하고 합동참모본부의 기존 기능 통합을 계속해야 한다는 지적 근거를 제공했다.

셋째, 중앙 방위 차원의 민군 관계 문제는 중앙방위조직과 군부대의 상대적인 권력문제와 불가분의 관계에 있었다. 두 개의 군 부처는 감독 없이 존재할 수 있다. 세 개의 군 부처는 이를 조정하기 위해 네 번째 기관이 필요했다. 이 네 번째 기관이 다른 세 기관에 대해 갖는 권한은 민군 관계의 문제가 아니었다. 그것은 행정적 연방주의, 중앙집권화 대 분권화의 문제였으며, 통합 논쟁은 그들의 알렉산더 해밀턴(Alexander Hamilton)들과 루터 마틴(Luther Martin)들이 있었다. 그러나 연방주의 문제는 민군 관계 문제와 직결되었다. 중앙조직과 군 간의 권력균형의 변화는 중앙조직 내 민군균형에 영향을 미치게 된다. 반대로, 중앙 조직 내 민군 연계의 변경은 중앙 사무소와 군부대 간의 권력 분배에 영향을 미칠 것이다. 예를 들어, 1949년 국가안보법 수정안은 주로 국방부의 통제를 중앙집중화하기 위해 고안되었다. 이를 위한 한 가지 수단은 국방부 장관의 예산 권한을 강화하는 것이었다. 그러나 이 조치는 감사실에서 합동참모본부에 대한 상당한 균형추 역할을 하는 경향이 있었다. 반면에 1953년의 재조직은 주로 중앙조직 내에서 권한과 기능의 재분배라는 관점에서 구상되었다. 그러나 반대되는 주장을 부인함에도 불구하고 그것은 군사 부서의 영향력을 더욱 감소시키는 부수적 효과가 있었다. 연방주의에 대한 일반적인 경향은 느슨한 조직에서 통합된 조직으로 바뀌는 것이었다. 따라서 중앙조직 내의 권력과 기능의 분리는 중앙조직과 연방 단위 간의 권력 분배보다 더 큰 의미를 갖는 경향이 있다.•

• 육해공군 장관들의 적절한 역할은 큰 문제를 제기한다. 이론상으로는 국방부 장관보다 낮은 수준의 정책전략가여야 한다. 실제 실무에서는 중앙방위조직에 자리가 없어 이 역할을 제대로 수행하기 어려운데, 합참을 통해 군사참모들이 그런 역할을 하고 있다. 분명한 해결책은 합동 참모총장을 군부대에서 분리하거나(포레스탈과 로벳이 제안한 것처럼) 장관들이 중앙 조직에 참여할 수 있는 수단을 제공하는 것이다. 합동장관들을 통해 후자를 달성하려는 노력은 그다지 성공적이지 못하였다. 민간에서는 군수에게 존재했던 통합의 근거와 기능의 특수성이 부재하였다. 군부처 장관들에게 가장 만족스러운 역할은 아마도 그들의 군 부서에 대한 군사 및 민간 요구에 대한 대변인 역할을 함으로써 분권화 원칙을 대표하는 것이다.

이러한 장애에도 불구하고 전후 10년 동안 중앙조직은 민군 관계의 균형 잡힌 패턴으로 진화하는 경향이 있었다. 합동참모본부는 전시의 정점에서 물러났고, 감사실은 행정 재정 기능의 초점으로 부상했으며, 국방부 장관은 정책 전략가의 역할을 시도했다. 그럼에도 불구하고 공식적인 조직은 여전히 완전히 균형 잡힌 패턴에 미치지 못했다. 근본적인 결점은 장관실의 약점이었다.● 합참과 감사관은 장관이 정책과 전략의 영역에서 책무를 다하기 위해 차지해야 할 영역을 계속 가지고 있었다. 합동참모본부는 부분적으로는 군사적이고 부분적으로는 정치적인 역할을 했다. 감사관은 부분적으로 재정적이고 부분적으로 정치적이었다. 장관은 부분적으로 정치적이고 부분적으로는 진공상태였다.

합동참모본부: 법적 형태와 정치적 현실

1947년 국가안보법이 통과된 후 8년 동안 법령에 정의된 합동참모의 역할과 실제 합동참모의 역할 사이에는 기이한 괴리가 존재했다. 합동참모본부는 법에 따라 전문적인 군사적 기능만을 수행하도록 되어 있었다. 실제로 그들은 다양한 정치적, 행정적 역할에 참여했다. 법적 규정에 부합하지 못하는 이러한 행동 양식의 주된 이유는 군사 문제에 대한 미국의 견해, 삼권분립의 운영, 의원들이 의도를 실현하는 데 필요한 조직 형태를 규정하지 않는 것에 비롯했다.

1944년에서 1947년 사이의 통합을 위한 대부분의 제안은 전시 상태와 합참의 역할의 법적 영속화를 구상했다. 이는 1947년 국가안보법이 제2차 세계 대전 패턴을 성문화하지 않고 합동참모총장에게 엄격하게 군사적 역할을 규정했다는 사실을 더욱 두드러지게 만들었다. 이 놀라운 결과는 의식적인 사고의 결과라기보다는 중앙방위조직에 부여되어야 할 권한을 두고 육군과 해군이 충돌한 결과였다. 대체로 육군은 중앙조직의 군사 구성 요소에 권력을 집중하기를 원했다.

● 법적으로 감사관실, 합동참모본부, 국방부 차관보 및 기타 특정 부대는 모두 국방부 장관실(OSD) 내에 있다. 그러나 중요한 문제는 OSD 구성원 간의 관계와 관련이 있으므로 내가 국방부 장관이나 장관 사무실에 대해 말할 때 나는 장관과 그의 직속 직원만을 의미한다.

해군은 중앙조직이 가능한 한 적은 권한을 갖기를 원했고, 이러한 이유로 국가 안보와 관련된 모든 부서 및 기관의 느슨한 조정 계획으로 엄격한 군사 통합에 대한 육군의 제안에 반대했다. 이 두 가지 접근 방식 사이의 충돌은 해군이 원하는 것보다 중앙 방위 조직을 더 강하게 만드는 절충안을 낳았다. 그러나 그 중앙 조직 내에서 민간인 구성원(장관)은 육군이 원하는 것보다 더 많은 권한을 부여받았다.

의회는 합참의 순전한 군사적 성격을 네 가지로 규정했다.[1] 첫째, 합참의 구성은 순전히 군사적이었다. 1947년과 1949년에 의회는 국방부 장관이 합참의 일원이 되거나 의장이 민간인이어야 한다는 제안을 거부했다. 실제로 국방부 장관은 때때로 합참 회의에 참석했다. 그러나 민간인 참여는 합참이 민간 기능을 수행하는 범위에서만 적절했다.[*] 둘째, 국가안보법은 합동참모본부에 순전히 군사적 책임을 부여했다. 그들은 행정부의 주요 기관에 대한 "주요 군사 고문"이었다.[**] 법과 실행 기능 문서에서 그들에게 주어진 보다 구체적인 임무들도 엄밀하게 군사적이었다. 셋째, 이 법은 합동참모본부를 국방장관이 대통령의 주요 보좌관으로 하는 국방 조직 내에 배치했다. 확실히, 참모들은 대통령과 장관의 "권한과 지시"를 받았고 대통령과 국가안전보장회의(NSC), 그리고 장관들의 고문이었다는 점에서 그 기구의 기관들 중에서 독특했다. 그러나 이 법은 완전히 발달된 조정체계를 피했다. 합동참모본부는 의회, 대통령, 국가안전보장회의, 국방장관 등과 함께 다양한 사건에 말려들지만, 각각의 드라마에서 같은 군사적 역할을 맡을 것으로 추정됐다. 여러 모로 이것은 비현실적인 가정이었다. 그러나 대통령과 의회의 헌법상 군부대장과의 관계도 무시할 수 없었기 때문에 피할 수 없는 일이기도 했다.

마지막으로 국가안보법 및 기타 법률은 합동참모본부가 전쟁 중에 수행한

---

[*] 영국에서 수상은 1946년까지 직권으로 참모총장 위원회 의장이었다. 그 이후로 국방부 장관은 원할 경우 의장이 될 수 있다. 그러나 이 체계는 민간인들이 참모총장 회의에 참석하지 않을 때 가장 잘 시행됐다. 처칠(Churchill)은 참모들을 "나의 일반적인 감독, 제안 및 지도에 따라 혼자 일을 하도록" 내버려 두는 것이 자신의 관행이라고 선언했다. 그는 1940년과 1941년에 462번의 참모 회의 중 단 44번만 주재했다. Maurice Hankey, *Government Control in War* (Cambridge, 1945), 55-56; H.C. *Debates* (5번째 시리즈), CCCLXXVIII (1942년 2월 24일), 41-42; *(Central Organisation for Defence)*, Cmd. 6923, 6, 9 (1946).

[**] 형용사 "군사"가 고문의 인물이나 조언의 성격을 묘사하는 것이라고 주장할 수 있다. 일반적인 용법은 후자의 해석을 받아들였다. 이 법의 다른 조항은 참모들이 군인이어야 한다고 규정하고 있으며, 법적 해석의 조항은 피할 수만 있다면 의회는 중복에 대한 유죄로 간주되지 않도록 규정하고 있다.

많은 비군사적 기능을 박탈했다. 민군 관계의 공통적인 현상은 국방과 관련된 새로운 활동의 군 부대에 대한 초기 배정이다. 그러나 이러한 활동이 확장됨에 따라 비군사적 적용 및 의미가 더욱 중요해지고, 그들은 점차적으로 그들의 두드러진 군사적 성격을 상실하고, 그들은 결국 군부대에서 적절한 민간 기관으로 이전된다. 전후 초기에는 6가지 주요 기능과 관련하여 이 과정이 수행되었다. (1) 전쟁 중 합참이 수행해 온 국가안보정책 전반에 대해 대통령에게 자문을 제공하는 책임은 민간 최고위급 인사들로 구성된 국가안보회의에 위임되었다. 이 기관의 창설은 합참을 군사 활동으로 제한하는 데 있어 다른 조직 개발보다 더 중요했다.2) (2) 군사 연구 및 개발의 중앙 조정은 1946년 포레스탈과 패터슨(Patterson) 장관에 의해 합동 참모에서 제거되었다. 국가안보법은 이 기능을 국방부 장관 직속 이사회에 할당했다. 1953년에 위원회는 폐지되었고 그 기능은 국방부 차관보에게 주어졌다. (3) 전쟁 중 군 당국은 "완전한 정치 및 경제 정보 참모진"을 만들었고 합참의 합동 정보위원회는 군부대, OSS, 국무부 및 대외 경제청의 국가 정보 조정의 주조정관이었다. 1946년과 1947년에 행정 조치와 국가안보법은 조정 기능을 책임지는 국가안전보장이사회 직속의 독립적인 중앙정보국을 설립했다.3) (4) 전쟁 중에 원자력은 육군의 맨해튼 지구 프로젝트(Manhattan District Project)에 의해 다루어졌다. 민간과 군사 통제의 장점에 대한 상당한 논쟁이 있은 후, 1946년 맥마혼(McMahon) 법은 원자력 프로그램에 대한 일차적 책임을 민간위원회에 할당했다. (5) 결국 독일의 경우처럼 권한이 다른 기관으로 이전되거나 기능이 사라지면서 합참은 점령 지역 정부에 대한 전후 즉각적인 책임을 상실했다. (6) 제2차 세계 대전 이전에는 육군참모들과 밀접하게 연계된 기관인 합동군수위원회가 국가 경제 동원 계획을 책임졌다. 그러나 전쟁 후 군대는 셔먼(Sherman) 제독의 말처럼 "정치적으로 육군과 해군 군수위원회가 준비한 어떠한 국가적 범위의 계획도 사산될 수밖에 없다"는 것을 깨달았다.4) 국가안보법은 경제 동원 계획을 대통령 행정부의 한 부서로 지정하고 군수품 위원회를 군수 조달과 산업 동원의 순수한 군사적 측면에 대해 감독하고 조정하게 했다.

합참에서 실제로 할당된 군사적 역할에서 벗어나는 정도와 형태는 이전에 분석되었다. 전시의 권력과 영광의 정점에서 하락하였지만 합동참모본부는 여전히 정치의 헐벗고 공개적인 바위로부터 격리된 전문성의 색조를 구분하는 목재 경계선 위에 눈에 띄게 남아 있었다. 전후 10년 동안 방위 시설에 대한 정통한 관측통들은 합참의 정치력이 순전히 군사기관에 적합한 수준을 초과하는 정도에 대해 논평했다. 합참은 군사계획을 외면하면서 사소한 행정적인 일에도 얽매이는 경향이 있었다.• 합동참모본부의 일차적 군사기능 수행은 이러한 무관한 문제에 쏟는 시간과 에너지, 효과적인 객관적 민간 통제의 부재로 인해 군사 안보 달성에 부정적인 영향을 미쳤다.5) 합참의 관행이 법적 역할에서 분리된 정도는 합참 행동의 한 가지 독특한 특성에서 나타났는데, 그것은 참모총장이나 의장이 그들이 순수하게 "군사적 관점"에서 말했다는 것이다. 이 구절의 의례적 주문(呪文)은 국가안보법 이론에 대한 존경심이었다. 참모들의 입에서 이 구절이 비군사적 주제에 대한 정치적 조언이 뒤따르는 정도가 구조적 형태와 정치적 현실의 차이를 보여주는 지표였다.

합참이 법정 역할을 제대로 수행하지 못한 가장 중요한 원인은 미국 정치와 여론의 흐름에 깊숙이 자리 잡고 있다. 그러나 이러한 다른 요인들을 보완한 한 가지 조직적 요인은 합참의장이라는 직책이었다. 의장직은 1949년 포레스탈의 추천에 따라 참모들이 충성도를 높이고 주요 군사 정책에 대한 합의에 도달하도록 지원하기 위해 만들어졌다. 이 직책의 수립은 통일에 도움이 될 것이기 때문에 촉구되었고, 통일에 지나친 도움이 될 것이기 때문에 반대되었다. 결과적으로 의회는 합참의장의 권한을 신중하게 제한했다. 그러나 의장직의 주된 영향은 통일이 아니라 민군 관계에 있었다. 전면전이 없는 상황에서 군사정책이 대통령의 시간을 차지하는 것이 상대적으로 작았기 때문에 대통령은 합동참모본부와 정기적으로 협의하지 않았다. 대신 의장은 참모들과 백악관을 잇는 연결고리로 떠올랐다. 법령상 합동참모본부는 대통령과 국가안보실의 군사고문이었지만 정기적으로 대통령에게 군사적 문제를 브리핑하고 국가안보실 회의에서 합참을 대표한 것은 의장이었다.•• 그는 군사적 역할을 넘어서 합참에 행정부의 정치적 견해를,

---

• 트루먼 행정부의 마지막 2년 동안 합참은 전략 계획과 관련하여 600개의 결정, 순수한 행정 문제에 대한 500개, 행정 및 군사적 고려 사항을 결합한 문제에 대한 500개의 결정을 내린 것으로 보고되었다. 뉴욕 타임즈, 1953년 2월 8일, p. E5.

•• 4년간의 의자 재임 기간 동안 브래들리 장군은 백악관을 272번 방문했고 68번 NSC 회의에 참석했다. 아이젠하워 정부 출범 첫해에 의장은 매주 대통령에게 군사 상황을 브리핑했다. 뉴욕 타임즈, 1953년 8월 14일, p. 2: Charles J. V. Murphy, "아이젠하워의 백악관", Fortune, XLVIII (1953년 7월), 176.

정부에 군사적 견해를 대변했다. 또한 의장직을 맡은 첫 두 사람인 브래들리 장군과 래드포드 제독은 키가 크고 지적이고 활력이 넘쳤다. 그들은 그들이 보조한 행정부의 군사 정책의 상징이 되는 경향이 있었다. 브래들리는 봉쇄, 육상전, 유럽을 상징했고, 래드포드는 보다 역동적인 접근 방식, 해상 항공 전력 및 아시아로 알려졌다. 6년이라는 짧은 기간 동안 그들은 의장직을 정부에서 가장 중요한 직책 중 하나로 만들었다. 그들은 진정한 사무라이, 군사 전문가라기보다는 군사 정치가였으며, 국방부 장관에게 더 적절하게 속하는 많은 역할을 맡았다. 때때로 장관이 정책 문제에서 주도권을 잡는 것을 꺼려할 때 장관은 행정부를 처리하고 의장은 정책을 처리하는 조정 조직으로 이어지는 경향이 있었다. 장관직이 강화되어 행정부 정책을 대표하는 지배적인 인물이 될 수 있어야만 합참의장이 보다 영구적인 전문 군사적 관점을 위한 대변인 역할을 할 수 있다.

감사관: 국방부의 초자아

중앙방위조직 내 합동참모본부의 주요 적수는 감사관이었다. 그러나 합참과 마찬가지로 그의 사무실은 형식적인 법적 구조의 기만적인 기질에 대한 훌륭한 예시를 제공했다. 조직도에서 감사관은 9명의 국방부 차관보로 구성된 무리 속에서 길을 잃었다. 그러나 국방부의 실제로 그는 군부 지도자들과만 경쟁할 수 있는 정치세력이었다. 그는 군사 체제에서 경제와 효율성에 대한 민간 요구의 탁월한 대표자가 되었다. 합참의 권한이 순수한 군사적 영역을 넘어 확장된 것처럼 감사관의 권한은 엄격한 행정 및 재정 문제의 범위를 넘어 확장되었다. 그의 영향력은 이론, 법률, 기능, 개인적 네 가지 기둥에 달려 있다.

감사원 권한의 이론적 토대는 문민통제와 예산통제를 동일시하는 것이었다. 감사원의 사무실은 심리학과 인사 면에서 철저히 민간인이었다. 예를 들어 1953년 말에는 총 160명의 직원 중 6명의 군인만 포함되었는데, 이는 국방부의 다른 어떤 주요 부서보다 훨씬 낮은 군무원 비율이었다. 감사관의 직원과 감사관에 협력한 예산국 관리들은 장관이 재정 행정 기능을 자신의 부서를 통제할 수 있는 주요 수단으로 여겼다는 것을 알고 있었다. 페르디난트 에버슈타트(Ferdinand

Eberstadt)는 "예산은 군사 시설에 대한 문민통제의 가장 강력하지는 않더라도 가장 효과적인 수단 중 하나이다"라고 말했다.6) 이러한 시각은 군예산 삭감이 군당국에 민간권력의 우월성을 일깨워주기 위해 필요하다는 이유로 정당화될 정도까지 이르렀다.7) 문민통제가 예산통제와 동일시되면서 감사원의 권한은 강화되었지만, 장관의 권한은 약화됐다. 그것은 장관이 정책으로부터 멀어지게 하고 본래 그가 운영해야 하는 곳보다 낮은 수준에 있는 기능을 지향하게 했다. 그것은 장관이 정책에서 벗어나 본질적으로 그가 활동해야 하는 곳보다 낮은 수준에 있는 기능으로 향하게 했기 때문이다. 그것은 그를 심판에서 참가자로 격하시켰다. 더욱이 로벳 장관이 지적한 바와 같이 어떤 위기에서도 문민통제 수단인 예산은 그의 손에서 끝나게 될 것이다. 효과적이고 책임 있는 문민통제는 예산통제가 아닌 정책통제여야 한다.

재정통제와 문민통제를 동일시 하는 것은 1949년 국가안보법 개정 제4호 (National Security Act Amendments Title IV)에서 법적으로 구체화되었다. 그 이전에 국방부 장관의 보좌관 3명 중 한 명이 예산 및 재정 문제에 대해 조언했다. 그러나 이 분야의 중앙조직의 권한은 다소 모호했고, 후버위원회(Hoover Commission) 대책위원회는 국방부 예산절차의 철저한 개편과 중앙예산실의 강화를 권고했다. 제4호는 국방 차관보(감사관)를 국방 장관의 예산 및 재정 기능 수행에 있어 고문이자 보좌관으로 임명했다. 감사관은 국방부의 예산 견적 작성을 감독하고 지시하며 일반적으로 국방부의 재정 및 회계 측면을 감독했다. 포레스탈의 권장 사항이나 국방 조직에 대한 대통령의 메시지에 포함되지 않은 이러한 조항은 후버위원회의 행정 관리 접근 방식과 재정기구에 대한 장관의 예산 고문 측의 기존 우려를 반영한 것이다. 그들은 초기의 병력 수준 성명의 수립을 제외하고는 예산 과정에서 합동 참모본부을 차후 배제하는 데 부분적으로 책임이 있었다.8)

제4호 통과 후 국방부 감사관의 직위는 연방 기관에서 이례적이었다. 부서 수준에 감사관이 있는 유일한 다른 행정 부서는 우체국이었다. 일반적으로 중앙 정부에서 기관의 프로그램과 관련하여 경제 이익의 원칙적 표명은 기관 자체 외부, 재무부, 예산국 및 세출위원회에서 나온다. 그러나 연방 기관 중 유일무이한 정도로 국방부는 경제 관점의 표명과 실행을 내재화했다. 그 주된 이유는 단순히 부서의 규모였다. 사실상 그것은 정부 내의 국방 정부였으며, 다른 모든 정부 기관을 합친 것보다 인력과 자금이 더 컸다. 이 국방 정부 외부의 어떤 기관도 멀리 떨어진 업무를 효과적으로 통제하는 것은 불가능하지는 않았다면 어려웠다. 코끼리 등에 돼지를 태운 꼴이 될 것이다. 주로 경제 관점을 대표하는 기관인 예산국(Bureau of the Budget of the Budget)은 국방 시설을 관리하는데 필요한 직원, 지식 또는 영향력을 군부에 갖고 있지 않았다. 결과적으로 두 기관의 직원이 긴밀히 협력하여 예산국의 활동과 감사원의 활동이 독특하게 융합되었다. 1952년부터 1955년까지 회계연도 동안 예산국과 감사원은 예산 추정치에 대한 공동 검토를 수행했는데, 이는 일반적으로 연방 정부의 다른 곳에서는 복제되지 않는 관행이다.9) 따라서 감사원의 사무실은 외부의 요구와 이익을 반영하는 억제 및 통제의 내부 메커니즘인 프로이트 학파(Freudian) 초자아로 발전했다. 그것은 부서 내의 본질적으로 비군사적이고 외계적인 요소를 강력하게 대표하는 "정복된 도시의 수비대"였다.

감사관의 권한을 강화한 마지막 요소는 윌프레드 맥닐(Wilfred J. McNeil)의 임기였다. 맥닐은 포레스탈의 해군 회계 국장이었다. 1947년 그는 포레스탈 국방부 장관의 예산 및 재정 보좌관이 되었다. 1949년에 그는 감사관이 되었고 1955년에도 여전히 그 자리를 지켰다. 그는 처음 다섯 명의 국방부 장관 모두를 위해 같은 일을 수행했다는 점에서 국방부의 고위 간부들 사이에서 독특했다. 그가 펜타곤의 "거의 없어서는 안 될 사람"으로 낙인찍힌 것은 놀라운 일이 아니었다.10) 감사관실은 군부조차 경쟁할 수 없고 일시적인 정치적 임명자들의 범위를 훨씬 벗어난 방식으로 지식과 경험을 보유하고 있었다. 따라서 맥닐은 법률 고문실, 합동 장관실 및 맥나니(McNarney) 장군의 국방관리위원회와 같은 다른 민간 기관의 이따금 도전에도 불구하고 합참의 주요 균형자로서 그의 지위를 유지할 수 있었다.11)

이러한 이론적, 법적, 기능적 및 개인적 요인의 조합으로 감사관실은 전략 및 정책 문제에 깊이 관여했다. 여기서도 군대와 마찬가지로 의례적 형식과 실체적 현실 사이에는 대조가 있었다. 참모들이 그들의 조언이 전적으로 "군사적 관점에서"라고 주장한 것처럼 맥닐과 그의 동료들은 그들의 권고가 "재정 관리"만을 다루고 있다고 주장했다. 실제로 감사원실은 미국의 군사정책의 성격을 결정짓는 핵심적인 역할을 했다. 1950년부터 1954년까지 회계연도 동안 감사관은

2,730억 달러의 총 군부 예산 요청에서 620억 달러를 제거하는 책임의 중요한 몫을 담당했다.[12] 군사 추정치의 5% 감소는 급성 재정 관리의 결과일 수 있고, 22% 감소는 확실히 전략에 대한 근본적인 결정을 의미했다. 1954 회계연도 예산을 책정할 때 맥닐은 167억 달러에 대한 공군 요청에서 50억 달러를 빼는 데 중요한 역할을 했으며, 따라서 공군 목표를 1955년 143개 전투기에서 1956년 120개 전투기로 변경했다. 국방장관은 군사적 요구와 재정적 요구 사이에서 독립적인 균형에 도달할 수 없었기에, 군사 정책의 기본 결정은 필연적으로 감사관과 합동참모본부의 정치적 투쟁의 결과였다.

장관의 역할

장관의 가장 중요한 임무는 대통령에게 매년 병력 수준에 대해 권고하는 것이다. 여기에는 (1) 군사력: 사단, 함선, 전투기 숫자, (2) 병력의 수준: 사단의 백분율 강도 등, (3) 병력의 준비 날짜, (4) 병력의 배치에 관한 조언이 포함된다. 이 조언을 달러 용어로 번역하면 군사 예산 권장 사항의 기초가 된다. 병력 수준과 예산에 대한 결정은 물론 대통령이 내리고 예산은 의회의 비준을 받는다. 그러나 권고는 그 문제에 시간을 할애하고 연구하는 사람에게서 나와야 한다. 이 관료는 다름 아닌 국방장관이다. 일반적으로 대통령은 그의 권고를 수락할 것으로 예상된다. 만약 두 사람 사이에 심각한 의견 차이가 계속된다면 대통령은 다른 장관을 구해야 할 것이다.

병력 수준의 권고에 대한 책임은 장관이 피할 수 없는 것이다. 그것은 군사 정책의 근본적인 요소이다. 그가 이 의무를 도피하려 한다면 그는 그것을 다른 사람에게 위임하고 그의 결론을 암묵적으로 승인하는 것일 뿐이다. 결과적으로, 진짜 문제는 장관이 이 책임을 수행하느냐가 아니라 그가 그것을 어떻게 수행하느냐이다. 그가 행동할 수 있는 방법에는 크게 세 가지가 있다. 그는 단순히 군사 고문의 견해를 지지하고 경제와 효율성의 요구에 거의 주의를 기울이지 않을 수 있다. 이러한 경우에서 그는 군 대변인으로 활약하고 있다. 그는 재정 전문가의 말을 듣고 전략적 의미에 대한 참조 없이 그들의 권고를 채택할 수 있다. 여기에서 그는 비즈니스 관리자 역할을 한다. 그는 전반적인 국방 정책에 군사 및 경제적 고려 사항을 통합하려고 시도할 수도 있다. 이 경우 그는 정책 전략가 역할을 하는 것이다.

국가안보법은 그가 이러한 역할의 일부 또는 전부를 수행할 수 있도록 충분히 광범위하고 모호하다. 실제로 각 장관은 각 역할의 일부 요소를 구현했다. 그럼에도 불구하고 역할은 본질적으로 상충된다. 각각은 약간 다른 법적 권한, 직원 지원, 장관의 관점과 능력을 필요로 한다. 더 중요한 것은, 각각은 근본적으로 다른 민군 관계 패턴을 내포하고 있다는 것을 의미한다. 장관으로서 어떤 역할도, 민군 관계의 어떤 패턴도 아직 지배적인 것으로 나타나지 않았다. 전쟁 중에는 군 대변인 개념이 우세한 것으로 보인다. 평화시에는 대체로 두 가지 역할 사이에 왔다갔다 했다. 결국 국가적 민군 관계 제도에서 장관의 위치는 제정된 법률보다는 축적된 관행이 결정하게 될 것이다.

■ **군 대변인**　　장관이 민간인이어야 한다는 요건, 자유주의적 가치를 지닌 정부의 관여, 군대 자체가 이러한 가치를 폭넓게 수용하는 것 등이 모두 결합되어 장관이 군 대변인이라는 개념이 가장 덜 보편적이게 되었다. 장관은 미국 국민에 대한 군대의 대표라기보다 군대에 대한 미국 국민의 대표 역할을 했다. 전문적인 군사 기관이 존재하지 않는다면, 예를 들어 장관은 19세기에 해군 장관이 했던 것처럼 합법적으로 군사 대변인 역할을 시도할 수 있다. 그러나 합참이 존재하는 상황에서 장관은 그 역할을 수행한다면 장관은 단지 그들이 말한 것을 승인할 수 있을 뿐인데, 이는 쓸모가 없었고, 아니면 상충되는 조언을 제공하여 혼란하게 만들 수 있었다. 물론 〈이코노미스트(The Economist)〉의 표현처럼 장관이 "국방의 수호자"로서 기능해야 한다는 의미가 있다.[13] 그러나 장관이 입법부와 국민 앞에서 옹호하는 이해관계는 단순한 군사적 이해관계 이상이어야 한다.

미국 국방부 장관은 온전히 군 대변인 역할을 한 적이 없다. 스팀슨(Stimson)과 녹스(Knox)는 국방 장관과 해군 장관으로서 제2차 세계 대전에서 이 역할을 하는 경향이 있었다. 그러나 1947년 이후로 1950년 9월부터 1951년 9월까지 마셜 장관이 가장 근접한 결과를 달성했다. 이것은 그의 성격과 상황 모두 때문이었다. 전문 장교로서 마셜의 태도는 합참의 태도와 비슷했다. 육군으로서 그는

1903년부터 육군이 운용해 온 수직적 민군 관계로 지지했다. 그의 복무는 또한 군대의 필요성이 높은 시기인 한국의 재무장과 일치했다. 미국은 정상적인 기근의 시기를 지나 다른 극단으로 회귀하고 있었다. 군 대변인 역할에 대한 마셜의 성향은 그가 직무에 대해 가지고 있던 본질적으로 수동적인 개념으로 나타났다. 그는 정책과 정책 갈등의 해결에 대해 긍정적이고 창의적인 개시자이자 기여자가 되려 하지 않았다. 또한 그는 이 역할을 위해 사무실을 조직하지도 않았다. 1951년 가을 그의 지시에 따라 설정된 추경예산은 합동참모본부가 우려하는 "주요 항목"으로 결정한 군사적 요구 사항의 우위를 반영했다. 마셜의 관점에서 참모들의 요청은 경제 및 기타 요구 사항의 요구와 균형을 이루는 것이 아니었다. 참모들의 최소 요구 사항을 충족하지 못하면 국가와 군대의 안전이 심각하게 위험에 처할 수 있을 수 있었다.[14)]

■ **비즈니스 관리자**　　사업 관리자 장관은 주로 행정, 조직, 물류, 공급, 재정 관리, 건설, 조달 및 인사와 같은 부서의 민간 활동에 힘을 쏟는다. 그는 또한 자신을 주로 경제에 대한 민간 이익의 대표자로 생각한다. 그는 합참에 대항하여 감사관의 편에 선다. 임기 중 비즈니스 관리자 역할에 가장 근접한 성과를 거둔 두 명의 장관은 루이스 존슨(Louis Johnson)과 찰스 윌슨(Charles E. Wilson)이었다. 이러한 방향에 대한 그들의 경향은 그들의 일반적인 구현의 한 측면이자 자유주의적 가치와 힘의 반영이었다. 두 사람 모두 국가 방위를 위한 강력한 경제의 중요성을 강조했다. 존슨은 통합이라는 이름으로 경제를 정당화했고 경제라는 이름으로 통합을 정당화했다. 윌슨은 "더 적은 비용으로 더 많은 방어력"을 주장했다. 둘 다 주로 재정 고문에게 의존하고 독립적인 정책 전략가로 기능할 수 있도록 하는 참모보좌관을 덜 강조하기 위해 사무실을 조직했다. 존슨은 포레스탈이 존 올리(John Ohly) 아래에서 개발하려고 노력했던 정책 사무국을 끝내고 대신 "국방부 지출을 줄이기 위한 지속적인 프로그램"의 필요성 때문에 국방 관리 위원회를 만들었다.[15)] 유사하게, 윌슨은 민군 통합 정책 참모에 대한 전임자의 권고를 따르지 않았다. 그는 정부가 기업과 동일한 원칙에 따라 조직되어야 한다고 믿었고 국방부 장관실에 6명의 기능 차관보 "부통령"을 추가했다.[16)]

　　비즈니스 관리자 장관이 전략은 배제하고 주로 자신의 업무의 민간 측면에 집중하는 경향은 아마도 윌슨이 워싱턴에서 보낸 첫 해에 가장 잘 예증되었을 것이다. 윌슨은 자신의 역할 개념을 "군사적인 일은 군대에 맡기고, 생산은 우리에게 맡겨라"라고 요약했다. 로벳 장관은 자신의 임무를 "대통령의 지도하에 정책 수립하는 것"이라고 정의했다. 반면에 윌슨은 자신의 기능이 "군사 정책을 만드는 것이 아니라 관리하는 것"이라고 생각했다고 알려졌다. 한 워싱턴 특파원은 몇 달 후 윌슨을 다음과 같이 요약했다. "그는 전략가도 아니고, 그럴 생각도 없다. 그것이 군대의 일이다. 그가 해야 할 일은 효율성을 위해 그리고 낭비와 중복을 없애기 위해 현장과 국방부에서 구매, 인력, 건설 및 운영 조직을 감독하는 것이다." 이러한 강조는 부자연스러운 것이 아니었다. 국방부의 한 부하 직원이 말했듯이 그의 주요 업무 자격은 "관리의 천재성, 사람을 뽑는 능력, 생산에 대한 독특한 기술"이었다.17)

존슨과 윌슨은 군사 예산의 규모와 군사력 수준을 결정할 때 주로 감사관의 내부 조언과 지원, 그리고 예산국과 재무부의 외부 지원과 압력에 의존했다. 군사적 조언은 그들의 결정에 작은 역할을 했다. 따라서 1949년 초가을에 관리위원회의 권고에 따라 군부에 프로그램에 미치는 영향에 대해 묻지 않고 존슨은 1950 회계연도에 군부 지출에서 9억 2천 9백만 달러의 삭감을 명령했다.18) 윌슨의 첫 번째 국방 예산의 설정은 그의 부서가 국가 예산 적자의 몫을 줄일 것이라는 장관의 약속과 함께 시작되었다. 첫 번째 결정은 트루먼-로벳의 초기 예산 삭감 규모에 관한 것이었다. 그런 다음 예산이 확정된 후 줄어든 예산으로 뒷받침할 수 있는 군대에 대한 계산이 이루어졌다. 예산 편성 과정이 끝날 때까지 삭감이 군대 수준과 국가 전략에 어떤 영향을 미칠지 명확하지 않았다. 예산은 주로 로저 키스(Roger Kyes) 차관과 맥닐 감사관의 작업이었다. 합참은 감축이 진행되고 있다는 것을 분명히 알고 있었지만, 각 군 사단에 할당될 실제 금액을 알게 된 것은 마지막 순간이 되어서였다. 그들이 이러한 결정에 항의했지만 그때는 너무 늦었다. 반덴버그(Vandenberg) 장군의 말에 따르면 "합참으로서 참모총장은 이 예산 구성에 참여하지 않았다." 아이러니하게도 공군 장관은 삭감은 민간 장관의 몫이 아니기 때문에 삭감 결정에 참여하지 않았다고 밝혔는데, 그는 "삭감은 군사적 결정이고 그러한 결정을 내릴 수 있는 역량이 있는 사람이 내려야 할 결정이라고 생각한다"고 말했다."19) 탤벗(Talbott)과 같은 윌슨(Wilson) 장관은 전략 고려를 피할 수 있었지만 맥닐과 자신을 동일시하는 그의 행동이 전략에 미치는 영향은 피할 수 없었다. 필연적으로 1955년 143개 전투기에서 1956년 120개 전투기로 공군 증축 목표를 축소한 것은 미국의 군사 정책에 중대한 영향을 미쳤다.

■ **정책 전략가**   두 명의 국방부 장관인 제임스 포레스탈(James Forrestal)과 로버트 로벳(Robert A. Lovett)은 자신을 주로 정책 전략가로 생각했다. 둘 다 군사적 요구 사항과 경제적 요구 사항의 균형을 맞추는 책임을 받아들였다. 둘 다 병력 수준과 예산 추정치를 편성하는 데 적극적이고 창의적인 중재 역할을 했다. 둘 다 충분한 법적 권한의 부족과 더 나아가 적절한 직원 보조의 부족으로 인해 방해받고 좌절했다. 두 사람 모두 장관이 책임 있고 효과적인 방식으로 자신의 직무를 수행할 수 있도록 참모 기관을 만들 것을 촉구했다. 그들의 운영 방식과 마샬 또는 존슨과 윌슨의 운영 방식 사이의 차이는 1950년과 1953년 군사 예산 편성에서 그들의 역할에 의해 설명될 수 있다.

■ **포레스탈과 1950년 예산**   포레스탈은 처음부터 군사 예산에서 150억 달러의 대통령 상한선에 직면했다. 대통령은 합참이나 NSC와 상의하지 않고 분명히 예산국의 조언에 따라 이것을 설정했다. 반면에 세 개 군 사단에 대한 조정되지 않은 원래 추정치는 총 300억 달러였다.20) 장관의 임무는 이 두 극단 사이에서 안보와 경제의 최적 균형을 찾는 것이었다. 합동참모본부가 대통령의 예산치를 각 군사단에 배당할 수 있는 가능성이 낮아 보이자 포레스탈은 먼저 이 문제에 대해 그에게 직접 조언할 고위 간부들로 구성된 특별위원회를 임명하는 것을 고려했다. 그 후, 그는 대신 참모들에게 예산자문위원회(맥나니(McNarney) 이사회)를 임명하여 군부 요청을 검토하고 수용 가능한 수준으로 끌어올리도록 지시했다. 그는 또한 예산의 기초가 되어야 하는 외교 정책 가정에 관해 NSC로부터 지침을 얻으려 했지만 실패했다. 포레스탈은 전략과 돈의 관계를 지속적으로 강조했다. 예를 들어 맥나니 이사회는 군부 요청을 236억 달러로 줄였으며, 이는 전쟁 발생 시 미국이 합당한 수준의 준비 태세를 갖추게 할 것이라고 말했다. 반면에 합참에서 결국 끌어낸 150억 달러의 예산은 미국이 영국으로부터 전략적인 폭격을 가할 수 있도록 허용할 뿐이다. 포레스탈은 대통령에게 이러한 대안을 제시했지만 후자는 150억 달러 한도에 대해 확실하게 했다. 그럼에도 불구하고 포레스탈

은 150억 달러 예산과 영국의 공세를 허용할 뿐만 아니라 미국이 지중해에 대한 통제권을 유지할 수 있도록 하는 또 다른 "중간" 예산이라는 두 가지 노선을 따라 진행할 수 있도록 암묵적인 허가를 받았다. 합참은 이 두 번째 전략에 169억 달러가 필요할 것으로 추정했다. 따라서 달러와 정책 측면에서 대안이 명확했다. 예산이 의회에 제출되기 몇 주 전에 대통령에게 제출되었을 때, 트루먼은 150억 달러의 영국 공세 선택에 찬성하여 자신의 결정을 다시 확인했다. 마지막으로 포레스탈은 대통령에게 6개의 폭격기 집단을 추가할 수 있도록 7억 7천만 달러를 추가로 지원하도록 제안했다. 미국이 전략적인 공세에 그 능력을 제한한다면 그는 성공을 보장할 충분한 공군력을 원했다. 그러나 대통령은 여전히 귀를 기울이지 않았고 결국 예산국은 예산을 150억 달러 한도 미만으로 줄이기까지 했다.

따라서 1950년 국방예산은 대통령의 확고한 상한선을 설정하고 유지한 경우였다. 그러나 이것이 포레스탈이 창의적인 정책 전략가로 기능하는 것을 막지는 못했다. 동전의 양면이 항상 그의 앞에 있었다. 예산의 증가는 "기능적" 전략적 이득 측면에서 정당화되어야 했다. 예산 감소는 전쟁 발생 시 미군의 능력에 미치는 영향 측면에서 판단을 해야 했다. 모든 달러에는 전략적 의미와 명분이 있었다.

■ 로벳과 1953년 예산

1953년 국방예산의 편성은 1950년의 그것과 여러 면에서 상당히 달랐지만, 로벳 장관은 본질적으로 포레스탈 장관이 이전에 수행했던 것과 같은 역할을 했다. 1953년의 출발점은 예산국 상한선이 아니라 합동참모본부의 전력 수준 추정이었고, 핵심 요소는 공군 목표를 1954년에 95개 전투기에서 143개 전투기로 늘리는 권고였다. 그 병력 수준은 1951년 10월 NSC에 의해 승인되었다. 이러한 군대를 기반으로 한 군 당국의 초기 조정되지 않은 요청액은 총 710억 달러에 달했다. 이 인상적인 수치에 직면하여 로벳 장관과 NSC는 군에 450억 달러의 새로운 예산을 기반으로 한 대체 "출발 지점" 예산을 준비하도록 지시했다. 1951년과 마찬가지로 두 예산의 준비가 동시에 진행되었다. 결국 러벳은 1953년과 1954년의 권장 병력 수준 달성을 바탕으로 대통령에게 550억 달러의 예산을 제안했다. 로벳과 합참의 항의에도 불구하고 대통령은 이것을 520억 달러로 줄였고, 이것은 143 날개 공군이 되는 것을 1954년에서 1955년으로 지연시켰다. 여기에서도 장관은 계산된 위험에 대해 추가 지출의 균형을 맞추는 창의적이고 중재하는 역할을 했다. 한편으로 로벳의 말에 따르면 예산은 "군부 지도자들이 바람직하다고 느끼는 시간 내에 그들이 필요하다고 느끼는 강점을 우리에게 주지 않았다." 한편, 감사원-예산국의 견해도 완전히 우세하지 않았다.21)

　　포레스탈과 로벳은 모두 전반적인 정책을 개발할 수 있는 충분한 인력의 부족에 좌절했다. 둘 다 이 결핍을 인식하고 그것을 고치려고 시도했다. 포레스탈은 그의 첫 번째 법정 특별 보좌관인 존 올리(John Ohly)를 사무국 국장으로 임명했다. 올리는 장관에게 계획과 프로그램의 조정에 대해 조언했으며 전쟁위원회 및 기타 정책위원회의 비서실장을 역임했으며 중요한 결정과 관련된 사실과 의견을 수집하고 분석했다. 그는 또한 국무부 및 NSC와 국방부의 연락관이었다. 이름과 안건 면에서 이 사무실은 영국 내각 사무국에서 영감을 받았으며 영국의 사무실이 총리를 위해 제공하는 것과 동일한 종류의 서비스를 포레스탈에 제공하기 위한 것이었다.22) 이 민간 정책 직원 외에도 포레스탈은 합참의장인 알프레드 그루엔터(Alfred M. Gruenther) 소장의 군사적 조언에 의존하면서 독립적인 군사 조언의 원천을 개발하려고 시도했다. 포레스탈은 그루엔터를 그의 "주요 군사 고문"으로 간주하고 합동참모본부를 상대할 때 그를 중개자로 활용했다. 그루엔터는 모든 중요한 회의에 지속적으로 참석했으며 장관의 순방길에 동행했으며 "이견을 해결하는" "실제 능력"을 마음대로 사용할 수 있었다.23) 포레스탈은 여러 차례에 걸쳐 합동참모본부의 결론에 대한 독립적인 견제를 제공할 수 있는 다른 군사적 판단 출처를 개발하려고 시도했다.• 실제로 그는 공정한 군사적 조언을 찾기 위해 거의 끊임없이 노력했다. 그러나 결국 그는 일반적으로 그루엔터에게 다시 의존했다.

　　로벳은 그의 경험으로 인해 국방부 장관에게 그에게만 책임이 있는 "군-민 통합 참모진"을 제공받아야 한다는 결론을 내렸다. 이 참모들은 군 사단 간의 분

• 포레스탈은 때때로 1950년 예산에 대한 자문 위원회 및 스파트-토어스(Spaatz-Towers) 위원회와 같은 임시 군사 그룹에 의존했다. 그는 또한 휴직한 아이젠하워 장군과 자주 상의하였고 1949년 초에 그를 합참의 임시 의장으로 일하게 하기 위해 워싱턴으로 데려왔다. 1948년 봄, 육군은 브래들리 장군을 주요 군사 고문으로 삼으려는 그의 노력을 차단했다. 포레스탈이 이 직책에 그루엔터 장군을 사용함으로써 합참의 지휘관인 리히(Leahy) 제독과 그루엔터의 관계가 어려워졌다.

쟁을 해결하고 부족한 부분을 분배하며 예산, 조달, 물류, 인력, 인사 및 정보에 대한 정책을 수립하는 데 도움을 줄 것이었다. 이러한 참모가 없는 상황에서 장관은 주요 기능과 관련이 없는 많은 행정 및 정책 문제를 합동참모본부에 넘기고, 군사적 사실과 "경험된 군사적 판단"에만 전적으로 의존할 수밖에 없었다. 장관에게 민군 정책 참모가 있는 경우에만 참모들의 적절한 관심은 전쟁 계획에 국한할 수 있을 것이다.[24)]

사무실의 필요성

국방부의 민군 관계의 균형 잡힌 체제는 장관이 정책 전략가로서의 기능을 요구한다. 균형 잡힌 체제의 달성을 가로막는 주요 장애물은 구조와 조직의 영역 밖의 정치세력이다. 그럼에도 불구하고, 지배적인 정치적 틀 내에서도 장관이 정책 전략가로 활동할 수 있는 능력을 향상시키는 행정적 수단이 존재한다. 세 가지 전제 조건은 (1) 장관에 대한 적절한 법적 권한, (2) 장관실에서의 적절한 직원 보조, (3) 정책 결정 역할을 수행할 수 있는 개인을 장관으로 임명하는 것이다.

■ **법적 권한**　　　1947년 국가안보법은 국방부 장관에게 국가 군사 시설에 대한 부적절한 통제권을 부여했다. 1949년에 개정된 이 법은 그의 권한을 네 가지 방식으로 확장시켰다. 군부대들은 행정부 아래서 장관이 주재하는 단일 국방부 내의 군사부로 축소되었다. 1947년 국방장관에게 군사 조직에 대한 "일반적인 지휘, 권한, 통제권"을 부여하는 조항에서 제한적인 단어인 "일반"이 삭제되었다. 장관은 "국방부와 관련된 모든 문제에서 대통령 보좌관"으로 지정되었다. 국방부 장관에게 특별히 부여되지 않은 모든 권한을 군당국에 부여하는 1947년 법안의 "수정헌법 10조" 조항은 삭제되었다.

1949년 이후의 사건들은 특히 합동참모본부와 관련하여 장관의 권한을 더 명확히 하는 것이 바람직하다는 것을 보여주었다. 로벳 장관은 일부 "법률적 비버"가 합참을 "대통령과 국방부 장관의 권한과 지시" 하에 두는 조항이 합참이 장관의 "직속"이 아니라는 것을 의미한다고 주장했다. 로벳은 참모들과 군대에 대한 장관의 완전한 권한이 추가 법률에 명시되어 있다고 제안했다. 1953년에 방위 조직에 관한 록펠러 위원회(Rockefeller Committee on Defence Organization)는 장관의 권한의 적절한 범위에 대해 로봇과 동의했지만 기존 법률이 그에게 권한을 부여했으며 이에 대한 도전은 국가안보법의 잘못된 해석에 근거한다고 선언했다. 위원회 변호인의 법적 의견은 장관의 권한 범위를 포괄적이고 강력한 용어로 정의했다. 국방부 장관을 대통령의 주임 보좌관으로 하는 조항이 그를 부사령관이자 국방부 최고사령관으로 만들었다. 합참이 그의 권한 밖에 있다고 주장할 근거는 없었고, 합참을 대통령의 주요 군사 고문으로 하는 법률 조항은 이러한 관점에서 해석되어야 한다.[25] 장관 권한의 정의에 대한 록펠러 위원회의 법적 의견이 권한 있는 것으로 수용되는 한, 장관은 자신의 적절한 역할을 수행하는 데 필요한 모든 권한을 소유했다. 그러나 이 문제는 의회가 위원회가 제출한 장관의 권한에 대한 해석을 법령으로 승인하는 경우에만 최종적으로 해결될 것이다.

■ **직원 보조**　　국방부 조직의 가장 큰 한 가지 부족은 장관에게 적절한 참모 지원의 부재였다. 법적 권위는 그것을 행사할 조직적 수단 없이는 무의미했다. 포레스탈은 1949년에 "직원 시설을 만드는 것은 권력 증대에도 가장 중요하다"라고 말했다.[26] 장관은 적대자들에게 둘러싸여 있었다. 그 앞에는 아마도 국가 정책의 방향을 가리키는 국무부와 국가안보이사회가 있었. 그 뒤에는 재무부와 예산국이 항상 걸림돌로 작용한다. 양쪽에서 합동참모총장과 감사관이 그를 도로에서 한 방향 또는 다른 방향으로 밀어내고 있었다. 그러나 장관은 제도적으로 알몸이었고 무방비 상태였다. 그의 기능이 다른 기관에 의해 침해당하거나 자신의 이해관계와 역할을 다른 기관의 이해관계와 역할과 동일시할 필요가 있다고 생각하는 것은 놀라운 일이 아니었다. 그에게는 독립적인 입장을 유지하기 위한 지원이 없었다.

　　장관을 위한 더 많은 참모 지원의 필요성에 반대하는 주장 중 하나는 이미 국방부 장관실의 규모가 엄청났다는 것이다. 국방부 장관실은 소규모 정책 지향 조직으로 계획되었지만 2천명이 넘는 직원으로 거대한 규모로 확장되었다. 더 이상의 직원 보조가 장관에게 무슨 소용이 있겠는가? 그는 직원들로 북적였다. 물론 이에 대한 대변은 중요한 문제는 장관이 얼마나 많은 직원을 보유하고 있느냐가 아니라, 그가 어떤 직원을 보유하고 있으며, 실제로 그 직원이 어느 정도 장관에게 소속이 되었는지였다. 직원의 관점이 경영진의 관점이고 직원의 이해관계가 경영진의 이해관계일 때 직원은 경영진에게 실질적인 도움이 될 수 있다. 장관의 주요 참모 기관 중 어느 누구도 장관만큼 넓은 범위나 이해관계를 갖고 있지 않았다. 합참은 그에게 군사적 조언을 주었다. 감사관은 그에게 예산에 관한 조언을 해주고 경제의 필요를 대변했다. 그의 다른 8명의 차관보는 모두 제한된 기능적 책임과 이해관계를 가지고 있었다. 군 장관들은 자신의 군대 요구 사항을 변호했다. 공식적으로 정의된 장관실은 실제로 그의 사무실이 아니었다. 그 안에는 그와 독립적이고 그가 균형을 잡고 통제하는 것이 그의 임무인 각 군대들을 대표하는 기관과 관리들이 포함되어 있었다. 장관은 자신과 그 자신의 유일한 책임인 전면적인 국방 정책의 수립과 집행을 제외하고는 모든 일을 완수하는 데 보조가 있었다. 필요한 것은 장관의 관점을 제도화하는 것이었다. 즉 그것은 장관이 그를 둘러싼 이해관계와 조언을 종합적인 군사 프로그램으로 발전시키는 데 도움이 되는 작고 유능한 단체였다.

장관의 직원 기관이 없기 때문에 장관은 독립적인 역할을 수행하지 못하고 자신의 관점을 수립할 수 없었다. 장관은 자신의 부서 내에서 하위 기관의 이해관계를 초월하는 대신에 자신을 낮추어서 자신의 이해관계를 소속 기관 중 하나와 동일시해야 했다. 효과적인 장관실의 부재는 미국의 군사 정책에 대한 잔치 또는 기근 접근의 제도적 반영이었다. 평시에는 경제 관점이 지배적이었고 장관이 그 도구가 되었다. 전쟁 기간 동안 군사적 요구는 의심의 여지가 없었고 장관은 군사 옹호자가 되었다.

그러나 국가가 이러한 극단 사이의 아리스토텔레스적 경로를 따라 지속적이고 일관된 군사 정책을 유지하려면 국방부 장관 수준에서 그 이익을 대표하고 구현하는 기관이 필요했다. 이 기관은 군사 정책을 안정시키기 위해 고안된 제도적 자이로스코프(gyroscope)가 될 것이다. 정치적 압력이 군사비 삭감으로 향할 때 이 기관은 정치 지도자들에게 안보의 필요성을 상기시킬 것이다. 그 반대가 사실이고 군대가 기고만장할 때, 그것은 다른 방향에서 균형을 이루는 역할을 했을 것이다. 국가가 반 평화와 반 전쟁 상태에 있는 한 그러한 기관은 필수적이었다. 국가안보법은 국가안보이사회를 설립하고 합참을 합법화하는 데 있어 냉전의 제도적 요구를 일부 충족시켰다. 하지만 국방장관급에는 큰 격차를 남겼다. 후버 위원회 대책위원회(Hoover Commission Task Force)가 1948년에 지적했듯이, 국방부 장관은 자신의 업무를 계속 수행하는 데 필요한 "권한의 명확성, 직원 지원, 조직적 수단 및 시간이 부족했다." 4년 후에도 동일한 결함이 여전히 지속되었다.[27] 이 문제에 대해 사려 깊은 관심을 기울인 거의 모든 사람들이 장관에 대한 전반적인 정책 지원의 필요성을 인식했다. 미국 장관을 보좌하는 직원의 약점은 영국에서 그의 장관을 섬기는 직원과 비교하여 강조되었다. 그곳에서 국방부는 참모장과 장관이 이끄는 50여 명의 군 장교와 고위 공무원의 도움을 받았다.• 미국 정부의 거의 모든 행정부에는 장관을 보조하는 전반적인 정책 직원이 있었다. 후버위원회 부서관리 대책위원회는 1948년에 이를 인식하고 모든 부서장이 "부서 전체의 정책 및 프로그램을 체계적으로 검토하는 데 필요한 장치를 갖추어야 한다"고 권고했다.[28] 이에 대한 필요성은 많은 소규모 국내 부처보다 삼자 구조와 원거리 직무를 수행하는 국방부에서 훨씬 더 컸다.

국방 정책 직원의 목적은 경제 및 안보의 상충되는 이해관계와 세 가지 군 부대의 상충되는 이해를 종합적인 군사 프로그램으로 통합하는 데 국방부 장관을 지원하는 것이다. 만약 그것이 부서의 다른 모든 이해관계를 초월하지 않고 오직 장관에게만 보조하지 않는다면 그것은 유용한 기능을 하지 못할 것이다. 그 도움으로 장관은 합동참모본부는 국민경제적 관점에서 허용되는 국방비의 최대치를 합참를 위해 설정하고 이 경제적 한계 내에서 최고의 군사계획을 세우도록 주장할 수 있었다. 장관은 또한 감사관을 위해 국가 안보에 필수적인 최소한의

• 참모장은 장관의 주요 군사 보좌관이자 참모 위원회와 연결되어 있었다. 이 직책은 여러 번 중장, 공군 원수, 퇴역한 소장으로 채워졌다. 직원에는 12명에서 20명의 장교가 포함되었다. 민간 부문에서는 부장관 1명, 차관 2명, 차관보 7명이 국방부 장관을 보좌하여 국방정책과 국방예산 수립에 있어 독립적이고 건설적인 역할을 수행할 수 있도록 하였다.
미국에서는 국가안보법(National Security Act)의 입안자 중 한 명인 셔먼(Sherman) 제독이 장관이 15명에서 25명의 군인과 민간인 "연봉 10,000달러"의 직원이 있어야 한다고 생각했다. S. 758, 80th 제1회 의회 상원 군사위원회 청문회, p. 155 (1947). 로벳과 배너바 부시(Vannevar Bush)는 혼합된 민군 직원을 촉구했다. 브래들리와 콜린스 장군과 1949년 후버위원회 대책위원회는 장관에게 군사 고문의 필요성을 강조했다. 뉴욕 타임즈, 1953년 1월 10일, p. 4, 1953년 4월 21일, p. 20; 조직위원회, 국가 안보 기구 태스크포스 보고서(부록 G, 1949), 12–14, 56–57. 토마스 핀레터(Thomas Finletter) 전 공군 장관은 국방부 차관을 상설화하는 방안을 제시했다. 권력과 정책(뉴욕, 1954), pp. 281–283. 1955년 후버위원회는 국방장관실에서 "군사 요구사항의 효과적인 계획 및 검토의 수립과 유지를 보장하기 위한 충분한 위상과 권한을 가진 민간 직책"의 창설을 제안했다. 국방부 조직, 사업조직위원회(1955년 6월), 19.

군사력을 설정하고 그 군대에 가능한 한 가장 경제적인 방식으로 제공할 예산을 생산하도록 주장할 수 있다. 이런 식으로 합참은 경제와 정치에서 제거될 것이고 감사관은 더 이상 전략의 핵심 문제를 결정하지 않을 것이다. 경제와 전략은 그의 대리인으로 정책 직원을 가진 장관의 손에 함께 묶이게 될 것이다. 이 기능을 수행하려면 직원은 10명 이하의 직원으로 구성된 작은 조직이어야 한다. 회원 자격은 세 가지 출처에서 찾을 수 있다. 고위 공무원은 경험과 연속성에 기여할 것이다. 육군 대학과 육군장교 계급의 가장 유망한 졸업생들은 군사 전문 지식을 제공하고 3년의 특수임무를 가정할 때 특정한 연속성 요소를 가져올 것이다. 정부 외부의 민간 전문가와 컨설턴트는 새로운 접근 방식, 전문 지식을 제공하고 직원과 비즈니스, 과학 및 대학 간의 연결 고리가 될 것이다. 참모장은 장관의 신임을 받는 민간인이 될 것이나 가능한 한 정계와 분리된 상임공직자가 된다. 참모 중 계급 장교, 소장 또는 중장 또는 이에 상응하는 자가 부국장이 된다. 그는 참모와 합동참모본부 사이의 연결고리가 될 것이며 일반적으로 합참의 회의에 참석할 것이다.

■ **담당자의 자질**　　국방부의 적절한 기능에 마지막으로 필수적인 것은 그 사무실에 자격을 갖춘 개인을 장관으로 임명하는 것이다. 냉전 시대에 국방부 장관은 정부에서 가장 중요한 두세 명 중 한 명이다. 정부 내 국방장관으로서 다른 부처의 장들과는 확연히 다르고 더 큰 책임을 지고 있다. 그러나 그의 사무실은 관공서로서 여전히 신참이다. 그 권한과 특권은 정의되지 않았고 고정된 패턴으로 동결되지 않았다. 사람을 만드는 사무실보다 사무실을 만드는 것은 여전히 주로 사람이다. 규례보다 인격과 전통이 더 중요하다. 국무 장관은 내각 관리들 사이에서 우위를 차지했는데 이는 그의 법적 권한이나 그의 기능의 중요성 때문이 아니었다. 1815년부터 1917년까지 100년 동안 이것들은 상대적으로 사소한 것이었다. 사무실의 위상은 제퍼슨(Jefferson), 매디슨(Madison), 존 퀸시 애덤스(John Quincy Adams), 클레이(Clay), 웹스터(Webster), 칼훈(Calhoun), 시워드(Seward), 헤이(Hay), 루트(Root), 휴스(Hughes), 스팀슨(Stimson), 헐(Hull)과 같은 장관의 위상에 따라 결정되었다. 국방부 장관급은 그에 못지않은 능력을 갖춘 사람을 필요로 한다.

　　국방부장관의 바람직한 자질은 무엇인가? 첫째, 그는 자신이 다룰 문제에 대해 어느 정도 익숙하고 경험이 풍부한 사람이어야 한다. 이것은 아마도 부서 내의 하위 장관 중 하나에서 근무함으로써 가장 잘 달성될 것이다. 1939년부터 1945년까지 육군 참모총장과 1947년부터 1949년까지 국무장관으로서의 마셜의 이전 경험은 가치가 없지 않았다. 한편, 포레스탈은 제2차 세계 대전 당시 해군 차관, 1944년부터 1947년까지 해군 장관을 지냈다. 로벳은 제2차 세계 대전 당시 공군차관보, 1947년과 1948년 국무부 차관보, 그리고 1년 동안 국방부 부장관을 지낸 후 최고위직에 오르게 된다. 루이스 존슨(Louis Johnson)은 1937년부터 1940년까지 육군 차관보였다. 국방 문제의 복잡성, 군부대 간의 관계, 단계적 문제, 조달, 정보 문제 및 이해 관계와 기능의 다양성에 대한 인식은 오직 이러한 유형의 사전 경험을 통해 달성된다.

둘째, 장관은 정보에 입각한 여론의 찬사를 자아내는 존경받는 사람이어야 한다. 그는 명성있고 성실하며 책임감이 있고 존경받을 만한 사람으로 공개적으로 인정받아야 한다. 그의 능력과 정직함은 합의가 아니더라도 자신감을 불러일으켜야 한다. 간단히 말해서 그는 정치가로서의 자질을 어느 정도 갖추고 있어야 한다. 이것은 장관실의 대중적 이미지를 위해 필수적이다. 미국 국민은 국무장관을 결코 허용하지 않을 많은 개인을 법무장관이나 우체국장으로 임명할 것이다. 우리는 국무장관의 경우 정치가를 요구한다. 만약 우리가 선호하지 않는다면, 우리는 기계 정치인, 특수 이익 단체 대표 또는 개인 측근을 수용한다. 국방부 장관의 대중적 이미지는 국무 장관의 이미지와 유사해야 한다.

셋째, 순전히 장관실의 필요에 따라 헌신하고 행동하고 생각하는 사람이어야 한다. 그는 외적인 영향, 이해관계, 야망으로부터 자유로워야 한다. 포레스탈은 한 시점에서 국방부 장관이 당파적 의미에서 비정치적이어야 한다고 지적했다. 그가 공직에 임명될 당시 당파적 인물이었는지 여부는 그가 받는 존경에 영향을 미칠 수 있다는 점을 제외하고는 거의 중요하지 않다. 그러나 개인이 당파적 지도자가 되고 초당파적 존경을 받는 것은 여전히 가능하다. 그러나 중요한 것은 그가 취임하면 당파적 행동과 생각을 그만두는 것이다. 국방부 장관직은 첫 4명의 장관들에게 공직생활의 끝이었다. 포레스탈에게 이것이 필연적인 문제였고, 존슨에게는 상황적인 문제, 아셜과 로벳에게는 선택의 문제이었다. 그럼에도 불구하고 선례가 확립되었다. 국방부장관실은 공직의 디딤돌이 아니라 종점이어

야 한다. 이 전통이 유지되어야만 장관이 성공에 필수적인 일심으로 일에 전념할
수 있다.

　마지막으로 비서는 정책의 사람이어야 한다. 그의 가장 큰 필요는 폭, 지혜,
통찰력, 그리고 무엇보다도 판단력이다. 그는 운영자도, 관리자도, 지휘관도 아니
다. 그러나 그는 정책 입안자이다. 그는 이 힘든 역할을 기분 좋게 받아들여야 하
며, 그 의무를 회피하려 하거나 책임을 포기하려고 해서는 안된다. 그에게 역동적
인 추진력, 조직력, 민간인이든 군인이든 강력한 관리자의 에너지 넘치는 무자비
함은 필요하지 않다. 그는 상반되는 주장과 이해관계를 분석하고, 구별하고, 평가
하고, 조정하는 능력이 필요하다. 그는 정책에 대한 자신만의 아이디어가 있어야
하며 진취성이 필요하다. 그러나 그에게도 인내와 겸손이 필요하다. 이러한 특성
을 결합한 사람은 드물지만 경험에 따르면 미국에는 그들이 없는 것이 아니다.

제17장
새로운 균형을 향해

안보를 위한 필수 조건

군사 안보의 요구와 미국 자유주의의 가치 사이의 긴장은 장기적으로 안보 위협이 약화되거나 자유주의가 약화되어야만 완화될 수 있다. 제2차 세계 대전 후 10년 동안 미국 안보에 대한 즉각적인 위험은 강도가 다양했다. 때로 미국은 전면전으로 치를 뻔 하거나, 제한적인 전쟁에 참여하거나, 군비 경쟁에서 위험할 정도로 뒤쳐졌다. 다른 때에는 위협이 사라지는 것처럼 보였고 소련과 동맹국은 평화로운 공존을 묵인하고 영향력을 확대하려는 야심을 최소한 일시적으로나마 포기한 것으로 보였다. 미국은 압록강의 12월 정신과 제네바의 7월 정신 사이에서 흔들렸다. 그러나 국제 기온의 변동이 무엇이든 간에 미국이 세계 정치에 주요 참여자로 참여했다는 것은 부인할 수 없는 사실이었고 미국과 소련 국가 간의 냉전 경쟁은 국제 무대에서 비교적 영구적인 측면으로 나타났다. 이러한 상황에서 미국은 필연적으로 1940년 이전에 익숙한 수준보다 훨씬 높은 수준의 군사력을 유지해야 했다. 군사적 고려는 미국 외교 정책에서 여전히 중요했다. 군인들과 군사기관은 계속해서 상당한 영향력과 권위를 행사했다. 이러한 의무들은 제2차 세계 대전까지 우세했던 민군 관계의 오래된 균형을 회복하는 것을 불가능하게 만들었다. 한편, 국가안보의 증진을 위해서는 문민통제의 극대화와 군사적 전문성이 요구되었다. 이러한 목적의 달성은 제도적, 이념적 장애물에 의해 방해를 받았다. 그러나 제도적 장애는 상대적으로 부차적이었다. 헌법상의 삼권분립은 문민통제와 군사 전문성의 달성을 복잡하게 만든 유일한 중요한 제도였다. 그 외에도 전문적인 군사 기관은 미국의 정치, 경제, 사회 구조에 무리 없이 어울릴 수 있었다. 민간 기관은 그 성격상 매우 자유주의적이었지만, 각각이 적절한 범위 내에서 유지되는 한, 그들과 전문 군사 기관들 사이에 필연적인 충돌은 없었다. 진짜 문제는 사상적 문제, 즉 시민 생활은 물론 군사 문제에서도 자유주의적 해결책을 강요하려는 미국의 태도였다. 이러한 경향은 미국의 군사 안보에 대한 가장 심각한 국내 위협이 되었다. 냉전이 계속되는 한, 안보는 군사 전문성의 존재와 객관적인 문민통제 달성에 보다 유리한 지적 풍토를 발전시키는 미국의 능력에 달려 있었다.

사상적 환경의 변화

자유주의가 전후 10년 동안 민군 관계에 대한 미국의 접근 방식을 계속 지배했지만, 군사 기관에 대한 새롭고 더 호의적으로 보수적인 환경의 출현을 예고할 수 있는 근본적인 변화의 시작에 대한 일부 증거도 존재했다. 이러한 시작은 결코 미국 지적 풍토에서 주요 혁명을 의미하지 않았다. 그러나 계속되고 확대된다면 냉전의 안보 요구와 양립할 수 있는 민간 군사 관계의 새로운 균형 수립을 촉진할 것이었다. 이 저류는 결국 예상치 못한 일이 아니었다. 1930년대 이후 미국 안보 입장의 혁명은 미국 사상의 다양한 패턴에 약간의 흔적을 남기지 않을 수 없었다.

■ **신보수주의**　　"새로운 보수주의자"는 어떤 면에서는 그들이 주장하는 것보다 덜 보수적이었다. 그들의 글에서 표현된 견해는 진정한 보수주의라기보다는 보다 세련된 형태의 비즈니스 자유주의에 가까웠다. 그럼에도 불구하고 "보수적"이라는 칭호를 받고 버크(Burke)와 칼훈(Calhoun)의 미덕을 설명하기를 열망하는 미국 지식인과 작가들로 이루어진 상당히 논리정연한 그룹의 출현은 그 자체로 미국 지식인 역사에서 주목할 만한 사건이었다. 홍보 담당자 중 일부는 자의식적으로 보수적인 것처럼 보였고, 이에 따라 이러한 운동에 일시적인 지적 유행의 특성을 많이 부여했다. 그러나 라인홀드 니버(Reinhold Niebuhr), 엘리엇(T. S. Eliot), 에릭 보겔린(Eric Voegelin)과 같은 다른 사상가와 작가들은 보수적이라는 명칭을 수용하지 않고 근본적으로 보수적인 가치를 표현했다. 게다가 누구도 전후 10년

동안 엘리엇의 대중적 문학적 명성에 의문을 제기할 수 없었고, 니버는 다음 세대에 의해 20세기 중반의 가장 중요한 미국 사회 사상가로 다시 평가받을 수 있는 기회를 가진 것처럼 보였다. 더욱이 새로운 보수주의의 흐름이 자유주의의 물 속으로 깊숙이 파고들지 않았다면 적어도 문화적 표면을 가로질러 넓게 퍼졌다. 교육 분야에서는 존 듀이(John Dewey)의 진보주의에 대한 반발이 거세지고 있었다. 종교에서는 니버에 의해 촉발된 신정통파는 미국 개신교에서 가장 활발한 요소를 나타냈고 가톨릭과 유대교에는 상당한 보수적 흐름이 존재했다. 종교에 대한 대중적 관심이 되살아난 것은 그 자체로 시대 변화라는 신호였을 것이다. 사회과학에서 경제학자들과 정치학자들은 미국의 정치 및 경제 제도에 대해 매우 비판적이었던 1930년대와 1940년대 초반의 분위기를 버렸다. 새로운 미덕은 미국 자본주의와 미국 헌법의 오래된 사실에서 발견되었다. 부어스틴(Boorstin)과 하르츠(Hartz)와 같은 작가들은 본질적으로 미국 제도의 보수적인 어조와 미국 사상의 근본적으로 자유주의적인 성격을 분석했다. 절대적인 도덕 규범의 필요성을 제기하면서 월터 리프만(Walter Lippmann)은 인도되지 않은 대중 민주주의가 공무를 수행하는 능력에 대해 심각한 의구심을 표명했다. 이 모든 이질적인 발전은 일관된 지적 운동을 거의 형성하지 못했다. 그럼에도 불구하고 그것들은 보다 보수적인 관점에서 미국 사회와 미국적 가치를 재검토하는 징조였다. 민군 관계에 대한 그들의 중요성은 적절한 시기에 그들로 인해 군사 윤리의 가치와 유사한 가치가 미국인들에게 널리 받아들여질 수 있다는 것이었다. 신보수주의의 거의 모든 부분에는 인간의 한계에 대한 강조, 제도를 있는 그대로 수용, 유토피아주의와 "해결론"에 대한 비판, 진보와 개인에 반대하는 역사와 사회에 대한 새로운 존중 등이 있었다. 아마도 객관적인 문민통제와 군사 전문성의 달성과 직접적인 관련성은 거의 없었지만, 새로운 보수주의의 광범위한 흐름은 이러한 목표가 미래에 더 완전히 실현될 수 있다는 가장 큰 희망을 제공했다.1)

■ **학문적 사실주의**　　전후 10년은 국제 관계에 대한 일반적인 학문적 접근 방식에 놀라운 변화가 있었다. 1930년대에는 거의 전적으로 국제법과 국제기구의 과정에서 연구되는 형식과 구조의 문제에 중점을 두었다. 기본 가치 전제는 일반적으로 세계 조직의 바람직함이었다. 그러나 1940년대 후반까지 미국 작가

들은 과거 미국 외교의 도덕주의, 법리주의, 유토피아주의, 윌슨주의, 감상주의를 서로 경쟁하면서 비난했다. 국무부 정책 기획단, 특히 조지 케넌(George Kennan)은 권력 정치에 대한 새로운 인식에 어느 정도 기여했지만, 이 시기에 국제 관계에 관한 책이 타의 추종을 불허하는 인정을 받은 한스 모겐소(Hans J. Morgenthau)가 저명한 인물이다. 초기 미국의 견해와 달리, 모겐소는 "정치인은 강대국 사이에서 강대국으로 간주되는 국익의 관점에서 생각해야 한다"고 경고했다. 이러한 새로운 사실주의에서 미국 민간 사상은 1870년대 이후 미군 작가들이 설교한 국제 정치의 해석을 본질적으로 수용했다.2) 학문적 변화의 또 다른 측면은 국가 안보 문제에 대한 대학의 관심이 높아졌다는 것이다. 외교 정책, 군사사 및 국방 정책에 대한 과정이 개설되었으며 이러한 분야에 대한 추가 연구를 위한 연구소가 설립되었다. 군사 문제에 관한 초기 미국 저술의 대부분은 주로 안보 프로그램이 시민 권리와 자유 기업과 같은 다른 사회적 가치에 위험이 되는 것에 초점을 맞추었다. 전후 저술의 대부분은 이러한 맥락에서 계속되었다. 그러나 1955년까지 안보 자체의 달성에 대한 우려는 군사 문제에 대한 학문적 연구 배후에 더 빈번하게 드러난 동기였다.

■ **융합주의의 약화**   전후 10년이 끝나갈 무렵, 전문 군인이 정치적 사고를 장려하고 전문 군사 기관이 정치적 책임을 맡는 것의 이점에 대해 약간의 의구심이 표출되었다. 합동참모본부가 당파주의의 "나쁜" 정치에 휘말리지 않고서는 "좋은" 정책의 정치에 참여할 수 없다는 것이 명백해졌다. 공정한 전문적 판단의 확실한 근거의 필요성이 더 널리 받아들여졌다.3) 군사적 고려가 국가 정책에 필수적이고 장군과 제독이 군사적 관점을 대표하지 않는다면 누가 할 것인가? 맥아더 논쟁에서 참모들의 역할과 트루먼 참모들에 대한 공화당의 공격과 아이젠하워 참모들에 대한 민주당의 공격으로 상당한 불안이 야기되었다. 당시 월터 립만(Walter Lipp Mann)이 경고했듯이 공화당 장군과 민주당 장군 사이의 분열은 공화국에서 "거의 참을 수 없는 일"이 될 것이다. 조셉 매카시(Joseph R. McCarthy)가 의장을 맡은 상원 상설 조사 분과위원회와 육군 간의 갈등은 정치적인 목적을 위해 군대 조직을 매춘한 더 노골적인 결과의 일부를 극적으로 보여주었다. 이는 미국 역사상 다수의 지지를 받는 민간 정치인의 공격에 대항하여 군사 기관을 방

어하기 위해 여론 기관이 결집된 몇 안 되는 사례 중 하나였다. 육군 측의 이해와 관점의 연합은 이전에 "군사적 정신"에 대해 극도로 비판적이었던 극좌파에서 시카고 트리뷴에 이르기까지 우파 그룹으로 확장되었다. 그들이 다른 어떤 것도 성취하지 못했다면, 육군－매카시 청문회는 많은 개혁 자유주의자들이 처음으로 전통적인 보수주의와 허무주의적 반동 사이의 근본적인 구별을 인식하게 했다.

■ **군사적 무결성 회복**　　두리틀 보드(Doolittle Board)로 상징되었던 병역의무를 민간화하려는 전후 초기의 추진력은 한국 전쟁 기간 동안 그 일부를 잃었다. 그 자리에 군 경력의 위신 저하와 장교들의 사기저하에 대한 민간인과 군계의 상당히 광범위한 우려가 나타났다. 1953년 움블(Womble) 위원회 보고서와 핸슨 볼드윈(Hanson Baldwin) 및 다른 사람들의 지속적인 경고는 대중의 관심을 군대의 곤경에, 언론은 일반적으로 군대의 탄원에 호의적으로 반응하고, 의회는 공감적인 관심을 불러일으켰다. 이러한 지적 환경의 변화가 반대 방향으로 경향을 반전시키지는 못했지만, 1953년부터 1955년까지 장교의 무결성과 군 직업의 호소력을 회복하기 위해 여러 가지 조치를 취할 수 있었다. 의회는 퇴직 수당을 개선하고 승진 기회를 자유화했으며 군인 급여를 인상했다. 군부 내에서는 기술 전문가보다 전투 지도자를 양성하는 데 더 중점을 두었다. 통일군사 사법 강령(the Uniform Code of Military Justice)은 큰 비판을 받았고, 군경 없이 경미한 위반을 처벌하기 위해 지휘관의 권한을 회복하자는 제안이 제출되었다. 이러한 조치가 군사적 악화를 즉시 중단하지는 않았지만, 그럼에도 불구하고 그 조치들은 장교단의 무결성과 지위에 대한 추가적인 침해의 궁극적인 영향에 대한 광범위한 우려의 표시였다.4)

■ **장교의 문학적 이미지**　　모든 사회적 유형에 대한 허구적 묘사의 변화는 일반적으로 대중의 태도에 대한 보다 일반적인 변화를 반영하고 형성하는 데 도움이 된다. 아마도 전후 10년이 끝나갈 무렵의 더 중요한 발전 중 하나는 대중 소설에서 군대에 대한 보다 감상적인 해석의 등장일 것이다. 이것은 전후 초기에 이어진 군사 주제에 관한 미국 문학의 주요 전통에서 뚜렷한 변화를 나타냈다. 최초의 뛰어난 전후 "전쟁" 소설인 1948년에 출판된 노먼 메일러(Norman Mailer)

의 〈나자와 사자(The Naked and the Dead)〉는 정규군 장교에 대한 전통적인 자유주의적 고정관념을 보여주었다. 즉, 커밍스(Cummings) 소장은 속으로 파시스트이며, 도스토이예프스키(Dostoievski)의 대심문관이 될 수 있었던 권위의 기초로서 그 자체로 권력 자체와 두려움에 관한 니체(Nietzsche)와 스팽글러(Spengler)의 철학을 설명한다. 커밍스의 호일이자 이 책의 주요 영웅은 하버드 교육을 받은 지식이자 지유주의자인 로버트 헌(Robert Hearn) 중위이지만 도덕의 힘은 미래의 물결이라는 소령의 의견에 동의한다. 따라서 헌은 라스웰(Lasswell)의 군국주의 국가 이론의 자유주의적 비관주의를 반영하고 있는데, 메일러(Mailer)는 렘(Ream)의 초기 생애에 대한 회상을 "부패한 자궁(The Addled Womb)"으로 제목을 붙이고 커밍스의 생애를 "독특한 미국 성명(A Peculiarly American Statement)"으로 설명하는 비관주의를 분명히 공유했다. 〈나자와 사자〉는 반전, 반군 문학이라는 위대한 미국 전통에 완전히 속한다.

그러나 메일러의 소설이 출판된 지 3년이 지난 후 분명한 변화의 조짐이 보였다. 두 번째 위대한 전쟁 소설인 제임스 존스(James Jones)의 〈지상에서 영원으로(From Here to Eternity)〉 역시 단순한 자유주의 주제인 개인 대 조직을 가지고 있는 것으로 보인다. 그러나 존스의 책에는 이것보다 더 많은 것이 있다. 전반적으로 군대 및 군사 생활의 방식과의 공감은 "미합중국 군대"에 대한 헌정과 "나는 당신의 빵과 소금을 먹었다"는 키플링(Kipling)의 서문 인용문으로 시작된다. 군대와 그 가치는 개인에게 필요하다. 영웅 로버트 리 프리윗(Robert E. Lee Prewitt) 일병은 이상적인 군인 유형(그의 이름으로 상징됨)으로 군대에서 보금자리를 찾았지만 모든 인간 제도와 마찬가지로 군대가 이상에 미치지 못하기 때문에 비극적인 종말을 맞이한다. 프리윗은 전투적 군대(Army Militant)와 군대 정신(Army Spiritual) 사이의 틈에서 파괴된다. 메일러와 달리 존스의 이상은 군사적 이상이며, 그의 영웅인 프리윗와 워든(Warden) 병장은 진정한 군인이다. 악당 홈즈(Holmes) 대위는 군인 기준에 미치지 못한다. 메일러와 마찬가지로 존스는 자유와 권위의 충돌이 갖는 심리적 의미에 초점을 맞춘다. 그러나 커밍스에 대한 헌의 반란이 근본적으로 사소하고 무의미하며 부정적이어서 자존심을 건드리는 것 외에는 아무 것도 아닌 반면, 홈즈에 대한 프리윗의 반항은 군대의 진정한 정신에 대한 확인이자 군대가 사실상 떠난 군사 양심에 대한 호소이다. 〈지상에서 영원으로〉에는 군 생활의 아름다움, 매력, 의미, 보상 및 풍요로움에 대한 감수성이 담겨 있다.

　세 번째로 뛰어난 전쟁 소설은 허먼 워크(Herman Wouk)의 〈케인 반란(The Caine Mutiny)〉으로 1951년에 출판된 후 2백만 부가 팔렸고 매우 성공적인 영화와 무대 버전으로도 등장했다. 책의 대부분에서 워크는 자신의 이야기의 교훈에 대해 독자들을 속인다. 정규 해군 장교인 퀴그(Queeg) 대위는 커밍스와 홈즈의 악덕을 분명히 정신병적인 성격으로 결합한다. 그의 반대자는 자유주의적 지식인인 키퍼(Keefer)와 평범한 사람의 루소적 자연적 선함을 대표하는 단순한 어부인 메리크(Maryk)이다. 메리크가 퀴그의 명령을 해제한 것에 대해 무죄를 선고받은 법정 전투 후에야 저자는 갑자기 방향을 바꾸어 흑백 용어로 자신의 진정한 요점을 직설적으로 드러낸다. 퀴그가 맞았다. 메리크는 틀렸다. 메리크으로 하여금 반란을 일으키게 했던 키퍼는 진짜 악당이다. 그리고 진정한 영웅은 개인이 아니라 미해군 그 자체이다. 케인의 하급 장교들은 퀴그가 체제의 일원이었기 때문에 퀴그 아래에서 조용히 복무했어야 했으며 체제의 붕괴는 개인의 불의의 고통보다 더 큰 해악을 끼쳤다. 퀴그는 홈즈처럼 퀴그가 군사적 이상에 부응하지 못했기 때문에 군사 법원은 퀴그를 거부했다. 케인의 시민 장교들이 평화로운 시민 생활에서 자유롭게 자신의 즐거움을 추구하는 동안, 퀴그와 정규 해군은 국가 안보에 대한 경비를 강화하고 있었다. 퀴그의 결점이 무엇이든 간에 정규 장교는 우월한 종족이다. "프루스트(Proust)와 〈피네간의 경야(Finnegans Wake)〉 모두에서는 아닐지라도 당신은 대단히 훌륭하지 않으면 육군이나 해군에서 잘할 수 없다"라고 메리크의 변호사인 그린왈드(Greenwald)는 술에 취해서 주장한다. 〈케인반란〉과 〈나자와 사자〉를 분리하는 몇 년 동안 정규 장교와 진보적인 지식인은 역할을 깔끔하게 교환했다.

보수주의와 안보

　철의 장막의 양면에 문민통제와 군사 전문성의 문제가 존재했다. 미국과 소련의 민군 관계 양상은 여러 면에서 유사했다. 양국 모두에서 단일한 반군사적 이념의 지배가 군사적 전문성을 가로막는 장애물을 만들어 왔다. 또한 두 나라에 전문 장교 군단이 등장했을 때 조심성, 건전성, 현실주의를 위한 힘이 되었다. 군사적 목소리가 강할수록 전쟁 가능성은 낮아진다. 두 나라 사이의 평화적 조정이 계속될 가능성은 소련의 공산주의와 미국의 자유주의가 보수적 관점으로 대체되고 보편주의적 허세에서 탈피하고 단순히 가진 것을 보존하고 확보하는 데 만족하는 정도에 크게 좌우된다. 미국뿐만 아니라 소련에서도 이러한 현상은 가능하다. 미국에서 보수적인 환경의 출현은 미국 장교의 점진적인 악화 위험을 줄일 것이다. 미군 장교단이 배출한 지도부는 지금까지 비범했다. 수백 명의 장군과 기병 중 극소수만이 전투에서 무능한 것으로 판명되었으며, 20세기의 세 전쟁 모두에서 최고 지휘관들은 탁월한 능력을 가진 사람들이었다. 그러나 이러한 성공은 대부분 오래된 민군 관계의 양상의 산물이었다. 1940년 이래로 미국인들은 과거의 질을 의존해 왔다. 새로운 균형이 만들어지지 않는 한 미국의 민군 관계의 지속적인 혼란은 미래의 군사 전문성을 훼손하지 않을 수 없다. 파벌에 속하고, 이면적 목적에 종속되고, 명성은 없지만 인기의 호소에 민감한 정치 장교 군단은 국가의 안보를 위태롭게 할 것이다. 반면에 강력하고 통합된 고도로 전문적인 장교단은 정치에 영향을 받지 않고 그들의 군사적 성격으로 존중받아 정책 수행에 있어 안정적인 균형의 바퀴가 될 것이다. 1939년 이전 20년 동안 유럽의 정치 지도자들은 재난으로부터 국가를 보호하기 위해 조심스럽고 조용히 일하는 전문 외교관들의 경고를 무시했다. 제2차 세계 대전 후 20년 동안 직업 군인의 목소리가 비슷하게 무시된다면 더 큰 재앙이 따를 것이다. 자유주의 사회에서 군대의 힘은 그들의 전문성에 가장 큰 위협이다. 그러나 미국의 군사 안보가 위협받는 한 그 힘은 크게 줄어들지 않을 것이다. 군사 안보를 위한 필수 조건은 미국의 기본적인 가치를 자유주의에서 보수주의로 전환하는 것이다. 호의적으로 보수적인 환경만이 미국 군대 지도자들이 사회가 그들에게 강요하는 정치 권력과 사회가 감내할 수 없는 군사 전문성을 결합하도록 허용할 것이다.

군사적 이상의 가치

　웨스트 포인트에 있는 미 육군 사관학교 바로 남쪽에는 하이랜드 폭포 (Highland Falls) 마을이 있다. 베네치안 블라인드가 있는 국립은행(First National Bank), 부동산 및 보험 사무소, 주름 장식이 있는 빅토리아 양식의 현관이 있는 노란색 주택, 이발소, 목조 교회 등 지루한 단조로움과 소도시 상업주의의 놀라운 다양성과 불일치를 보여주는 하일랜드 폭포의 메인 스트리트는 모든 사람에게 친숙하다. 건물은 전체의 일부가 아니다. 그것들은 공통의 통일성이나 목적이 결여된, 단지 잡다하고, 서로 우연히 인접해 있는 연결되지 않은 프레임 모음이다. 그러나 군사보호구역 남문 반대편에는 다른 세계가 존재한다. 정돈된 평온함이 있다. 그 부분들은 그들 스스로 존재하는 것이 아니라 전체에 대한 종속을 수용한다. 아름다움과 유용성은 회색 돌에 병합된다. 깔끔한 잔디밭은 거주자의 이름과 계급으로 식별되는 작고 정돈된 주택을 둘러싸고 있다. 건물은 전체 계획의 일부로 서로 고정된 관계로 서 있으며, 그들의 공헌을 상징하는 특성과 주둔지, 돌과 벽돌은 고위 장교, 목재는 하급 장교를 위한 것이다. 그곳은 집단적 의지가 개인의 변덕을 대신할 때 오는 리듬과 조화로 가득 차 있다. 웨스트포인트는 인간의 행동이 세대의 산물인 코드에 의해 지배되는 구조화된 목적의 공동체이다. 가정과 개인주의의 여지가 거의 없다. 공동체의 단결은 어떤 사람도 그 이상이 되도록 부추기지 않는다. 그리고 나서 평화가 질서에, 성취가 군율에, 공동체에 안보가 찾아왔다. 하이랜드 폭포 마을의 정신은 메인 스트리트에 구현되어 있다. 웨스트포인트의 정신은 언덕에서 시작하여 평원을 지배하는 거대한 회색 고딕 예배당에 있으며, 이는 군대와 종교 정신의 연합에 대한 헨리 아담스(Henry Adams)의 몽 생 미셸(Mont St. Michel)에서의 연설을 떠올리게 한다. 그러나 예배당의 통합은 훨씬 더 크다. 정부, 대학, 교회라는 사회의 4대 기둥이 함께 한다. 종교는 신의 목적을 위해 인간을 신에게 종속시킨다. 군 생활은 사회의 목적을 위해 사람을 의무에 종속시킨다. 그 심각성, 규칙성, 규율에서 군 사회는 종교 질서의 특성을 공유한다. 현대인은 군대에서 수도원을 찾을 수 있다.

　웨스트포인트는 최상의 군사적 이상을 구현한다. 하일랜드 폭포 마을은 가장 흔한 미국 정신이다. 웨스트포인트는 많은 색의 바다에 있는 회색 섬인데 이는 바빌론 한가운데에 있는 스파르타와 약간 같다. 그러나 오늘날 미국이 가장 필요로 하는 것이 충성, 의무, 구속, 헌신 같은 군사적 가치가 있다는 것을 부정할 수 있는가? 웨스트포인트의 규율된 질서가 메인스트리트의 화려한 개인주의보다 더 많은 것을 제공할 수 있다는 사실을 부정할 수 있는가? 역사적으로 웨스트포인트의 미덕은 미국의 악덕이었고 군대의 악덕은 미국의 미덕이었다. 그러나 오늘날 미국은 웨스트포인트가 미국으로부터보다 웨스트포인트로부터 훨씬 많이 배울 수 있다. 질서를 수호하는 병사들에게 무거운 책임이 있다. 그들이 제공할 수 있는 가장 큰 직무는 자신에게 충실하고 군사적 방식으로 침묵과 용기를 가지고 복무하는 것이다. 만약 그들이 군대 정신을 저버리면 그들은 먼저 자기 자신을 멸망시키고 궁극적으로 나라를 멸망시킨다. 민간인이 군인들이 군사 기준을 준수하도록 허락한다면, 국가들 스스로는 결국 그 기준을 자신의 것으로 만들면서 구속과 안보를 찾을 수 있을 것이다.

후주

제1장 직업으로서의 장교직

1) 장교를 직업으로 분석한 단 한 권의 영어책을 발견했다. Michael Lewis, *England's Sea Officers: Story of the Naval Profession* (London, 1939). 더 전형적인 것은 "군인이 수행하도록 훈련된 직무는 수행하라고 요구되지 않기를 바라는 것이기에" 군대에 대한 언급을 생략한 영국의 직업의 표준 역사이다. A. M. Carr-Saunders 및 P. A. Wilson, *The Professions* (Oxford, 1933), p. 3. 막스 베버(Max Weber)에 이어 사회학 연구는 일반적으로 군대를 관료적 구조로 분석해 왔다. 다음을 참조하시오. H. H. Gerth and C. Wright Mills (eds.), *From Max Weber* (New York, 1946), pp. 221-223; C. D. Spindler, "The Military-A Systematic Analysis," *Social Forces*, XXVII (October 1948), 83-88; C. H. Page, "Bureaucracy's Other Face," *Social Forces*, XXV (October 1946), 88-94; H. Brotz and E. K. Wilson, "Characteristics of Military Society," *Amer. Iour. of Sociology*, LI (March 1946), 371-375. 관료주의는 장교단의 특징이지만 본질적인 특징이 아니라 부차적인 특징이다. 다른 작가들은 군대를 자유주의의 적과 동일시하는 자유주의 경향을 따르고 군국주의의 봉건 귀족적 요소를 강조했다. 다음을 참조하시오. Alfred Vagts, *A History of Militarism* (New York, 1937), and Arnold Rose, "The Social Structure of the Army," *Amer. Iour. of Sociology*, LI (March 1946), 361-364. For definitions of professionalism, see Carr-Saunders and Wilson, *The Professions*, pp. 284-285, 298, 303, 365, 372; A. M. Carr-Saunders, *Professions: Their Organization and Place in Society* (Oxford, 1928), p. 5; Talcott Parsons, "A Sociologist Looks at the Legal Profession," *Essays in Sociological Theory* (Glencoe, Ill., rev. ed., 1954), p. 372, and *The Social System* (Glencoe, Ill., 1951), p. 454; Abraham Flexner, "Is Social Work a Profession?" *Proceedings*, National Conference of Charities and Correction (1915), pp. 578-581; Carl F. Taeuscb, *Professional and Business Ethics* (New York, 1926), pp. 13-18; Roy Lewis and Angus Maude, *Professional People* (London, 1952), pp. 55-56, 64-69, 210; Roscoe Pound, *The Lawyer from Antiquity to Modern Times* (St. Paul, 1953), pp. 4-10; R.H. Tawney, *The Acquisitive Society* (New York, 1920), p. 92; Graham Wallas, *Our Social Heritage* (New Haven, 1921), pp. 122-157; M. L. Cogan, "The Problem of Defining a Profession," *Annals* of the American Academy, CCXCVII (January 1955), 105-111. 전문 교육은 다음에서 논의된다: T. Parsons, "Remarks on Education and the Professions," *Intntl. Iour. of ethics*, XLVII (April 1937), 366-367, and Robert M. Hutchins, *The Higher Learning in America* (New Haven, 1936), pp. 51-57. 미국 법조계의 기복은 교양 교육 요건의 관점에서 추적될 수 있다. 다음을 참조하시오. Pound, *Lawyer from Antiquity to Modern Times*, p. 229; M. Louise Rutherford, *The Influence of the Ameri-can Bar Association on Public Opinion and Legislation* (Philadelphia, 1937), pp. 46ff. 직업 윤리에 관해서는 다음을 참조하시오. Taeusch, *Professional and Business Ethics*, · Benson Y. Landis, *Professional Codes* (New York, 1927); R. D. Kohn, "The Significance of the Professional Ideal: Professional Ethics and the Public Interest," *Annals* of the American Academy, CI (May 1922), 1-5; R. M. Maciver, "The Social Significance of Professional Ethics," *ibid.*, pp. 6-7; Oliver Garceau, *The Political Life of the American Medical Association*

(Cambridge, 1941), pp. 5-11; James H. Means, *Doctors, People, and Government* (Boston, 1953), pp. 36-40; George Sharswood, *An Essay on Professional Ethics* (Philadelphia, 5th ed., 1907, first published 1854); Samuel Warren, *The Moral, Social, and Professional Duties of Attornies and Solicitors* (Edinburgh and London, 1848); Henry S. Drinker, *Legal Ethics* (New York, 1953); "Ethical Standards and Professional Conduct," *Annals* of the Amer. Academy, CCXCVII (January 1955), 37-45. 일반적으로 직업 가치의 기원에 대해서는 다음을 참조하시오. E. C. Hughes, "Personality Types and the Division of Labor," *Amer. Iour. of Sociology*, XXXIII (March 1928), 762.

제2장 서구 사회에서 군인의 부상

1) 참조: John U. Nef, *War and Human Progress* (Cambridge, Mass., 1950), pp. 93ff.; Robert G. Albion, *Introduction to Military History* (New York, 1929), pp. 98ff.; John W. Fortescue, *A History of the British Army* (London, 13 vols., 1899-1930), IV, 212-213, V, 223-225; Walter L. Dorn, *Competition for Empire, 1740-1763* (New York, 1940), pp. 82-83; Albert Duruy, *L'Armée Royale en 1789* (Paris, 1888), pp. 26-34; Curt Jany, *Geschichte der Königlich Preussischen Armee* (Berlin, 4 vols., 1928-1933), I, 679-699, III, 60--64, 435-449; Herbert Rosinski, *The German Army* (London, 1939), pp. 17-19.

2) 프랑스군에 입대할 때 Duruy, *L'Armée Royale*, pp. 81, 87ff.; Louis Tuetey, *Les Olficiers sous L'Ancien Regime: Nobles et Routuriers* (Paris, 1908), *passim*; Spenser Wilkinson, *The French Army Before Napoleon* (Oxford, 1915), pp. 86ff., 92-93, 101; R. Quarre de Verneuil, *L'Armée en France- depuis Charles VII jusqu'à la Révolution* (Paris, 1880), p. 261; Edgard Boutaric, *Institutions Militaires de la France* (Paris, 1863), pp. 413-451을 참조하시오. 귀족을 지원하는 수단으로 군대를 사용하는 이유는 Henry Gl-lerlac, "Science and War in the Old Regime" (Ph.D. Thesis, Harvard Univ., 1941), pp. 251-254를 참조하시오. 정규 프랑스 해군 장교 군단은 육군과 마찬가지로 귀족이었다. Dorn, *Competition for Empire*, pp. 117-118. On entry into the Prussian Army, see Karl Demeter, *Das Deutsche Heer und seine Offiziere* (Berlin, 1935), pp. 6-8, 11-13; Jany, *Preussischen Armee*, I, 724-728, II,219-222, III, 34-37, 420; Felix Priebatsch, *Geschichte des Preussischen Offizierkorps* (Breslau, 1919), p. 13; Rosinski, *German Army*, pp. 30-35; Hans Speier, "Militarism in the Eighteenth Century," *Social Research*, III (August 1936), 309-316. 구매 시스템에 대해서는 Charles M. Clode, *The Military Forces of the Crown* (London, 2 vols., 1869), I, Appendix XVII; Clifford Walton, *History of the British Standing Army, 1660-1700* (London, 1894), pp. 447-456; Fortescue, *British Army*, II, 29-30, IV, 213; Robert Biddulph, *Lord Cardwell at the War Office* (London, 1904), pp. 80-87; C. W. C. Oman, *Wellington's Army, 1809-1814* (New York, 1912), pp. 198-201을 참조하시오. 영국 해군에 대해서는 Michael Lewis, *England's Sea Officers: The Story of the Naval Profession* (London, 1939), pp. 81ff를 참조하시오.

3) 프랑스 승진 제도에 관해서는 C. A. Thomas, *Les Transformations de L'Armée Française* (Paris, 2 vols., 1887), I, 409-410, 415-416; Duruy, *L'Armée Royale*, pp. 73-76, 83-87, 99-102; Léon Mention, *L'Armée de L'Ancien Régime de Louis XIV à la Révolution* (Paris, 1900), pp. 136-141; Wilkinson, *French Army*, pp. 87-88, 93; Albert Babeau, *La Vie Militaire sous L'Ancien Régime* (Paris, 2 vols., 1890), II, ch. ix; Louis Hartmann, *Les Officiers de*

L'Armée Royale et de la Révolution (Paris, 1910), pp. 5-22를 참조하시오. 프랑스의 가장 저명한 18세기 군인 중 한 사람이 프랑스 인사 정책의 영향에 대해 언급한 내용은 Maurice de Saxe, *Reveries on the Art of War* (Harrisburg, 1944), p. 28을 참조하시오. 프로이센 체계에 대해서는 Jany, *Preussischen Armee*, I, 541-543, 722- 724, 740, II, 223-225; Priebatsch, *Preussischen Offizierkorps*, pp. 7-9; Gerhard Ritter, *Staatskunst und Kriegshandwerk* (Munich, 1954), I, 211; Robert Ergang, *The Potsdam Fiihrer* (New York, 1941), pp. 78-80을 참조하시오.

4) A. Stenzel, *The British Navy* (London, 1898), p. 114; Lewis, *England's Sea Officers*, pp. 85-86; Clode, *Military Forces*, I, 192-194, II,' 93--94, 336-339; J. S. Omond, *Parliament and the Army, 1642-1904* (Cambridge, 1933), pp. 45--49; Fortescue, *British Army*, IV, 296-298; Alfred Vagts, *A History of Militarism* (New York, 1937), pp. 49, 67-68.

5) *Les Officiers*, pp. 37-38. Mention, *L'Armée de L'Ancien Régime*, pp. 78-84; Babeau, *La Vie Militaire*, II, 1- 78; Jules Clere, *Histoire de L'École de la Flèche* (La Fleche, 1853), *passim*; Guerlac, "Science and War in the Old Regime," chs. 9, 12, pp. 228, 246ff. 프로이센 교육에 대해서는 Jany, *Preussischen Armee*, I, 727-728, III, 38-41, 423-426; Priebatsch, *Preussischen Offizierkorps*, pp. 10-22; Henry Barnard, *Military Schools and Courses of Instruction in the Science and Art of War* (Philadelphia, 1862), pp. 284-288; William 0. Shanahan, *Prussian Military Reforms: 1786-1813* (New York, 1945), pp. 29, 133-134. 영국 학교에 대해서는 Clode, *Military Forces*, I, 457--461; Lewis, *England's Sea Officers*, pp. 87-88; F. G. Guggisberg, 'The Shop': *The Story of the Royal Military Academy* (London, 1900), *passim*.

6) J. D. Hittle, *The Military Staff* (Harrisburg, Pa., 1949), pp. 75-85; Jany, *Preussischen Armee*, III, 157-158; Ritter, *Staatskunst und Kriegs-handwerk*, I, 207-209; D. D. Irvine, "The Origins of Capital Staffs," *lour. of Modern History*, X (June 1938), 166-170.

7) Gordon A. Craig; *The Politics of the Prussian Army, 1640-1945* (Oxford, 1955), pp. 24-26; Priebatsch, *Preussischen Offizierkorps*, pp. 10-11, 15-17; Demeter, *Deutsche Heer*, pp. 9-13, 80; Rosinski, *German Army*, pp. 37, 40; Shanahan, *Prussian Military Reforms*, pp. 95-96; Duruy, *L'Armée Royale*, pp. 211-212; Mention, *L'Armée de L'Ancien Régime*, pp. 141-144; Louis Ducros, *French Society in the Eighteenth Century* (Lon-don, 1926), pp. 299-300; Fortescue, *British Army*, I, 573-574, II, 26, VII, 424-426, IX, 86-88, 96, X, 204-206.

8) 군사 역사가들은 아마도 18세기 군사 사상에 과다한 공로를 부여하는 경향이 있었다. B. H. Liddell Hart, *The Ghost of Napoleon* (New Haven, 1934), ch. 1; Max Jähns, *Geschichte der Kriegswissenschaften* (Munich and Leipzig, 3 vols., 1889-1891), III, 1769-1770; Henri Mordacq, *La Strategie: Historique Evolution* (Paris, 3rd ed., 1921), pp. 19-29. 헨리 로이드의 *The History of the Late War in Germany* (London, 2 vols. 1781)는 군사 베스트 셀러였으며 나폴레옹이 주의 깊게 읽은 책이었다. Liddell Hart, *ibid.*, p. 190; Jahns, *ibid.*, pp. 2102-2114; and, for the influence of Lloyd on Clausewitz, Hans Rothfels, *Carl von Clausewitz; Politik und Krieg* (Berlin, 1920), pp. 40-41. Guibert's *Essai General de Tactique* appeared in Paris in 1770 and was translated into English in 1781. 기베르의 영향에 대해서는 다음을 참조하시오. R. R. Palmer, "Frederick the Great, Guibert, Billow: From Dynastic to National War," in Edward Mead Earle (ed.), *Makers of Modern Strategy* (Princeton, 1952), pp. 62-68; Liddell Hart, *ibid.*, pp. 69-100; Wilkinson, *French Army*, pp. 54-84. 18세기 사고의 "고전주의"에 대해서는 Liddell Hart, *ibid.*, pp. 15-18, 187; Jähns, *ibid.* III, 1774, 1823-1837을 참조하시오. 푸즈거

(Pusegur), 기스차르트(Guischardt), 메스닐-듀란드(Mesnil-Durand), 마이제로이(Maizeroy), 잰디어(Zanthier)의 글은 고전적 집착의 훌륭한 예들이다. 일반적으로 18세기 내내 "전략"이라는 용어는 여전히 계략과 관련이 있었다. 참조: J. J. Graham, *Elementary History of the Art of War* (London, 1858), pp. 201-202. 필립스(T. R. Phillips)에 따르면 Flavius Vegetius Renatus, *The Military Institutions of the Romans* (Harrisburg, Pa., 1944)는 "로마 시대부터 19세기까지 서구 세계에서 가장 영향력 있는 군사 논문"이었다.

9) *Reveries*, p. 17.

10) Lloyd, *History*, II, i , vi-x, xxx-xxxi, 69-97.

11) Lloyd, *History*, II, vii, xxi; Saxe, *Reveries*, pp. 119-120; JAH Guibert, *A General Essay on Tactics* (London, 2 vols, 1781), I, xxvi, xlvi-xlvii, lvii, II, 184-185. 타고난 인재 이론이 근본적으로 진보적이었다고 주장하는 Vagts , *History of Militarism, pp. 81ff*를 비교하시오.

12) "Reglement über die Besetzung der Stellen der Portepee-Fähnriche, und über die Wahl zum Officier bei der Infanterie, Kavallerie und Artillerie, 6 August 1808," published in Prussian General Staff, *Die Reorganisation der Preußischen Armee nach dem Tilsiter Frieden* (Berlin, 1857), vol. II, Sec. 3, pp. 366-369. See, generally, Jany, *Preussischen Armee*, Ill, 426-428, IV, 14-17; Max Lehmann, *Scharnhorst* (Leipzig, 2 vols., 1886), II, ch. 1; Shanahan, *Prussian Military Reforms, passim*; Guy Stanton Ford, *Stein and the Era of Reform in Prussia, 1807-1815* (Princeton, 1922), *passim*, but esp. ch. 8; J. R. Seeley, *Life and Times of Stein* (Boston, 2 vols., 1879), I, 397-423; Hans Delbriick, *Gneisenau* (Berlin, 2 vols., 1882), I, 117-145; Ritter, *Staatskunst und Kriegshandwerk*, I, 97-101; Craig, *Prussian Army*, pp. 37-75.

13) 독일에 대해서는 Ritter, *Staatkunst und Kriegshandwerk*, I, 100-101; Lehmann, *Scharnhorst*, II, 62-63; Vagts, *History of Militarism*, pp. 139-145; Demeter, *Deutsche Heer*, pp. 12-14. 프랑스 최고의 소스는 Raoul Girardet, *La Société Militaire dans la France Contemporaine (1815-1939)* (Paris, 1953)의 챕터 1이다.

14) *Democracy in America* (Cambridge, 2 vols., 1863), II, 334-335. 독일에서 부르주아지와 귀족 사이의 투쟁은 군사 직업의 출현을 촉진했을 뿐만 아니라 장교단에서 두 계급의 역할에 대한 방대한 단행본 문헌을 생산했다.

15) Thomas, *Transformations*, I, 420-422; Girardet, *Société Militaire*, pp. 125-133; Jean Lucas-Dubreton, *The Restoration and the July Monarchy* (New York, 1929), pp. *54-55*; Eyre Crowe, *History of the Reigns of Louis XVIII and Charles X* (London, 2 vols., 1854), I, 392ff., II, 37-40; J. Mon-teilhet, *Les institutions Militaires de la France (1814-1924)* (Paris, 1926), pp. 9-12; E. Guillan, *Les Complots Militaires sous la Restauration* (Paris, 1895), *passim*.

16) Shanahan, *Prussian Military Reforms*, pp. 75-82, 150ff.; G. S. Ford, "Boyen's Military Law," *Amer. Hist. Rev.*, XX (April 1915), 528-538; Max Jähns, *Das Franzosische Heer von der Grossen Revolution bis zur Gegenwart* (Leipzig, 1873), pp. 291-293, 317-319, 380-383; Thomas James Thackery, *The Military Organization and Administration of France* (Lon-don, 2 vols., 1857), I, 61-63; Biddulph, *Lord Cardwell*, p. 211; Omond, *Parliament and the Army*, pp. 118-119; Fortescue, *British Army*, XIII, 560.

17) Hoffman Nickerson, *The Armed Horde, 1793-1939* (New York, 1940), *passim*, and Vagts,

History of Militarism, pp. 221-241 참조.

18) General von Holleben, quoted in Great Britain, Military Education Commission, *Account of the Systems of Military Education in France, Prussia, Austria, Bavaria, and the United States* (London, 1870), p. 198. See also: Jany, *Preussischen Armee*, IV, 168-172; Demeter, *Deutsche Heer*, pp. 73-86, 95, 260-265.

19) Barnard, *Military Schools*, pp. 11-132, 225-240; C. J. East, *The Armed Strength of France* (London, 1877), pp. 74ff.; C. de Montzey, *Institutions d'Education Militaire* (Paris, 1886), *passim*; James R. Soley, *Report on Foreign Systems of Naval Education* (Washington, 1880), ch. 14. 프랑스 군부대의 사회적 구성에 대해서는 Girardet, *Société Militaire*, pp. 50, 61-63, 79-84, 185ff.; Theodore Ropp, "The Development of a Modern Navy: French Naval Policy, 1871-1909" (Ph.D. Thesis, Harvard Univ., 1937), pp. 95-97.

20) 육군 입대에 관해서는 Fortescue, *British Army*, IV, 927, XIII, 558ff.; Clode, *Military Forces*, II, 91-92. 해군 입대와 교육에 관해서는 Lewis, *England's Sea Officers*, pp. 87-111 and "Report of the Committee on the Education of Naval Executive Officers," *Accounts and Papers* (Cmd. 4885, 1886), pp. xxv, xxviii.

21) Theodore Schwan, *Report on the Organization of the German Army* (War Dept., Adjutant General's Office, Mil. Information Div., No. 2, Washington, 1894), pp. 17-18; D. D. Irvine, "The French and Prussian Staff Systems before 1870," *Iour. of the Amer. Mil. Hist. Foundation*, II (1938), 195-196; Christian W. Gässler, *Offizier und Offizierkorps der Alten Armee in Deutschland* (Wertheim a.M., 1930), pp. 24-25, 38.

22) Thomas, *Transformations*, I, 422-423; East, *Armed Strength of France*, pp. 157, 172-183, 200; Thackery, *Military Organization*, I, 73-87, 100-111; Louis Trochu, *L'Armée Française en 1867* (Paris, 1867), pp. 108-111; Ropp, "French Naval Policy," pp. 87-94; J. L. de Lanesson, *La Marine Franraise au Printemps de 1890* (Paris, 1890), pp. 273-296.

23) Biddulph, *Lord Cardwell*, pp. 114-117 and 73-77; Fortescue, *British Army*, IV, 871-880, XIII, 20-21, 557-558; Omond, *Parliament and the Army*, pp. 66-67, 120-121; Clode, *Military Forces*, II, 92, 161, 347-348, 352-353, 739.

24) Vagts, *History of Militarism*, p. 242.

25) Great Britain, *Military Education*, pp. 333-334. See also Barnard, *Military Schools*, pp. 331-336, 395-399; Spenser Wilkinson, *The Brain of an Army* (London, new ed., 1913), pp. 147-191.

26) Hittle, *Military Staff*, p. 107에서 인용.

27) D. D. Irvine, "The French Discovery of Clausewitz and Napoleon," *Iour. of the Amer. Mil. Institute*, IV (1940), 149-153; East, *Armed Strength of France*, pp. 79-80; L. Jablonski, *L'Armee Franraise a travers Les Ages* (Paris, 5 vols., 1894), V, 319ff.

28) Soley, *Foreign Systems of Naval Education*, pp. 49ff.; A. F. Mockler-Ferryman, *Annals of Sandhurst* (London, 1900), pp. 86-87.

29) John W. Wheeler-Bennett, *The Nemesis of Power: The German Army in Politics, 1918-1945*

(London, 1953), p. 97에서 인용. 참모부에 관해서는 Walter Gorlitz, *History of the German General Staff* (London, 1953), pp. 15-23, 57-58, 66-69; Rudolf Schmidt-Blickeburg, *Das Militiirkabinett der Preussischen Konige und Deutschen Kaiser* (Berlin, 1933), pp. 10-14, 57-96; Paul Bronsart von Schellendorff, *The Duties of the General Staff* (London, 3rd ed., 1893), pp. 15-22 참조.

30) Col. E. B. Hamley, *The Operations of War* (Edinburgh, 3rd ed., 1872), pp. ix-x; Wilkinson, *Brain of an Army*, pp. 102-107 참조. 이론에 대한 몰트케의 진술은 F. E. Whitton, *Moltke* (London, 1921), pp. 74-75에 인용되었다.

31) Irvine, *lour. Amer. Mil. Hist. Found.*, II, 198-203; Hittle, *Military Staff*, pp. 89-107; Schellendorff, *Duties of the General Staff*, pp. 80-83; Jablonski, *L'Armée Française*, V, 317ff.

32) Hittle, *Military Staff*, pp. 127-145; John K. Dunlop, *The Development of the British Army, 1899-1914* (London, 1938), pp. 23, 198-213; Schellendorff, *Duties of the General Staff*, pp. 97-108.

33) Viscount Wolseley, "The Standing Army of Great Britain," *Harper's*, LXXX (February 1890), 346-347.

34) Irvine, *lour. of the Amer. Mil. Institute*, IV, 146-148; Girardet, *Societe Militaire*, pp. 94-95. 프랑스와 독일 전쟁 계획의 차이에 대해서는 Helmuth von Moltke, *The Franco-German War of 1870-71* (London, 2 vols., 1891), I, 3-10을 참조하시오.

35) Lascelles Wraxall, *The Armies of the Great Powers* (London, 1859), pp. 99-100.

36) *Military Education*, p. 168.

37) Emory Upton, *The Armies of Europe and Asia* (New York, 1878), pp. 319-320.

38) 클라우제비츠에 대한 전형적인 조롱 논평은 다음을 참조하시오. Stewart L. Mur-ray, *The Reality of War: A Companion to Clausewitz* (London, 1914), ch. ii; D. K. Palit, *The Essentials of Military Knowledge* (Aldershot, 1950), p. 78; Rosinski, *German Army*, pp. 121-122. 간략한 비판적 분석을 위해 Hans Rothfels, "Clausewitz," in Earle (ed.), *Makers of Modern Strategy*, pp. 93-113을 참조하시오. 로이드(Lloyd), 기베르트(Guibert), 베흐렌홀스트(Behrenhorst), 빌로우(Billow)는 가장 중요한 직접적인 선구자였다. 로이드와 기베르트의 경우 위의 29-30페이지를 참조하시오. 베흐렌폴스트의 경우 다음을 참조하시오. Jahns, *Kriegswissenschaften*, III, 2121-2128; Ernst Hagemann, *Die Deutsche Lehre vom Kriege: Von Behrenhorst zu Clause-witz* (Berlin, 1940), pp. 6-20; Vagts, *History of Militarism*, pp. 92-95. 빌로우의 *Der Geist des Neuren Kriegssystems* (1799, English trans., *The Spirit of Modern Warfare*, London, 1806)은 18세기 전략 아이디어로 정당한 비판을 받았지만 그럼에도 불구하고 전쟁 연구에 대한 고도로 체계적인 접근 방식을 반영한다. 참조. Palmer, in Earle (ed.), *Makers of Modern Strategy*, pp. 68-74; von Caemmerer, *The Development of Strategical Science During the Nineteenth Century* (London, 1905), pp. 1-10. 클라우제비츠의 가장 중요한 동시대 사람은 스위스의 앙리 조미니(Henri Jomini)였는데 그는 *On War* 다음으로 차후 군사적 사고에 많이 영향을 미친 *Precis de L'Art de la Guerre* (Paris, 2 vols., 1838)의 저자이다. 이 장과 이 책의 다른 부분에 있는 *On War*의 모든 인용문은 O. J. Matthijs Jolles, Modern Library판, 1943년 뉴욕 Random House에서 저작권을 갖고 출판했으며 출판사의 허가를 받아 사용했다. 특히

pp. 34-39, 16-21, 45, 128ff., 568-571, 594ff를 참조하시오.

39) *Ghost of Napoleon*, pp. 120-122. 다음을 참조하시오. 같은 작가의 *The British Way in Warfare* (London, 1932), ch. 1와 유사한 해석을 위해 A. Lauterbach, "Roots and Implications of the German Idea of Military Society," *Military Affairs*, V (Spring 1941), pp. 3ff. 폭력 그 자체를 목적으로 삼고 폭력을 진정으로 찬미한 에리히 루덴도르프는 *On War*의 더 통찰력 있는 독자였으며 클라우제비츠와 자신의 기본적인 차이점을 인식했다. 참조: *The Nation at War* (London, 1936), pp. 11-24. 더 최근의 *Strategy* (New York, 1954), pp. 352-357에서 리델 하트는 그가 이전에 가졌던 클라우제비츠에 대한 제한을 다소 완화했다.

제3장 군인 정신: 직업 군인윤리의 보수적 현실주의

1) 군사적 사고에 대한 논의는 Walter Bagehot, *Physics and Politics* (New York, 1948), p. 83; Alfred Vagts, *A History of Militarism* (New York, 1937), pp. 11-21; Herbert Richmond, "The Service Mind," *Nineteenth Century and After*, CXIII (June 1933), 90-97; R. P. Patterson, "The Military Mind," *Infantry Journal*, LXI (July 1947), 13; W. R. Kintner, "Sound Thinking in the Army," *ibid.*, LXIII (October 1948), 17-22; "The U.S. Military Mind," *Fortune*, XLV (February 1952), 91ff.; A. M. Schlesinger, Jr., "Generals in Politics," *Reporter*, VI (April 1, 1952), 33-36; Drew Middleton, "The Enigma Called 'The Military Mind,'" *New York Times Magazine*, Apr. 18, 1948, pp. 13ff.; J. P. Marquand, "Inquiry Into the Military Mind," *ibid.*, Mar. 30, 1952, pp. 9ff.; L. B. Blair, "Dogs and Sailors Keep Off," U.S. Naval Institute *Proceedings*, LXXVI (October 1950), 1095-1103; Burton M. Sapin, Richard C. Snyder, and H. W. Bruck, *An Appropriate Role for the Military in American Foreign Policy-making: A Research Note* (Foreign Policy Analysis Series No. 4, Organizational Behavior Section, Princeton Univ., July 1954), pp. 24-33, 42-51을 참조하시오. W. R. Schilling의 제1차 세계대전 당시의 민간인과 해군의 사고 방식의 차이는 일반적인 패턴으로 확장될 수도 있다. "Civil-Naval Politics in World War I," *World Politics*, VII (July 1955), 578-579. 군인 정신의 질에 대한 날카로운 공격에 대해서는 David Lloyd George, *War Memoirs* (Boston, 6 vols., 1933-37), VI, 338-344; J. F. Dobie, "Sam-ples of the Army Mind," *Harper's*, CXCIII (December 1946), 529-536; and *contra*, J. J. McCloy, "In Defense of the Army Mind," *ibid.*, CXCIV (April 1947), 341-344. 군인 성격에 대해서는 Hanson Baldwin in Lester Markel (ed.), *Public Opinion and Foreign Policy* (New York, 1949), pp. 118-120; W. T. Colyer, "The Military Mind," *Independent*, LXXXIX (Jan. 1, 1917), 22; Field Marshal Earl Wavell, *The Good Soldier* (London, 1948), pp. 27-28; Field Marshal Viscount Montgomery, *Military Leader-ship* (London, 1946), pp. 15-16; Cdr. H. E. Smith, "What is the Military Mind?" U.S. Naval Institute *Proceedings*, LXXIX (May 1953), pp. 509ff.; *The Officer's Guide* (Harrisburg, Pa., 19th ed., 1952), p. 270. 군대 정신의 본질에 대한 사전 정의는 W. O. Douglas, "Should We Fear the Military?" *Look*, XVI (Mar. 11, 1952), 34; Albert Salomon, "The Spirit of the Soldier and Nazi Militarism," *Social Research*, IX (Feb-ruary 1942), 95; Quincy Wright, "The Military and Foreign Policy," in Jerome Kerwin (ed.), *Civil-Military Relationships in American Life* (Chicago, 1948), pp. 116-120; Louis Smith, *American Democracy and Military Power* (Chicago, 1951), pp. 111-113. 문학적 묘사에 대해서는 Tolstoy, *War and Peace*; Stendhal, *Lucien Leuwen*; and Proust, *The Guermantes Way*. 현대

소설 중에는 Norman Mailer, *The Naked and the Dead*; James Gould Cozzens, *Guard of Honor*; James Jones, *From Here to Eternity*; and, most especially, John P. Marquand, *Melville Goodwin, USA.*

2) Friedrich von Bemhardi (Gen, Ger), *On War of To-Day* (London, 1912), p. vi. On the universality of conflict, see Sir Reginald Bacon (Adm, GB) and Francis E. McMurtrie, *Modern Naval Strategy* (London, 1940), pp. 15-16; W. D. Bird (Gen, GB), *The Direction of War: A Study of Strategy* (Cambridge, 1920), p. 1; Hermann Foertsch (Col, Ger), *The Art of Modern Warfare* (New York, 1940), p. 3; Stewart L. Murray (Maj, GB), *The Peace of the Anglo-Saxons* (London, 1905), p. 9.

3) J. F. C. Fuller (Gen, GB), *The Foundations of the Science of War* (London, 1926), pp. 34-35; Ardant du Picq (Col, Fr), *Battle Studies: Ancient and Modern Battle* (New York, 1921), pp. 48-51, 96-97, 111, 118; U.S. Dept. of Defense, *The Armed Forces Officer* (Washington, 1950), p. 131.

4) *On War* (New York, 1943), pp. 32-33, 53-55; Foertsch, *Modern Warfare*, p. 24; U.S. Dept. of Defense, *Armed Forces Officer*, p. 131; Ardant du Picq, *Battle Studies*, pp. 39-40; U.S. Dept. of War, *Field Service Regulations: Operations* (FM 100-5, June 15, 1944), p. 27.

5) Colmar von der Goltz (Lt Col, Ger), *The Nation in Arms* (London, 1887), p. 37.

6) Charles de Gaulle, (Gen, Fr), *The Army of the Future* (Philadelphia, 1941), pp. 115-116; Clausewitz, *On War*, pp. 128-131; Auguste Frederic Marmont (Marshal, Fr), *The Spirit of Military Institutions* (Philadelphia, 1862), pp. 243-256, 271.

7) B. H. Liddell Hart (Capt, GB), *The Strategy of Indirect Approach* (London, 1941), ch. 1; von Moltke, quoted in Spenser Wilkinson, *The Brain of an Army* (London, rev. ed., 1913), pp. 164-165; Sir H. W. Richmond (Adm, GB), *National Policy and Naval Strength and Other Essays* (London, 1928), pp. 255-293; A. T. Mahan (Adm, US), "Subordination in Historical Treatment," *Naval Administration and Warfare* (Boston, 1918), pp. 245-272.

8) Field Marshal Viscount Montgomery, quoted in *Combat Forces Journal*, IV (July 1954), 14.

9) J. F. C. Fuller, *Armament and History* (New York, 1945), pp. 11-14, 20-21.

10) 전통방식에 관해서는 Clausewitz, *On War*, pp. 594-601. 참조: Jomini, *Summary of the Art of War* (New York, 1854), p. 25; Bernhardi, *On War of To-Day*, II, 182-202; Foertsch, *Modern Warfare*, pp. 6-8; B. H. Liddell Hart, *Paris or the Future of War* (London, 1925), p. 91; von der Goltz, *Nation in Arms*, p. 117. 제한적 전쟁에 관해서는 Fuller, *Armament and History*, pp. 35ff., 343ff., and Vagts, *A History of Militarism*, pp. 397, 410.

11) Liddell Hart, *Paris*, p. 8; Lopez Valencia (Gen, Sp), quoted in *Military Review*, XX.IX (January 1950), 83; J. J. Graham (Lt Col, GB), *Elementary History of the Progress of the Art of War* (London, 1858), p. 1; J. F. C. Fuller, *The Reformation of War* (London, 1923), p. 7; von der Goltz, *Nation in Arms*, p. 386

12) Murray, *Peace of the Anglo-Saxons*, p. 13; Bacon and McMurtrie, *Naval Strategy*, p. 30; Moltke quoted in Vagts, *History of Militarism*, p. 427; von der Goltz, *Conduct of War*, p. 2;

Liddell Hart, *Paris*, pp. 7ff.; Cecil Battine (Maj, GB), "What is Militarism?" *Fortnightly*, CXI (March 1919), 378-379.

13) 참조: U.S. Army, *Field Service Regulations: Operations* (FM 100-5, June 15, 1944), p. 36.

14) Sir Richard Gale (Gen, GB), "The Impact of Political Factors on Military Judgment," *Journal of the Royal United Service Institution*, XCIX (February 1954), 37.

15) 참조: von Seeckt (Gen, Ger), *The Future of the German Empire* (New York, 1930), pp. 151-153.

16) 참조: Bird, *Direction of War*, p. 8; Walter H. James (Lt Col, GB), *Modern Strategy* (Edinburgh, 1907), p. 10. For the attitudes of the military and others on preventive war, see Alfred Vagts, *Defense and Diplomacy: The Soldier and the Conduct of Foreign Relations* (New York, 1956), ch. 8.

17) 각각 다음에서 인용되었다: Vagts, *History of Ivlilitarism*, p. 13, and Carlos G. Calkins (Lt, US), "How May the Sphere of Usefulness of Naval Officers Be Extended in Time of Peace with Advantage to the Country and the Naval Service?" U.S. Naval Institute *Proceedings*, IX (1883), 178. 참조: De Tocqueville's comments, *Democracy in America* (Cambridge, 2 vols. 1863), II, 333-335.

18) 참조: Ashton, *Nineteenth Century and After*, CXXXVI, 633-634; Vagts, *History of Militarism*, p. 15; Ardant du Picq, *Battle Studies*, pp. 14, 224; V. Derrécagaix (Col, Fr), *Modern War* (Washington, 3 vols., 1888), I, 81.

19) 몰트케는 윌킨슨의 *Brain of the Army* (p. 165)에서 인용되었다. 19세기 이전에는 "전략"이라는 단어가 일반적으로 전략의 의미로 사용되었다. 그 이후로 그것은 군사 과학의 영구적인 핵심을 식별하는 데 사용되었다. Admiral Castex (Fr), *Théories Stratégiques* (Paris, 5 vols., 1929-1935), I, 3-27; A. R. Maxwell (Gen, US), "This Word 'Strategy'" *Air Univ. Quarterly Review*, VII (Spring 1954), 66-74. 전쟁의 원리에 대해서는 Cyril Falls (Capt, GB), *Ordeal by Battle* (London, 1943), ch. 5; Bemhardi, *On War of To-Day*, I, 30-43; Alfred Higgins Burne (Lt Col, GB), *The Art of War on Land* (London, 1944); C. R. Brown (Adm, US), "The Principles of War," U.S. Naval Institute *Proceedings*, LXXV (June 1949), 621-633; Marshal Foch, *Precepts and Judgments* (London, 1919), pp. 215-218; Sir F. Maurice (Gen, GB), *British Strategy* (London, 1929), ch. 2, 그리고 비판적 토론은 Bernard Brodie, "Strategy as a Science," *World Politics*, I (July 1944), 466-488을 참조하시오.

20) Gale, *lour. Royal United Service Inst.*, XCIX, 37.

21) Von Moltke은 Liddell Hart의 *Strategy of Indirect Approach* (p.. 185)에 인용되었다. 이 책의 pp. 184-189에는 정치가와 관련된 군 사령관의 책임에 대한 훌륭한 간략한 설명이 포함되어 있다.

22) A. T. Mahan, "The Military Rule of Obedience," *Retrospect and Prospect* (Boston, 1902), p. 283; Derrécagaix, *Modern War*, I, 78. 한 민간인의 훌륭한 진술은 T. V. Smith, "Ethics for Soldiers of Freedom," *Ethics*, LX (April 1950), 157-168을 참조하시오.

23) 참조: B. H. Liddell Hart, *The Ghost of Napoleon* (New Haven, 1934), pp. 171-177; Richmond, *National Policy and Naval Strength*, pp. 217-230.

제4장 권력, 전문성, 이데올로기: 이론상의 민군 관계

1) 민군 관계에 대한 다른 이론적 분석은 다음을 참조하시오. Alexis de Tocqueville, *Democracy in America*, vol. II, bk. 3, chs. 22-26; Gaetano Mosca, *The Ruling Class* (New York, 1939), ch. 9; Karl Mannheim, *Freedom, Power, and Democratic Planning* (New York, 1950), pp. 127-131; Stanislaw Andrzejewski, *Military Organization and Society* (London, 1954); Morris Janowitz, "The Professional Soldier and Political Power: A Theoretical Orientation and Selected Hypotheses" (Bureau of Government, Institute of Public Administration, Univ. of Michigan, 1953; mimeo.); Burton Sapin, Richard C. Snyder, and H. W. Bruck, *An Appropriate Role for the Military in American Foreign Policy-making: A Research Note* (Foreign Policy Analysis Series No. 4, Organizational Behavior Section, Princeton Univ., 1954). 공직에서 객관적 기능적 책임과 주관적인 정치적 책임 사이의 프리드리히의 일반적인 구분은 여기에서 다양한 문민통제를 구분하는 것과 관련이 있다. Carl J. Friedrich, *et al.*, *Problems of the American Public Service* (New York, 1935), pp. 36-37.

2) "권력"의 개념에 대한 분석은 물론 마키아벨리와 아리스토텔레스로 거슬러 올라간다. 최근의 더 유용한 토론은 다음과 같다. Harold D. Lasswell, *Politics: Who Gets What, When, How* (New York, 1936), and *Power and Personality* (New York, 1948); Charles E. Merriam, *Political Power* (New York, 1934), and *Systematic Politics* (Chicago, 1945); Bertrand Russell, *Power: A New Social Analysis* (New York, 1938); Gaetano Mosca, *The Ruling Class* (New York, 1939); Carl J. Friedrich, *Constitutional Government and Democracy* (Boston, 1950); Robert M. MacIver, *The Web of Government* (New York, 1947); Bertrand de Jouvenel, *On Power* (New York, 1949); Karl Mannheim, *Freedom, Power, and Democratic Planning* (New York, 1950); Harold D. Lasswell and Abraham Kaplan, *Power and Society* (New Haven, 1950); H. Goldhamer and E. A. Shils, "Types of Power and Status," *Amer. Jour. of Sociology*, XLV (1939), 171-182; Reinhard Bendix, "Bureaucracy and the Problem of Power," *Public Administration Review*, V (1945), 194-209; H. A. Simon, "Notes on the Observation and Measurement of Political Power," *Journal of Politics*, XV (November 1953), 500-516; Robert Bierstedt, "An Analysis of Social Power," *American Sociological Review*, XV (December 1950), 730-738; F. L. Neumann, "Approaches to the Study of Political Power," *Pol. Science Quarterly*, LXV (June 1950), 161-180.

3) 자유주의 입장에 대한 고전적인 진술은 로크, 프랑스 계몽주의 사상가들, 벤담, 아담 스미스, 존 스튜어트 밀, 칸트, T. H. 그린, 크로체의 글에서 찾아볼 수 있다. 자유주의의 역사적 구성 요소에 대한 분석은 Harold J. Laski, *The Rise of Liberalism* (New York, 1936), Guido de Ruggiero, *The History of European Liberalism* (London, 1927), and A. D. Lindsay, *The Modern Democratic State* (New York, vol. I, 1947)를 참조하시오. 파시스트 이데올로기에 대한 가장 좋은 자료는 Hitler's *Mein Kampf*, Mussolini's *The Doctrine of Fascism*, and Alfred Rosenberg, *Der Mythus des 20. Jahrhunderts*이다. 파시스트 사상에 대한 분석은 W. Y. Elliott, *The Pragmatic Revolt in Politics* (New York, 1928); Hermann Rauschning, *The Revolution of Nihilism* (New York, 1939); Franz L. Neumann, *Behemoth* (New York, 2d ed., 1944); William Ebenstein, *The Nazi State* (New York, 1943). 나는 이 파시스트 사상에 대한 분석을 이탈리아 파시즘과 독일 파시즘을 모두 포함하기 위해 충분히 추상적인 수준에 두려고 시도했지만, 둘 사이에는 물론 많은 특정한 차이점이 있다. 마르크스주의의 정치 이론에 대한

가장 유용한 저작은 Karl Marx and Friedrich Engels, *The Communist Manifesto*, and V. I. Lenin, *The State and Revolution* and *Imperialism*이다. Emile Burns, *Handbook of Marxism* (New York, 1935)은 유용한 개요서이다. 훌륭한 간략한 비판적 분석은 R. N. Carew Hunt, *The Theory and Practice of Communism* (New York, 1951)이다. 보수주의에 대한 고전적인 진술은 물론 에드먼드 버크(Edmund Burke)의 저서, 특히 *Reflections on the French Revolution* and *Appeal from the New to the Old Whigs*가 있다. 이데올로기로서의 보수주의에 대한 분석은 Karl Mannheim, "Conservative Thought," *Essays on Sociology and Social Psychology* (New York, ed. by Paul Kecskemeti, 1953)를 참조하시오.

제5장 독일과 일본: 실제 민군 관계

1) 인용: Paul von Hindenburg, *Out of My Life* (London, 1920), p. 220; Friedrich von Bernhardi, *On War of To-Day* (London, 2 vols., 1912), II, 182-183; Hajo Holborn, "Moltke and Schlieffen: The Prussian-German School," in Edward Mead Earle (ed.), *Makers of Modern Strategy* (Princeton, 1952), pp. 175-176. Compare Gerhard Ritter, *Staatskunst und Kriegshandwerk* (Munich, 1954), I, 246-261; Gordon A. Craig, *The Politics of the Prussian Army, 1640-1945* (Oxford, 1955), pp. 195-196, 216.

2) 인용: John W. Wheeler-Bennett, *The Nemesis of Power: The German Army in Politics, 1918-1945* (London, 1953), p. 86, n. 3. See also *Essays, Speeches, and Memoirs of Count Helmuth von Moltke* (Lon-don, 2 vols., 1893), II, *50*; Helmuth von Moltke, *The Franco-German War of 1870-1871* (London, 1891), p. 1. 몰트케는 많이 인용된 편지에서 "영원한 평화는 꿈이지 아름다운 꿈도 아니다"라고 말했지만, 그렇게 말하고 나서 바로불가피한 전쟁이 초래한 끔찍한 고통에 대해 한탄했다.

3) 인용: Alfred Vagts, "Land and Sea Power in the Second German Reich," *Jour. of the Amer. Mil. Institute, 111* (Winter 1939), 213.

4) Herbert Rosinski, *The German Army* (London, 1939), pp. 107-108; Walter Görlitz, *The German General Staff: Its History and Structure, 1657-1945* (London, 1953), p. 139; Christian W. Gassler, *Otfizier und Otfizierkorps der Alten Armee in Deutsch/and* (Wertheim a.M., 1930), Appendix 4.

5) Rosinski, *German Army*, pp. 96-98; Görlitz, *General Staff*, p. 95; Friedrich Meinecke, *The German Catastrophe* (Cambridge, 1950), p. 12.

6) 인용: G. P. Gooch, *Germany* (New York, 1925), p. 96. 독일 가치의 근본적인 변화에 대해서는 다음을 참조하시오. Meinecke, *German Catastrophe*, pp. 1-24; Koppel S. Pinson, *Modern Germany: Its History and Civilization* (New York, 1954), pp. 251-273, 291-312; Hans Kohn (ed.), *German History: Some New German Views* (Boston, 1954), *passim*; John H. Hallowell, *The Decline of Liberalism as an Ideology in Germany* (Berkeley, 1943), *passim*.

7) *German Army*, pp. 100-104.

8) 참조: John W. Wheeler-Bennett, *Wooden Titan: Hindenburg in Twenty Years of German History, 1914-1934* (New York, 1936), pp. 137-140; Albrecht Mendelssohn-Bartholdy, *The War and German Society* (New Haven, 1937), pp. 106-117; and R.H. Lutz (ed.), *The Causes*

of the German Collapse in 1918 (Stanford University, 1934), pp. 22-24, 199-201, for the failure of German civilian leadership.

9) *The Nation at War* (Eng. trans of *Der Totale Krieg*, London, 1936), pp. 23-24, 175, 180.

10) 인용: Telford Taylor, *Sword and Swastika: Generals and Nazis in the Third Reich* (New York, 1952), p. 16.

11) Seeckt, *Thoughts of a Soldier* (London, 1930), pp. 5-6.

12) 인용: Wheeler-Bennett, *Nemesis of Power*, p. 116.

13) Seeckt, *Thoughts of a Soldier*, pp. 77-80.

14) 인용: Wheeler-Bennett, *Nemesis of Power*, pp. 108-110.

15) Görlitz, *General Staff*, p. 302; Hermann Foertsch, *The Art of Modern Warfare* (New York, 1940).

16) Görlitz, *General Staff*, p. 294. On the general contrast between mili-tary and Nazi values, see Hermann Rauschning, *The Revolution of Nihilism* (New York, 1939), pp. 123-176.

17) General Dittmar은 B. H. Liddell Hart의 *The Other Side of the Hill* (London, rev. ed., 1951), p. 59에서 인용되었다.

18) 11월 회의, 체크 위기, 벡의 반대, 할더의 계략에 관해서는 다음을 참조하시오. Office of U.S. Chief of Counsel for Prosecution of Axis Criminality, *Nazi Conspiracy and Aggression* (Washington, 8 vols. and 2 supplements, 1946), I, 377-387; Görlitz, *General Staff*, pp. 324-339; Wheeler-Bennett, *Nemesis of Power*, pp. 395-424; Hans Rothfels, *The German Opposition to Hitler* (Hinsdale, Ill., 1948), pp. 58-63.

19) 인용: Fabian von Schlabrendorff, *They Almost Killed Hitler* (New York, 1947), pp. 34-35.

20) 참조: Chester Wilmot, *The Struggle for Europe* (New York, 1952), pp. 89-90, 162, 188, 332; Hans Speidel, *Invasion: 1944* (Chicago, 1950), pp. 27-30; E. A. Shils and Morris Janowitz, "Cohesion and Disintegration of the Wehrmacht in World War II," *Public Opinion Quarterly*, XII (Summer 1948), 303-308; N. W. Caldwell, "Political Commissars in the Luftwaffe," *Jour. of Politics*, IX (February 1947), 57-79; H. A. Sheen, "The Disintegration of the German Intelligence Services," *Military Review*, XXIX (June 1949), 38-41.

21) General Dittmar은 Liddell Hart, *The Other Side of the Hill*, p. 59에서 인용되었다.

22) 참조: Schlabrendorff, *They Almost Killed Hitler*, pp. 39-40; Görlitz, *General Staff*, pp. 329-330; Gen. Gunther Blumentritt, *Von Rundstedt: The Soldier and the Man* (London, 1952), pp. 34, 39-40; Rauschning, *Revolution of Nihilism*, pp. 151-152, 169-170.

23) 인용: Wheeler-Bennett, *Nemesis of Power*, p. 381 참조: Hans Bernd Gisevius, *To the Bitter End* (Boston, 1947), pp. 223-267; Taylor, *Sword and Swastika*, pp. 337-343.

24) Hans Speier, "German Rearmament and the Old Military Elite," *World Politics*, VI (January 1954), 150, n. 4; H. A. DeWeerd, "The German Officer Corps versus Hitler," *Military Affairs*, XIII (Winter 1949), 200-207; Kurt Assmann, "Hitler and the German Officer Corps," *U.S. Naval Institute Proceedings*, LXXXII (May 1956), 520.

25) Ulrich von Hassell, *The Von Hassell Diaries, 1938-1944* (New York, 1947), p. 6; Speidel, *Invasion: 1944*, p. 16. Compare Blumentritt, *Von Rundstedt*, p. 25.

26) *New York Times*, Nov. 10, 1952, p. 7; Gordon A. Craig, "NATO and the New German Army," in William W. Kaufmann (ed.), *Military Policy and National Security* (Princeton, 1956), pp. 203-204, 209.

27) D. C. Holtom, *Modern Japan and Shinto Nationalism* (Chicago, rev. ed., 1947), pp. 7ff. See also Uichi Iwasaki, *The Working Forces in Japanese Politics* (New York, 1921), pp. 12-13; E. E. N. Causton, *Militarism and Foreign Policy in Japan* (London, 1936), ch. 1; Ruth Benedict, *The Chrysanthemum and the Sword: Patterns of Japanese Culture* (Boston, 1946), pp. 43-75; J. F. Steiner, "Basic Traits of Japanese Character," *Proceedings*, Institute of World Affairs, V (1944-45), 44; Inazo Nitobe, *Bushido: The Soul of Japan* (New York, 10th ed., 1905), *passim*.

28) J. C. Balet, *Military Japan: The Japanese Army and Navy in 1910* (Yokohama, 1910), p. 3; John M. Maki, *Japanese Militarism: Its Cause and Cure* (New York, 1945), p. 182.

29) Alfred Vagts, *A History of Militarism* (New York, 1937), p. 319.

30) Robert Leurquin, "The Japanese Punitive Expedition in China," *The Army Quarterly* (April 1938), quoted in Paul W. Thompson, *et al.*, *The lap Army* (Army Orientation Course, Series I, No. I, 1942), pp. 23-24 참조; Hillis Lory, *Japan's Military Masters* (New York, 1943), pp. 94-95.

31) Nitobe, *Bushido*, p. 188.

32) 인용: Lory, *Japan's Military Masters*, p. 37.

33) 인용: Benedict, *Chrysanthemum and the Sword*, pp. 22-23.

34) M. D. Kennedy, *Some Aspects of Japan and her Defence Forces* (London, 1928), p. 164, and *The Military Side of Japanese Life* (London, 1924), pp. 311-312, 355; Alexander Kiralfy, "Japanese Naval Strategy," in Earle (ed.), *Makers of Modern Strategy*, pp. 457-462.

35) Lory, *Japan's Military Masters*, pp. 81, 41-47, 79-95; Balet, *Military Japan*, p. 7; Kennedy, *Japan and her Defence Forces*, p. 153; Causton, *Militarism and Foreign Policy*, p. 83; Benedict, *Chrysanthemum and the Sword*, pp. 38ff.

36) War Ministry Pamphlet, 1934는 Kenneth W. Colegrove의 *Militarism in Japan* (Boston, 1936), pp. 52-53에 인용되었다.

37) General Mazaki은 Hugh Byas의 *Government by Assassina-tion* (New York, 1942), p. 150에 인용되었다.

38) 인용: K. W. Colegrove, "The Japanese Cabinet," *Amer. Pol. Sci. Rev.*, XXX (October 1936), 916-917. See also Chitoshi Yanaga, "The Military and the Government in Japan," *ibid.*, XXXV (June 1941), 529-530; Causton, *Militarism and Foreign Policy*, ch. 2; Lory, *Japan's Military Masters*, pp. 239-245.

39) 인용: Lory, *Japan's Military Masters*, pp. 139-140.

40) 같은 책에서 pp. 116, 122, 126-128; M. F. Gibbons, Jr., "The Japanese Needed Unification," *Military Review*, XX.IX (August 1949), 20-27.

41) 인용: Lory, *Japan's Military Masters*, p. 114.

42) Lt. Gen. Tamon은 O. Tanin and E. Yohan의*Militarism and Fascism in Japan* (London, 1934), p. 186에 인용되었다. 참조: Tatsuji Takeuchi, *War and Diplomacy in the Japanese Empire* (Garden City, N.Y., 1935), pp. 349-357.

43) 인용: Tanin and Yohan, *Militarism and Fascism*, p. 187.

44) Kennedy, *Military Side*, pp. 108-109.

제6장 이념적 상수(불변성): 자유주의 사회 대 군사 전문주의

1) *Journals of the Continental Congress 1774-1789*, XXVII (June 2, 1784), 518, 524; Memorandum of General Tasker H. Bliss in Frederick Palmer, *Newton D. Baker: America at War* (New York, 2 vols., 1931), I, 40-41.

2) 미국에서 자유주의의 만연이 의미하는 바는 다음의 문헌에서 훌륭하게 조사되었다. Louis Hartz, *The Liberal Tradition in America* (New York, 1955). See also Daniel J. Boorstin, *The Genius of American Politics* (Chicago, 1953), and Clinton Rossiter, *Conservatism in America* (New York, 1955).

3) 인용: Harold Steams, *Liberalism in America* (New York, 1919), p. 80.

4) 참조: Merle Curti, *Peace or War: The American Struggle, 1636-1936* (New York, 1936), and Arthur A. Ekirch, Jr., *The Civilian and the Military* (New York, 1956).

5) Carl J. Friedrich, *et al.*, *Problems of the American Public Service* (New York, 1935), p. 12.

6) 인용: Dorothy Burne Goebel and Julius Goebel, Jr., *Generals in the White House* (Garden City, N.Y., 1945), p. 147.

7) *Public Papers* (New York, 6 vols., ed. by Ray Stannard Baker and William E. Dodd, 1925-1927), V, 83, 86.

8) 미국 정치의 군사 영웅에 대해서는 다음을 참조하시오. Goebel and Goebel, *Generals in the White House*; Albert Somit, "The Military Hero as Presidential Candidate," *Public Opinion Quarterly*, XII (Summer 1948), 192-200; L. B. Wheildon, "Military Leaders and the Presidency," *Editorial Research Reports* (Dec. 5, 1947), pp. 869-883; Frank Weitenkampf, "Generals in Politics," *American Scholar*, XIII (Summer 1944), 375-378; Sidney Hyman, *The American President* (New York, 1954), pp. 210-217; P. F. Boller, Jr., "Professional Soldiers in the White House," *Southwest Review*, XXXVII (Autumn 1952), 269-279.

9) *The Hero in America* (New York, 1941), p. 12.

10) Quoted in Hyman, *American President*, p. 211.

제7장 구조적 불변성: 보수적 헌법 대 문민통제

1) William Blackstone, *Commentaries on the Laws of England* (Oxford, 3rd ed., 4 vols., 1768), I, 407, 413-414.

2) 이 조항에 대한 논의에 대해서는 다음을 참조하시오. Max Farrand (ed.), *The Records of the Federal Convention of 1787* (New Haven, 4 vols., 1911-1937), I, 380, II, 286-290; Jonathan Elliot (ed.), *The Debates in the Several Conventions* (Washington, 4 vols., 1836), III 372-373. For the few instances in which the clause has been invoked in practice, see *Rind's Precedents of the House of Representatives* (Washington, 1907), ch. XVI, and *Cannon's Precedents* (Washington, 1935), ch. 16.

3) Farrand, *Records*, II, 326, 329-330, 563, 640, III, 207; Elliot, *Debates*, I, 326, 328, *335*, II, 77-80, 136-137, III, 381, 660, IV, 244; Charles Warren, *The Making of the Constitution* (Cambridge, 1947), pp. 474,483; James Madison, No. 41, *The Federalist* (Modern Library ed.), pp. 262-263.

4) Farrand, *Records*, I, 465, II, 385; No. 8, *The Federalist*, pp. 42-43; Elliot, *Debates*, II, 520-521, III, 169, 378, 410-411. Patrick Henry commented with respect to the nationalist claim: "This argument destroys itself. It demands a power, and denies the probability of its exercise.

5) Farrand, *Records*, II, 136, 168, 182, 330, 385, II, 332; Elliot, *Debates*, III, 382, IV, 422-424.

6) See Emory Upton, *The Military Policy of the United States* (Washington, 1912), pp. 100-103; EB. Wiener, "The Militia Clause of the Constitution," *Harvard Law Review*, LIV (December 1940), 192-193; Leonard D. White, *The Jeffersonians* (New York, 1951), pp. 540-541. 워싱턴의 혁명적 어려움을 비교하시오. James B. Scott, *The Militia* (S. Doc. 695, 64th Cong., 2d Sess., 1917), pp. 25-26.

7) F. P. Todd, "Our National Guard: An Introduction to Its History," *Military Affairs*, V (Summer, Fall 1941), 73-86, 152-170, at pp. 162-163. 이 짧은 기사들과 몇 가지 법률 검토 기사들을 제외되고 방위군과 방위군 협회에 대한 학문적 연구는 거의 없었다. 미국 정치사를 공부하는 진취적인 학생에게 이 분야는 금광이다.

8) *Official Proceedings of the Natl. Guard Assoc., 66th Annual Con-vention, 1944*, pp. 28-29, 44; *1948*, pp. 111, 242-244, 254-255; *1949*, pp. 202-210. 그레이 보드 권장 사항에 대해서는 Committee on Civilian Components, *Reserve Forces for National Security* (Washington, 1948), pp. 9-24를 참조하시오.

9) *Statement of Policy Adopted by the Natl. Guard Assn. and the Adjutants General Assn. in Joint Convention*, Baltimore, May 4, 1944, pp. 1, 4; *Proceedings, NGA Convention, 1944*, p. 100; *1945*, pp. 65-66; *1946*, pp. 114-115; *1948*, p. 65; Public Administration Clearing House, *Public Administration Organizations, 1954* (Chicago, 1954), pp. 102, 119.

10) *Proceedings, NGA Convention, 1943*, pp. 89, 93-96; *1945*, pp. *50-55*.

11) *Proceedings, NGA Convention, 1945*, p. 47; *1946*, p. 43; *1948*, pp. 34, 66, 80-81; *1950*, pp. 264-265; *1953*, pp. 288-290.

12) *Proceedings, NGA Convention, 1943*, pp. 56, 67, 88; *1944*, pp. 44, 53, 55, 58, 65, 69, 73, 74; *1945*, p. 56; *1946*, pp. 28-32; *1948*, pp. 47-49, 57, 91-92; *1953*, p. 28; *Time*, LXIII (Mar. 1, 1954), 18.

13) *Proceedings, NGA Convention, 1948*, pp. 33-34; *1950*, p. 245.

14) 왕실 및 의회 권한에 대한 논의에 대해서는 다음을 참조하시오. Blackstone, *Commentaries*, I, 257-258, 262, 412-413; J. S. Omond, *Parliament and the Army, 1642-1904* (Cambridge, 1933), pp. 7-8; John W. Fortescue, *A History of the British Army* (London, 13 vols., 1899-1930), II, 568. 헌법제정자들은 처음에 기본 영어 법령의 언어인 *13 Car*. II, c. 6(1661)를 채택했으나, 그들은 대통령을 왕처럼 평화시와 전쟁시 민병대의 총사령관으로 만들 수 없다는 것을 깨달았다. 참조: See Farrand, *Records*, I, 139-140, II, 185, 426-427; No. 69, *The Federalist*, p. 448. 전쟁 권한이 입법부인지 집행부인지에 대한 계속되는 논쟁에 대해서는 다음을 참조하시오. Farrand, *Records*, I, 64-66; Alexander Hamilton, *Works* (New York, 12 vols., ed. by H. C. Lodge, 1904), IV, 145-146; James Madison, *Writings* (New York, 9 vols., 1900-1910), VI, 145; Clarence A. Berdahl, *War Powers of the Executive in the United States* (Urbana, Ill., 1921), p. 79. 비교: W.W. Crosskey, *Politics and the Constitution* (Chicago, 2 vols., 1953), I, 422-428.

15) Fleming v. Page, 9 How. 603, 615, 618 (1850). 왕국의 장군으로서 영국 왕의 권한은 많은 비군사 지역으로 확장되었다. Blackstone, *Commentaries*, I, 262ff. 최고 사령관 권한에 대한 헌법제정자들의 견해는 다음을 참조하시오. Farrand, *Records*, I, 244, 292, II, 145, 319, 426-427, III, 624; Elliot, *Debates*, IV, 114; *The Federalist*, pp. 448, 482.

16) 대통령과 의회의 군사에 관한 권한 사이의 경계에 대해서는 다음을 참조하시오. Edward S. Corwin, *The President: Office and Powers* (New York, 1948), ch. vi; Ex Parte Milligan, 4 Wall. 2 (1866); Berdahl, *War Powers*, *passim*; Howard White, *Executive Influence in Determining Military Policy in the United States* (Urbana, Ill., 1924), ch. iii; and R. G. Al-bion's interesting, if unconvincing, views, "The Naval Affairs Committee, 1816-1947," U.S. Naval Institute *Proceedings*, LXXVIII (November 1952), 1929.

17) 인용: T. H. Williams, "The Committee on the Conduct of the War: An Experiment in Civilian Control," *Iour. Amer. Mil. Institute*, III (Fall 1939), 141.

18) Lloyd M. Short, *The Development of National Administrative Organization in the United States* (Baltimore, 1923), p. 119; Berdahl, *War Powers*, pp. 111-114; Upton, *Military Policy*, pp. 250-251; Pendleton Her-ring, *The Impact of War* (New York, 1941), pp. 141-142; Arthur A. Maass, *Muddy Waters: The Army Engineers and the Nation's Rivers* (Cam-bridge, Mass., 1951), *passim*; White, *Executive Influence*, pp. 237-238, 263; Otto L. Nelson, Jr., *National Security and the General Staff* (Washington, 1946), pp. 130-166; John Dickinson, *The Building of an Army* (New York, 1922), p. 320; Bradley A. Fiske, *From Midshipman to Rear Admiral* (New York, 1919), pp. 563-571.

19) Donald W. Mitchell, *History of the Modern American Navy from 1883 through Pearl Harbor* (New York, 1946), pp. 62-63.

20) Farrand, *Records*, I, 244, III, 217-218, 624, IV, 53; Elliot, *Debates*, II, 408, 412, 522-523, III, 59-60, 496-498; Leonard D. White, *The Jeffersonians*, p. 220, and *The Jacksonians* (New

York, 1954), pp. 51-57; Herring, *Impact of War*, pp. 146-147.

21) 균형 잡힌 패턴의 이론적 근거는 다음에서 개발되었다. A. T. Mahan, "The Principles of Naval Administration," *Naval Administration and Warfare* (Boston, 1908), pp. 3-48, and Spenser Wilkinson, Preface to the 2d edition of *The Brain of an Army* (London, 1913). 마한의 에세이와 윌킨슨의 서문은 군사 조직에 대한 훌륭한 분석이며 주제를 이해하는 데 기본이 된다.

22) Secretary of Defense, *Semiannual Report, July I to December 3/, 1954*, p. 58; *New York Times*, January 13, 1956, p. 6; *New York Herald Tribune*, November 22, 1953, p. 1, November 20, 1955, Sec. 2, p. 3.

제8장 남북 전쟁 이전의 미국 군사 전통의 뿌리

1) *The Writings of Thomas Jefferson* (New York, 10 vols., ed. by Paul L. Ford, 1892-1899), X, 239; William A. Ganoe, *The History of the United States Army* (New York, 1932), p. 95.

2) Secretary of War to Congress, Jan. 13, 1800, *American State Papers: Military Affairs*, I, 133-135 (hereafter cited as ASP:MA). 맥헨리에 의한 이 통신과 1800년 1월 13일의 통신은 해밀턴이 1799년 11월 23일에 보낸 편지에 기초한 것이다. 참조: Alexander Hamilton, *Works* (New York, 12 vols., ed. by H. C. Lodge, 1904), VII, I 79ff. 해밀턴의 견해에 대한 추가 견해는 다음을 참조하시오. *Works*, IV, 457, 464, VII, 11, and *The Federalist* (Modem Library ed.), pp. 42, 62-69, 206-207. 워싱턴 고별 연설의 내용은 해밀턴이 제안한 것이었다. 참조: Edward Mead Earle, "Adam Smith, Alexander Hamilton, Friedrich List: The Economic Foundations of Military Power," in Earle (ed.), *Makers of Modern Strategy* (Princeton, 1952), pp. 128-138. 워싱턴의 견해에 대해서는 다음을 참조하시오. P. F. Boller, Jr., "Washington and Civilian Supremacy," *Southwest Review*, XX.XIX (Winter 1954), 10-12; William R. Tansill, *The Concept of Civil Supremacy in the United States* (Library of Congress, Legislative Reference Service, Public Affairs Bulletin No. 94, 1951), pp. 3-5.

3) *The Writings of Thomas Jefferson* (Washington, 20 vols., Thomas Jefferson Memorial Association ed., 1905), IV, 218, XIII, 261. 제퍼슨의 군사 정책에 대한 추가 견해는 다음을 참조하시오. 같은 책, II, 242, X, 365, XIV, 261; *The Works of Thomas Jefferson* (New York, 12 vols., ed. by Paul L. Ford, 1905), V, 386, 426-428, IX, 18, X, 190-191, 206ff., 222-223, XI, 68-69, 426, 436-437.

4) Samuel Tillman, "The Academic History of the Military Academy, 1802-1902," *The Centennial of the United States Military Academy at West Point, New York, 1802-1902* (Washington, 1904), p. 276; H. Wager Halleck, *Elements of Military Art and Science* (New York, 1846), p. 134; Sidney Forman, *West Point* (New York, 19-50), pp. 43-44, 51-58; R. Ernest Dupuy, *Men of West Point* (New York, 1951), p. 13. 아카데미 초기에 사용된 프랑스어 문헌은 다음과 같다. Gay de Vernon, *Treatise on the Science of War and Fortification* (New York, 2 vols., 1817); Louis de Tousard, *American Artillerist's Companion* (Philadelphia, 3 vols., 1809); H. Lallemand, *A Treatise on Artillery* (New York, 1820).

5) Hamilton to McHenry, Nov. 23, 1799, *Works*, VII, 179ff.; ASP:MA, I, 133ff.

6) Jacob D. Cox, *Military Reminiscences of the Civil War* (New York, 2 vols., 1900), I, 172, 177-179; Forman, *West Point*, pp. 23, 74ff., 82, 87-89; W. V. Judson, "The Services of Graduates," *Centennial*, pp. 833-835; Tillman, *ibid.*, pp. 282-283, 374; Eben Swift, "Services of Graduates of West Point in Indian Wars," *ibid.*, p. 527; W. S. Chaplin, "The Services of Graduates in Civil Life, 1802-1902," *ibid.*, pp. 876-877; William Baumer, Jr., *Not All Warriors* (New York, 1941), p. xi, and *West Point: Moulder of Men* (New York, 1942), pp. 241-242; R. Ernest Dupuy, *Where They Have Trod* (New York, 1940), pp. 368-371, 399-402, and Appendix A; Report of Committee on the General Condition of the Military Academy, June 20, 1826, ASP:MA, III, 375; Report of the Board of Visitors to the Military Academy, 1830, ASP:MA, IV, 603; Ann. Report of the Secy. of War, 1828, ASP:MA, IV, 2ff.

7) Exec. Doc. No. 2, 27th Cong., 2d Sess., p. 364 (1841); *Amer. State Papers: Naval Affairs* (hereafter cited as ASP:NA), I, 320, II, 44, III, 350; James R. Soley, *Historical Sketch of the United States Naval Academy* (Washington, 1876), pp. 7-61; W. D. Puleston, *Annapolis: Gangway to the Quarterdeck* (New York, 1942), pp. 11-47.

8) Art. 63, Articles of War, Act of Apr. 10, 1806, 2 Stat. 367; Act of Mar. 3, 1813, 2 Stat. 819; Leonard D. White, *The Jeffersonians* (New York, 1951), pp. 236-240.

9) "Report of the secretary of the navy, of a plan for reorganization of the navy department," *Niles' National Register*, Jan. 25, 1840, pp. 343-345. On nineteenth-century naval organization, see S. B. Luce, "Naval Administration," U.S. Naval Institute *Proceedings* (hereafter cited as USNIP), XIV (1888), 574-575, 582-583; "Naval Administration, II," USNIP, XXVIII (1902), 841-844; "The Board of Naval Commissioners," USNIP, XXXVII (December 1911), 1123-1124; C. O. Paullin, "Naval Administration Under the Naval Commissioners, 1815-1842," USNIP, XXXIII (1907), 598-599, 606-611, and "A Half Century of Naval Ad-ministration in America, 1861-1911," USNIP, XXXVIII (December 1912), 1315ff.; Act of Feb. 7, 1815, 3 Stat. 202; Act of Aug. 31, 1842, 5 Stat. 579; Rept. of the Secy. of the Navy, Dec. 4, 1841, S. Doc. 1, 27th Cong., 2d Sess., p. 378 (1841); Rolf Haugen, "The Setting of Internal Administrative Communication in the United States Naval Establishments, 1775-1920" (Ph.D. Thesis, Harvard Univ., 1953), p. 133.

10) Emory Upton, *The Military Policy of the United States* (Washing-ton, 1912), p. 225; James D. Richardson (ed.), *Messages and Papers of the Presidents*, 1789-1910 (New York, 11 vols., 1908), II, 438; Joseph L. Blau (ed.), *Social Theories of Jacksonian Democracy* (New York, 1947), p. 64.

11) Rept., Com. on Mil. Affs., H. of Reprs., May 17, 1834, ASP:MA, V, 347; Rept. of Select Committee on the United States Military Academy, Mar. 1, 1837, ASP:MA, VII, 14. 잭슨시대의 영향으로 법조계와 외교 활동의 쇠퇴에 대해서는 다음을 참조하시오. Roscoe Pound, *The Lawyer from Antiquity to Modern Times* (St. Paul, Minn., 1953), pp. 226-228, 232-233; J. Rives Childs, *The American Foreign Service* (New York, 1948), p. 4.

12) ASP:MA, IV, 285, 683, V, 307, 347, VI, 988, VII, 1ff., 89;Forman, *West Point*, pp. 49-51.

13) Act of Mar. 1, 1843, 5 Stat. 604; Act of Mar. 3, 1845, 5 Stat. 794; Act of Aug. 31, 1852, 10 Stat. 102; *Congressional Globe*, XI (May 13, 1842), 499-500, XII (Feb. 7, 1843),

224--225, XXIV (Aug. 30, 1852), 2442-2444; ASP:MA, III, 616; H.Doc. 167, 20th Cong., 1st Sess., pp.3--4 (1828).

14) Paullin, USNIP, XXXIII, 632; Halleck, *Military Art and Science*, pp. 404--405; Swift, *Centennial*, pp. 528ff.; Upton, *Military Policy*, pp. 212-213; Truman Seymour, *Military Education: A Vindication of West Point and the Regular Army* (1861), p. 6; J. F. C., "Hints on Manning the Navy, Etc.," *Naval Magazine*, I (March 1836), 185.

15) Halleck, *Military Art and Science*, p. 398; James Fenimore Cooper, *History of the Navy of the United States of America* (London, 2 vols., 1839), I, xxix.

16) *Army and Navy Chronicle*, II (Jan. 7, 1836), 13 (Feb. 18, 1836), 108-109, (Mar. 2, 1836), 139-140, (May 19, 1836), 315-316.

17) ASP:MA, II, 450.

18) H. Rept. 46, 23rd Cong., 2d Sess., p. 4. 참조: Secy. Spenser's similar views in 1842, S. Rept. *555*, 45th Cong., 3rd Sess., pp. 408-409 (1878).

19) Art. XXXIX, Par. 1, Army Regulations, Dec. 31, 1836. 이 조항은 다음과 같은 추후 문헌에 포함되었다. Par. 48, Art. X, in the 1841 and 1847 Regulations, Pars. 186, 187, 813, *Regulations for the Army of the United States* (Washington, 1889). 이 조항의 발전에 대해서는 다음을 참조하시오. On the evolution of this provision, see G. Norman Lieber, *Remarks on the Army Regulations* (Washington, 1898), pp. 63-73.

20) S. Rept. *555*, 45th Cong., 3rd Sess., p. 120 (1878). 수직적 조직을 도입하려는 남북전쟁 이후의 노력에 대해서는 다음을 참조하시오. 위와 같은 책, pp. 7-8, 121; William H. Carter, *The American Army* (Indianapolis, 1915), pp. 185-186; Report of the Commission Appointed by the President to Investigate the Conduct of the War Dept. in the War with Spain, S. Doc. 221, 56th Cong., 1st Sess., pp. 115-116 (1900).

21) Colonel H. L. Scott, *Military Dictionary* (New York 1864), pp. 17, 233, 548-549; Upton, *Military Policy*, p. 129; S. Rept. *555*, 45th Cong., 3rd Sess., pp. 398-399. 사무국에 대해서는 다음을 참조하시오. Carter, *American Army*, pp. 188 ff., and General S. V. Benet, "Historical Statement of the Rise and Progress of the Ordnance Department," 1876, quoted in L. D. Ingersoll, *A History of the War Department of the United States* (Washington, 1879), p. 317.

22) S. Rept. *555*, 45th Cong., 3rd Sess., pp. 410-411; Leonard D. White, *The Jacksonians* (New York, 1954), pp. 194-196; Upton, *Military Policy*, p. 365; John McA. Schofield, *Forty-Six Years in the Army* (New York, 1897), ch. 22, pp. 468-475, 536-538; John McAuley Palmer, *Washington, Lincoln, Wilson: Three War Statesmen* (Garden City, N.Y., 1930), pp. 157-158; William H. Carter, *Creation of the American General Staff* (S. Doc. 119, 68th Cong., 2d Sess., 1924), p. 19, and *American Army*, pp. 185-192; Otto L. Nelson, Jr., *National Security and the General Staff* (Washington, 1946), pp. 25-28; Rachel Sherman Thorndike (ed.), *The Sherman Letters* (New York, 1894), pp. 331-332, 339, 346; Elihu Root, *Five Years of the War Department* (Washington, 1900), p. 330; J. D. Hittle, *The Military Staff* (Harrisburg, Pa., 1949), p. 166.

23) 참조: Rollin G. Osterweis, *Romanticism and Nationalism in the Old South* (New Haven,

1949), pp. 90-94; W. J. Cash, *The Mind of the South* (New York, 1941), pp. 43-44. 남부의 군사 전통에 대한 포괄적인 설명에 대해서는 다음을 참조하시오. John Hope Franklin, *The Militant South, 1800-1860* (Cambridge, Mass., 1956). 남부군 교육에 관해서는 같은 책의 pp. 138-170을 참조하시오. 유감스럽게도 이 책은 이 부분을 쓰는데 사용하기에는 너무 늦게 출판되었다.

24) Seymour, *Military Education*, pp. 3ff.; Alfred T. Mahan, *From Sail to Steam* (New York, 1907), p. 151.

25) United States Military Academy, Department of Economics, Government, and History, *Military Policy of the United States, 1775-1944* (West Point, 1945), pp. 15-16; Upton, *Military Policy*, pp. 238-241; Oliver L. Spaulding, *The United States Army in War and Peace* (New York, 1937), pp. 243-244; E. R. Humphreys, *Education of Officers: Preparatory and Professional* (Boston, 1862), p. 10; Seymour, *Military Education*, pp. 5-6; Ellsworth Eliot, Jr., *West Point in the Confederacy* (New York, 1941), *passim*. 연방정부가 남부의 사임을 수락한 것의 중요성에 대해서는 다음을 참고하시오. Joseph E. Johnston, *Narrative of Military Operations* (New York, 1874), p. 11.

26) John A. Logan, *The Volunteer Soldier of America* (Chicago, 1887), pp. 243-246, 431-435; Mahan, *Sail to Steam*, pp. 85-87; Lloyd Lewis, *Sherman: Fighting Prophet* (New York, 1932), pp. *54-55*; William A. Gordon, *A Compilation of Registers of the Army of the United States from 1815 to 1837* (Washington, 1837), pp. 575ff.; *Congressional Globe*, XI (May 13, 1842), 498-500; Puleston, *Annapolis*, pp. 8-9, 14-19, 27-29, 68-69; A. Howard Meneely, *The War Department, 1861* (New York, 1928), pp. 26-28; Paullin, USNIP, XXXIII, 1437-1438; P. Melvin, "Stephen Russell Mallory, Southern Naval Statesman," *lour. of Southern History*, X (May 1944), 137-160.

27) 칼훈의 행정개혁에 대해서는 다음을 참조하시오. Ingersoll, *War Department*, pp. 79-107, and White, *The Jeffersonians*, pp. 233-250. 마한의 군사 정책에 대한 견해에 대해서는 다음을 참고하시오. ASP:MA, I, 780-781, 799, 834-835, II, 75-76, 188-191, 699.

28) Paullin, USNIP, XXXIII, 637, 1473ff.; "U.S. Naval Lyceum," *Naval Magazine*, I (January 1836), 21-28.

29) Benjamin Blake Minor, *The Southern Literary Messenger, 1834-1864* (New York, 1905), pp. 84-85, 90, 119; Frank L. Mott, *A History of American Magazines, 1741-1850* (New York, 1930), p. 643. 남북 전쟁 이전의 군사 정기 간행물에 대해서는 다음을 참고하시오. Max L. Marshall, "A Survey of Military Periodicals" (M.A. Thesis, Univ. of Missouri, 1953), pp. 10-17.

30) 참조: 그의 "Scraps from the Lucky Bag," *Southern Literary Messenger*, VI (April 1840), 235-237, (May 1840), 312-317, (Dec. 1840), 793-795, VII (Jan. 1841), 5, 24.

31) Mahan, *Sail to Steam*, pp. ix-xiv, 89, 151. 데니스 마한의 글에서 가장 관련성이 있는 문헌은 다음과 같다. *Advanced Guard, Out Post, and Detachment Service of Troops* (New York, new ed., 1863), pp. 7, 19-20, 26--28, 33, 169, 266; *Notes on the Composition of Armies and Strategy* (West Point, Lithographed), pp. 2-3, *5*, 11; *A Treatise on Field Fortifications* (New York, 1856), pp. vi-vii. 마한에 대해 일반적인 정보는 다음을 참조하시오. Dupuy, *Where*

They Have Trod, pp. 272-274, and *Men of West Point*, ch. 2.

32) *Military Art and Science*, pp. 11-13, 15-21, 29, 142, 381-382, 398-407; Report on the Means of National Defense, S. Doc. 85, 28th Cong., 2d Sess., pp. 2, 7 (1845).

제9장 미국 군인직의 창설

1) 비즈니스 평화주의자 표현에 대해서는 다음을 참조하시오. Spencer, *The Principles of Sociology* (New York, 3 vols., 1888), I, 473-491, 568-667; Fiske, *Out-lines of Cosmic Philosophy* (Boston, 2 vols., 11th ed., 1890), II, 240ff.; Sumner, *War and Other Essays* (New Haven, ed. by A. G. Keller, 1913), pp. 28-29, 33, 35, 39-40, 323, 348; Sumner and A. G. Keller, *The Science of Society* (New Haven, 4 vols., 1927), I, 407-410; Carnegie, *Autobiography* (Garden City, N.Y., 1933), pp. 271ff., 321; *The Gospel of Wealth and Other Timely Essays* (Garden City, N.Y., 1933), pp. 140, 159, 166--167; *Miscellaneous Writings* (Garden City, N.Y., 2 vols., ed. by B. J. Hendrick, 1933), II, 221, 237, 254-255, 260-267, 275, 284; *New Republic*, I (Jan. 9, 1915), 9-10. 비교: Brooks Adams, *The Law of Civilization and Decay* (London, 1895), esp. pp. vii-viii. 섬너와 카네기에 대해서는 일반적으로 Robert G. McCloskey, *American Conservatism in the Age of Enterprise* (Cambridge, Mass., 1951), chs. 2, 3, 6을 참조하시오. 미국에서 스펜서의 인기는 Richard Hofstadter, *Social Darwinism in American Thought, 1860-1915* (Philadelphia, 1945), pp. 18-22에 설명되어 있다. Carnegie와 미국 사업가 중 그의 평화주의자 전임자들에 대해서는 Merle Curti, *Peace or War: The American Struggle, 1636-1936* (New York, 1936), pp. 37, 43-44, 59, 78-79, 127, 164-165, 200-206, 212를 참조하시오. 일반적으로 자유주의 사상에서 경제-정치 차이의 역할에 대해서는 Hans J. Morgenthau, *Scientific Man vs. Power Politics* (Chicago, 1946), pp. 75-81을 참조하시오.

2) 1908년까지만 해도 정규군들은 캔자스, 미주리, 오리건, 텍사스에서 투표를 할 수 없었다. Frederic S. Stimson, *The Law of the Federal and State Constitutions of the United States* (Boston, 1908), p. 222.

3) T. Bentley Mott, *Twenty Years as a Military Attache* (New York, 1937), p. 338; B. A. Fiske, "American Naval Policy," U.S. Naval Institute *Proceedings* (hereafter cited as USNIP), XXXI (1905), 69-72; William Carter, "Army as a Career," *North American*, CLXXXIII (Nov. 2, 1906), 873; Liggett Hunter, S. Doc. 621, 62d Cong., 2d Sess., pp. 22-26 (1912); Sidney Forman, *West Point* (New York, 1950), pp. 216-217. 비즈니스 평화주의가 기술 개발에 미치는 영향에 대해서는 다음을 참조하시오. Harold and Margaret Sprout, *The Rise of American Naval Power, 1776-1918* (Prince-ton, 1946), pp. 167-171; William A. Ganoe, *The History of the United States Army* (New York, 1932), pp. 348-349; C. Joseph Bernardo and Eugene H. Bacon, *American Military Policy* (Harrisburg, Pa., 1955), pp. 234-261.

4) 참조: Lloyd Lewis, *Sherman: Fighting Prophet* (New York, 1932), pp. 411, 531, 635-637. 셔먼의 견해에 관해서는 다음을 참조하시오. *Ann. Rept. of the Commanding General, 1880*, I, 6, *1883*, pp. 44-45; Rachel Sherman Thorndike (ed.), *The Sherman Letters* (New York, 1894), pp. 340-342; W. T. Sherman, *Memoirs* (New York, 2 vols., 1875), II, 385-386, 406; M. A. DeWolfe Howe (ed.), *Home Letters of General Sherman* (New York, 1909), p. 387.

5) B. A. Fiske, "Stephen B. Luce: An Appreciation," USNIP, XLIII (September 1917), 1935-

1939. 루스의 견해의 요점에 관해서는 다음을 참조하시오. J. D. Hayes, "The Writings of Stephen B. Luce," *Military Affairs*, XIX (Winter 1955), 187-196. 업튼에 관해서는 다음을 참조하시오. Peter S. Michie, *The Life and Letters of Emory Upton* (New York, 1885), pp. 454-457; W. H. Carter, "The Evolution of Army Reforms," *United Service*, III (May 1903, 3rd Series), 1190ff.; R. C. Brown, "General Emory Upton-The Army's Mahan," *Military Affairs*, XVII (Fall 1953), 125-131.

6) Letter of Sherman to Sheridan, Nov. 22, 1881, Ira L. Reeves, *Military Education in the United States* (Burlington, Vt., 1914), p. 205; *Ann. Repts. of the Commanding General, 1880*, I, 6, *1883*, pp. 44-45.

7) *The Armies of Europe and Asia* (New York, 1878), pp. 51-54, 319-320, 324, 354-358, 360-362.

8) Upton, *The Military Policy of the United States* (Washington, 1912), p. 258; Sherman, *Memoirs*, II, 388; Arthur L. Wagner, *The Campaign of Koniggratz* (Fort Leavenworth, 1889), pp. 9, 11, 15, 23; Major Theodore Schwan, *Report on the Organization of the German Army* (War Dept., Adj. Gen'l.'s Office, Mil. Inf. Div., No. 2, 1894); Captain T. A. Bingham, "The Prussian Great General Staff," *Journal of the Military Service Institution* (hereafter cited as JMSI), XIII (July 1892), 669; Mott, *Twenty Years as a Military Attache*, p. 336; Captain F. E. Chadwick, "Explanation of Course at the Naval War College," USNIP, XXVII (1901), 332; A. T. Mahan, *Naval Strategy* (London, 1912), pp. 297-301; A. T. Mahan, "The Practical Character of the Naval War College," USNIP, XIX (1893), 163; W. E. Puleston, *Mahan* (New Haven, 1939), pp. 75-80, 295-298; J. H. Russell, "A Fragment of Naval War College History," USNIP, LVIII (August 1932), 1164-1165.

9) Albert Gleaves, *Life and Letters of Rear Admiral Stephen B. Luce* (New York, 1925), p. 101.

10) 참조: Luce's letter to William Conant Church, 1882, quoted by Rear Admiral John D. Hayes, *Military Affairs*, XVIII (Fall 1954), 166; Gleaves, *Luce*, pp. 168-171; Puleston, *Mahan*, p. 69; R. Ernest Dupuy, *Men of West Point* (New York, 1951), pp. 116-118.

11) 인용: Samuel E. Tillman, "The Academic History of the Military Academy, 1802-1902," *The Centennial of the United States Military Academy at West Point, 1802-1902* (Washington, 1904), pp. 289-290.

12) 아카데미 교과과정에 대한 군사적 논의와 비판에 대해서는 JMSI, XIV (1893), 1019-1026, XVI (1895), 1-24, XX (1897), 23; *Inf. Jour.*, I (Oct. 1, 1904), 7; USNIP, XXXVII (1911), 447-451, XXXVIII (1912), 187-194, 1397-1403, XXXIX (1913), 138; *United Serv.*, VIII (1883), 173. Also: W. D. Puleston, *Annapolis* (New York, 1942), pp. 108, 114; Mott, *Twenty Years as a Military Attache*, pp. 41-42; Charles W. Larned, "The Genius of West Point," *Centennial*, pp. 467, 479; U.S. Military Academy, Board of Visitors, *Report*, 1889, p. 40.

13) Major Eben Swift, *Remarks*, Introductory to the Course in Military Art at the Infantry and Cavalry School, Fort Leavenworth, Kansas (September 1904), pp. 1-3. On Leavenworth, see also Report of the Secy. of War, H. Ex. Doc. 1, 42d Cong., 3rd Sess., p. 79 (1871); Report of the Cmdg. Genl., 1878, p. 8; Ganoe, *United States Army*, pp. 363, 422-423; Reeves, *Military Education*, pp. 213-233; Major Eben Swift, "An American Pioneer in the Cause of

Military Education," JMSI, XLIV (January-February 1909), 67-72. 해군의 대학원 교육에 관해서는 다음을 참조하시오. Gleaves, *Luce*, pp. 330-336; Puleston, *Annapolis*, pp. 119-120; Ralph Earle, *Life at the U.S. Naval Academy* (New York, 1917), p. 259; Belknap, USNIP, XXXIX. 135-153; Paullin, USNIP, XL, 681-682; Ernest J. King and Walter White-hill, *A Naval Record* (New York, 1952), pp. 146-149.

14) 루스의 견해에 대해서는 다음을 참조하시오. USNIP, IX (1883), 635, XII (1886), 528, XXXVI (1910), 560ff. For other aspects of War College history, see USNIP, IX (1883), 155ff., XXXVII (1911), 353-377, Llii (1927), 937-947, LVIII (1932), 1157-1163.

15) Reeves, *Military Education*, p. 198. 전형적인 군사 견해는 JMSI, XIV (1893), 452ff., XX (1897), 1-54, 453-499에 있다. 루트의 태도에 대해서는 *Five Years of the War Department* (Washington, 1904), pp. 62-65, 335-336, and *The Military and Colonial Policy of the United States* (Cambridge, Mass., 1916), pp. 121-129를 참조하시오. 일반적으로 *The Army War College: A Brief Narrative, 1901-1953* (Carlisle Barracks), pp. 1-3을 참조하시오.

16) JMSI, XVI, 19, XX, 1-54; "Memorandum for a General Order-Subject: Instruction of Officers," November 27, 1901, Root, *Five Years of the War Department*, pp. 414-418; "Report and Recommendations of a Board Appointed by the Bureau of Navigation Regarding the Instruction and Training of Line Officers," USNIP, XLVI (August 1920), 1265-1292.

17) 해군 연구소에 관해서는 다음을 참조하시오. "Sixty Years of the Naval Institute," USNIP, LIX (October 1933), 1417-1432. 병역기관에 관해서는 다음을 참조하시오. Colonel J. B. Fry, "Origin and Progress of the Military Service Institution of the United States," JMSI, I (1879), 20-32. 일반적은 군사 문헌과 협회에 관해서는 다음을 참조하시오. Max L. Marshall, "A Survey of Military Periodicals" (M.A. Thesis, Univ. of Missouri, 1951), pp. 18ff.; "The Journal's First Half Century," *Combat Forces Journal*, V (October 1954), 17-20; U.S. Dept. of the Army, *The Army Almanac* (Washington, 1950), pp. 883-908. For other aspects of the emerging military scholarship, see Paullin, USNIP, XXXIX (September 1913), 1252, (December 1913), 1499; Lt. G. R. Catts, "Post Professional Libraries for Officers," JMSI, XLIV (January-February 1909), 84-89.

18) 해군에 관해서는 다음을 참조하시오. Act of Aug. 5, 1882, 22 Stat. 284; Act of Mar. 3, 1901, 31 Stat. 1129; Ann. Rept. of the Secy. of the Navy, 1882, H. Ex. Doc. 1, 47th Cong., 2d Sess., p. 8; Puleston, *Annapolis*, p. 223. 육군에 관해서는 다음을 참조하시오. Acts of June 11, 1878, 20 Stat. 111; June 18, 1878, 20 Stat. 150; July 30, 1892, 27 Stat. 336; Mar. 2, 1899, 30 Stat. 979; Larned, *Centennial*, pp. 494-496; Herman Beukema, *The United States Military Academy and Its Foreign Contemporaries* (West Point, 1944), pp. 33-34; Peyton C. March, *The Nation at War* (Garden City, N.Y., 1932), pp. 53-56; *Inf. lour.*, XV (February 1919), 681-682; Richard C. Brown, "Social Attitudes of American Generals, 1898-1940" (Ph.D. Thesis, Univ. of Wisconsin, 1951), pp. 17-19.

19) 해상 상황에 관해서는 다음을 참조하시오. Secy. Chandler, *Ann. Rept. of the Secy. of the Navy, 1882*, pp. 9, 41-42, *1883*, p. 14, *1884*, p. 41. 전문 해군 찬반론에 관해서는 다음을 참조하시오. USNIP, XXII (1896), 85-86, XXVII (1901), 25-26, XXXI (1905), 401-454, XXXII (1906), 20ff., 801-806, XXXIV (1908), 1129-1140. The relevant statutes are: Acts of July

16, 1862, 12 Stat. 584; Apr. 21, 1864, 13 Stat. 53; Mar. 3, 1899, 30 Stat. 1004; Aug. 29, 1916, 39 Stat. 578-579. 육군에 관해서는 다음을 참조하시오. Root, *Five Years of the War Department*, pp. 61-65; JMSI, XIV (1893), 954-955, XXXVII (1905), 1-7, 289-294, XL (1907), 167-183, LI (1912), 1-12; *Inf. Jour.*, XI (1914), 128-131; *United Serv.*, I (1902, 3rd Series), 373-389; William H. Carter, *The American Army* (Indianapolis, 1915), pp. 225-230; Act of Oct. 1, 1890, 26 Stat. 562.

20) Acts of Feb. 28, 1855, 10 Stat. 616; Aug. 3, 1861, 12 Stat. 289. For the Navy: Acts of Dec. 12, 1861, 12 Stat. 329; July 16, 1862, 12 Stat. 587; July 28, 1866, 14 Stat. 345; July 15, 1870, 16 Stat. 333; March 3, 1873, 17 Stat. 547, 556; March 3, 1899, 30 Stat. 1004. For the Army: Acts of July 17, 1862, 12 Stat. 596; July 15, 1870, 16 Stat. 317, 320; June 30, 1882, 22 Stat. 118; Emory Upton, "Facts in Favor of Compulsory Retirement," *United Service*, II (March 1880), 269-288, III (December 1880), 649-666, IV (January 1881), 19-32.

21) Acts of July 15, 1870, 16 Stat. 319; Feb. 27, 1877, 19 Stat. 243; July 31, 1894, 28 Stat. 205; *Regulations for the Government of the United States Navy, 1876*, Ch. vi, Art. 33, *1896*, Pars. 219, 236, *1900*, Par. 232; *Regulations for the Army of the United States, 1895*, Art. I, Par. 5. For subsequent problems caused by this legislation, see *New York Times*, Oct. 22, 1951, p. 10; *Hearings* before House Committee on the Armed Services on H. R. 5946, 84th Cong., 1st Sess. (1955).

22) Act of Feb. 2, 1901, 31 Stat. 755; Root, *Five Years of the War Department*, pp. 64, 139; Carter, *American Army*, p. 235; USNIP, XXIV (1898), 4-6, XXVIII (1902), 231-242, XXXI (1905), 823-944, XL (1914), 676.

23) *Ann. Rept. of the Secy. of the Navy, Nov. 30, 1885*, pp. Xxxviii-xl.

24) 해군 전통주의자들의 견해의 가장 중요한 표현은 다음에 실려있다. Luce, USNIP, XIV (1888), 561-588, XVIII (1902), 839-849, XXIX (1903), 809-821, and Mahan, "The Principles of Naval Administration," *Naval Administration and Warfare* (Boston, 1908), pp. 1-48, and Certain Needs of the Navy, S. Doc. 740, 60th Cong., 2d Sess. (1909). 참조: USNIP, XI (1885), 55fl., XII (1886), 362-363, XIV (1888), 726fl., XX (1894), 498fl., XXVII (1901), 3-10, XXXI (1905), 318fl., XXXIX (1913), 443-444, 965-974. 수직 시스템의 초기 지원은 Paullin, USNIP, XXXIX, 756-757, 1261-1262; *Ann. Rept. of the Secy. of the Navy, 1886*, pp. 66-67을 참조하시오. 저항세력의 견해를 가장 잘 표현한 것은 H. C. Taylor, "Memorandum on a General Staff for the U.S. Navy," USNIP, XXVI (1900), 441-448. 참조: USNIP, XXVII (1901), 307-308, XXVIII (1902), 254-255, XXIX (1903), 805-807, XXXIII (1907), 574-576; Bradley A. Fiske, *From Midshipman to Rear Admiral* (New York, 1919), pp. *558-559*; Elting E. Morison, *Admiral Sims and the Modern American Navy* (Boston, 1942), pp. 114-115.

25) Act of Mar. 3, 1915, 38 Stat. 929; Act of August 29, 1916, 39 Stat. *558*; U.S. Navy Dept., *Naval Administration: Selected Documents on Navy Department Organization, 1915-1940*, p. 1-3; Paullin, USNIP, XXXIX, 737, XL, 118; J. A. Mudd, "The Reorganization of the Naval Establishment," USNIP, XXXV (1909), 37-44; *Ann. Rept. of the Secy. of the Navy, 1885*, pp. xxxix-xl.

26) See Root, *Five Years of the War Department*, pp. 297-298, 485; William H. Carter, *Creation*

of the American General Staff (S. Doc. 119, 68th Cong., 1st Sess., 1924), pp. 2, 8, 20-23, and *American Army*, pp. 197, 204.

27) *United Serv.*, IX (1883), 663, I (1902, 3rd Series), 604-631; *Inf. Iour.*, IX (1912), 117-137, 255-261; USNIP, III (1877), 5ff., IX (1883), 155-194, 661, XII (1886), 527-546, XIV (1888), 632-633, XXII (1896), 2-3, XXIV (1898), 269, XXVII (1901), 27, 255, XXIX (1903), 538-539, 801, XXXI (1905), 76ff., XXXIII (1907), 485-487; Colonel J.B. Wheeler, *The Elements of the Art and Science of War* (New York, 1893), pp. 7-8, 317-319; Captain James S. Pettit, *Elements of Military Science* (New Haven, rev. ed., 1895), p. 150; Lt. Col. G. J. Fiebeger, *Elements of Strategy* (1906), pp. 73, 105; Captain Arthur L. Wagner, *Organization and Tactics* (New York, 1895), p. 2; Captain A. T. Mahan, *Naval Strategy* (London, 1912), pp. 2-5, 113-115.

28) *Inf. Iour.*, IX (1912), 296-297; *United Serv.*, IX, 663, III (1903, 3rd Series), 694-697; USNIP, XII (1886), *535*, XXX (1904), 343, XXXI (1905), 323, XXXIII (1907), 127-130, 476, 527, *559*; JMSI, X (1889), 624, XLII (1908), 26, 30, XLIX (1911), 2-4; General Hugh L. Scott, *Some Memories of a Soldier* (New York, 1928), p. 145; Mott, *Twenty Years as a Military Attache*, pp. 340-341; Mahan, *Naval Strategy*, pp. 121, 135-136, 149, 191

29) JMSI, XVI (1895), 211-250, XXI (1897), 226-228, 544-587, XXII (1898), 269, XXXVIII (1904), 329, XLII (1908), 22-23, XLVI (1910), 225-256; USNIP, XI (1885), 5, XII (1886), 530-543, XIII (1887), 178-180, XIV (1888), 4, XXIV (1898), 8-10, XXVII (1901), 5, 7, 16, XXIX (1903), 323, XXX (1904), 615-618; H. M. Chittenden, *War or Peace: A Present Duty and A Future Hope* (Chicago, 1911), p. 238; Rear Adm. Bradley A. Fiske, *The Navy as a Fighting Machine* (New York, 1916), pp. 13-16, 19-21, and *Midshipman to Rear Admiral*, p. 538; Richard Stockton, Jr., *Peace Insurance* (Chicago, 1915), pp. 41-42, 75, 77; Wagner, *Organization and Tactics*, Introduction; Capt. Harrison S. Kerrick, *Military and Naval America* (Garden City, N.Y., 1917), p. 382; Colonel James Mercur, *Elements of the Art of War* (New York, 3rd ed., 1894), pp. 11-15; Mahan, *Naval Administration and Warfare*, pp. 245-272; Wheeler, *Elements of the Art and Science of War*, p. v.

30) JMSI, XII (1891), 225-231, XVII (1895), *255*, XXI (1897), 277-279, XXXVIII (1906), 38, XL (1907), 199-203; USNIP, V (1879), 126, IX (1883), 175-176, XIV (1888), 3-7, XXIV (1898), 8-9; *United Serv.*, V (1881), 620-630, VII (1905, 3rd Series), 654-660; Wheeler, *Elements of the Art and Science of War*, p. 58; Mercur, *Elements of the Art of War*, p. 273; Scott, *Memories of a Soldier*, pp. 469-471, *545*; Mahan, *Naval Strategy*, p. 21; U.S. War Dept., General Staff, *Report on the Organization of the Land Forces of the United States* (Washington, 1912), p. 12; Truman Seymour, *Military Education* (New York, 1864), p. 4.

31) JMSI, XVII (1895), 239, XXI (1897), 276, XL (1906), 203; USNIP, XXIV (1898), 11, XXVII (1901), 257, XXXI (1905), 79, XXXII (1906), 127-130, XXXIII (1907), 32-33, XXXVIII (1912), 567; *Inf. Iour.*, X (1913), 473-485; Army War College, *Statement of a Proper Military Policy for the United States* (Supplementary War Dept. Doc. No. 526, September 1915), pp. 6-10; Mercur, *Elements of the .Art of War*, pp. 11-15; Bradley A. Fiske, *The Art of Fighting* (New York, 1920), p. 365; Pettit, *Elements of Military Science*, p. 151; Captain J. M. Caleff, *Notes on Military Science and the Art of War* (Washington, 1898),

pp. 61-62; Mahan, *Naval Administration and Warfare*, pp. 137-138. 국방위원회를 위한 군사적 권고는 다음을 참조하시오. USNIP, XXXVIII (1912), 563-593, XXXIX (1913), 479-482, 1709-1710, XL (1914), 3-15, 636-638; Genl. Staff, *Organization of the Land Forces*, pp. 63-64; Fiske, *Midshipman to Rear Admiral*, pp. 537-538; A. T. Mahan, *Armaments and Arbitration* (New York, 1912), pp. 57-77; Nelson, *National Security and the General Staff*, p. 237.

32) USNIP, V (1879), 160, XI (1885), 4, XVI (1890), 201, 368, XXIV (1898), 41, XXVIII (1902), 266-267, 840, XXX (1904), 476-479, 493-494, 620-621, XL (1914), 1301; JMSI, XIV (1893), 238, XXI (1897), 239-240, XLII (1903), 336, XLIV (1909), 385, XLVI (1910), 193-194, 213-214; *Inf. lour.*, IX (1912), 151-160, X (1914), 777; *United Serv.*, IX (1883), 658-666; Wagner, *Organization and Tactics*, p. v; Fiske, *Navy as a Fighting Machine*, pp. 5-6, 21-29, and ch. 4, and *Midship-man to Rear Admiral*, pp. *555-560*; Chittenden, *War or Peace*, pp. 20lff., 230-231; Stockton, *Peace Insurance*, chs. 3, 4; Scott, *Memories of a Soldier*, p. 218; A. T. Mahan, *Some Neglected Aspects of War* (Boston, 1907), pp. 45-52, and *The Interest of America in Sea Power* (Boston, 1898), p. 193; Lt. Col. A. L. Wagner and Cdr. J. D. J. Kelley, *The United States Army and Navy* (Akron, 1899), pp. 100-103, Kerrick, *Military and Naval America*, ch. 46. The White quotation is from Allen Westcott (ed.), *Mahan on Naval Warfare* (Boston, 1941), p. xix. 이 주제에 대한 군사적 견해에 대한 다른 분석은 다음을 참조하시오. Morison, *Admiral Sims and the Modern American Navy*, ch. 23; Brown, "Social Attitudes," pp. 266-268, 272-273; Puleston, *Mahan*, ch. 20. 사회 다원주의적 호전적인 형태에 대한 군대의 드문 지지에 대해서는 *United Serv.*, IV (1903, 3rd Series) 390-398을 참조하시오.

33) Major R. L. Bullard, JMSI, XXVI (January=-February 1905), 104-114. See also JMSI, XXIX (1906), 331, XXXVI (1910), 268, XXXVIII (1906), 1-38, 327, 363, XXXIX (1907), 329-340, XL (1907), 384, XLII (1908), 1-12, 18, 340, XLIV (1909), 378, 384, XLVI (1910), 214-215; USNIP, V (1879), 162, VI (1880), 382-383, XIV (1888), 625-626, XX (1894), 796ff., XXVII (1901), 16, XXIX (1903), 323, XXXIX (1913), 516-536, 546, XL (1914), 1073-1074; *Inf. lour.*, IX (1912), 300-303; A. T. Mahan, *From Sail to Steam* (New York, 1907), p. 7; Carter, *American Army*, p. 26; Army War College, *Proper Military Policy*, p. 9; Homer Lea, *The Valor of Ignorance* (New York, 1909), pp. 19-20, 24-28, 58-71; General M. B. Stewart, "Soldiering - What Is There in It?" *Harper's Weekly*, LIII (Dec. 11, 1909), 16, "Shame of the Uniform" *ibid.*, LVII (May 24, 1913), 12-13; Colonel C. W. Lamed, "Modem Education from a Military Viewpoint," *North American Review*, CLXXXVII (April 1908), 506; Mott, *Twenty Years as a Military Attache*, pp. 30-31.

제10장 신해밀턴 타협의 실패, 1890-1920

1) 신해밀턴주의의 성격과 사상에 관한 문헌은 방대하지만 군사 문제에 대한 접근 방식을 다루는 것은 극히 일부에 불과하다. 시어도르 루즈벨트의 국제 관계 철학에 대한 간결한 분석은 Robert E. Osgood, *Ideals and Self-Interest in America's Foreign Relations* (Chicago, 1953), pp. 88-91을, 일반적인 신해밀튼주의에 관해서는 pp. 58-70을 참조하시오. Gordon C. O'Gara 는 *Theodore Roosevelt and Rise of the Modern Navy* (Princeton, 1943)에서 대령이 해당 군대

에 미치는 영향을 조사한다. 루트의 견해에 관해서는 다음을 참조하시오. *Five Years of the War Department* (Washington, 1904) and *The Military and Colonial Policy of the United States* (Cambridge, Mass., 1916), Richard W. Leopold, *Elihu Root and the Conservative Tradition* (Boston, 1954), *passim*, and Philip C. Jessup, *Elihu Root* (New York, 2 vols., 1938), I, 215-264. 브룩 아담스의 생각은 Thornton Anderson, *Brooks Adams, Constructive Conservative* (Ithaca, N.Y., 1951)에서 토론되었다. 크로리의 철학은 *The Promise of American Life* (New York, 1909)에 나와 있다. 신공화국에 대한 크로리, 립만과 그의 동료들의 의견에 관해서는 *New Republic*, I (Dec. 12, 1914), 6-7, (Jan. 8, 1915), 9-10, II (Mar. 20, 1915), 166-167을 참조하시오.

2) A. T. Mahan, *From Sail to Steam* (New York, 1907), pp. xiv, 274. 마한은 그의 종교 철학을 *The Harvest Within: Thoughts on the Life of the Christian* (Boston, 1909)에서 표현했다. 이러한 그의 인생에 관해서는 다음을 참조하시오. W. D. Puleston, *Mahan* (New Haven, 1939), pp. 15-17, 24, 37, 44, 63, 72-73; C. C. Taylor, *The Life of Admiral Mahan* (London, 1920), p. ix.

3) Mahan, *Naval Strategy* (London, 1912), pp. 20-21, 107-108, *The Interest of America in Sea Power* (Boston, 1897), pp. 104, 121-122, 223, *Armaments and Arbitration* (New York, 1912), pp. 15-35, 70-77, 100-120, *Naval Administration and Warfare* (Boston, 1908), pp. 1-86, 175-242, *Retrospect and Prospect* (Boston, 1902), pp. 17, 20-21, 39-53, *Lessons of the War with Spain and Other Articles* (Boston, 1899), pp. 207-240; William E. Livezey, *Mahan on Sea Power* (Norman, Okla., 1947), pp. 175-187, 263-270, 292-293.

4) Mahan, *From Sail to Steam*, p. 313; Mahan to Samuel Ashe, Nov. 24, 1893, quoted in Livezey, *Mahan*, pp. 12-13; Puleston, *Mahan*, p. 148.

5) Livezey, *Mahan*, pp. 89-90, 254.

6) *Ibid.*, pp. 272-273.

7) Mahan, *Retrospect and Prospect*, p. 24, *From Sail to S eam*, pp. 7, 276, *Armaments and Arbitration*, pp. 121-154, 211-212; Puleston, *Mahan*, pp. 206, 274-275, 292, 323; Osgood, *Ideals and Self-Interest*, pp. 39--40.

8) 우드의 군사 윤리 준수에 대해서는 그의 *Our Military History* (Chicago, 1916), pp. 28, 31-54, 84-85, and *The Military Obligation of Citizenship* (Princeton, 1915), pp. 40-41, 62를 참조하시오. 그의 군대 개혁 활동에 대해서는 다음을 참조하시오. Hermann Hagedorn, *Leonard Wood* (New York, 2 vols., 1931), II, 109, 125-128; Eric F. Wood, *Leonard Wood: Conservator of Americanism* (New York, 1920), pp. 268-270. 하게돈의 책은 우드에 대한 최고의 출처이지만 그의 가장 명백한 결점조차 보지 못한다. 이 매혹적인 남자에 대한 비판적 전기가 반드시 필요하다.

9) H. L. Stimson to W. G. Harding, Jan. 9, 1921, quoted in Hagedorn, *Wood*, II, 101.

10) 참조: Wood, *Military History*, pp. 16, 177ff., 188-190, 194-195, 206, and *Military Obligation of Citizenship*, pp. 69-76.

11) *Inf. lour.*, XXV (1924), 520; *Ann. Rept. of the Secy. of War, 1920*, pp. 8-9.

12) *Inf. Jour.*, XVI (1920), 623-29, 827-831, XXX (1927), 25 *Ann. Rept. of the Secy. of War, 1924*, pp. 12-13, 27, *1928*, pp. 14-16.

13) AR 600-10, Change 1, Dec. 31, 1927, Secs. 6a-6d; *Inf. lour.*, XXI (1922), 454-455, XXIV (1924), 36-39, XXV (1925), 41-43, 520, XXVI (1925), 618, 651-656.

14) *Ann. Rept. of the Superintendent of the United States Military Academy, 1920*, p. 4; *Inf. lour.*, XXVIII (1926), 276-283, 324, XXIX (1926), 391-395.

15) *Ann. Rept. of the Secy. of the Navy, 1921*, pp. 6-7, *1923*, pp. 16-22; U.S. Office of Naval Intelligence, *The United States Navy in Peacetime: The Navy in Its Relation to the Industrial, Scientific, Economic, and Political Development of the Nation* (Washington, 1931); *Ann. Rept. of the Secy. of War, 1925*, p. 3; *Inf. lour.*, XXV (1924), 521, XXVI (1925), 288-289, XXX (1927), 2-7.

16) *Ann. Rept. of the Secy. of War, 1920*, pp. 16-17, *1926*, pp. 22-24;*Inf. lour.*, XV (1918), 325-333, XVI (1920), 725-729, (1919-20), 70-71, 593, 725-729, XVIII (1921), 217-218, 325-328, XIX (1921), 7-11.

17) *Inf. Jour.*, XVIII (1921), 31-33, XXII (1923), 271-286, XXIV(1924), 25ff., XXXIII (1928), 229-230. 가장 영향력 있는 ROTC 반대 브로서는 Winthrop D. Lane, *Military Training in Schools and Colleges of the United States* (New York, 2d ed., 1926)이다. "교육에서의 군국주의"에 대한 반대에 대한 훌륭한 분석에 관해서는 Arthur A. Ekirch, Jr., *The Civilian and the Military* (New York, 1956), ch. 14를 참조하시오.

18) *Inf. lour.*, XXVIII (1926), 485-4S9, XXI (1922), 214-216, XXVII (1925), 62-66, 242-249, 432--436, XXVIII (1926), 196, XXXI (1927), 493, 611-615, XXXIV (1929), 618ff.; U.S. Naval Institute *Pro-ceedings*, LVII (1931), 604; *Ann. Rept. of the Secy. of War, 1923, passim, 1930*, pp. 94-98; Sidney Forman, *West Point* (New York, 1950), pp. 192-193; Harold and Margaret Sprout, *Toward a New Order of Sea Power* (Princeton, 1946), esp. pp. 104-121.

제11장 양차 대전 사이의 민군 관계의 불변성

1) *Liberalism in America* (New York, 1919), pp. viii, 17, 200-202. 이 놀라운 책은 윌슨과 뉴딜 사이의 개혁 사상의 기조를 설정한다. 스턴스의 영향에 대해서는 다음을 참조하시오. John Chamberlain, *Farewell to Reform* (New York, 1932), pp. 301-305, and Eric F. Goldman, *Rendezvous with Destiny* (New York, 1952), pp. 276-281.

2) *U.S. Foreign Policy: Shield of the Republic* (Boston, 1943), p. xi.

3) Stuart Chase, "The Tragedy of Waste," *New Republic*, XLIII (Aug. 12, 1925), 312-316; Lewis Mumford, *Technics and Civilization* (New York, 1934), p. 93.

4) Margery Hedinger, "The Goose Step at West Point," *New Republic*, LXIV (Sept. 24, 1930), 146; F. B. Johnson, "Discipline," *ibid.*, XIX (July 2, 1919), 280-283; T. M. Pease, "Does the Military Caste System Work in War?" *ibid.*, XX (Aug. 6, 1919), 27-28; "The Military Idea of Manliness," *Independent*, LIII (April 18, 1901), 874-875.

5) Maxim의 저서인 *Defenseless America* (New York, 1915)는 개혁가의 비평을 거의 풍자화한 것이었다. 기관총 제조업체는 한 시점에서 "속사포는 이제까지 발명된 가장 위대한 인명 구조 도구"라고 주장했다.

6) Simeon Strunsky, "Armaments and Caste," *Annals* of the American Academy, LXVI (July 1916), 237-246; C. E. Jefferson, "Military Preparedness a Peril to Democracy," *ibid.*, pp. 232-233; Stearns, *Liberalism in America*, pp. 84-85; H. C. Engelbrecht, *Merchants of Death* (New York, 1934), pp. 113-114, 143-144; H. F. Ward, "Free Speech for the Army," *New Republic*, LI (July 13, 1927), 194-196.

7) F. H. Giddings, "The Democracy of Universal Military Service," *Annals* of the American Academy, LXVI (July 1916), 175; Josephus Dan-iels, *The Wilson Era: Years of Peace-1910-1917* (Chapel Hill, N.C., 1944), pp. 253-278, 386-403.

8) *Ann. Rept. of the Secy. of the Navy, 1932*, p. 190; U.S. Naval Institute *Proceedings* (hereafter cited as USNIP), LI (1925), 274-279, LVI (1930), 123-131, LVII (1931), 1364-1366, LVIII (1932), 1110-1115, LIX (1933), 1438-1441; *Inf. lour.*, XXXIX (1932), 355-357, XLIV (1937), 254; Sidney Forman, *West Point* (New York, 1950), p. 200; William H. Baumer, Jr., *West Point: Moulder of Men* (New York, 1942), pp. 108-109.

9) 해군 진급에 대해서는 다음을 참조하시오. Acts of June 10, 1926, 44 Stat. 717; June 22, 1926, 44 Stat. 761; Mar. 3, 1931, 46 Stat. 1482; June 23, 1938, 52 Stat. 944; *Ann. Rept. of the Secy. of the Navy, 1926*, pp. 138-39, *1930*, pp. 177-178. 그리고 승진이 끊임없는 관심을 받은 1935년과 1936년에 USNIP 파일이 있다. 특히 W. S. Sims 제독, "Service Opinion upon Promotion and Selection," USNIP, LXI (June 1935), 791-806. 육군에 대해서는 다음을 참조하시오. Acts of June 4, 1920, 41 Stat. 771-774, and July 31, 1934, 49 Stat. 505; *Ann. Rept. of the Secy. of War, 1922*, p. 20, *1924*, pp. 33-34, *1932*, p. 73; *Ann. Rept. of the Chief of Staff, 1927*, p. 53, *1930*. p. 141, *1931*, p. 41, *1932*, pp. 64-66, 69-70, *1933*, p. 35, *1938*, p. 36; *Inf. lour.*, XVI (1920), 591, XLII (1935), 119-125, XLIV (1937), 532-535.

10) Henry L. Stimson and McGeorge Bundy, *On Active Service in Peace and War* (New York, 1947), p. 33; General Peyton C. March, *The Nation at War* (New York, 1932), p. 373; Charles G. Washburn, *The Life of John W. Weeks* (Boston, 1928), p. 288; Pendleton Herring, *The Impact of War* (New York, 1941), ch. 4.

11) 이 전투에 대해서는 다음을 참조하시오. Stimson and Bundy, *On Active Service*, p. 36; Otto L. Nelson, Jr., *National Security and the General Staff* (Washington, 1946), pp. 132-166, 187-210, 247-253; Maj. Gen. Robert L. Bullard, *Personalities and Reminiscences of the War* (Garden City, N.Y., 1925), p. 26; Maj. Gen. James G. Harbord, *The American Army in France, 1917-1919* (Boston, 1936), pp. 22-23, 110-111; March, *The Nation at War*, pp. 49-50, 371; General John J. Pershing, *My Experiences in the World War* (New York, 1931), pp. 185-192.

12) William H. Carter, *The American Army* (Indianapolis, 1915), p. 200; Nelson, *National Security and the General Staff*, p. 65.

13) Herring, *Impact of War*, p. 82; Frederick Palmer, *Newton D. Baker: America at War* (New York, 2 vols., 1931), I, 11.

14) 제1차 세계 대전 중 국방 부서의 붕괴에 대해서는 다음을 참조하시오. Nelson, *National Security and the General Staff*, pp. 220ff.; Bullard, *Personalities and Reminiscences*, pp. 21-23; Paul Y. Hammond, "The Secretaryships of War and the Navy: A Study of Civilian Control of the Military" (Ph.D. Thesis, Harvard Univ., 1953), pp. 114-132.

15) 참조: *Hearings* before House Committee on Military Affairs on H. R. 8287, 66th Cong., 1st Sess., pp. 1803-1804 (1919); Nelson, *National Security and the General Staff*, pp. 282-287, 301-307; John Dickinson, *The Building of an Army* (New York, 1922), pp. 307-322; Mark S. Watson, *Chief of Staff: Prewar Plans and Preparations* (Washington, 1950), pp. 60-64, 75-76; John D. Millett, *The Organization and Role of the Army Service Forces* (Washington, 1954), pp. 14-18.

16) 제2차 세계 대전 재편성에 대해서는 다음을 참조하시오. Millett, *Army Service Forces*, ch. 2, pp. 173-181, 429, 480, 514-516; Ray S. Cline, *Washington Command Post: The Operations Division* (Washington, 1951), pp. 70, 91-93, 99, 270-274, 352-361; Nelson, *National Security and the General Staff*, pp. 328-334, 373-382; Stimson and Bundy, *On Active Service*, pp. 449-452.

17) 참조: U.S. Navy Dept., *Naval Administration: Selected Documents on Navy Department Organization, 1915-1940, passim*; R. E. Coontz, *From the Mississippi to the Sea* (Philadelphia, 1930), p. 400; Ernest J. King and Walter Whitehill, *Fleet Admiral King: A Naval Record* (New York, 1952), pp. 26lff., 471-478; Hammond, "Secretaryships of War and the Navy," pp. 223-246, 293-305. 수직 시스템에 대한 해군 지원은 USNIP, XLII (1916), 1137-1170, 1451-1452, LI (1925), 521-561, LXVI (1940), 52-57을 참조하시오. 제2차 세계 대전 이전 CNO 사무실의 발전에 대해서는 H. P. Beers, *Military Affairs*, X-XI (1946-47) 기사를 참조하시오.

18) U.S. Navy Dept., *Naval Administration*, pp. Vl-202-203, VI-224; *Ann. Rept. of the Secy. of the Navy, 1920*, pp. 199-210, 348, 380.

19) *Ann. Rept. of the Secy. of the Navy, 1920*, p. 207.

20) Stimson and Bundy, *On Active Service*, p. 506. 프랭클린 루즈벨트가 알아야 할 해군의 편협성과 편협성에 대한 추가 논평은 Marriner S. Eccles, *Beckoning Frontiers* (New York, 1951), pp. 335-336을 참조하시오.

21) *Ann. Rept. of the Superintendent of the U.S. Military Academy, 1921*, p. 245; *Inf. Iour.*, XV (1918), 159-160, XXXI (1927), 304--305, 633, XXXII (1928), 78, 323-324; USNIP, XLVII (1921), 877-882, LIi (1926), 1-14, LVII (1931), 1157-1162, LXI (1935), 475, 1074, LXIV (1938), 1601-1606, LXVII (1941), 1437.

22) 참조: *Inf. Iour.*, XXXIX (1926), 30-34, XLI (1934), 117-119; USNIP, XLVI (1920), 1609-1618, LIi (1926), 484-491, LIV (1928), 257-264, LIX (1933), 1747-1758, LXII (1936), 473-486, LXIII (1937), 1724--1731, LXVII (1941), 621-622; Command and General Staff School, *Military Intelligence* (1937), pp. 7-10.

23) W. T. R. Fox, "Interwar International Relations Research: The American Experience," *World Politics*, II (October 1949), 67-79.

24) USNIP, LIX (1933), 1747-1758, LX (1934), 774--783, 961-972; *Inf. lour.*, XVIII (1921), 384, XXXVIII (1930), 186.

25) 일반적으로 미군의 고전적인 클라우제비츠 접근법에 대해서는 다음을 참조하시오. USNIP, LX (1934), 1377ff., LXV (1939), 945-948, LXVI (1940), 650; Oliver P. Robinson, *The Fundamentals of Military Science* (Washington, 1928), *passim*, but esp. pp. viii-ix. 국방위원 회에 대한 군사적 요구에 대해서는 다음을 참조하시오. *Inf. lour.*, XIV (1918), 861-862, XXXV (1929), 476-479; USNIP, LX (1934), 465-467, 779, LXI (1935), 842-844, LXV (1939), 1395, LXVII (1941), 619ff.; Robinson, *Military Strategy*, pp. 14, 56-58. 다양한 군사 제안의 운명에 대해서는 다음을 참조하시오. W. R. Schilling, "Civil-Naval Politics in World War I," *World Politics*, VII (July 1955), 572-575; E. R. May, "The Development of Political-Military Consultation in the United States," *Political Science Quarterly*, LXX (June 1955), 167-172; Lawrence J. Legere, Jr., "Unification of the Armed Forces" (Ph.D. Thesis, Harvard Univ., 1951), pp. 75-77.

26) Command and General Staff School, *Principles of Strategy*, pp. 19-20; USNIP, XLVI (1920), 1615-1616.

27) See Captain Hoffman Nickerson, "U.S. Military Writing Today," *Inf. lour.*, XLIX (November 1941), 34--35.

28) *Inf. lour.*, XXXI (1927), 4--6, XLIII (1936), 237-238, XLV (1938), 504ff., XLVII (1940), 12-17, 322, 536-538,-XLVI (1939), 22ff., XLVII (1940), 12-17, 172-175, 322, 536-538.

29) USNIP, LVII (1931), 1158, LXIV (1938), 1602ff.; *Inf. lour.*, XLV (1938), 504ff., XLVI (1939), 312-313.

30) 비교: *Inf. lour.*, XVIII (1921), 396-397, XIX (1921), 331-332, XXI (1922), 219, XXII (1923), 378-379 with *Inf. lour.*, XXXIII (1928), 335, XLVI (1939), 309,313, XLVII (1940), 536-537 and USNIP, LXI (1935), 1478, 1497.

31) Major J. H. Bums, *Inf. lour.*, XLVII (September-October 1940), 419-423.

제12장 제2차 세계 대전: 권력의 연금술

1) Henry L. Stimson and McGeorge Bundy, *On Active Service in Peace and War* (New York, 1947), pp. 389, 409; Cordell Hull, *Memoirs* (New York, 2 vols., 1948), II, 1109; *Cong. Record*, LXXXIX (June 19, 1943), 6155-6156, quoted in Elias Huzar, *The Purse and the Sword* (Ithaca, N.Y., 1950), p. 160.

2) *Federal Register*, IV (July 7, 1939), 2786; E. 0. 8984, Dec. 18, 1941; E. O. 9096, Mar. 12, 1942; E. 0. 9028, Feb. 28, 1942. See also Ernest J. King and Walter Whitehill, *Fleet Admiral King: A Naval Record* (New York, 1952), pp. 349-359.

3) Hull, *Memoirs*, II, 1111; William D. Leahy, *I Was There* (New York, 1950), pp. 3-4, 98-101; Ray S. Cline, *Washington Command Post: The Operations Division* (Washington, 1951), p. 44; Maurice Matloff and Edwin M. Snell, *Strategic Planning for Coalition Warfare, 1941-1942* (Washington, 1953), pp. 51-52; Robert E. Sherwood, *Roosevelt and Hopkins* (New

York, 1948), pp. 11, 100-101.

4) Stimson and Bundy, *On Active Service*, pp. 414-415. On Knox, see Paul Y. Hammond, 'The Secretaryships of War and the Navy: A Study of Civilian Control of the Military" (Ph.D. Thesis, Harvard Univ., 1953), pp. 306-31 I.

5) Lucius Clay, *Decision in Germany* (Garden City, N.Y., 1950), pp. 3-6; Sherwood, *Roosevelt and Hopkins*, pp. 269-270, 661-662, 757; Hull, *Memoirs*, II, 1109-1110; John J. McCioy, *The Challenge to American Foreign Policy* (Cambridge, 1953), pp. 36-37; H. Bradford Westerfield, *Foreign Policy and Party Politics: Pearl Harbor to Kor.?a* (New Haven, 1955), pp. 139-145, 184-186.

6) Sherwood, *Roosevelt and Hopkins*, pp. 446, 615, 948; Leahy, *I Was There*, p. 213; King and Whitehill, *Fleet Admiral King*, pp. 525-526.

7) Colonel H. D. Kehm, "Comparison Between British and American Joint Planning," quoted in Cline, *Washington Command Post*, pp. 104-106, 314; Otto L. Nelson, Jr., *National Security and the General Stall* (Washington, 1946), p. 399.

8) 육군 기획 참모부의 변화하는 성격과 이 변화에 대한 군대의 복합적인 감정에 대한 클라인의 뛰어난 분석은 *Washington Command Post*, pp. 189, 327-332를 참조하시오.

9) George A. Lincoln, W. S. Stone, and T. H. Harvey, *Economics of National Security* (New York, 1950), pp. 420-421; Huzar, *Purse and the Sword*, pp. 55-56, 58, 162.

10) S. Rept. 10, 78th Cong., 1st Sess., Part 9, p. 1 (1943), quoted in Louis Smith, *American Democracy and Military Power* (Chicago, 1951), p. 216; Harry A. Toulmin, Jr., *Diary of Democracy: The Senate War Investigating Committee* (New York, 1947), *passim*.

11) Stimson and Bundy, *On Active Service*, pp. 414-415, 453; Sher-wood, *Roosevelt and Hopkins*, pp. 405, 739, 756-757; Hull, *Memoirs*, II, 922-923, 1110.

12) 참조: Wallace Carroll, *Persuade or Perish* (Boston, 1948), p. 74; Robert Payne, *The Marshall Story* (New York, 1951), p. 230; Chester Wilmot, *The Struggle for Europe* (New York, 1952), pp. 714-716.

13) *Roosevelt and Hopkins*, p. 446; *I Was There*, p. 95.

14) King and Whitehill, *Fleet Admiral King*, pp. 525-526; Sherwood, *Roosevelt and Hopkins*, p. 615; Matloff and Snell, *Strategic Planning*, pp. 282-306.

15) 참조: Dwight D. Eisenhower, *Crusade in Europe* (New York, 1952), p. 19.

16) 참조: Mark S. Watson, *Chief of Staff: Prewar Plans and Preparations* (Washington, 1950), pp. 23-56, 110-119, 388-389, 406-407; Matloff and Snell, *Strategic Planning*, pp. 12-16, 51-52; William L. Langer and S. Everett Gleason, *The Undeclared War, 1940-1941* (New York, 1953), pp. 35, 41-43, 649-651, 844-847, 894-901.

17) 인용: Matioff and Snell, *Strategic Planning*, pp. 28-31, and Watson, *Chief of Staff*, pp. 370-373.

18) Sherwood, *Roosevelt and Hopkins*, pp. 410ff.; Langer and Gleason, *Undeclared War*, pp.

739-740; Watson, *Chief of Staff*, pp. 352-357.

19) *On Active Service*, pp. 472, 565-566; Cline, *Washington Command Post*, p. 313.

20) 이러한 결정에 관해서는 다음을 참조하시오. Hull, *Memoirs*, II, 1165ff.; Sumner Welles, *Seven Decisions That Shaped History* (New York, 1950), ch. 5; Matloff and Snell, *Strategic Planning*, pp. 30, 380; Leahy, *I Was There*, p. 145; Sherwood, *Roosevelt and Hopkins*, pp. 695-696; Watson, *Chief of Staff*, pp. 124-125.

21) Notes on Conference in Office of the Chief of Staff, Cline, *Washington Command Post*, p. 44.

22) Sherwood, *Roosevelt and Hopkins*, p. 164.

23) 인용: 위와 같은 책, p. 948.

24) Payne, *Marshall Story*, p. 230; Cline, *Washington Command Post*, p. 313.

25) Sherwood, *Roosevelt and Hopkins*, p. 748; Hull, *Memoirs*, II, 1470, 1705-1706.

26) *I Was There*, pp. 284-285; Welles, *Seven Decisions*, p. 134.

27) 참조: "It Will Take Something More," *Inf. Iour.*, LIi (February 1943), 6-7; Lt. Cdr. E. M. Eller, "How Shall We Win," U.S. Naval Institute *Proceedings* (hereafter cited as USNIP), LXVIII (April 1942), 465-472; Cdr. Harley Cope, "When Peace Comes," USNIP, LXIX (February 1943), 165-168; C. A. Weil, "An American Way of Peace or War," USNIP, LXIX (May 1943), 674-694; Cdr. H. H. Smith-Hutton, "Post-War Problems and the Navy," USNIP, LXIX (June 1943), 785-793; Lt. Col. H. N. Kenyon, USMC, "Executing the National Policy," USNIP, LXIX (August 1943), 1045-1051; 1st Lt. R. Sunderland, "The Soldier's Relation to Foreign Policy," USNIP, LXIX (September 1943), 1170-1175; Cdr. Isaiah Olch, "National and Naval Policy," USNIP, LXIX (July 1943), 925-932.

28) *Great Mistakes of the War* (New York, 1949), pp. *44-45*.

29) Memo to the Chief of Staff, July 23, 1940, Cline, *Washington Command Post*, pp. 43-44, 105-106, 314ff.

30) *Hearings* before Senate Committee on Military Affairs on S. 84, 79th Cong., 1st Sess., p. 521 (1945); *I Was There*, p. 239 (italics are the admiral's).

31) King and Whitehill, *Fleet Admiral King*, pp. 631-632; E. O. 9635, Sept. 29, 1945; Naval Organization Act of 1948, 62 Stat. 66 (Mar. 5, 1948).

32) *Hearings* before House Select Committee on Postwar Military Policy on a Single Department of the Armed Forces, 78th Cong., 2d Sess., pp. 34-38 (1944).

33) *Hearings* before Senate Military Affairs Committee on S. 84, pp. 157, 41lff.

34) *Ibid.*, pp. 58911.; *Report* by Ferdinand Eberstadt to Secretary of the Navy Forrestal on Unification, Senate Committee on Naval Affairs, 79th Cong., 1st Sess. (1945); Walter Millis (ec.), *The Forrestal Diaries* (New York, 1951), p. 19.

35) Hopkins-Nelson-WPB 관점은 다음 문헌에서 찾을 수 있다. Donald M. Nelson, *Arsenal of*

Democracy (New York, 1946), Bruce Catton, *The War Lords of Washington* (New York, 1948), and the Bureau of the Budget history, *The United States at War* (Washington, n.d.). 패터슨-소머벨-군부 접근 방식에 대해서는 다음을 참조하시오. John D. Millett, *The Organization and Role of the Army Service Forces* (Washington, 1954), and Stimson and Bundy, *Active Service*, ch. 19. 바루치-에버스타트-포레스탈의 해석은 다음에 반영되어 있다. Eliot Janeway, *The Struggle for Survival* (New Haven, 1951) and Robert H. Connery, *The Navy and Industrial Mobilization in World War II* (Princeton, 1951). 제임스 번스와 OWMR의 각도에서 본 상황은 H. M. Somers, *Presidential Agency: OWMR* (Cambridge, Mass., 1950)에 나와 있다. 소머스 볼륨과 전쟁 생산위원회의 공식 역사, 민간 생산 관리, *Industrial Mobilization for War*, vol. I, *Program and Administration* (Washington, 1947)은 아마도 종합성과 객관성의 최상의 조합을 달성할 것이다.

36) Industrial Mobilization Plan, Revision of 1939. S. Doc. 134, 76th Cong., 2nd Sess. (1939).

37) 참조: Connery, *Navy and Industrial Mobilization*, ch. 8; Millett, *Army Service Forces*, pp. 201-212, 291-293.

38) Executive Order 9024, Jan. 16, 1942, *Federal Register*, VII (Jan. 17, 1942), 330.

39) Civilian Production Administration, *Industrial Mobilization for War*, I, 971. See also, for a brief summary, Somers, *Presidential Agency*, pp. 28-31.

40) 참조: Somers, *Presidential Agency*, pp. 125-137.

41) 독일 전쟁 생산의 잘못된 관리는 미국 전략 폭격 조사인 *The Effects of Strategic Bombing on the German War Economy* (Washington, 1945), and Wilmot, *Struggle for Europe*, chs. 3, 4, 7에 실려 있다.

제13장 전후 10년의 민군 관계

1) Sino-Japanese Crisis: The Garrison State versus the Civilian State," *China Quarterly*, II (Fall 1937), 643-649; "The Garrison State and Spe-cialists on Violence," *Amer. Iour of Sociology*, XLVI (January 1941), 455-468, reprinted in *The Analysis of Political Behavior* (New York, 1947); "The Interrelations of World Organization and Society," *Yale Law Journal*, LV (August 1946), 889-909; "The Prospects of Cooperation in a Bipolar World," *Univ. of Chicago Law Rev.*, XV (Summer 1948), 877-901; "'Inevitable' War: A Problem in the Control of Long-Range Expec-tations," *World Politics*, II (October 1949), 1-39; "The Threat Inherent in the Garrison-Police State," in *National Security and Individual Freedom* (New York), 1950, pp. 23-49; "The Universal Peril: Perpetual Crisis and the Garrison-Prison State," in Lyman Bryson, Louis Finkelstein, and R. M. Maciver (eds.), *Perspectives on a Troubled Decade: Science, Philosophy, and Religion, 1939-1949* (New York, 1950), pp. 323-328; "Does the Garrison State Threaten Civil Rights?" *Annals* of the American Academy, CCLXXV (May 1951), 111-116; "The Threat to Privacy," in Robert M. Maclver, (ed.), *Conflict of Loyalties* (New York, 1952), pp. 121-140; 'The World Revolutionary Situation," in Carl J. Friedrich (ed.), *Totali-tarianism* (Cambridge, Mass., 1954), pp. 360-380.

2) See, for example, Townsend Hoopes, "Civilian-Military Balance," *Yale Review*, XLIII (Winter

1954), 221-222; *Report* of the Rockefeller Committee on Department of Defense Organization, April 11, 1953, pp. 3-4; H. Struve Hensel, "Changes Inside the Pentagon," *Harvard Business Review*, XXXII (January-February 1954), 102-103.

3) *National Security and Individual Freedom*, pp. 186--187.

4) *Sword and Swastika* (New York, 1952), pp. 368-370. One of the most acute critical analyses by an American of the responsibility of t:e German generals is G. A. Craig, "Army and National Socialism 193:,--1945: The Responsibility of the Generals," *World Politics*, II (April 1950), 426-438.

5) Speech to the Massachusetts legislature, July 25, 1951, *New York Times*, July 26, 1951, p. 12.

6) Lawrence J. Legere, Jr., "Unification of the Armed Forces" (Ph.D. Thesis, Harvard Univ., 1951), p. 406. 저자의 허락을 받아 인용함. 참조: Crommelin's statement, *New York Times*, Nov. 9, 1949, p. 33.

7) *Soldier: The Memoirs of Matthew B. Ridgway* (New York, 1956), pp. 239-240에 있는 리즈웨이 장군의 의견을 비교하시오. 이 문제에 대해서는 일반적으로 다음을 참조하시오. William Yandell Elliott and associates, *United States Foreign Policy: Its Organization and Control* (New York, 1952), pp. 168-172, and G. C. Reinhardt and W. R. Kintner, "The Need for a National Staff," U.S. Naval Inst. *Proceedings*, LXXVII (July 1952), 721-727.

8) Richard C. Snyder and H. Hubert Wilson, *The Roots of Political Behavior* (New York, 1949), p. 557.

9) 민간인 비판에 대해서는 다음을 참조하시오. Hanson Baldwin, "The Military Move In," *Harper's*, CXCV (December 1947), 481-489; J. F. Dobie, "Samples of the Army Mind," *ibid.*, CXCIII (December 1946), 529-536; L. B. Wheildon, "Militarization," *Editorial Research Reports* (May 12, 1948), pp. 301-310; William R. Tansill, *The Concept of Civil Supremacy over the Military in the United States* (Library of Congress, Legislative Reference Service, Public Affairs Bulletin No. 94, Washington, 1951), pp. 38-59; *Cong. Record* (Daily ed.), CI (May 17, 1955), 5518 (July 14, 1955), 9069-9071 (Aug. 1, 1955), 11024-11026, CII (Mar. 20, 1956), 4595-4597 (Mar. 21, 1956), 4691-4706. For the military defense, see *Inf. lour.*, LX (April 1947), 71, CXII (January 1948), 76--77; J. W. Stryker, "Are the Military Moving In?", U.S. Naval Inst. *Proceedings*, LXXV (March 1949), 295-301; L. B. Blair, "Dogs and Sailors Keep Off," *ibid.*, LXXVI (October 1950), 1102.

10) 전임 장교들의 활동은 육군 해군 공군 저널의 "퇴역 복무 노트"에 매주 보고된다. 더 주목할 만한 비즈니스 인사의 목록을 보려면 다음을 참조하시오. "The Military Businessmen," *Fortune*, XLVI (September 1952), 128ff.; *Cong. Record*, CI (July 14, 1955, daily ed.), 9070-9071; *U.S. News and World Report*, XL (Apr. 27, 1956), 55-56.

11) Walter H. McLaughlin, Jr., "Business Attitudes Towards Defense Policy During the Cold War" (Honors Thesis, Harvard Univ., 1955), pp. 36--59; U.S. Dept. of the Army, *The Army Almanac* (Washington, 1950), pp. 883-908.

12) "The Macs and the Ikes: America's Two Military Traditions," *American Mercury*, LXXV (October 1952), 32-39.

13) 맥아더 대 마셜 및 아이젠하워 불화의 측면에 대해서는 다음을 참조하시오. Clark Lee and Richard Henschel, *Douglas MacArthur* (New York, 1952), pp. 98-102, 115-131; Richard H. Rovere and Arthur Schlesinger, Jr., *The General and the President* (New York, 1951), pp. 70-71; Robert E. Sherwood, *Roosevelt and Hopkins* (New York, 1948), p. 759, and "The Feud between Ike and Mac," *Look*, XVI (July 1, 1952), 17ff.; Marquis Childs, "Soldiers and 1952 Politics," *Washington Post*, July 8, 1952, p. 12; Frazier Hunt, *The Untold Story of Douglas MacArthur* (New York, 1954), *passim*; Robert Payne, *The Marshall Story* (New York, 1951), pp. 108-110; James K. Eyre, Jr., *The Roosevelt-MacArthur Conflict* (Chambersburg, Pa., 1950), *passim*.

14) "The Necessity for Military Forces," *Inf. Jour.*, XXX (March 1927), 330; Speech to the Rainbow Division, July 14, 1935, in Frank C. Waldrop (ed.), *MacArthur on War* (New York, 1942), pp. 31ff'.

15) Address, Los Angeles, Jan. 26, 1955, *U.S. News and World Report*, XXXVIII (Feb. 4, 1955), 86-88; Douglas MacArthur, *Revitalizing a Nation* (Chicago, John M. Pratt, ed., 1952), p. 16.

16) *New York Times*, July 26, 1951, p. 12; *Hearings* before the Senate Committee on the Armed Services and the Committee on Foreign Relations on the Military Situation in the Far East, 82d Cong., 1st Sess., pp. 39-40, 44-45, 114-115 (1951).

17) *New York Times*, May 24, 1953, p. 34, July 2, 1953, p. 1.

18) Quoted by Stewart Alsop, *New York Herald Tribune*, Apr. 24, 1955, Sec. 2, p. 1.

제14장 합동참모본부의 정치적 역할

1) Walter Millis (ed.), *The Forrestal Diaries* (New York, 1951), pp. 13, 203; *New York Times*, Dec. 9, 1952, p. 26.

2) Millis, *Forrestal Diaries*, p. 341; Edgar A. Mowrer, *The Nightmare of American Foreign Policy* (New York, 1948), pp. 249-250; *State Department Bulletin*, XVIII (May 16, 1948), 623-625.

3) Millis, *Forrestal Diaries*, p. 529.

4) See Harry S. Truman, *Memoirs: Vol. 1, Year of Decision* (Garden City, N.Y., 1955), pp. 70-72, 79-82, 411--412, 550-552, *555-560*.

5) 참조: John C. Campbell (ed.), *The United States in World Affairs. 1947-1948* (New York, 1948), pp. 8-9, n. 4; Mowrer, *Nightmare of American Foreign Policy*, pp. 211-212.

6) See George Kennan, *Realities of American Foreign Policy* (Prince-ton, 1954), as well as his earlier *American Diplomacy, 1900-1950* (Chicago, 1951); Louis Halle, *Civilization and Foreign Policy* (New York, 1955); Charles B. Marshall, *The Limits of Foreign Policy* (New York, 1954).

7) "A Soldier's Farewell," *Saturday Evening Post*, CCXXVI (Aug. 22, 1953), 63-64.

8) Millis, *Forrestal Diaries*, pp. 195, 312, 315-316; *Hearings* before Senate Armed Services and Foreign Relations Committees on Military Situation in the Far East, 82d Cong., 1st Sess., pp. 2572-2576 (1951); A. L. Warner, "How the Korea Decision was Made," *Harper's*, CCII (June 1951), 99-106.

9) 아마도 문민통제에 대한 고전적인 표현은 밴덴버그 장군에 의해서였다. *Hearings* before Senate Committee on Appropriations on Department of Defense Appropriation Bill for 1951, 81st Cong., 2d Sess., p. 226 (1950).

10) Gabriel A. Almond, *The American People and Foreign Policy* (New York, 1950), pp. 122-126.

11) 케넌 철학에 대한 날카로운 비판에 대해서는 다음을 참조하시오. Joseph and Stewart Alsop, "That Washington Security Curtain," *Saturday Evening Post*, CCXXVII (Feb. 19, 1955), 128.

12) 예산 정책, 외교 정책 및 전략 간의 관계에 대한 자세한 분석에 관해서는 다음을 참조하시오. 본 저자의 "Radicalism and Conservatism in National Defense Policy," *Journal of International Affairs*, VIII (1954), 206-222.

13) 연설문은 다음을 참조하시오. *U.S. News and World Report*, XXXII (March 28, 1952), 84-86, and for Baldwin's comments, *New York Times*, April 2, 1952, p. 20. See also Burton M. Sapin and Richard C. Snyder, *The Role of the Military in American Foreign Policy* (Garden City, N.Y., 1954), pp. 46-49.

14) *New York Times*, April 27, 1951, p. 4; Dulles, *War or Peace* (New York, 1950), pp. 233-238.

15) George Barrett, "That's the Way the Ball Bounces," *New York Times Magazine*, Nov. 23, 1952, p. 14; Peter Braestrup, "Korea: The New Professional," in Yale Daily News, *Seventy-Five -- A Study of a Generation in Transition* (New Haven, 1953), p. 81; Bill Mauldin, *Bill Mauldin in Korea* (New York, 1952), pp. 10-11; John Groth, *Studio: Asia* (Cleveland, 1952).

16) *Hearings* before Senate Committees on Foreign Relations and Armed Services on Military Situation in the Far East, pp. 380-381.

17) *New York Herald Tribune*, Jan. 20, 1953, p. 1.

18) *The Korean War and Related Matters*, Report of the Internal Security Subcommittee, Senate Committee on the Judiciary, 84th Cong., 1st Sess., p. 2 (1955); Mark W. Clark, *From the Danube to the Yalu* (New York, 1954), p. 81; Matthew B. Ridgway, *Soldier: The Memoirs of Matthew B. Ridgway* (New York, 1956), pp. 219-220.

19) 참조: Angus Campbell, Gerald Gurin, and Warren E. Miller, *The Voter Decides* (Evanston, Ill., 1954), ch. 4, esp. pp. 65-67; Samuel Lubell, *Revolt of the Moderates* (New York, 1956), pp. 39-45.

20) 참조: John McDonald, "The Businessman in Government," *Fortune*, L (July 1954), 68-70.

21) Charles J. V. Murphy, "Strategy Overtakes Mr. Wilson," *Fortune*, XLIX (January 1954), 80.

22) Merlo J. Pusey, *Eisenhower the President* (New York, 1956), p. 129.

23) *Report* of the Rockefeller Committee on Department of Defense Organization, p. 3 (1953).

For further elaboration of the philosophy behind this, see H. Struve Hensel, "Changes Inside the Pentagon," *Harvard Business Review*, XXXII (January-February 1954), 102-103; Paul L. Davies, "A Business Look at the Army," *Military Review*, XXXIV (December 1954), 41-42.

24) "Method of Operation of the Joint Chiefs of Staff and Their Relationships with Other Staff Agencies of the Office of the Secretary of Defense," Department of Defense Directive No. 5158.1, July 26, 1954.

25) M. B. Ridgway, "My Battles in War and Peace," *Saturday Evening Post*, CCXXVIII (Jan. 21, 1956), 46.

26) "Defense and Strategy," *Fortune*, XLVIII (September 1953), 75, (December 1953), 77-78; *New York Times*, Oct. 14, 1953, p. 18, Oct. 15, 1953, p. 21.

27) *Hearings* before Senate Committee on Appropriations on Department of Defense Appropriation Bill for 1955, 83rd Cong., 2d Sess., p. 83 (1954); *New York Times*, Dec. 15, 1953, p. 31, Jan. 22, 1954, p. 12, Apr. 5, 1955, p. 1; *New York Herald Tribune*, Mar. 17, 1954, p. 1; *Army Navy Air Force Journal*, XCII (Jan. 29, 1955), 630. Compare Ridgway's views, *Soldier*, pp. 271-272.

28) 참조: Marquis Childs in the *Washington Post*, June 15, 16, 1954; Chalmers Roberts, "The Day We Didn't Go To War," *The Reporter*, XI (Sept. 14, 1954), 31-35.

29) 참조: Stewart Alsop, *New York Herald Tribune*, Jan. 26, 1955; Chalmers Roberts, "The Battle on 'The Rim of Hell': President vs. War Hawks," *The Reporter*, XI (Dec. 16, 1954), 11-14. 라드포드의 초기 견해에 대한 분석은 Arthur Krock, *New York Times*, May 14, 1953, p. 28을 참조하시오. 카니 제독의 의견은 May 27, 1954, *New York Times*, May 28, 1954, p. 2에 실린 국가안보산업협회에서의 연설를 참조하시오. 아이젠하워 행정부의 국방 정책 결정에서 군인과 민간인의 역할에 대한 모든 결정적인 비평은 물론 더 광범위하고 더 나은 문서화된 증거가 나올 때까지 기다려야 한다.

30) *Militant Liberty: A Program of Evaluation and Assessment of Freedom* (Washington, 1955). 참조: W. H. Hale, "Militant Liberty and the Pentagon," *The Reporter*, XIV (Feb. 9, 1956), 30-34.

제15장 권력 분립과 냉전 방어

1) Pendleton Herring, *The Impact of War* (New York, 1941), pp. 115-117; Elias Huzar, *The Purse and the Sword: Control of the Army by Congress through Military Appropriations, 1933-1950* (Ithaca, N.Y., 1950), pp. 46-52, 133-156; Lawrence H. Chamberlain, *The President, Congress, and Legislation* (New York, 1946), ch. 5.

2) 참조: Carey Brewer, "An Analysis of Defense Legislation and Congressional Committee Jurisdiction," Report prepared for the Senate Committee on Expenditures in the Executive Departments, 82d Cong., 1st Sess., August 24, 1951; Francis Shackelford, "The Separation of Powers in Time of Crisis," in Harvard Law School, *Government Under Law* (Cambridge, Mass., 1955), pp. 174-180.

3) Organization of the Armed Services Committee, 81st Cong., 1st Sess., pp. 9-10 (1949); Title IV, Act of Sept. 28, 1951, 65 Stat. 365-366; Act of Apr. 4, 1944, 58 Stat. 189. 82차 대회에서 위원회의 조사 활동에 대한 좋은 요약에 관해서는 다음을 참조하시오. *Report on Investigations by Armed Services Committee*, H. Rept. 2489, 82d Cong., 2d Sess. (1952).

4) 참조: H. Rept. 307, 82d Cong., 1st Sess. (1951); H. Rept. 857, 83rd Cong., 1st Sess. (1953); and Francis Shackelford's comments, Harvard Law School, *Government Under Law*, pp. 166-167.

5) See Huzar, *The Purse and the Sword*, pp. 398-407; Arthur Smithies, *The Budgetary Process in the United States* (New York, 1955), pp. 139-142, 163-164, 183ff.; Edward L. Katzenbach, Jr., "How Congress Strains at Gnats, Then Swallows Military Budgets," *The Reporter*, XI (July 20, 1954), 31-35.

6) 참조: Arthur A. Maass, *Muddy Waters: The Army Engineers and The Nation's Rivers* (Cambridge, Mass., 1951).

7) Sec. 206, Act of June 10, 1921, 42 Stat. 21.

8) *Hearings* before House Committee on the Armed Services on Unification and Strategy, 81st Cong., 1st Sess., p. 604 (1949).

9) *Hearings* before House Committee on Appropriations on War Appropriation Bill (Military Activities) for 1936, 74th Cong., 1st Sess., p. 18 (1935), quoted in Huzar, *Purse and the Sword*, p. 147.

10) 인용: Mark S. Watson, *Chief of Staff: Prewar Plans and Preparations* (Washington, 1950), pp. 21-22; Huzar, *Purse and the Sword*, p. 128.

11) Sec. 202(c)(6), National Security Act, Act of Aug. 10, 1949, 63 Stat. 578.

12) Committee on Armed Services, House of Representatives, *Unification and Strategy*, H. Doc. 600, 81st Cong., 2d Sess., pp. 10-12, 45, 53 (1950).

13) *Hearings* before Senate Armed Services Committee on JCS Nominations, 83rd Cong., 1st Sess., pp. 15-16 (1953).

14) *Hearings* before Senate Committee on Appropriations on Dept. of Defense Appropriation Bill for 1955, 83rd Cong., 2d Sess., pp. 43-44 (1954); *Hearings* before Senate Committee on Appropriations on Dept. of Defense Appropriation Bill for 1956, 84th Cong., 1st Sess., pp. 211-212, 215-219 (1955). 이 문제에 대한 예리한 분석은 다음을 참조하시오. E. L. Katzenbach, Jr., "Should Our Military Leaders Speak Up?" *New York Times Magazine*, April 15, 1956, pp. 17ff.

15) 참조: 본 저자의 "Radicalism and Conservatism in National Defense Policy," *Journal of International Affairs*, VIII (1954), 206-222.

16) 참조: Lawrence J. Legere, Jr., "Unification of the Armed Forces" (Ph.D. Thesis, Harvard Univ., 1951), p. 344.

17) *Cong. Record*, XCVIII (May 16, 1952), 5347.

18) *Hearings* before Senate Committee on Armed Services on S. 758, 80th Cong., 1st Sess., pp. 100, 113, 209, 211 (1947); *Hearings* before House Committee on Armed Services on Army Organization Bill, 81st Cong., 2d Sess., pp. 6013, 6023, 6036, 6046ff., 6125, 6128, 6202, 6208, 6235 (1950).

19) *Cong. Record*, XCV (Oct. 18, 1949), 14922.

20) H. Rept. 1797, 81st Cong., 2d Sess., pp. 309-311 (1950); H. Doc. 600, 81st Cong., 2d Sess., pp. 49-50 (1950); *Hearings* before House Armed Services Committee on Unification and Strategy, pp. 97-99, 300-301; *Hearings* before House Committee on Appropriations on Department of Defense Appropriations for 1951, 81st Cong., 2d Sess., pp. 50-62 (, 950); J. D. Williams, *The Impounding of Funds by the Bureau of the Budget* (University, Ala., ICP Case Series: No. 28, 1955).

제16장 민군 관계의 부서구조

1) Public Law 253, 80th Cong., 61 Stat. 495 (July 26, 1947), amended by Public Law 216, 81st Cong., 63 Stat. 578 (Aug. 10, 1949), Public Law 416, 82d Cong., 66 Stat. 283 (July 22, 1952). 1953년의 재편계획 6호는 이전의 이론을 어떤 면에서 수정하는 경향이 있었다.

2) 국방안보위원회(NSC)의 기원과 배경에 대해서는 다음을 참조하시오. *Hearings* before Senate Committee on Military Affairs on S. 84, 79th Cong., 1st Sess., p. 588 (1945); *Report by Ferdinand Eberstadt to Secretary of the Navy For-restal on Unification*, Senate Committee on Naval Affairs, 79th Cong., 1st Sess.; Walter Millis (ed.), *The Forrestal Diaries* (New York, 1951), pp. 19, 61-63, 315-316; E. R. May, "The Development of Political-Military Consultation in the United States," *Political Science Quarterly*, LXX (June 1955), 161-180. 비교 가능한 영국 기관에 대해서는 다음을 참조하시오. Maurice Hankey, *Government Control in War* (Cambridge, 1945), pp. 22-31, and *Diplomacy by Conference* (New York, 1946), pp. 83-104; Franklyn A. Johnson, "Defense by Committee: The Origin and Early Development of the British Committee of Imperial Defense, 1885-1916" (Ph.D. Thesis, Harvard Univ., 1952). On the operations of the NSC, see: J. and S. Alsop, "How Our Foreign Policy Is Made," *Saturday Evening Post*, CCXXI (Apr. 30, 1949), 30ff.; S. W. Souers, "Policy Formation for National Security," *Amer. Pol. Sci. Rev.*, XLIII (June 1949), 534-543; H. P. Kirkpatrick, "The National Security Council," *American Perspective*, VII (February 1949), 443-450; The Brookings Institution, *The Administration of Foreign Affairs and Over-seas Operations* (Report to the Budget Bureau, June, 1951), *passim*, · John Fischer, *Master Plan USA* (New York, 1951), ch. 2; W. Y. Elliott *et al.*, *United States Foreign Policy* (New York, 1952), pp. 83-96; J. S. Lay, Jr., "National Security Council's Role in the U.S. Security and Peace Program," *World Affairs*, CXV (Summer 1952), 37-39; Cabell Phillips, "The Super-Cabinet for our Security," *New York Times Magazine*, Apr. 4, 1954, pp. 14ff.; G. A. Wyeth, Jr., "The National Security Council," *Iour. of Inter-national Affairs*, VIII (1954), 185-195; Anthony Leviero, "'Untouchable, Unreachable, and Unquotable," *New York Times Magazine*, Jan. 30, 1955, pp. 12ff.; Dillon Anderson, "The President and National Security," *Atlantic Monthly*, CXCVII (January 1956), 42-46; Robert Cutler, "The Development of the National Security Council," *Foreign Affairs*,

XXXIV (April 1956), 441-458. NSC의 발전에 대한 다른 보고서는 다음을 참조하시오. *New York Times:* Apr. 22, 1949, p. 14; Apr. 2, 1951, p. 1; Mar. 12, 1953, p. 22; Mar. 24, 1953, p. 24; May 4, 1953, p. 9; Sept. 4, 1953, p. 1; Mar. 18, 1955, p. 24.

3) *Hearings* before Senate Committee on Armed Services on S. 758, 80th Cong., 1st Sess., pp. 491ff. (1947); Sherman Kent, *Strategic Intelligence* (Princeton, 1949), p. 79; Public Law 110, 81st Cong., 63 Stat. 208 (June 20, 1949).

4) *Hearings* before Senate Committee on Armed Services on S. 758, pp. 215-216.

5) 참조: Commission on Organization, *The National Security Organization* (Report to Congress, February 1949), p. 11; Hanson Baldwin, *New York Times*, Aug. 15, 1951, p. 10, and April 23, 1953, p. 16; Robert A. Lovett, Letter to the President, Nov. 18, 1952, pp. 5-6; Vannevar Bush, Address at the Mayo Clinic, Rochester, Minn., Sept. 26, 1952, p. 8; L. E. Denfeld, "Why I Was Fired," *Collier's*, CXXV (Mar. 25, 1950), 47.

6) *Hearings* before Senate Committee on Armed Services on National Security Act Amendments, 81st Cong., 1st Sess., p. 209 (1949).

7) Frederick C. Mosher, *Program Budgeting: Theory and Practice with Particular Reference to the U.S. Department of the Army* (Public Administration Service, 1954), pp. 184, 216-217.

8) 참조: *Hearings* before Senate Committee on Armed Services on National Security Act Amendments, p. 195; S. Rept. 366, 81st Cong., 1st Sess. (1949); Secy. of Defense, *First Report, 1948*, pp. 3-4, 40-42; Mosher, *Program Budgeting*, pp. 31-42, 46, 220.

9) Mosher, *Program Budgeting*, pp. 180-185, 192; Francis Shackel-ford, "The Separation of Pow.:rs in Time of Crisis," in Harvard Law School, *Government Under Law* (Cambridge, Mass., 1955), p. 146.

10) *New York Times*, Nov. 6, 1952, p. 15; Charlotte Knight, "Mystery Man of the Pentagon," *Collier's*, CXXXIII (Jan. 22, 1954), 30ff.

11) 참조: *Unification and Strategy*, Report by House Committee on Armed Services, H. Doc. 600, 81st Cong., 2d Sess., pp. 52-53 (1949), for an example of congressional support of the Comptroller against the Management Committee.

12) Knight, *Collier's*, CXXXIII (Jan. 22, 1954), 32-34.

13) CLXXII (Aug. 28, 1954), 639-640.

14) *Hearings* before House Committee on Appropriations on Second Supplemental Appropriation Bill for 1951, 81st Cong., 2d Sess., pp. 17, 20, 53-54, 62-63 (1950); *Hearings* before Senate Committee on Appropriations 0:1 Second Supplemental Appropriation Bill for 1951, 81st Cong., 2d Sess., p. 88 (1950); Secy. of Defense, *Semiannual Report, Jan. 1-June 30, 1951*, p. 70.

15) *Hearings* before House Committee on Armed Services on Unification and Strategy, 81st Cong., 1st Sess., p. 624 (1949).

16) Charles E. Wilson, Address, Secretaries' Conference, Quantico, Va., July 23, 1953, p. 14; P.

R. Leach, *Boston Daily Globe*, Apr. 17, 1953, p. 18.

17) J. and S. Alsop, *New York Herald Tribune*, Jan. 26, 1953, p. 17; Lovett, Letter to the President, p. 5; Walter Millis, *New York Herald Tribune*, Nov. 24, 1952, p. 14; P. R. Leach, *Boston Daily Globe*, Apr. 17, 1953, p. 18; Fred Seaton, quoted in D. Norton-Taylor, "The Wilson Pentagon," *Fortune*, L (December 1954), 96; "Defense and Strategy," *Fortune*, XLVII (June 1953), 89.

18) *Hearings* before House Committee on Armed Services on Unification and Strategy, pp. 305-306, 357-358, 608-609, 624.

19) *Hearings* before Senate Committee on Appropriations on Department of Defense Appropriation Bill for 1954, 83rd Cong., 1st Sess., pp. 36, 38-39, 216, 230-231, 340-342, 355, 561-562 (1953); *New York Times*, Mar. 21, 1953, p. 1.

20) Commission on Organization, *Task Force Report on National Security Organization* (Appendix G, 1949), p. 38; Millis, *Forrestal Diaries*, p. 435. Except where otherwise indicated the sources for this description of the formulation of the 1950 budget are Millis, *Forrestal Diaries*, ch. 13 and pp. 435, 450, 500-506, 510, 535, 537, and *Hearings* before House Committee on Appropriations on Department of Defense Appropriation Bill for 1950, 81st Cong., I st Sess., pp. 12, 16, 205ff. (1949).

21) *Hearings* before House Committee on Appropriations on Department of Defense Appropriation Bill for 1953, 82d Cong., 2d Sess., pp. 1, 57, 87-90, 97, 110-111, 142-145 (1952); *Hearings* before Senate Committee on Appropriations on Department of Defense Appropriation Bill for 1953, 82d Cong., 2d Sess., pp. 1, 5, 145-151 (1952).

22) Secretary of Defense, *First Report, 1948*, pp. 30-31; *Semiannual Report July I-December 31, 1949*, p. 31. 후임 비서가 취임할 때 의지할 수 있는 훈련된 민간 인력의 영구적인 간부의 필요성에 대한 포레스탈의 견해에 관해서는 다음을 참조하시오. James Forrestal, "Managing the Public's Business," in Joseph E. McLean, *The Public Service and University Education* (Princeton, 1949), pp. 236-237.

23) Millis, *Forrestal Diaries*, pp. 314, 317, 335, 352, 404, 415, 434, 497, 500, 502, 519ff.; *New York Times*, Feb. 12, 1949, p. 1.

24) Lovett, Letter to the President, pp. 2-8.

25) Lovett, Letter to the President, pp. 3-4; *Report* of the Rockefeller Committee on Department of Defense Organization (1953) p. 2, Appendix A.

26) *Hearings* before Senate Committee on Armed Services on National Security Act Amendments, p. 20.

27) Commission on Organization, *Task Force Report on National Security Organization*, pp. 37-38; Vannevar Bush, "What's Wrong at the Pentagon," *Collier's*, CXXX (Dec. 27, 1952), 32.

28) Commission on Organization, *Task Force Report on Departmental Management* (Appendix E, Jan. 1949), pp. 16, 51-5.

제17장 새로운 균형을 향해

1) 과거와 현재의 미국 보수주의에 대한 가장 간결한 요약과 분류는 클린턴 로시터의 *Conservatism in America* (New York, 1955)에 실려 있다. 보다 의식적인 보수주의의 더 나은 표현에 관해서는 다음을 참조하시오. Peter Viereck, *Conservatism Revisited* (New York, 1949), Francis G. Wilson, *The Case for Conservatism* (Seattle, 1951), Russell Kirk, *The Conservative Mind* (Chicago, 1953), and Gordon Harrison, *Road to the Right* (New York, 1954). 근본적으로 보수적인 관점에 대한 심오한 진술에 관해서는 다음을 참조하시오. Reinhold Niebuhr, particularly his magistral *The Nature and Destiny of Man* (New York, one vol. ed., 1948), the poems, plays, and essays of T. S. Eliot among which *The Idea of a Christian Society* (New York, 1940) is the most explicit, and Eric Voegelin's *The New Science of Politics* (Chicago, 1952). Niebuhr's *Christian Realism and Political Problems* (New York, 1953)는 신정통주의를 현재 문제에 적용한다. 가톨릭 정치 분석 중에 관해서는 다음을 참조하시오. Ross I. S. Hoffman, *The Spirit of Politics and the Future of Freedom* (Milwaukee, 1951), Martin Hillenbrand, *Power and Morals* (New York, 1949), and Thomas P. Neill, *The Rise and Decline of Liberalism* (Milwaukee, 1953). Will Herberg's *Judaism and Modern Man* (New York, 1951) and the volumes of *Commentary*은 유대 전통의 보수적 요소를 웅변적으로 표현한다. 고든 찰머스의 *Republic and Person* (Chicago, 1952)은 듀이의 교육 철학에 대한 많은 비판 중 상위에 랭크되어 있다. 미국 정치 기관에 대한 사려 깊은 변호에 관해서는 다음을 참조하시오. Arthur N. Holcombe, *Our More Perfect Union* (Cam-bridge, Mass., 1950), Ernest S. Griffith, *Congress: Its Contemporary Role* (New York, 1951), and the essays of Don K. Price. Hans J. Morgenthau, *Scientific Man vs. Power Politics* (Chicago, 1946), and John H. Hallowell, *The Decline of Liberalism as an Ideology* (Berkeley, 1943) and *Main Currents in Modern Political Thought* (New York, 1950)은 보수 정치학자들에 의한 정치 이론의 분석이다. 한 비평가가 "자축의 경제학"으로 묘사한 대표적인 것은 John K. Galbraith, *American Capitalism: The Concept of Countervailing Power* (Boston, 1952), A. A. Berle, *The Twentieth Century Capitalist Revolution* (New York, 1954), and David Lilienthal, *Big Business: A New Era* (New York, 1953). 미국 경험의 독특성과 미국 사상과 제도 사이의 이분법에 대한 새로운 강조를 반영하는 미국 정치 전통에 대한 관통 분석에는 Reinhold Niebuhr, *The Irony of American History* (New York, 1952), Louis Hartz, *The Liberal Tradition in America* (New York, 1955), and Daniel J. Boorstin, *The Genius of American Politics* (Chicago, 1953) 등이 있다. 립만의 견해는 *The Public Philosophy* (Boston, 1955)에 표현되어 있다. 새로운 보수주의의 일관성을 지적 운동으로서 어느 정도 인정하는 것은 자극적인 정기 간행물인 '반대 (Dissent)'에서 표현된 그것에 대한 반응에 의해 제공된다. 미국 보수주의 문학에 대한 더 많은 참고 문헌은 로시터의 책에 있는 포괄적인 참고 문헌 목록을 참조하라.

2) Morgenthau의 견해는 다음 문서에서 표현되었다. *Politics Among Nations* (New York, 1948), *In Defense of the National Interest* (New York, 1951), and "Another 'Great Debate': The National Interest of the United States," *American Political Science Review*, XLVI (December 1952), 961-988. 반대되는 견해에 관해서는 다음을 참조하시오. Frank Tannenbaum, "The Balance of Power versus the Coordinate State," *Political Science Quarterly*, LXVII (June 1952), 173-197, and T. I. Cook and Malcolm Moos, "The American Idea of Inter-national Interest," *Amer. Pol. Sci. Review*, XLVII (March 1953), 28-44.

3) 참조: Hanson Baldwin, "Military in Politics," *New York Times*, Apr. 1, 1952, p. 22, Apr. 2, 1952, p. 20; Senator Mike Mansfield, "The Role of the Military in American Foreign Policy," *Cong. Record*, CI (Feb. 21, 1955, daily ed.), A-1091-A-1093.

4) Hanson Baldwin, "What's Wrong With the Regulars?" *Saturday Evening Post*, CCXXVI (Oct. 31, 1953), 19ff., "The Problem of Army Morale," *New York Times Magazine*, Dec. 5, 1954, pp. 9ff., and his regular column in the *Times*; Department of Defense, Press Release, Dec. 3, 1953, "Final Report - Ad Hoc Committee on the Future of Military Service as a Career that will Attract and Retain Capable Career Personnel" (Womble Committee Report); *New York Times*, Apr. 19, 1954, p. 22; H. W. Blakeley, "Esprit de What? Our Army and Morale," *The Reporter*, XI (Sept. 23, 1954), 35-37; D. J. Carrison, "Our Vanishing Military Profession," *American Mercury*, LXXVII (November 1953), 77-81.

[저자 약력]

새뮤얼 헌팅턴

하버드 대학교 정부학 교수로 재직 중이다.

[역자 약력]

정한범

국방대학교 교수로 재직중이다. 현재 한국국방우주학회 회장, 국가우주위원회 안보우주개발실무위원, 민주평화통일자문회의 상임위원 등을 맡고 있으며, 한국국제정치학회 부회장, 한국정치학회 총무이사, 국방부 민관군위원회 위원, 국가안보실 정책자문위원, 육군발전자문위원, 국방대학교 국방정책센터장 등을 역임하였다. 주요 저서로는 '동아시아 전략평가,' '국가안보론,' '국제정치학: 인간과 세계' 등이 있다. University of Kentucky에서 정치학 박사, 고려대학교에서 학사와 석사 학위를 취득하였다.

이수미

하와이대학교 힐로캠퍼스의 부교수인 이수미는 중재와 협상을 포함한 국제 분쟁 해결을 연구한다. 이 교수의 연구논문은 International Interactions, Foreign Policy Analysis, Negotiation Journal, International Negotiation 및 The Korean Journal of Security Affairs와 같은 학술지에 게재되었고 SUNY Press와 Lexington Books에 책을 출판했다. 또한 한국국제교류재단의 Fellowship of Field Research, 미국 교육부와 칠레 Fulbright Commission이 개최한 Fulbright—Hays Seminar Abroad Program, 태국에서 개최된 Asia Pacific Higher Education Research Partnership의 Emergent Scholar Seminar 등 다양한 펠로우십을 수혜했다. 이 교수는 University of Kentucky에서 정치학 박사, University of Missouri에서 정치학 석사, San Jose State University에서 정치학 학사를 받았다.

한국해양전략연구소 총서 101
군인과 국가-민군 관계의 이론과 정치

초판발행   2023년 1월 5일
중판발행   2023년 9월 5일

지은이   Samuel P. Huntington
엮은이   정한범 · 이수미
펴낸이   안종만 · 안상준

편 집   김선민
기획/마케팅   정연환
표지디자인   벤스토리
제 작   우인도 · 고철민 · 조영환

펴낸곳   ㈜ 박영사
           서울특별시 금천구 가산디지털2로 53, 210호(가산동, 한라시그마밸리)
           등록 1959. 3. 11. 제300-1959-1호(倫)
전 화   02)733-6771
f a x   02)736-4818
e-mail   pys@pybook.co.kr
homepage   www.pybook.co.kr
ISBN   979-11-303-1664-2 93340

* 파본은 구입하신 곳에서 교환해 드립니다. 본서의 무단복제행위를 금합니다.
* 역자와 협의하여 인지첩부를 생략합니다.

정 가   30,000원